开发区

对外开放更显活力。引进项目43个、金额385.6亿元，华为、浩云科技、树根互联、力合科创等行业龙头企业实现落户。成功举办第七届开发区对话世界500强活动，设立重庆经开区（深圳）协同创新中心、重庆经开跨境创新服务中心。成功发行境外债5亿美元，外贸、外资企业分别增加20家、12家。

发展环境更加优化。新建雨污管网37千米，完成474千米雨污管网普查，改造混流点位30处，新增绿地15.3万平方米。营商环境持续优化，不断深化“放管服”改革，推进民营经济发展试点示范，实施“互联网+”政务服务，推进政务服务“一网通办”，精简审批事项54项，涉企审批时间减少56%，企业投资项目和一般工业投资项目审批、企业设立登记时间实现全市最快，行政审批服务企业满意率达100%。

第二届智博会重庆经开区展馆

重庆机床集团

飞象工业互联网平台

茶园大道主线双向通车

南岸年鉴

NAN'AN YEARBOOK

2020

重庆市南岸区人民政府 编纂

西南师范大学出版社
国家一级出版社 全国百佳图书出版单位

图书在版编目（CIP）数据

南岸年鉴. 2020 / 重庆市南岸区人民政府编纂. —
重庆：西南师范大学出版社，2020.12
ISBN 978-7-5697-0576-8

Ⅰ. ①南… Ⅱ. ①重… Ⅲ. ①南岸区—2020—年鉴
Ⅳ. ①Z527.193

中国版本图书馆CIP数据核字(2020)第239704号

南岸年鉴（2020）
NAN'AN NIANJIAN（2020）
重庆市南岸区人民政府　编纂

责任编辑：周明琼　张燕妮　翟腾飞
责任校对：向集遂
装帧设计：重庆渝鉴商务信息咨询中心
照　　排：重庆渝鉴商务信息咨询中心
出版发行：西南师范大学出版社
　　网　址：http://www.xscbs.com
　　地　址：重庆市北碚区天生路1号
　　邮　编：400715
　　电　话：023-68868624
经　　销：新华书店
印　　刷：中雅（重庆）彩色印刷有限公司
幅面尺寸：210mm×285mm
印　　张：17.75
插　　页：31
字　　数：879千字
版　　次：2020年12月第1版
印　　次：2020年12月第1次印刷
书　　号：ISBN 978-7-5697-0576-8
定　　价：228.00元

重庆市南岸区地方志编纂委员会

顾　　　问：颜　伟

主 任 委 员：陈一清　王茂春

副主任委员：魏小红　陈廷明　陈　炯　曹廷中

委 员 单 位：区委办公室　区人大常委会办公室

区政府办公室　区政协办公室

经开区办公室　区委宣传部

区发展改革委　区教委

区经济信息委　区人力社保局

区住房城乡建委　区农业农村委

区文化旅游委　区卫生健康委

区统计局

《南岸年鉴》编辑室

总 编 辑：余洪泽

责任编辑：陈远斌　范相洲

图片编辑：张志洪

校　　对：林登华　马玉凤

编辑说明

一、《南岸年鉴》是中共重庆市南岸区委员会、重庆市南岸区人民政府严格按照《地方志工作条例》编纂的综合性地情资料工具书，由中共重庆市南岸区委员会领导，重庆市南岸区人民政府主持，区地方志编纂中心编纂。

二、《南岸年鉴》以马克思列宁主义、毛泽东思想、邓小平理论、“三个代表”重要思想、科学发展观和习近平新时代中国特色社会主义思想为指导，全面、客观、真实反映南岸区从自然到社会等各方面的基本情况，突出区域特色和年度特点，是集存史、资政、教育功能为一体的综合性、资料性著述。

三、《南岸年鉴（2020）》是南岸区第17部年鉴，记述2019年自然、政治、经济、社会、文化、生态文明等各方面的现状史实，详分特载、大事记、区情概览、政治、法治、军事、工业、交通、邮政 通信、农业、商业贸易、宏观经济管理、经济板块、重庆经济技术开发区、金融业、城建环保、城市管理、教育、科学技术、文化旅游、卫生健康、体育、社会事务管理、街道 镇、统计资料等25个类目。

四、门类层级。《南岸年鉴》采用分类编辑法，由类目、分目、子分目和条目组成。按照出版规范，类目、分目、子分目使用不同字体、字号分级居中排列，条目标题则使用【】加粗位于目首。

五、行文和规范。《南岸年鉴》采用语体文、记述体，使用规范的简化汉字。所涉单位、机构、政党、群团的名称第一次出现时，一律使用全称，之后使用规范简称。年鉴中使用简称的“区委”均指中共南岸区委员会，简称的“党员”均为中国共产党党员（在民主党派分目中的“区委”和“党员”除外）。所有人物均直书其名，必要时在姓名前加职务称谓。

六、数字和计量单位。《南岸年鉴》使用阿拉伯数字（十位数以内，也可使用中文数字），统计、财务数据中不使用分节号，小数点后保留两位。表示第次(届)、层级及长度、面积、体积均使用中文数字。

七、署名。使用供稿单位简称或撰稿人姓名，位于子分目后右下角，加括号表示。对多名撰稿人，则分别在其撰写的最后一条条目后署名。

数字南岸

（2019年）

⊙ 区域面积	262.43平方千米
⊙ 年末户籍人口	76.03万人
⊙ 地区生产总值	770.6亿元
⊙ 公共财政收入	62.93 亿元
⊙ 公共财政支出	98.26亿元
⊙ 工业增加值	207.7亿元
⊙ 农业总产值	5.13亿元
⊙ 全社会固定资产投资	376亿元
⊙ 社会消费品零售总额	472.1亿元
⊙ 金融机构人民币存款余额	1480亿元
⊙ 金融机构人民币贷款余额	1485亿元
⊙ 外贸进出口总额	16.3亿美元
⊙ 旅游总收入	224.57亿元
⊙ 森林覆盖率	42%
⊙ 城区环境空气质量优良天数	310天
⊙ 人均体育场地面积	2.24平方米
⊙ 城镇居民年人均可支配收入	41915元
⊙ 农村居民年人均可支配收入	23059元

重庆市南岸

副区长张树金到辖区重点企业走访调研安全稳定工作

2019年，南岸区公安分局（以下简称“区公安分局”）紧扣新中国成立70周年大庆安保维稳主题主线，聚焦政治建警、改革强警、科技兴警、从严治警，深入实施公安大数据战略，以“三个中心”“三支队伍”建设为突破口，全面推动公安工作转型升级，确保全区政治社会大局持续平稳。全年刑事、治安类警情同比分别下降8.56%、3.45%，刑事案件破案率同比上升28.08%，现行命案破案率连续5年100%，群众安全感98.46%、满意度94.89分，执法公信力95.74分，较2018年明显提升。新中国成立70周年大庆安保维稳绩效评价排名主城第六名、全市第九名，荣立集体二等功。全年公安工作先后多次受到市、区领导肯定。

政委金亚深入民营企业开展走访

纪律作风大排查大整治

南岸分局为“学习时代楷模杨雪峰先锋队”授旗

区公安分局

区公安分局开展流动人口集中清查行动

公安部慰问组到分局看望慰问大庆安保一线民警

南岸分局民警在合成作战中心开展案件研判

南岸分局民警深入工地走访服务农民工兄弟

市房地产协会来信感谢分局对2019年秋季房交会大力支持

峡口派出所民警与社区召开警民恳谈会

南岸区农业

副市长李明清、市农业农村委主任路伟调研南岸区农村人居环境整治工作

区委书记颜伟巡查长江南岸区段

区长、区总河长陈一清赴长生河开展巡查

市森林公安局董局长带队检查林地清理工作

南岸区农业农村委员会（以下简称“区农委”）内设党政办公室、财务科、农业科（与南岸区农村经营管理站合署办公）、林业科（与南岸区天然林保护中心合署办公，水利科（与南岸区防汛抗旱管理站合署办公）、森林公安局、南岸区农林水利行政执法大队、南岸区动物卫生监督所。下设南坪、涂山、鸡冠石、南山、峡口、长生桥、迎龙、广阳8个畜牧兽医站。区委、区政府设在农业农村委员会的临时机构有南岸区河长办公室、南岸区精准扶贫工作领导小组办公室、南岸区委农村工作暨实施乡村振兴战略领导小组办公室、南岸区农村人居环境整治工作领导小组办公室。

2019年，全区农林牧渔业总产值51341万元，同比增长1.7%。农林牧渔业增加值39667万元，同比增长1.7%。

人居环境整治

农村委员会

区委副书记王茂春指导拆除南山违法建筑现场

区长、区总河长陈一清巡查石塔水库

市水利局党组成员谢飞一行到南岸区检查防汛工作

区农业农村委主任吕永带队检查长生桥镇农资门市

农田建设项目建成后效果

产业发展座谈会

重庆市南岸不

主题教育整改成果管理制度落地培训会

新的领导班子

重庆市南岸不动产登记中心（以下简称“南岸登记中心”）是隶属于重庆市规划和自然资源局的事业单位。职责任务是受市规划和自然资源局的委托，承担辖区内土地（含土地承包经营权）登记、房屋登记、林地登记等不动产登记发证的具体工作，以及房地产交易管理的事务性工作；并承担土地房屋、林地等不动产登记的信息化建设工作；以及房地产交易和不动产登记档案的整理、保管、利用工作；协助开展房屋纠纷信访的处理，及土地权属纠纷和合同纠纷的调处；承担相关行政诉讼的事务性工作。

南岸登记中心内设综合科、受理审查科、登记复核科、缮发证件科、档案科、市场监管科、财务科、法制事务科和信息管理科共9个科室。2019年末有职工141人，其中在编职工54人（专业技术人员11人，事业管理人员39人，工勤人员4人），派遣职工66人，退休职工21人。中心共有党员45名，其中9名党员为专业技术人员，25名党员为事业管理人员，4名党员为派遣人员，7名为退休党员。

2019年，中心支部压实班子成员“一岗双责”，层层签订责任书，抓好落实从严治党主体责任，加强队伍建设，不断深化不动产登记改革，大力推行各项便民举措。不动产登记各项工作顺利有序进行，全年共受理案件231539件，缮制不动产权证78372件，完成档案查询202365件次，执收非税收入共2975.58万元。

主题教育调研成果交流会

开发企业征求意见座谈会

动产登记中心

窗口“一窗受理、即办即取”工作

红色革命教育
观看《红岩魂》

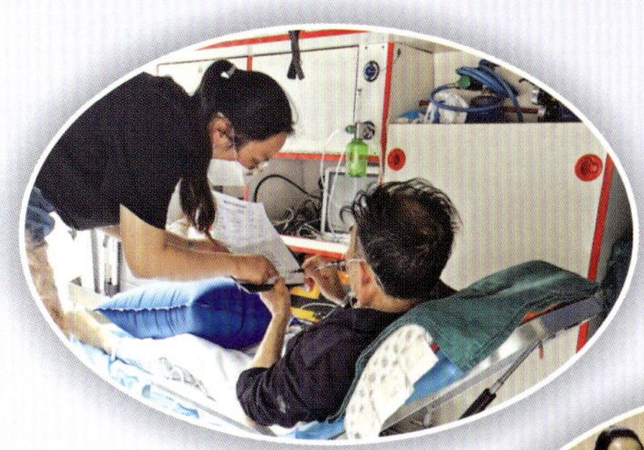

中心工作人员
在救护车上为重病
老人办理婚内变更登记

职工演讲比赛

民生银行送锦旗

为民服务获好评

新中国成立70周年庆祝活动

南岸区城市建设发

区长陈一清、常务副区长黄红到集团调研

常务副区长黄红到移民生态园调研

“国企人才队伍建设”专题党课

2019年，是城建集团进行国企改革第一个三年的收官之年。在区委区政府的坚强领导下，在区国资委的大力指导下，城建集团紧紧围绕区委区政府经济社会发展目标，深入践行集团“361”发展战略，强化党建引领，坚持“融、投、产、建、营”一体化，经受住了还款高峰期、需求高涨期、风险高发期、发展增速期及改革阵痛期的“五期叠加”考验，战胜重重难关，取得了较好的经营成效。2019年，集团资产总额达639亿元，营业收入35亿元，利税总额6.7亿元，国有资本经营收益上缴1.7亿元。

多维发力，拓宽融资渠道。克服融资政策收紧、财报逐年恶化及资金渠道收窄等不利因素，逆势而上，成功发行5亿美元海外债，节约融资成本1.7亿元，成功在上交所首次获公、私募债券达65亿元，成功维持标普BBB、惠誉BBB+国际主体信用等级以及中诚信授予的国内AA+信用等级，新增一家子公司AA级融资平台。

立足定位，拓展产业布局。紧紧围绕全区战略部署，立足集团“资本操盘手、城市运营商、产业助推器”三大功能定位，相继承接棚户区改造、智慧停车场建设、市第五人民医院迁建等建设项目，

集团领导检查资产安全

展(集团)有限公司

集团领导走访调研参控股企业

2019年半年工作总结会

“不忘初心 牢记使命“主题教育实地调研

参观党风廉政教育基地

庆祝新中国成立70周年歌唱比赛

投资成立幸福公司、远康环保公司、地大工业技术研究院等公司，布局“大健康”“大生态”“大文旅”及新能源等朝阳产业，加快构建资产管理、资本运营、幸福融合、土地开发、科技发展、工程建设六大板块。

提质增效，强化资产运营。收购中讯大厦写字楼等5处共3.8万方优质资产，完成海棠溪派出所片区等多处资产处置，处置收入达1.6亿元；物业租赁收入1.2亿元，新出租面积近5万方，可经营性资产出租率91%，三年年均增长8%。

凝心聚力，坚持党建引领。2019年，城建集团切实践行党建“13456”工程，以“国企党建1+3，党徽闪亮在城建”党建工作方向为抓手，充分发挥党委和党支部作用，形成了“经建带党建、党建促经建”的良好局面。圆满开展了“不忘初心、牢记使命”主题教育，精心策划组织了“心怀感恩·歌唱祖国暨庆祝新中国成立70周年”歌咏比赛等一系列重要活动。

作为南岸区“融资的主渠道、攻坚的主力军、转型的主脊梁”，城建集团将保持定力，抢抓机遇，把人才建设作为发展的第一资本，以打造“重庆一流、西部领先、全国知名”的投资运营大型集团公司为目标，推动集团做强做优做大，为南岸区加快建设具有影响力和竞争力的山水人文都市区、智慧创新生态城而不懈奋斗。

江南新城

通江大道北段绿化整改

湿地公园

江南新城

疫情期间志愿者进社区

1996年11月，南岸区决定成立川黔高速公路建设指挥部，1997年设立重庆市渝黔高速公路建设开发办公室，茶园片区开发建设拉开帷幕。1998年，区委区政府抓住机遇在重庆市规划修编中首次提出了“茶园新城区”的规划概念；2000年12月，原茶园新区管委会正式成立，规划面积5平方千米；2002年12月，茶园工业园区被批准为重庆市市级特色工业园区，进入“工业化带动城市化”阶段；2006年，茶园新区被正式规划为重庆六大城市副中心之一，规划范围约59.18平方千米；2010年2月，原长江工业园、东港工业园与茶园新城区“三区合一”；2010年10月，经开区回归落户茶园；2011年，通江大道以东约60平方千米划归经开区开发建设，通江大道以西约24.5平方千米由原茶园新区管委会管理，工作重心转为建设“宜居生态”新城；2017年6月，按照区委区政府决策部署，原茶园新区管委会与原广阳岛管委会合并成立江南新城管委会，江南新城开启了“三生四宜”品质城市建设的新时代。

管委会主要职责为：负责机关及管理党组织的党的建设及群团工作；负责开展区域内重大规划专题研究，组织编制有关法定规划和专业专项规划，依法组织实施城乡规划；负责区域内的业态布局、产业发展、招商引资及对外经济合作事项等工作的规划

管 委 会

玉马路

通江大道

编制、准入把关、综合管理和服务协调；负责区域内基础、公共等建设项目的计划统筹及组织实施；负责区域内财政预算、收支管理；负责区域内在建区域的城市综合管理、市政、环卫、绿化等相关工作；负责办理征收项目的前期手续，筹集项目所需资金和落实安置房源，配合开展征收实施工作；负责职能部门交办的安全生产、信访稳定、环境保护、综合统计、节能减排工作；完成区委、区政府交办的其他事项。内设机构7个，分别是：党政办公室、财务管理部、产业发展部、规划项目部、社会事务部、城市建设管理部、法务内审部。人员编制核定为30人，目前领导班子7人。

江南新城总规划面积155平方千米，位于重庆东南，与重庆主城山水相连，与两江新区隔江对望，明月山、南山、樵坪山三山环抱，北临长江与10万亩森林自然天成。我委辖区范围主要包括A、B、E、I（部分区域）、K、W（广阳岛本岛）六个标准分区，区域面积共约33平方千米，东至通江大道和米兰路，西至六纵线，南至南岸区区界，北至长江岸线及广阳岛。规划用地性质主要为居住、商业商务、教育科研、行政办公、市政设施等用地。

建设中的江南新城

重医附二院停车场建设

砥砺前行的重庆

民进中央基础教育改革座谈会在学校召开，全国人大常委会副委员长、民进中央主席蔡达峰出席会议

海军戴明盟将军与学校海航学子及市区领导合影

“张景中院士数学教育工作站”在学校挂牌

国科大重庆学院附属科技中学首届未来科学家班结训仪式

重庆市第十一中学校创建于1912年，学校前身为“精益中学”（1912年）和“文德女中”（1914年），1952年两校合并更名为“文益中学”，1953年命名为“重庆市第十一中学校”，1982年被授予“四川省首批重点中学”，重庆直辖后成为“重庆市首批重点中学”。

2016年，学校由中国人民海军和重庆市教委遴选承办海军航空实验班，2017年由海军和教育部授牌为“重庆市海军青少年航空学校”，主要任务是为国家培养航母舰载机飞行员和指挥后备人才；已毕业的两届海航学子中有49人被海军航空大学飞行与指挥专业录取，录取率、录取人数连续两年居全国第一，其中3人被北大、清华录取双学籍培养。2018年，中国科学院大学为学校授牌为“中国科学院大学重庆学院附属科技中学”，并设立了“张景中

市第十一中学校

市委常委、政法委书记刘强在南岸区委书记颜伟陪同下到学校视察工作

中共南岸区委副书记、
区人民政府区长陈一清与崇德武术队孩子们在一起

院士数学教育工作站”，主要任务是探索优质中学与顶级高校贯通培养科技创新人才和拔尖人才的新模式，让学生“在科学家身边成长”的理念得到落实。

学校秉承“博文修德，精益求精”的校训，着力培养“具有人文素养、科学素养、创新素养的家国栋梁”。学校坚持党的全面领导，全面落实立德树人根本任务，坚持深化教育改革创新，彰显“科技教育”“国防教育”“大阅读”特色，依托中国科学院大学和海军航空大学，共育拔尖创新人才和飞行指挥后备人才，促进学生多元发展，推进学校优质发展、特色发展、创新发展。

学校切实做到了“高质量、有特色”，教育教学质量名列重庆市前茅，曾培养出两名高考状元，100多名学生被清华、北大录取。学校曾荣获全国德育先进集体、全国体育先进集体、全国艺术教育先进集体、全国五四红旗团委、全国国防教育示范学校等多项荣誉称号。

学校正朝着“重庆一流、全国知名、走向世界”的高质量、有特色、现代化的中华名校而砥砺前行。

庆祝第36个教师节暨表彰
大会，为“孺子牛”奖获者颁奖

海航班合唱团参加电影
“中国机长”特别活动，放歌解放碑

文韵舞蹈队节目《“疫”路有我》获得
南岸区艺术展演舞蹈大赛特等奖第一名

重庆市珊瑚

重庆市珊瑚初级中学校建于1990年，是重庆市首批示范初中，现有南坪步行街、明佳和江南新城三个校区，占地共115.9亩，现有班级63个、学生3500余名、教职工近300名。

立足本土，放眼世界。学校秉承“多彩珊瑚精彩人生”的办学理念，坚持“本色做人，精彩做事”的校训，主动顺应时代发展潮流，用现代先进教育思想和科学技术武装全校，着力培养具备世界眼光、适应国际竞争的高素质人才。积极开展国际交流，与美国戴维斯区雪兰中学缔结为友好学校，正努力形成“一校三点、和谐发展，同质异彩、多元生态，并具有国际视野的现代化优质初中教育集团”。

重庆市关工委主任肖祖修莅临珊瑚中学教育集团办学30周年成果展

重庆珊瑚中学教育集团
课改展示活动暨办学30周年成果展

素质教育，百花齐放。学校以推进课程领导力建设为抓手，深入开展课程改革的实践与探索，构建了“多元生态”课程体系，实施了“基于学生需求的学习型组织建设”的六大系统，课程改革成果享誉巴渝。在传统学科课程之外，学校还设立管弦、阮咸、合

珊瑚中学教育集团办学30年成果展

珊瑚中学教育集团校史厅一角

初级中学校

唱、篮球、乒乓球、剪纸艺术、心理戏剧、巴渝文化饮食之麻辣烫等近40门特色课程，不断丰富“多彩珊瑚”内涵。

开拓创新，硕果累累。作为重庆市教育创新、优质育人的一流窗口学校，先后获得全国初中质量建设先进单位、全国管理创新品牌学校、全国初中教育创新成果奖获得学校、教育部基础教育课程教材发展中心实验区人美美育学堂、重庆市最佳文明单位、重庆市民主管理示范学校、重庆市文明礼仪示范学校、重庆市优秀家长学校、重庆市心理健康特色学校、重庆市初中音乐课程创新基地、重庆市美术教育特色区特色学校、重庆市科技特色示范校，重庆市合唱特色学校、重庆市乒乓球特色学校、重庆市市长创新奖培育学校，连续五年获得重庆市创新市长奖等荣誉，为推动区域教育优质均衡发展起到辐射带动引领作用。

中德校园足球珊瑚中学精英队开训合影

珊瑚中学教育集团步行街校区

珊瑚中学教育集团明佳校区

珊瑚中学教育集团江南新城校区

重庆市广益

区领导检查新冠疫情防控

学校成人礼宪法宣誓

纪念建党99周年主题党日活动

重庆市广益中学校（原重庆5中），市级重点中学。始建于1892年，有128年办学历史，是西南足球的发源地，曾享有“江巴学校之冠”“重庆优良中学”“广益三宝”等殊荣。学校历史悠久，校友遍及海内外，办学硕果累累，培养出数万人才，其中党和国家领导人1名，中科院、工程院、社科院院士3名。

疫情防控常态化

在新型冠状病毒防控期间，学校出台了《重庆市广益中学校关于新型冠状病毒感染的肺炎患者医疗保障工作方案》，依据特殊时期工作开展的要求和特点，通过视频会议召开行政会，安排部署疫情防控工作，居家开学工作及学生返校后的工作预案，为疫情防控工作有力有序的开展提供了有效保障。

学校通过视频会议等方式开展形式多样的新型肺炎知识、防范措施、注意事项宣传教育，引导师生和家长关注疫情新闻，培养家国情怀，促进学生从危机中获得成长及德智体美劳

公共卫生安全联防联控工作培训

高中生职业生涯规划培训

中学校

行远自迩，登高自卑

学生参加全国啦啦操联赛

学生参加重庆市校园足球联赛总决赛

全面发展。实行干部24小时值班制度，进行摸排日清汇总及上报工作，按照“停课不停学”要求，开展“空中课堂”，确保学生居家学习。

学校教育创新化

利用线上和线下相结合的方式，扎实开展“不忘初心、牢记使命”主题教育，精心组织高2020届成人仪式暨第五届“祺景”“嘉宜”优秀毕业生颁奖典礼等活动丰富学生生活。扎实推进南岸区二期课改，开展“基于核心素养的课堂教学改革”，分解到各学段和各年级，高中重抓课程标准的学习，初中重抓课堂教学的规范性和有效性。

教育质量多元化

一年来，学校坚持立德树人，注重学生多元成才，教育质量亮点突出，特色鲜明。2020年重本上线612人，600分以上近50人，重本上线率近70%，同比去年增17个百分点。其中美术重本上线率100%，刘兀楷同学被中央美术学院录取，刘相麟同学被中央戏剧学院录取。

在2019年全国校园足球联赛（重庆赛区）中，学校初中男子甲组（精英组）和初中女子甲组（精英组）荣获双冠；获得2019—2020年全国啦啦操联赛（重庆站）少年混合集体街舞冠军、自由舞蹈冠军及公开少年混合自由舞蹈冠军。程文涛同学在“2019年VEX世锦赛中国选拔赛VEX EDR（高中组）”中，荣获一等奖和最佳惊奇奖，2020年，荣获第十四届南岸区青少年科技创新区长奖。

学校一直坚持以“专业精深，合作奉献，学识广博，德行高尚”为教师发展目标，以“身心健康，人格高尚，世界眼光，有学有行”为学生发展目标，走内涵发展之路，办人民满意教育，以实现把广益中学办成“管理科学，特色鲜明，质量领先，中华名校”的目标而不懈努力。

学生参加VEX机器人世锦赛中国选拔赛

学校运动会入场式情景剧表演

重庆第二

海外大学招生

重庆二外小班个性化培养

国际部毕业指导

重庆第二外国语学校座落于重庆市南岸区南山山麓，涂山湖畔。其前身是创办于1940年的重庆市女子中学。1997年，经重庆市人民政府批准改制为股份制民办学校四川外语学院重庆第二外国语学校（简称重庆二外）。2018年5月举办方进一步优化，由南岸区资产管理公司、重庆宏声集团有限公司、重庆力宏教育投资有限公司三方举办。学校性质为国资控股的民办完全中学。

重庆二外是国家首批“外语实验学校”、“重庆市重点中学”、“重庆市中小学德育示范学校”、“重庆市绿色校园示范学校”，重庆市首个“高中外语课程创新基地”，“全国青少年篮球特色学校”，“中德校园足球联盟示范基地学校”。

学校目前拥有专任教师404人，其中正高级教师1人、特级教师3人、高级职称89人，市区级学科带头人6人、市级骨干教师24人，硕士研究生102人，学校现有高中、初中和国际部近130个教学班，学生5200余名。

教学成效显著。学校以“质量立校、特色发展”为主题，以雪松精神为引领，践行“中华灵魂，世界眼光”的育人理念，努力实现“走进二外，走向世界”的育人愿景。

2019年，高考北大清华上线4人，世界前50强名校共录取13人；一本上线率65%，本科上线率98.7%；中考全区前十名，二外8人，联招上线率超过80%。2020年，高考清北上线12人，北京大学录取1人。600分以上超

外国语学校

缤纷社团活动

爱国活动献礼祖国70华诞

中德校园足球训练教学示范课观摩

过100人；文科650分以上（市前100名）4人；理科680分以上（市前100名）7人；重本率近70%，本科上线率99%；世界大学综合排名前50强录取21人次，前100强录取41人次；中考继续保持区内领先。

2019年至2020年是师生发展主题年。2019年教育教学与外语文化展示活动月，专家引领，嘉宾云集，名师荟萃。研讨课的老师们精彩呈现，学术报告高屋建瓴，学生展示五彩缤纷。据不完全统计，前来观摩学习涉及学校210余所，教师超过2000人次，家长3500人次。

课改再写辉煌。2019年度成功申报两门精品课程，成为南岸区数量最多的课程与课题项目学校。学校在南岸区课程领导力建设系列工作中，表现突出、成绩显著，被评为先进学校。在2019年南岸区二期课改“基于核心素养的课堂教学改革”学校代表课例展评活动中，荣获一等奖。在2019年南岸区二期课改“基于核心素养的课堂教学论道”活动中，荣获一等奖。积极参加区域课改课堂观察项目实践研究，成效显著，成功申请为2020年国际奥林匹克语言学/经济学考点学校；任重教国际中日交流中心理事单位。获得全国研学旅行大赛一等奖；教师男篮获南岸区职工篮球赛第一名等20余项荣誉；20余名教师在重庆市及以上各类赛训活动、优质课大赛、“一师一优课”等获奖，15名教师受到区级以上表彰；学生获奖突破2300人次。

体艺佳报频传。20余年科学的住读管理、五彩缤纷的周末活动、30余个学生社团，使得学生自信阳光，特长得到充分挖掘，其篮球、武术、合唱、舞蹈、书法、演讲等多次获市区级、国家级奖励。2019年，被南岸区政府授予中德校园足球联盟示范基地学校，入选“同济门兴足球后备人才精英队”，成功举办“同门子弟济兴学子”首届中德校园足球联盟南岸区2019年小学生同济杯暨中学生门兴杯足球比赛，承办中国青少年健康体能高质量课堂教学观摩研讨会活动。荣获全国啦啦操锦标赛公开少年丙组大集体级集体街舞自选动作冠军，高中男篮2019—2020耐克中国高中篮球联赛重庆赛区总决赛赛区冠军。初中男子足球队获得南岸区亚军。2020年，在施光南大剧院举办“最美是初心筑梦新时代”迎新文艺晚会。

国际交流发展。学校开设有英语、法语、德语、日语、俄语、西班牙语等外语课程，近几年来，共收获来自美国、英国、加拿大、澳大利亚、日本、韩国等海外大学录取Offer1300多封，总奖学金超3000万人民币。2019年，我校成为中外人文交流（重庆）试验园区共建院校之一。国际部AP Capstone Diploma Program获美国大学理事会（College Board）批准。我校是目前重庆地区第一所获此认证与授权的学校。获批成为2020年国际奥林匹克语言学/经济学考点学校。成功举办2019春季美国大学教育展，42所美国院校和考试机构为二外学子提供最权威、最全面的留美资讯。

而今，重庆二外正在向更高、更远的目标迈进。

五彩周末活动

在施光南大剧院举办
“最美是初心 筑梦新时代”新年晚会

荣获2019—2020耐克中国
高中篮球联赛重庆赛区总决赛冠军

新年晚会

重庆市龙门浩

授牌仪式

重庆市龙门浩职业中学校始建于1965年，1982年起开办中等职业教育。学校位于重庆市南岸区江南新城，校园占地面积228亩，校舍建筑面积近12万平方米，现有教职工420人，在校学生6600余人。学校下设计算机部、机电部、旅游管理部、艺术设计部、财经商贸部五大专业部，开设有计算机应用、广播影视制作、数字媒体技术应用、动漫游戏，电子与信息技术、汽车制造与检修、数控技术、通信运营服务、物联网技术应用、机电设备安装与维修、航空旅游、学前教育、高星级饭店运营与管理、城市轨道交通运营管理、美术绘画、工艺美术、服装设计、电子商务、会计等共19个专业。

实力铸就品牌

2000年学校被评定为国家级重点中等职业学校，2010年被教育部确定为全国首批国家级中等职业教育改革发展示范学校，2014年荣获“全国职业教育先进集体单位”荣誉称号，2007年和2019年两次荣获“全国教育系统先进集体”。

学校是国家级高技能人才培训基地、全国教育科学规划教育部重点课题实验学校、重庆市文明单位、重庆市职教先进集体、重庆市中等职业教育战略发展研究试验学校，是国家级计算机应用与软件技术实训基地、国家级电工电子实训基地、全国信息技术职业能力培训中心、第46届世界技能大赛市级集训基地、重庆市公共实训基地、重庆

职业中学校

市重点规划建设的职业教育实训基地、重庆市教育科学研究院教育科研实验基地、重庆市农村劳动力转移培训基地、重庆市残疾人培训基地、南滨路餐饮标准化服务培训基地，拥有国家职业技能鉴定工作站和国家计算机信息技术考试站，荣获重庆市职业学校优秀教育科研成果一等奖和重庆市政府首届中小学教学成果一等奖。学校与同济大学、德国巴伐利亚州文教部携手合作，致力打造“中德（重庆）跨企业培训中心”、“中德（重庆）工程师学院”和“中德职业教育联盟西部中职示范基地”。

质量彰显特色

学校教学质量成效显著，师生参加各类大赛，累计荣获国家级、省市级奖4000余个。各专业毕业生备受行业青睐，合格学生就业率达到98%。高考班连续15年高考升学人数在全市名列前茅，升学总数6850人。

创新促进发展

学校坚持走内涵发展之路，遵循“正人达业行天下”的办学理念，坚持“以服务为宗旨，以就业为导向，以能力为本位，以质量为核心”的办学方向，形成“巩固规模、内涵发展、提高质量”的发展思路，构建工学一体化的发展模式，明确了培养行业青睐人才的质量目标，全力打造中国西部信息技术人才教育高地，为重庆市产业结构调整和升级提供强大的人力支撑。开拓、进取、求实、创新的龙职中正以崭新的姿态不断迈进，谱写“大美龙职”的华丽篇章，为实现建设国际化、智慧化、职业化的中华职教名校目标而努力奋斗！

课堂辅导

体操课

万友汽车投资有限公

兵装集团副总经理，中国长安董事长刘卫东到店现场调研

区常委、区纪委书记、区监委主任胡显键走访调研疫情防控情况

万友汽车投资有限公司南坪分公司系万友汽车投资有限公司（以下简称万友汽车）的全资分公司。万友汽车投资有限公司系中国长安汽车集团有限公司旗下汽车营销及服务专业化运营平台，自2012年深度整合集团公司旗下汽车营销服务资源成立。公司注册资本8亿元，主要从事汽车（欧尚汽车、长安乘用车、福特汽车、长安马自达、凯程汽车、沃尔沃等汽车品牌）销售、维修服务及备件配送业务、汽车综合体项目开发建设与运营管理。公司现有员工近6000名，拥有全资子公司25家、控股子公司12家、参股子公司4家、分公司2家，业务区域分布于北京、天津、重庆、云南、贵州、四川、广西、安徽、江苏、浙江、山西、深圳等多省市，拥有3个汽车综合体项目，经营各品牌汽车4S店142家、备件中心5家。公司累计销售汽车达125万辆，实现营业收入1260亿元、为国家创造利润和税收近20亿元。公司秉承中国兵器装备集团优良传统，集中国长安资源优势，汇“万友”知名

副区长吕轶率队来司调研

党建结合经营开展捐资助学活动

中华人民共和国成立70周年团建活动

司重庆南坪分公司

万友沃尔沃南岸区光电路全景

创新经营，服务客户

商号20 余年品牌积淀，坚持弘扬“自我批判、拼搏进取、务实高效、真诚奉献”的企业精神，践行“诚信、激情、变革、共赢” 的核心价值观，以“战略引领、对标行业、开放融合、科学规范、直击痛点、立即行动、精益管理、持续优化”为企业准则，以“引领汽车服务，共享出行价值”为企业使命，致力打造国内一流客户体验与价值创造服务供应商！

万友汽车投资有限公司重庆南坪分公司（以下简称万友沃尔沃）为沃尔沃汽车品牌授权经销商，公司成立于2015年，2015年3月在南岸区具有重庆特色餐饮、娱乐文化的南滨路上建成并运营重庆市主城区首家沃尔沃VRE 零售体验店，2017年在南岸区光电路18号建成沃尔沃V600 旗舰店并搬迁至此营业；2019年，万友汽车实施品牌整合，将万友万州骐沃沃尔沃4S店正式纳入公司统一管理，形成主城+万州两翼协同发展，大大提升了公司在重庆地区的影响力。

经过2015年3月至今的发展，公司在沃尔沃汽车全国260余家经销商排名中南坪店由2018年的40名上升到2020年1-7月的全国第14名，2019年实现沃尔沃汽车销量1503台（南坪1175台、万州328台）、营业收入3.7亿元。2020年在疫情影响了1个半月的情况下，公司全力复工复产，1-6月销售实现731台,同比增长7.37%，远高于行业水平（行业水平-14%）；完成营业收入2.1亿元，同比增长3%；重庆市场占有率率上升至34%，同比增长3%。我司以差异化营销理念作为公司发展战略，开展了一系列特色化服务，诸如开品牌先河的原值置换升舱计划、一对一品质深度试驾体验活动，获得了厂家在全国的推广；我们正在开展的结合抖音直播及赋能E代驾公司的交钥匙工程、即将开启的专属超级客户计划，都在尝试的过程中，也获得了客户的一致认可，充分体现了营销中的文化气息，将万友汽车诚信文化融入日常经营活动中，通过深度体验服务展现沃尔沃品牌安全、健康、环保的品牌文化。

坚持党的领导、加强党的建设，是公司发展的“根”和“魂”。以党建与经营“两手抓，两手硬”打造特色商贸党建，全面从严治党，充分发挥党组织“把方向、管大局、保落实”的政治领导和政治核心作用，以强党建促经营，将党建优势转化为发展优势。公司将进一步扎根南岸，以央企的责任和担当服务更多的消费群体。

企业荣誉墙

新万友、诚行路

南岸区人力资源和社会保障局

重庆市南岸区人力资源和社会保障局作为南岸区政府工作部门，主要职责是贯彻落实党中央、市委和区委关于人力资源和社会保障工作的方针政策和决策部署，贯彻执行人力资源和社会保障工作的法律法规、规章和方针政策，推动全区人力资源和社会保障工作。

人力社保部调解仲裁管理司司长张文淼到我区调研

2019年，南岸区人力资源和社会保障局（以下简称“区人社保局”）荣获2019年全国清理整顿人力资源市场秩序专项执法行动取得突出成绩单位、重庆市第三届“渝创渝新”创业创新大赛特别贡献奖，区就业和人才服务局荣获2015—2019年度重庆市人力资源和社会保障工作先进集体。

南岸区和谐劳动关系企业经验交流会

“江南之星”创新创业大赛

全国统筹条件下社保经办管理体制研究调研座谈会（南岸站）

目　录

特　载

大 事 记

区情概览

政　治

法　治

军　事

工　业

交　通

邮政　通信

农　业

商业贸易

宏观经济管理

经济板块

重庆经济技术开发区

金 融 业

城 建 环 保

城 市 管 理

教　育

科 学 技 术

文化　旅游

卫 生 健 康

体　育

社会事务管理

街道　镇

统计资料

特　载

重庆市南岸区人民政府工作报告

——2020 年 1 月 7 日在南岸区第十八届人民代表大会第五次会议上

重庆市南岸区人民政府区长 陈一清

各位代表：

我代表南岸区人民政府向大会报告工作，请予审议，并请各位政协委员提出意见。

一、2019 年工作回顾

过去一年，是新中国成立 70 周年，是全面建成小康社会关键之年。我们坚持以习近平新时代中国特色社会主义思想为指导，认真贯彻落实中央决策部署和市委、市政府工作要求，坚持稳中求进工作总基调，深入抓好“三大攻坚战”“十项重点工作”，扎实推进重庆经开区体制调整和扩容升级，经济社会发展取得新成效。

（一）高质量发展稳中有进。全年地区生产总值增长 6.1%（达到 770.6 亿元），位居主城第三；规上工业总产值增长 3.7%（达到 792.8 亿元），增加值增长 6.3%，位居主城第一；社会消费品零售总额增长 6.6%（达到 472.1 亿元），商品销售总额增长 10%（达到 1858.4 亿元），均位居主城第三；实际利用外资 8.88 亿美元，位居主城第三；进出口总额增长 5.4%（达到 16.3 亿美元），位居主城第三；大数据智能产业规模突破 900 亿元，增长 12%；金融机构存贷款余额增长 20.5%（达到 2965 亿元），位居主城第一；坚决执行广阳岛片区、“两江四岸”、高铁重庆东站等区域规划建设管控调整，固定资产投资增长 6.4%（达到 376 亿元）；严格落实国家减税降费政策，全口径减税降费 41.3 亿元，一般公共预算收入完成 57.4 亿元，扣除政策性减收因素后，同口径增长 6.1%；城乡居民人均可支配收入分别增长 8.3%、9.6%（分别达到 41915 元、23059 元），农村居民人均可支配收入、建筑业增加值增速位居全市第一。

（二）创新驱动扎实推进。加快建设中国智谷（重庆）科技园，扎实推进以大数据智能化为引领的创新驱动发展。维沃、美的等重点企业基本实现研产销一体化，维沃产值连续两年超过 200 亿元，美的产值翻番、成为又一百亿级龙头企业，重庆中烟产销两旺；盟讯电子入选工信部专精特新“小巨人”企业，美心集团建成国家级绿色工厂，机床集团、通用工业建成市级绿色工厂；新增科技型企业 142 户、高新技术企业 44 户。重庆软件园、重庆市 5G 产业园开园运营，飞象工业互联网平台联网智能化改造传统企业 27 户、生态接入企业 234 户，中移物联网平台链接数突破 8 亿个、居全球第一，易华录城市数据湖示范工程、中国科学院大学转化医学研究院、力合科创重庆创新中心等投入运营，华为物联网创新中心、树根互联等项目落地，中德学院、远康环保等项目启动建设；新增市级科研平台 12 个，中电科 26 所、机床集团、重庆交通大学 3 项技术获国家科技进步二等奖。中国智谷（重庆）科技园被纳入首批中新国际数据通道建设园区名录，全市首个工业互联网标识解析二级节点顺利落地，智谷•环重邮创新创业生态圈加快推进；出台科技创新激励十条等政策，设立 2 亿元科技型企业知识价值信用贷款风险补偿基金，全社会研发投入占 GDP 比重首次突破 3%。

（三）重点建设步伐加快。全力服务广阳岛片区长江经济带绿色发展示范建设，广阳岛片区规划落地，岛内、岛周生态修复项目启动实施。配合编制形成高铁重庆东站综合交通规划、站前区控规调整和城市设计等方案，全力支持铁路枢纽东环线、轨道十号线二期、郭家沱大桥及六纵线等市级重大项目建设，经开立交、茶园大道、C—D 连接桥、东西干道、南北干道、东港横二路等工程建成通车，东港片区主次骨架路网基本形成，江南立交改造、通江立交、滨五期等项目加快推进，江南隧道及茶黄路工程前期工作基本就绪。配合编制形成两江四岸核心区整体提升规划方案，故宫南迁文物纪念馆、长江有声记忆博物馆、呼归石花阶、九曲花海台地公园等项目建成，雅巴洞江滩公园水工项目、群慧立交及配套道路等工程开工。积极推进南山城市山地公园规划建设，黄桷垭老街建成开街，黄桷垭环道、黄葛古道提档升级等项目启动实施，黄明路改造等项目竣工投用。完成征地拆迁 5.36 平方千米，确保了重点建设顺利推进。

（四）城乡面貌持续改善。把握全市国土空间总体规划修编机遇，启动编制全区国土空间规划。渝航大道、黄桷湾立交等门户景观持续提升，黄桷湾体育公园等项目开工建设，新增、改造绿地面积 80 万平方米，新建、改建社区公园 9 个。改造城市棚户区 13.5 万平方米，整治违建 45.6 万平方米，完善市政道路设施 8.82 万平方米，涂装桥梁 2.49 万平方米、护栏 17.6 千米。打通断头路 6 条，新增停车泊位 2 万个，新增、优化公交线路 12 条。完成全区雨污管网普查，新建雨污管网 20 千米，改造雨污错混接点 65 个。成功研发“运渣车智能化管理系统”，建成垃圾分类示范片区 5 个、示范点 34 个，城市生活垃圾无害化处理率达到 100%，垃圾分类时尚小区、最美社区游园、最美市街节点绿化 3 项城市管理成果获全市第一。编制完成 26 个村规划，建设乡村振兴示范村 5 个，成功创建“中国南山杜鹃盆景之乡”。建成四好农村路 77 千米、干线公路 31 千米，改造农村厕所 1863 个，创建市级美丽庭院 300 个。提前全面完成“大棚房”整治任务，非洲猪瘟等动物重大疫病有效防控。城乡供水一体化实现全覆盖。

（五）改革开放不断深化。营商环境提升计划启动实施，重庆经开区深化“放管服”改革试点示范深入推进，“智信经开·区域经济大脑”平台建成投用，工程建设项目审批时限压缩 60% 以上，企业投资项目、一般工业项目审批时限分别压缩至 44、14 个工作日以内；竭力推进民营企业纾困，引导金融机构发展普惠金融，年末中小微企业贷款余额 108.9 亿元、比年初增长 46.5%，新增市场主体 2.2 万户。国家服务业综合改革试点顺利通过中期评估，形成传统商贸企业数字化转型等典型经验，重庆石油天然气交易中心累计交易额突破 500 亿元、注册会员企业超过 1600 家，京东数字经济产业园引进电商企业 75 户、关联企业 57 户，全国首个火锅食材线上交易平台、西南首个无界零售智慧售药超市建成，京东医药、萃华珠宝、天鑫洋金业等电商总部落户，全区电子商务交易额增长 17%（达到 240 亿元）；抗战遗址博物馆成功创建国家 4A 级景区，重庆国际马拉松赛、重庆全球旅行商大会等品牌效应持续增强，旅游收入增长 33.6%（达到 224.6 亿元）。区城建集团成功维持标普 BBB、惠誉 BBB+ 国际信用评级。国企改革“三供一业”移交基本完成。开放型经济稳步发展，工商银行自贸区分行注册运营，谊品生鲜吸引腾讯、美团等投资 16.5 亿元、入围全球独角兽企业 500 强，怡置集团等外资企业加快发展，国际集团进出口额突破 8 亿美元，渝贸通外经贸公共综合服务平台投用、入驻企业 2720 家，第七届开发区对话 500 强等活动成功举办。引进国网信通、中住大数据、重庆紫光软件、甲壳云等 71 个项目，招商合同金额 883 亿元，在区世界 500 强企业达到 53 家，发展后劲进一步增强。

（六）生态环境质量进一步提升。五大环保行动扎实推进，大气、废水、土壤、扬尘、噪声等治理成果不断巩固，全区空气质量优良天数 310 天、达到历史最高水平，城市集中式饮用水源地达标率达到 100%，创建扬尘控制示范道路 20 条、工地 20 个，噪声污染得到有效控制。污染防治攻坚战、长江保护修复攻坚战深入推进，配合第二次全国污染源普查工作基本完成，川东化工厂遗留污染、茶园污水处理厂箱涵溢流等问题整改到位，鸡冠石污水处理厂提标改造、茶园至东港片区污水调配管网等工程建成投用，东港污水处理厂启动运营，苦溪河综合整治工程加快推进，排查整治沿江排水口 46 处，关闭货运码头 5 座，整治停泊船舶 35 艘，退捕转产渔船 67 艘。全力推进南山、明月山生态保护治理，整治“四山”范围违建 20.1 万平方米，关停取缔“散乱污”企业 65 家，完成南山违规“民宿”、全区违建别墅等整治任务。配合第二轮中央生态环保督察工作圆满完成，全年办理群众环保投诉 3542 件，群众满意率达到 99.5%。

（七）民生保障全面加强。市、区两级民生实事圆满完成。和谐劳动关系综合试验区创建扎实推进，新增就业 3.9 万人，为年度任务 1.3 倍。长生桥中学一期、江南水岸小学、弹子石中学、大佛段小学建成投用，新增学位 5850 个，新增普惠性幼儿园 20 所，全区 305 所幼儿园、中小学安装“一键式报警装置”，建成智慧校园 4 所，在全市率先建成学前教育监管云平台。以市五院为核心建成紧密型医联体 2 个，区精神卫生中心加快建设，家庭医生签约 24.2 万人，重点人群签约覆盖率 76.1%，特殊人群签约率 100%。在全市率先启动低值医用耗材集中采购试点，全区所有公立医院全部实现药品耗材“零差率”销售。建成市级示范社区养老服务中心 2 个、医养结合养老中心 2 个、社区养老服务站 12 个，成功申报全国居家和社区养老服务改革试点区。创建国家公共文化服务体系示范区通过中期评估，基层公共文化服务创新经验在全国推广，茶园文化艺术中心等项目加快推进。城乡低保标准差距缩小至 1 ∶ 0.8。“三调合一”获全国创新社会治理十佳案例，11 个镇街“三调合一”调解中心建成投用。持续开展“两解一帮”联系服务群众工作，新时代文明实践中心建设纳入全国试点，“三事分流”经验在全国推广。

（八）防范化解重大风险扎实有效。严守政府债务底线，稳妥化解政府隐性债务风险，政府债务绿色可控。互联网金融专项整治进展有序，扫黑除恶专项斗争纵深推进，区公安分局合成作战中心建成投用，八类主要刑事案件同比下降19.5%、破案率主城第一，涉众型经济案件同比下降83%，现行命案破案率连续五年达到100%，“民生”小案破案率全市第一、追赃挽损618万元。“雪亮工程”加快建设，新建视频监控5000路，联网社会单位视频监控3.1万路，弹子石老街“警用三维云控系统”建成投用。圆满完成新中国成立70周年大庆安保维稳任务，统筹做好安全生产、森林防火、灾害防治、应急救援、食品药品监管等工作，连续13年获全市安全生产目标考核先进等次。

第四次全国经济普查工作圆满完成，民族宗教、外事、侨务、对台、档案、保密、修志、供销、粮食安全、国防动员、双拥共建、退役军人服务、民防、对口支援、工会、青少年、妇女儿童、科协、老龄、慈善、残疾人、老干部、关心下一代等工作都取得了新的进步。

过去一年，我们全面贯彻落实党的十九大和十九届二中三中四中全会精神，扎实开展“不忘初心、牢记使命”主题教育，切实加强政府自身建设。自觉接受人大及其常委会的法律监督和工作监督，主动接受政协的民主监督，办理建议提案653件、满意率达到98.2%。法治政府建设扎实推进，全面推行行政执法公示、执法全过程记录、重大执法决定法治审核“三项制度”，严格规范各类行政执法行为。区级机构改革顺利完成，政府职能加快转变。

各位代表！过去一年取得的成绩，是习近平新时代中国特色社会主义思想科学指引的结果，是市委、市政府及区委正确领导的结果，是区人大、区政协和人大代表、政协委员监督支持的结果，是全区广大干部群众团结奋斗的结果。在此，我代表区人民政府向全区人民，向人大代表、政协委员，向各民主党派、工商联、人民团体，向驻区部队、武警官兵、消防指战员、公安民警，向离退休老同志和社会各界人士，表示衷心的感谢和崇高的敬意！

在肯定成绩的同时，我们也清醒地看到，当前南岸发展还面临不少困难和挑战，主要是：传统产业转型升级、新旧动能接续转换还不够快，工业企业负增长面较大；城乡基础设施欠账仍然较多；民生领域短板亟待补齐；生态环保任务依然繁重；营商环境亟待进一步优化；治理效能提升仍需久久为功，部分干部能力、作风还不适应新时代的要求。对此，我们将高度重视、克难攻坚，不辜负全区人民的重托和期待！

二、2020年工作安排

2020年，是全面建成小康社会、实现第一个百年奋斗目标的决胜之年，是“十三五”收官、“十四五”谋篇之年。党的十九届四中全会，为新时代坚持和完善中国特色社会主义制度、推进国家治理体系和治理能力现代化，提供了科学指南。习近平总书记视察重庆重要讲话，给予了我们最根本的遵循和指引、最强大的动力和鞭策。以习近平同志为核心的党中央作出推动成渝地区双城经济圈建设的重大战略部署，给我们改革开放和高质量发展创造了重大机遇。党中央、国务院关于推进西部大开发形成新格局、国家级经开区创新提升等文件相继出台，为我们注入了一系列政策红利。市委、市政府对南岸发展高度重视、寄予厚望，在南岸布局了广阳岛片区长江经济带绿色发展示范、高铁重庆东站、两江四岸核心区、南山城市山地公园、中国智谷（重庆）科技园等战略性重大项目。站在承前启后的历史节点，面对前所未有的发展机遇，全区上下要振奋精神、保持定力，抢抓机遇、乘势而上，充分发挥南岸作为“一区两群”核心节点等优势，在全市发挥“三个作用”中实现更大作为、作出更大贡献，奋力书写南岸改革发展的新篇章！

今年政府工作的总体要求是：坚持以习近平新时代中国特色社会主义思想为指导，全面贯彻党的十九大、十九届二中三中四中全会精神和中央经济工作会议精神，增强“四个意识”，坚定“四个自信”，做到“两个维护”，深化落实习近平总书记对重庆提出的“两点”定位、“两地”“两高”目标、发挥“三个作用”和营造良好政治生态的重要指示要求，贯彻落实党中央关于推动成渝地区双城经济圈建设的重大战略，按照区委部署，紧扣全面建成小康社会目标任务，坚持稳中求进工作总基调，坚持新发展理念，坚持以供给侧结构性改革为主线，坚持以改革开放为动力，坚决打赢“三大攻坚战”，深入实施“八项行动计划”，全面做好“六稳”工作，紧紧抓住重大历史性机遇，推动高质量发展之路越走越宽广，实现量的合理增长和质的稳步提升，努力在成渝地区双城经济圈建设、全市“一区两群”区域协调发展中发挥支撑作用、带动作用、示范作用，确保全面建成小康社会和“十三五”规划圆满收官，得到人民认可、经得起历史检验。

主要预期目标是：地区生产总值增长6%左右；规上工业总产值增长6%左右、增加值增长7%左右；社会消费品零售总额增长6%左右，商品销售总额增长12%左右；固定资产投资增长6%左右；一般公共预算收入增长3%左右；新增城镇就业3.3万人；城乡居民人均可支配收入增长8%左右。

着重做好以下工作：

（一）围绕发挥“三个作用”，在“双城经济圈”建设和“一区两群”格局中展现新担当新作为。坚持从全局谋划一域、以一域服务全局，高起点编制全区“十四五”发展规划、国土空间规划，充分发挥重庆经开区主引擎作用，协同推进广阳岛片区、高铁重庆东站、两江四岸核心区、南山城市山地公园、中国智谷（重庆）科技园建设，为全市发展作出应有贡献。

全力推动重庆经开区高质量新发展。聚焦做强做靓中国智谷（重庆）科技园，加快建设西部领先、全国一流的国家级经开区。大力发展大数据、智能化、绿色化产业，助力全市建设国家数字经济创新发展试验区、国家新一代人工智能创新试验区，积极打造“工程师之城”“设计之都”。启动建设中国（重庆）建筑大数据产业应用示范区、智谷·智创中心等项目，加快建设重庆市5G产业园、重庆软件园、信通院西部分院基地，做大做强高通联合创新中心、物联地带·渝等平台，打造智能运营平台高度集聚、智能终端产业优势集中、智能制造创新发展的绿色智慧谷，加速形成重庆主城东部槽谷高质量发展增长极。

全力推动广阳岛片区长江经济带绿色发展示范建设。认真落实《重庆市人大常委会关于加强广阳岛片区规划管理的决定》，全面参与实施《重庆市广阳岛片区总体规划》《重庆市广阳岛片区开展长江经济带绿色发展示范实施方案》。加快征地拆迁工作，推进广阳岛生态文明干部学院、长江生态环境学院等项目落地。加快实施山水林田湖草生态保护修复国家工程试点，完成岛内、岛周生态修复项目，促进岛内岛外联动发展，全力把广阳岛片区建设成“两点”的承载地、“两地”的展示地、“两高”的体验地，引领全市在推进长江经济带绿色发展中发挥示范作用。

全力推动高铁重庆东站建设。配合推进站房建设设计方案、站前区控规调整和城市设计方案、东站综合交通体系规划落地，提速完成征地拆迁，加快推进站场站房建设，启动3.47平方千米站前区建设。协同推进铁路枢纽东环线、渝湘高铁、渝万高铁、轨道交通、配套道路等项目建设，统筹区域格局、功能布局、综合交通、空间景观和开发建设“五个一体化”，建设站城景空间功能有机融合、多种交通工具“零距离”换乘的现代化综合交通枢纽。

全力推动两江四岸核心区整体提升。立足“历史人文风景眼、山水城市会客厅、商业商务中心区”定位，推动南滨路建设总部经济功能区、金融开放实验区、国际合作展示区和商旅文体融合发展的百里城市滨江国际黄金旅游带。按照点上做靓、线上贯通、面上提升的要求，加快推进“重庆眼”“龙门里”“长嘉汇”“长江梦中心”“国际迎宾岛”等项目规划落地和提升；开工建设南滨路至广阳湾东延伸段、开埠文化遗址公园等项目，配合完成重庆规划展览馆迁建，建成投用城市会客厅等项目，让历史人文风景眼与自然生态风景眼连为一体，演绎南滨路“启、承、转、合、开、新”的交响曲，展现重庆“山、江、湾、峡、岛、城、人文”的大美画卷。

全力推动南山城市山地公园规划建设。争取市级支持，加快完成南山城市山地公园总体规划、建设方案，着眼山上山下联动谋划，围绕“控增、减量、提质”，在规划管控、开发管制、生态搬迁、生态修复、基础设施建设等方面综合施策，深化生态保护治理和利用。加快推进广阳岛至南山植物园道路、蜡梅园至乐和谷连接通道等项目规划建设，完善南山综合交通体系。加强文物保护利用，推动抗战遗址博物馆、南山植物园、黄桷垭老街等景区联动提升，打造重庆主城开放共享生态空间。

（二）坚持创新发展理念，推动高质量发展行稳致远。加快推进产业转型升级，聚焦创新驱动发展，走深走实高质量发展之路。

深入推进以大数据智能化为引领的创新驱动发展。以中国智谷（重庆）科技园为载体，加快推动国网信通、甲壳云、易华录、深兰科技、重庆紫光软件、华为等项目建设，数字经济增加值增长10%以上。强化数据资源转化应用，做优做强中移物联网、中交通信、城投金卡、讯之美等大数据平台。深入实施科技型企业“百千万工程”、创新提升计划，加快推进力合科创、京东云等企业创新中心建设，全年引育高新技术企业20家、科技型企业100家、研发平台10个、市级以上创新创业领军人才和示范团队10个。深化与重庆邮电大学、交通大学、工商大学等校地协同创新，启动建设重邮研究生院江南分院、大数据智能化协同创新研究院，加快推进中国科学院大学转化医学研究院、同济大学中德学院等项目，积极创建产教融合示范区，加速打造“一区两群”创新高地。

大力推动制造业高质量发展。全力支持维沃重庆生产基地二期、重庆卷烟厂技改工程、桐君阁药厂智能工厂等项目开工建设，推动美的通用扩能项目建成投产，促进维沃、美的等龙头企业提高研产销一体化水平，支持重庆卷烟厂提速发展、率先翻番。推动瑞莲科技、科莱博隐形眼镜等项目开工投产，支持圣华曦药业等“专精特新”企业、莱美药业等“小巨人”企业、盟讯电子等“隐形冠军”企业做大做强，引育高成长性企业10户、产业链配套企业10户以上。加快发展工业互联网，做大做强飞象工业互联网、树根互联等平台。支持传统企业实施技术改造，推动会凌电子迁建技改工程、神箭汽车技改工程等项目建成投产。加快5G基础设施建设，支持多站融合智能变电站推广建设。狠抓工业企业脱困回升，支持烟草、食品、轻纺、建材、包装印刷等行业企业转型升级，全面提高工业经济发展质量和效益。推进科大讯飞、重庆军工产业集团军民融合项目尽快落地见效，加快建设军民融合产业示范基地。

持续推动现代服务业提质增效。融入内陆国际金融中心建设，打造弹子石CBD金融开放实验区，积极引进金融科技标准化认证中心等项目，做大做强重庆石油天然气交易中心、华西黄金交易中心。融入国际消费中心城市建设，深化国家服务业综合改革试点，促进商旅文体融合发展。注重功能分区、消费分层，打造南滨路国际品质消费集聚区，加快江南新城新都会、奥园广场等商业体建设，推动南坪商圈业态转型升级。加快推进金菱汽车城二期、国泰e电园汽车城等项目，做大京东数字经济产业园项目，引进电商企业30户以上，电子商务交易额增长10%以上。大力发展总部经济、“楼宇”经济，开工建设中铁建重庆总部基地，推动国药控股、京东医药、华润医药、长航川江国际、希望集团等总部项目落地运营，培育国瑞中心、中讯大厦等亿元税收楼宇。完成南滨路国家级文化产业示范园区创建，加快推进文旅综合服务“四中心一基地”、华人文化、华策影视等项目落地，做靓重庆国际马拉松赛、重庆全球旅行商大会等品牌，打造“高星级＋主题”酒店集群。加快发展生物制药、医药流通、医美康养等大健康产业，促进药交所、药智网等平台做大做强，大健康产业规模突破400亿元。

（三）坚持协调发展理念，深入推进城乡融合发展。统筹推进城市提升和乡村振兴，加快建设宜业、宜居、宜乐、宜游的品质城市和美丽乡村。

持续抓好城市提升。加快推进江南立交改造、通江立交、群慧立交及配套道路、滨五期等工程建设，开工建设江南隧道及茶黄路、南滨路东延伸段、茶惠大道等项目，完成天文大道、黄金公路等升级改造，打通中海学校连接道等4条断头路，全力推动轨道交通、郭家沱大桥及六纵线提速建设，启动实施轨道交通南坪站上盖物业、弹子石片区智能交通改造等项目，全面完成上新街片区智能交通改造，促进黄桷坪长江大桥、鹿角隧道早日开工。改造南滨路10千米滨江步道，建设“两江三桥”步道环线、清水溪步道，完成黄葛古道、老君洞等山城步道提档升级。有序实施立体绿化、生态绿廊、坡地堡坎崖壁治理，推进海峡路、朝天门长江大桥、东水门长江大桥、黄桷湾立交、内环快速路南岸段、南滨路等景观升级改造，开工建设智谷公园、雅巴洞江滩公园等项目，新增、改造绿地90万平方米。加快实施龙门浩老街拓展区、黄桷垭老街二期等项目，推进抗战遗址博物馆提档升级，故宫南迁文物纪念馆完成布展开园。深化上新街片区、二贸片区综合整治，改造棚户区10万平方米以上，改造老旧小区15个。深入推进生活垃圾分类处理，城市、农村垃圾分类示范率分别达到50%、30%。启动建设城市物联网平台，建设智能交通管理平台和智慧停车管理平台，新增停车泊位1万个，新增公交线路2条、轨道交通与公交换乘接驳线路3条。深入落实“大城三管”，深化“五长制”“门前五包”等机制，提升城市管理精细化、标准化、智能化水平。

扎实推进乡村振兴。抓好全市生态振兴试验示范，加快建设南山街道放牛村、双龙村等5个乡村振兴示范村和迎龙湖国家湿地公园等乡村振兴项目。扎实推进迎龙镇、广阳镇老旧饮水管网改造，全面完成86千米四好农村路建设、84千米干线公路改造，建成农村污水管网20千米，确保行政村生活垃圾有效治理率保持100%、农村卫生厕所普及率达到95%。全面开展“三清一改”村庄清洁行动，持续推进农村“五沿”地区人居环境综合整治，创建市级美丽庭院300户、市级绿色村庄5个。深化“三权分置”改革、农村集体产权制度改革，完成农村土地承包经营权确权登记颁证。持续推进双龙村、放牛村、凉风村“三变”改革试点，深入推进“三社”融合，鼓励新型农业经营主体与农民开展合股联营。做优西部农交会、江南枇杷节和南山盆景展、蜡梅节、樱花节、兰花节等节会品牌，大力发展乡村旅游，促进一产“接二连三”。

（四）坚持绿色发展理念，加快建设山清水秀美丽之地。强化“上游意识”、担当“上游责任”、体现“上游水平”，筑牢长江上游重要生态屏障，在融入长江经济带绿色发展中发挥示范作用。

严格生态环境保护。从严保护长江水生态，深入开展沿江排水口溯源整治，新建雨污管网28千米，改造错混接点70个，持续整治大沙溪等入河排水口46个，启动茶园污水处理厂三期扩建项目，确保长江干流南岸段水质优良稳定。从严保护南山、明月山等生态资源，坚决遏制除公益性设施外的开发建设增量。打好污染防治攻坚战，持续开展五大环保行动，推进“无废城市”建设试点，空气质量优良天数超过300天，城市生活污水集中处理率达到96%以上，污染地块安全利用率和危险废物规范化处置合格率达到100%，创建扬尘控制示范道路20条。

加强生态环境修复。加快推进苦溪河综合整治工程，实施苦溪河、白沙河和纳溪沟“清水绿岸”治理提升工程，关闭玄坛庙饮用水源地取水点、涂山水厂，完成白洋滩饮用水源地规范化建设、“两江四岸”船舶码头整治等任务。深化南山、明月山生态环境治理，整治违建50万平方米，巩固违建别墅、违规“民宿”等整治成果。全力推进环保督察反馈问题整改。加快推进长生桥垃圾填埋场生态修复，全面完成南山闭矿区生态修复、砖瓦窑复垦复绿等任务。

完善生态文明制度。严格执行生态保护红线、环境质量底线、资源利用上线和生态环境准入清单“三线一单”环境管控体系，深入落实河长制、林长制，实行最严格的生态环境保护制度。全面推行生态环境损害赔偿制度和企业环境信用评价制度，落实生态环境保护责任制度。健全绿色考评体系，切实把资源消耗、环境损害、生态效益等纳入经济社会发展评价体系。

走深走实“两化路”。把“绿色＋”融入经济社会发展各方面、全过程，积极发展绿色产业、推广绿色建筑、打造绿色家园。依托广阳岛片区长江经济带绿色发展示范建设，深入实施山水林田湖草生态保护修复，严格落实产业准入负面清单，着力打造数字经济、循环经济、生态经济三大高地。加快推进中住大数据等项目建设，推广发展装配式建筑、智能建筑、绿色建筑。大力发展环保产业，做大做强远康环保、智慧思特等企业。依托广阳岛片区、南山、明月山、迎龙湖、长江生态系统，完善绿道体系，促进农旅融合，发展康养休闲、山地运动、生态旅游，让绿水青山变成金山银山。

（五）坚持开放发展理念，着力打造内陆开放先行区。以深化供给侧结构性改革为主线，促进市场化改革与高水平开放联动，不断增强高质量发展的动力与活力。

蹄疾步稳深化改革。深入推进重庆经开区“放管服”改革试点示范，拓展“智信经开•区域经济大脑”平台功能，全面实行“多评合一”，探索“先建后验”审批模式，实现涉企事项线上运行。精简全区行政审批和公共服务事项清单，推行部门联合“双随机、一公开”监管全覆盖。深入推进“云长制”，加快建设数字南岸政务云平台、“信用南岸”平台、“信易通”守信激励创新试点，基本完成政务信息系统“迁移上云”。深化国资国企改革，推动国企重组整合、瘦身健体，提升国企市场化运营效能，建成国资监管平台系统。深化财政体制改革，全面实施预算绩效管理，强化绩效评价结果运用。全面落实中央、全市改革举措，协同推进投融资、社会治理等领域改革。

扎实推动高水平开放。推动重庆经开区、自贸试验区、中新示范项目等开放平台融合互动，深化重庆经开区与长江经济带沿线国家级经开区合作，加快建设重庆经开区（深圳）协同创新中心。加快落实自贸试验区建设改革试点任务，探索形成制度创新典型案例，与两江海关合作建立 AEO 认证机制，打造南岸自贸板块实体展示区。融入中新国际数据通道建设，加快推动新加坡海峡置业、狮岩毅鸣基金等项目合作。加快高铁重庆东站及配套交通建设，融入西部陆海新通道，完善通道辐射、集散和服务网络。支持工商银行自贸区分行等金融机构开展国际业务，支持企业加大海外增资发债力度。协同国际集团开展对外贸易全国供应链创新与应用试点，支持维沃、力宏等外贸企业拓展国际市场，支持外建集团扩大对外工程承包和劳务输出，推动嘉发服务贸易特色产业园、渝贸通外经贸服务平台做大做强。促进远视科技、新马制衣等企业发展服务外包业务，做大服务贸易总量。强化专业招商、精准招商、国际招商，进一步提高招商引资质量和成效。

大力优化营商环境。认真落实《优化营商环境条例》，对标世行营商环境评价体系，加速打造市场化、法治化、国际化的营商环境。深入实施营商环境提升计划，加快发展民营经济，围绕优化企业全生命周期服务，加快落实企业开办、许可办理、知识产权保护等 17 个方面 73 项任务，持续优化“多评合一”“多图合一”“联审联办”等审批服务，实现区级行政许可事项申请材料减少 30% 以上、办理时限提速 60% 以上、财产转移登记即办即取等目标。启动实施上市企业倍增计划，全力支持企业直接融资，引导金融机构发展普惠金融，加大对实体经济的信贷支持力度。深入落实国家减税降费等政策，对接落实增加制造业中长期融资等政策措施，改进联系服务企业机制，完善政务服务好差评等制度。强化政策支持和精准服务，让各类市场主体愿意来、留得住、扎下根、发展得好！

（六）坚持共享发展理念，不断增进民生福祉。坚持以人民为中心的发展思想，在创造高品质生活中保障和改善民生，不断增强群众获得感、幸福感、安全感。

加快发展社会事业。完成和谐劳动关系综合试验区创建，全面落实就业优先政策。扎实推进高考综合改革，持续创建全国义务教育优质均衡发展区、全国教育督导创新区，加快建设中外人文交流试验区。新增普惠性幼儿园15所，公办幼儿园在园幼儿占比达到 50%、普惠性覆盖率达到 80%。加快江南新城区域高中规划布点，启动区教育发展中心建设，建成文峰小学新校区、广福路学校等项目，打造市级示范智慧校园 4 所。扎实开展社会心理服务体系建设，建成区精神卫生中心，开工建设市五院迁建、区中医院改建项目。扎实做好低值医用耗材集中采购试点。加快养老服务设施全覆盖建设，建成镇街养老服务中心 7 个、社区养老服务站 20 个、村级互助养老点 9 个。加快茶园文化艺术中心建设，保护修缮弹子石摩崖造像、德国大使馆旧址等文物，完成国家公共文化服务体系示范区创建。

深化社会治理创新。全力做好全国文明城区、国家卫生区复审工作。完善共建共治共享的社会治理体系，推动“枫桥经验”南岸实践，加快建设枫桥式派出所，创建社会治安防控体系建设标准化城市，推动镇街“三调合一”调解中心全覆盖，建成区级法治文化公园。持续深化“三事分流”，总结“四公”“四邻联动”等基层治理创新经验，形成一批制度化成果推广运用。深化南岸区社区治理创新中心建设，培育南岸社工服务品牌，创建市级社会工作创新创业基地 1 个。按照“先配套后居住”“多中心向一中心转变”要求，优化社区（村）医疗、养老、教育、文化、法律等公共服务设施规划建设，提高基层公共服务集约化水平。持续推进社区（村）减负增效，提升便民服务效能。

打好精准脱贫攻坚战。完善以低保制度为核心、专项救助为重点、临时救助为补充、其他保障制度相衔接的社会救助体系。消除城镇控规区外建卡贫困户、农村分散供养特困人员、低保户3类重点对象农村危房。统筹城乡低保工作，城乡低保标准差距缩小到1 ∶ 0.85。保障困难群众基本生活，全区生活不能自理的特困人员集中供养率达到50%以上。扎实做好对口帮扶石柱县工作。

各位代表！2020年区级重点民生实事备选事项已向大会形成书面报告。备选民生实事将充分吸纳与会人大代表、政协委员的意见建议，进一步修订完善，经与会政协委员协商、人大代表讨论投票，得票较高的10件将作为2020年区级重点民生实事扎实推进。

（七）强化底线思维，坚决打好防范化解重大风险攻坚战。稳妥有序化解政府债务，坚决遏制新增政府隐性债务，确保政府债务绿色可控。提升非法金融活动监管能力，深入开展经济领域重点风险专项治理，守住不发生系统性、区域性风险底线。全面打赢扫黑除恶专项斗争，建立健全遏制黑恶势力滋生蔓延的长效机制，推进合成作战提档升级，更多破大案、更快破小案、更好控发案，坚决遏制电信、网络诈骗上升势头，依法惩治各类违法犯罪行为。深入开展信访“四项攻坚”行动，实施安全发展行动计划，深化双重预防机制建设，坚决遏制较大以上安全生产事故发生。扎实抓好食品药品安全监管，深入推进国家食品安全示范城市创建工作。强化应急管理体系建设，健全防灾、减灾、救灾联动机制，全面提升综合应急能力和水平。

三、加强政府自身建设

打铁必须自身硬。我们要不忘初心、牢记使命，建设人民满意的法治政府、廉洁政府、服务型政府。

（一）不断加强政治建设。增强“四个意识”，坚定“四个自信”，做到“两个维护”，自觉在思想上政治上行动上同以习近平同志为核心的党中央保持高度一致，坚决落实市委“三个确保”政治承诺。

（二）大力提升治理效能。持续推进制度创新和治理能力提升，规范重大行政决策程序，优化决策执行机制，完善部门、镇街、经济板块协调配合机制，提高政府执行力和公信力。做好区级机构改革后续工作，扎实推进事业单位机构改革。全面加强干部队伍建设，增强斗争精神和斗争本领，完善正向激励、容错纠错、考核评价等机制，进一步激励广大干部新时代新担当新作为，形成干事创业的良好氛围和强大合力。

（三）加快建设法治政府。坚决维护宪法和法律权威，自觉接受人大监督、政协民主监督、行政监督、司法监督、群众监督、舆论监督，认真办好人大代表建议和政协提案。进一步加强依法行政制度体系建设，健全以“双随机、一公开”监管为基本手段、重点监管为补充、信用监管为基础的新型监管机制。加强行政复议应诉工作，切实提高行政机关负责人出庭应诉比例，深入推进政务信息公开。进一步发挥法律顾问作用，全面提高政府工作人员法治思维和依法行政能力，深入落实行政执法“三项制度”，严格规范公正文明执法，确保实现基本建成法治政府目标。

（四）持续推进廉政建设。严格落实全面从严治党主体责任，深入开展“以案四说”警示教育，扎实推进医疗卫生领域“以案四改”工作。紧盯重大工程、重点领域、关键岗位，健全监管制度、手段，推进智慧财政、智慧税务、智慧审计建设，构建一体推进不敢腐、不能腐、不想腐机制。严格落实中央八项规定精神和市委实施意见，深入整治“四风”，坚决破除形式主义、官僚主义，持之以恒正风肃纪。

各位代表！不忘初心、牢记使命，是我们的永恒课题。我们要把守初心落实到实际行动中，把担使命落实到工作职责上，以实干实绩践行初心和使命！让我们更加紧密地团结在以习近平同志为核心的党中央周围，在区委的坚强领导下，在区人大、区政协的监督支持下，求真务实、锐意进取，为实现“第一个百年”奋斗目标、全面建成小康社会而努力奋斗！

名词解释

茶园大道：是指南涪路苦溪河大桥至迎龙收费站段，总投资约17.3亿元，全长4.63千米，将原12米宽的南涪路，拓宽为64米双向8车道加双辅道的城市主干道。2016年9月开工，2019年12月底主线基本通车。

C—D连接桥：是指西起江迎路与江溪路平交口，东止纵三路昌龙段，连接苦溪河两岸的茶园C标准分区与D标准分区、服务长江工业园和美的工业园的重要交通纽带。项目总投资1.1亿元，道路总长约446米，其中桥梁全长约252米，路幅宽26米，双向4车道。工程于2017年9月开工，2019年11月竣工。

群慧立交及配套道路工程：是指西接朝天门大桥，东接黄桷湾立交，包含绿化广场、车行交通、公交轨道换乘的交通综合体，道路长度9.7千米，广场面积7.4万平方米，总投资18.5亿元。

智信经开•区域经济大脑：即集合了行政审批、信用体系建设、资源载体管理、信息发布、办公管理等功能的

政务服务信息平台。

“三供一业”移交：是国有企业办社会职能剥离移交工作的主要内容，包括职工家属区水电气（三供）和物业管理（一业）的剥离移交。此外，国有企业办社会职能剥离移交工作还包括退休人员、市政设施、道路设施、社区管理、教育医疗机构等移交内容。

三调合一：是指将人民调解、治安调解和诉前调解统一集约在调解中心，实现民事纠纷和具备调解条件治安案件的高效化解。

两解一帮：是指以解决问题、解释政策、帮助解困为主要内容的联系服务群众工作方法。

警用三维云控系统：是指服务大型安保活动和重要警卫任务研发的集实景展示、评估决策、指挥调度于一体的大数据＋视频云的综合性应用系统，可实现对可能威胁现场安保的重点人员和突发事件提前预警、可视化展示，方便精准高效处置。

六稳：即稳就业、稳金融、稳外贸、稳外资、稳投资、稳预期。

两江四岸核心区：即由长江、嘉陵江交汇区域的朝天门—解放碑片区、江北嘴片区、弹子石—龙门浩片区围合而成的范围，规划总面积约 16.2 平方千米，其中陆域面积约 10 平方千米，涉及南滨路片区总面积约 4.3 平方千米、长江岸线约 8 千米。

南滨路“启、承、转、合、开、新”：“启”是指在原科普中心及周边区域规划实施“重庆眼”及高线公园项目，打造“高空地标娱乐＋文创科教基地＋时尚科技聚落”的文旅地标；“承”是指加快推进龙门浩老街拓展区、国瑞广场等项目，整体打造“龙门里”，形成南滨路中段标志性文旅新地标；“转”是指在长嘉汇弹子石老街，开工建设开埠文化遗址公园等项目，配合完成重庆规划展览馆迁建，建成投用城市会客厅等项目，提升“长嘉汇”品牌；“合”是指加快启动原洋人街地块开发，建设“长江梦中心”，打造集文化博览、艺术演出、创意孵化、文化交流、跨境文化交易、尖端人才培育为一体的国际滨江文旅综合体；“开”是指提速推进寸滩大桥下区域城市设计，高品质规划建设迎接四方宾客进入重庆的“国际迎宾岛”；“新”是指通过开工建设南滨路至广阳湾东延伸段，协同推进沿江区域纵深拓展，推动两江四岸核心区与广阳岛片区长江经济带绿色发展示范建设有机融合、谱写新篇。

两江三桥：是指长江、嘉陵江，东水门大桥、朝天门大桥、千厮门大桥。

雅巴洞江滩公园：又名“哑巴洞江滩公园”，通过鹅公岩长江大桥至史家岩段南滨路外侧的三峡水库消落区治理，建设全市一流的江滩公园。项目长约3.43千米，面积约1230亩，总投资约4.73亿元，包括整治沿线护岸、修复生态环境、建设亲水空间、优化交通组织、提升城市景观、打造夜景灯饰等内容，水工项目 2019 年 6 月开工建设。

大城三管：即大城细管、大城智管、大城众管。

信易通：是全国守信激励创新试点工作，即依托“信用南岸”平台建设，将信用承诺、信用核查、信用报告应用在区级相关部门、单位的行政审批、招商引资、便民服务、资金补助、日常监管、招投标、政府采购等工作中，通过对企业的信用监管，给予诚信企业优先办理、简化程序等“绿色通道”，助力“放管服”改革，激励守信主体。

AEO：Authorized Economic Operator 的简称，译为“经认证的经营者”，是指以任何一种方式参与货物国际流通，并被海关认定符合世界海关组织或相应供应链安全标准的一方，包括生产商、进口商、出口商、中间商、仓储业经营者、分销商等，企业通过海关 AEO 认证后，享受相应通关便利措施。

四公：是指在创新社会治理中，立足公众协同，对社区公共空间、公共服务、公共精神进行全维度打造和提升，从而构建共治共建、睦邻友好、互惠共享社区生活共同体的一种社区治理模式。

四邻联动：是指以院坝为单位，按照“居住相邻、易于集中、便于活动”原则，以党员中心户为“圆心”，以四邻为“半径”，1 名或多名党员定点联系 1 个院坝，统筹群众工作组、驻村结对单位等力量，纳入“圆心”联动开展走访联系、宣传宣讲、收集民情、化解矛盾、帮扶致富、文明建设六项服务。

“三社”融合：是实施乡村振兴战略和打好脱贫攻坚战的重要工作之一，具体指推进供销社、农民专业合作社、信用社（重点指重庆农商行）完善功能，相互支持，融合发展，整合“三社”为农服务资源，以“三社”促“三农”。

两化路：是指产业生态化、生态产业化之路。

大 事 记

1月

2 日

区长陈一清主持召开第 78 次常务会，听取元旦期间有关情况汇报，通报南山生态保护综合治理专项工作推进情况，审议南山第一庄自治式征收补偿方案、南岸区中小学（幼儿园）校园安全工作、《重庆市南岸区 2018 年财政预算执行情况及 2019 年财政预算草案的报告》《重庆市南岸区人民政府重庆经济技术开发区管理委员会与深兰科技（上海）有限公司项目投资补充协议》《成都鼎兴量子投资管理有限公司项目投资协议》、区政府领导分工调整等事宜。副区长黄红、陈炯、莫裕全、张树金、吕轶、刘永华、贾宇，政府办主任肖华云等参会。

4 日

区委书记郑向东主持召开十二届第 84 次常委会会议，传达学习全市经济工作会精神，审议《南岸区推进“三生三宜”城市提升行动实施方案（送审稿）》、成立南岸区推进“三生三宜”城市提升领导小组及专项工作小组、《区法院工作报告（送审稿）》《区检察院工作报告（送审稿）》《重庆市南岸区 2018 年财政预算执行情况及 2019 年财政预算草案的报告（送审稿）》《区十八届人大三次会议选举办法（草案）（送审稿）》《区政协十届三次会议选举办法（草案）（送审稿）》、成立区十八届人大三次会议临时党委和区政协十届三次会议临时党委、2018 年重点民生实事完成情况及 2019 年重点民生实事备选项目建议、《关于建立区人民政府向区人大常委会报告国有资产管理情况制度的实施意见（送审稿）》《南岸区实施“全渝通办”深入推进审批服务便民化工作方案（送审稿）》《成都鼎兴量子投资管理有限公司项目投资协议（送审稿）》《重庆市南岸区人民政府重庆经济技术开发区管理委员会与深兰科技（上海）有限公司项目投资补充协议（送审稿）》、委托设立“定向资产管理计划”、《关于进一步激励广大干部新时代新担当新作为的实施办法（试行）（送审稿）》、区工商联 2019 年届中调整人事方案等事宜，通报全区集中走访精准服务民营企业活动开展情况、干部违纪问题。区委常委陈一清、王茂春、魏小红、梅泽波、王愚、唐昕、黄红、胡显键参会，区领导朱维、甘联君、贾宇、王子伟、李大槐等列席。

8 日

中国人民政治协商会议重庆市南岸区第十届委员会第三次会议开幕，区政协主席甘联君做常委会工作报告，副主席蒋文新做提案工作情况报告。区领导郑向东、陈一清、朱维、王茂春、魏小红、梅泽波、王愚、唐昕、黄红、胡显键到会祝贺，大会执行主席秦遥、简光秀、曹廷中、蒋文新、任其亮、陈洪凯参会。

9 日

重庆市南岸区第十八届人民代表大会开幕，区长陈一清做政府工作报告。区领导郑向东、甘联君、王茂春、魏小红、梅泽波、王愚、唐昕、黄红、程效、胡显键等参会。

11 日

重庆市南岸区第十八届人民代表大会第三次会议在完成各项议程后闭幕。通过南岸区第十八届人民代表大会第三次会议关于南岸区人民政府工作报告的决议、关于南岸区 2018 年国民经济和社会发展计划执行情况及 2019 年计划的决议、关于南岸区 2018 年财政预算执行情况和 2019 年财政预算的决议、关于南岸区人大常委会工作报告的决议、关于南岸区人民法院工作报告的决议、关于南岸区人民检察院工作报告的决议、关于推进建设中国智谷（重庆）科技园的决议、2019 年度十件重点民生实事，宣布南岸区第十八届人民代表大会第二次会议议案决议执行情况和代表建议、批评、意见办理情况、大会议案办理情况满意度测评及 2018 年区政府办理重点民生实事满意度测评结果。选举产生区第十八届人民代表大会常务委员会副主任、区人民检察院检察长，牟成勇当选重庆市南岸区第十八届人民代表大会常务委员会副主任，李大槐当选重庆市南岸区人民检察院检察长。区领导郑向东、陈一清、甘联君、王茂春、魏小红、梅泽波、王愚、唐昕、程效、胡显键、何文中、陈廷明、夏江华、牟成勇、王渝等参会。区人大常委会主任朱维主持会议。

15 日

区委书记郑向东到重庆市万和药房连锁有限公司调研，帮助民企解决困难。区领导黄红、吕轶及有关部门负责人参加调研。

16 日

区委书记郑向东主持召开十二届85次常委会会议，学习《中国共产党党章》《中国共产党纪律处分条例》《习近平谈治国理政》《习近平新时代中国特色社会主义思想三十讲》、习近平视察重庆和参加重庆代表团审议时讲话精神、习近平视察广东和上海时的讲话精神、习近平在中央全面深化改革委员会第五次会议上的讲话精神、习近平在纪念刘少奇诞辰120周年座谈会上的讲话精神、习近平在中央政治局民主生活会上的讲话精神、习近平向国家综合性消防救援队伍授旗时的训词、陈敏尔在市委常委会民主生活会上的讲话精神、唐良智在重庆市消防救援总队授旗授衔和换装仪式上的讲话精神、中央和市委关于统筹规范督察检查考核工作有关文件精神及区贯彻落实意见、全市党委办公室主任会议精神及区贯彻落实意见，审议驻区部队提请协调解决问题、“晒文化•晒风景”大型文旅推介活动方案、重庆市江南新城管理委员会与中科众城（北京）资产管理有限公司合作、《区委第五轮巡察工作情况报告（送审稿）》《区委2018年巡察工作报告（送审稿）》《区委2019年巡察工作计划（送审稿）》，通报2018年党员区领导与党外代表人士联谊交友情况，研究干部违纪问题。区委常委王茂春、魏小红、梅泽波、王愚、唐昕、程效、胡显键参会，区领导朱维、甘联君、何文中、陈廷明、牟成勇、王渝、陈炯、莫裕全、张树金、吕轶、刘永华、贾宇、叶自玫、秦遥、简光秀、曹廷中、蒋文新、吴晓静等列席。

17 日

区举行为烈属、军属和退役军人等家庭悬挂光荣牌工作启动仪式，区委书记郑向东宣布启动仪式，区长陈一清致辞，烈属、军属和退役军人家庭代表获授光荣牌。区领导王茂春、王愚、莫裕全，区人武部政委谭丙阳等出席仪式。

21 日

市人大副主任、市总工会主席夏祖相来区开展2019年元旦春节送温暖活动，先后到重庆重锅能源公司、重庆保安集团金盾押运公司、金隅新都会工地群团服务站，看望慰问部分困难职工、劳动模范和农民工，向他们送去新春祝福。区委书记郑向东，区人大常委会主任朱维、副主任陈廷明陪同慰问。

市第五届人大代表南岸区联系组开展会前集中视察和初审报告活动，先后到中国智谷（重庆）科技园、广阳岛等集中调研经济社会发展情况。市人大代表郑向东、陈一清、朱维、胡显键、牟成勇参会，区人民法院院长王子伟、区人民检察院检察长李大槐及市高院、市检察院、市五中院、市检院五分院相关领导等列席。

22 日

区召开2018年镇街、区级部门党委（党工委、党组）书记抓基层党建述职评议会议，区委书记郑向东到会并讲话，市委组织部有关领导到会指导。区领导朱维、甘联君、王茂春、魏小红、梅泽波、王愚、唐昕、程效、胡显键等参会。

23 日

区委书记郑向东主持召开十二届第86次常委会会议，传达学习十九届中央纪委三次全会、市纪委五届三次全会精神及区贯彻落实意见，市委扫黑除恶专项斗争督导反馈意见整改落实工作领导小组会议精神，全市扫黑除恶专项斗争电视电话会议精神及区贯彻落实意见，听取区委落实中央巡视“回头看”和市委巡视反馈意见整改工作情况汇报、区纪委监委2018年工作情况报告，审议区纪委十二届四次全会会议方案和《区纪委工作报告（送审稿）》、南岸区中小学（幼儿园）校园安全工作、《重庆经济技术开发区管委会重庆市南岸区人民政府与中住（北京）数据科技有限公司项目投资协议（送审稿）》《重庆市南岸区人民政府重庆经济技术开发区管委会与重庆云圣科技有限公司项目投资协议（送审稿）》、修订完善后的《中国共产党重庆市南岸区委员会工作规则（送审稿）》《中国共产党重庆市南岸区第十二届委员会常务委员会工作规则（送审稿）》、区机构改革工作，研究干部工作。区委常委陈一清、王茂春、魏小红、梅泽波、王愚、唐昕、黄红、程效、胡显键参会，区领导朱维、甘联君、刘永华、王子伟、李大槐等列席。

区领导分组到重庆警备区、重庆军代局、区人武部等看望慰问部队官兵，为他们送上新春的祝福。区领导郑向东、黄红、贾宇、曹廷中，区人武部部长王军、政委谭丙阳等参加慰问。

南岸区2019年人民武装暨国防动员工作会在区人武部召开，传达警备区党委全体（扩大）会议精神，总结2018年全区人民武装工作，部署2019年工作任务，表彰2018年度先进单位和先进个人。区委书记、区人武部党委第一书记郑向东出席会议并讲话，区领导黄红，区人武部部长王军、政委谭丙阳，区国防动员委员会成员单位负责人，全区各镇街党（工）委书记、武装部长，企事业单位和在区高校武装部负责人参会。

24日

区长陈一清到仁爱长生桥镇敬老院调研，看望慰问老人、检查敬老院安全管理、了解敬老院建设，实地查看老人活动室、监控值班室、失能老人居住区、消防灭火装置等情况。区委常委、政法委书记王愚等参加调研。

25日

区长陈一清主持召开80次常务会，审议重庆市南岸区机构改革、区政府领导分工调整，研究当前工作和有关干部任免职事项。副区长黄红、陈炯、莫裕全、张树金、吕轶、刘永华、贾宇，政府办主任肖华云等参会。

29日

区人大常委会主任朱维主持召开区第十八届人大十九次会议，审议通过《重庆市南岸区人民政府关于提请审议蒋文新等同志任人民代表大会代表职务请求的议案》《关于提请审议接受廖钦平同志辞去南岸区第十八届人民代表大会代表职务请求的议案》《关于提请审议舒曼丽等同志任免职的议案》。区人大常委会副主任何文中、陈廷明、夏江华、牟成勇、王渝参会，副区长陈炯、区监察委员会副主任张百舸、区人民法院副院长陈晓南、区人民检察院检察长李大槐等列席会议。

2月

1日

区举行2019年离退休老干部春节团拜会。区长陈一清代表中共南岸区委、区人大、区政府、区政协向各民主党派、工商联、无党派人士和人民团体，向驻区部队、武警官兵、公安干警，向全区广大干部群众，向所有关心支持南岸发展的社会各界人士致以节日问候。区领导郑向东、朱维、甘联君、王茂春、黄红、程效、何文中、曹廷中等出席团拜会。

区长陈一清走访慰问离退休老干部，听取他们对南岸工作的 意见建议，向全区广大离退休老干部致以诚挚问候和新年祝福。

2日

区委书记郑向东率区商务委、区城管局、区应急管理局、区交巡警支队、区消防救援支队等部门负责人，先后到中石油茶园东加油站、永辉超市奥园广场店、通江大道玉马路路口至经开区路口路段、江南新城悦地购物中心检查安全工作，实地查看消防器材配置，了解春节期间值班、巡查落实情况。区领导王茂春、吕轶、贾宇参加检查。

区委书记郑向东代表区委、区人大、区政府、区政协和重庆经开区看望慰问离退休老干部，向曹均绵等老干部送去新春问候和祝福。

区长陈一清出席重庆经开区2018年工作总结暨2019年工作部署会并讲话。

3日

区长陈一清率区政府办、区文化旅游委、区卫生健康委、区应急局、区公安分局、区消防救援支队等部门负责人，先后到大佛寺和重庆市第五人民医院等人员密集场所检查安全工作，实地查看安全保护设施设备、人员安排等。区委常委、政法委书记王愚，副区长陈炯、莫裕全等参加检查。

11日

区长陈一清主持召开第82次常务会，听取春节放假期间有关情况汇报，传达学习全市扫黑除恶专项斗争电视电话会议精神及区贯彻落实意见、全市财政税务审计年度工作会暨政府债务管控培训会议精神及区贯彻落实意见，审议区商务委举办商务经济工作会议汇报、区经信委举办工业和信息化工作会议汇报、区城管局举办城市管理会议汇报、重庆石油天然气交易中心大数据项目合作协议及合资公司章程、区城建集团联合远达环保设立平台公司等事宜，研究当前工作。副区长陈炯、莫裕全、张树金、吕轶、刘永华、贾宇，政府办主任肖华云参会。

14日

区委书记郑向东、区长陈一清调研中国智谷（重庆）科技园和江南新城，实地查看智谷公园、京东重庆新经济展示中心、科大讯飞人工智能展厅，听取中国智谷（重庆）科技园、江南新城发展情况介绍。区领导黄红、刘永华、蒋文新等参加调研。

18日

区长陈一清主持召开83次常务会，传达2019年全市民政工作会议、全市福彩工作会议精神及区贯彻落实意见、全市商务工作会议精神及区贯彻落实意见、国家信访局电视电话会议精神及区贯彻落实意见，审议《重庆市南岸区“两江四岸”治理提升实施方案》《重庆市南岸区2019年春季义务植树示范活动工作方案（送审稿）》和南岸区实施横向生态补偿提高森林覆盖率等事宜，研究当前工作。副区长黄红、陈炯、莫裕全、吕轶、刘永华、贾宇，政府办主任肖华云参会。

19日

区委书记郑向东到海棠溪街道、弹子石街道、南滨路管委会调研，实地查看南滨路国家级文化产业示范园区、南山道社区新时代文明实践站、东山坪社区“幸福东山坪”、群慧公园规划，听取有关单位工作汇报。区领导王愚、黄红、吕轶、贾宇参加调研。

20日

区委书记郑向东主持召开十二届89次常委会会议，传达学习中央和市委政法工作会议精神、国家信访局电视电话会议精神及区贯彻落实意见、全市宣传部长会议精神、全市“大棚房”问题专项清理整治工作推进电视电话会议精神及区贯彻落实意见，听取区委组织部2018年工作汇报及2019年工作打算、区委宣传部2018年工作汇报及2019年工作打算、区委统战部2018年工作汇报及2019年工作打算、区委政法委2018年工作汇报及2019年工作打算、区工商联党组工作汇报、区国有资产和资源清理情况报告和区总工会、团区委、区妇联党组工作汇报，审议《重庆市南岸区2019年春季义务植树示范活动工作方案（送审稿）》《重庆经济技术开发区管理委员会与太极集团重庆桐君阁药厂有限公司新建项目投资协议（送审稿）》、重庆石油天然气交易中心大数据项目合资协议和合资公司章程、《十二届区委第六轮巡察工作方案（送审稿）》、设立区市场监管局党组有关事宜，研究干部违纪问题。区委常委陈一清、王茂春、魏小红、梅泽波、王愚、唐昕、黄红、程效、胡显键参会，区领导朱维、甘联君、李大槐等列席。

22日

区召开城市综合管理工作暨“三生三宜”品质城市建设工作会，贯彻落实中央城市工作会议、2018年全市城市综合管理工作会议精神，总结2018年全区城市综合管理和“三生三宜”品质城市建设工作，安排部署2019年工作任务。区长陈一清、区委宣传部部长魏小红、区委政法委书记王愚、区委组织部部长程效，副区长张树金、吕轶、贾宇等出席会议。

28日

区委书记郑向东主持召开十二届90次常委会会议，传达学习市委陈敏尔书记调研广阳岛指示精神及通报2019年市级义务植树活动情况、市委陈敏尔书记在市管主要领导干部专题研讨班上的讲话精神、全市组织部长会议精神及区贯彻落实意见、全市统战部长会议精神及区贯彻落实意见、全市对台工作会议精神及区贯彻落实意见、市委民族宗教工作领导小组全体会议暨全市民族宗教工作会议精神及区贯彻落实意见，审议《区委常委会2019年工作要点（送审稿）》《区人大常委会2019年工作要点（送审稿）》《区政协2019年工作要点（送审稿）》《区委2019年度政党协商计划（送审稿）》《区政协2019年协商、调研计划（送审稿）》《重庆市南岸区人民政府重庆经济技术开发区管理委员会与阿里健康科技（中国）有限公司 重庆扁鹊健康数据技术有限公司合创新业（北京）科技服务有限公司项目合作协议（送审稿）》，研究干部工作。区委常委王茂春、魏小红、梅泽波、王愚、唐昕、黄红、程效、胡显键参会，区领导朱维、甘联君、何文中、陈廷明、牟成勇、梁平、陈炯、莫裕全、张树金、吕轶、贾宇、叶自玫、秦遥、曹廷中、蒋文新、王军、谭丙阳等列席。

3月

1日

区召开南山生态保护综合治理暨乡村振兴领导小组会，听取南山生态保护综合治理专项工作推进情况汇报，研究部署南山生态保护综合治理及2019年乡村振兴工作，审议《关于建立南山生态保护综合治理专项工作区级领导对口联系镇街机制的通知》。区委书记郑向东到会并讲话，区领导王茂春、胡显键、贾宇等参会。

区长陈一清主持召开政法工作会，区委书记郑向东出席会议并讲话，区委政法委书记王愚做工作部署。区领导王茂春、张树金、王子伟、李大槐、谭丙阳、金亚及区级有关部门和单位、街镇、经济板块负责人，区委政法委全体委员、区法院、区检察院、区司法局、区信访办、区公安分局班子成员参会。

3日

区长陈一清调研黄桷湾立交及周边地块绿化景观提档升级工程，实地察看了黄葛古道、黄桷垭老街、文峰塔等沿线情况。研究大南山区域文旅融合发展等。

5日

2019年全区商务经济工作会议召开，表彰2018年度重点商贸企业、开放型经济工作先进企业和单位，兑现 2018 年商贸扶持政策等。区长陈一清出席会议并讲话，区人大常委会副主任王渝、副区长吕铁、区政协副主席简光秀等参会。

6 日

全国人大代表、区委书记郑向东出席十三届全国人大二次会议重庆代表团全体会议，就南岸经济建设和环境保护等向中外媒体朋友作介绍 。

区与保利文化集团举行工作对接座谈会，双方就开展文化创意产业、艺术品展览与拍卖、文艺创作演艺、博物馆建设管理等文化领域合作交换意见。区长陈一清，区委宣传部部长魏小红，副区长莫裕全、吕铁及保利文化集团董事长、总经理郭文鹏出席会议。

7 日

区人大常委会主任朱维主持召开十八届人大二十次会议，审议通过《南岸区人民政府关于 2018 年法治政府建设情况的报告》、南岸区人民政府重庆经济技术开发区管委会关于《南岸区人大常委会〈关于全区大数据智能产业发展情况的报告〉的审议意见》《南岸区人大常委会 2019 年工作要点》，通过有关人事任免。区人大常委会副主任何文中、牟成勇、王渝参会，区领导陈炯、王子伟、李大槐及区委组织部、区人社局、区司法局、区大数据发展局、区公安分局、街镇负责人等列席会议。

10 日

全国人大代表、区委书记郑向东出席十三届全国人大二次会议重庆代表团第五场记者会，以“长江经济带‘共抓大保护不搞大开发’”为主题，向记者朋友介绍了南岸生态文明建设情况。

19 日

区长陈一清主持召开 86 次常务会，审议《关于加快推进江南隧道及茶黄路工程建设的建议》《南岸区党政领导干部安全生产责任制实施细则（送审稿）》《南岸区 2019 年农村人居环境整治工作要点（送审稿）》《南岸区农村人居环境整治工作分工方案（送审稿）》、区城建集团发行北金所“债权融资计划”、区资产公司发行债券、重庆市南发城建发展有限公司发行可转换公司债券、《重庆市南岸区人民政府与东银控股集团有限公司项目投资协议》《重庆市南岸区人民政府重庆经济技术开发区管委会与美的集团股份有限公司重庆美的制冷设备有限公司提质扩能及产销一体化项目投资补充协议书（送审稿）》，传达全市农村人居环境整治暨农村生活污水治理工作推进会精神及区贯彻落实意见，研究当前工作。副区长黄红、陈炯、莫裕全、张树金、吕铁、贾宇，政府办主任肖华云等参会。

21 日

区委书记郑向东主持召开十二届 91 次常委会会议，传达学习习近平在全国“两会”期间讲话精神、全市领导干部会议精神、习近平关于扶贫工作论述、中央第四巡视组向重庆市委反馈脱贫攻坚专项巡视会议精神、市委落实中央脱贫攻坚专项巡视整改工作动员部署会精神、中央巡视工作领导小组《巡视整改是“四个意识”的试金石》署名文章、《中共重庆市委关于进一步加强巡视整改工作的意见》《重庆市巡视整改监督检查工作办法（试行）》、市委书记陈敏尔和副市长陆克华调研南岸时的指示精神、全市农村人居环境整治暨农村生活污水治理工作推进会议精神及区贯彻落实意见，审议《中共重庆市南岸区委关于加强巡察整改工作的实施意见（送审稿）》《南岸区 2019 年农村人居环境整治工作要点（送审稿）》《南岸区农村人居环境整治工作分工方案（送审稿）》《重庆经开区 2019 年工作要点（送审稿）》《南岸区“两江四岸”治理提升实施方案（送审稿）》《2019 重庆国际马拉松赛南岸区工作方案（送审稿）》《重庆市南岸区人民政府重庆经济技术开发区管委会与美的集团股份有限公司重庆美的制冷设备有限公司提质扩能及产销一体化项目投资补充协议（送审稿）》《重庆市南岸区人民政府重庆经济技术开发区管委会与赛迪工业和信息化研究院（集团）有限公司合作协议（送审稿）》、区贯彻落实 2018 年度重庆市机关在职人员目标绩效奖和离退休人员健康休养费新政策口径、《中共重庆市南岸区委关于深化落实全面从严治党主体责任的实施意见（送审稿）》《区纪委监委向区一级党和国家机关派驻纪检监察组设置方案（送审稿）》、南发公司发行可转换公司债券事宜，听取十二届区委第一轮、第二轮、第三轮巡察反馈意见整改落实情况联合督察的报告，研究干部违纪和干部工作等事宜。区委常委陈一清、王茂春、魏小红、梅泽波、黄红、胡显键参会，区领导朱维、甘联君、何文中、牟成勇、王渝、梁平、陈炯、张树金、贾宇、叶自玫、秦遥、简光秀、王子伟、李大槐、金亚等列席。

25 日

区长陈一清主持召开 87 次常务会，审议《学习贯彻习近平总书记、李克强总理及市委市政府领导关于吸取近期事故教训重要指示批示精神的意见》《南岸区 2019 年城市管理“百日会战”实施方案》《南岸区支持民营实体企业发展转贷应急周转金筹建方案》、区城建集团发行 15 亿元“理财直接融资工具”、重庆金电智信科技有限公司合资协议和合资公司章程及原茶园新区 2011 年移交建设项目审计结算，传达学习《关于沙坪坝区等三区县统计违法案件有关情况的通报》精神及区整改落实意见、全国校园食品安全工作电视电话会精神及区贯彻落实意见。副区长黄红、莫裕全、张树金、吕轶、贾宇，政府办主任肖华云等参会。

27 日

区与重庆中烟工业有限责任公司召开工作对接会，研究解决企业困难，共同谋划未来发展。区委书记郑向东、区长陈一清、区人大常委会主任朱维、区政协主席甘联君及重庆中烟公司党组书记、总经理张力等出席会议。副区长陈炯主持会议。

区委书记郑向东主持召开十二届92次常委会会议，传达学习习近平、李克强及市委、市政府领导关于安全生产工作重要指示批示精神，以及习近平在中央政治局第十一次集体学习时讲话精神、习近平在中央政治局第十二次集体学习时讲话精神、《习近平扶贫论述摘编》《中国共产党纪律处分条例》《关于党的十九大以来中央政治局贯彻执行中央八项规定情况的报告》、全国和全市关工委工作会议精神及区关工委工作汇报、《党委中心组学习参考第 2 期》、全市宗教工作专题会议精神及区贯彻落实意见、全市老干部局（处）长会议精神及区贯彻落实意见，审议《南岸区党政领导干部安全生产责任制实施细则（送审稿）》、调整 2019 年村（社区）专职工作者补贴标准、2019 年软弱涣散村（社区）党组织整顿等事宜。区委常委陈一清、王茂春、魏小红、梅泽波、王愚、程效、胡显键参会，区领导朱维、甘联君、王渝、梁平、陈炯、莫裕全、张树金、吕轶、刘永华、贾宇、叶自玫、秦遥、简光秀、曹廷中、蒋文新、李大槐、金亚等列席。

28 日

区委书记、南岸区总河长郑向东巡查长江南岸段，实地查看沿江排水口和黄桷渡饮用水源地基本情况。区委常委组织部部长程效、副区长贾宇参加巡查。

29 日

由重庆杂技艺术团历时 5 年打造的大型 3D 杂技剧《大禹》在重庆国际马戏城首演。区委书记郑向东、区长陈一清等观看演出。

31 日

2019 重庆国际马拉松赛在南滨路烟雨公园开赛，来自全球 50 多个国家和地区的 3 万余名长跑好手参赛。中国田径协会主席段世杰，市人大副主任杜黎明，国家体育总局田径运动管理中心党委书记、中国田径协会副主席王楠，市体育局局长丁洪，区领导郑向东、陈一清、朱维、甘联君、魏小红、王愚、陈炯、莫裕全、叶自玫、牟成勇等出席。

4月

4 日

区委书记郑向东先后到重庆空军抗战纪念园、南山植物园检查森林防火工作，了解森林防火安排布置情况。副区长、区公安分局局长张树金参加检查。

区委书记郑向东到长生桥镇、迎龙镇和广阳镇调研，实地查看苦竹溪生态修复和沿岸城市风貌设计及长生桥镇棚户区改造情况。区领导王茂春、莫裕全、贾宇等参加调研。

7 日

区长陈一清到峡口镇、南山街道、广阳岛调研沿线生态保护等情况，实地查看乐和谷、乐和书院、石斛生态园、放牛村乡村振兴示范点、盆景苗圃园等。区委副书记王茂春、副区长莫裕全等参加调研。

9 日

区长陈一清主持召开 88 次常务会，听取清明节期间有关情况汇报，审议《重庆市南岸区长江入河排污口排查整治专项行动工作方案（送审稿）》、赴安徽和广东对接招商引资情况、《重庆经济技术开发区管理委员会重庆市南岸区人民政府与力合科创集团有限公司合作协议》《南岸区党政机关办公用房管理实施细则（审议稿）》、回购科创公司持有联合恒丰股权、关于原南岸区商业局办公楼房屋资产处置工作建议、《南岸区 2019 年“四项攻坚”工作实施方案（送审稿）》《区司法局关于区政府行政复议和行政应诉（赔偿）法律文书签署和用印的请示》，传达重庆市落实国家组织药品集中采购和使用试点工作动员部署会精神及区贯彻落实意见，研究当前工作。副区长黄红、陈炯、莫裕全、吕轶、刘永华、贾宇，政府办主任肖华云等参会。

10 日

区委书记郑向东主持召开十二届95次常委会会议，传达学习《关于沙坪坝区等三区县统计违法案件有关情况的通报》及区贯彻落实意见，审议《2019 年重点项目及重大前期项目计划（送审稿）》、茶园新区 2011 年移交建设项目结算审计、《重庆经济技术开发区管理委员会重庆市南岸区人民政府与力合科创集团有限公司合作协议（送审稿）》《南岸区党政机关办公用房管理实施细则（送审稿）》。区委常委陈一清、王茂春、梅泽波、王愚、黄红、程效、胡显键、王军参会，区领导朱维、甘联君、何文中、王渝、梁平、陈炯、莫裕全、张树金、刘永华、贾宇、叶自玫、秦遥、简光秀、曹廷中、蒋文新、吴晓静、李大槐、金亚等列席。

12 日

区委书记郑向东、区长陈一清、区人大常委会主任朱维、区政协主席甘联君、区委副书记王茂春等出席重庆经开区干部大会。市委组织部部务委员周永刚宣布市委关于重庆经开区主要领导职务调整的决定：区委书记郑向东兼任重庆经开区党工委书记，区长陈一清兼任重庆经开区党工委副书记（不再兼任重庆经开区党工委书记、管委会主任职务），王茂春任重庆经开区党工委副书记、管委会主任职务，继续担任南岸区委副书记。

13 日

由格罗夫氢能汽车公司生产，名为“欧思典”的重庆市首辆氢燃料电池汽车在南岸下线。该车具有重量轻、节能、环保、低能耗等特点，最大续航里程 1200 千米。

15 日

区召开教育工作会，学习贯彻全国及全市教育大会精神，总结全区教育事业发展情况。区委书记郑向东到会并讲话，副区长刘永华做工作部署。区政府、区委组织部、区财政局、区规划自然资源局、海棠溪街道、南滨路管委会做交流发言。会议由区长陈一清主持，区领导朱维、甘联君、王茂春、魏小红、牟成勇、曹廷中等参会。

16 日

中央党史和文献研究院副院长贾高建来区调研党史研究工作，听取关于做好新时代党史和文献工作的意见和建议。市委党史研究室主任徐塞声、区委书记郑向东、区委宣传部部长魏小红等陪同调研。

17 日

区委书记郑向东主持召开十二届96次常委会会议，传达学习习近平视察重庆时的讲话精神、习近平对民政工作做出的重要指示精神、市委常委会会议精神、第十四次全国民政会议精神、民政部深入推进农村低保专项治理工作防范化解民政领域重大风险视频会议精神及区贯彻落实意见、全市扫黑除恶专项斗争电视电话会议暨2019年领导小组第二次会议精神，听取2019年一季度全区扫黑除恶专项斗争推进情况报告、考察学习国内领先产业园区有关情况报告、2019年1—3月全区信访稳定工作情况报告，审议《南岸区2019年“四项攻坚”工作实施方案（送审稿）》《南岸区优化完善乡镇机构设置的实施方案（送审稿）》，研究干部违纪问题。区委常委陈一清、王茂春、魏小红、梅泽波、王愚、黄红、程效、胡显键参会，区领导朱维、甘联君、莫裕全、李大槐等列席。

20 日

国务院安委会第四考核巡查组来区开展安全生产和消防考核巡查，听取南岸区党委、政府和基层干部在贯彻落实安全生产责任制等方面的意见建议，现场检查长嘉汇两江峯建筑工地、重庆抗战遗址博物馆等。应急管理部安全生产基础司巡视员王啟明，区领导郑向东、陈一清、王茂春、黄红、张树金、贾宇参加巡查。

23 日

区政协举行 2019 年首次主席接待日活动，与会委员们到梨子园河及栏马河了解河道水生态及污染治理情况。区政协主席甘联君、副主席叶自玫等政协委员及区城管局、区生态环境局、区农业农村委（区河长办）等单位负责人就水生态保护及污染治理情况进行交流。

24 日

南岸区政府、重庆经开区管委会与力合科创集团有限公司举行签约仪式，在南岸成立力合重庆创新中心、力合重庆创新科技产业园区及力合星空（重庆）孵化器。区委书记郑向东、区长陈一清、区委副书记王茂春，副区长吕轶、刘永华，清华大学副秘书长、深圳清华大学研究院院长、力合科创集团有限公司董事长嵇世山，深圳清华大学研究院副院长、力合科创集团有限公司总裁贺臻等出席签约仪式。

28 日

南岸区首届高层次创新人才颁奖典礼在区行政中心举行，为港珠澳大桥做路面铺装的重庆市智翔铺道技术工程有限公司总经理郝增恒，立志打造世界一流射频模拟集成电路队伍的重庆西南集成电路设计有限责任公司总经理范麟，带领民营企业自主研发新药的重庆莱美药业股份有限公司董事长邱宇，研发国内首台高效节能风机的重庆通用工业（集团）有限责任公司副总经理、总工程师孙皓，以毕生精力投身医药事业的重庆圣华曦药业股份有限公司总经理、药物化学专家邹国芳，为“煤矿人”保驾护航的重庆市能源投资集团科技有限责任公司副总工程师郭臣业，无氟药物研发的先行者、科瑞制药董事长龙平，致力于汽车轴承国产化探索的重庆长江轴承股份有限公司总工程师赵兴新，带领百年老字号稳步驶入快车道的太极集团重庆桐君阁药厂有限公司董事长刘超，在无线电科研领域军民融合发展的重庆会凌电子新技术有限公司董事长冯晓东等10名优秀人才获得南岸区首届高层次创新人才奖。区委书记郑向东、区长陈一清、区人大常委会主任朱维、区政协主席甘联君、区委副书记王茂春等区领导及市委组织部有关负责人出席颁奖典礼。

5月

4日

区召开中国智谷（重庆）科技园发展领导小组会，审议《关于全力加快中国智谷（重庆）科技园发展的意见（试行）》，研究智谷重点招商引资项目推进、大数据智能重点企业运行等事项。区委书记郑向东到会并讲话，区领导陈一清、王茂春、黄红、刘永华等参会。

5日

重庆邮电大学党委书记、校长李林率队调研中国智谷（重庆）科技园，先后到重庆飞象工业互联网有限公司、中国信息通信研究院西部分院、重庆讯飞慧渝人工智能技术研究院、重庆城投金卡信息产业股份有限公司、重庆中交通信信息技术有限公司、重庆盟讯电子科技有限公司调研并召开座谈会，了解南岸区在大数据智能化建设中的总体布局和规划，研究产学研合作事宜。区委书记郑向东、副书记王茂春，区领导张树金、刘永华等参加调研。

区长陈一清主持召开91次常务会，传达国务院第二次廉政工作会精神、市政府第二次廉政工作会精神，听取劳动节期间有关情况汇报、赴武汉和深圳对接项目情况汇报，审议南岸区2019年卫片执法工作、《2018年南岸区南山街道双龙村、长生桥镇凉风村、广阳镇银湖村等17个村的村规划》、全区水电气信邮及长输管道2018年工作情况和2019年工作计划、南岸区教育发展中心（暂定名）迁建工程总投资概算评审、《重庆经济技术开发区管理委员会成都鼎兴量子投资管理有限公司重庆圣塔克拉企业管理有限公司项目投资补充协议》等事宜。副区长黄红、陈炯、莫裕全、吕轶、贾宇，政府办主任肖华云等参会。

6日

国家文旅部公共服务司司长李宏来区考察，听取创建国家公共文化体系示范区和南滨路国家级文化产业园区建设情况汇报。市文旅委主任刘旗、市文旅委副巡视员钟前元、副区长莫裕全等陪同视察。

7日

区召开乡村振兴暨农村人居环境整治工作推进会，传达全国、全市乡村振兴及农业农村工作会议精神，安排部署2019年全区乡村振兴暨农村人居环境整治工作。区委书记郑向东到会并讲话，区长陈一清主持会议，区领导梅泽波、莫裕全等出席会议。

8日

区召开全区退役军人工作大会暨做好新一轮全国双拥模范城创建检查验收工作动员部署会，研究部署退役军人和双拥模范城创建检查验收工作。区委书记郑向东出席会议并讲话，区长陈一清主持会议。区委政法委书记王愚传达全市退役军人工作电视电话会议精神和全市双拥工作暨双拥模范城（县）创建工作推进会精神。区公安分局局长张树金安排部署2019年全区退役军人工作和双拥工作及新一轮全国双拥模范城创建检查验收工作。重庆警备区政治工作局副主任张军有、陆军重庆军事代表局政委胡在云，区人武部部长王军、政委谭丙阳等参会。

区政协召开基层公共卫生服务体系建设情况专题协商会，区卫生健康委报告基层公共卫生服务体系建设情况。区政协主席甘联君讲话，副主席叶自玫、秦遥、曹廷中、蒋文新、吴晓静参会。副区长陈炯列席。

13日

由工业和信息化部、国家发展和改革委员会、中国科学技术协会、重庆市人民政府指导，中国电子学会主办，以“云物智联•引领数字经济新发展”为主题的2019中国云计算和物联网大会在重庆国际会展中心举行。英国物理学家、诺贝尔奖获得者布莱恩•大卫•约瑟夫森，中国科学院院士梅宏、姚建铨，中国工程院院士李培根、何友等海内外专家学者就数字经济新技术、新应用、新模式等进行学术交流。全国政协副主席、国家电子政务专家委员会主任王钦敏，工业和信息化部党组成员、总工程师张峰，重庆市副市长屈谦，重庆市政协副主席张玲，国家发展和改革委员会创新和高技术发展司副司长戴明，区领导郑向东、黄红等出席开幕式。

17日

中国西部开发促进会会长赵霖来区考察中国智谷（重庆）科技园，视察智谷建设保险金融和金融科技产业园区。区委副书记王茂春等陪同考察。

18日

2019国际马拉松赛市民组颁奖典礼在南坪星光时代广场举行。副区长莫裕全等出席颁奖仪式并为获奖选手颁奖。

21日

区十八届人大召开第四十七次主任会，与会代表先后到南滨路、迎龙湖水库、苦竹溪沿线视察排污口整治、污水偷排漏排、水源生态保护等情况。区人大常委会主任朱维，副主任陈廷明、牟成勇、王渝，党组成员梁平参加视察。

重庆市城乡社区治理现场示范培训班开班仪式在区举行。市民政局局长唐步新、副区长莫裕全出席开班仪式。全市各区县（自治县）民政局局长、分管副局长、基层政权科科长，市民政局相关处室负责人参加培训。

22日

区委书记郑向东主持召开十二届99次常委会会议，传达学习习近平在解决“两不愁三保障”突出问题座谈会上的讲话精神和视察重庆系列讲话精神、在中央政治局第十三次集体学习时讲话精神、在学校思想政治理论课教师座谈会上讲话精神、市委五届六次全会精神、全市巡视巡察工作会精神及区贯彻落实意见，审议南岸区庆祝中华人民共和国成立70周年活动建议方案。区委常委王茂春、魏小红、梅泽波、唐昕、黄红、程效、胡显键、王军参会，区领导朱维、甘联君、陈廷明、牟成勇、王渝、梁平、莫裕全、吕轶、刘永华、贾宇、叶自玫、秦遥、曹廷中、蒋文新等列席。

23日

区人大常委会主任朱维主持召开人大党组理论学习暨机关支部5月主题党日活动会，传达习近平视察重庆时讲话精神、市委《关于印发和深入学习贯彻习近平总书记视察重庆重要讲话的通知》、市委五届六次全会主要精神。

24日

区委副书记王茂春调研经开区水环境治理工作，先后到茶园污水处理厂和东港片区污水调配管网工程项目察看污水处理流程、工艺污水排放现状、污水处理能力等情况。

26日

以“爱国礼赞、童心飞扬”为主题的“六一”国际儿童节庆祝表彰活动在施光南大剧院举行。区委书记郑向东、副书记王茂春及区委宣传部部长魏小红、区人大常委会副主任牟成勇、副区长刘永华、区政协副主席曹廷中等出席活动。

28日

西藏昌都市政协副主席、察雅县委书记任厚明来区考察学习经济社会发展情况，并就援藏工作进行对接。代表团先后参观了龙门浩老街、弹子石老街、广阳岛、中国智谷（重庆）科技园、重庆抗战遗址博物馆等，考察学习工业、旅游、医疗、教育及城市建设等，并就援藏工作举行座谈。区委书记郑向东、区人大常委会主任朱维、区委组织部部长程效出席座谈会。

30日

“六一”儿童节前夕，区委副书记王茂春到鸡冠石学校，与孩子们共同庆祝节日，察看了运动场、附属幼儿园、教学楼等。

区委副书记王茂春到广阳镇明月村开展联系服务群众工作，听取广阳镇明月村关于联系服务群众工作情况汇报。

31日

“六一”儿童节前夕，区委书记郑向东，区人大常委会主任朱维、副主任牟成勇，副区长黄红分别到珊瑚中铁小学、滨江幼儿园、龙门浩小学看望慰问孩子们。

6月

4日

区长陈一清主持召开93次常务会，审议对征地公告前死亡农转非人员给予住房安置、迎龙湖片区“三签”安置、《经开区智轨交通示范段项目规划研究方案》《重庆市南岸区人民政府重庆经济技术开发区管委会与重庆美的通用制冷设备有限公司转产扩能及M-BMS项目投资协议（送审稿）》、广阳岛片区债权债务清算工作、《南岸区社会心理服务体系建设试点工作方案》、退役军人工作、《南岸区人民政府安全生产委员会办公室关于开展国务院安委会安全生产巡查考核反馈问题整改工作的方案》，传达全市违建别墅问题清查整治专项行动部署电视电话会精神及区贯彻落实意见、全市生态环境问题整改工作推进会精神、市生态环境局移送南山片区污水偷排偷放问题情况及区贯彻落实意见、全市“互联网+政务服务”工作推进电视电话会精神及区贯彻落实意见。副区长黄红、陈炯、莫裕全、吕轶、贾宇，政府办主任肖华云参会，区委副书记王茂春等列席。

5 日

中国智谷（重庆）科技园发展领导小组召开第二次会议，通报领导小组第一次会议议定事项落实情况，审议《2019 年智谷发展重点任务分解表》，研究智谷重点招商引资项目推进情况、大数据智能产业运行情况等事项。区委书记郑向东就推进智谷建设讲话。区领导陈一清、王茂春、刘永华、蒋文新等参会。

10 日

区长陈一清主持召开政府党组（扩大）会，学习贯彻习近平在“不忘初心、牢记使命”主题教育工作会议上的讲话精神和对垃圾分类工作做出的指示精神等。副区长黄红、陈炯、吕轶、贾宇参会。

区长陈一清主持召开 94 次常务会，听取端午节期间有关情况的汇报，审议 2019 年土地出让工作、苦竹溪（长生河）流域环境综合整治项目（示范段）工程总投资概算评审，传达全市社会救助综合改革试点培训班精神及区贯彻落实意见，部署当前工作。副区长黄红、陈炯、吕轶、贾宇，政府办主任肖华云参会。

12 日

中国共产党重庆市南岸区第十二届委员会召开第六次全体会议，学习贯彻习近平总书记视察重庆时的讲话精神、在解决“两不愁三保障”突出问题座谈会上的讲话精神和对重庆提出的“两点”“两地”“两高”目标、发挥“三个作用”，营造良好政治生态的指示要求。会议由区委常委主持。区委委员、候补委员，区四大班子正职离退休老干部，区纪委常委、区监委委员、区委巡察组各组长，区人大、区政协各专委会主要负责人，各镇街、部门、人民团体、区属事业单位、经济板块、区属国有企业主要负责人，在区重要金融机构、在区高校和科研院所、在区有关社会单位主要负责人和部分党代表参会。

13 日

“京东云（重庆）新经济展示中心”在中国智谷（重庆）科技园揭牌，市商务委副主任彭和良、区委书记郑向东、区长陈一清、区委副书记王茂春、副区长吕轶及重庆工商大学、京东集团有关负责人出席揭牌仪式。

15 日

石柱县委书记蹇泽西来区考察对口帮扶工作，先后在京东（重庆）新经济展示中心、药智网、物联地带•渝、城投金卡信息产业（集团）股份有限公司了解大数据智能化产业发展情况，并就对口帮扶工作、打好精准脱贫攻坚战进行座谈，审议《南岸区 2019 年对口帮扶石柱县工作方案》《南岸区—石柱县对口帮扶三年规划（2018—2020 年）》。区领导郑向东、朱维、甘联君、黄红、程效、陈炯等陪同考察。

文化和旅游部党组书记、部长雒树刚来区调研公共文化建设，先后在南湖社区 24 小时自助图书馆的自助借还机上体验办卡、借书的流程，参观三益书院、社区志愿服务工作站（微益坊），听取社区对相关工作开展情况介绍。区委书记郑向东陪同调研。

16 日

区委理论学习中心组（扩大）举行专题学习会，市委宣讲团成员辛世杰受邀做《学习贯彻习近平总书记视察重庆重要讲话精神，扎实开展“不忘初心、牢记使命”主题教育》报告。区领导朱维、王愚、唐昕、黄红、胡显键等出席。区委宣传部部长魏小红主持会议。区级有关部门和单位、镇街、经济板块负责人，重庆经开区有关部门和单位负责人，区属重点国有企业负责人参会。

17 日

区长陈一清主持召开 95 次常务会，传达学习全市深入推动长江经济带发展加快建设山清水秀美丽之地领导小组（扩大）会精神及区贯彻落实意见，审议招商引资谊品弘渝科技有限公司、厚泽小额贷款有限公司、重庆神箭汽车传动件有限公司、2018 年度纳税目标任务认定、《重庆兴农融资担保集团有限公司解除与南岸兴农担保公司股权托管协议及股权转让相关事宜的方案》、2017—2018 年度重庆市富民兴渝贡献奖推荐名单事宜，研究当前工作。副区长黄红、陈炯、莫裕全、吕轶、刘永华，政府办主任肖华云参会，区委副书记王茂春等列席。

18 日

区委书记郑向东与宗申产业集团董事局主席左宗申就重庆工业互联网标识解析二级节点运营项目进行洽谈。区委副书记王茂春、副区长刘永华等出席洽谈会。

19 日

区委书记郑向东主持召开十二届 101 次常委会会议，传达学习市深入推动长江经济带发展加快建设山清水秀美丽之地领导小组（扩大）会精神及区贯彻落实意见、市农村人居环境整治工作领导小组会精神及区贯彻落实意见、全市安全稳定暨校园周边秩序整治电视电话会精神及区贯彻落实意见，通报中央扫黑除恶第 19 督导组赴重庆市督导“回头看”有关情况、“不忘初心、服务群众”主题活动开展情况，听取全区扫黑除恶专项斗争工作情况报告，审议2019年市对区考核、区推行公务员职务与职级并行制度、区十八届人大四次会议建议方案、区人大有关专门委员会调整和更名建议方案、政协有关专门委员会调整和更名建议方案、《重庆市南岸区人民政府重庆经济技术开发区管委会与重庆美的通用制冷设备有限公司转产扩能及M-BMS项目投资协议（送审稿）》、2017—2018年度重庆市富民兴渝贡献奖及特别奖南岸区建议推荐名单、九三学社南岸区委会主委建议提名人选事项，研究干部违纪问题。区委常委陈一清、王茂春、梅泽波、王愚、唐昕、黄红、程效、胡显键、王军参会，区领导朱维、甘联君、陈廷明、陈炯、刘永华、曹廷中、王子伟、李大槐等列席。

20日

区委书记郑向东主持召开南岸区深入推动长江经济带发展加快建设山清水秀美丽之地领导小组（扩大）会，传达全市深入推动长江经济带发展加快建设山清水秀美丽之地领导小组（扩大）会精神，部署配合做好第二轮中央生态环境保护督察工作。区长陈一清做工作部署，区领导朱维、魏小红、梅泽波、程效、胡显键、陈炯、张树金、叶自玫等参会。

区政协召开十届二十四次主席会，就区学前教育三年行动计划推进情况进行专题协商，区教委通报学前三年行动计划推进情况。区政协主席甘联君出席并讲话，区政协副主席叶自玫、秦遥、简光秀、曹廷中及区发展改革委、区财政局、区委编办等部门和街镇负责人参会。

24日

区人大常委会主任朱维主持召开区十八届人大四十八次主任会，听取有关人事任免事项报告、补选代表工作情况的报告，审议个别代表辞去代表职务、2019年度代表重点建议、《南岸区人大常委会机关财务管理办法（修订）》《南岸区人大常委会机关财务管理实施细则》、区十八届人大四次会议有关事项、区十八届人大常委会第二十二次会议方案，重庆市人大系统理论提升培训总结交流。副主任何文中、陈廷明、牟成勇、王渝参会，区人民法院院长王子伟、区人民检察院检察长李大槐列席。

26日

区长陈一清主持召开96次常务会，审议《关于南岸区2017年度财政预算执行及其他财政收支审议处理意见整改落实情况的报告》《重庆市南岸区人民政府与重庆旅游投资集团有限公司招商引资协议》、成立长生桥镇创智路社区居民委员会和调整长生桥镇部分社区规模、成立铜元局街道梨支园社区居民委员会和调整长江新村社区居民委员会规模、规范性文件清理有关事宜、《重庆重马体育发展有限公司组建方案》、对耀凯实业进一步纾困、《海棠溪街道社区卫生服务中心和南坪镇卫生院建设工作方案》、南山黄金公路道路拓宽工程可行性研究评估有关事宜，听取上半年全区外事和招商引资工作情况汇报，传达市政协领导来南岸区调研信访稳定工作座谈会精神及区贯彻落实意见，研究当前工作。副区长黄红、陈炯、莫裕全、吕轶、刘永华、贾宇，政府办主任肖华云参会。

区人大常委会主任朱维主持召开十八届人大二十二次会，审议通过《关于南岸区2017年度财政预算执行及其他财政收支审计处理意见整改落实情况的报告》、个别代表辞去代表职务事项、召开南岸区十八届人民代表大会第四次会议有关事项的议案、《南岸区人大常委会代表资格审查委员会关于补选的南岸区第十八届人大代表资格的审查报告》和有关人事任免。副主任陈廷明、夏江华、牟成勇、王渝参会，区纪委书记、区监察委员会主任胡显键，区人大党组成员梁平，副区长陈炯，区人民法院院长王子伟，区人民检察院副检察长黎先文及区委组织部、区审计局负责人，区人大各专门委员会、常委会各委室负责人，街道人大工委主任、镇人大主席，部分人大代表等列席。

7月

1日

区长陈一清主持召开97次常务会，审议《南岸区重庆经开区参加2019中国国际智能产业博览会工作方案》、2019年土地出让、2019年南岸区科技创新工作会、《关于南岸区全民健身工作开展情况的报告》《重庆市南岸区人民政府与重庆奇易门动画科技有限公司招商引资协议》《重庆市南岸区人民政府与中斯加特（重庆）科技集团股份有限公司招商引资协议》《南岸区政府投资项目抢险救灾（应急）工程结算计价办法》《重庆市南岸区人民政府国网重庆市电力公司战略合作协议》、茶园建司向交通银行融资2.59亿元等事宜，传达全市政府系统办公室主任会精神及区贯彻落实意见。副区长黄红、陈炯、莫裕全、吕轶、刘永华、贾宇，政府办主任肖华云参会。

中国共产党成立98周年之际，区长陈一清到峡口镇西流村看望慰问老党员高永忠，帮助解决生活困难。

8日

区长陈一清主持召开98次常务会，传达学习《中央生态环境保护督察工作规定》《党政领导干部生态损害责任追究办法（试行）》《重庆市党政领导干部生态环境损害责任追究实施细则（试行）》暨专题研究区生态环境保护工作，审议全区城市排水管网建设、《南岸区人民政府重庆经济技术开发区管理委员会重庆工商大学战略合作框架协议》《南岸区人民政府关于我区2019年1—6月财政收支预算执行情况的报告》《南岸区人民政府关于我区2019年1—6月国民经济和社会发展计划执行情况的报告》《南岸区重庆经开区发展智能制造实施方案（2019—2022年）》《关于赴北京招商相关情况的汇报》《四川外语学院重庆第二外国语学校入编人员参保及欠费问题解决方案（送审稿）》、购置中讯时代大楼部分资产等事宜，传达2019年全市机关事务工作会精神及区贯彻落实意见。副区长黄红、陈炯、莫裕全、刘永华、贾宇，政府办主任肖华云参会。

9日

区人大召开十八届人大五十一次主任会，听取区法院关于“基本解决执行难”工作情况报告、区检察院关于公益诉讼工作情况报告，审议区人大2019年5月至6月视察检查发现问题清单和区十八届人大二十三次会议方案。区人大常委会主任朱维，副主任陈廷明、牟成勇、王渝，区人大党组成员梁平出席会议，区检察院检察长李大槐等列席。

10日

区长陈一清调研重庆抗战遗址博物馆和空军抗战纪念园文物保护利用工作。先后察看陈列馆、三级广场、云岫楼、草亭文物保护区等，听取抗战历史介绍，了解馆内建设规划、文物建筑、馆藏陈列等。区委常委、统战部部长梅泽波等参加调研。

区长陈一清调研区重点交通项目进展情况，先后察看通江立交建设施工进度、黄明路凉风垭至长生桥段施工现场路面大修情况、茶园村钢模厂至祠堂坡段四好农村路项目施工和茶园兴塘路江南隧道项目规划招标情况。副区长莫裕全及区发展改革委、区交通局、区住房城乡建委等部门负责人参加调研。

12日

区委书记郑向东主持召开十二届103次常委会会议，传达学习《中央生态环境保护督察工作规定》《党政领导干部生态损害责任追究办法（试行）》《重庆市党政领导干部生态环境损害责任追究实施细则（试行）》、全市公安工作会议暨防范化解重大风险攻坚战工作会议精神、市政法委书记刘强志调研南岸时的讲话精神、市监委主任穆红玉在深化市纪委监委派驻机构改革动员部署会上的讲话精神及贯彻落实意见，审议购置中讯时代大楼部分资产、退役军人安置、成立区保健委员会、区政协第十届委员2019年届中调整增补工作、区十八届人大四次会议选举办法（草案）、成立区十八届人大四次会议临时党委、选派干部来区挂职等事宜。区委常委陈一清、王茂春、梅泽波、唐昕、黄红、程效、胡显键、王军参会，区领导朱维、甘联君、陈炯、张树金、贾宇等列席。

区人大常委会主任朱维主持召开十八届人大二十三次会，审议《关于南岸区全民健身工作开展情况的报告》《南岸区人民政府关于我区2019年1—6月国民经济和社会发展计划执行情况的报告》《南岸区人民政府关于我区2019年1—6月财政收支预算执行情况的报告》《区人大常委会半年工作情况报告》。区人大常委会副主任陈廷明、夏江华、牟成勇、王渝，区人大党组成员梁平参会，区领导莫裕全、区法院院长王子伟、区检察院检察长李大槐、区监察委员会副主任邹望及相关单位负责人等列席。

区召开配合做好中央生态环境保护督察工作安排部署会，区委书记郑向东就落实“坚定、聚焦、精准、双查、引导、规范”督察总要求，做到“四个熟悉掌握”，把准“三个督察重点”“五项基本要求”“五个高度关注”“五类紧盯问题”讲话。区长陈一清、区委副书记王茂春、副区长贾宇参会。

14日

区委书记郑向东到两江新区、渝北区等考察2019智博会室外体验区筹备工作，先后在两江新区礼嘉未来智慧生活体验园、国博中心智慧生活互动体验区、渝北区仙桃智慧交通及自动驾驶示范区、重庆市数字经济发展展示中心等实地考察展会设施建设、布展、观展准备等情况。区领导王茂春、刘永华、蒋文新等参加考察。

15日

区长陈一清主持召开99次常务会，审议《南岸区重庆经开区智能制造产业扶持办法（送审稿）》《南岸区重庆经开区建筑垃圾治理试点工作实施方案》《南岸区人民政府2019年上半年工作情况报告（送审稿）》《关于中国智谷（重庆）科技园发展情况的报告（送审稿）》《关于全区教育均衡发展情况的报告（送审稿）》《全区安全生产工作情况报告》，传达全市就业创业工作会议精神、国家推长办关于生态环境突出问题整改和“4+1”工程专题会精神及区贯彻落实意见，听取政府各分管领导上半年安全生产履职情况报告。副区长陈炯、莫裕全、张树金、吕轶、刘永华、贾宇，政府办主任肖华云参会。

区委书记郑向东与美年大健康集团、天亿集团董事长俞熔，就构建南岸区“大生态、大数据、大健康”现代产业体系开展合作举行洽谈。区领导魏小红、陈炯等出席洽谈会。

区府召开党组（扩大）会，学习贯彻习近平在中央政治局第十五次集体学习时的讲话精神、在深化党和国家机构改革总结会议上的讲话精神、在中央和国家机关党的建设工作会议上的讲话精神和对张富清、黄文秀先进事迹的批示精神，学习中央第四生态环境保护督察组督察重庆市工作动员会精神、陈敏尔、唐良智视察2019智博会筹备情况和调研大数据智能化发展时的讲话精神。会议由区长陈一清主持。区领导陈炯、莫裕全、张树金、吕铁、贾宇等参会。

16日

区全面提升城市管理服务水平、加快“三生三宜”品质城市建设领导小组召开二季度专题会，通报“三生三宜”品质城市建设暨深化全国文明城区建设二季度考核结果。区委书记郑向东到会并讲话，区长陈一清主持会议。区领导魏小红、王愚、吕铁、刘永华、贾宇等参会。

区委书记郑向东与东旭集团常务副总裁李泉年就玻璃基板、玻璃盖板、石墨烯产业化应用、新能源客车等领域开展合作举行洽谈。区委副书记王茂春等出席。

区委召开全面依法治区委员会第二次会议，听取推进法治政府建设情况汇报，审议依法治区2019年工作要点、市民法治素养提升方案。区委书记、区委依法治区委主任郑向东主持会议并讲话。区人大常委会主任、区委依法治区委副主任朱维，区政协主席、区委依法治区委副主任甘联君，区委副书记、区委依法治区委副主任王茂春等参会。

18日

重庆市南岸区第十八届人民代表大会第四次会议在行政中心召开，审议“一府两院”2019年半年工作情况报告，测评政府、区人民法院、区人民检察院及相关部门专项工作报告。选举产生第十八届人民代表大会常务委员会副主任和委员，梁平当选重庆市南岸区第十八届人民代表大会常务委员会副主任。表决通过区人大社会建设委员会、法治委员会更名等事宜。区领导郑向东、陈一清、朱维、甘联君、王茂春、魏小红、梅泽波、王愚、黄红、程效、胡显键等参会。

22日

区长陈一清主持召开100次常务会，审议《重庆市南岸区完善地方国有金融资本管理实施方案（2019—2020年）》《南岸区渔民退捕转产工作实施方案（送审稿）》等事宜。副区长黄红、陈炯、莫裕全、吕铁、刘永华、贾宇参会。

区政府召开党组（扩大）会，学习贯彻习近平在内蒙古考察并指导开展“不忘初心、牢记使命”主题教育活动时的讲话精神、在亚洲文明对话大会开幕式上的讲话精神、在上海合作组织成员国元首理事会第十九次会议上的讲话精神、在亚洲相互协作与信任措施会议第五次峰会上的讲话精神、在二十国集团领导人第十四次峰会上的讲话精神、《关于贯彻习近平总书记重要批示精神深入落实中央八项规定精神的工作意见》《党政主要领导干部和国有企事业单位主要领导人员经济责任审计规定》、陈敏尔在市委审计委员会二次会上的讲话精神。会议由区长陈一清主持，副区长黄红、陈炯、莫裕全、吕铁、刘永华、贾宇等参会。

23日

区长陈一清调研地质灾害和危房排查工作，实地查看海棠晓月A区6号楼滑坡情况，了解群众疏散转移和后期防控工作。区领导黄红、张树金参加调研。

区与重庆中烟工业有限责任公司召开工作对接会，通报上次对接会议议定事项落实情况，协调解决出入口通道和周边环境优化、总部大楼选址等问题。区领导黄红、陈炯、刘永华出席会议。

区政协召开十届十四次常委会会议，学习习近平视察重庆时的讲话精神，就中国智谷（重庆）科技园建设发展情况专题协商。区政协主席甘联君出席会议并讲话，副区长刘永华到会听取意见。区政协副主席叶自玫、秦遥、简光秀、蒋文新、任其亮、吴晓静等参会。

24日

区委书记郑向东主持召开十二届104次常委会会议，传达学习陈敏尔关于配合第二轮中央环保督察工作批示精神及配合第二轮中央环保督察工作情况汇报、国家推长办关于生态环境突出问题整改和“4+1”工程专题会精神、市推长办专题会精神、全市纪检监察工作会精神及贯彻落实意见，审议《中国智谷·重庆经开区参加2019智博会工作方案（送审稿）》《四川外语学院重庆第二外国语学校入编人员参保及欠费问题解决方案（送审稿）》、对耀凯实业进一步纾困、《区委2019年上半年巡察工作情况报告（送审稿）》《十二届区委第八轮巡察工作方案（送审稿）》《十二届区委对村、社区党组织巡察工作规划（送审稿）》《中共重庆经济技术开发区工作委员会重庆经济技术开发区管理委员会机构编制方案（送审稿）》。区委常委陈一清、王茂春、魏小红、梅泽波、王愚、黄红、程效、胡显键、王军参会，区领导朱维、甘联君、陈炯、刘永华、贾宇等列席。

25 日

由市委宣传部、市妇联、市文明办、市教委、市文化旅游委，南岸区委、区政府联合主办的“礼赞新中国 书香润万家”家庭阅读展示活动在施光南大剧院举行。市人大副主任王越、市妇联主席万相兰，区领导郑向东、朱维、魏小红、莫裕全、吴晓静等出席。

29 日

区长陈一清主持召开 101 次常务会，传达学习陈敏尔关于配合第二轮中央环保督察工作批示精神、《国家防总巡堤查险工作规定》《各级地方人民政府行政首长防汛抗旱工作职责》精神及区贯彻落实意见、国家统计局有关统计违法案件的通报精神，审议《重庆市南岸区人民政府北京协和医学院培训中心合作协议书（送审稿）》《南岸区 2019 年政策性粮食库存数量和质量大清查工作的汇报》《重庆市南岸区人民政府重庆经济技术开发区管理委员会重庆石油天然气交易中心有限公司项目投资补充协议》等事宜。副区长陈炯、莫裕全、张树金、吕轶、刘永华，政府办主任肖华云参会。

30 日

建军节前夕，区委书记郑向东、区长陈一清、区人大常委会主任朱维、区委副书记王茂春及双拥工作领导小组到重庆警备区看望慰问部队官兵。区领导王军、莫裕全、谭丙阳等参加慰问。

区召开“八一”军政座谈会，庆祝中国人民解放军建军 92 周年。区领导郑向东、陈一清、朱维、甘联君、王茂春、王军、张树金、谭丙阳，重庆警备区负责人等出席座谈会。

31 日

区委书记郑向东主持召开十二届 105 次常委会会议，传达学习习近平在中央政治局第十五次集体学习时的讲话精神、市委市政府主要领导关于配合第二轮中央环保督察工作有关批示精神，研究干部工作。区委常委陈一清、王茂春、魏小红、梅泽波、程效、胡显键、王军参会，区领导朱维、甘联君、陈廷明、牟成勇、王渝、陈炯、莫裕全、吕轶、叶自玫、秦遥、简光秀、曹廷中、蒋文新、吴晓静、王子伟、李大槐、金亚等列席。

区委书记郑向东主持召开中心组理论学习（扩大）会，传达学习习近平在中央政治局第十五次集体学习时的讲话精神及《生态环境保护督察工作要情》第 33 期、第 34 期、第 44 期。 区委中心组成员及部分区级部门负责人参会。

8 月

1 日

区长陈一清到鸡冠石镇慧江集团混凝土搅拌站督办群众举报投诉案件整改落实情况，实地查看搅拌站原材料处理车间和生产线现场，听取相关部门、有关镇街及企业负责人对该案件整改落实情况汇报。副区长刘永华及区生态环境局、区交通局、区城管局、区住房城乡建委、鸡冠石镇主要负责人等参加调研。

区召开 2019 年科技创新工作会， 贯彻落实习近平关于科技创新重要思想和视察重庆时讲话精神，安排部署全区科技创新工作。区长陈一清到会并讲话，副区长刘永华做工作总结并安排部署今年工作。区政协副主席曹廷中，各区级部门、各镇街、经济板块，在区高等院校、科研院所负责人参会。

5 日

区长陈一清主持召开政府 102 次常务会，传达全国深化“放管服”改革优化营商环境电视电话会精神及区贯彻落实意见、全市深化“放管服”改革优化营商环境电视电话会精神及区贯彻落实意见，审议重庆市南岸区精神卫生中心建设工程可研评审、《重庆市南岸区财政局关于南岸区减税降费工作推进情况的报告》、全区信访稳定工作有关事宜，研究当前工作。副区长黄红、陈炯、张树金、刘永华，政府办主任肖华云参会。

12 日

区长陈一清主持召开政府 103 次常务会，传达学习习近平总书记武汉座谈会讲话一周年回访报告及区贯彻落实意见、全市违建别墅问题清查整治专项行动推进工作专题会精神及区违建别墅清查认定情况，审议《2019 年农村新居置换安置工作方案》《南岸区经开区清理拖欠民营企业中小企业账款工作方案》《南岸区经开区加快科技创新促进高质量发展的实施方案（送审稿）》、部分项目土地闲置处置、《南岸区“南山、明月山”保护提升实施方案》、区城建集团发行公司债、关于做好重庆市商务委与两江海关后续保障服务工作建议、2019 年第二批新增政府债券资金安排使用、南岸区 2019 年排水管网整治改造项目可行性研究报告评估、南岸区爱心市场工程（集中建设市场）决算审核后调整概算、关于赴成都考察学习有关事宜。副区长黄红、陈炯、莫裕全、吕轶、刘永华、贾宇，政府办主任肖华云参会。

13日

区委书记郑向东主持召开十二届108次常委会会议，传达学习中央巡视工作领导小组署名文章《巡视整改落实是“四个意识”的试金石》、陈敏尔书记在听取市委五届第四轮巡视情况汇报时的讲话精神、《中共重庆市委关于进一步加强巡视整改工作的意见》《重庆市巡视整改监督检查工作办法（试行）》，审议市委第一巡视组反馈意见整改工作建议方案。区委常委陈一清、魏小红、梅泽波、王愚、唐昕、黄红、程效、胡显键参会。区领导甘联君、陈廷明、牟成勇、王渝、陈炯、莫裕全、张树金、吕轶、贾宇、叶自玫、秦遥、吴晓静、王子伟、李大槐、谭丙阳、金亚等列席。

区长陈一清检查森林防火工作，先后到通基坡森林防火瞭望点、迎龙镇龙顶村大岚垭森林防火检查站、凉水垭守山亭检查点和明月山林场迎龙管护站进行实地查看，慰问坚守在森林防火一线的护林人员。

19日

区长陈一清调研城市建设管理工作，在莲池变电站查看智能充电站、便民服务站、数据中心站，了解变电站智能多站融合建设运营情况，在智谷展示中心外广场看望高温下坚守岗位的一线环卫工人，为他们送去消暑用品。

区长陈一清主持召开政府104次常务会，审议《重庆市南岸区人民政府重庆经济技术开发区管理委员会与广联达科技股份有限公司签订重庆数字建筑产业发展战略合作协议》《重庆市南岸区人民政府重庆经济技术开发区管理委员会重庆谊品弘渝科技有限公司重庆谊品弘科技有限公司重庆创弘谊品商业管理合伙企业（有限合伙）重庆纵想企业管理合伙企业（有限合伙）项目补充协议》、确定广阳绕城高速公路“农转非”安置房2期3#4#楼项目未建设的土地收回价格、《南岸区重庆经开区营商环境优化提升工作方案》、2019年1—7月全区争资完成情况及相关建议、《关于落实市委第一巡视组对防范化解金融风险、生态环境保护、交通基础设施建设、服务民营企业发展、区属单位资金管理、政府性工程项目招标反馈意见的整改方案》、“垃圾不落地”专项整治行动、江南小区剩余地下车位销售、远康环保股权转让、2019广阳岛岛内生态修复项目可行性研究报告评估、黄桷垭环道工程总投资概算评审、东水门大桥P+R换乘中心工程总投资概算评审，传达全市“十四五”规划编制工作会精神及全区“十四五”规划编制工作有关事项，研究当前工作。副区长黄红、陈炯、莫裕全、吕轶、贾宇，政府办主任肖华云参会，区领导王茂春等列席。

20日

中国智谷（重庆）科技园发展领导小组召开第三次会议，通报领导小组第二次会议议定事项落实情况，审议《中国智谷•重庆经开区2019年重点目标任务分解表》《2019年中国智谷招商引资目标任务分解表》，研究智谷重点招商引资项目推进情况和大数据智能产业运行情况等事项。区委书记郑向东、区长陈一清、区委副书记王茂春、副区长刘永华出席会议。

27日

中国智谷（重庆）科技园、南岸区、重庆经开区在重庆悦来国博中心举行“智博会”集中签约仪式，副市长熊雪，市政府副秘书长周青，市商务委副主任宋刚，市大数据发展局副局长李斌，市招商投促局局长贾晖，区领导郑向东、陈一清、朱维、甘联君、王茂春等出席。

29日

区长陈一清主持召开政府106次常务会，审议《南岸区重庆经开区引导分散企业进入工业园区工作方案（送审稿）》《南岸区老旧小区改造实施方案（送审稿）》《南岸区国土绿化提升行动2019年度实施方案（送审稿）》《南山民宿违法占林、占用基本农田“一户一策”处置方案》《南山“火锅一条街”专项整治工作方案》及全区违建别墅整治、2018年度经济社会发展实绩考核情况、《南岸区建立残疾儿童康复救助制度实施细则（送审稿）》，传达《关于做好我市党政机关办公用房信息统计报告工作的通知》精神及区贯彻落实意见，研究当前工作。副区长黄红、陈炯、莫裕全、吕轶、刘永华、贾宇，政府办主任肖华云参会，区领导王茂春等列席。

9月

2日

区长陈一清主持召开第107次常务会，传达市政府办公厅《关于全面推行行政规范性文件合法性审核机制的实施意见》精神及贯彻落实意见、市政府办公厅关于《重庆市全面推行行政执法公示制度执法全过程记录制度重大执法决定法治审核制度实施方案》精神及实施方案，审议《重庆市南岸区人民政府重庆经济技术开发区管理委员会与国网信息通信产业集团有限公司绿色智慧城市合作协议》、江南新城配套设施建设项目可行性研究报告评估，听取2019广阳岛岛内生态修复项目EPC招标有关事宜汇报。副区长黄红、陈炯、莫裕全、张树金、吕轶、刘永华、贾宇，政府办主任肖华云等参会。

3 日

甘肃省陇南市委书记孙雪涛来区学习考察城市规划建设和夜间商业经济管理工作，先后在广阳岛、VIVO企业与中国智谷（重庆）科技园、重庆抗战遗址博物馆等进行考察。区长陈一清，副区长吕铁、贾宇等陪同考察。

区召开2019年上半年党建引领加强和创新社会治理暨“枫桥经验”南岸实践现场推进会，与会领导分组到花园路社区、回龙湾社区、双龙村、龙顶村等调研创新社会治理经验。区委书记郑向东到会并讲话。区领导朱维、王愚、黄红、程效、王军、张树金、吴晓静出席会议。

9 日

第三十五个教师节即将来临之际，区委书记郑向东到城南家园小学开展教师节慰问活动，向全区广大教师和教育工作者致以节日祝贺和问候。区委常委、宣传部部长魏小红参加慰问。

区召开第二届智博会工作总结会，区委书记郑向东就学习贯彻习近平贺信精神，建设好中国智谷（重庆）科技园，推动大数据智能化产业健康快速发展等提出要求。区长陈一清主持会议，区人大常委会主任朱维参会，区委副书记王茂春总结智博会情况。

区召开“不忘初心、牢记使命”主题教育部署会，学习贯彻习近平关于“不忘初心、牢记使命”主题教育讲话和批示精神，落实中央、市委“不忘初心、牢记使命”主题教育第一批总结暨第二批部署会精神。市委巡回指导三组组长吴秋鸿出席会议。区委书记郑向东做动员讲话，区领导朱维、甘联君等参会。

10 日

以“师者仁爱 初心传承”为主题，第三十五个教师节庆祝大会在施光南大剧院举行。区长陈一清出席活动并致辞。区领导王茂春、魏小红、梅泽波、黄红、王军、牟成勇、刘永华、曹廷中等出席大会，并为优秀教育工作者和先进集体颁奖。

第三十五个教师节当天，区长陈一清、区人大常委会主任朱维、区政协主席甘联君分别到青龙路小学、84中学、广益中学开展慰问活动，向全区广大教师和教育工作者致以节日的问候。区委常委、副区长黄红等参加慰问。

区委常委、宣传部部长魏小红与来自金山路小学、珊瑚中学、珊瑚实验小学、珊瑚幼儿园的市级骨干老师、区级学科名师、退休老师等座谈，向老师致以节日问候和祝福。

11 日

区长陈一清主持召开政府108次常务会，传达学习全市迎接新中国成立70周年大庆安保维稳工作电视电话会议精神及贯彻落实意见，审议关于优化全区产业类国有公司股权、关于增加五锋公司进出口银行贷款担保主体、《南岸区明月山开展林长制试点方案（送审稿）》《重庆市南岸区职业技能提升行动实施方案（2019—2021年）（送审稿）》、关于向进出口银行融资、《南岸区2018年度财政预算执行情况及其他财政收支审计结果的报告》，听取关于登革热防控工作情况汇报。区委副书记王茂春等列席。副区长黄红、陈炯、吕铁，政府办主任肖华云等参会。

区十八届人大召开第五十二次主任会，专题听取南岸区关于“七五”普法开展情况汇报。区人大常委会主任朱维，副主任陈廷明、牟成勇、王渝参会，副区长、区公安分局局长张树金等列席。

区长陈一清主持召开政府党组（扩大）会，集中学习贯彻习近平在中央党校（国家行政学院）中青年干部培训班开班式上的讲话精神、在中共中央政治局会议上的讲话精神、在中央财经委员会第五次会议上的讲话精神、在致2019中国国际智能产业博览会的贺信，刘鹤、陈敏尔在2019中国国际智能产业博览会开幕式上的致辞。副区长黄红、陈炯、吕铁等参会。

12 日

区人大常委会主任朱维主持召开人大党组暨机关“不忘初心、牢记使命”主题教育集中学习研讨会，传达市、区“不忘初心、牢记使命”主题教育活动动员会精神，专题学习习近平在“不忘初心、牢记使命”主题教育工作会议上的讲话。区委巡回指导组到会指导。

区长陈一清主持召开区委中心组（扩大）理论学习会暨“不忘初心、牢记使命”主题教育专题学习研讨会，集中学习《习近平关于“不忘初心、牢记使命”重要论述选编》《习近平新时代中国特色社会主义思想学习纲要》，区人大常委会主任朱维、区政协主席甘联君做中心发言。区委中心组成员出席会议。

18 日

区委书记郑向东主持召开十二届111次常委会会议，传达学习中央纪委国家监委贯彻习近平重要批示精神及贯彻落实意见、中央“八项”规定电视电话会议精神及贯彻落实意见、市政府主要领导调研重庆经开区工作指示要求及贯彻落实意见、全市迎接新中国成立70周年大庆安保维稳工作电视电话会议精神及贯彻落实意见、《关于做好我市党政机关办公用房信息统计报告工作的通知》精神及贯彻落实意见，审议优化全区产业类国有公司股权有关事宜。区委常委陈一清、王茂春、魏小红、王愚、唐昕、黄红、程效、王军参会，区领导朱维、甘联君、陈炯、贾宇等列席。

19日

区召开重庆抗战遗址博物馆提档升级专题会，区长陈一清就推进重庆抗战遗址博物馆提档升级提出要求。区领导梅泽波、莫裕全等参会。

20日

2019长安CS75 PLUS中国重庆国际时尚周在南滨路弹子石广场举行。市人大副主任杜黎明、市政协副主席周克勤、原重庆市副市长余远牧、市委宣传部常务副部长薛竹、市政府副秘书长周青、中共重庆市委台湾工作办公室主任胡奕、市经济和信息化委员会主任陈金山、市文化和旅游发展委主任刘旗、市人力社保局局长陈元春，区领导郑向东、魏小红、王愚、牟成勇等出席。

区委书记、区委深改委主任郑向东主持召开区委全面深化改革委员会第四次会议。传达学习习近平在深化党和国家机构改革总结会议上的讲话精神，中央深改委第九、十次会议精神，市委深改委第六次会议精神，部署下一阶段全面深化改革工作。审议《南岸区关于深入贯彻习近平总书记视察重庆有关改革工作重要指示精神的任务清单》、区属国有企业功能界定与分类改革方案、区教委关于承接国家和市级层面改革试点工作情况汇报，研究交通缓堵改革。区长、区委深改委副主任陈一清等出席会议。

区召开以"党的政治建设、全面从严治党"为主题，区级领导班子"不忘初心、牢记使命"主题教育集中学习研讨会。集中学习《习近平关于"不忘初心、牢记使命"重要论述选编》《习近平新时代中国特色社会主义思想学习纲要》《习近平总书记在中央政治局第六次集体学习重要讲话》《中共中央关于加强党的政治建设的意见》。区委书记郑向东主持会议并讲话。区领导陈一清、朱维、甘联君等参会。市委巡回指导三组成员到会指导。

23日

区长陈一清主持召开政府110次常务会，审议《重庆市南岸区人民政府重庆经济技术开发区管理委员会重庆数聚汇通信息技术有限公司易华录数据湖示范工程项目搬迁框架协议（送审稿）》《重庆市南岸区人民政府重庆经济技术开发区管理委员会与重庆讯飞慧渝人工智能技术研究院有限公司项目投资补充协议》《委托设立重庆（中国智谷）全球招商中心服务协议书》《区属国企2018年度经营考核结果及领导人薪酬核发方案》《区属国有企业绩效考核办法（修订版）》《2019年度经济社会发展实绩考核方案（征求意见稿）》《各被考核单位任务清单（征求意见稿）》《南岸区2018年财政总决算草案情况的报告》《南岸区进一步推进生活垃圾分类工作实施意见》、2019重庆全球旅行商大会等事宜，研究当前工作。区委副书记王茂春等列席。副区长黄红、莫裕全、吕轶、刘永华、贾宇，政府办主任肖华云等参会。

25日

区委书记郑向东主持召开十二届112次常委会会议，传达学习习近平在中央政协工作会议暨庆祝中国人民政治协商会议成立70周年大会上的讲话精神、市委常委会会议精神、习近平关于生态文明建设批示精神、全市"十四五"规划编制工作会精神及贯彻落实意见，审议《南岸区南山开展林长制试点方案（送审稿）》《南岸区明月山开展林长制试点方案（送审稿）》《南岸区老旧小区改造实施方案（送审稿）》、全区教育事业发展、《重庆市南岸区人民政府重庆经济技术开发区管理委员会重庆数聚汇通信息技术有限公司易华录数据湖示范工程项目搬迁补偿协议（送审稿）》、在"不忘初心、牢记使命"主题教育中集中整顿软弱涣散基层党组织、设立区社科联有关事宜。区委常委陈一清、王茂春、魏小红、梅泽波、唐昕、黄红、程效、王军参会。区领导甘联君、陈炯、刘永华、曹廷中等列席。

区政协庆祝新中国成立70周年暨人民政协成立70周年书画摄影展在南滨路法国水师兵营开展。区委书记郑向东出席开幕式，区领导甘联君、魏小红、梅泽波、牟成勇、叶自玫、曹廷中等出席开幕式。

29日

庆祝中华人民共和国成立70周年前夕，区委书记郑向东看望慰问"全国优秀党务工作者"杨永权一家，并颁送由中共中央、国务院、中央军委颁发的"庆祝中华人民共和国成立70周年纪念章"。

区长陈一清先后到重点商贸场所、客运中心、窗口门户等地检查市场供应、消防安保、氛围营造等情况，落实企业主体责任和节日期间安全有序环境。区应急局、区消防救援支队、镇街负责人等参加检查。

区长陈一清到丹龙路东原亲亲里小区看望慰问区道德模范代表、青年榜样徐茂一家。

30日

区在英烈园举行9•30烈士纪念日公祭活动，缅怀革命先烈。区委书记郑向东出席公祭活动并宣读祭文。区长陈一清、区人大常委会主任朱维、区政协主席甘联君等区级领导出席公祭活动。

区委书记郑向东先后到力宏精细化工有限公司、重庆纯芝生物科技有限公司、茶涪路改扩建施工现场，检查危化品、建设施工等重点行业领域安全稳定工作。区委副书记王茂春、区政法委书记王愚及相关部门负责人参加检查。

10月

8日

区府召开党组（扩大）会，集中学习习近平在庆祝中华人民共和国成立70周年大会上的讲话精神、在中央政协工作会议暨庆祝中国人民政治协商会议成立70周年大会上的讲话精神、在中央政治局第十七次集体学习会上的讲话精神、在全国民族团结进步表彰大会上的讲话精神、在国家勋章和国家荣誉称号颁授仪式上的讲话精神、在黄河流域生态保护和高质量发展座谈会上的讲话精神、在视察北京香山革命纪念地时的讲话精神、在参观“伟大历程辉煌成就——庆祝中华人民共和国成立70周年大型成就展”上的讲话精神以及市委书记陈敏尔在市委财经委员会第四次会议上的讲话精神、在全市加强学校思想政治理论课工作座谈会上的讲话精神，市长唐良智在庆祝新中国成立70周年重庆专场新闻发布会上的讲话精神，等。区府党组书记、区长陈一清主持会议。副区长黄红、陈炯、莫裕全、吕轶、刘永华、贾宇等参会。

区长陈一清主持召开第111次常务会，审议《关于进一步规范区属国有企业重大经营风险管控的指导意见》《重庆市南岸区区属国有企业“三重一大”决策事项管理办法》《区属重点国有企业资产负债率管控工作方案》《南岸区深化普通高考综合改革实施工作方案》，听取国庆节期间有关情况汇报。副区长黄红、陈炯、莫裕全、吕轶、刘永华、贾宇，政府办主任肖华云参会，有关区级领导列席。

10日

总投资122.8亿元，38个项目集中开工仪式在南滨路五期建设现场举行。区委书记郑向东、区长陈一清、区人大常委会主任朱维、区政协主席甘联君、区委副书记王茂春及有关部门、单位和企业负责人等出席仪式。

11日

由重庆市委组织部、重庆市委宣传部组织的第二批“不忘初心、牢记使命”重庆市优秀共产党员先进事迹巡回报告会走进南岸，报告团成员分别讲述自己坚守初心使命，敢于担当的感人事迹。在家区领导、副处级及以上领导干部、村（社区）党组织书记1000余人聆听报告。区委书记郑向东、区人大常委会主任朱维、区政协主席甘联君、区委副书记王茂春看望了报告团成员。

12日

区委召开2019年第二次党建暨新时代文明实践中心试点建设工作现场会，传达学习习近平在中央和国家机关党的建设工作会议上的讲话精神及区贯彻落实意见，听取区新时代文明实践中心试点工作开展情况汇报。区委书记郑向东到会并讲话。与会人员调研了北斗村新时代文明实践站活动开展情况。区领导魏小红、程效、胡显键等出席会议。

14日

区委书记、区规划委员会主任郑向东主持召开城乡规划委员会第二十九次会，审议重庆经济技术开发区总体规划、南涪路沿线空间形态研究及管控细则方案、重庆市第五人民医院迁建工程项目建筑设计方案、江南新城污水处理设施布局、融侨和苏家坝立交都市景点策划方案。区长陈一清、区人大常委会主任朱维、区委副书记王茂春，副区长陈炯、莫裕全、吕轶、刘永华、贾宇等出席会议。

区委书记、重庆经开区党工委书记（兼）郑向东，区委副书记、重庆经开区管委会主任王茂春出席重庆经开区与深圳市潮汕商会、深圳侨商智库研究院战略合作签约仪式，共同打造两地政商企交流合作平台。深圳市潮汕商会会长、深圳侨商智库研究院理事长郑汉明等出席签约仪式。

区长陈一清主持召开第112次常务会，传达全国统计法治暨行风建设工作会精神及区贯彻落实意见、全市统计法治工作会精神及区贯彻落实意见，审议《重庆市南岸区人民政府四川快安达轨道交通科技有限公司Transit X，LLC项目投资协议》《南滨路文化产业园产业发展扶持办法》《南岸区2019年医疗保险基金总额预算分配方案》等事宜。副区长黄红、陈炯、莫裕全、刘永华，政府办主任肖华云参会。

18日

甘肃省天水市委常委、常务副市长赵四辈来区考察经济社会发展情况，先后在中国智谷（重庆）科技园展馆、盟讯电子科技有限公司、广阳岛考察大数据建设、智能制造产业发展及生态文明建设等，了解经济社会发展情况。副区长黄红、陈炯等陪同考察。

21 日

区长陈一清主持召开十二届第 113 次常务会，审议南岸区接受和配合第二轮中央生态环境保护督察工作情况、开展长江入河排污口第一批溯源整治工作、南岸区长江经济带生态环境警示片披露问题整改工作情况及销号工作建议、《2019Navigate 创客节暨中国智谷环重邮创新创业大赛方案》《南岸区人民政府重庆经开区管委会与建行市分行战略合作协议》《关于评选表彰南岸区、重庆经开区“三大攻坚战、十项重点工作”先进集体和先进个人的工作方案（送审稿）》《关于评选表彰南岸区、重庆经开区“三生三宜”品质城市建设暨创新社会治理工作先进集体和先进个人的工作方案（送审稿）》《南岸区开展一般医用耗材集中带量采购试点工作实施方案》，传达全市义务教育发展基本均衡整体验收迎检工作电视电话会精神及区贯彻落实意见。副区长陈炯、莫裕全、吕铁、刘永华、贾宇，政府办主任肖华云参会，有关领导列席。

23 日

区召开干部大会，宣布市委决定——郑向东任重庆市发展改革委党组书记、主任，不再担任中共重庆市南岸区委书记、重庆经开区党工委书记（兼）职务。颜伟任中共重庆市南岸区委书记、兼任重庆经开区党工委书记。市委组织部副部长周永刚宣读市委决定。

28 日

区长陈一清主持召开第 114 次常务会，传达市委常委会扩大会精神、三季度全市经济形势分析会精神、全市全面融入共建“一带一路”加快建设内陆开放高地推进会议精神及区贯彻落实意见，审议《重庆市南岸区人民政府重庆经济技术开发区管理委员会与科大讯飞股份有限公司项目投资协议》《南岸区重庆经开区全面推行“云长制”工作方案（送审稿）》《南岸区新型智慧城市建设实施方案（2020—2022 年）（送审稿）》《南岸区应用系统迁云方案（送审稿）》和关于对五桂石片区阳光 100 国际新城棚户区改造征收项目下达征收决定等事宜。副区长黄红、陈炯、莫裕全、吕铁、刘永华、贾宇，政府办主任肖华云参会，有关领导列席。

29 日

区长陈一清调研苦竹溪及其支流环境综合整治项目进展情况，实地察看苦竹溪示范段节点跌水公园景观建设现场，听取相关负责人对苦竹溪上游保护管理、公园建设情况介绍。副区长莫裕全，区住房城乡建委、区农业农村委、区生态环境局、区城管局等相关单位负责人参加调研。

30 日

区委书记颜伟到南山调研规划、建设和发展工作，先后在放牛村、武警会议中心观景平台等调研南山中央山地公园规划建设情况。区长陈一清、区委副书记王茂春、区委统战部部长梅泽波等参加调研。

31 日

南岸区召开国家服务业综合改革试点中期评估座谈会，副区长吕铁做工作汇报，南滨路管委会、中国智谷（重庆）科技园、重庆石油天然气交易中心等单位负责人就试点创新经验做交流发言。国家发展改革委产业司副司长李忠娟、重庆市发展改革委副主任赵宝权、区委书记颜伟、区长陈一清及区相关领导参会。

区召开加快融入全市“一圈两群”“核心大景区”建设、研究重庆东站建设工作会议，听取区加快融入全市“一圈两群”“核心大景区”建设工作汇报，重庆东站项目推进情况汇报，研究部署下一阶段工作。区委书记颜伟就推动优势再认识、发展再定位、工作再深化等提出要求。区长陈一清、区委副书记王茂春及相关区领导参会。

11 月

4 日

区委书记颜伟主持召开常委扩大会，传达贯彻党的十九届四中全会精神、市委常委会（扩大）会精神。区委常委出席会议，区人大、区政府、区政协等相关区级部门负责人列席。

区长陈一清主持召开政府第 115 次常务会，审议《中国智谷（重庆）科技园建设情况报告》、重庆恒德远景实业有限公司 C23-4/02 和 C26-2/02 地块未按时开工问题、《重庆市南岸区人民政府关于〈重庆市南岸区人大常委会《关于民营企业发展法治环境的工作报告》审议意见〉研究处理情况的报告》《2019 年南岸区重点民生实事推进情况的报告》、重庆市第五人民医院迁建工程（含幸福公园）可行性研究及 PPP 投融资方案、南岸区精神卫生中心建设工程总投资概算评审，传达《重庆市行政规范性文件管理办法》（重庆市人民政府令第 329 号）及区贯彻落实意见。副区长黄红、陈炯、莫裕全、张树金、吕铁、刘永华、贾宇，政府办主任肖华云参会。

5 日

区委书记颜伟主持召开十二届第 114 次常委会会议，传达学习党的十九届四中全会精神、市委常委会（扩大）会议精神、中央和市委有关巡视巡察工作会议精神，审议十二届区委第九轮巡察工作建议方案、补选区人大代表、成立区委审计委员会有关事宜。区委常委陈一清、魏小红、梅泽波、王愚、唐昕、黄红、程效、胡显键参会，区级相关领导列席。

6日

区政协召开十届第二十九次主席会，专题协商创建和谐劳动关系综合试验区工作情况。区人社局就创建和谐劳动关系综合试验区工作推进情况进行通报。重庆经开区招商服务中心、长生桥镇、花园路街道、重庆力宏精细化工等单位负责人发言。区政协主席甘联君出席会议并讲话，区政协副主席叶自玫、秦遥、简光秀、曹廷中、蒋文新、任其亮、吴晓静参会，相关单位负责人等列席。

7日

区人大常委会主任朱维主持召开十八届第二十五次主任会，审议通过个别代表辞去代表职务的事项、《关于补选南岸区第十八届人民代表大会代表的决定（草案）》《南岸区第十八届人民代表大会常务委员会代表资格审查委员会成员名单（草案）》《关于中国智谷（重庆）科技园建设情况的报告》《南岸区2019年重点民生实事推进情况的报告》，对《南岸区人大常委会〈关于民营企业发展法治环境工作情况的报告〉的审议意见》《南岸区人大常委会〈关于2018年度国有资产管理情况综合报告及企业国有资产管理情况专项报告〉的审议意见》《南岸区人大常委会〈关于“三生三宜”品质城市建设情况的报告〉的审议意见》研究处理情况进行满意度测评。副主任陈廷明、牟成勇、王渝、梁平参会，区纪委书记监察委员会主任胡显键、副区长刘永华、区人民检察院检察长李大槐、区人民法院副院长陈晓南等列席。

8日

南岸区人民政府、重庆经开区管委会与科大讯飞签订协议，由科大讯飞拟投资10亿元成立科大讯飞全国军民融合人工智能工程研究中心和结算中心，共同打造以军民融合为主题的人工智能双创平台。副市长吴存荣、重庆警备区副司令员南小冈，区领导颜伟、陈一清、王茂春、魏小红、黄红、刘永华，科大讯飞董事长、总裁刘庆峰等出席签约仪式。

11日

区委书记颜伟调研中国智谷（重庆）科技园部分企业，先后到重庆城投金卡信息产业股份有限公司、重庆紫光软件有限公司参观城市智能交通物联网大数据服务平台、视频云+AI大数据联合创新中心，帮助企业纾困。区委副书记王茂春及有关部门负责人参加调研。

区委书记、重庆经开区党工委书记（兼）颜伟，区委副书记、管委会主任王茂春，与国际欧亚科学院院士李乃胜、新西兰皇家科学院生物活性营养研究中心首席科学家高益槐等20余名中国侨联特聘专家座谈，听取专家对推动重庆经开区发展建言献策。

区长陈一清主持召开政府第116次常务会，审议《南岸区信息化项目管理暂行办法（送审稿）》、重庆市南岸区长江保护修复攻坚战工作方案、购买安置房源、《南岸区未成年人思想道德建设工作情况的报告》有关事宜。副区长黄红、陈炯、莫裕全、刘永华、贾宇，政府办主任肖华云参会。

12日

区委书记颜伟召集召开2019年全区三季度经济形势分析会议暨全面提升城市管理服务水平加快“三生三宜”品质城市建设领导小组会，传达学习全市三季度经济形势分析会精神，研究分析前三季度全区经济形势，安排部署下一步经济工作，通报2019年“三生三宜”品质城市暨深化全国文明城区建设、三季度考核结果、南岸区前三季度“优秀五长”获奖人员名单。区长陈一清主持会议，区人大常委会主任朱维、区政协主席甘联君、区委副书记王茂春等相关区级领导出席会议。

13日

区人民武装部召开任职命令大会，重庆警备区政委刘伟宣读重庆警备区党委关于区委书记颜伟任南岸区人民武装部党委委员、第一书记的决定，并向颜伟颁发《任职书》。区长陈一清、区人大常委会主任朱维、区政协主席甘联君、区人民武装部政委谭丙阳出席会议。会议由区委常委、区人民武装部部长王军主持。

14日

区十八届人大召开第五十六次主任会，与会代表集中视察南山闭矿区生态修复项目、福寿路排污管网工程、黄桷垭老街风貌改造项目。区人大常委会主任朱维，副主任陈廷明、夏江华、牟成勇、王渝、梁平，副区长贾宇参加视察。

15日

区委书记颜伟走访慰问区级离退休老干部，先后对老干部夏元东、胡荣伦、曹均绵慰问座谈，听取他们对全区工作的意见建议。区委常委、组织部部长程效参加走访。

阿里巴巴集团副总裁库伟一行来区座谈，交流“飞象工业互联网平台”建设情况，洽谈南岸区、重庆经开区与阿里巴巴集团合作事宜。区委书记、重庆经开区党工委书记（兼）颜伟，区长兼重庆经开区党工委副书记陈一清，区委副书记、经开区管委会主任王茂春及相关区级领导参加座谈。

18日

区长陈一清主持召开政府第117次常务会，审议南岸区装修垃圾分选场选址工作、2019年前三季度全区争取上级资金完成情况及相关建议、《南岸区社区居家养老服务设施全覆盖实施方案》《南岸区政府采购监督检查办法》，传达2019年全市医改推进现场会议精神并审议南岸区贯彻落实意见。副区长黄红、陈炯、莫裕全、吕轶、贾宇，政府办主任肖华云参会，相关区领导列席。

区政府召开党组（扩大）会，学习贯彻习近平在中央政治局第十八次集体学习时的讲话精神、在第二届中国国际进口博览会开幕式上的主旨演讲、在中共中央党外人士座谈会、在上海考察时的讲话精神和陈敏尔书记在市委常委扩大会上的讲话精神等内容。区长陈一清主持会议。副区长黄红、陈炯、莫裕全、吕轶、贾宇等参会。

第二届重庆先锋艺术电影展闭幕典礼暨表彰仪式在施光南大剧院举行。区长陈一清、区委宣传部部长魏小红、副区长莫裕全等出席闭幕式并为获奖人员颁奖。

20日

区委书记颜伟主持召开十二届第115次常委会会议，传达学习习近平在中央政治局第十八次集体学习时的讲话精神、在第二届中国国际进口博览会开幕式上的主旨演讲、市委常委会落实相关工作的会议要求、《中共重庆市委办公厅转发〈中共中央办公厅关于做好党的十九届四中全会精神学习宣传工作的通知〉的通知》及区贯彻落实意见、《中共重庆市委办公厅关于开展好学习贯彻党的十九届四中全会精神宣讲工作的通知》及区贯彻落实意见、市纪委监委组织工作专题研讨培训会精神及贯彻落实意见、全市抓党建促农村宗教治理工作座谈会精神及区贯彻落实意见、全市扫黑除恶专项斗争推进会精神及区贯彻落实意见、全市义务教育发展基本均衡整体验收迎检工作电视电话会议精神及区贯彻落实意见，听取全区接受和配合第二轮中央生态环境保护督察工作情况汇报以及长江经济带生态环境警示片披露问题整改工作情况汇报，审议成立区委国家安全委员会有关事宜。区委常委陈一清、王茂春、王愚、唐昕、程效、胡显键、王军参会，相关领导列席。

21日

由商务部外国投资管理司指导，商务部投资促进事务局、重庆市商务委员会、重庆市招商投资促进局、重庆经济技术开发区管理委员会、长江经济带国家级经开区协同发展联盟主办的第七届开发区对话500强活动在区举行。商务部投资促进事务局局长刘殿勋，重庆市商务委主任张智奎，区委书记、重庆经开区党工委书记（兼）颜伟，区长兼重庆经开区党工委副书记陈一清，区人大常委会主任朱维，区政协主席甘联君，区委副书记、经开区管委会主任王茂春等出席开幕仪式。

22日

区长陈一清主持召开会议，就贯彻落实全国安全生产电视电话会精神进行工作部署。区级有关部门、镇街负责人参会。

区召开“不忘初心、牢记使命”主题教育领导小组会暨区级领导班子调研成果交流会，听取全区主题教育推进情况汇报，交流调研成果。区委书记颜伟到会并讲话。市委巡回指导三组组长吴秋鸿、区长陈一清、区人大常委会主任朱维、区政协主席甘联君及区委主题教育领导小组办公室、区级相关部门负责人参会。

26日

区长陈一清主持召开政府第118次常务会，审议《南岸区重庆经开区2020年表彰项目申报初步方案（送审稿）》、2018—2020年棚户区改造规划中期评估情况和2020年棚户区改造年度计划、《茶园新城初级中学校等6个学校在建工程材料价格调差》《重庆市南岸区关于全面实施预算绩效管理的方案》、2019年南岸区财政调整预算方案有关事宜。副区长黄红、陈炯、张树金、吕轶、贾宇，政府办主任肖华云参会，相关区领导列席。

27日

区委书记颜伟主持召开十二届第116次常委会会议，传达学习习近平在党的十九届四中全会上的报告和讲话、《关于〈中共中央关于坚持和完善中国特色社会主义制度、推进国家治理体系和治理能力现代化若干重大问题的决定〉的说明》、市委五届七次全会精神及区贯彻落实意见，以及唐良智市长和陆克华副市长、李波副市长调研南岸指示要求及区贯彻落实意见，听取南岸区违建别墅整治工作情况汇报，审议《关于评选表彰南岸区、重庆经开区“三大攻坚战、十项重点工作”先进集体和先进个人的工作方案（送审稿）》《关于评选表彰南岸区、重庆经开区“三生三宜”品质城市建设暨创新社会治理工作先进集体和先进个人的工作方案（送审稿）》《南岸区、重庆经开区2020年表彰项目申报初步方案（送审稿）》《南岸区、重庆经开区所属国有企业“三重一大”事项管理办法（试行）（送审稿）》《关于进一步规范区属国有企业重大经营风险管控的指导意见（送审稿）》、2018年度区管领导班子和区管干部考核结果。区委常委陈一清、王茂春、魏小红、梅泽波、王愚、唐昕、黄红、程效、胡显键、王军参会，区级相关领导列席。

区政协主席甘联君主持召开党组（扩大）会议，传达学习市委新时代加强和改进人民政协工作会议精神。区政协副主席叶自玫、秦遥、简光秀、曹廷中、蒋文新、吴晓静等参加会议。

区委书记颜伟主持召开常委扩大会，传达学习市委五届七次全会精神及唐良智市长、陆克华副市长、李波副市长调研南岸时的指示精神。相关区级部门负责人等列席。

28日

区委书记颜伟主持召开区委理论学习中心组（扩大）专题学习会，学习贯彻党的十九届四中全会精神。市委统战部常务副部长王庆受邀做专题报告。区委常委、区人大、区政府、区政协负责人，区级有关部门、各镇街、经济板块主要负责人，区属重点国有企业主要负责人参会。

30日

区委书记颜伟到花园路街道南湖社区、长生桥镇同景社区，调研社区党组织开展“不忘初心、牢记使命”主题教育，了解社区支部活动开展情况，听取社区工作意见建议。区委常委、组织部部长程效参加调研。

12月

2日

区政府党组书记、区长陈一清主持召开政府党组扩大会，学习贯彻市委五届七次全会精神、唐良智市长调研广阳岛片区和重庆东站建设时的讲话精神。副区长黄红、陈炯、莫裕全、张树金、刘永华、贾宇等参会。

区长陈一清主持召开第119次常务会，传达学习《关于深化区县国企国资改革的指导意见》及区贯彻落实意见，审议《区属国有企业2019年经营业绩考核方案》《重庆第三棉纺织厂等破产清算组解散及相关工作移交方案》、南岸区地方政府专项债券项目策划等事宜。副区长黄红、陈炯、莫裕全、张树金、刘永华、贾宇，政府办主任肖华云等参会。

4日

区委书记颜伟主持召开十二届第117次常委会会议，传达学习中央统一战线工作领导小组通报精神，审议区十八届人大五次会议方案和区政协十届四次会议方案等事宜。区委常委王茂春、魏小红、梅泽波、黄红、程效、胡显键、王军参会，相关区领导列席。

6日

区委书记颜伟、区长陈一清调研南山违建别墅整治情况，先后到违建别墅“松间”“南山里”“壹南山”查看拆除进度，听取相关情况汇报。区委统战部部长梅泽波、副区长贾宇及相关部门、单位、相关镇街主要负责人参加调研。

区委书记颜伟作为长生桥镇二选区人大代表候选人，与白沙村选民代表见面，回答选民提问。区人大常委会主任朱维出席见面会。

区委书记颜伟在长生桥镇宣讲党的十九届四中全会精神，调研四好农村路建设情况，听取长生桥镇四好农村路建设总体情况汇报。

7日

区委书记颜伟先后到南滨路白洋滩水厂、玄坛庙饮用水源、川东化工厂原址、茶园污水处理厂调研生态环境保护工作，查看异常排水口整改、船舶迁移、场地污染整治、生态修复、东港片区污水调配管网建设情况。

9日

区委书记、重庆经开区党工委书记（兼）颜伟到重庆经开区调研，要求深入学习贯彻党的十九届四中全会和市委五届七次全会精神，谋划好发展定位、目标、路径和保障，推动经开区高质量发展。区委副书记、重庆经开区党工委副书记、管委会主任王茂春等出席座谈。

区委书记颜伟主持召开全区党员干部“不忘初心、牢记使命”主题教育专题会，重庆红岩联线文化发展管理中心党委书记朱军、区政协原主席胡荣伦受邀分别做“传承弘扬红岩精神，初心使命永驻心间”“党史、新中国史”专题报告。市委巡回指导三组副组长李进涛、区长陈一清、区人大常委会主任朱维、区政协主席甘联君、区委副书记王茂春等出席会议。

区长陈一清主持召开政府第120次常务会，传达学习推进国家级经济技术开发区创新提升现场会精神及区贯彻落实意见、第四次全市民政会议精神及审议南岸区贯彻落实意见，审议《2020年区政府工作报告（讨论稿）》《南岸区重庆经开区全面融入共建“一带一路”加快建设内陆开放高地行动方案（送审稿）》及领导小组成员名单、《南岸区“两江四岸”停泊船舶专项治理工作方案》、南岸区闲置安置房处置、西南国际健康城项目征收、区城建集团向兴业银行重庆分行融资3亿元、《重庆市南岸区关于全面推行村财镇代理的实施方案》《区十八届人大三次会议议案决议执行情况和代表建议批评意见办理情况的报告》等事宜。副区长黄红、陈炯、莫裕全、张树金、吕轶，政府办主任肖华云等参会。

10日

清华大学党委书记陈旭来区调研中国智谷（重庆）科技园建设历程、发展成果、未来规划，广阳岛片区长江经济带绿色发展示范建设情况，实地参观了重庆会凌电子新技术有限公司生产车间、设备测试车间及自主研发情况。区委书记颜伟、区长陈一清及相关领导陪同调研。

区委书记颜伟主持召开“不忘初心、牢记使命”专题民主生活会，学习贯彻习近平新时代中国特色社会主义思想，通报2018年度区委常委班子民主生活会整改措施落实情况。按照“四个对照”“四个找一找”的要求对照自查和整改。市委巡回指导三组组长吴秋鸿出席会议。区人大、区政协党组主要负责人列席。

11日

区长陈一清主持召开政府党组班子“不忘初心、牢记使命”专题民主生活会并讲话，学习贯彻习近平新时代中国特色社会主义思想，开展批评和自我批评。政府党组成员黄红、陈炯、张树金、吕轶、刘永华、贾宇、肖华云参会。民进区委主委、副区长莫裕全列席。

13日

区委书记颜伟主持召开十二届第118次常委会会议，审议补选重庆市第五届人民代表大会代表、第五届市政协委员推荐提名人选等事宜。区委常委陈一清、王茂春、魏小红、梅泽波、王愚、黄红、程效、胡显键参会，相关区领导列席。

18日

区人大主任朱维主持召开十八届人大第二十六次会议，审议通过《关于批准南岸区2019年调整预算的决定（草案）》《关于召开重庆市南岸区第十八届人民代表大会第五次会议的决定（草案）》《关于补选的南岸区第十八届人大代表资格的审查报告》《重庆市南岸区人大常委会工作报告（征求意见稿）》、个别代表辞去代表职务事项，补选颜伟、王茂春为重庆市第五届人民代表大会代表。副主任陈廷明、夏江华、牟成勇、王渝、梁平参会，副区长黄红、区人民法院院长王子伟、区人民检察院检察长李大槐、区监察委员会副主任张百舸等列席。

区委书记颜伟出席2019年民主党派、工商联等重点调研成果专题汇报协商会并讲话，通报2018年民主党派、工商联等重点调研成果专题汇报协商会意见建议办理情况。各民主党派区委、区工商联、区知联会、区新专联、区欧美同学会、区新媒体分会围绕高铁东站区域建设、互联网发展、智能制造、大数据创新分级诊疗制度可行性研究等汇报调研成果。区委统战部部长梅泽波、副区长黄红等出席会议。

19日

区委书记颜伟、区长陈一清等出席群慧立交及配套道路工程开工仪式。群慧立交及配套道路工程位于弹子石CBD核心区域，总投资约18.5亿元，由弹子石立交及周边配套道路、群慧广场两部分组成。

区委书记颜伟调研重庆中烟工业有限责任公司重庆卷烟厂，察看切丝生产线、包装生产线，了解生产经营情况。区长陈一清、区委副书记王茂春等参加调研。

区长陈一清主持召开十二届第121次常务会，传达《关于全面完善和规范投资审计工作的通知》精神及区贯彻落实意见，审议拟向2020年市“两会”提交的建议提案、《重庆市南岸区2019年国民经济和社会发展计划执行情况及2020年计划草案的报告（送审稿）》《重庆市南岸区人民政府关于2019年重点民生实事完成情况及2020年重点民生实事备选项目建议的报告》《关于对南岸区、重庆经开区在新中国成立70周年安保维稳工作成绩突出的集体和个人给予记功奖励的方案》《南岸区岁末年初重要节点安保工作方案》。副区长黄红、陈炯、莫裕全、张树金、吕轶、贾宇，政府办主任肖华云等参会。

24日

区委书记颜伟到铜元局街道长江村老旧小区改造项目现场、重庆金菱车世界等地调研，听取全区老旧小区改造情况汇报。区委常委唐昕及有关区级部门负责人参加调研。

区长陈一清主持召开政府第122次常务会，传达全市经济工作会精神、全国和全市农民工工作暨保障农民工工资支付工作电视电话会议精神及区贯彻落实意见、全市全面取消公立医疗机构医用耗材加成同步调整医疗服务项目价格工作动员部署电视电话会精神及区贯彻落实意见，听取2019年全区招商引资工作情况报告，审议《重庆市南岸区2019年财政预算执行情况及2020年财政预算草案的报告（送审稿）》、南岸区地方政府专项债券第一批重点项目可行性研究报告评估、《南岸区医保基金总额预算2019年1—10月执行情况及年度调整建议》《健康中国南岸行动实施方案（审议稿）》等事宜。副区长黄红、陈炯、莫裕全、吕轶、刘永华、贾宇，政府办主任肖华云等参会。

25 日

区委书记颜伟主持召开区委常委会（扩大）会，传达学习中央经济工作会精神、全市经济工作会精神，听取市委第一巡视组巡视南岸区反馈意见，集中整改阶段内各项整改任务推进情况汇报。区委常委出席会议，区人大常委会、区政府、区政协、重庆经开区负责同志，相关区级部门负责同志列席会议。

26 日

区委书记颜伟、区长陈一清、区委副书记王茂春、副区长黄红等出席区与中铁重庆投资集团有限公司工作对接会。

区委书记颜伟主持召开区委理论学习中心组（扩大）专题学习会，广阳岛片区总经理王岳、市规划自然资源局副局长张远、市规划自然资源局文化风貌处处长秦海田受邀分别做“广阳岛规划建设”“重庆东站规划”“两江四岸规划”专题报告。相关区领导及区级有关部门、镇街、经济板块、重庆经开区有关部门、区属重点国有企业负责人参会。

27 日

区召开离退休老干部座谈会，向老干部通报 2019 年经济社会发展情况，就《政府工作报告（征求意见稿）》征求老干部意见。区委书记颜伟出席会议并讲话。会议由区委副书记王茂春主持，相关区领导出席。

30 日

中国共产党重庆市南岸区召开第十二届委员会第七次全体会，区委书记颜伟代表区委常委会做工作报告和抓党建工作报告，区长陈一清部署明年经济工作。审议通过《中共重庆市南岸区委关于深入学习宣传贯彻党的十九届四中全会精神的决定》，表决通过《中国共产党重庆市南岸区第十二届委员会第七次全体会议决议》。会议由区委常委会主持。

31 日

区长陈一清主持召开政府第五次全体会，学习贯彻区委十二届七次全会精神，审议《重庆市南岸区人民政府工作报告（审议稿）》。区领导黄红、陈炯、莫裕全、张树金、刘永华等参会。

区长陈一清主持召开政府第 123 次常务会，传达全市打击传销工作和优化开办企业工作电视电话会议精神及区贯彻落实意见，审议《南岸区（经开区）“无废城市”建设试点实施方案（审议稿）》、腾龙大道一期景观改造工程概算调整等事宜。副区长陈炯、莫裕全、吕轶、贾宇，政府办主任肖华云等参会。

区政府党组书记、区长陈一清主持召开政府党组（扩大）学习会，学习贯彻习近平对做好“三农”工作的指示精神、在中央政治局专题民主生活会上的讲话精神、在澳门参加系列活动时的讲话精神，以及李克强在国务院常务会议上的讲话精神、陈敏尔在市委全面深化改革委员会第八次会议上的讲话精神、区委十二届七次全会精神等。副区长陈炯、莫裕全、吕轶、贾宇等参会。

区情概览

地理 沿革

【地理】 南岸区地处长江、嘉陵江交汇处的长江南岸（东经 106° 3′ 14″ ～ 106° 47′ 2″，北纬 29° 27′ 2″ ～ 29° 37′ 2″），东西最大宽度 24.495 千米，南北最大长度 16.969 千米，面积 262.43 平方千米。西部、北部临长江，与九龙坡区、渝中区、江北区隔江相望，东部、南部与巴南区接壤。陆地占 90.33%，河流占 9.67%。区境展布于川东平行岭谷的重庆向斜和明月峡背斜之间，总体上地势东、西部高，中部低并由南向北倾斜，区内海拔在 150 ～ 683 米，南山春天岭海拔 683 米，为境内最高点，广阳镇玉泉村长江枯期水面海拔 150 米，为境内最低点。南岸区是重庆主城核心区，是以城市为主的都市工业区、中央商务区、国际会展区、服务贸易示范区、风景旅游区，依山傍水，仰拥"山城花冠"南山，俯临长江、嘉陵江两江，山水园林特色显著，风景秀丽，优美宜人。连续荣获"全国文明城区""全国卫生城区"称号。

【历史沿革】 1929 年重庆建市，在玄坛庙设南岸市政管理处，管理由巴县划入的南坪城、海棠溪、龙门浩、弹子石四坊。1935 年 2 月，撤销市政管理处，正式设立重庆市第四区，下半年改为第六区。区公署驻玄坛庙。1939 年 6 月，第六区分为第十一、十二两个区。十一区区公署驻玄坛庙，辖玄坛庙、龙门浩、弹子石、窍角沱等 4 镇；十二区区公署驻海棠溪。1941 年崇文、大兴两乡从巴县划入市区，增设重庆市第十五区，区公署驻黄桷垭（崇文）。1944 年 7 月，改区公署为区公所，撤销镇一级建制，区直辖保；第十一区一分为二，划出弹子石、窍角沱、鸡冠石一带，增设重庆市第十八区，十八区区公所驻弹子石。其时，重庆市长江南岸今区境并设 4 个区，均以序号代名，为重庆市第十一区、十二区、十五区、十八区。

1950 年 6 月，长江南岸 4 个区合并建立为重庆市第五区、第六区。各建区人民政府，区辖乡。第五区人民政府驻海棠溪，次年 3 月迁罗家坝；第六区人民政府入驻弹子石。次年，郭家沱地区由江北县划入第六区。1952 年 10 月，第五、第六两区合并为重庆市第五区，区政府驻弹子石，12 月迁龙门浩，即后来的上新街。1955 年 10 月，第五区因地处重庆长江南岸而更名为重庆市南岸区。其后辖地虽有增减，区名无变。1994 年 4 月，区政府自上新街马鞍山迁至南坪南城大道 199 号。1995 年 3 月，原巴县所属的长生桥、迎龙、广阳三镇和原九龙坡区花溪镇所属的二塘村划入，南岸区所属的郭家沱街道和郭家沱村划归江北区，区面积由 129.69 平方千米增至 262.43 平方千米。2006 年 7 月，经市政府批准，撤销南山镇、黄桷垭镇，设立南山街道，管理原两镇辖地。是年底，南岸区辖南坪、涂山、鸡冠石、峡口、长生桥、迎龙、广阳等 7 个镇，南坪、铜元局、花园路、海棠溪、龙门浩、弹子石、南山等 7 个街道。共 70 个社区居委会、69 个村委会。其后，随城镇化进程加快，街道及镇设置虽无变化，但农村村委会和城镇社区居委会出现此消彼长、撤村建社之势。2009 年，全区有街道 7 个、镇 7 个，社区居委会 78 个、行政村 63 个。2010 年 6 月 18 日，重庆两江新区挂牌成立，重庆经济技术开发区（北区）划入两江新区，经开区（南区）保留重庆经济技术开发区牌子，并移交南岸区管理。是年，南岸区新增设南坪街道东兴路社区、铜元局街道观山水社区、南坪镇新设辅仁社区；9 月，撤销长生桥镇龙门村，设立茶园新区茶花、莲池 2 个社区。2012 年，辖区 7 街 7 镇，共有社区居委会 83 个、行政村 62 个。

2013 年 3 月，经国务院批准（民政部批复），南岸区人民政府由南岸区南城大道 199 号迁至茶园新区广福大道 1 号。同月，区政府第 40 次常务会批准同意撤销铜元局街道大田坝社区居民委员会、南山街道南山社区居民委员会；同意撤销南山街道正街社区居民委员会和崇文路社区居民委员会，成立南山街道黄桷垭社区居民委员会；同意成立铜元局街道双峰山社区居民委员会；同意"重庆市南岸区南坪街道南路社区居民委员会"更名为"重庆市南岸区南坪街道南城社区居民委员会"。

8月15日，根据渝府〔2013〕31号文件，正式成立南岸区天文街道办事处，位于南岸区茶园新区核心区域，东以通江大道为界和长生桥镇相邻，南以玉马路为界，西靠铜锣山脉并与南山街道接壤，北以茶园路为界，面积约7平方千米。天文街道是南岸区新行政中心所在地，茶园商圈建设主阵地。9月，经区政府第60次常务会批准同意成立天文街道中一路社区居民委员会。10月，经区政府第66次常务会批准同意成立涂山镇福民社区居民委员会。12月，经区政府第73次常务会批准同意成立鸡冠石镇石门社区居民委员会、南坪镇汇雅社区居民委员会。全区社区居民委员会由83个达到89个。

2019年，全区共有7个镇、8个街道，48个行政村，101个社区居委会。南岸区人民政府驻南岸区天文街道广福大道1号，距重庆市人民政府驻地11.5千米。

气候　环境

【气候】　南岸区地处亚热带季风区的四川盆地南部长江河谷，热量丰富，雨量充沛，无霜期长，冰雪少，风小日照少，湿度大，云雾多，春早夏长，秋短冬暖，四季分明，多年平均气温18.5℃，无霜期347天，降雨量1097.8毫米，雾日67.8天。

【环境】2019年，继续深入"蓝天、碧水、宁静、绿地、田园"环保五大行动，全区环境保护力度进一步加强。全区空气质量优良天数为310天，占总天数的84.9%，同比持平。二氧化硫（SO_2）年平均浓度为8微克/立方米；二氧化氮（NO_2）年平均浓度为37微克/立方米；可吸入颗粒物（PM_{10}）年平均浓度为59微克/立方米；细颗粒物（$PM_{2.5}$）年平均浓度为37微克/立方米。与去年相比，二氧化硫（SO_2）浓度下降11.1%，二氧化氮（NO_2）浓度持平，可吸入颗粒物（PM_{10}）浓度下降3.3%，细颗粒物（$PM_{2.5}$）浓度下降2.6%。城市集中式饮用水源地水质达标率为100%，区域环境噪声年均值为52.8分贝，交通噪声年均值为66.0分贝。

人　文

【人口】　2019年，全区总户数30.76万户，人口76.03万人，比上年末增加2.35万人。总人口中，城镇人口70.89万人，比上年末增加2.35万人；农村人口5.14万人，与上年末基本保持一致。全区常住总人口92.8万人，比上年末增加1.8万人，其中城镇常住人口89.12万人，占总人口比重（常住人口城镇化率）为96.03%，比上年末提高0.3个百分点。新出生人口11253人，出生率为12.03‰；死亡人口4640人，死亡率为4.96‰，人口自然增长率为7.07‰。

【民族宗教】　辖区有少数民族37个。有佛教、道教、基督教、伊斯兰教、天主教，批准开放的寺观、教堂有涂山寺、老君洞、慈云寺、大佛寺、黄桷垭教堂、千佛寺、观音寺、慈母山修院、马鞍山福音堂等9处。

【名胜古迹】　南岸区有众多名胜古迹。有老"巴渝十二景"4处：龙门浩月、黄葛晚渡、字水宵灯、海棠烟雨；有涂山寺、老君洞、慈云寺、大佛寺、觉林寺、千佛寺、观音寺、慈母山修院、马鞍山福音堂等宗教建筑；有抗日战争时期"陪都遗址"蒋介石别墅云岫楼、宋美龄的松厅、马歇尔的草堂、云峰楼、苏联大使别墅、德国大使馆、南山空军坟等；有北起铜锣峡，南至金竹沟的上百座山峰和600多公顷森林组成的省级风景区——南山风景区，其中的南山植物园被誉为"山城花冠"，该风景区空气清新，环境宜人，是重庆主城区最佳的避暑和旅游胜地；海昌加勒比海水世界主题公园是市民休闲娱乐的好去处。

南岸区有市级文物保护单位：黄山"陪都遗址"、涂山寺、文峰塔、涂山宋窑遗址、报恩塔、弹子石（大佛寺）摩崖石刻、法国水师兵营旧址、慈云寺、立德乐洋行、法国教堂等10处。区级文物保护单位有鸡冠石法国天主教堂（慈母山大修院）旧址、南天门"节孝碑""字水"题刻、莲花山汉代岩墓群、亚细亚石油公司旧址、广阳干溪沟新石器时期文化遗址、红溪穿山堰、"夏后涂山"题刻、精益中学办公楼、英国盐务管理所旧址、立德乐洋行旧址、卜内门洋行旧址、美国使馆酒吧旧址、建业岗别墅群、刘家花园等15处。

资　源

【水资源】　过境长江多年平均径流量3447亿立方米，是全区生产生活用水的主要水源；较大的12条溪河多年平均径流量4269万立方米；地下水资源量1459.3万立方米/年。在地下水资源中，热矿泉水丰富，现开采慈母山、海棠溪、铜锣峡和六公里热矿泉。

【矿产资源】　辖区主要矿藏有煤、石灰岩、砂岩、石英砂岩、页岩、泥岩、硅石、河沙、铁矿、地热、矿泉水等11种。煤在南坪、涂山、鸡冠石、南山、长生桥、迎龙、广阳镇辖区内均有分布，主要为焦煤、肥焦煤、肥气煤等焦用煤，煤质低至中硫，中至富灰分、低磷，无瓦斯突出现象。除长生桥、迎龙矿区外，其他矿区均为劣质煤。石灰岩，为本区优势矿产资源之一，主要分布在南温泉背斜和明月峡背斜，以南温泉背斜分布最显著。黄桷垭地区石灰岩储量大，质量好，可露采，南北绵延10多千米，石灰岩资源储量5145.1万立方米。广阳石灰岩资源储量1637.5万立方米。砂岩为本区优势矿产资源之一。黄桷垭泉山垭砂岩资源储量354.5万立方米，长生桥砂岩资源储量2015.8万立方米，迎龙、广阳、鸡冠石砂岩资源储量分别为49万立方米、22.9万立方米、4万立方米。区内页岩为沉积型泥质页岩，为本区优势矿产资源之一，在黄桷垭、长生桥、迎龙、广阳、鸡冠石、南坪等地都有广泛分布，总储量1273万立方米，其指标均符合生产建筑用砖的技术参数。此外，石英砂岩、泥岩、硅石、河沙、沙金、铁矿等，也有一定储量，先后都进行过开采。河沙和沙金，至今仍在开采。

【动植物资源】 南岸区植物资源丰富，植物品种1632种。经济作物和观赏花卉资源占有突出优势，其中茶花、杜鹃、罗汉松、蜡梅、樱花、桂花、海棠等享誉国内外，与苏铁、雪松、广玉兰、塔柏、兰花等构成观赏植物主体。南山植物园中兴建的三峡库区珍稀植物保护园，名贵、稀有、濒危植物品种尚在不断增加。水果主要有柑橘、葡萄、枇杷、樱桃、苹果等。马尾松林、黑松林、竹林、香樟林、灌木草丛、草坡等构成南山绿化植被的主体。由于人类活动的影响，野生动物已日益减少，动物资源以家畜、家禽为主。

【旅游资源】 南岸区有较丰富的旅游资源。南泉、铜锣峡背斜低山带和明月峡背斜低山斜穿区境，峰峦起伏，植被茂密，是重庆主城区天然的绿色屏障和气候调节库；有老“巴渝十二景”4处：龙门浩月、黄葛晚渡、字水宵灯、海棠烟雨。有抗日战争时期“陪都八景”4处：铜锣朝天、清水蒋莲、涂山耸翠、字水留声。有新“巴渝十二景”1处：南山醉花。有南山风景区和被誉为“山城花冠”的南山植物园，是重庆市城区最佳的避暑和旅游胜地；随着生态观光农业的发展，南岸都市旅游和“农家乐”持续兴旺；南岸滨江路成为山城最具人气的休闲旅游观光带；“一棵树”观景台是观赏山城灯饰夜景的最佳景点。

2019年，全区有旅行社45家，其中国际旅行社4家、国内旅行社41家、门市部280家。星级酒店6家，其中：五星级酒店2家，四星级酒店2家，三星级酒店2家。对外开放的国家等级景区9家。2019全年接待游客5386.97万人次，同比增长10.17%，实现旅游收入224.57亿元，同比增长33.55%。其中接待海外游客32.76万人，同比增长2.22%。

（区地志办）

经　济

【概况】 2019年，全区生产总值（GDP）总量770.6亿元，增长6.1%。其中第一产业实现增加值3.86亿元，下降1.9%；第二产业实现增加值294.5亿元，增长9.4%；第三产业实现增加值472.22亿元，增长4.1%。三产业经济结构从2018年的0.5 ∶ 38.4 ∶ 61.1调整为0.5 ∶ 38.2 ∶ 61.3。全区实现地方财政收入62.93亿元，同比下降12.1%，其中，公共财政收入57.38亿元，同比下降9.7%，税收收入47.82亿元，同比下降13.8%。财政支出98.26亿元，同比增长2.2%。全区实现固定资产投资376亿元，同比增长6.4%。社会消费品零售总额472.1亿元，增长6.6%。批零业销售总额达到1858.45亿元，同比增长10.0%。全区规模以上工业企业销售产值765.69亿元，同比增长2.3%。实际利用外资8.88亿美元，进出口总额达到16.33亿美元。人民币存款余额1480亿元，同比增长13.5%。人民币贷款余额1485亿元，同比增长28.5%。居民人均可支配收入41105元，同比增长8.5%，其中城镇常住居民人均可支配收入41915元，增长8.3%，农村常住居民人均可支配收入23059元，增长9.6%。城乡居民收入比缩小到1.82 ∶ 1。

社　会

【教育】 2019年，全区有中小学校（幼儿园）234所，其中：公办中小学校（幼儿园）77所，包括幼儿园12所、小学41所、九年一贯制学校5所、初级中学11所、高完中5所、中职学校1所、特殊教育学校1所、教师进修学院1所。全区中小学（幼儿园）共有学生144180人（其中：公办学校学生97590人），教职工11171人（其中：公办学校教职工5835人）。

【科技】 2019年，全社会研发经费支出达21.45亿元，占GDP比重达3.0%；科技创新水平指数88.2%，位列全市第二；科技促进经济发展指数达99.4%，位列全市第四。全年入库科技型企业153户、同比增长22.6%，达到734户，位列全市第五；新认定高新技术企业44户，同比增长22.8%，达到178户，位列全市第四；新增市级及以上重点实验室、工程技术（研究）中心、企业技术中心等科技研发平台12个、达到184个（国家级17个）。全年支持57家企业获得区级知识价值信用贷款9037万元、4家企业获得区级创业种子投资基金免息贷款18万元。完成第三、四批产业协同创新项目结题，实现产值2.9亿元，申报专利30件、软件著作权31件。组织和举办全国科技活动周、全国双创活动周、科技下乡服务等活动，参与人数超1000人次。大力组织区内企业参加西洽会、智博会等，实现技术合同交易2.62亿元。

【文化】 2019年，充分发挥公共文化设施效能。区图书馆、区文化馆年接待群众突破50万人次。建成100个社区图书馆，实现社区图书馆和区图书馆图书借还“一卡通”。

文化惠民落到实处。举办了“南岸起风景、建设共同家园”文艺展演、“重庆市广场舞南岸区展演暨‘幸福南岸’第十三届广场舞大赛”等大型文化活动70余场;通过政府购买公共文化服务等方式，完成各类惠民展演455场次；完成了“文化迎春、艺术为民”服务基层中国交响乐团文化志愿者服务团队走进南岸主题实践活动3场。区图书馆组织联合社区分馆、农家书屋开展各类讲座、展览、培训、“梦想沙龙”系列活动、街镇读书演讲比赛等阅读推广活动共计109场次，受众人数达10万人次。

创新工作取得成效。公共文化物联网进行481次配送。区图书馆依托国家公共文化服务体系示范项目——“南岸区社区图书馆标准化服务”建设，采取总分馆制模式，积极引入社会力量参与公共文化服务，成功创建了少数花园、小馆等社会分馆。

【卫生】 推进家庭医生签约服务，2019年，全区城乡居民家庭医生签约服务覆盖15.83万户，28.04万人，签约率31.5%。投入专项资金实施基本公共卫生项目服务经费补助，2019年我区按照人均55元的筹资标准，给予人均5元的区级配套补助；推进公立医院改革，先后将区人民医院、区中医院、市五院纳入改革范围，实现辖区内二级以上公立医院改革全覆盖；新批准设置医疗机构84家，其中全部为门诊部及诊所；积极稳妥实施全面两孩政策，向群众发放宣传资料3.5万份，宣传品6000多份，接受群众咨询5000多次，全年全区共办理生育服务证登记7413件，其中办理二孩登记3112件，办理再生育审批217例。

【体育】 全区人均体育占地面积2.24平方米，所有社区、行政村建立了体育组织，体育队伍600余支，体育单项协会26个，全区体育锻炼人口55.0%。江南体育中心“八场”（篮球场、足球场、排球场、网球场、羽毛球场、门球场、田径场、高尔夫练习场）已全面完工投入使用，青少年活动中心已建成投入使用。成功举办2019年长安汽车重庆国际马拉松赛、2019重庆女子国际半程马拉松赛、2019中国男子职业高尔夫球巡回赛、2019年“体彩杯”南岸区机关职工运动会等体育赛事活动。2019年体育彩票销量2.5亿元，销量占重庆体彩市场的份额约为5.0%。

【社会保障】 2019年，全区城镇新增就业39840人，完成率128.5%；城镇登记失业人员就业8201人，完成率132.3%；就业困难人员就业3117人，完成率141.7%。辖区应届高校毕业生就业率达92.0%。发放创业担保贷款4218万元。开展职业培训15900人次。保障市区重点产业企业用工10441人。城镇职工养老保险、城乡居民养老保险、失业保险、工伤保险参保人数分别为48.94万人、2.8万人、31.96万人、33.69万人，征收社会保险费31.71亿元，统筹城乡养老保险参保率保持在95%以上。落实社会保险领域减负政策，为辖区企业减负11.9亿元。和谐劳动关系综合试验区创建持续深入推进。

（区发改委）

政 治

中共南岸区委员会

概 述

【概况】 2019年，中共重庆市南岸区委员会（以下简称“区委”）在以习近平同志为核心的党中央坚强领导和习近平新时代中国特色社会主义思想正确指引下，深入学习贯彻党的十九大和十九届二中三中四中全会精神，切实增强“四个意识”、坚定“四个自信”、做到“两个维护”，全面落实习近平总书记对重庆提出的“两点”定位、“两地”“两高”目标、发挥“三个作用”和营造良好政治生态的重要指示要求，深入贯彻落实中央和市委各项决策部署，坚持稳中求进工作总基调，更加注重从全局谋划一域、以一域服务全局，扎实抓好“三大攻坚战”“八项行动计划”，统筹做好稳增长、促改革、调结构、惠民生、防风险、保稳定工作，坚决肃清孙政才恶劣影响和薄熙来、王立军流毒，扎实开展“不忘初心、牢记使命”主题教育，举办庆祝新中国成立70周年系列活动，全区政治生态持续向好，干部群众精神状态积极向上，经济社会发展各项事业稳步向前，人民群众获得感、幸福感、安全感不断增强，为决胜全面建成小康社会打下坚实基础。

【政治建设】 始终坚持把党的政治建设作为党的根本性建设，把“两个维护”作为最高政治原则和第一位的政治要求，认真学习贯彻中央《中共中央关于加强党的政治建设的意见》和市委贯彻落实措施，以庆祝新中国成立70周年为契机，不断坚定政治信仰，强化政治领导，提高政治能力，净化政治生态，全区上下增强“四个意识”、坚定“四个自信”、做到“两个维护”更加笃定。

知行合一践行“两个维护”政治责任。自觉把践行“两个维护”体现在坚决贯彻党中央决策部署的行动上，体现在履职尽责、做好本职工作的实效上，以实际行动兑现市委“三个确保”政治承诺。认真贯彻中共中央政治局《关于加强和维护党中央集中统一领导的若干规定》精神，严格执行市委《关于坚决维护党中央集中统一领导的规定》，确保全区各级党组织团结统一、步调一致。从坚定践行“两个维护”的政治高度，全力抓好中央巡视“回头看”反馈意见和市委巡视反馈问题、中央生态环保督察交办问题以及中央扫黑除恶专项斗争督导反馈意见的整改落实。

深学笃用习近平新时代中国特色社会主义思想。坚持把习近平新时代中国特色社会主义思想作为做好一切工作的根本遵循，与学习贯彻习近平总书记视察重庆重要讲话精神一体学习、一体贯彻、一体落实，努力把习近平总书记的殷殷嘱托转变为南岸的具体实践和人民群众的生活常态。认真学进去，创新学习方式方法，深入学习《习近平谈治国理政》第一卷第二卷、《习近平新时代中国特色社会主义思想三十讲》《习近平新时代中国特色社会主义思想学习纲要》《党的十九届四中全会〈决定〉学习辅导百问》等理论著作以及习近平总书记系列重要讲话精神。

持续营造风清气正的良好政治生态。坚决贯彻习近平总书记对重庆提出的营造良好政治生态的重要指示要求，按照市委部署要求，坚持破立并举、法德结合、标本兼治，推动全区政治生态持续向好、整体向好。坚决肃清孙政才恶劣影响和薄熙来、王立军流毒，更加注重抓住“关键少数”，以上率下，推动肃清工作向深层挖根、向常态转化、向治本拓展。区委主要负责同志多次与区委常委班子成员和其他区领导、镇街和部门单位主要负责同志深入谈话、沟通思想，在区委常委会会议、全区干部大会上多次强调要坚决克服“翻篇”思想，带头肃清。区委常委班子成员自觉担负起领导责任和示范责任，管好自己、带好队伍，带头抓好分管领域的肃清工作。大力加强舆论宣传，引导广大干部群众认清孙政才和薄熙来、王立军的本来面目，以思想上的拨乱实现认识上的统一。

【经济建设】 全年地区生产总值增长6.1%（达到

770.6亿元)；规上工业总产值增长3.7%(达到792.8亿元)，增加值增长6.3%；社会消费品零售总额增长6.6%（达到472.1亿元)，商品销售总额增长10%(达到1858.4亿元)；实际利用外资8.88亿美元；进出口总额增长5.4%（达到16.3亿美元）；大数据智能产业规模突破900亿元，增长12%；金融机构存贷款余额增长20.5%（达到2965亿元）；坚决执行广阳岛片区、“两江四岸”、高铁重庆东站等区域规划建设管控调整，固定资产投资增长6.4%（达到376亿元）；严格落实国家减税降费政策，全口径减税降费41.3亿元，一般公共预算收入完成57.4亿元，扣除政策性减收因素后，同口径增长6.1%；城乡居民人均可支配收入分别增长8.3%、9.6%，农村居民人均可支配收入、建筑业增加值增速位居全市第一。

【城市发展与生态建设】 渝航大道、黄桷湾立交等门户景观持续提升，新建、改建社区公园9个，新增、改造绿地面积80万平方米，改造城市棚户区13.5万平方米，市政设施、雨污管网等配套设施加快完善。建成四好农村路77千米、干线公路31千米，改造农村厕所1863个，城乡供水一体化实现全覆盖。高铁重庆东站征地拆迁任务完成78%，经开立交、茶园大道等项目建成通车，江南隧道、茶黄路等项目前期工作基本就绪。长江有声记忆博物馆、呼归石花阶等项目，通江立交、江南立交改造、滨五期等项目加快建设，群慧立交及配套道路工程等项目开工，黄桷垭老街建成开街，黄明路改造等项目竣工投用。全力服务广阳岛片区长江经济带绿色发展示范建设，启动实施岛内、岛外生态修复项目。深入推进五大环保行动，圆满完成配合第二轮中央生态环保督察工作和“大棚房”、违建别墅、南山违规“民宿”、货运码头、渔船退捕等专项整治任务，空气质量优良天数达到310天、同比增加2天，生态环境质量进一步改善。

【改革开放】 营商环境提升计划启动实施，重庆经开区深化“放管服”改革试点示范深入推进，“智信经开•区域经济大脑”平台建成投用，工程建设项目审批时限压缩60%以上，企业投资项目、一般工业项目审批时限分别压缩至44、14个工作日以内；竭力推进民营企业纾困，引导金融机构发展普惠金融，年末中小微企业贷款余额108.9亿元、比年初增长46.5%，新增市场主体2.2万户。国家服务业综合改革试点通过中期评估，形成传统商贸企业数字化转型等典型经验，重庆石油天然气交易中心累计交易额突破500亿元，京东数字经济产业园引进电商企业75户、关联企业57户，全国首个火锅食材线上交易平台、西南首个无界零售智慧售药超市建成，京东医药、萃华珠宝、天鑫洋金业等电商总部落户，全区电子商务交易额增长17%；抗战遗址博物馆成功创建国家4A级景区，重庆国际马拉松赛、重庆全球旅行商大会等品牌效应持续增强，旅游收入增长33.6%。区城建集团成功维持标普BBB、惠誉BBB+国际信用评级。国企改革“三供一业”移交基本完成。开放型经济稳步发展，工商银行自贸区分行注册运营，谊品生鲜吸引腾讯、美团等投资16.5亿元、入围全球独角兽企业500强，怡置集团等外资企业加快发展，国际集团进出口额突破8亿美元，渝贸通外经贸公共综合服务平台投用、入驻企业2720家，第七届开发区对话500强等活动成功举办。引进国网信通、中住大数据、重庆紫光软件、甲壳云等71个项目，招商合同金额883亿元，在区世界500强企业达到53家，发展后劲进一步增强。

【民主法治建设与社会治理创新】 深入推进依法治区。完善全面依法治区体制机制，建立健全全面依法治区领导体制、日常运行机制和督察考核机制，推动全面依法治区深入开展，2019年区委常委会会议11次研究全面依法治区相关议题12个。加强法治政府建设，全面落实行政执法公示、执法全过程记录、重大执法决定法治审核“三项制度”。深化司法体制综合配套改革，加快智慧法院、智慧检务、智慧警务、智慧司法建设，切实提高司法效率和公信力。加快法治社会建设，创新法治宣传教育方法手段，着力提升市民法治素养和守法意识。加强法律援助服务，运用“12348重庆法网”网络平台，受理法律援助案件675件，挽回经济损失771.5万元。切实服务民营经济发展，完善为民营企业提供“一站式”司法服务绿色通道，持续加强对侵犯民营企业合法权益犯罪打击力度，2019年破获涉企刑事类案件695起。深入贯彻执行加强干部法治素养的实施意见，领导干部运用法治思维和法治方式开展工作的能力不断提升。

切实加强和创新社会治理。强化问题导向和底线思维，有效预防和化解社会矛盾，加快打造共建共治共享的社会治理格局。践行新时代“枫桥经验”，统筹推进“三治融合”，不断深化“三事分流”工作机制，通过“广泛参与、责任共担、协同共治”，收集解决了一大批群众最急最盼的民生实事。“三调合一”改革获全国创新社会治理十佳案例，11个镇街“三调合一”调解中心建成投用，矛盾纠纷调解成功率达到90%以上。推进社会治理智能化建设，作为全市首批“雪亮工程”示范城区，基本实现重要部位视频监控全覆盖。现行命案破案率连续五年达到100%，“民生”小案追赃挽损618万元。安全生产连续13年获得全市先进，全区社会大局和谐稳定。

【社会事业与民生工作】 坚持从最困难的群体入手，从最突出的问题着眼，从最具体的工作抓起，不断增强群众的获得感、幸福感、安全感。新增普惠性幼儿园20所，全区305所幼儿园、中小学安装“一键式报警装置”。以市五院为核心建成医联体2个，在全市率先启动低值医用耗材集中采购试点，全区14家公立医院全部实施药品“零差率”销售。建成市级示范社区养老服务中心2个、社区养老服务站12个，成功申报全国居家和社区养老服务改革试点区。

【主题教育】 高标准严要求开展“不忘初心，牢记使命”主题教育。坚持把开展主题教育作为重大政治任务，严格按照中央统一部署和市委要求，认真落实“守初心、担使命，找差距、抓落实”的总要求，扎实有序推进学习教育、调查研究、检视问题、整改落实等重点措施。

以上率下抓实学习教育。区委常委会坚持聚焦主线，及时完成5天集中学习研讨。结合实际开展了警示教育、形势政策教育和先进典型教育。党的十九届四中全会后，及时召开区委常委会（扩大）会议学习研讨，各级党组织将全会精神作为必学内容，纳入主题教育集中学习；制订学习宣传方案，精心组织，扎实推进，开展各类宣讲220余场。全区处级领导班子集中学习研讨平均达7.7天。充分运用《挺进报》旧址等爱国主义教育基地，开展革命传统教育。指导基层党组织结合组织生活开展党员集中学习讨论。筛选身边党员榜样，制作宣传教育片，组建宣讲团队，依托新时代文明实践中心（所、站），深入基层党组织开展典型示范教育。通过开设主题教育专栏、户外LED屏等方式，广泛进行宣传报道。“南滨路管委会党支部用好身边红色资源，开展主题教育”被中央电视台新闻联播报道。

深入开展调查研究。围绕贯彻落实中央决策部署和市委协调部署、西部陆海新通道建设和两江四岸核心区整体提升等重大战略，着眼建设“绿色发展示范、开放创新引擎、服务全局平台”，聚焦大数据智能化产业，确定了“广阳岛片区绿色发展示范建设”“南滨路品质提升”“城镇低效用地再开发”“南岸区乡村振兴实现路径”等选题；聚焦保障和改善民生，确定了“完善养老服务体系”“加强中小学（幼儿园）安全”“推进老旧小区改造”等选题，通过实地走访、调研座谈，提出了解决现实问题和发展难题的对策建议，召开调研成果交流会，做好调研深化、问题消化、成果转化文章。全区处级及以上领导班子成员共形成调研报告583份。将联系服务群众工作贯穿于主题教育全过程，全覆盖集中走访全区146个村（社区），拓宽检视问题渠道、延伸查摆问题范围。

紧扣问题抓实整改。区委常委会带头召开对照党章党规找差距专题会议后，其他区级领导班子和处级领导班子也跟进全部召开。区级领导班子查摆问题35条、成员查摆问题183条，处级领导班子及成员和基层党组织查摆出政治建设、作风建设、组织建设、经济社会发展等方面突出问题4781条。召开区委常委会专题民主生活会，制订整改措施15条，落实了整改工作“责任制、线路图、时间表”。坚持边学边查边改，把整改落实作为检验主题教育成果的重要指标，认真落实中央提出的8个专项整治工作和市委巡视反馈意见整改，实行“每周报告、定期例会、随机督察”，项目化、清单化推动整改落细落实，制订358项整改措施，其中2019年度阶段性整改措施已完成319项。抓好市委主题教育领导小组反馈的22条具体问题整改，逐一明确牵头部门，落实整改责任。

【全面从严治党】 一以贯之落实全面从严治党方针，坚持稳中求进工作总基调，持之以恒推进党风廉政建设和反腐败工作，全区党风政风持续明显改善，反腐败斗争压倒性胜利得到不断巩固发展。

持之以恒纠正“四风”。严格执行中央八项规定精神和市委实施意见，既盯日常抓常态监督，又盯重点抓专项整治，既紧盯老问题，又关注新动向。深入整治领导干部利用名贵特产类特殊资源谋取私利问题。开展《落实中央八项规定精神30问（第二辑）》培训，进一步明晰政策界限，督促各单位对照检查整改。因地制宜深化“1+3+N”“四风”专项整治，运用监督执纪“四种形态”第一种形态对有关责任人员进行提醒谈话或批评教育处理共计136人。集中整治形式主义、官僚主义问题，落实中央“基层减负年”要求，建立区级各部门各单位2019年文件会议数量控制清单并确定年度目标。清理规范“一票否决”“责任状”“承诺书”、各类评选评比表彰事项和各类创建达标活动等，推动建立相关事项区级层面正面清单。扎实开展兴调研转作风促落实行动，结合“不忘初心、服务群众”主题活动，区领导带头进村社、入楼栋，深入开展“两解一帮”联系服务群众工作，千方百计提升群众满意度、获得感。区领导挂帅深入集中走访、精准服务民营企业，修改完善《南岸区民营企业和政府机构双向评价实施办法》，开展工业企业脱困工作，精准有效破解民营经济融资难、融资贵、转型升级难等发展难题，为民营企业发展创造良好条件。

坚定不移惩治腐败。始终保持惩治腐败高压态势，大力减少腐败存量、坚决遏制腐败增量，坚决做到无禁区、全覆盖、零容忍惩治腐败。坚决惩治职务违法和职务犯罪，聚焦“三类人”，紧盯重大工程、重点领域和关键岗位，以市委巡视反馈意见整改为契机，对职务违法和职务犯罪的问题线索进行再整理、再排查，削减问题线索存量，坚决清除甘于被“围猎”的领导干部。严防群众身边“微腐败”，优先调查群众反映强烈问题，持续深化低保五保民生监督、漠视侵害群众利益问题、扶贫领域腐败和作风问题专项治理以及党员干部涉权事项公开。

不断强化党内监督。不断深化纪律监察体制“三项改革”，完善区纪委监委机关、审查调查部门与区纪委监委派驻（出）机构、区委巡察机构、基层纪检组织的协同监督措施，持续巩固“四个监督”全覆盖格局。建立三级预警监督，针对发现的问题对重点领域、重点部门、重点岗位开展联合督察、随机抽查或专项检查。精准运用监督执纪“四种形态”。完善全区处级领导干部廉政档案700余册，实现全区区管领导干部廉政档案信息全覆盖，全面及时掌握全区党风廉政整体情况和各级领导干部廉洁自律情况。

持续深化标本兼治。靶向治疗，教育引导，做实思想政治工作，建立完善“一面两线三点”执纪回访工作机制，“一对一”教育引导受处分同志轻装前行。深入推进“以案四说”警示教育常态化、制度化，用身边事教育身边人，让党员干部以案为鉴、举一反三，达到“警示一批、教育一片”的效果。“以案四改”补短堵漏，对查办的侵占集体资产、违规发放津补贴等不正之风和腐败问题进行解剖麻雀式分析，向相关单位和部门发出纪律检查建议和监察建议，督促完善防范廉政风险机制制度。针对2018年学府医院案件暴露的问题，在全区医疗卫生领域开展“以案四改”试点工作，对医保定点服务机构实施“红白黑”名单制度，全区医保定点服务机构进入“红白黑”名单。强化纪律教育，加强家庭、家教、家风建设，让党员干部知敬畏、存戒惧、守底线。

【其他工作】 加强党对意识形态工作的领导，牢固树立“意识形态工作+”理念，牢牢掌握意识形态工作主导权，坚决打好网络意识形态攻坚战。全面贯彻落实中央和市委统战工作要求，坚持以“争创一流、走在前列”为抓手，全力推动统一战线工作持续发展。加强党管武装，不断提高国防后备力量建设水平，注重为驻区部队办实事、解难事，推动双拥共建工作。加强和改进对工会、共青团、妇联等人民团体的领导，全面推动群团组织各项改革，更好发挥群团组织联系人民群众的桥梁纽带作用。

【区委全委会】 2019年6月12日，召开中国共产党重庆市南岸区第十二届委员会第六次全体会议，区委常委会主持会议。全会深入学习贯彻习近平总书记视察重庆重要讲话和在解决“两不愁三保障”突出问题座谈会上重要讲话精神，全面贯彻习近平总书记对重庆提出的“两点”定位、“两地”“两高”目标、发挥“三个作用”和营造良好政治生态的重要指示要求，认真落实市委五届六次全会部署，审议区委常委会工作报告和区委常委会抓党建工作报告，审议通过《中共重庆市南岸区委关于深入学习贯彻习近平总书记视察重庆重要讲话精神在推进西部大开发形成新格局中展现新作为实现新突破的决定》和《中共重庆市南岸区委重庆市南岸区人民政府关于贯彻落实习近平总书记在解决“两不愁三保障”突出问题座谈会上重要讲话精神的实施意见》。郑向东同志代表区委常委会做了讲话。

2019年12月30日，召开中国共产党重庆市南岸区第十二届委员会第七次全体会议，区委常委会主持会议。全会深入学习贯彻党的十九届四中全会精神，全面落实党中央关于坚持和完善中国特色社会主义制度、推进国家治理体系和治理能力现代化的重大决策部署，认真落实市委五届七次全会部署，听取并审议了颜伟同志代表区委常委会所做的工作报告和抓党建工作报告，审议通过了《中共重庆市南岸区委关于深入学习宣传贯彻党的十九届四中全会精神的决定》。颜伟做了讲话，陈一清部署了经济社会发展工作。

【区委常委会会议】 2019年，区委召开常委会会议36次，审议贯彻中央和市委重大决策意见、经济建设和社会发展稳定的重大问题、区级部门和镇街领导班子调整、干部任免和奖惩、重大问题请示等事项。

【第十二届区委组成人员】

书　记：颜　伟

副书记：陈一清　王茂春

常　委：颜　伟　陈一清　王茂春　魏小红　梅泽波　王　愚　唐　昕　黄　红　程　效　胡显键　王　军

区委委员（36人）：

颜　伟　陈一清　朱　维　甘联君
王茂春　魏小红　梅泽波　王　愚
唐　昕　黄　红　程　效　胡显键
王　军　陈廷明　梁　平　陈　炯
吕　轶　刘永华　贾　宇　叶自玫
侯宗权　张　进　王建华　王子伟

（以下按姓氏笔画排序）

尹友均　冉启贻　包　卫　包茹华

刘 露 刘建军 江 华 李德飞
肖华云 周丽萍 宗 松 谢志辉

区委候补委员（8人）：

王 俊 王 勇 王怀奇 周 旭
马 铮 聂 东 赵剑敏 魏 丽

【区委办负责人】

主 任：刘 露

副主任：陈今玉 刘德军 刘定久
吴 磊 董 雷

（区委办）

组 织

【概况】 中共南岸区委组织部（以下简称“区委组织部”）是区委负责全区组织工作的部门，与非公经济和社会组织工作委员会合署办公，区党代表联络办公室、区委直属机关工作委员会和区公务员局挂靠在区委组织部，区委人才办公室、区考核办公室设在区委组织部。

2019年，区委组织部及其下属事业单位有干部人数31人，区委组织部内设干部科（干部考核科）、公务员管理科、组织科、干部教育科、干部监督科、人才科、非公党建科、办公室（调研科）等8个职能科室和党员电化教育中心、干部人事档案管理中心等2个下属事业单位。

【政治建设】 持续抓好习近平新时代中国特色社会主义思想学习培训。用好国内知名高校、培训机构优势资源开展干部培训，举办专题班、主体班40期，培训干部5000余人次；举办区级专题班、基层党组织书记班12期，培训基层党组织书记3200余人次，全覆盖常态化开展党员轮训，引导全区党员干部深学笃用习近平新时代中国特色社会主义思想，学习贯彻党的十九届四中全会精神和习近平总书记视察重庆重要讲话精神，增强“四个意识”，坚定“四个自信”，做到“两个维护”，以实际行动兑现市委“三个确保”政治承诺。

认真落实巡视整改，推动党内政治生活严肃规范。全力抓好市委巡视反馈意见整改，项目化、清单化推动整改落细落实，牵头的17条整改措施，已完成16条，暂未完成的已制订工作方案和计划，将结合实际稳步推动完成。以巡视整改为契机，通过建立基层党建工作基本问题清单，细化组织生活全程纪实，开展党务工作者专题培训，运用“掌新南岸”App推广“三会一课”考勤等，进一步严肃规范党内政治生活。按照“十破十立”“五个结合”要求，坚决肃清孙政才恶劣影响和薄熙来、王立军流毒。

开展“不忘初心、牢记使命”主题教育。紧扣主线推进学习教育，组织区级班子围绕“理想信念”等9个专题开展11次集中学习研讨，带动全区各级党组织开展集中学习研讨3312次。结合实际开展了革命传统教育、形势政策教育、先进典型教育和警示教育。把学习贯彻党的十九届四中全会精神纳入主题教育重要内容，组织集中学习研讨，开展各类宣讲220余场。紧扣实际推进调查研究，围绕贯彻落实中央决策部署、市委重大战略和全区重点工作，组织全区处级及以上领导班子成员深入开展调研，形成调研报告583份，召开调研成果交流会，做好调研深化、问题消化、成果转化文章。紧扣问题抓实整改，严格按照“四个对照”“四个找一找”等要求，组织召开对照党章党规找差距专题会，全区处级及以上领导班子及成员查摆问题4781条。认真落实中央8个专项整治要求，抓好市委巡视反馈、市委主题教育领导小组反馈等方面问题整改。紧扣主题扎实组织全区处级以上领导班子专题民主生活会和各基层党组织专题组织生活会。整个主题教育达到了预期目的。

【基层党建】 抓党建促基层治理创新。深化全国城市基层党建示范区建设，推动公共服务、社会服务、市场服务等资源下沉到基层，试点推行“小区党建”工作模式，建成全市首家社会组织党群服务中心，《推进基层协商，建立群众参与社区治理工作新机制》获评全国城市基层党建优秀案例。深化基层党建工作联动融合，完善146个联系服务群众工作组，统筹资源协调解决了老旧小区电梯更换等337个民生问题。

抓党建促乡村振兴。实施农村带头人队伍整体优化提升行动，选优配强48个行政村基层党组织书记。推动发展村级集体经济，巩固消除“空壳村”成果。用好中央财政专项补助资金100万元，支持南山街道放牛村、双龙村集体经济发展。深入开展“扫黑除恶”专项斗争，严格落实村（社区）干部任前联审和变动备案机制。

推进党支部标准化规范化建设。根据基层党组织特点，差异化制订评价指标体系，开展分类定级管理。制订基层党建工作操作手册、党费和党员活动经费管理等标准化规范化文件。全覆盖开展村（社区）基层党组织问题摸底排查，完成14个软弱涣散基层党组织整顿转化。建立村（社区）干部待遇和办公经费定期增长机制，严格落实走访慰问、党费返还、党员活动经费、非公组织党组织书记补贴等各领域经费保障1084万余元。

统筹抓好各领域党建。健全机关党的基层组织和党建工作机构，完善国企党建工作体系，将党的领导融入国企管理全过程；严格落实加强公立医院党的建设工作的实施意见，全面实行党委领导下的院长负责制；狠抓“两个覆盖”质量，突出互联网等新兴业态党建工作，用好用活南坪商圈等5个党群服务中心，推动各领域基层党建工作全面进步、全面过硬。

【干部管理】 合理统筹干部资源，精心抓好机构改革干部配备工作。以转变和优化职能为重点，统筹完成党政机构改革、完善经开区管理体制、优化完善镇街机构设置、深化事业单位改革等改革任务。认真分析干部队伍现状，着眼较长时期经济社会发展需要，统筹调度全区干部资源，涉及156名区管干部的人事方案一盘端出、一次通过，整个过程平稳有序，班子结构和功能进一步加强，社会反响良好。

建立完善区管领导班子常态化回访调研工作机制，在精准识人上狠下功夫。推动区管领导班子回访调研常态化制度化，优化完善回访调研工作流程，采取集中回访、专题回访、“点穴式回访”等方式，在全覆盖开展班子回访的基础上，先后对28个机构改革后新设立、调整较大单位以及8个区属国有重点企业班子开展回访调研，把研究人和研究事结合起来，着眼发展分析班子、结合岗位分析干部，较为全面掌握了区管领导班子和干部整体运行情况。

统筹运用激励手段，引导干部担当作为。在广泛听取各方意见建议基础上，出台进一步激励广大干部新时代新担当新作为的实施意见，建立完善容错纠错、关心关爱等制度机制。按照中央、市委要求，全力推行公务员职务与职级并行制度，统筹调度职务与职级两种资源，拓宽干部职业发展空间，持续激励干部担当作为。扎实推进干事创业精气神不够，患得患失，不担当不作为问题专项整治，聚焦重点问题和重点领域，项目化、清单式推动问题整改落实。

强化优秀年轻干部培养选拔。加大面向“双一流”高校招录优秀大学毕业生力度，保持每年新招录选调生30名左右，持续补充新鲜血液。结合区管领导班子回访调研和日常了解情况，及时发现和掌握一批优秀“苗子”，启动建立优秀年轻干部名单。选取6个单位探索推行年轻干部导师制培养机制，帮助年轻干部加快成长。大力选拔使用经过实践考验的优秀年轻干部，全年提拔重用“80后”区管领导干部13人，占提拔区管领导干部总数的48.15%。规范干部选任机制，夯实干部工作基础。认真贯彻《党政领导干部选拔任用工作条例》，修订完善《南岸区处级干部选拔任用操作细则》《干部推荐考察工作手册》。做实干部选任全程纪实，采取“综合卷＋个人卷”的方式，如实记录各环节主要工作和重要情况，做到可倒查、可追溯。全力推动市委选人用人专项检查反馈的13个具体问题整改。着眼提升干部专业素养，开展商儒学院干部自主选学，举办“南之山”大讲堂2期，聘请国内知名专家教授孟宪生、赵刚来区就当前热点难点问题进行讲解。审慎稳妥做好领导干部个人有关事项报告查核验证工作，形成常态化工作机制，全年因干部档案查核、个人事项报告查核、党风廉政等不过关暂缓提拔2名干部。加强离退休干部党的建设，健全离退休干部慰问和困难帮扶机制，认真解决离退休干部医疗费垫付等具体问题，精准精细抓好服务保障。

【人才工作】 树立尊才导向。遴选高层次创新人才10人，深入挖掘和报道人才先进事迹，隆重召开“南岸区首届高层次创新人才颁奖典礼”，给予人才充分政治荣誉和政策激励，得到市、区主流媒体高度关注和人民网全程直播，受到全区上下、广大企业和人才一致好评。

对标需求引才。围绕产业需求，向上争取“博士服务团”来区指标，持续对接工信部，力争连续互派挂职干部，保持人才、资源互通互享。组织发动企事业单位、高层次人才及项目参加“2019重庆英才大会”，成功举办重庆经开区专场推介会。深化校地企合作，探索建立与在区高校、重点企业人才资源双向流动的“双聘”机制。新增市级院士工作站和博士后科研工作站6个，引进建设科技合作平台2个，成功推荐入选“重庆英才计划”35人、团队12个。

优化环境留才。实施高层次创新人才和产业人才支持计划，兑现人才扶持资金770余万元。落实人才服务证制度，细化8项服务措施，建立高层次人才数据库，实现人才精准服务。实施人才安居保障工程，筹建4501套人才公寓，建成“青年人才驿站”，解决人才安居问题。

【党建制度改革】 狠抓市委部署重大专项改革落实。贯彻落实中央、市委《鼓励和引导人才向基层一线流动的实施意见》《全面加强新时代律师行业党的建设工作的实施意见》《加强互联网企业党的建设工作的实施意见》等文件要求，结合南岸区实际制订具体贯彻落实措施，出台实施了8项配套落实制度文件，得到市委组织部的充分认可。2019年牵头的12项具体改革任务已全部完成。

聚焦重点难点问题持续攻坚克难。围绕建设忠诚干净担当的高素质干部队伍和推进干部工作“五大体系”配套制度建设需要，深入贯彻《党政领导干部考核工作条例》《重庆市市委管理的党政领导干部年度考核办法（试行）》《市属重点国企领导人员管理暂行办法》等规定，在深入开展班子回访调研的基础上，结合南岸区实际、工作需要和有关意见建议，针对存在的突出问题，进一步修订完善《南岸区区管领导班子和区管干部年度考核办法（试行）》《市属重点国企领导人员管理暂行办法》等文件，夯实干部工作基础。

勇于探索创新努力做出特色。坚持精品意识，探索和总结科学合理、行之有效的工作载体，完成了在国家部委、大型企业、高校及科研院所推行“双挂”“双聘”机制、党员干部道德诚信系统建设等改革创新任务，推动组织工作高质量发展。

【区委组织部负责人】

部　长：程　效

副部长：谭厚江（主持日常工作、正处级）

　　　　袁　林（区委非公经济和社会组织工委书记）

　　　　郑　群（区委老干局局长）

　　　　李　力

区委非公经济和社会组织工委专职副书记：

　　　　杨　亮

（区委组织部）

宣　传

【概况】 中共南岸区委员会宣传部（以下简称“区委宣传部”）是区委主管意识形态方面工作的职能部门，为正处级，列区委工作机关序列，对外加挂区政府新闻办、区新闻出版局牌子。行政编制12人，其中部长1人，副部长3人，四级调研员1人，科级领导职数5人。内设办公室、理论科、宣传科、文化科、新闻科。

【理论宣传】 理论学习。牢牢把握学习宣传贯彻习近平新时代中国特色社会主义思想这条主线，结合“党的十九届四中全会精神”等重要内容，全年组织区委理论学习中心组学习23次，全区各级党委（党工委、党组）理论学习中心组学习1300余次。服务好区级领导班子“不忘初心、牢记使命”主题教育，围绕9个专题进行研讨交流，确保学习取得实效。组织好《习近平新时代中国特色社会主义思想学习纲要》等理论读物和《党的十九届四中全会〈决定〉学习辅导百问》等辅导材料的学习使用，推动学习往深里走、往心里走、往实里走。利用“学习强国”学习平台等载体常态化学习，搭建了覆盖全区各级党组织的学习构架，开展专项培训两次，印发学习情况通报10期，全区党员注册率达98.1%，居全市前列。

理论调研。依托理论学习中心组等平台，形成调研报告583份，推动以学促用、以用促学。结合“不忘初心、牢记使命”主题教育调研成果交流会，区领导形成调研报告36份，聚焦南岸区经济社会发展的重点领域和关键环节，就推动全会确定的目标任务落地落实谈体会、谈思考，真正做到内化于心、外化于行、转化为果。

开展宣讲。分层次组建宣讲团、宣讲小分队，全覆盖推进宣讲工作，组织“学习贯彻党的十九届四中全会精神”等系列宣讲活动1200余场。宣讲情况被中央和市级媒体广泛报道，其中南湖社区宣讲情况被《人民日报》“十九届四中全会在基层”专栏作为开栏单条报道，龙门浩街道宣讲情况被中央电视台《新闻联播》报道，推动党的创新理论“飞入寻常百姓家”。组织编写“红色故事”“学习贯彻党的十九届四中全会精神小故事”等30余则。利用“广阳故事大王宣讲团”“龙梅讲堂”等特色宣讲品牌常态化开展微宣讲。用好新时代文明实践中心（站、所）以及“掌上新时代文明实践中心”等平台，完善点单、派单、评价工作机制，全年完成派单280余个。

（张立）

【新闻宣传】 突出重点。围绕2019年全国重大主题宣传，在中央、市级媒体刊发报道2632篇，其中，整版、半版、头版、头条等重点报道66篇。《人民日报》开设“十九届四中全会在基层”专栏，开栏第一篇单条报道南岸区十九届四中全会精神宣讲情况。在中央电视台《新闻联播》推出报道《重庆：重温革命精神 牢记初心使命》，此条新闻是第二批主题教育中央视《新闻联播》报道的首个单条新闻。

贴近民生。中央电视台《新闻联播》单条播出南岸区《重庆：城市“边角地”，休闲新空间》新闻。新华社《国内动态清样》《新华每日电讯》围绕南岸区公共文化建设，推出相关单条报道。新华社《半月谈》、《重庆日报》头版头条、重庆电视台《新闻联播》等相继报道南岸区“三调合一”经验做法。

借力节会。结合2019年全市、全区重点节会，精心策划主题宣传活动10余次，组织新闻发布会7场。“智博会”期间，近50家媒体发布各类原创报道300余篇次，借助中国国际广播电台相关优势，进行宣传，覆盖了全球主要英语国家。其中，中国智谷推介稿件总浏览量1000万+。在2019“讲好中国故事”创意传播大赛中，南岸区选送的《魅力重马，渝跑越爱》《城市的温度》分别获得全市第一名（一等奖）、全市二等奖，并代表重庆被市委宣传部推荐到全国参赛。

媒体融合。2月，完成“中央厨房”系统建设并上线运行，实现采编一体化。南岸融全媒体中心牵头策划、开展了南岸2019踏青季、七一音乐快闪等多个策划宣传，得到多家中央、市级媒体转发。其中，南岸2019踏青季活动总关注量达100万+，带动南山桃花园、迎龙开心农场等地游客量增长近50%。“七一”主题音乐快闪视频项目，音乐视频关注阅读量可统计数据49万人次。

优化引领。每周召开新闻选题会，研究策划、安排部署重点主题宣传。承办重庆市第六届“好记者讲好故事”第二片区赛和总决赛，南岸电视台记者王蕊获此次总决赛全市第四名。举办2019年南岸区增强“四力”专题讲座，组织全区新闻座谈会、宣传部长讲党课等活动。

（牛祖婵）

【社会宣传】 以庆祝中华人民共和国成立70周年为主线，开展社会主义核心价值观宣传和爱国主义教育活动。承办中宣部新时代公民道德建设工作培训班，南岸区代表重庆作交流发言。结合“讲红色故事、讲革命精神”和“开学第一课”，为全区70所中小学近10万师生讲述革命故事。组织全体区领导和全区副处级以上领导干部在《挺进报》旧址开展“不忘初心、牢记使命”主题教育活动。组建“不忘初心、牢记使命”主题教育党员榜样先进事迹报告团，在全区巡回举办报告会。统筹开展新时代文明实践活动，在王家大院每周举办“老街故事荟”等文化品牌活动。

隆重庆祝中华人民共和国成立70周年，举办“我和祖国共成长”人生规划大赛、“我和祖国共成长”微电影大赛、爱国主义教育基地精品巡展、“‘我与国旗同框’快闪活动”“‘吃重庆小面、庆祖国华诞’倡导新民俗活动”“龙门浩月·南滨有约”中秋诗歌朗诵会、摄影展览采风等重点活动28项。10月1日在南滨路烟雨公园广场举办全区升国旗仪式，全区各行各业2000多名干部群众参加。在重要交通节点和主次干道两侧灯杆，统一设置国旗道旗5万多面，引导社会单位、网红景区、居民家庭悬挂国旗，营造喜庆氛围。

深入挖掘培育先进典型，先后获评第五批全国学雷锋活动示范点、2017—2018年度富民兴渝贡献奖特别奖、2019年度“感动重庆十大人物”特别奖、文化名家暨“四个一批”人才国家“万人计划”宣传思想文化青年人才各1个。《三益社区：让思政工作在基层落地生根》在中国政研会《思想政治工作研究》刊载。

围绕习近平总书记视察重庆重要讲话精神、十九届四中全会、智博会、深化全国文明城区建设等中心工作，做好户外公益广告宣传，在T型牌、人行天桥、LED屏等刊发公益广告10万多平方米，营造浓厚社会宣传氛围。

【群众文化活动】 围绕庆祝中华人民共和国成立70周年，先后举办合唱、歌舞、展览等群众性文化活动1000余场。承办全市广场舞集中展演活动。以“南岸让生活成为风景”为主题，精心策划开展晒文化、晒风景“双晒”活动，受到全社会广泛关注和点赞。“歌唱祖国·一首歌一座城”全国优秀音乐故事作品全媒体展播活动。

打造文艺精品，民族歌剧《尘埃落定》获重庆市第十五届精神文明建设“五个一工程”奖。在重庆大剧院举办重庆特殊教育中心“我和我的祖国”、区教委“南岸区教育系统优秀作品展演”2场公益会演。举办2020年群众新春文艺演出、中国交响乐团赴南岸文化志愿服务十周年音乐会。举办放歌新时代春季、秋季送演出进基层活动26场，以及大型文化惠民活动共计70余场。建设图书馆社会分馆14个，文化馆社会分馆6个，并依托社会力量开展公共文化服务。

实现文化惠民活动1808场，其中政府向社会力量购买公共文化演出服务455场，全民艺术普及活动466场、全民阅读推广活动109场、惠民电影906场，文博非遗展示展览6场。

（罗伟）

【文化工作】 2019年，区委宣传部增设文化科，负责统筹指导协调文化体制改革和文化事业、文化产业及旅游业发展、新闻出版、电影行政审批制度有关工作。负责全区出版有关工作。承担“扫黄打非”工作领导小组办公室日常工作。（1）“扫黄打非”工作稳步推进。结合重要时间节点开展“清源”“秋风”“固边”“护苗”“净网”五大专项行动，出动巡查暗访人员6000余人次，成功处置2起网络侵犯著作权案件，涉案金额300余万元。1起法轮功人员散发邪教书籍案件，涉案书籍1本，相关人员移交公安机关处置。开展“绿书签”“护苗网络安全进课堂”等“扫黄打非”宣传活动，覆盖全区68所中小学9万师生。其中“护苗网络安全进课堂”相关工作受到市委宣传部高度肯定，作为全市唯一区县纳入市“扫黄打非”公众号专题推送信息。推动“扫黄打非”进基层工作，基层站点建设量达到100%，实现镇街、村社全覆盖，延伸了“扫黄打非”探测触角。成功创建1个市级扫黄打非进基层示范站（南山街道）。（2）印刷、出版发行工作取得成绩。承办第四届重庆市印刷技能大赛暨第七届全国印刷行业职业技能大赛（重庆赛区）选拔赛南岸片区及总决赛，获平版印刷员一等奖、三等奖各一人，平版制版员二等奖两人，区委宣传部获得团体金奖，新华印务获突出贡献单位奖。（3）协助电影拍摄及活动举办。配合支持《起跑》《眼见为虚》等近20部院线电影拍摄，指导协助重庆美视先锋电影厂举办第二届重庆先锋艺术电影展，张国立、邓婕、芦苇等业界知名人士参加，相关报道点击量突破400万，成为主城区最有影响力的艺术电影展。

（严一枭）

【区委宣传部负责人】
部　长：魏小红（区委常委）
副部长：朱高建（常务）
罗家玉　李　玲

（区委宣传部）

统 战

【概况】 2019年，区委统战部坚持以习近平新时代中国特色社会主义思想为指导，全面贯彻党的十九大和十九届二中三中四中全会精神，深入学习贯彻习近平总书记关于加强和改进统一战线工作的重要思想，全面落实党中央关于统一战线重大决策部署和市委、区委工作要求，持续推进“争创一流、走在前列”品牌建设，着力推动全区统战工作提质增效、再上台阶。统战信息工作稳居全市第一位，作为中央统战部信息直报点获全国二等奖。牵头开展的《地方统一战线工作领导小组机制构建研究》获中央统战部理论创新成果二等奖。作为代表先后在市委统战部纪念《告台湾同胞书》发表40周年座谈会、港澳青年国情研修基地启动仪式和第二次全市社会主义学院工作会、全市统战部长会议上做交流发言，获评全市统战工作先进集体。

【政治建设】 加强思想政治引领。扎实开展“不忘初心、牢记使命”主题教育，按照区委部署，坚持把不忘初心、牢记使命作为加强党的建设的永恒课题和全体党员、干部的终身课题常抓不懈，依托“三会一课”、主题党日活动、“学习强国”平台等开展经常性、针对性教育。区委统战部领导班子成员讲党课5次，每名党员每月轮流讲党课7次，开展专题学习26次，开展交心谈心38人次。

深化拓展统一战线“学讲做”活动。在全区统一战线中组织开展“从基层多党合作实践基地看新型政党制度优越性”演讲比赛，用实践提升认识，加深对新型政党制度的理解，教育引导广大统一战线成员增强“四个意识”、坚定“四个自信”、做到“两个维护”，坚决肃清孙政才恶劣影响和薄熙来、王立军流毒，维护全区统一战线领域意识形态安全。

开展统战成员“不忘初心、与党同心”系列教育活动。以新中国成立70周年、新型政党制度确立70周年为契机，认真学习宣传贯彻习近平总书记视察重庆重要讲话精神，积极支持全区民主党派和无党派人士开展“不忘合作初心，继续携手前进”主题教育活动，在全区党外知识分子中深入开展“弘扬爱国奋斗精神、建功立业新时代”活动，在非公有制经济人士中开展“守法诚信经营、坚定发展信心”主题教育活动，在新的社会阶层人士中开展“凝聚新力量•筑梦新时代”主题教育活动。

【统战实务】 推进全党做统战工作要求落实落细，促进大统战工作格局提质增效。建立区委统战工作领导小组“全体会议＋专题会议”议事模式，配套建立成员单位年度述职评议和督导约谈等制度；分别与区委组织部、宣传部、政法委、在区高校党委统战部稳定建立联席会议制度，形成共同工作合力。深化联谊交友制度，推动全区1731个基层党组织3.9万余名党员将统战工作纳入年度民主评议，强化全党做统战工作的责任意识。

推进同心实践基地建设，促进民主党派工作提质增效。各民主党派直接投入资金（含以物折资）71.2万元，协调投入资金280余万元。开展各类活动178次，直接服务基地所在社区居民1.3万余人次，帮助镇街、社区解决实际问题81个。支持民主党派开展“不忘合作初心、继续携手前进”主题教育活动，推动成立民主党派专家智库，指导党员（会员、盟员、社员）之家标准化建设，7个党派已建立13个基层成员活动场所。

夯实基层基础，促进民族宗教工作提质增效。开展民族团结进步创建活动，开设少数民族语言培训班，5个流动摊位转向固定经营模式。落实宗教工作“三级网络两级责任制”，协调资金1000余万元解决宗教场所难题9件，实现农村党员宗教工作培训全覆盖。

实施“双向评价”，促进非公有制经济统战工作提质增效。扩大参评范围，建立企业信用评价数据库，大力推动构建亲清新型政商关系。全年通过行业季度座谈会、非公经济联席会和区级领导联系重点企业制度收集企业反映的216件问题全部办结。投入资金近50万元，区工商联青年企业家联合会塘坎村实践基地建设不断深化，帮村成效日益明显。

推进“星蓝莓”实践基地建设，促进新的社会阶层人士统战工作提质增效。投入各类资金18万元，建立志愿者队伍9支，开展各类主题活动50余次，志愿者参与400余人次，服务居民1500余人次，建成“星蓝莓•社区书院”，完成社会主义核心价值观文化长廊、瑜伽室建设、家庭图书角、阳台整治等项目建设，社区居民文明程度不断提升，新的社会阶层代表人士“四个自信”不断增强。

密切合作交流，促进港澳台海外统战工作提质增效。圆满完成第十一届“重庆•台湾周”在区会务和参访活动，接待各类参访团13批次587人次。英才大会期间，邀请24名中国侨联特聘专家集聚南岸为经开区发展建言；深化全市首批港澳青年国情研修基地展示平台规范化建设，使之成为帮助香港、澳门青年全面深入了解国情和认识重庆、认识南岸的重要窗口。

【自身建设】 落实全面从严治党主体责任。坚持把政治建设摆在首位，加强党风廉政建设，严格执行“三重一大”集体决策，规范建立《民主党派区委会专项经费支出标准管理办法》，加强统战团体、实践基地建设经费使用效能监管，构建严密的廉政风险防控体系。

加强统战干部队伍建设。如期完成机构改革工作，新增行政编制2名，增设科室1个，新进工作人员2人，选拔任用科级干部4人。搭建多元化学习教育平台，挂牌成立南岸区图书馆分馆“同心书屋”，配套图书1000余册，持续深化统战部机关“月讲座”“读书季”“年调研”活动，提升干部综合素质。

提高服务群众工作质量。党员领导干部到基层调研26次，党员参加志愿服务45人次。慰问结对村、社区困难群众和党员、本部门党龄50年以上的老党员等52人次，慰问金额2.4万元。外宣工作成效不断显现。全年各类媒体共采用外宣稿件85条，其中《新华网》《中国统一战线》《中国统一战线网站》分别采用1条，《重庆统一战线网站》《重庆统一战线》采用31条，园区统战、非公经济统战、统一战线实践基地建设3项工作在《重庆日报》专题刊载；全年承接各级各类调研、考察63批次946人次，全区统战工作影响力不断增强。

【区委统战部负责人】

部　长：梅泽波

副部长：谭晓庆（常务）

周万里（兼工商联党组书记、副主席）

文　科（兼民宗委党组书记、主任）

许道权（兼台办主任）

（区委统战部）

督　察

【概况】 区委督察工作领导小组是区委负责督察工作的议事协调机构，区委督察工作领导小组下设办公室，简称区委督察办。区委督察办设在区委办公室，负责处理领导小组日常事务。

2019年，区委督察办增强督察工作的政治性、权威性、统筹性，把握督察节奏、严控督察数量、推动问题解决、促进工作落实，全年参加会议、调研、督察245次，形成督察专报（含快报、报告）28期，获区领导肯定性批示11次，发挥了督促检查、以文辅政作用，推动了党委决策的有效落实。

【重点督察】 将落实总书记重要批示指示精神和中央重大决策部署放在首位。将习近平总书记视察重庆重要讲话精神贯彻落实情况、“不忘初心、牢记使命”主题教育3项专项整治情况、形式主义官僚主义整治情况、中央八项规定精神落实情况、市委巡视反馈意见整改情况等需要长期跟踪督办的事项融入各部门、各领域的专项督察中，统筹安排、一体推进。

围绕污染防治攻坚战开展重点督察。为推动第二轮中央环保督察和市级环保集中督察中南岸区环保问题整改到位，对轻轨10号线南滨国际、渝湘高铁连接线、六纵线茶园立交噪声投诉问题，玄坛庙、黄桷渡饮用水源地保护、川东化工厂污染治理、茶园污水处理厂溢流、陪都药业旁污水排放、南山火锅一条街、南山涂山湖泄洪干渠污水排放、群众重复投诉案件等问题进行现场督察。通过督察推动中央环保督察任务整改，交办案件257件，年内已办结238件，阶段性办结11件，正在办理8件。重庆市配合第二轮中央生态环境保护督察工作领导小组办公室《生态环境保护督察工作要情》2019年第65期中提到“南岸区委督察办现场督察问题整改情况，走访重复举报投诉点周边居民，确保整改到位。”

围绕防范化解重大风险攻坚战开展重点督察。按照“防风险、保安全、迎大庆”工作主线，对全区重点行业、重要领域、重点企业开展了督察，就各级各部门履职尽责、风险研判、检查执法、服务企业、基层减负、专项行动开展等方面进行了暗察暗访，抽查了12个重点企业（项目）的主体责任落实情况。将督察中发现的问题现场反馈给责任单位并跟踪整改，为南岸区在庆祝新中国成立70周年期间实现“八个零目标”奠定了基础。

认真落实“基层减负年”。每月对制发文件、召开会议、督察检查考核的情况进行动态监测、预警提示，文件、会议的数量均达到下降30%以上的要求，统筹清理规范政务App和微信工作群。

围绕区委区政府中心工作，针对发展中的堵点、难点、痛点开展督察、检查、考核。对大南山生态综合整治、重点项目资金使用情况、重点招商引资项目、南滨路创建国家文化产业示范园区、全市工业经济运行调度会议重点工作落实、2018年经济社会发展实绩进行了督察。针对部分重点项目资金支付时序较缓、资金进度执行率偏低的情况，对全区部分重点项目资金使用情况开展督察、形成专报，督察后四好农村路、山水林田湖草上级专项资金、城市管网（黑臭水体治理）专项资金支付比例分别由原来的10.5%、4%、0%提高到100%、86%、66%。

【交办督察】 把市委和区委主要领导交办事项作为督促检查工作的重要内容，建立健全督办制度，规范督办程序，做到交必查、查必清、清必办、办必果。对2017年7月以来市委主要领导对南岸所做指示批示的落实情况进行“回头看”，形成系列督察专报5期，涉及“三生三宜”城市品质提升、生态文明建设、安全稳定及风险防范、乡村振兴、产业发展及营商环境等重点领域。加强对市委主要领导交办事项的落实办理。对市委主要领导交办的6件事项（南山涂山湖泄洪干渠污水排放问题、保护修整德国大使馆旧址、打造开埠文化遗址公园、龙门浩老街建设、配合做好两江四岸规划、南山民宿整治）建立台账、分解任务、召集研究、长期跟踪。针对南山民宿整治、违建别墅整治、南山涂山湖泄洪干渠污水排放等难题，区委督察办先后7次到南山片区实地督察，从同群众的沟通了解到整治后的验收，区委督察办全程参与，有力推进了压力的传导、问题的整改。强化对区委主要领导指示批示事项的跟踪督办。全年共交办区委主要领导指示批示事项271件，年内已办结231件、继续跟踪推进40件，办结率85.2%，形成系列专报4期。区委督察办采取实地暗访、书面回复、电话了解等方式，对区委主要领导的指示批示进行多方了解、反映实情、紧跟不放。

【决策督察】 把党委的重大决策部署作为督促检查工作的重点，抓好党代会、全委会、区委常委会、区委专题会等重要会议贯彻落实情况的督促检查，全面、真实反映落实情况。全年对29期区委常委会、33期区委专题会720项决定事项落实情况进行了跟踪督办，形成系列专报8期。对南山区域闲置资产移交及移交后的收益权属争议、“大棚房”整治、落实维沃公司2018年扶持政策、金紫山大佛寺项目、长途汽车站地块改造项目等事项进行持续跟踪，以上事项均如期完成任务或取得阶段性进展。

【人民网领导留言板】 统筹人民网《领导留言板》网民留言办理回复事宜。圆满完成2017年7月15日以来的网民留言存量消化。截至年底，留言板留言94条，已回复86条，正在办理8条，回复率91%。

【区委督察办负责人】

主　任：陈今玉

（区委督察办）

政策研究

【重要材料起草】 先后起草了全国、全市“两会”发言，区委十二届六次、七次全会报告，全区经济工作会，中德职业教育与产业发展峰会、中国智谷等重要材料。参与撰写的《加强公共文化服务创新 满足人民群众文化需求》在中央政策研究室主办的“学习与研究”上刊发，第二届中德职业教育与产业发展峰会上的演讲得到与会专业人士高度认可，中国智谷（重庆）科技园推介文稿和影片脚本获得一致好评。

【重大课题调研】 开展调查研究，牵头完成重庆经开区规划研究报告，为经开区高质量发展厘清思路、明确实施路径。完成广阳岛绿色发展示范建设和事权划分专题调研，推动全市重大战略性项目在南岸落地实施。对全区政府投资产业基金、“亩均论英雄”等方面进行调研，一些对策建议已经转化为具体工作思路和举措。

【服务中心工作】 围绕区委提出的“全力推进中国智谷（重庆）科技园建设”要求，牵头起草《关于加快中国智谷（重庆）科技园发展的意见（试行）》，理顺工作机制、明确发展目标。参与市委巡视及其反馈问题整改、中央生态环保督察、乡村振兴、“不忘初心、牢记使命”主题教育等区委重点工作。

【区委研究室负责人】

主　任：李小舟

副主任：李　睿

（区委研究室）

保 密

【概况】 南岸区国家保密局（以下简称“区保密局”）是负责全区保密行政管理的职能机构，对外挂“中共南岸区委保密委员会办公室”“南岸区国家保密局”牌子，内称区委办公室机要保密科。由区委办公室副主任兼任区委保密办主任，无固定行政编制，人员从区委办公室编制内调配使用。

2019年，区保密局认真贯彻习近平总书记关于保密工作的重要批示、指示精神和中央关于加强和改进保密工作的意见及市委实施意见，强化保密宣传教育，加强安全保密检查，抓好定密管理工作，强化涉密网络和非涉密网络的保密管理，以改进完善保密行政管理机构为契机，提高保密工作科学化、保密管理法治化、保密技术现代化和保密队伍专业化水平。

【体系建设】 全区机构改革完成后，区委保密委对组织架构即时进行调整，加强了保密委员会建设。全年召开区委保密委全体会议1次，研究解决了升级改造涉密专用机房、推进涉密领域国产化替代及加强各项保密管理等问题。

【“三防”建设】 从构筑人防、物防、技防的保密防范体系入手，不断提高保密干部、涉密人员的思想素质、技术防范能力和现代化管理水平，通过开展“五法”普法知识竞赛，主动深入智谷公司开展保密知识宣传教育活动，下发《加强便携电子设备使用保密管理》文件等多种形式的学习教育活动，增强涉密人员和党政工作人员保密意识。

完成高考、研究生考试、全国医师资格考试、高等教育自学考试、高职分类考试等保考工作，对在区各大高校保密室进行实地检查启用，提高全国重要考试试卷保密室的物防标准。7月，下发《关于进一步加强保密技术防护工作的通知》，针对14项工作提出具体要求，筑牢信息化条件下党和国家秘密安全防线，为国家安全和利益提供了可靠的业务保障。

【定密管理】 根据市委保密办（市国家保密局）《关于开展定密事项报备工作的通知》要求，7月，组织全区党政机关单位开展定密事项报备工作，收集92家单位数据，包含定密责任人数量、定密授权数量、国家秘密事项统计情况。核定全区定密责任人196人，其中法定定密责任人101人，指定定密责任人95人。厘清国家秘密92项，其中原始国家秘密数1项，派生国家秘密数91项。涉密工程3项。

11月，区农业农村委申请对南岸区深化农村土地承包经营权确权登记颁证数字正射影像数据进行涉密认定，经请示市国家保密局同意，区保密局仔细核对其提供的各项材料，依据《中华人民共和国保守国家秘密法》和《国家秘密定密管理暂行规定》，对所请事项中相关数据的涉密认定进行了说明。及时发现和研究解决了保密工作中存在的普遍性问题，有针对性地加强定密指导和监督。

【保考工作】 完成2019年高考保密工作。考前检查了区教育考试中心试卷保密室。在考试期间，专门安排2名同志保考巡考，确保高考工作顺利推进。

完成2019年国家司法考试保密工作。协助区司法局对所选取的考点龙职中进行检查，主要检查保密室的监控设备、装修情况、保密柜设置情况，同时在考试当天安排专人现场蹲点，全程跟踪。

完成2020年硕士研究生考试、全国医师资格考试、高等教育自学考试、高职分类考试等保考工作，对在区各大高校保密室进行实地检查启用，确保全国重要考试试卷保密室的安全性。

【区保密局负责人】

局　长：刘　露

（区保密局）

党校（行政学校、社会主义学院）

【干部培训】 全年举办各类班37期，培训12737人，其中计划内班次6期，包含常规班次3期、124人，专题班次3期、182人；其他班次16期、8509人；计划外班次15期，其中党性教育班次9个，统战教育班次2个，行政业务培训班次4个。共培训来自北京、湖北、西藏等省市学员3922人。

【科研咨政】 围绕全区经济社会发展中的重点、难点、热点问题，开展教研咨一体化工作。打造精品课程，抓好市委党校精品课赛课，《意识形态的风险与防范》获市委党校教学比赛片区赛二等奖。开展理论研究，在省部级以上刊物公开发表论文35篇，其中《利益规制：新时代基层腐败治理的制度逻辑》在《重庆大学学报（社会科学版）》（C刊）发表，另在核心期刊发表论文4篇。

结项市委党校重点课题“农村基层党组织政治建设动力生成及优化路径研究”1项，一般课题“社会治理创新中基层公共文化发展研究”等7项；申报2020年市委党校课题2项，立项3个校级课题。完成区文旅委课题“抓实商旅文体融合发展，打造高品质生活”。争取资政签批，获区领导肯定性签批36篇，部分资政意见对相关部门的工作开展起了一定的推动作用。

【宣讲宣传】 推进理论宣讲工作。《绿水青山就是金山银山》获得区级微宣讲比赛第一名，教师深入基层开展《学习贯彻习近平总书记视察重庆重要讲话精神》《“不忘初心、牢记使命”主题教育》《党的十九届四中全会精神》宣讲110余场，听众1万余人。

【从严治党】 用习近平新时代中国特色社会主义思想武装头脑，以开展“不忘初心、牢记使命”主题教育活动，持续抓好“两学一做”“三会一课”常态化制度化学习教育，全面加强党建工作。

召开会议及时传达上级党风廉政建设和反腐败工作部署21次，组织班子成员学习上级关于党风廉政建设和反腐败工作的重大决策17次，印发党风廉政建设和反腐败工作相关文件 12 份。

开展校委会议 29 次、校长办公会议 20 次，制定《区委党校党建工作任务表》，开展专项治理，围绕“形式主义、官僚主义”集中整治及“1+3+N”“四风”专项整治深入落实中央八项规定精神等工作，驰而不息纠正“四风”。

召开支委会 12 次，党员大会 13 次，党小组会 12 次，党总支书记、党支部书记讲党课各 2 次，其他校领导班子成员讲党课 1 次，支委成员讲党课 4 次，做到了频次达标、严肃认真、记录齐全。

【队伍建设】 严格落实区委加强干部作风建设和干部选拔任用工作的各项规定，以效能建设为突破口，加强干部队伍建设。抓制度，扎紧织密制度篱笆。落实“两校一院”工作条例、全国和全市党校工作会议精神，根据形势发展，建立健全各项制度，严格执行《党校内控制度手册》，增强制度管理的科学性、有效性。

【服务保障】 实施《区委党校 2017—2021 年建设发展规划》，对校务委员会第二次会议提出的坚持“特色 + 开放”实现高质量办校的目标，提档升级，启动实施总投资近 5000 万元的南岸区统战文化教育基地建设项目，计划 2020 年建成并投入使用；规划设计蓝图，推动运动场区域修建教学实践基地综合体项目落地。

【区委党校负责人】

校　　长：王茂春（兼）
副 校 长：聂　东（常务）
　　　　　严康杰
校委委员：耿　毅

（区委党校）

党 史 研 究

【概况】 南岸区委党史研究室（以下简称“区党史研究室”）是区委负责全区党史研究、主管党史业务的工作部门。内设综合科、编研科，编制 4 人，实有 4 人。

2019 年，区党史研究室深化党史研究，做好党史资料征集和党史宣传学习教育活动，开展中华人民共和国成立 70 周年纪念活动，完成各项工作任务。

【征集编研】 根据市委党史研究室《关于开展庆祝中国共产党成立 100 周年专项课题的通知》，启动“图说重庆党史”“口述重庆党史”两项课题的资料征集和编写工作。持续深化南岸大事记征集编写修改工作，修改完善 2014—2016 年大事记；继续征集编写 2017—2018 年大事记；征集 2019 年大事记资料。编写的《陈然烈士传略》专题被收入《重庆党史人物（第四辑）》。完善南岸党史资料管理工作，加强南岸党史文献资料的数字化工作。

【科研资政】 坚持“一突出，两跟进”，围绕区委中心工作，开展南岸品质城市建设、南岸全域旅游等专题研究。完成区委交办的有关文稿史实审读；帮助部门完成关于党史、党史相关解说词的审读；向全区提供党史咨询服务。加强意识形态工作，批驳历史虚无主义思潮，配合宣传等部门澄清史实，发挥党史部门在批判历史虚无主义思想中澄清史实的职能职责。

【宣传育人】 深入部门、社区开展宣讲党的十九届四中全会精神、习近平新时代中国特色社会主义思想等宣讲，深入基层开展党的辉煌历史宣传育人活动。协同有关部门组织开展“礼赞新中国，讴歌新时代”南岸区爱国主义教育基地精品巡展工作、“讲红色故事、讲革命精神”“重走刘邓大军解放重庆之路”等系列宣传教育活动。

【党史研究室负责人】

主　任：李　凤

（区党史研究室）

南岸区人大常委会

【概况】 2019 年，重庆市南岸区有两级人大组织，包括区人民代表大会及其常务委员会、7 个镇人民代表大会。区人大常委会在街道设立人大工委 8 个。全区有市人大代表 24 人、区人大代表 245 人、镇人大代表 363 人。截至年底，区十八届人大常委会有组成人员 31 人，其中主任 1 人，副主任 5 人，委员 25 人。区人民代表大会设有监察和法治委员会、城乡建设环境保护委员会、财政经济委员会、社会建设委员会等 4 个专门委员会，分别下设 3 个办公室为正处级工作机构；区人大常委会下设办公室、人事代表工作委员会、预算工作委员会、教科文卫工作委员会 4 个正处级工作机构和规范性文件备案审查办公室、信息中心 2 个副处级工作机构。

2019 年，全年召开区人民代表大会 2 次、常委会议 8 次、主任会议 18 次，听取和审议专项工作报告 28 个，开展专项工作评议 1 项、执法检查 3 项、专项视察 6 次、专题调研 28 次，形成调研报告 12 个，成功补选市、区人大代表 25 人。

【区十八届人民代表补选】 2018—2019年，何文中、孙竞、何洪田等20名代表先后提出辞职，代表资格终止。根据《中华人民共和国全国人民代表大会和地方各级人民代表大会选举法》《重庆市实施〈中华人民共和国全国人民代表大会和地方各级人民代表大会选举法〉细则》的有关规定和工作需要，经区委同意，决定补选区十八届人大代表。6月21日、12月10日分别进行补选，补选颜伟、陈松、李大槐等区十八届人大代表23人。

【市五届人民代表补选】 根据《关于同意推荐颜伟、王茂春为重庆市第五届人民代表大会代表候选人的批复》，12月18日，南岸区第十八届人民代表大会常务委员会第二十六次会议补选颜伟、王茂春为重庆市第五届人民代表大会代表。

【区十八届人民代表大会第三次会议】 1月8—11日，召开区十八届人大三次会议。会议表决通过了南岸区人民政府工作报告的决议；关于南岸区2018年国民经济和社会发展计划执行情况及2019年计划的决议；关于南岸区2018年财政预算执行情况和2019年财政预算的决议；关于南岸区人大常委会工作报告的决议；关于南岸区人民法院工作报告的决议；关于南岸区人民检察院工作报告的决议；关于推进建设中国智谷（重庆）科技园的决议。会议还审议和测评南岸区第十八届人民代表大会第二次会议议案决议执行情况及代表建议批评意见办理情况报告，结果均为满意；审议和测评南岸区2018年度重点民生实事办理情况报告，结果均为满意；票决确定2019年度重点民生实事10件。

【区十八届人民代表大会第四次会议】 7月18—19日，召开区十八届人民代表大会第四次会议。大会书面审议区人大常委会、区人民政府、区人民法院、区人民检察院半年工作情况报告；听取和审议区政府及其组成部门、区人民法院和区人民检察院负责人做的8个专项工作报告，并对各专项报告进行满意度测评，满意和基本满意率均达98%以上；大会决定设立区人大社会建设委员会并通过社会建设委员会组成人员名单，决定将区人大法治委员会更名为监察和法治委员会并通过监察和法治委员会组成人员名单，通过区十八届人大财经委员会主任委员名单；大会选举梁平为区十八届人大常委会副主任，补选区人大常委会委员3人。

【人大监督】 推动经济高质量发展。督办区十八届人大三次会议决议，听取审议区政府关于中国智谷（重庆）科技园建设情况的报告，对大数据智能产业发展情况进行满意度测评，推动智能产业、智能运营平台、智能制造创新等集聚区建设，促进大数据智能化与传统产业深度融合，推进创新驱动发展战略实施，助力产业结构转型升级；视察江南新城全市大健康集聚示范区建设，推动打造精准医疗、健康大数据、康养消费、体育赛事和医药研发生产流通等一体化产业集群，推进全区大健康产业发展。按照党的十九大提出的“产业兴旺、生态宜居、乡风文明、治理有效、生活富裕”总要求，开展农旅融合发展专题调研，形成调研报告，助推乡村振兴战略实施；贯彻习近平总书记在民营企业座谈会上的重要讲话精神，按照市人大统一安排，开展民营企业发展法治环境评议工作，听取区政府专项工作报告，走访企业135家，召开座谈会10次，发放调查问卷230份，收集意见建议52条移交区政府研究处理，促进优化营商环境，支持民营企业健康发展。

推进社会主义民主法治建设。听取审议区政府关于法治政府建设工作情况报告和“七五”普法开展情况的中期报告，组织开展第六个国家宪法日和第二个“宪法宣传周”活动，对青少年普法工作进行专题调研，推动落实《法治政府建设实施纲要》，促进法治政府建设和全民普法教育；协助市人大立法工作，参与《重庆市促进科技成果转化条例》修订和《重庆市公共场所控制吸烟条例》制订，配合开展《重庆市职业教育条例》《重庆市实施〈中华人民共和国文物保护法〉办法》等立法预备项目调研活动，形成报告，助力完善地方性法规；配合市人大检查《中华人民共和国中小企业促进法》等3部法律执行情况，确保法律法规正确有效实施。与市人大备案审查信息平台完成对接，实现区人大、区政府规范性文件备案审查网上报备并向社会公开；听取区法院、区检察院“基本解决执行难”和公益诉讼工作情况报告，支持司法机关切实维护人民群众合法权益和社会公共利益。

关注生态环境保护和城市品质提升。坚持“绿水青山就是金山银山”理念，听取审议区政府关于生态环境保护情况的报告，聚焦大南山生态环境综合治理，视察南山闭矿区生态修复、福寿路排污管网工程和黄桷垭老街改造等项目，与市人大上下联动开展《中华人民共和国水污染防治法》实施情况执法检查，视察南滨路沿线、迎龙湖、苦竹溪等河流湖库水体保护治理情况，推动重点区域生态治理和污染防控；听取审议区政府关于“三生三宜”品质城市建设工作情况的报告，视察长生桥老街棚户区改造项目和区公安分局交通管理指挥中心，听取智慧城市建设和江南立交改造等工作情况，推动品质城市建设出形象、城市综合管理上台阶；与市人大上下联动开展《重庆市物业管理条例（修订）》立法调研，积极推动提升城市管理水平。市人大常委会张轩主任来区视察时，对南岸区物业管理创新做法予以肯定，对区人大常委会提出的立法建议表示将认真研究吸纳；受市人大委托对南岸区“两江四岸”规划管理工作和全区农村人居环境整治进行调研，形成调研成果，提出工作建议，为“两江四岸”核心片区规划提升和农村环境改善提供参考。

推动保障和改善民生。贯彻习近平总书记在解决“两不愁三保障”突出问题座谈会上重要讲话精神，主任会议专题听取南岸区精准扶贫工作情况报告，督促区政府加大工作力度，确保全面小康路上一个也不能少；跟踪督办人代会决定的十件重点民生实事，听取审议办理情况专项工作报告，组织地区代表小组开展视察和满意度测评，督促区政府全面完成目标任务，兑现民生承诺；推动实施教育优先发展战略，视察义务教育均衡发展情况，专题调研中小学、幼儿园规划建设，建议区政府关注人口增长和教育资源紧张的矛盾，保障基础教育需求；视察疾病预防控制中心、南岸区中医院、重庆东南医院等医疗机构，审议区政府关于全民健身工作开展情况报告，促进基础公共卫生和全民健身服务体系建设；继续实施《重庆市城乡规划条例》实施情况专项监督五年规划，专题调研社区用房规划建设，督促区政府加强社区工作保障，提升服务群众能力。与市人大上下联动对南岸区实施《中华人民共和国就业促进法》情况开展执法检查，促进就业创业与经济社会协调发展。

加强财政预算和国有资产管理监督。建立健全预算联网监督工作制度，完成与财政部门信息联网对接，实现对财政预算支出全过程的实时监督。开展预算公开评审和专题调研，推动评审工作融入管理全过程；听取审议 2019 年上半年财政预算执行情况报告、2017 年预算执行情况和其他财政收支情况审计查处问题整改报告、2018 年财政预算执行情况和其他财政收支情况审计工作报告，支持审计部门加强预算执行过程监督，提升审计监督实效；按照区委《关于建立区人民政府向区人大常委会报告国有资产管理情况制度的实施意见》要求，制订区人大常委会听取国有资产管理情况报告五年规划。首次听取审议区政府关于国有资产管理情况的综合报告和企业国有资产管理情况的专项报告，推进国资国企治理体系和治理能力现代化。

【决定和任免】 听取审议上半年国民经济和社会发展计划执行情况报告，审议批准 2018 年财政决算和 2019 年财政预算调整方案，为经济社会发展提供财政保障。

坚持党管干部与人大依法任免有机统一，落实法律知识考试、供职承诺、颁发任命书和宪法宣誓等制度，依法及时开展干部任免工作，全年任命国家机关工作人员 168 人次，免职 35 人。

【代表工作】 出台《关于加强建设同人民群众保持密切联系的代表机关的实施意见》，完善密切联系人民群众常态化工作机制。以“不忘初心、牢记使命”主题教育为契机，开展为期两个月的集中走访密切联系代表群众活动，常委会全体组成人员和各委室负责人深入企业和村社，实地走访人大代表 78 人、群众 140 余人，收集整理意见建议 200 余条，将符合条件的建议转为正式代表建议移交区政府办理。区政府高度重视代表和群众的建议，逐条落实责任抓紧办理。推进“两联一述”工作，安排 4 名市人大代表、60 名区人大代表向选举单位和选民述职，保证人大代表对人民负责，受人民监督。

代表履职服务平台建设。开展人大代表“家站点”优化升级，建成“代表之家”16 个、“代表工作站”36 个、“民情联络点”110 个，实现代表履职服务平台全覆盖。拓展互联网新媒体渠道，建立完善代表与选民联系 QQ 群 25 个、微信群 70 个，3000 余名选民群众踊跃入群。完善“两个面对面，畅通民心桥”工作平台，推动政府部门与代表、群众面对面沟通交流。拓宽代表闭会期间履职平台，邀请代表自选议题列席人大常委会议和主任会议 84 人次，丰富人民通过代表管理国家事务的形式和渠道。

代表小组活动。各镇街人大聚焦全区工作重点，把代表联系人民群众与依法履职相结合，全年开展各类活动 73 次，走访选民 6300 余人次，收集群众意见建议 1000 余条，协调解决和解释选民反映的问题 700 余件。

代表建议督办。继续开展重点建议“两满意一跟踪”评价工作，实施人大常委会领导牵头督办机制，提高建议办理实效。区十八届人大三次会议和闭会期间，代表提出建议 258 件，已解决或基本解决 193 件，办成率 74.8%，满意率 95.3%。

在市五届人大二次会议和闭会期间，提出关于加快中国智谷（重庆）科技园发展、加快重庆东站配套交通综合枢纽建设、加快推进鹿角隧道和江南隧道规划建设等 46 项工作建议，参与广阳岛片区规划管理等 2 项立法工作，以及市政府民营企业发展法治环境工作评议等 7 项监督工作，助推两岸经济社会发展。

【区人大常委会负责人】

主　任：朱　维

副主任：陈廷明　夏江华　牟成勇

　　　　王　渝　梁　平

【区人大专委会和办事机构负责人】

办公室：

主　任：刘劲松

副主任：张　雪　郭　勇

监察和法治委员会：

主 任 委 员：黄春燕

办公室主任：陈晓宇

副主任委员：付　永

城乡建设环境保护委员会：

主 任 委 员：熊　伟

办公室主任：李京衡

副主任委员：何荣川　孙永红

财政经济委员会：

主 任 委 员：江　华

办公室主任：舒曼丽

副主任委员：罗　斌　李　瑾

社会建设委员会：

主 任 委 员：高克勤

副主任委员：贺学良

预算工作委员会：

主　任：罗　斌

副主任：张利萍

教育科学文化卫生工作委员会：

主　任：周　颖

副主任：李小华

人事代表工作委员会：

主　任：方　芳

规范性文件备案审查办公室：

主　任：陈晓宇（兼）

（区人大办）

南岸区人民政府

概　述

【概况】 南岸区地处长江、嘉陵江交汇处，位于东经106°3′14″～106°47′2″，北纬29°27′2″～29°37′2″，东西最大宽度24.495千米，南北最大长度16.969千米，面积262.43平方千米。西部、北部临长江，与九龙坡区、渝中区、江北区隔江相望，东部、南部与巴南区接壤。陆地占90.33%，河流占9.67%。区境展布于川东平行岭谷的重庆向斜和明月峡背斜之间，地势总体呈现东、西部高，中部低并由南向北倾斜。区内海拔在150～683米，南山春天岭海拔683米，为境内最高点，广阳镇玉泉村在长江枯期水面海拔150米，为境内最低点。

南岸区地理位置突出，区位优势明显，桥梁、隧道纵横，交通便捷，水运发达，是重庆市主城核心区。以“都市工业区、中央商务区、国际会展区、服务贸易示范区、风景旅游区”等为主的现代城市运行模式，有力地促进了南岸的全面发展，多年来经济建设和社会发展始终走在重庆前列。

南岸区依山傍水，环境优美，空气清馨，拥有“山城花冠”南山，怀抱“黄金水岸”长江、毗邻嘉陵江，山水园林特色显著，风景秀丽宜人。连续多年荣获全国文明城区、全国卫生城区。区行政中心位于茶园江南新城天文街道广福大道1号，距重庆市人民政府驻地直线距离11.5千米。

2019年，全区总户数30.76万户，人口76.03万人，比上年末增加2.35万人。总人口中，城镇人口70.89万人，比上年末增加2.35万人；农村人口5.14万人，与上年末基本保持一致。全区常住总人口92.8万人，比上年末增加1.8万人，其中城镇常住人口89.12万人，占总人口比重（常住人口城镇化率）96.03%，比上年末提高0.3个百分点。新出生人口11253人，出生率12.03‰；死亡人口4640人，死亡率4.96‰，人口自然增长率7.07‰。

【经济发展】 2019年，全区地区生产总值（GDP）770.6亿元，同比增长6.1%，在主城九区排名第三位，主城区都市圈排名第十五位。其中第一产业实现增加值3.86亿元，同比下降1.9%；第二产业实现增加值294.5亿元，同比增长9.4%；第三产业实现增加值472.22亿元，同比增长4.1%。按常住人口计算，全区人均GDP达到83850元。三次产业经济结构由2018年的0.5∶38.4∶61.1调整为0.5∶38.2∶61.3。从分产业看，第一产业没有拉动GDP增长，对GDP增长的贡献率为-0.2%；第二产业拉动GDP增长3.6个百分点，对GDP增长的贡献率突破新高，达到59.3%，其中建筑业对GDP增长的贡献率30.4%，工业对GDP增长的贡献率28.9%；第三产业拉动GDP增长2.5个百分点，对GDP增长的贡献率40.9%。

全区实现农林牧渔业总产值5.13亿元，同比增长1.7%。其中：农业产值4.43亿元，同比增长1.9%；林业产值0.13亿元，同比增长2.8%；牧业产值0.12亿元，同比下降3.1%；渔业产值0.31亿元，同比下降2.9%；农林牧渔服务业产值0.14亿元，同比增长7.1%。

2019 年全区主要农产品产量

产品名称	单位	2019 年	同比（%）
粮食作物	吨	2063.55	-0.6
蔬菜产量	吨	8083.00	5.8
生猪出栏头数	头	1593.00	-38.0
鲜奶产量	吨	74.00	-57.2
鲜鱼产量	吨	2197.00	-3.0
水果	吨	3924.00	-5.2

全区实现工业增加值 207.7 亿元，同比增长 6.0%，占全区 GDP 比重为 27.0%。全区完成工业投资 29.72 亿元，同比下降 2.3%，占全社会固定资产投资的 7.9%。全区 176 户规模以上工业企业实现总产值 792.8 亿元，同比增长 3.7%。全区七大支柱产业中有六个实现正增长，分别为：电子制造行业实现总产值 392.75 亿元，同比增长 1.7%，占比 49.5%；装备制造行业实现总产值 126.07 亿元，同比增长 8.5%，占比 15.9%；消费品行业实现总产值 111.74 亿元，同比增长 0.5%，占比 14.1%；化工医药行业实现总产值 51.88 亿元，同比增长 1.1%，占比 6.5%；材料行业实现总产值 43.61 亿元，同比增长 30.1%，占比 5.5%；能源工业实现总产值 33.90 亿元，同比增长 5.4%，占比 4.3%；有一个呈负增长，为汽车制造行业，实现总产值 32.84 亿元，同比下降 2.4%，占比 4.1%。

全区规模以上工业企业销售产值 765.69 亿元，同比增长 2.3%，其中出口交货值 28.38 亿元，同比下降 10.3%；主营业务收入 776.79 亿元，同比增长 2.2%，其中大型企业实现主营业务收入 497.07 亿元，同比增长 3.0%；利润总额 34.48 亿元，同比下降 4.8%。全区规模以上工业增加值增速为 6.3%。

2019 年，14 户大型企业实现总产值 499.67 亿元，同比增长 6.4%，高于全区总产值增速 2.7 个百分点，强力拉动全区工业经济增长 3.9 个百分点，实现工业总产值占全区的比重为 63.0%。31 户中型企业实现工业总产值 162.09 亿元，同比增长 1.5%，低于全区总产值增速 2.2 个百分点，拉动全区工业经济增长 0.3 个百分点，实现工业总产值占全区的比重为 20.5%。131 户小型企业实现工业总产值 131.03 亿元，同比下降 3.1%，低于全区总产值增速 9.5 个百分点，负拉动全区工业经济 0.5 个百分点，实现工业总产值占全区的比重为 16.5%。全区在产的 68 种工业产品中，有 46 种减产，减产面高达 67.6%。14 种重点工业产品中，有 8 种产品减产，分别为：移动通信手持机（手机）3066.9 万台，同比下降 36.5%；光电子器件 5328.5 万只，同比下降 26.9%；摩托车 64.2 万辆，同比下降 17.6%；饮料 46.8 万吨，同比下降 18.1%；服装 171.0 万件，同比下降 61.2%；纸制品 33379.0 吨，同比下降 0.9%；金属切削机床 1034 台，同比下降 24.0%；改装汽车 3434 辆，同比下降 4.7%。

2019 年全区工业重点产品产量

产品名称及计量单位	2019 年产量	同比（%）
移动通信手持机（万台）	3066.9	-36.5
光电子器件（万只）	5328.5	-26.9
卷烟（亿支）	184.0	3.8
摩托车（万辆）	64.2	-17.6
工商用制冷、空调设备（台）	15493	22.9
房间空气调节器（万台）	563.5	46.3
饮料（万吨）	46.8	-18.1
服装（万件）	171.0	-61.2
纸制品（吨）	33379.0	-0.9
塑料制品（吨）	39735.1	18.2
商品混凝土（万立方米）	785.1	18.8

续表

产品名称及计量单位	2019 年产量	同比（%）
金属门窗及类似制品（吨）	454	4.1
金属切削机床（台）	1034	-24.0
改装汽车（辆）	3434	-4.7

全区规模以上工业企业（不含水、电、气、烟草南岸分公司）万元产值能耗0.0218吨标准煤，比上年下降2.1%。

全区建筑业增加值为86.8亿元，同比增长19.9%，占全区GDP比重为11.2%。注册地建筑业实现总产值265.03亿元，同比增长16.9%，其中建筑工程产值212.37亿元，同比增长16.4%。房屋建筑施工面积1731.32万平方米，同比增长20.5%；房屋建筑竣工面积449.34万平方米，同比增长53.3%；竣工房屋价值80.39亿元，同比增长83.8%。

全区固定资产投资375.97亿元，同比增长6.4%。其中：工业投资29.72亿元，同比下降2.3%；基础设施建设投资49.42亿元，同比增长91.7%；房地产开发投资286.35亿元，同比下降3.0%。从固定资产投资的构成看，建筑安装工程投资221.55亿元，同比增长21.9%，占全社会固定资产投资的58.9%；设备工器具购置17.57亿元，同比增长48.3%，占全社会固定资产投资的4.7%；其他费用136.84亿元，同比下降14.4%，占全社会固定资产投资的36.4%。从三次产业来看，第二产业完成投资29.72亿元，同比下降2.3%，占全社会固定资产投资的7.9%；第三产业完成投资346.25亿元，同比增长7.2%，占全社会固定资产投资的92.1%。

全区商品房销售面积达到274.3万平方米，同比下降25.1%，其中住宅达到214.9万平方米，同比下降31.2%，办公楼达到12.5万平方米，同比增长171.2%，商业营业用房15.8万平方米，同比下降29.1%；施工面积1348.7万平方米，同比下降13.5%，其中住宅达到850.5万平方米，同比下降19.2%，办公楼达到32.7万平方米，同比下降9.4%，商业营业用房178.2万平方米，同比增长0.9%；竣工面积278.4万平方米，同比下降35.3%，其中住宅达到194.2万平方米，同比下降37.7%，办公楼达到4.6万平方米，同比下降51.6%，商业营业用房18.0万平方米，同比下降39.1%；商品房销售额331.01亿元，同比下降16.9%，其中住宅达到288.25亿元，同比下降18.5%，办公楼达到14.75亿元，同比增长213.3%，商业营业用房19.73亿元，同比下降33.6%。

全区实现社会消费品零售总额472.11亿元，同比增长6.6%。从社会消费品零售构成行业来看，批发业完成70.78亿元，同比增长9.1%；零售业完成330.51亿元，同比增长6.5%；住宿业完成14.16亿元，同比增长5.1%，餐饮业完成56.66亿元，同比增长4.4%。全区批发零售业额1858.45亿元，同比增长10.0%，其中限额以上法人批发零售业额911.64亿元，同比增长4.2%；住宿餐饮营业额129.55亿元，同比增长10.9%，其中限额以上法人住宿餐饮业额8.42亿元，同比下降12.8%。

全区外贸进出口16.33亿美元，同比增长5.4%。其中出口4.3亿美元，同比下降32.08%，进口12.03亿美元，同比增长31.28%。实际利用外资8.88亿美元，同比增0.23%。

全区公路总里程545千米，其中国道20千米，省道41千米，县道89千米，乡道51千米，村道344千米。

全区城镇居民平均每百户拥有固定电话21部，移动电话258部。

全区共有旅行社45家，其中国际旅行社4家、国内旅行社41家、门市部280家。星级酒店6家，其中：五星级酒店2家，四星级酒店2家，三星级酒店2家。对外开放的国家等级景区9家。2019全年接待游客5386.97万人次，同比增长10.17%，实现旅游收入224.57亿元，同比增长33.55%。其中接待海外游客32.76万人，同比增长2.22%。

全区实现地方财政收入62.93亿元，同比下降12.1%，其中：一般公共财政收入达到57.38亿元，同比下降9.7%；税收收入达到47.82亿元，同比下降13.8%。一般公共财政支出98.26亿元，同比增长2.2%。

2019年，全区金融业增加值69.64亿元，同比增长16.6%，占全区GDP比重为9.0%。金融机构人民币存贷款余额为2965亿元，同比增长20.5%；金融机构人民币存款余额为1480亿元，同比增长13.5%；金融机构人民币贷款余额为1485亿元，同比增长28.5%。

【社会发展】 全区有中小学校（幼儿园）234所，其中：公办中小学校（幼儿园）77所，包括幼儿园12所、小学41所、九年一贯制学校5所、初级中学11所、高完中5所、中职学校1所、特殊教育学校1所、教师进修学院1所。全区中小学（幼儿园）共有学生144180人（其中：公办学校学生97590人），教职工11171人（其中：公办学校教职工5835人）。科技事业成效显著。全社会研发经费支出达到21.45亿元，占GDP比重达3.0%；科技创新水平指数88.2%，位列全市第二；科技促进经济发展指数达99.4%，位列全市第四。全年入库科技型企业153户、同比增长22.6%，达到734户，位列全市第五；新认定高新技术企业44户、同比增长22.8%，达到178户，位列全市第四；新增市级及以上重点实验室、工程技术（研究）中心、企业技术中心等科技研发平台12个、达到184个（国家级17个）。全年支持57家企业获得区级知识价值信用贷款9037万元、4家企业获得区级创业种子投资基金免息贷款18万元。完成第三、四批产业协同创新项目结题，实现产值2.9亿元，申报专利30件、软件著作权31件。组织和举办全国科技活动周、全国双创活动周、科技下乡服务等活动，参与人数超1000人次。大力组织区内企业参加西洽会、智博会等，实现技术合同交易2.62亿元。

文化建设。全区共建成社区图书馆100个，全部实现图书借还“一卡通”。全年区图书馆、区文化馆年接待群众突破50万人次，举办“南岸起风景、建设共同家园”文艺展演、“重庆市广场舞南岸区展演暨‘幸福南岸’第十三届广场舞大赛”等大型文化活动70余场，惠民展演455场次，“文化迎春、艺术为民”服务基层中国交响乐团文化志愿者服务团队走进南岸主题实践活动3场。区图书馆组织联合社区分馆、农家书屋开展各类讲座、展览、培训、“梦想沙龙”系列活动、街镇读书演讲比赛等阅读推广活动109场次，受众人数10万人次。公共文化物联网进行481次配送。

卫生事业。全区城乡居民家庭医生签约服务覆盖15.83万户，28.04万人，签约率达到31.5%。基本公共卫生项目服务经费补助按照人均55元的筹资标准实施，给予区级配套补助。推进公立医院改革，先后将区人民医院、区中医院、市五院纳入改革范围，实现辖区内二级以上公立医院改革全覆盖。新设医疗机构84家，全部为门诊部及诊所。向群众发放宣传资料3.5万份，宣传品6000多份，接受群众咨询5000多次。全年全区共办理生育服务证登记7413件，其中办理二孩登记3112件，办理再生育审批217例。

体育事业。全区人均体育占地面积2.24平方米，所有社区、行政村建立了体育组织，体育队伍600余支，体育单项协会26个，全区体育锻炼人口55.0%。江南体育中心“八场”（篮球场、足球场、排球场、网球场、羽毛球场、门球场、田径场、高尔夫练习场）已全面完工投入使用，青少年活动中心已建成投入使用。成功举办2019年长安汽车重庆国际马拉松赛、2019重庆女子国际半程马拉松赛、2019中国男子职业高尔夫球巡回赛、2019年“体彩杯”南岸区机关职工运动会等体育赛事活动。2019年体育彩票销量2.5亿元，销量占重庆体彩市场的份额约为5.0%。

城乡居民收入。全区居民人均可支配收入41105元，同比增长8.5%，其中城镇常住居民人均可支配收入41915元，同比增长8.3%，农村常住居民人均可支配收入23059元，同比增长9.6%。城乡居民收入比为1.82∶1。

社会保障。全区城镇新增就业39840人，完成率128.5%；城镇登记失业人员就业8201人，完成率132.3%；就业困难人员就业3117人，完成率141.7%。辖区应届高校毕业生就业率92.0%。发放创业担保贷款4218万元。开展职业培训15900人次。保障市区重点产业企业用工10441人。城镇职工养老保险、城乡居民养老保险、失业保险、工伤保险参保人数分别为48.94万人、2.8万人、31.96万人、33.69万人，征收社会保险费31.71亿元，统筹城乡养老保险参保率保持在95%以上。落实社会保险领域减负政策，为辖区企业减负11.9亿元。

“宜居南岸”建设。全年完成照明暗盲区路灯安装509盏。新建公厕5座，改造公厕2座。车行道沥青路面大修2.7万平方米，完成丹龙路、明佳路、二塘路、弹新街、涂山镇烟厂支路人行道整治约1.1万平方米。新增配建室内外停车位20000个，建成智能停车位286个。累计整治卫生死角72957余处，清除暴露垃圾41393.94余吨。累计完成车行道维修整治1.7万余平方米、人行道维修整治8000余平方米。累计消除违法建筑0.42万平方米，整治存量623件，面积45.89万平方米。共栽植地被12万平方米，灌木151.4万株。完成乔木修剪6700余株，绿地栏杆修补4500余米。修补市街花台147处，修补树圈538余个。

环境质量。开展“蓝天、碧水、宁静、绿地、田园”环保五大行动，全区环境保护进一步加强。全区空气质量优良天数为310天，占总天数的84.9%，同比持平。二氧化硫（SO_2）年平均浓度为8微克/立方米，二氧化氮（NO_2）年平均浓度为37微克/立方米，可吸入颗粒物（PM_{10}）年平均浓度为59微克/立方米，细颗粒物（$PM_{2.5}$）年平均浓度为37微克/立方米。与去年相比，二氧化硫（SO_2）浓度下降11.1%，二氧化氮（NO_2）浓度持平，可吸入颗粒物（PM_{10}）浓度下降3.3%，细颗粒物（$PM_{2.5}$）浓度下降2.6%。城市集中式饮用水源地水质达标率为100%，区域环境噪声年均值为52.8分贝，交通噪声年均值为66.0分贝。

【区政府负责人】

区　长：陈一清

副区长：黄　红　陈　炯　莫裕全　张树金
吕　轶　刘永华　贾　宇

（区政府办）

政务服务

【概况】 重庆市南岸区政务服务管理办公室原名“重庆市南岸区行政审批服务大厅管理办公室”于2002年12月经区编委会批准成立，机构规格正处级，主要负责区行政服务中心的管理和服务工作，行政编制4名，领导职数一正一副。2012年按照《关于加强和规范区县行政服务中心建设的意见》要求，南岸编办批准，正式更名为“重庆市南岸区行政服务中心管理办公室”。2014年12月，根据《关于政府职能转变和机构改革的实施意见》要求，设为区政府派出机构。2015年3月5日《关于印发重庆市南岸区行政服务中心管理办公室主要职责内设机构和人员编制规定的通知》，新增内设机构1个：综合科。机关行政编制由3名调整为5名。2019年1月，中共重庆市南岸区委重庆市南岸区人民政府《重庆市南岸区机构改革方案》，不再保留区政府派出机构区行政服务中心管理办公室，组建南岸区政务服务管理办公室（以下简称“区政务办”），将区行政服务中心管理办公室的职责，以及相关部门的行政审批制度改革等政府职能、电子政务建设职责等整合划归区政务办。下属事业单位3个：重庆市南岸区公共资源交易中心、重庆市南岸区电子政务中心和重庆市南岸区行政服务中心。

2019年，区政务办党组聚焦企业和群众反映突出的办事难、办事慢，多头跑、来回跑等问题，推进“放管服”改革，不断提升政务服务效能。是年，南岸区获全市政务服务效能评估第四名，与2018年相比上升1位，与2017年相比上升3位。区公共资源交易中心被重庆市招标投标协会评为先进集体，在第四届全国公共资源交易改革峰会上荣获科技创新奖。

【政务服务】 紧盯目标出实招，提升政务服务效能。梳理各类指标，提升政务服务成效度。减少办事环节、整合办事材料、缩短办事时间、优化办事流程。细化事项管理，提升在线办理成熟度。实现全区70%以上依申请类政务服务事项网上申办。融合线上线下，提升服务方式完备度。推进政务服务窗口端、PC端、移动端、自助端“四端同步”服务。延伸广度深度，提升服务事项覆盖度。南岸区、重庆经开区41个政务服务部门纳入一体化在线政务服务平台进行集中管理，进驻率达100%。完善信息材料，提升办事指南准确度。

升级平台优环境，提升政务服务效率。抓规范化建设，实现查询无盲区、叫号实名制、评价有反馈、监控全覆盖、设备智能化、管理精细化、服务便民化。抓标准化建设，初步形成“让标准促进服务、用服务提升标准”的良好局面。抓集约化建设，全区三级服务中心“一窗综办”率82%。

智慧政务拓渠道，提升政务服务水平。搭建一体化在线平台。完成6372项事项网上办理流程、表单配置工作。推动政务服务向“最后一公里”延伸，实现镇（街道）公共服务中心、村（社区）便民服务中心电子政务外网全覆盖，100余项政务服务事项在镇（街道）可办理。建成投用区级自助服务大厅。实现7×24小时服务不打烊。升级政务服务热线。实现群众诉求“零等待”，100%接入，365×24小时语音服务。建设“网购式”便民服务体系。推广使用“渝快办”“服务南岸”“南岸市场监管”微信公众号、“掌新南岸”App等多渠道便民服务，让企业、群众办事更便利。

创新方式增便利，提升政务服务温度。创新开展便民举措。推行“5+X”工作模式，开通绿色通道，设立群团服务窗口，全面采用预约、上门、导办、帮办、代办、快递服务、免费复印等服务举措，高效便捷服务群众。全面推行审批服务“马上办、网上办、就近办、一次办、全渝通办”。南岸区75项业务实现“全渝通办”，镇（街道）“就近办”146项，840项实现“最多跑一次”，263个事项实现“一次不跑”。在全市率先实现非必须招标工程建设类项目随机抽取“零跑路”，网上行政审批办件量位居全市第二位。

【“放管服”改革】 推进“最多跑一次”改革，梳理“最多跑一次”“零跑腿”事项。南岸区840项实现“最多跑一次”，263个事项实现“零跑腿”。在全市率先实现非必须招标工程建设类项目随机抽取“零跑路”。拓宽线上线下服务渠道，线上升级政务服务热线，提供“不见面办”，创新尝试“直播办”，推行“远程办”。线下推行“特事特办”，开通“企业复工绿色通道”，倡导“集团整办”，坚持“预约导办”，鼓励“邮政寄办”。

落实“好差评”制度。制订政务服务事项管理、办事流程、服务效率、服务水平、服务态度、服务便民度等相关评价指标，构建覆盖线上线下政务服务工作的全方位、多角度评价指标体系。在网上办事大厅、“渝快办”移动端设置“好差评”评价功能，在政务服务窗口设置“好差评”二维码，方便办事企业和群众评价。定期公开评价情况、差评处理结果，广泛接受社会监督。

推进“互联网+监管”工作。完成国家“互联网+监管”系统和市级系统的部门监管工作相关人员注册任务。完成监管存量数据上报，包含2018年和2019年行政检查行为信息、行政处罚行为信息、行政强制行为信息和其他行为信息四大类数据。“互联网＋监管”事项实施清单编制进度完成 100%，居全市第一名。

【营商环境优化】 提升企业开办便利度。设立开办企业综合服务区，全面实现“一次提交”，线上“一网通办”，线下“一窗通办”，全流程“一日办结”。2019年，区市场监管局办件量28.52万件，位居全市第四。

提升办理建筑许可便利度。设立工程建设项目审批服务专区。深化“一张蓝图”，提升“一个窗口”，优化“一张表单”，完善“一套机制”。同时，按照市区《优化营商环境工作方案》总体要求，全面贯彻“1+12”政策体系，增设小型建设项目综合窗口，实行首问责任制和一次性告知制度。目前，将一般社会投资项目从立项到竣工验收的审批时间控制在 50 个工作日以内，小型社会投资项目控制在 35 个工作日以内，带方案出让土地的项目控制在 20 个工作日以内，一般工业项目从取得土地到开工控制在 15 个工作日以内。

提升不动产登记便利度。全面推行存量房屋登记交易税收“一窗办理，即办即取”工作，实现了不动产登记信息查询全市联网查询，开展不动产抵押登记服务向金融机构延伸。目前，南岸不动产登记中心已实现网上及时审理不动产抵押登记业务，财产登记即办即取。线下（现场）办理的土地房屋抵押权初始、变更、转移登记时间由 3 个工作日缩短到 24 小时办结。2019 年不动产登记办件量为 48.68 万件，位居全市第三。

提升纳税服务便利度。充分利用自助办税区自助设备，引导纳税人通过电子税务局办理税务登记信息确认、纳税申报、社保缴费、发票办理等日常业务，减少纳税人资料准备负担。优化办税流程、提升纳税服务效率。将备案、退抵税、注销登记等业务通过前台受理后台审核的方式，缩短纳税人的办理和等候时间。组建专业导税团队开展贴心辅导。开展免费邮政寄送服务，纳税人在网上提交发票业务办理申请时，选择邮寄方式领取，即可足不出户免费领取发票。2019 年税务办件量为 2.28 万件，位居全市第三。

【区政务办负责人】
主　任：徐　涛（党组书记）
副主任：李永飞　陈　健　刘　颖

（区政务办）

机关事务管理

【概况】 重庆市南岸区机关事务管理局（以下简称“区机关事务局”）为区政府工作部门，内设办公室、资产管理科、节能安保科；下属事业单位区机关后勤服务中心。2019 年，实有 30 人，其中机关行政在编人员 14 人、机关工勤在编人员 4 人、全额事业在编人员 12 人。

2019 年 5 月，区机关事务局被评为“重庆市无烟机关示范单位”。8 月，被市委市政府评为“重庆市文明单位”。

【办公用房管理】 根据《重庆市党政机关办公用房管理实施办法》，拟定《南岸区党政机关办公用房管理实施细则》。结合全区机构改革方案和各单位人员编制情况，拟定行政机关及事业单位办公用房面积核定方案，并对 32 家单位办公用房进行了调整。完成全区党政机关办公用房信息系统培训，对全区党政机关和参公事业单位上报数据进行审核和完善，并上报国管局，上报率 100%。联合区发改委、区财政局对全区党政机关办公用房开展巡检工作，建立了全区党政机关办公用房巡检制度和公示制度，持续巩固党政机关办公用房清理整改工作成效。推进区法院、区检察院房地资产上划市级管理工作。加强办公用房和直管公房的维修管理。完成行政中心 A 区漏水整改 41 起， 完成全区 34 套厅级领导办公用房整改工作。落实“直管公房三事分流”模式，加强与街道、辖区、社区联系，接到业主报修项目 10 余个，组织现场查看，与业主协商解决问题。做好挂职干部用房的服务工作。

【车辆管理】 落实《重庆市党政机关公务用车管理实施办法》相关要求，出台具体实施意见，规范公务用车配置、更新、调配、处置等工作，核查各单位自行封存但不属于党政机关车改范围车辆 80 余台（主要为事业单位及国企车辆），完成经开区、广阳镇等 10 个单位 36 台公务用车处置，4 台公务用车更新等工作。

做好公务用车信息化平台建设工作，完成全区党政机关公务用车车载智能终端（OBD）安装 462 台，实现党政机关公务用车智能化管理全覆盖，完成全年 400 台安装任务，超额完成 15.5%，召开全区公车管理平台使用现场培训会，加强公务用车保障服务平台运行管理。

做好公务用车“1+3+N”专项整治工作，以公务加油卡为重点，对相关单位 2018 年以来存在问题进行专项整治，在 7、8 月对 24 家单位进行了专项检查。对中标的 12 家公务用车定点维修厂家进行逐一走访和调查，并督促各厂家按照维修合同做好维修工作。

做好全区事业单位公务用车制度改革相关工作。落实公务用车使用登记和公示制度、节假日封存制度，做好平台驾驶人员安全教育。做好公务用车服务保障平台相关工作，完成 50 余台次专项保障任务、重要活动、会议及接待任务，平台全年完成出车任务700余台次。

【公共机构节能】 完成2019年度区级公共机构节能考核评价的制定工作，全年公共机构总耗能22535.20吨标煤，总耗水量274.35万吨，人均能耗下降2.7%、单位建筑面积能耗下降2.4%、人均水耗下降3.8%，完成2019年公共机构能耗消耗总量和强度“双控”目标，开展全区2019年公共机构节约能源资源工作推进会，将2019年度节能考核任务分解至各单位，加强对各部门日常工作的对接和指导。

加大节能宣传培训，组织公共机构节能工作人员参加国管局和清华大学联合组织的第六期公共机构节能远程培训。开展以“绿色发展，节能先行”为主题的2019年度节能宣传周集中宣传活动，区政府主要领导和分管领导亲临活动现场，代表政府和个人签名，承诺积极推动和参与公共机构节能工作。向200余家公共机构发放了节能宣传画报400余份，生活垃圾分类宣传手册1000余册。

落实食堂油烟污染治理，对部分公共机构食堂油烟排放情况进行实地查勘，并联合区环保局召开推进会，对工作进行了讲解和部署，全年完成30家公共机构食堂油烟污染治理。

落实全区公共机构垃圾分类工作，监督各公共机构如实记录生活垃圾回收、分类、处置情况，做到垃圾分类规范化管理，提高垃圾回收率，年底组织开展对全区各公共机构生活垃圾强制分类考核评价。

8月、11月、12月分别召开节水型单位创建工作推进会，对创建单位进行打分，牵头完成区经信委、区科技局、区民政局、区司法局等34个区级机关和十一中、市五院、区公安分局交巡警支队等37个区级公共机构节水型单位的创建工作，超额完成25%的区级机关和10%的区级公共机构节水型单位的创建任务。

是年，在全市2019年度公共机构节约能源资源考核中获优秀。

【政务接待】 严字当头，规范接待服务管理。落实八项规定精神，严格执行《党政机关国内公务接待管理规定》，务实节俭做好公务接待服务工作；立足实际，提升接待服务能力。提高机关食堂的软件和硬件水平，加强对食堂接待服务的管理，提升接待服务人员个人礼仪和技能，为区级机关提供更加优质的接待用餐服务；讲求精细，做好优质服务。坚持以精细化服务标准做好来宾食、宿、行等各方面工作。全年食堂接待服务任务390余批次，累计接待服务宾客4648余人次，外出接待服务任务70余批次，部级以上接待服务任务50余批次，副国级接待服务任务3批次。同比任务量增加91%，部级接待服务任务同比增加约260%。参与智博会、开发区对话500强、区“两会”、2019年重庆国际马拉松比赛、中国云计算和物联网大会、中德职业教育与产业发展高峰会议、市委巡视组和环保督察组进驻南岸区等后勤保障工作。

【安全保卫】 坚持“安全第一、预防为主”理念，抓好行政中心A、B区的消防安全保卫工作。加大巡逻防范力度，抓好日常安全检查和常态督察工作，督促正联公司做好消防安全保卫。开展“安全生产月”活动，做好节假日值班期间、重要会议和重大活动期间的消防安全保卫工作。严格执行行政中心车辆管理办法，抓好行政中心日常车辆的停放管理工作。完成了行政中心A区车牌识别系统的录入管理工作。

【物业管理】 督促正联公司做好区级机关物业管理服务。完成区行政中心A区新一轮物业服务合同的延续签订工作，修改完善物业服务质量量化考评指标，由每季度一次日常考评调整为每月一次。加强对行政中心所涉及物业服务事项的日常管理，加大服务质量的跟踪和检查的力度，提高物业服务质量，在日常考评中重点是对服务管理的各项记录、服务过程资料、登记等过程软件资料的检查。通过“走出去”学习，加强监督管理，促使物业管理服务水平不断改善提高。

【食堂管理】 加强行政中心A区食堂管理，提高服务团队烹饪水平，强化日常运行成本核算，严把食材采购关口，干部职工满意率96%；完成行政中心A区食堂食材供应商入围单位公开招标的相关工作。公开招标确定了3家专业食材供应商，并做好新旧供应商调整衔接工作，提高蔬菜类的供应质量；加强对行政中心B区食堂监督管理，解决机关食堂在运行过程中存在的问题和困难，重点是对食品和厨房运行安全的督促检查，有效保障设备、设施的添置、更新、维修的及时性；出台《南岸区机关食堂管理指导意见（试行）》，对行政中心A、B区外机关单位自办食堂加强管理。

【区机关事务局负责人】

局　长：王　俊

（区机关事务局）

信　访

【概况】 2019年，南岸区信访办（以下简称“区信访办”）以做好新中国成立70周年安保维稳工作为主线，做好全区信访稳定各项工作。启动战时机制，完成新中国成立70周年安保维稳任务，实现进京“零上访”，获全市通报表彰；“四项攻坚”行动取得较好成绩，2019年市交办重点人员化解10人，化解绝对人数全市排名第一，化解率主城区排名第二。市交办重点群体化解2件，主城区排名第三；市交办重点问题化解11件，主城区排名第三；“违法上访、非法维权”专项治理成效明显，进京“非访”人次从2016年的59人次降至2019年的7人次，下降88.14%。化解了谷某萍、张某秀、唐某龙、李某淑、邓某蓉等上访十余年的老户。全年进京走访107批次、148人次，同比批次上升84.48%、人次上升150.85%。到市走访992批次、1877人次，同比批次上升17.12%、人次下降9.85%。到区走访721批次、2726人次，同比批次下降10.32%、人次下降17.42%。

【重大风险防范】 抓好“四项攻坚”专项行动，力推交办督办案件化解。国家信访局交办案件7件，办结7件，办结率100%。市交办重点群体7件，化解2件，化解率28.6%。市交办重点问题12件，化解11件，化解率91.7%。市交办重点人员24人，化解10人，化解转化率41.7%。“4+4”重点领域突出信访问题专项整治，排查突出疑难信访问题56件，化解54件，化解率96.4%。

狠抓“进京非访”专项治理，进京上访、非访人员逐步减少。连续3年开展“违法上访、非法维权”专项治理，进京“非访”人次从2016年的59人次降至2019年的7人次，人次下降84.75%，进京“非访”人次逐年减少，信访秩序得到有效规范。

狠抓市级交办重大群体案件，服务民生项目落地。有序处置迎龙朝天门商贸城涉稳问题，成功完成铜元局110kV变电站项目，平稳推进纱线交易中心、爱达财富非法集资案，化解辅仁小区安置房建设、轨道十号线南滨国际邻避信访问题等重大市级交办群体性案件。

【源头防范化解】 持续开展干部接访下访。全区各级领导干部接访下访群众2030次，接待群众3172人，受理案件2339件，办结2339件，办结率100%。33名区领导参与公开接访111次，其中同时参加视频调度48次，交办案件63件，已办结58件。

做好矛盾纠纷排查调处。全年排查梳理矛盾纠纷27件，化解26件，化解率96.3%。

开展社会稳定风险评估。全年开展稳评区级项目24项，暂缓实施4项，未出现因评估不到位而发生重大群体事件。

推进“减存控增”专项行动。全年初访419件，限时化解322件，未化解52件。初访转化增量60件中，化解45件，化解率75.0%。区交办存量信访案件193件，其中化解类信访案件80件，化解60件，化解率75%；疏导稳控类信访案件113件，有效稳控102件（人），稳定率90.3%。

【重要时段维稳】 围绕新中国成立70周年主线，及时启动“战时机制”，对86个重点群体和102个重点人员实施有效管控，第一时间有效处置各类预警性情报信息60余条，在战时机制期间实现进京“零上访”，全面完成了新中国成立70周年和十九届四中全会期间“七个坚决防止”和“八个零”目标，南岸区在主城区中位列第二梯队，荣获全市通报表彰。

参与完成全国“两会”“一带一路”国际合作高峰论坛、智博会、中央生态环境保护督察组来渝和全球旅行商大会等13件重大活动服务保障任务，做到“不给北京添乱、不给重庆抹黑、不给南岸丢脸”。

【信访工作机制】 坚持发挥联席会议机制重要作用。健全完善《南岸区信访工作（群众工作）联席会议议事规则》，聚焦全区信访工作难点、痛点、堵点，充分发挥联席会议统筹协调、整体推进和督促落实的“靶向治疗”功效。

坚持完善联动处置机制。制订《南岸区信访稳定突发事项应急联动处置办法》，规范到市集访、非访和群体性事件处置流程和依据；建立重大信访问题专报机制；建立到区集访早发现早处置机制，区信访办会同区机关事务局，每个工作日提前半小时巡查区行政中心广场周边群众上访情况，做到早发现、早调度、早处置。

坚持日、周、月分析研判机制。坚持交办督办工作机制。

【队伍建设】 选派2名优秀干部到北京信访工作组挂职锻炼。全年举办综合培训1期，参加专项业务培训7期，邀请有关领导、专家、业务能手等讲学授课，培训干部1000余人次。

【区信访办负责人】

主　任：夏鸣镝

副主任：许明均　刘　丽　郭尚伦　唐　均　薛　晖

（区信访办）

应急管理

【概况】 重庆市南岸区应急管理局（以下简称“区应急管理局”）成立于2019年3月，是区政府工作部门，为正处级。其主要职责为负责应急管理工作，指导各级各部门各单位应对安全生产类、自然灾害类等突发事件和综合防灾减灾救灾工作；负责安全生产综合监督管理和工矿商贸行业安全生产监督管理工作。南岸区应急管理局内设办公室、安全生产综合协调科（安全生产巡查办）、应急管理科、应急保障科、危险化学品监督管理科（行政审批科）、政策法规科，下设参公事业单位南岸区安全生产监察执法大队、事业单位南岸区减灾中心。

2019年，全区连续3年未发生较大及以上生产安全事故，安全生产工作连续13年获得全市优秀。

【安全生产责任制】 2019年，区委、区政府主要领导带头落实《重庆市党政领导干部安全生产责任制实施细则》，坚持定期研究，坚持深入基层，坚持一线推动，区委、区政府领导班子召开安全工作会议116次，带队开展安全检查132次，精心组织解决非法经营成品油、小区电缆井火灾隐患、重点路段交通隐患等10余项重大问题。

区级各部门、各镇、街和经济板块继续坚持“三个必须”原则，按照《安全生产职责清单》和机构改革后的“三定方案”，认真履行安全生产与自然灾害防治工作行业监管、属地监管责任，全区区管干部坚持每月研究部署，每月开展检查，严格落实“党政同责、一岗双责、齐抓共管”要求。

调整了区安委会，成立了区减灾委，设立9个专项安全办公室和4个专业应急指挥部，加强党委政府对安全生产与自然灾害防治工作的统筹协调。全年召开全区工作会议8次，做到安全生产与自然灾害防治工作同部署、同推进。

【风险研判】 全区各部门、各镇街、各行业领域坚持每季度定期开展安全风险研判，建立完善风险台账，落实管控措施，并以重庆市风险信息管理系统平台为依托，登记各类事故风险1620条，形成“红橙黄蓝”风险分级数据库和电子分布图。依托重庆市突发事件预警信息发布平台，及时发布极端高温、强降雨、雷电、大雾、阵性大风等各类气象预警信息531次，避免恶劣天气对群众生产生活造成损失。按照“边组建、边战斗”思路，加快应急力量体系建设，应急管理部门与行业部门和消防救援队伍主动协调、高效联动。全年妥善处置地质灾害突发事件3起，未造成人员伤亡和严重社会影响。

【执法检查】 以安全生产大排查大整治大执法为主线，各行业领域主管部门按照年初制定的监督检查计划，依法开展执法检查，并将企业主要负责人履职、全员安全生产责任制、风险研判管控和“日周月”隐患排查等内容列为执法检查重点，从严压实企业主体责任。全年开展监督检查10544家次，督促整改隐患14923条。

各行业领域主管部门严格按照检查诊断、行政处罚、整改复查“三部曲”，坚持每月行政执法“清零”，全年实施行政处罚4216次，其中责令停产停业167家，关闭取缔1家，行政拘留2人，罚款905万元，形成强大执法声势。

采用“四不两直”的形式，先后组成11个督察组，对全区各部门、镇街、经济板块共41家单位和33个重点企业（项目）安全生产工作进行专项督导，督促整改问题215条。

以事故调查为抓手，严肃处罚问责，全年启动事故调查28起，事故罚款299万余元，建议移送司法机关追究刑事责任12人，倒逼监管责任、主体责任同落实。

【宣传教育】 利用安全宣传咨询日、安全文艺创作比赛等开展系列安全生产月活动，开展安全宣传教育“七进”“安康杯”竞赛、青年安全示范岗、平安校园创建、安全生产法宣传周等具有行业领域特色的群众性安全生产共建共享活动，持续开展“安全生产渝州行”活动，增强社会公众的应急意识和提高全民安全素质。

开展国际减灾日宣传工作，向5000余人次普及地震灾害的基本知识以及防范应对基本技能，强化社会公众防灾减灾意识。向全区发放居民居家安全手册、家庭及森林防火宣传资料58000余份，张贴夏季及高温期间林区及周边禁火的通告2000余份，悬挂条幅500余条，确保重点部位、村居（社区）家喻户晓、老幼皆知。

【专项整治】 区安委会、区减灾委每季度围绕一个主题，部署各重点行业领域专项整治工作，结合季节特点和生产经营形势对突出问题和薄弱环节进行梳理，开展平安交通三年攻坚、公路水路安全生产、危险货物运输安全综合治理、“建安”执法、“两防”整治、城市桥梁护栏升级改造专项工作和粉尘防爆、有限空间作业、高层建筑、人员密集场所、“三合一”等高风险场所专项治理等一系列专项整治行动，严厉查处各类违法违规行为，确保安全生产秩序和谐稳定。

区安委会统筹，各专项安全办公室分别针对本行业领域事故单位、重点监管对象安全负责人及管理人员，开展警示约谈1千余人次，增强企业关键岗位人员思想认识，以点带面提高企业安全生产管理水平。

区减灾办牵头，会同有关部门、镇街对森林防火点、重要水利防汛设施和地质灾害隐患点等重点部位开展检查指导200余次，全区83个地质灾害隐患点全部落实地质灾害“四重网格化”管理，地质灾害群防员、森林防火护林员等一线岗位人员共同推进群防群治工作。

【安全改造】全区518千米等级公路全部安装护栏，投入300余万元治理公路安全设施隐患，创建“智慧工地”34个，新建安全生产标准化达标企业18家，新建补建市政消火栓400余个，发放安装独立式感烟探测器1100余个，投入2000余万元整治电缆井火灾隐患，对15个老旧变配电站消防设施进行升级改造。陆续搬迁或关闭危化生产企业，年底仅剩2家，45处烟花爆竹常年零售点和储存仓库全部关闭或转型，完成整治取缔长江餐饮船舶16艘，67艘渔业船舶全部注销上岸，重点游乐场所59台高风险大型游乐设施全部停用。依法采取淘汰落后产能、企业激励性补助等政策措施帮助64家工业企业改善安全生产条件，并按照“零增量”原则固化园区外分散工业企业581家，逐步引导入园发展；建立森林防灭火视频监控系统，设置14个视频监控点强化灾情预警，确保安全生产基本盘基本面平稳牢固。

【区应急管理局负责人】

局　长：徐义红（党组书记）

副局长：谭　科（党组副书记）

　　　　游江海　蒲红旭

（区应急管理局）

南岸区消防救援支队

【抢险救灾和消防执法】 全年接警出动4009次（其中火灾338起，抢险救援852起，社会救助2469起，其他出动750起），出动车辆7489辆次，出动警力45306人次。检查单位17446家，发现火灾隐患12916处，下发责令改正通知书9607份，发现重大火灾隐患5处，新中国成立70周年、第二届“一带一路”高峰论坛、第二届智博会和西洽会等消防安保任务，为南岸区经济社会发展创造了良好的消防安全环境。

【作战建设】 修订完善灭火作战、抢险救援、跨区域增援、重大活动消防勤务等预案800余份，开展实兵实装全要素熟悉和实战演练2176次，积极投身全国首届社会应急力量技能竞赛暨综合演练、主城南战区大型城市综合体夜间实战拉动演练，创新远程供水体系建设和消火栓定位系统。建立超高层建筑火灾扑救力量前置点1处，编制超高层火灾扑救力量前置登高救助操，有效筑牢支队战训根基。组建抗洪抢险救援编队3个，地震搜救队3支，大型城市综合体专业队1支，建筑火灾扑救专业编队1支。新招录政府专职消防员80人，建成重点单位微型消防站526个、社区微型消防站94个，配备微型消防站消防队员3700余人，消防救援专业力量体系日臻完善。

【后勤保障】 落实地方业务经费，提前谋划出台年度执行预算并严格执行，加大对“三公”经费的管控力度。支队党委每季度定期听取预算执行分析报告。新购各类消防执勤战斗车辆和器材装备，灭火防护服和抢险救援服的配备率、适体率均达到100%。定期开展装备器材巡检工作，聘请专业维修厂对执勤车辆进行巡检，联系专业维修商对装备器材进行维护保养。借力地方驾校开展驾驶员复训。大力推进上新街消防站原址重建工作，已取得突破性进展。聘请专业物业公司，改善支队绿化和卫生条件。修订支队级战勤保障管理规定，加强中队战勤保障物资管理，配齐72小时战备物资，完善各种灾害战勤保障应急预案和人员及物资数量配备。

【防火监督】 积极推动区消安委换届，成立由区长牵头、常委及分管副区长具体负责的消防安全委员会；联合区住建委开展高层建筑联合检查；落实重点单位主体责任，192家火灾高危单位全部落实火灾公众责任险投保任务和消防安全评估。加强公共消防设施建设、基层消防力量建设和智慧消防应用建设。联合长嘉汇购物公园建设完成消防主题公园，联合区委宣传部举办“119”消防宣传月启动仪式；用好官方微信、微博、抖音等平台，全面抢占消防安全宣传制高点。全面实施“双随机一公开”监管模式；紧盯不托底区域、高风险场所，自主开展医院、养老院及彩钢板建筑等3项消防安全专项治理；对辖区消防安全形势进行全面研判并专题报告区政府。深化消防“放管服”改革；深化执法队伍能力和作风建设。

【思想政治建设】 召开党委会21次，党建务虚会2次，中心组学习17次，政工例会4次，研究讨论议题118个；班子成员讲授专题党课14次，开展心理辅导3轮并建立心理健康档案；出台《加强和改进思想政治工作的若干措施》《加强和改进班子建设的若干措施》《“三会一课”操作流程范本》，建立健全调查研究、工作督办、督导检查、内部监督、分析研判、请示报告6项党建工作措施。明佳路消防站党支部获评总队“先进基层党组织”，3人分别被部局、总队评为“优秀党务工作者”“优秀共产党员”和“十佳贤内助”，支队团委、明佳路消防站团支部分别获评总队“五四红旗团委”“五四红旗团支部”，2 人受到总队团内表彰。

【区消防救援支队负责人】

支 队 长：熊海波

政 治 委 员：梁 刚

副 支 队 长：罗小安 张 勇 杨灿剑

副政治委员：王 彬

政治处主任：董家旋

（区消防救援支队）

外 事

【外事服务】 服务国家总体外交战略，按照全市外事工作部署，配合做好新加坡副总理、印度驻华大使、埃塞俄比亚驻重庆总领事、意大利驻重庆总领馆科技参赞、西班牙泰尔德市市长、吉尔吉斯斯坦奥什州长、美国《财富》杂志首席执行官、新加坡群策环球控股集团董事局执行董事等外国政要和企业代表来区考察访问接待工作。

完成 2019 上合组织地方领导人会晤、“一带一路”陆海联动发展论坛、“西洽会”“智博会”“第二届亚欧合作对话会议”和“亚信非政府论坛第三次会议”等重要国际会议和展会的外事接待任务。

举办 2019 重庆国际马拉松赛、2019 重庆全球旅行商大会、“开发区对话世界 500 强”、中国医药研发•创新峰会等重要活动。

【招商引资】 2019年，全区招商引资签约项目 71 个、合同金额 884 亿元，引进国网信息通信产业集团有限公司、华为技术有限公司、紫光集团有限公司、中铁建重庆投资集团有限公司等世界 500 强、中国 500 强企业和深兰科技（上海）有限公司等独角兽企业。

【国家服务业综合改革试点工作通过国家中期评估】 2019 年，顺利通过国家发展改革委和评估专家组对南岸区开展“十三五”国家服务业综合改革试点中期评估。南岸区在全国参与评估的 19 个试点区域中名列第八、西部第一。

（区外事办）

大数据智能产业

【概况】 南岸区大数据应用发展管理局（以下简称“区大数据发展局”）成立于 2019 年 1 月，是区政府工作部门，为正处级。内设办公室、应用推广科、产业发展科，行政编制 9 名。设局长 1 名，副局长 2 名，科级领导职数 3 名。

区大数据发展局的主要职责是：组织起草全区大数据、人工智能、信息化相关实施意见，编制相关规范和标准并组织实施。研究拟订全区大数据、人工智能、信息化发展战略，编制全区大数据、人工智能、信息化发展规划和年度计划，拟订相关政策措施和评价体系并组织实施。负责数据资源建设、管理，促进大数据政用、民用、商用；负责全区大数据应用发展管理。负责推进全区信息化应用工作；负责协调全区信息基础设施建设；负责推动大数据、人工智能、信息化领域对外交流合作等工作。

【产业发展】 按照“大数据、大健康、大生态”的工作思路，聚焦“数据整合共享、典型应用推广、产业融合发展”，积极推进上云、治数、应用、链接、融合、项目等重点工作，全力建设网络南岸、数字南岸、智慧南岸。

全区已聚集了飞象工业互联网、中住数据、科大讯飞、中国华录、高通、城投金卡、中交通信等大数据智能化相关企业（机构）600 余户。2019 年，全区大数据智能产业及关联企业产业收入达 971.07 亿元（规上企业收入 916.73 亿元，同比增长 13.88%）；智能终端出货量 3646.46 万台。全区纳入数字经济统计范畴的规模以上企业共 120 户，实现收入 544.09 亿元，同比增长 14.46%，实现增加值 144.31 亿元，增速 12.8%。

重点推进大数据、人工智能、智能超算、物联网、智能硬件、软件服务等领域发展。（1）大数据。聚焦大数据采集、处理分析、应用流通等产业发展，已落地飞象工业互联网平台、中住数据、国家信息中心能源大数据中心、医渡云等项目。中交通信日均接收数据 230 万条，中移物联网 OneLink 日均采集数据 4 亿条，城投金卡日均采集数据 2000 万车次，中住数据每年新接入数据 150 万条。（2）人工智能。推动人工智能算法研究、技术服务等产业发展，已落地科大讯飞西南总部、高通和中科创达联合实验室、深兰科技等项目。（3）智能超算。推进与国家级专业机构合作，打造区域超算中心，联合中国联通、京东云打造 4 万个服务器的云计算中心，联合国家电网公司建设云边协同多站融合试点项目，着力解决 AI 时代算力稀缺和昂贵问题，已落地华录重庆数据湖等项目。（4）物联网。推动信息感知、网络传输、平台运营等产业发展，推动 5G 智能终端、车联网、工业互联网的连接，建设国家顶级节点（二级节点），持续做大连接规模。中交通信连接车辆549万辆、船舶38万艘，中交兴路连接货车580万辆，中移物联网开放平台OneNET连接智能终端1.6亿个，重庆城投金卡连接信息卡1600余万张。（5）智能硬件。打造以芯片、模组、终端、行业应用与公共服务平台为支撑的5G产业园。着力推动智能手机、智能家居、智能穿戴等产业发展，已落地维沃、美的、芯讯通等龙头企业。（6）软件服务。依托重庆软件园，重点打造软件研发、通信技术、移动互联、数字娱乐等企业集群，已落地锐迪科、爱思网安、APICloud运营总部等项目。

以中国制造2025项目为抓手推动传统企业转型升级，声光电、通用工业等9个项目入选中国制造2025，带动传统制造企业开展自动化、智能化改造，发挥示范效用。（1）加快工业互联网平台建设。飞象工业互联网平台已接入企业285家，涵盖了数字工厂、产业链打通、智能产品服务和行业平台4大类，正在打造重庆瑞方渝美压铸公司数字工厂项目、重庆飞力达供应链管理公司供应链协同项目、重庆梯联智能公司智能梯联平台项目、重庆德庄火锅实业公司平台建设项目4个典型标杆项目。（2）持续推进智能制造改造升级。加快建设智能工厂和数字化车间，盟讯电子、重庆机床、太极集团、天友乳品、华辉涂料、会通新材料、瑞方渝美、美的通用、迪马工业、易博数字数字化车间均已通过市级认定。全区63个智能化项目纳入市级智能化改造项目库；23户企业申报全市中小微企业发展专项资金智能化改造项目和上云成效奖励。（3）不断提升两化融合发展水平。推进长江轴承、西南计算机、九源机械、盟讯电子、美的制冷、华森心时代、迪马工业等十余户重点企业纳入两化融合试点，其中盟讯电子纳入国家级示范试点。

2019年，全社会研发投入占GDP比重首次突破3.0%，科技创新水平指数88.19%，位列全市第二。科技促进经济发展指数达99.36%，位列全市第四。全年入库科技型企业153户，增长22.55%，达到734户，位列全市第五。新认定高新技术企业44户，增长22.75%，达到178户，位列全市第四。新增市级及以上重点实验室、工程技术（研究）中心、企业技术中心等科技研发平台12个，达到184个（国家级17个）。鼓励在区5所高校推进大数据智能化相关专业设置，引进学科，培育大数据智能化人才。建立重邮讯飞•人工智能学院，2019年招收研究生324人、本科生入学573人。引育百千万人才工程国家级人选、国务院特殊津贴专家、重庆英才计划等国家级、市级高端人才200余名、市级创新创业示范团队32个。

【宣传推广】 8月26～29日，举办2019中国国际智能产业博览会（以下简称“智博会”）。南岸区按照精致、细致、极致的要求，以高水平、高质量建设国家级重庆经开区和中国智谷（重庆）科技园为主题，结合广阳岛片区长江经济带绿色发展示范建设和重庆东站建设，积极参与智博会多场会议、论坛、赛事、发布等活动，提升中国智谷•重庆经开区的影响力和美誉度。

智博会期间，南岸区完成25个单位、32位重要嘉宾的对口接待工作，与30家国内外企业、机构开展招商对接、洽谈，成功邀请中联部、住建部、国家密码局、国家文物局、工信部通管局、工信部信通院、工信部赛迪院、中国交通通信信息中心、中国联通、中国铁塔、中国工商银行、国家电网、国家电投、中国信通科技、中建科技、国药集团、紫光集团、科大讯飞、华为公司、维沃公司等有关国家部委机构、中央企业和知名企业负责人到区考察、座谈。完成签约项目41个，签约总金额667亿元，其中华为公司、国网信通、智谷软件园、甲壳云4个全市集中签约项目，签约金额196亿元，航天科工、中建科技、华人文化、力合科创等37个全区集中签约项目，签约金额471亿元。在区60家企业自愿组团参加中国智谷•重庆经开区展台展示，创南岸区参加国家级展会参会企业数量之最。中国智谷（重庆）科技园展示馆、智能科技体验区（科创中心）场外体验区共计接待观览5万人次，近50家媒体围绕南岸区各类活动发布原创报道300余篇。

（区大数据发展局）

民族 宗教

【民族工作】 服务中交心。严格落实国家中小学校招生入学规定，将保障少数民族流动人口随迁子女等特殊群体平等受教育权利作为促进教育公平的重要内容，确保“上得了学，上得起学”，会同区教委帮助解决4名维吾尔族儿童和1名撒拉族儿童就近入学，同时，委领导干部走进新入学少数民族儿童家中，为他们送上书包、文具等学习用品，鼓励他们主动融入学校生活。联合新疆驻渝工作组、区人社局解决了126名新疆籍务工人员来区就业问题，加强监督管理，要求企业在工作上实行结对指导，在生活上注意关心照顾。

管理中耐心。连续三年坚持在南坪街道东兴路社区开展少数民族语言培训班，全年举办80余场，参加900余人次。6月，在重庆市新疆维吾尔族务工经商人员“庆祝新中国成立70周年•我和我的祖国”演讲比赛中，区少数民族流动人口取得第一名成绩。探索符合现阶段经济发展要求的流动少数民族人口经营模式，在少数民族经商人口办理营业执照、卫生许可证等方面开通绿色通道，在各部门的通力协助下，全区有5个流动摊位转向固定经营模式。帮助解决经营过程中环保投诉、占道经营、房租纠纷等问题4起，实现流动少数民族人口与本地生活、经济发展相适应。

活动中热心。贯彻《中办国办〈关于全面深入持久开展民族团结进步创建工作铸牢中华民族共同体意识的意见〉任务分工方案的通知》，开展民族团结进步创建活动，推荐全国、全市民族团结进步个人各1人、全市民族团结进步集体1个。在全区持续开展第九个民族团结进步宣传周活动，各镇街在辖区内悬挂横幅18条，制作宣传栏及展板31处、LED屏11块，发放宣传资料2700余份，并设置民族政策、法律咨询台，现场解答咨询200多人次。通过文艺演出、走访慰问、交流座谈、文化展览等形式营造了全区各族人民和睦相处、和谐发展氛围。

【宗教工作】 服务上竭力。宗教活动场所受人为、自然灾害影响，需排危抢险场所较多，区民宗委统筹各方力量，确保宗教场所安全稳定。3月初，千佛寺因长江重庆航道工程局在南滨路夫归石一带的长江河道进行爆破施工，造成1800多平方米区域受损，区民宗委协调长江重庆航道工程局赔偿65万元帮助千佛寺排危抢险。7月下旬，老君洞受特大暴雨影响造成三清殿前广场滑坡，会同区级各部门、镇街推进群众迁移、搭建雨棚防止次生灾害、分析原因、组织地勘等工作，并指导配合老君洞开展边坡治理及山洪排水系统建设等一系列工作。截至年底，项目立项后进入地勘方案三次修改阶段。10月中旬，涂山寺受暴雨及白蚁侵蚀影响，造成韦驮殿、大观楼等多处墙面开裂、屋脊断裂、钢筋露出等安全隐患，区民宗委与文旅委对接，指导涂山寺及时开展排危抢险和文物保护工作。同时，会同区城管局将全区宗教场所纳入排污管网建设、帮助老君洞进行公厕改造及环境整治、协调推进慈云寺楼顶平台和三面观音像建设、推进研究千佛寺产权证办理事宜等。

资金上给力。在民宗委有限资金中，支持28万余元用于金紫山大佛寺排危抢险工作，确保摩崖石刻免受风雨侵蚀；指导支持区基督教三自爱国运动会筹备，拨款4万元。针对宗教场所自养能力不强、教职人员待遇不佳、养老困难的局面，克服多重困难，协调各部门力量，争取到区政府专项资金落实宗教教职人员生活补贴和养老保险补贴政策，制定发放办法，加强监督管理，发放补贴53万余元。区政协支持帮助慈母堂12万元用于围墙及古井排危修缮。争取市级部门支持，经重庆市民族宗教委研究，在全年1700万元的寺观教堂维修补助资金中，划拨南岸区510万元，其中：佛教南山寺30万元、涂山寺140万元、观音寺140万元，道教老君洞200万元；协调解决慈云寺与融创地产纠纷问题，落实赔偿金500万元。

【工作体系建设】 区委统战工作领导小组办公室印发《关于进一步落实宗教工作三级网络两级责任制的通知》，打通了干线，明确了各部门单位职责和任务，保障民族宗教工作顺利开展。以机构改革为契机，及时充实完善区民族宗教工作领导小组成员单位和区、镇（街道）、村（社区）三级工作网络，实时更新160名宗教工作联络员名册，落实好部门协调、基层巡查、专业保障、信息畅通的联动排查机制，构建了镇（街道）、村（社区）、网格（楼栋）三级排查网络，实行分级排查，镇（街道）每月分析排查一次，村（社区）每周排查一次，网格（楼栋）随时排查，确保宗教工作层层有人抓，及时解决宗教领域突出问题。

【宣传引导】 强化少数民族、宗教界代表人士宣传教育。号召少数民族党员积极参加社区党支部活动，深入学习宪法、党章及国家民族政策等内容，不定期开展爱国主义、反分裂反渗透、马克思主义“五观”“四争四爱”“三爱三反”等主题教育。在宗教场所负责人工作会上宣讲习近平新时代中国特色社会主义思想、习近平总书记系列重要讲话精神、党的十九届四中全会精神等，加强宗教教职人员意识形态教育。

提升依法管理民族宗教事务能力水平。会同区委党校将《重庆市宗教事务条例》纳入日常教学内容，4月28日，邀请市民族宗教委副主任喻柏炎对全区科级领导干部进行培训，并将《重庆市宗教事务条例》纳入教学计划。各镇街将宗教法规政策纳入理论学习中心组学习10余次。

创新开展全区农村党员宗教法规政策培训工作。11月15日起，用2个月的时间，会同区委组织部、区委党校、各镇党委，分13场次培训全区农村党员1600余人。

【主题教育】 扎实开展“不忘初心、牢记使命”主题教育，制订《南岸区民族宗教委主题教育实施方案》《南岸区民族宗教委党组主题教育集中及自主学习计划表》等。党员领导干部带头集中学习习近平新时代中国特色社会主义思想、习近平总书记视察重庆重要讲话精神、习近平总书记关于民族宗教工作重要论述等内容13次。党员通过“三会一课”形式开展主题教育，通读《习近平关于“不忘初心、牢记使命”重要论述摘编》、领悟优秀共产党员先进事迹精神、组织交流讨论等，完成了全部学习教育内容。

【区民宗委负责人】
主 任：文 科
副主任：王 蓉 杨玉凤

（胡城城）

退役军人事务管理

【概况】 南岸区退役军人事务局（以下简称“区退役军人事务局”)成立于2019年1月25日,有局长1人，副局长2人。下设南岸区军队离休退休干部管理服务中心（简称区军休中心）和南岸区退役军人服务中心（简称服务中心）2个基层事业单位。

2019年，成立了区委退役军人事务工作领导小组，召开了领导小组第一、二次全体会议，推动解决了部分退役军人工作难题，为当前和今后一段时期退役军人工作指明了方向和工作思路。按照“有机构、有编制、有人员、有经费、有保障”要求，完善区级、镇街、村社三级服务管理体系，全区15个镇街、147个村社退役军人服务站于6月底全部挂牌。

【移交安置】 全年接收安置转业干部60余人（自主择业转业干部40余人、计划安置转业干部20余人），全部安排到公务员或参公岗位（公务员岗位3人、参公岗位20人)。接收符合政府安排工作的退役士兵31人(其中安置到机关事业单位10人，安置到国有企业18人，灵活就业3人），机关事业单位安置率同比提高10%，安置数量占退役士兵总数40%。接收并妥善安置军队离退休干部18人。全年开展退役士兵职业技能培训107人次，培训合格率、就业推荐率100%。3名随调家属均按政策规定妥善安置。

【就业创业】 组织100余名退役士兵开展“退役第一课”培训，内容涵盖政治教育、国情市情、心理调适、职业规划、法律常识、革命传统教育、实地见学、政策宣讲等8个方面。组织150余名退役军人参加市级退役军人专场招聘会。联合区就业和人才服务局及南坪街道共同举办南岸区2019年退役军人专场招聘会，参会企业37家，提供岗位117个，近200名退役军人到现场应聘，其中129人成功签订就业意向书。

【优抚优待】 走访慰问驻区部队投入资金156.5万元，支持部队项目建设投入资金220万元，发放随军未就业家属生活补助29.3万元。发放各类优抚对象定期优抚补助和生活补助2312.32万元。报销各级伤残军人医疗费120万元，报销军队退休干部医疗费410万元。组织优抚对象体检1845人次，投入资金92.25万元；组织优抚对象短期疗养51人，投入资金9.8万元。发放重点优抚对象“解三难”补助61.49万元，惠及680人次；发放企业“三类人员”困难补助12.42万元，惠及207人次；发放企业军转干补助1372.81万元，惠及615人。

【“双拥”工作】 全区有驻区部队××支，驻区部队官兵××××余人。

协调军人子女入学55人。第十一中学荣获教育部颁发的“全国国防教育示范学校”称号。西南计算机、长江电工、建安等10家企业、机构共7个类别、18个项目获得重庆市军民融合发展专项资金1465余万元。

驻区部队常年配合全区学校军训、全民国防宣传、德育美育特色教育等活动，开展扶贫济困、治安维护等志愿服务，参与抢险救灾、森林防火等艰险任务。武警一支队常态落实人流密集区域巡逻工作，维护社会治安，出动警力3100人次。船艇支队与地方警力联合演练3次，完成长江流域巡逻、抢险救灾任务，出动警力2400人次。武警医院深入街镇、社区义诊20余场次，为优抚对象减免医疗费70余万元。

设置固定“双拥”标志牌7处，各类传播媒介开设双拥宣传固定专栏，全区所有公共服务大厅、交通和医疗单位窗口军人优先全覆盖。开展退役军人白内障救助项目、南坪街道爱心献功臣社工项目、弹子石街道烈士家书展、退役军人风采展、立功受奖军人表彰会等活动。

【褒扬纪念】 全面清理全区烈士资料，结合“英烈精神归故里”活动为失散烈士寻找亲属。收集全区零散烈士墓资料，对全区零散烈士墓进行维护管理，将蔺学伟、智宏烈士墓迁入南岸英烈园集中管理。为烈属、军属和退役军人家庭悬挂光荣牌。举行为烈属、军属和退役军人家庭悬挂光荣牌工作启动仪式，为烈属、军属和退役军人等家庭悬挂光荣牌1.6万余块。统筹开展清明节祭扫烈士、“9•30”烈士纪念日活动，大力宣扬英烈精神，唱响红色主旋律。

【军休服务】 南岸区军休中心管理服务军休干部198人，2019年接收安置军休干部18人。

加强军休干部思想教育建设。为军休干部订阅党报党刊20余类，每月组织政治理论学习，及时传达党的路线方针政策。围绕“不忘初心、牢记使命”主题教育开展了“清明祭英烈”、习水青杠坡战役纪念碑重温入党誓词等主题党日活动，以及红色观影、党员志愿者服务等活动。

发挥军休干部先锋模范作用。第一党支部委员许芝宽，在中华人民共和国成立70周年之际，主动向党组织上交1800元特殊党费；第三党支部书记徐路生，发挥余热参加义诊，为广大居民提供便捷优质高效的诊疗服务，把党和政府的温暖送到山区群众，荣获“重庆市模范退役军人”称号。

强化军休干部慰问关心关怀。严格落实“即交即接”工作机制，落实“分片管理”“定人包户”制度，做好联系军休干部工作，全年走访慰问军休干部1467人次。

健全军休干部医疗保障措施。在武警总队医院、区人民医院开通军休干部就医“绿色通道”，协调区内医保定点医院和社区卫生服务中心为军休干部提供“先就医、再结算”服务。为年老体弱、患有重大疾病的军休干部上门协助办理医疗费用报销，全年探望慰问生病住院军休干部58人次，落实军休干部医疗保障412万元。

提升军休干部文化品牌内涵。探索符合军休干部的活动项目，成立舞蹈、声乐等7项兴趣小组，开办声乐、摄影培训班，安排新春“游园会”、钓鱼比赛等系列活动。在市局举办的2019年庆祝中华人民共和国成立70周年系列活动中，获书法作品一等奖2个，绘画作品一等奖1个、三等奖1个，摄影作品二等奖1个、三等奖3个；参赛舞蹈《扇舞春韵》获得全市军休干部庆祝中华人民共和国成立70周年文艺会演一等奖，南岸区军休中心获评“组织工作成绩突出单位”。

【思想政治】 开展“开门接访、深入下访”活动。局主要领导平均每月接访2～3次，分管信访工作领导平均每月接访8次，责任科室工作人员，平均每月深入镇街、村社上门接访10次以上。

抓好重点人员思想疏导转化工作。分类建立了退役军人重点信访人员“一人一策”。以中华人民共和国70周年大庆等重要时间节点为重点，随时跟进了解重点信访人员现实情况，做好思想疏导工作，积极推动矛盾问题化解，预防突发事件发生。

开展退役军人总结表彰和荣誉奖励工作。重庆电视台宣传报道了弹子石街道最美退役军人黄衡草。开展退役军人大型风采展活动，为获奖老革命和战时一等功获得者颁奖。花园路街道退役军人谭礼海和军休干部徐路生获得“重庆市退役军人工作模范个人”称号，铜元局街道获得“重庆市退役军人工作模范单位”称号。

【区退役军人事务局负责人】

局　长：詹道刚（2019年3月任职）

副局长：李文连（2019年1月任职）

傅远军（2019年3月任职）

（区退役军人事务局）

政协南岸区委员会

【概况】 2019年，区政协坚持以习近平新时代中国特色社会主义思想为指导，全面贯彻中共十九大和十九届二中三中四中全会精神，全面落实习近平总书记在中央政协工作会议暨庆祝中国人民政治协商会议成立70周年大会上的重要讲话精神，全面落实习近平总书记对重庆提出的“两点”定位、“两地”“两高”目标、发挥“三个作用”和营造良好政治生态的重要指示要求，深入落实市委重要决策部署和市政协工作要求，在中共南岸区委坚强领导下，充分发挥专门协商机构作用，坚持发扬民主和增进团结相互贯通、建言资政和凝聚共识双向发力，围绕中心、服务大局，提高政治协商、民主监督、参政议政水平，更好凝聚共识，为把总书记殷殷嘱托全面落实在南岸、推动南岸经济社会高质量发展贡献智慧和力量。

【全体委员会议】 1月7—10日，区政协召开十届三次会议。听取并审议了甘联君同志所做的十届区政协常委会工作报告和蒋文新同志所做的区政协十届二次会议以来提案工作情况的报告；进行了大会协商发言；列席区十八届人大三次会议；听取并协商讨论了区人民政府工作报告、区2018年国民经济和社会发展计划执行情况及2019年计划（草案）的报告、区2018年财政预算执行情况和2019年财政预算（草案）的报告、区人民法院工作报告、区人民检察院工作报告、区2019年重点民生实事；增选了政协重庆市南岸区第十届委员会副主席；通过了区政协十届三次会议决议、区政协十届三次会议关于十届区政协常委会工作报告的决议。

【常务委员会议】 区政协十届第十次常委会议。1月8日召开。会议审议了区政协十届三次会议选举办法（草案），听取区委有关人事安排的说明，审议通过了十届区政协副主席候选人建议名单，审议通过了区政协十届三次会议总监票人、监票人建议名单。区政协主席甘联君，区委副书记王茂春，区政协副主席叶自玫、秦遥、简光秀、曹廷中、蒋文新、任其亮、陈洪凯，秘书长王炼参加会议。

区政协十届第十一次常委会议。1月10日召开。会议听取了秘书处关于各委员小组审议人事事项的情况汇报，通过了区政协十届三次会议选举办法，通过了增选十届区政协副主席候选人名单，通过了区政协十届三次会议总监票人、监票人名单，听取了各委员小组讨论情况的汇报，通过了提案审查情况的报告，通过了常委会工作报告决议（草案）、大会决议（草案）。区政协主席甘联君，副主席叶自玫、秦遥、简光秀、曹廷中、蒋文新、任其亮、陈洪凯，秘书长王炼参加会议。

区政协十届第十二次常委会议。1月10日召开。会议听取了区政协十届三次会议第二次会议（选举大会）的选举计票结果报告：吴晓静当选政协重庆市南岸区第十届委员会副主席。区政协主席甘联君，副主席叶自玫、秦遥、简光秀、曹廷中、蒋文新、任其亮、陈洪凯，秘书长王炼参加会议。

区政协十届第十三次常委会议。3月8日召开。会议传达学习了市政协五届二次会议精神，审议通过了区政协2019年常委会议议题安排，通报了区政协2019年主席会议议题安排，审议通过了区政协2019年工作要点。区政协主席甘联君，副主席叶自玫、秦遥、简光秀、曹廷中，秘书长王炼出席会议。

区政协十届第十四次常委会议。7月23日召开。会议传达学习了习近平总书记视察重庆重要讲话精神，协商了中国智谷（重庆）科技园建设情况，审议通过了十届区政协专门委员会变动的决定，审议通过了有关人事事项，审议通过了区政协专委会人事调整事宜。区政协主席甘联君，区政府副区长刘永华，区政协副主席叶自玫、秦遥、简光秀、蒋文新、任其亮、吴晓静，经开区管委会副主任张进，区政协秘书长王炼出席会议。

区政协十届第十五次常委会议。10月25日召开。会议传达学习了习近平总书记在中央政协工作会暨庆祝人民政协成立70周年大会上的重要讲话精神，通报了区政协十届三次会议提案办理情况，协商了加快建设山清水秀美丽之地（民主监督），通报了有关人事事项。区政协主席甘联君，区委常委、区政府常务副区长黄红，区政府副区长陈炯，区政协副主席叶自玫、秦遥、简光秀、曹廷中、蒋文新、吴晓静，秘书长王炼参加会议。

区政协十届第十六次常委会议。12月27日召开。会议传达学习了中共十九届四中全会精神、市委新时代加强和改进人民政协工作会议精神，审议了区政协十届四次会议有关事项，审议了有关人事事项并就年底有关工作提出要求。区政协主席甘联君，副主席叶自玫、秦遥、简光秀、曹廷中、蒋文新、任其亮、吴晓静，秘书长王炼参加会议。

【专委会工作】 提案委员会。坚持“围绕中心、服务大局、提高质量、讲求实效”的工作方针，充分发挥提案作用履行政协职能，助推全区经济社会发展。一是加强组织领导，区委、区政府把提案办理工作纳入年度目标考核体系；区政协建立常委会议、主席会议审定提案工作制度，重点提案由区委、区政府、区政协会商确定。二是提高提案质量，通过抓好知情明政、服务引导、立案审查和协商成果转化，提升提案整体水平。三是深化督察督办，全年立案提案中监督性提案143件。强化重点督办、专项督办、视察督办、跟踪督办“四位一体”的提案督办机制。协商机制进一步健全。在提案提出、审查交办、督办督察环节，完善各方参与协商机制，增进理解共识。

文化文史及学习委员会。筹办庆祝中华人民共和国成立70周年暨人民政协成立70周年——南岸区政协书画摄影展。召开南岸区公共文化服务体系建设专题协商会。区政协书画院开展各种书画笔会、讲座、展览等，通过文化特色平台发挥团结联谊作用。

经济委员会。围绕中国智谷（重庆）科技园、乡村振兴、优化营商环境等重点工作献计出力。召开以中国智谷（重庆）科技园建设情况和乡村振兴战略行动计划推进情况为议题的专题协商，完成“南岸民营经济发展政策供给侧系统优化”重点调研课题，开展深入推动长江经济带发展加快建设山清水秀美丽之地委员履职尽责实践活动，完成《构建南岸城乡特色美，开创乡村振兴新模式》专题调研报告，开展“聚焦污水偷排直排乱排问题”委员明察暗访监督性调研视察2次。组织相关委员和部门负责人赴成都市调研乡村振兴战略，组织经济界别委员专题视察轨道交通经济和礼嘉智慧体验园，参与完成2019年重点提案督办、2020年预算公开评审、2019年“质量月”活动。全年完成常委会专题协商1次，主席会协商1次，组织视察5次，形成调研报告2篇，撰写提案及社情民意35篇，《协商报》报道工作信息6篇。

城乡建设环境保护委员会。承办区政协十届第二十三次主席会，重点协商苦竹溪及其支流环境综合整治情况，会后报送的《苦竹溪及支流环境综合整治情况协商建议的报告》得到区委、区政府主要领导的批示。开展区政协常委会专题协商，会后形成《深入推动长江经济带发展加快建设山清水秀美丽之地工作情况协商建议》《关于广阳岛建设绿色发展示范区应注意的几个问题及对策建议》报区委、区政府。聚焦污水“三排”问题组织市、区政协委员开展监督性视察，全年视察55处，共333人次，共发现问题18个，其中11个问题已解决，宗教场所排污的7个问题正在解决中，前往沙坪坝区并协助九龙坡区开展交叉视察。围绕全区生态治理情况与区生态环境局开展对口协商，组织开展区政协南山植树活动，通过“四美调研”完成调研报告《南岸区山水自然美的建议》，视察长生桥垃圾填埋场一期生态修复工程和长生水厂，开展交流接待活动7次。

教科卫委员会。围绕全区公共卫生、教育、科技创新等领域重点社会事务出谋划策，助力教科卫事业蓬勃发展。召开基层公共卫生服务体系建设工作主席会协商会议，相关意见建议报送区委区政府并得到主要领导批示。重点围绕“第三期学前教育行动计划推进实施情况”“产业升级发展情况”两项课题开展专题调研，收集多方面协商意见，形成《关于南岸区协同创新推动产业升级发展的建议》等专题调研报告送区委区府作为决策参考。配合市政协在全市开展的康养产业发展情况调研工作，先后2次组织对全区康养产业发展情况进行实地视察，形成《南岸区康养产业发展调研报告》并报市政协。聚焦污水偷排直排乱排问题，组织部分委员对沿长江片区的污水排放情况开展监督性调研，助力解决污水排放的重点难点问题。协助市政协完成对青少年近视眼保护和医药产业发展相关课题调研。全年专委会提交社情民意27篇，5篇获区领导批示。

社会法治委员会。围绕和谐劳动关系综合试验区创建献计出力，调研南坪街道社保所和重庆科瑞制药有限公司，召开主席会议协商助推创建工作，会后形成《创建和谐劳动关系综合试验区工作主席会议协商建议》，并报区委。向区政协常委会书面通报扫黑除恶专项斗争工作开展情况。围绕健康养老产业发展开展重点调研，走访广阳镇敬老院、北瀚养老院、爱民老年护理院和美瑞嘉年江南人家老年养护院，形成《南岸区健康养老事业发展调研报告》。参加全国政协“庆祝人民政协成立七十周年歌曲征集活动”，以南岸区政协名义报送创作歌曲2首，歌词3首，其中《政协委员之歌》《当个好委员》等歌词分别被刊登在《检察日报》《重庆政协报》。全年完成主席会议协商1次，开展专委会全体活动3次，监督性视察1次，交流接待活动6次，形成调研报告2篇，协商建议1篇。大会发言书面采用1篇，上报社情民意31件，区政协采用10件（其中区领导签批1件，市政协采用2件），提交提案并立案36件，在《重庆政协报》发表相关信息3篇，《重庆法治报》1篇，《协商报》8篇。

民族宗教委员会。围绕宗教场所排危修缮长效机制开展促进宗教场所和谐健康发展的专题调研，报告得到区委区政府领导的肯定。开展宗教场所管理及修缮情况专题视察，区政协主席甘联君、副主席秦遥参加视察并提出指导意见。组织视察宗教场所管理及修缮情况、黄桷垭老街和南之山书院、鸡冠石慈母修缮情况，帮助协调解决慈云寺与融创地产纠纷、老君洞东门车库入口用地问题、老君洞公厕和排污管网建设和老君洞三清殿前边坡治理及山洪排水系统建设等问题。组织委员开展集中监督视察，对辖区的7个宗教场所的污水未接入市政排污管网开展聚焦污水偷排直排乱排问题进行了调研。

信息联络委员会。完成区政协委员网上履职信息平台建设，更新完善政协委员履职信息，及时组织开展新任政协委员交流座谈会，帮助新委员们准确把握人民政协的性质定位，提高履职水平和工作能力。开展“习近平总书记关于加强和改进人民政协工作的重要思想”专题理论学习，在庆祝人民政协成立70周年之际，完成理论研究文章《人民政协创立初心和启迪》，获得2019年度重庆市政协理论研究优秀论文二等奖。完成《2019年区政协社情民意采用稿合编集》，获区长批示。完成全年《协商报》出版10期，向《人民政协报》《重庆政协报》投稿，获2019年度重庆市政协新闻宣传工作先进集体。组织住区市政协委员和区政协委员围绕“山清水秀美丽之地建设”开展调研，参与明察暗访、远程协商、网络议政等活动，并积极反映社情民意。完成区政协“完善委员知情明政参与决策机制的报告”调研课题，送区委区政府决策参考。参与人民政协开展的“最美基层政协委员”推荐活动，组织发动各地区组、专委会、委员进行投票，区政协委员陈仕江成为重庆市唯一入围全国前50名的最美基层政协委员。

【提案办理】 收到提案438件，经审查立案395件。其中，集体提案92件，占23.29%；委员提案303件，占76.71%。列为区领导牵头督办的重点提案5件，占1.27%。对不予立案的43件提案已转相关部门参考或作社情民意信息反映。区委、区政府高度重视提案办理，承办部门强化组织领导、注重沟通协商，提案者积极配合，办理质量进一步提升，所有提案均按时办结。提案所提问题已解决或采纳（A类）316件，占80%；逐步解决或采纳（B类）37件，占9.37%；因条件限制，暂时不能解决、留待工作参考（C类）42件，占10.63%。提案者对395件提案办理评价均为满意或基本满意。

区政协提案紧紧围绕党委和政府中心工作，将涉及地区重大事务和事关发展大局以及改善民生的热点、难点问题作为重点提案。由区委、区政府主要领导亲自督办，相关区领导牵头办理，区政协主席班子和专委会协助督办了《关于推动我区民营经济发展的提案》《关于推动重庆经济技术开发区与中国（重庆）自由贸易试验区（南岸片区）融合发展的提案》《关于打造环高校创新创业生态圈推动我区经济高质量发展的提案》《关于进一步强化我区基本公共卫生服务的提案》《关于以国家服务业综合改革试点为契机推动我区服务业上台阶的提案》5件重点提案。区政协提案委会同区委区政府督察室强化重点督办、开门督办、视察督办、跟踪督办，组织开展联合检查、联合督办、督察通报，扎实推动提案高效办理。

【社情民意】 全年征集社情民意信息448篇，编报106期，其中报市政协63期、区委区政府43期。市委采用 1 期。市政协采用 12 期，转报全国政协 6 期。其中《建议推动构建“一带一路”民用核能安全保障共同体》被全国政协采用，《关于在我市轨道环线外区域建设异地候机楼的建议》得到陆克华副市长批示，《民营企业职工维权需要工会组织的保障》被市政协两会专刊采用，南岸区社情民意工作得分在全市区县政协中位列第五。区领导批示 24 期，部门办理回复 10 期，部分社情民意纳入政策研究。

【区政协负责人】

主　席：甘联君

副主席：叶自玫　秦　遥　简光秀　吴晓静　曹廷中　蒋文新　任其亮　陈洪凯

【区政协工作机构负责人】

办公室：

主　任：王　炼

副主任：方扬学　杨季兵

提案委员会：

主　任：殷晓琼

副主任：张泽茂　钱宇航（兼）　袁　林（兼）　周丽萍（兼）

文化文史及学习委员会：

主　任：郭同永

副主任：张云潇（兼）　王　岗（兼）　蔡锡田（兼）　陈　霞（兼）　黄良谋（兼）

经济委员会：

主　任：苟诗红

副主任：王怀奇（兼）　程　涛（兼）　雷　勇（兼）

城乡建设环境保护委员会：

主　任：叶红卫

副主任：罗中文（兼）　唐宏基（兼）　陈志胜（兼）

教科卫委员会：

主　任：黄春燕（专）

副主任：李　智（兼）　李永文（兼）　李　伟（兼）

社会法治委员会：

主　任：胡雁冰

副主任：刘后金（兼）　陈　英（兼）

民族宗教委员会：

主　任：廖上友

副主任：文　科（兼）　邓信德（兼）　彭　宁（兼）

信息联络委员会：

主　任：钱伟弘

副主任：屈其明　方　莉　蒋　梁（兼）　庄宁豫（兼）

社情民意中心：

主　任：张亚丽

（区政协）

中共南岸区纪律检查委员会 南岸区监察委员会

【概况】 2019 年南岸区纪委监委内设机构 17 个室（部）：办公室、组织部、纪检监察干部监督室、宣传部、研究室、党风政风监督室、信访室、第一监督检查室、第二监督检查室、第三监督检查室、第四监督检查室、第五审查调查室、第六审查调查室、第七审查调查室、第八审查调查室、案件监督管理室和案件审理室。直属事业单位 2 个：南岸区纪检监察信息技术保障中心（正处级）和南岸区廉政教育中心（正科级）。区纪委监委机关在编 62 人，其中行政编制 61 人。2 个事业单位在编 10 人，工勤编制 1 人。全区有在区市属部门纪检组织 7 个、区监委派出监察室 4 个、区纪委监委派驻纪检监察组织 10 个、街镇纪（工）委 15 个、各区属部门和经济板块管委会纪检组织 5 个。

【全委会议】 1 月 25 日，召开南岸区第十二届纪律检查委员会第四次全体会议，会议的主要任务是：深入学习贯彻习近平新时代中国特色社会主义思想，全面贯彻落实党的十九大精神，认真落实十九届中央纪委三次全会、市委五届三次四次五次全会和市纪委五届三次全会部署，总结 2018 年全区纪检监察工作，部署 2019 年任务。全体区领导、区纪委委员、区监委委员，区委各部委、区级各部门、各人民团体主要负责人，各镇党委、政府主要负责人，各街道党工委、办事处主要负责人，区属重点国有企业主要负责人，区直属单位、市派驻区行政事业机构主要负责人，经开区各部门主要责任人，区委巡察办负责人，区委巡察组巡察专员，全区纪检监察组织负责人，区纪委监委机关部室负责人 232 人参加会议。

【政治建设】 深学笃用习近平新时代中国特色社

会主义思想。坚持区纪委常委会第一议题学习制度，开展习近平总书记视察重庆重要讲话精神等专题学习35次，把习近平总书记对党风廉政建设的重要指示批示精神转化为纪检监察工作的实践举措。认真学习贯彻党的十九届四中全会精神，围绕全区中心工作履行监督责任，切实推动全区纪检监察工作高质量发展。

开展“不忘初心、牢记使命”主题教育。开展《习近平新时代中国特色社会主义思想学习纲要》《习近平关于“不忘初心、牢记使命”重要论述选编》等专题理论学习研讨15次，开展主题党日活动和专题党课17场次，引导全体纪检监察干部守初心、担使命。深入基层调研走访，形成《进一步发挥派出监察室作用的思考》等调研报告11篇。区纪委常委会带头检视自身，收集意见建议100余条，深度剖析问题11个，开好专题民主生活会，以改促学。牵头或协助抓好8个专项整治，解决群众身边操心事、烦心事、揪心事20件次，推动主题教育走深走实。

强化政治监督。学习落实《中共中央关于加强党的政治建设的意见》，推动政治监督具体化、常态化，把党的路线方针政策和党中央重大决策部署落实情况作为监督检查的重中之重，加强对习近平总书记视察重庆重要讲话精神贯彻落实情况的监督检查，督促各级党组织坚决做到“两个维护”。持续用力彻底肃清孙政才恶劣影响和薄熙来、王立军流毒。严明政治纪律和政治规矩，坚决防止袍哥文化、码头文化、江湖义气，查处违反政治纪律案件2件、2人。贯彻中央关于秦岭北麓西安境内违建别墅问题的通报精神，督促完成区内违建别墅清查整治和“大棚房”项目清理整治。走访13家民营企业，检查减税降费政策执行情况和职能部门服务民营经济发展履职情况。严肃整治领导干部利用名贵特产类特殊资源谋取私利问题，查处7件、13人。动态更新全区处级领导干部廉政档案600余册，全面掌握全区党风廉政整体情况和领导干部廉洁自律情况。规范开展干部党风廉政意见回复168人次，提出缓用建议1人，严把选人用人廉洁关。

【专项整治】 推进扶贫领域专项治理。认真贯彻习近平总书记在解决围绕“两不愁三保障”突出问题座谈会上的重要讲话精神，建立对口扶贫联合监督机制，出台《扶贫领域监督执纪问责配套制度》《南岸区与石柱县对口帮扶联动监督执纪工作方案》，督促区内责任部门落实对口帮扶任务20余项，对帮扶资金、政策落实情况开展实地联合督察。开展区内精准扶贫监督，督促区内主责部门严格落实“一户一策”，加大资金监管力度，对已脱贫的8户精准扶贫对象做到脱贫不脱帮扶，帮扶力度不减。

深挖彻查涉黑涉恶腐败和“保护伞”。按照“深挖根治”目标要求，抓好中央扫黑除恶督导及督导“回头看”反馈意见整改，推动专项斗争深入开展。加强与政法机关的协同联动，落实“问题线索双向移送、查办结果双向反馈”要求，督促建立“三长”签字背书制度，实行逐案筛查，同步推进扫黑除恶与打“伞”破“网”。统筹监督执纪力量，加大案件查办力度。

严肃查处损害群众利益问题。按照“不忘初心、牢记使命”主题教育部署，牵头开展漠视侵害群众利益问题专项整治，优先调查处理群众反映强烈问题。突出“扶贫领域、教育医疗、环境保护、食品药品安全”等重点领域，督促推动解决侵害群众利益问题，《中国纪检监察报》给予肯定报道。扎实开展民生监督试点工作，持续深化低保五保民生监督专项整治，核查干部亲属违规享受低保、临时救助等问题。完善优化党员干部亲属涉权事项公开，实现干部亲属信息、惠民资金录入及涉权数据核查全覆盖。

【落实中央八项规定精神】 整治形式主义、官僚主义。压实各级党组织主体责任，摸排问题，分析原因，督促整改。紧盯落实党中央重大决策部署和市委、区委工作要求过程中不作为、不担当问题，开展监督检查162次，教育约谈209人次。为基层减负，制订15条具体举措，督促清理规范“一票否决”“责任状”“承诺书”、各类评选评比表彰事项和各类创建达标活动等，推动建立区级层面正面清单，中央纪委国家监委《中国纪检监察报》对此项工作做法及成效进行了报道。

纠治享乐主义和奢靡之风。坚持日常监督与专项监督结合，紧盯重要节点和重点问题，持续释放作风建设永远在路上的强烈信号。盯住节点抓好常态监督，推送节点廉政短信3000余条，开展明察暗访200余次，约谈250余人，引导党员干部自觉遵守作风建设各项规定。盯住突出问题抓好“1+3+N”专项整治，继续深化督察“违规吃喝、违规发放津补贴、违规收送红包礼金”3个突出问题，督促相关主责部门牵头实施“违规使用公务加油卡和私车公养、违规发放工会福利和违规发放村（社区）工作经费及干部津补贴”等专项整治。

健全作风建设长效机制。畅通监督举报渠道，用好用活党风政风监督大数据平台，及时发现和处置问题。组织开展《落实中央八项规定精神30问（第二辑）》培训，督促主责单位履行监管职责、厘清政策边界、完善制度机制。制定《落实中央八项规定精神主责部门定期报告》《充分运用审计报告发现问题线索》等制度，促进纪检监察机构、巡察机构、审计机关贯通配合，形成强大监督合力。抓住普遍性和反复性的问题，推动完善公务接待、公务差旅、财务管理、办公用房、公车管理、职工福利等制度规定10个，扎紧扎牢制度笼子。

【政治巡察】 坚守政治巡察职能定位。紧扣“两个维护”根本任务，突出监督重点，精准发现问题，纠正政治偏差。贯彻落实全国巡视工作会、全国市县巡察工作推进会和全市巡视巡察工作会议精神，召开全区巡察工作会议，对纵深推进巡察工作作出安排部署。坚持巡视巡察上下联动，巡察与其他监督力量协同配合，探索巡察村（社区）党组织“两同步一台账三清单”监督方式，开展十二届区委第六至九轮巡察，对16个区级部门、6个镇街、3个区管事业单位、5家区属重点国有企业、53个村（社区）党组织进行巡察，本届区委巡察全覆盖率65%。落实巡察专项检查整改工作，制定整改措施39项，推动巡察工作提质见效。

加大巡视巡察整改与成果运用。压紧压实巡视巡察整改主体责任，在“当下改”与“长久立”上发力，持续做好“后半篇文章”。加强对市委巡视反馈意见整改落实情况的监督检查，督促各责任单位对照“三个清单”稳步推进整改，同时抓好自身存在问题整改落实。制订《区委关于加强巡察整改工作的实施意见》《巡察整改监督检查“三方联动”工作流程（试行）》，严格执行“双反馈”“双通报”“双公开”机制。重视成果运用，加大巡察移交线索处置力度，将巡察结果与年度考核挂钩，提拔或调整干部征求巡察机构意见，增强巡察权威性。开展专项治理、举一反三，做到解决一个问题、堵塞一批漏洞、完善一套制度，推动改革，促进发展。

【监督落实】 探索创新日常监督。把思想政治工作和群众工作贯穿始终，建立委机关与派驻机构协作配合、与巡察机构监督检查“三方联动”等制度，整合监督力量，采取个别谈话、列席会议、实地调研、随机抽查、提出纪检监察建议等措施，强化近距离常态化监督。探索建立三级预警监督机制，综合分析研判各单位职能职责和政治生态等情况，按照“Ⅰ、Ⅱ、Ⅲ”3个风险等级，对应开展“常态监督、重点监督、专项监督”，提高监督针对性。把好信访关口，研判筛查检举控告类信访举报280件次（含重复件），约占信访举报总量的37%，提升监督精准度。全覆盖列席监督区管班子民主生活会。

贯通运用“四种形态”。综合考虑事实证据、思想态度和量纪执法标准，把“四种形态”放在维护全区政治生态这个大局进行综合考量，审慎稳妥、依规依纪依法做出处理，既释放监督执纪越往后越严的信号，又营造风清气正干事创业氛围。

精准实施追责问责。认真贯彻新修订的《中国共产党问责条例》和市委相关要求，对推进党的政治建设不力、落实党中央重大决策部署不坚决不到位、维护群众利益失职失责、巡视巡察整改不力等问题严肃问责。全面落实“三个区分开来”要求原则，准确把握政策和策略，既防止问责不力，又防止问责泛化、简单化，为71名党员干部及时澄清了反映失实的问题，保护党员干部干事创业积极性。

【纪检监察体制改革】 深化纪律检查体制改革。始终坚持党对纪检监察工作的领导。坚决履行好协助党委推进全面从严治党的职责，协助区委制订《关于深化落实全面从严治党主体责任的实施意见》，细化完善三类责任体系，厘清正负面清单37项。推动“两个责任”协同贯通、形成合力，强化对区管党组织的监督，听取基层党组织落实主体责任专项报告8次，开展任前廉政谈话46人次。强化对下级纪检监察组织的领导和指导，提名考察基层纪（工）委书记3人、副书记2人，听取基层纪检监察组织履行监督责任专项报告5次，指导开展线索管理、审查调查、处分处置83件181次。

推进国家监察体制改革。推动监察权向基层延伸拓展，采取分类归口派出的方式向全区15个镇（街）派出监察室4个，完善派出监察室运行机制和业务流程，选聘村（居）监察监督员174名，打通监察监督“最后一公里”。深化纪法贯通、法法衔接，严格贯彻落实监督执纪工作规则和监督执法工作规定，优化调整内部工作流程，促进监督检查与审查调查密切配合、转化衔接，提高监督质效。强化内外协作，主动对接以审判为中心的诉讼制度改革，促进与司法机关、执法部门的互相配合、互相制约。出台《关于进一步加强贯通配合的实施意见》，构建与巡察机构、审计部门的协作配合长效机制。如期完成转隶干部工资转接、原法律职务免除、职务套用及晋升等工作。

对标对表纪检监察机构改革。严格对标市纪委监委，实施监督检查和审查调查部门分设改革，将原来的8个纪检监察室分别调整为4个监督检查室和4个审查调查室，优化力量配备、规范程序管理、强化内部制约。深化全区派驻机构改革，规范派驻纪检监察组名称，调整综合监督单位，赋予相应监察权限。加强对派驻机构的统一管理，完善领导机制，出台《派驻纪检监察组履职“正负面清单”（试行）》，厘清派驻监督职责23项，落实“三为主一报告”工作机制，强化对派驻干部的管理监督和考核评价。

【反腐败斗争】 巩固强化不敢腐的震慑。发挥区委反腐败协调小组作用，巩固反腐败工作全区“一盘棋”格局。突出重点削减存量、零容忍遏制增量，把在党的十九大后仍然不知敬畏、胆大妄为者作为重中之重，紧盯重大工程、重点领域和关键岗位，依法查处职务违法和职务犯罪，清除甘于被“围猎”的领导干部。加大追逃力度，组建专案组有序开展追逃。牢牢守住审查调查安全底线，落实安全责任制，严格执行审批程序，常态化开展“飞行检查”和安全大整顿，全面排查“走读式”谈话和留置安全隐患，发现问题立行立改，确保审查调查安全“零事故”。

牢牢扎紧不能腐的笼子。把补足短板、堵塞漏洞作为重点，着力健全完善体制机制，提高廉政风险防范的针对性和长效性。用心用情做好干部回访教育工作，建立“一面两线三点”工作机制，压实区委主体责任、纪委监委监督责任、案发单位监管责任，“一对一”帮助2018年受处分同志，鼓励其卸下“思想包袱”轻装前行。用好纪律检查建议书和监察建议书，制订《加强监察建议落实情况日常监督的办法》，对36份纪律检查建议书和监察建议书的落实情况进行全程跟踪，督促责任单位完善防范机制。根据市委和市纪委监委的工作部署，针对学府医院案件暴露的问题，在全区医疗卫生领域开展“以案改治理、以案改监管、以案改制度、以案改作风”试点工作，探索实现主体责任、监督责任、监管责任有效贯通的有效做法和实践经验，为全市建立医保基金安全运行长效机制提供借鉴。

不断增强不想腐的自觉。把反腐倡廉宣传融入全区大宣教格局，有效结合正面教育和反面警示，凝聚正风反腐正能量。在南岸报网台等媒体开设《清风南岸》《纪法小课》专栏，刊发纪法动态、政策解读等廉政信息247期，及时传递全面从严治党权威声音。深化拓展“以案四说”警示教育，拍摄《被围猎的代价》《心路不正安能为民护路》等警示教育片，开展“以案四说”78场次，用身边事教育身边人。组织全区350余名领导干部参观廉政教育基地，接受思想洗礼。推进廉政文化建设，组织开展“清风润万家 家庭助廉”活动，打造“廉政故事会”廉文化品牌，全区崇廉倡廉氛围更加浓厚。

【队伍建设】 注重锤炼党性修养。以“不忘初心、牢记使命”主题教育为契机，区纪委常委会着力用科学理论武装头脑，切实加强自身建设，贯彻落实民主集中制，严格执行请示报告制度，带头强化思想淬炼和政治历练，用知重负重、攻坚克难的实际行动检验学习成果、诠释忠诚品格。全面加强机关党的建设，推进党支部标准化规范化建设，开展“我与监察体制改革”“争做新时代的纪检监察干部”等主题党日活动，教育引导纪检监察干部切实把“两个维护”落实到履职尽责全过程。

全面提升专业能力。突出政治标准，选优配强基层纪检监察组织和派驻（出）机构干部队伍，交流领导干部3名；约谈镇街党（工）委和纪（工）委负责人10人次，督促镇街纪检组织彻底“三转”。坚持集中培训和岗位练兵相结合，强化专业训练和实践锻炼，参加全市纪检监察系统全员培训和“纪法兼修”讲座4500余人次，不断提升纪检监察干部专业能力；抽调27名基层纪检监察干部到审查调查一线跟案锻炼，帮助基层纪检组织提高执纪执法水平。《重庆学府医院骗取医保系列案及区社保局原局长文瑛案》被提名为全市纪检监察系统“双十佳精品案件”。

严格管理干部队伍。完善内控机制建设，梳理3类、18项内部监督项目，开展委机关、派驻（出）及巡察机构内部廉政约谈142人次，掌握干部思想动态和现实表现，强化自我约束。优选聘请13名特约监察员，自觉接受各方面监督。开展案件质量检查73件次，回访被调查人员逆向了解纪检监察干部办案过程，促使办案人员强化法治意识、程序意识，依规依纪依法开展审查调查。坚持“刀刃向内”，对不担当、不作为以及违规违纪的基层纪检干部及时做出处理。

【区纪委监委负责人】

纪 委 书 记：胡显键（监委主任）
纪委副书记：张百舸（监委副主任）
邹　望（监委副主任）
曹　洪（监委副主任）
纪 委 常 委：刘　海（监委委员）
郭小波（监委委员）
黄　璐（监委委员）
瞿　菲　洪书科
监 委 委 员：古德华　司智虎

（区纪委监委）

民主党派　工商联

民革南岸区委

【概况】 2019年，民革南岸区委有支部11个：重庆邮电大学、南岸区中医院、弹子石一、弹子石二、海棠、重庆市第五人民医院、南山、南坪一、南坪二、南坪三、茶园新区。有党员360人，平均年龄50岁，主要分布在教育、医卫、经济、科技、文化、机关、法律、非公有制经济系统。党员大专以上学历占94%，中高级职称占73%。全年发展新党员12人。

2019年，民革南岸区委分别获得民革重庆市委思想宣传工作、参政议政工作、社情民意工作先进集体，陈志胜获民革市委参政议政工作先进个人。南坪一支部获民革中央民革全国示范支部、民革全国优秀党员之家表彰，茶园新区支部获民革重庆市委民革全市示范支部表彰。茶园新区、南坪一、南坪三、南岸区中医院、南山5个支部获得民革南岸区委先进单位，王荣、尹珂、卢延瑞等32人被评为优秀党员。

【思想建设】 政治理论学习。结合“学讲做”和“不忘合作初心，继续携手前进”主题教育活动，引导党员开展习近平新时代中国特色社会主义思想、习近平总书记视察重庆重要讲话精神等学习。邀请市委会联系领导、相关处室开展宣讲3次，区委会班子成员到支部宣讲16次，同时指导各支部结合实际采取自学、网络学习、交流座谈等方式组织党员开展学习。

思想政治教育。结合“民革思想政治建设年”工作，邀请专家讲党课6次、参与党员200余人次，与党务工作者谈心谈话20余人次，开展征文、摄影比赛、演讲比赛等活动，凝聚党员思想政治共识。组织党员参加市、区宣传活动，王爱萍、曹鹏远、皮飞霞等参加市委会庆祝新中国成立70周年文艺演出活动，时书青、揭京、谢恒、李文锋代表区委会参加各类演讲比赛。

思想宣传工作。鼓励党员加强理论学习研究，调动专职干部、支部宣传委员和党员积极性，讴歌新时代、传递好声音，组建理论研究队伍，加快弥补理论研究短板。在民革、统战、政协刊物媒体上发表文章和工作简讯50余篇，1篇论文入选民革中央思想政治建设研讨会论文集。区委会获市委会2019年思想宣传工作先进集体，谢恒获市委会优秀通信员表彰。

【参政议政】 议政协商。在中共区委、区政府、区政协召开的工作报告征求意见会、暑期谈心会、重点工作推进会等重大会议上提出意见建议，《建设高品质山城步道打造巴渝味重庆符号》（谢恒主笔）被市政协协商会议发言采用。在区政协全会作口头发言1次，集体提案《提旧促新推动我区服务业上台阶》（吴晓静、时书青主笔）被列为重点提案。完成区民主党派重点调研课题《高水平谋划高铁东站区域建设促进江南新城高质量发展》（陈志胜、姜杰主笔）。党员中的市、区政协委员在其他协商渠道建言献策。

建言献策。向市委会提交的集体提案素材，被采用为市政协大会口头发言1篇、书面发言1篇、集体提案3篇。在区政协大会作口头发言1篇，向大会提交集体提案9篇，被确定为重点督办提案1件。申报民革市委重点课题1项、参研1项。全年，党员提交社情民意70余篇，被市政协采用6篇，转报全国政协3篇，被市委统战部采用8篇。

工作机制。参政议政工作委员会届中调整，召开参政议政工作会1次、完成专题调研10余次，完善集体研讨工作机制，为党员搭建交流参政议政工作的平台。

【组织建设】 基层支部建设。围绕落实习总书记视察重庆重要讲话精神，指导支部开展特色组织生活，南坪三支部开展考察中欧班列（重庆）始发站建设工作，弹子石一支部赴石柱中益乡传授旗袍技艺开展技术扶贫。推动示范支部建设，所有支部均完成达标指标，南坪一支部获民革全国示范支部称号，民革党员之家分别获民革全国示范党员之家和民革全市示范党员之家称号。

党员发展培养。吴晓静当选区政协副主席，时书青、彭燕梅增补为区政协委员。彭宁等5人增补为市委会各专委会副主任、委员，卢延瑞当选民革重庆市法律界专业人士联谊会秘书长。区委会组织党务骨干23人赴浙江开展培训，与杭州民革进行了工作交流。全年发展新党员12人。

开好民主生活会。召开区委会领导班子民主生活会，指导11个支部支委班子开展民主生活会，坚持边学边查边改，加强自身建设。

优化机关工作。完善工作制度，确保机关工作务实高效、规范有序。重视对外交流合作，与民革市委各处室、区政协各专委会、区委统战部各科室和对口联系单位（区民政局、区司法局）保持紧密工作联系，确保各项工作推进。通过开展妇女节、重阳节等特定节日活动、热情接待党员来电来访、特殊时期慰问看望、主动走访党员单位、支持党员主办活动等方式，为党员送关怀、送温暖、送祝福、排忧解难。

【祖国统一工作】 加强对台政策学习。密切关注两岸关系和台湾岛内形势的发展变化，坚持以召开中秋座谈会为主要形式讨论台海热点话题，开展中央对台政策、习近平总书记相关重要讲话精神的学习宣讲。动员台侨属党员加强与台湾同胞的紧密联系、在接待涉台涉外人士时积极宣传“一国两制”方针，为反“独”促统、推进两岸关系和平发展贡献力量。

保护抗战文化。持续关注和呼吁的广阳岛抗战遗址保护，得到市、区领导高度重视，已列入总体规划。坚持开展区内历史文物保护工作，就重庆抗战遗址博物馆发展、于右任官邸保护利用等开展专题调研，撰写的参政议政稿件提交市政协、区政协大会。

搭建沟通交流平台。做好万鄂湘主席探望抗战老兵胡锻夫的接待工作，并帮助其改善居住条件，顺利入住公租房。开展慰问活动，加强对抗战老兵、台侨属、有渊源关系的老同志的关心关怀。组织党员参加“重庆台湾周”文化交流活动。指导党员做好市台办主办的“第七届台湾大学生重庆实践” 活动指导教师相关工作。

【社会服务】深化“基层多党合作实践基地”建设。深化与南坪街道、正街社区的联系，在民革法治特色基础上，从提高群众幸福感、满意率入手，融入“德治、自治”，坚持“三治并举”，促进正街社区老城区改造。开展3•15法律咨询、宪法宣传周、中医药健康咨询、义诊、端午邻里情等活动。通过自治、法治相结合的方式指导天龙小区三期成立业委会。开办第一期暑期多彩夏令营活动，开设美术、舞蹈、科普等课程7次，丰富辖区儿童暑期生活。

指导支部、引导党员参与社会公益活动。五院、中医院支部及其他支部的医务工作者持续开展民革义诊活动，法律服务专委会成员深入社区等开展法律服务，南坪一支部坚持开展关爱特殊儿童活动等。

【民革成立30周年庆祝大会】 12月17日，召开中国国民党革命委员会成立30周年庆祝大会。区委会主委、南岸区政协副主席吴晓静做工作报告。会议观看了民革成立30周年专题视频，民革重庆市委会秘书长蒋汉芹、民进重庆市委会副主委、南岸区委会主委、南岸区人民政府副区长莫裕全和民革九龙坡区主委、九龙坡区政协副主席何新跃分别代表民革重庆市委、南岸区各民主党派工商联和民革各区县级组织致贺词，重庆市政协副主席、民革重庆市委会主委王新强和中共南岸区委副书记、重庆经开区党工委副书记、重庆经开区管委会主任王茂春分别代表民革重庆市委和中共南岸区委做了重要讲话。会议授予彭宁、赵君辉、何健、李粱、揭京特殊贡献奖，授予王昌铭、牟祖德、徐朝碧、李能忠、徐翠萍、黄林英、漆重建、牟庆美、杨清华、吕霆、彭铃媛、吴启均、龙卫星、陈志胜、林垠、王梅优秀党员称号。中共南岸区委常委、统战部部长梅泽波和南岸区各民主党派、工商联负责人，以及中共区委统战部、民革市委会各处室、各民主党派区委会机关、区民政局、区司法局、南坪街道、重庆邮电大学、重庆市第五人民医院、区中医院的相关领导出席会议。

【民革南岸区委负责人】

主　委：吴晓静

副主委：杨玉凤　彭　宁　鄢荣兴　何　勇　时书青

（民革南岸区委）

民盟南岸区委

【概况】 2019年，民盟南岸区委员会辖基层组织18个：南岸联合总支部、广益中学支部、中药研究院支部、39中支部、南坪中学支部、交通大学总支部、珊瑚中学支部、进修学院支部、龙职中支部、第二师范学院总支部、十一中支部、二外支部、邮电大学总支部、工商大学南岸校区总支部、辅仁支部、滨江中学支部、110中学支部、经开区支部，有盟员637人。蒋文新、刘汉蓉、黄文、李义、李顺林、李友根、李高芬、万红星、王雪梅、冯晓东、朱健、陆宏宁、杨进虎、张平、张晓耿、唐仁俊、夏爽、黄绍平、彭明、葛君伟、薛晖21人任民盟区委会委员。蒋文新任主委，刘汉蓉、黄文、李义、李顺林、李友根、李高芬任副主委。

【组织建设】 民盟南岸区委下发《民盟南岸区委会开展“不忘合作初心，继续携手前进”主题教育活动方案》，要求区委会班子成员带头学习、带头宣讲。举办“从基层多党合作实践基地看新型政党制度优越性”演讲比赛，民盟市委会、区委统战部、区政协演讲比赛。组织盟员参加民盟市委会专题学习活动，组织民盟区委会委员、基层组织主委及骨干盟员参观《挺进报》旧址、参观中国民主党派历史陈列馆，观看新版话剧《焦裕禄》。国庆节当天组织盟员参加庆祝中华人民共和国成立70周年升旗仪式。

加强宣传工作。建好宣传工作队伍，民盟区委会组建一支20余人的宣传工作队伍，各基层组织均有专人负责动态信息采写，围绕时事政治、中心工作和支部活动等及时报送。创新方法途径，除了依靠传统纸质媒体和地方媒体两条路径，努力拓展网络媒体，通过QQ、微信和网站等网络渠道，不定期发布信息，既正面解读形式，引发热点讨论，又广泛搜集盟员们的意见和建议。全年盟员撰写学习心得、动态信息及盟员风采展示类文章70余篇，在各种不同层次媒体刊登。

全年发展新盟员17人，平均年龄35.8岁，全区盟员数量达到637人。在数量稳步增长的同时，高层次人士发展取得新成绩，新盟员大学以上学历占100%，其中博士研究生1人，硕士研究生7人。

推进主副委联系基层制度，探索区域联动、区校联动、校校联动等基层交流平台的建设，规范基层活动费的管理和使用，创新基层工作方式，增强基层组织的影响力、凝聚力和工作活力。

【参政议政】 民盟南岸区委在政协会议提交集体

提案11件，其中《关于打造环高校创新创业生态圈推动我区经济高质量发展的建议》《以精准有效的投资引导产业转型升级》2篇被选为大会发言；参加中共区委“政党协商会议”、暑期谈心会，区政协的专题议政会及有关职能部门的各种会议，积极发言，履行政治协商职责。承接民盟市委会调研课题2个，“重庆市数字医疗健康产业发展研究”“校外教育培训机构规范化发展研究”，完成政党协商调研课题1个“加快工业互联网发展的对策研究”；民盟南岸区委上报社情民意100多条，其中市委统战部采用1条，民盟市委采用7条。

【服务群众】 民盟南岸区委与区级相关部门协调，改善弹子石健康公园的硬件设施，为居民提供一个舒适、身心愉悦的环境，弹子石健康公园改建工作于5月揭牌正式投入使用。

民盟南岸区委借助“幸福东山坪之群团家年华”平台，拨付1万元专项资金作为东山坪社区活动开展经费，针对性地制订服务项目，做到月月有活动，次次有主题，实现了民盟区委会社会服务工作向主动服务的转变。

协调相关部门筹建装修东山坪社区青少年宫，届时将借助区妇联提供的200余万元的设备为辖区的青少年提供更多姿多彩的课余生活。引入中移铁通集团，助力推进东山坪社区卫生室、养老服务站建设。

【精准帮扶】 送教下乡和关爱留守儿童。民盟南岸区委与南岸联合总支继续帮助武隆土坎镇清水小学贫困学生。重庆十一中学支部坚持到敬老院开展尊老爱老活动。经开区支部盟员重庆会凌电子新技术有限公司董事长兼总经理资助城口县贫困儿童20万元、酉阳县龙潭镇铜岭村10万元。重庆珊瑚中学支部持续为西藏拉萨巴尔库村居委会院内雪堆白传统手工艺术学校捐献旧衣物和书籍。

服务地方经济社会。重庆工商大学总支王宁教授2019年再次被聘为重庆市文旅委顾问、秀山县旅游经济顾问，为重庆建川博物馆4A级景区创建、重庆抗战博物馆4A级景区创建、四面山度假区建设、合川陶行知研学旅行基地建设提供咨询指导服务；参与了巴南羊鹿山景区4A级景区创建评审、金佛山景区暗访工作，为丰都名山景区二期扩建项目策划提供咨询指导服务；为秀山县边城旅游区建设、兴隆坳农业产业园4A级景区创建及规划提供咨询指导服务。全年为重庆市旅游教育培训中心导游与领队培训做“导游基础知识”讲座三场，分别为重庆旅投集团金佛山山水公司、涪陵武陵山管委会管理干部培训做“国家A级旅游景区质量标准”讲座报告各一场。同年7月参加了由湖北、湖南、贵州、重庆四省市民盟省（市）委组织的“武陵山片区旅游扶贫开发及旅游交通建设”调研活动，及民盟重庆市委组织的赴巫溪红池坝镇九坪村脱贫攻坚帮扶活动，对当地旅游产业发展及农旅融合发展进行指导，提出有针对性的建议。参与了重庆市旅游协会旅游标准委员会《旅游景区游步道设置导则》地方标准评审，作为评委参加了重庆市文旅委组织的“重庆旅游金点子征集大赛”评审，并担任了由重庆市教委、重庆市人力资源和社会保障局主办的“巴渝工匠”杯重庆市第十二届高等职业院校学生职业技能竞赛导游服务赛项竞赛裁判。熊笃教授5月至7月应邀为渝北区文旅委举办的“全区干部诗词培训班”做“诗词鉴赏与创作”系列讲座12场；6月应邀为长江师范学院文学院学生讲“诗词曲文体风格的区别”，为该院巴渝文化研究所教师做“巴渝文化研究概况和当前立项建议”讲座；8月应重庆大学邀请为广东佛山市顺德区行政干部来重大培训班做“诗词曲的文体特征及意境的情景交融”讲座报告1场。应重庆文化艺术研究院邀请参加重庆申报国家级非遗文化项目的评审；出席了重庆市文旅委牵头召开“《巴渝文库》规划项目”顾问评议会，讨论规划项目的增删。先后为狮子山公园、龙兴古镇撰写对联5副，已经录用镌刻。为“巫山田园综合体”的策划建言献策，提出了文化方面的建议方案。为落实陈敏尔书记“打造大足石刻城景融合国际文旅城”指示，多次赴大足石刻考察并提出重点提炼大足石刻中关于孝道、感恩、修心、诚信、从善、惩恶、智慧七大主题在城景融合中如何展现、传播的建议。黄文教授2019年4月，应邀在民盟市委做“刑事诉讼法的修改与完善”法治讲座。赖长鸿教授被渝中区民政局聘为区社工督导，并作为评审专家参与了南岸区社工服务项目终期评审。重庆中药研究院支部张毅、黄小平参加民盟重庆市委会开展的脱贫攻坚民主监督调研活动，对彭水大同镇开展脱贫攻坚民主监督调研，为彭水的扶贫工作、产业发展出谋划策；黄小平为渝北区卫生系统作技术推广报告1次。

【建功立业】 重庆第二师范学院张家琼带领的学前教育学院通过师范专业认证。朱顺知获得市委统战部颁发的“老一辈优秀党外知识分子”称号。李宏、钟汝贤获学院“杏坛成就奖”；黄蕾、邹晓兵获得学院“年度教学质量奖”。重庆工商大学王宁、杨光祥、刘宏毅、许小苍、孙峰、熊笃等主持或主研完成各类研究课题13项；许小苍、刘泽君、梁新原、孙峰、杨光祥、刘宏毅等发表学术论文13篇；梁新原潜心研究“对分课堂”教学法，多次应邀在重庆工商大学教师发展中心、机械工程学院、重庆机电职业技术大学作“师生高度互动的对分课堂实践探索”“人文社科的对分课堂实践分享”讲座报告，出版学术著作、教材1部；赖长鸿主讲的“劳动关系学”课程获得市级研究生优质课程建设立项；熊笃创作辞赋5篇，完成一篇亲身经历的回忆录事件《我与巴渝文化》万字文章，被选拔上报中央文史馆，由上海文史馆编辑出版。重庆交通大学新增省部级项目5项；发表论文30篇，其中EI、SCI、ISTP等（待检索）论文25篇；李友根、袁晨恒成功申报国家社科基金、国家自然科学基金1项；张子键获中国物流与联合会颁发的省部级科技进步奖三等奖1项（集简供应链：烟草物流体系重构的实践）；冯檬莹、李友根分别获第三批重庆市“学术技术带头人”荣誉称号；李友根参加民盟中央主办的“民盟第十届民生论坛”，并获民生论坛优秀论文奖。重庆第二外国语学校黄绍平论文《高三数学学困生个案研究》获第十五届重庆市基础教育课程改革征文大赛二等奖；陈春芹被聘为南岸区第二届教学督导视导员；陈陶获校“优秀班主任”称号，所带班级班科团队获校“优秀班科团”。重庆广益中学杨进虎获中国教育学会颁发的教学案例作品评选大赛国家级一等奖，第二十一届“语文报杯”全国中学生主题征文大赛指导奖全国一等奖，第十五届全市基础教育课程改革征文大赛市级二等奖，“一师一优课，一课一名师”活动市级优课，被评为民盟市委“优秀盟员”，学校优秀教研组长；罗小维获重庆市教委颁发的重庆市第十四届中小学生才艺大赛艺术作品绘画类指导奖市级一等奖，南岸区教委颁发的南岸区中小学生艺术节书法美术作品比赛辅导奖特等奖；杨军获区“优秀教师”，学校“优秀教师称号”；康维获重庆市“优秀班主任”，学校“优秀年级主任”称号；唐瑶获区“优秀班主任”，学校“优秀班主任”称号；廖义员被评为重庆市2019年度普通高中学生综合素质评价工作先进个人；曾静、黄万利、程俊华等3人被评为学校“优秀教师”；蒋艾萍、邱睿两人被评为学校“优秀教研组长”。重庆南坪中学庹永泽担任“花开未来”中国少年儿童艺术节全国赛监审，带队参加团体擂台赛获快乐阳光“童歌歌唱新时代”全国季军，本人获三星金牌指导教师奖，指导小合唱《班主任》获快乐阳光“童歌歌唱新时代”全国金奖，本人获优秀指导教师，指导学生参加重庆市第十四届中小学生艺术节，获一等奖5个，本人获优秀指导教师奖；唐仁俊荣获校“优秀教职工”称号。重庆十一中学李顺林《关于香港新高中通识教育改革存在的问题及改进建议》，被中央统战工作（专刊）第180期采用；丁昭兰辅导学生周思屹发明《护头式音乐儿童牙刷》参加第34届重庆市青少年科技创新大赛获三等奖，参加第30届马来西亚国际发明展获金奖，作品获实用新型专利（专利号：201821798679.3），辅导学生陈立峰发明《一种乳液法聚氯乙烯树脂用粉状钙锌复合热稳定剂的研制》参加第34届重庆市青少年科技创新大赛获一等奖，重庆市科学技术研究院专项奖，参加重庆市第八届中小学生科技节被评选为“小发明家”，辅导学生王若丞发明《侧压式护芯签字笔》获实用新型专利（专利号：201721532213.4），获南岸区青少年科技创新区长奖，本人也在第34届重庆市青少年科技创新大赛中获优秀指导教师奖；李滔获重庆市2019年中学物理教师教学技能大赛微课类特等奖，获重庆市2019年中学物理教师教学技能大赛教学设计类一等奖，获2019年校青年教师献课活动一等奖；史晓玲“一师一优课”选拔课堂实录（电热的应用）被评为市级优质课；童琼获2019年“全国优秀教师”称号；朱习江《鹏北海凤朝阳 育人基业谱华章》被评选为重庆市2019年度中小学“最美教师”优秀案例；毛阿英在南岸区课程资源评选中获一等奖1项、二等奖1项；江红所教初三年级体育中考成绩全区第一，被评选为学校先进备课组长；黄海翠等5人被评选为学校先进个人。重庆滨江中学蒋永玲带队参加2019世界机器人大赛总决赛——青少年机器人设计大赛VEX-IQ“天圆地方”工程挑战赛，获（初中组）二等奖，带队参加2019世界机器人大赛冠军赛——青少年机器人设计大赛VEX-IQ“天圆地方”工程挑战赛，获（初中组）三等奖，参加南岸区第三届教职工羽毛球比赛获女单第3名；黄春丽获第十五届国文杯文化作文等级测试指导教师一等奖，获“课堂提问与引发思维学习有效度观察”最佳贡献奖，“课堂提问与引发思维学习有效度观察”研修反思与感悟奖，“课堂提问与引发思维学习有效度观察”优秀教案，参加全国第四届初中群文阅读教学设计大赛，获三等奖，参加南岸区群文阅读优质课比赛，获一等奖，参加全区统一战线“从基层多党合作实践基地建设看新型政党制度优越性”演讲比赛，获三等奖；刘天炜辅导学生参加区教委2019年秋季中学生田径运动会，获一等奖10个，获区“优秀教练”称号。重庆39中学刘潇湖参加全国第二届基础教育课程改革实验区课例展示获得“教学实践课堂奖”，参加南岸区二期课改课例展示活动获得一等奖；赵亮参加第二届基础教育课程改革实验区全国课例展示，获国家级教学实践课堂奖，指导学生参加第34届全国青少年科技创新大赛科幻画，获国家级二等奖，指导学生参加第五届中日少儿版画展，获铜奖2个，个人获得优秀指导教师奖，指导学生参加全国第六届中小学生艺术展演获中学甲组一等奖，指导学生参加“戏剧进校园”第二届重庆市中小学戏曲小梅花展演活动戏曲舞台美术绘画作品中学组一等奖1个、二等奖1个，指导学生参加区级比赛，获一等奖1个，二等奖2个，三等奖8个，铜奖2个。重庆珊瑚中学陆宏宁设计的《重庆火锅文化》获区“原创优质课程辅助资源”学习活动方案类一等奖，“重庆火锅历史文化初中校本课程的设计和实施”获南岸区第一届微课课题研究优秀成果一等奖；黄靓获重庆市第十五届基础教育课程改革征文二等奖，重庆市2019年“教师教科研写作能力培训”优秀学员，“区优秀班主任”称号；牟标获“区优秀班主任”称号；杨凡、赵娟、陆宏宁等3人获“珊中教学能手”称号。重庆中药研究院盟员全年申请各级各类项目20余项，获得资助近10项；发表论文CSI、CSCD论文10余篇，其中CSI 3篇，影响因子最高4.6；参编书籍3本，副主编书籍1本；王云红在2019年重庆市“当好主人翁，建功新时代”网上劳动和技能竞赛九月月度之星中荣获“技能之星”称号。胡瑛璇撰写征文《回首来时路 共圆中国梦》——庆祝中国共产党领导的多党合作和政治协商制度确立70周年，参加南岸区政协举办的庆祝人民政协成立70周年“我和我们的政协”演讲比赛，获优秀奖。南岸区进修学院胡文平发表论文3篇，《九年级主题复习案例探究——以中外文明的交流课堂实录为例》获重庆市主题征文活动二等奖，指导钟键参加重庆市高中历史优质课大赛，获市指导教师一等奖；邓向阳合编著的《“三段六步”课堂观察案例与故事》获重庆市第七届优秀教育著术二等奖；涂轶予获重庆市美术教师基本功大赛一等奖指导奖；聂军获全国第五届小学数学文化优质课大赛说课指导一等奖，重庆市小学数学文化优质课说课指导一等奖，南岸区首届卓越杯赛训活动特等奖。南岸区长江中学曾敬主研两个市级课题，主编《核心素养的语文探究》一书，获“2019年南岸区优秀教育工作者”称号。重庆110中学钟炯获重庆市第六届优秀教育科研成果三等奖；左渝获重庆市第二届科学表演大赛优秀指导教师；周鹏获第十五届文化作文指导教师一等奖；刘云获南岸区2019年教育督导三等奖，第十五届文化作文指导教师一等奖。重庆会凌电子新技术有限公司冯晓东带领团队获2019年重庆市科技进步三等奖，本人获2019年南岸区高层次创新人才支持计划。重庆智造科技有限公司黄海参加民盟中央科技论坛，获民盟中央第五届经济论坛优秀论文奖；多次承办创新创业大赛，并担任评委；指导的互联网＋项目5个，获得3个市赛金奖、2个市赛银奖，2个获得国赛银奖；指导的两个中职组创业项目双双获得市教委、市人社的双金奖，其中一个进入国赛；获“重庆市高校就业创业指导专家”“优创优帮”创业导师、“重庆市高级创业导师”等称号；被民盟重庆市委评为“参政议政先进个人”。

【民盟南岸区委负责人】

主　委：蒋文新

副主委：刘汉蓉　黄　文　李　义　李顺林　李友根　李高芬

（民盟南岸区委）

民建南岸区委

【概况】2019年，民建南岸区委员会有委员18人，主委简光秀，副主委石波云、岳树梅、张舰、雷旺，专职副主委廖亚军；兰发强、杨柳、苏玉木、李杰、李玲、张明强、郑丹、罗欣、周文斌、黄媛媛、黄益荣、曹跻圣12人任区委委员。民建南岸区委有市人大代表、政协委员5人；区政协委员23人，其中常委3人，副主席1人（刘必衔任江津区常委、杨晓玲任江津区政协委员）；区人大代表5人（尹诗麟任江津区人大常委，向博任南川区代表）。民建南岸区委有基层支部13个，会员450人，2019年新发展22人。其中公有经济界人士102人、非公有制经济97人，新社会阶层49人、教育界85人、政府及司法机关56人、医药卫生12人、人大、政协及社会团体7人；大专及本科学历292人、研究生以上学历80人；女性会员166人、男性会员284人；有经济、会计、统计、工程技术、科学研究、教育等专业技术职称250人，平均年龄50.2岁，经济界人士占82%。

2019年，民建南岸区委加强学习，开展各类交流培训，提高履职能力。一是赴山东学习调研“星级支部建设”先进经验，参加全市民主党派区级组织副主委培训班、参加中央社会主义学院民建中央骨干会员培训、参加民建市委会开展的支部主委培训、参加市委统战部和市委会组织的信息分析沙龙与新闻信息写作培训、定期参加市委会“星五沙龙”研讨交流、赴北京叶青大厦考察学习基层党建工作先进经验以及统战工作创新方式、参加全区统一战线2019年春季培训班、在延安开展的“不忘多党合作建立之初心”专题培训等。二是推进政府部门与民主党派工商联对口联系工作，组织骨干会员参与区科委、区金融办的相关活动。按照《市区党代表与党外代表人士联谊交友制度（试行）》，组织党派代表人士与党代表联谊交友工作。三是出台《民建南岸区委会关于支部规范化建设的意见》和《民建南岸区委会会员考评办法》，全面开展“支部会员之家”建设，确保“会员之家”成为会员思想教育的课堂、参政履职的阵地和凝聚人心的港湾。截至年底，建成的6个会员之家接待《团结报》、大连民建、江北民建、北碚民建、南岸民革等会内外调研交流10次，接待人数100余人次，建设经验被《团结报》专访刊登。

【参政议政】 组织人大代表、政协委员在南岸区政协十届三次会议上，提交大会发言“关于推进我区乡村产业振兴的几点建议”，提交集体提案16件，委员个人提案36件。其中，集体提案“关于重庆经开区与中国（重庆）自由贸易试验区（南岸片区）融合发展的建议”被列为当年2号重点提案。“推动南岸区大数据智能化产业发展的建议”“关于优化特殊项目施工许可流程的建议”被评为优秀提案。

提交社情民意260条，其中，国家级专刊采用5篇，建言被市级采用52篇、区级采用18篇，被市、区领导批示3篇。区委会获得民建市委会反映社情民意信息工作先进集体称号，岳树梅被市委会评为反映社情民意信息工作先进个人。

会员承担市委会重点课题“重庆市区县政府融资平台市场化转型问题及对策研究”，一般课题18项。其中，岳树梅、张渝丽、李金全、李泳著、董广涛各1篇被市委会转化建言成果上报中央。史学斌、杨柳各1篇被转化为市政协集体提案。杨柳、陈希各1篇被转化为市政协委员提案。区委会获民建市委会参政议政工作先进集体称号，杨柳、史学斌被市委会评为市委会参政议政工作先进个人。

【理论宣传】 区委会结合“三个70周年”庆祝活动，以风采展示、主题征文、演讲比赛、书画展等为载体，推进思想教育工作。1名会员被评选为重庆市创新争先奖先进个人、2名会员参与市委会“筑梦七十载•民企新动力”主题活动。同时，区委会结合民建中央和市委会理论宣传课题要求，推出一批理论研究成果，上报理论课题17项，其中，岳树梅、罗欣、李泳著各1篇被国家级专刊采用，1篇文章在2019年民建区县工作研讨会上作为现场交流内容。会员撰写学习心得、会务动态及会员风采等宣传展示类文章166篇，其中，国家级采用32篇，市级采用70篇，区级采用28篇。区委会获得民建市委会理论宣传工作先进集体称号。

【主要活动】 1月，组织会员在下浩社区开展“美丽家园享温情，粥果飘香过腊八”主题活动，慰问困难群众；参与“美丽家园、携手共建”迎新春文艺演出。2月，组织会员与老街居民开展“猜灯谜、包汤圆、坝坝宴”元宵节活动。3月，组织60余名女会员及对口联系单位女同志开展“三八节”插花艺术培训；组织会员在基地开展“美丽巾帼爱家园、文化传承育美德”传统工艺制作培训。4月，组织会员到基地栽种植物，到南山植树，为南岸添绿增彩。5月，组织会员开展爱心讲座，为辖区小学60余名家长讲解家庭教育的重要意义以及与孩子沟通的技巧。6月，组织会员开展“粽情重义，安康端午”弘扬传统文化主题活动。7月，组织企业家会员到社区开展爱心兑换活动，为龙门浩街道一线工作的环卫工与志愿者捐赠物资。9月，组织会员在社区开展“老街月圆阖家欢乐，中秋诗韵花好月圆”主题活动，深入挖掘传统节日的文化底蕴和时代精神。10月，组织三胞会员与老会员60余人话传统，忆历史，倡美德。12月，与龙门浩街道联合开展“文明礼赞新时代，国韵之美中国美”主题活动。

全年开展专题学习8次，开展跨区、跨省、跨党派联谊交流4次。支部与市、区内外支部联谊交流8次。走访会员单位与会员企业7人次，维护企业家会员合法权益5起。区委会还积极组织会员参加区运动会羽毛球、足球等比赛，分获第二、四名的好成绩；与江北民建以球会友，加强联系，共促发展。各专委会也积极开展专题活动，顺利完成区委会各项工作。区委会被民建市委会评为“会务工作”先进集体。

【建功立业】 一支部周永素辅导学生获指导老师国家级一等奖、三等奖各1次，市级奖2次；周德智获渝北区2018年度村居公共法律服务先进个人。二支部苏玉木的企业被重庆、郴州、兴平等市级部门评为先进单位4次。三支部谭韦的先进事迹在青创故事汇刊登；李泳著1篇论文入选国家论文集；李嘉英的企业获重庆市“高新技术企业”称号。四支部李嘉彦、郝清华、邓丽萍获本单位优秀个人表彰；王世富的企业获市级荣誉称号5次；邹鹏在“华新智慧经济产业园科技路演活动”获三等奖。五支部闫雪冰获“重庆市第四届十佳女律师”；杨柳获民建重庆市委会颁发“2018年参政议政先进个人”、任处长的处室获“全国工人先锋号”称号。六支部雷旺获“区统一战线智库优秀专家”；于红获区级培训优秀学员1次；任联菊获聘“重庆市标识行业协会专家组专家”和“重庆市标识行业协会‘帮扶带’活动专家组专家”。八支部陈卓获第五届高校微课教学比赛重庆市二等奖；王丽影获“化工设计竞赛”一、二等奖各2次；十一支部曹勤、周文斌、方明建获本单位优秀表彰；岳树梅获民建市委会颁发“2018年度反映社情民意信息工作先进个人”；汤声平、曹晓莉、张晓娟、冯元章获得指导教师国家级奖4人次、市级奖2人次。十二支部陈兴志的企业分获“巾帼文明岗”称号和“先进单位”称号；罗国元的企业获“高新技术企业”称号和“十佳创新型企业”称号，在中国创新创业大赛中获“第一名和入围奖”；袁鳗凡的企业获2018年度“环境诚信企业”称号。十三支部曹跻圣获“统一战线智库优秀专家”称号、作品《绿荫》入选第十三届全国美展和第七届重庆市美术作品展优秀奖；张建平的设计作品《锔瓷造器》入选第十三届全国美展和第七届重庆市美术作品展优秀奖；钟佳岐获高校优秀教师及教学大赛一等奖。

【社会服务】 民建区委会立足下浩社区，持续推进多党合作实践基地建设，积极为基地建设出资出力，帮助解决社区难题，慰问困难群众捐赠物资24万元。（1）利用基地展示平台，开设老街“小剧院”“小书场”“小工坊”，发动会内骨干会员讲好老街故事，做好文化传承。（2）发动支部参与“多党合作实践基地＋商户＋社会组织＋社会单位”，创新社区治理模式，探索服务居民的措施和办法。（3）开展“六个美丽”建设，切实改善“基地”人居环境，提升居民满意度。全年发动会员在基地开展手工制作培训、陶艺培训、心理健康知识讲座等活动5次，在传统节日开展活动，如端午节与居民包粽子、元宵节包汤圆、腊八节慰问困难群众等主题活动6次，服务居民2300人次。在第二次200份问卷调查中显示，基地93%的受访群众知道“民建”的基本概念，党派依托基地为群众办实事，与社区干部交朋友，得到认可。接待中共日照市东港区统战部、大连民建、璧山区统战部、江津区行政学校等外省外区到基地交流学习12次。

企业家会员及其所属企业就公益事业捐赠约108万元。其中，会员资助贫困学校16次，资助金额约20万元。张明强为潼南小渡镇小学捐赠5万元教学设备；苏玉木为“南岸区儿童之家示范建设项目”投入4.5万元，为属地扶贫项目点精准扶贫工作捐赠6.5万元，慰问建安村留守儿童、莲花街道办事处贫困孤寡老人5万元，向先天性疾病儿童捐资捐物10万元；何金存向“石柱县中益乡华溪村”捐赠约18万元；黄刚向“南岸区南山街道大坪村”捐赠公路建设费2万元；王世富为“江津区临峰敬老院”购买5000元物资，向“支坪镇天堂村”捐款5万元，组织长生商会向白血病儿童捐赠4万元；林山为南山疗养院困难群众捐赠10万元物资。二支部和三支部到贵州黔西开展实地帮扶活动并购买农产品2万余元；三支部到城口县开展“公益重庆，爱心之旅——2019年公益扶贫”活动，会员捐款1.9万元为城口县东安镇中心小学配置教学物资。全区会员购买精准扶贫点农产品6万余元；参与民建中央“99公益”项目，为山区孩子捐款2万元。12月，区委会被民建中央评为“全国脱贫攻坚先进集体”。

【民建南岸区委负责人】

主　委：简光秀

副主委：石波云　岳树梅　张　舰

　　　　雷　旺　廖亚军

（民建南岸区委）

民进南岸区委

【概况】 2019年，民进南岸区委会辖基层支部22个，总支1个，有会员536人，区委会委员16人。会员莫裕全、别必亮任民进重庆市委会副主委，另有18人担任全国、市、区人大代表和政协委员。其中全国人大代表1人，重庆市政协委员4人。民进南岸区委是民进重庆市委会下辖唯一一个教育、文化、出版三大主界别齐全的区级组织。

2019年，民进南岸区委以庆祝中华人民共和国成立70周年和人民政协成立70周年为契机，全面深化教育活动，充分凝聚政治共识，持续深入推进“不忘合作初心，继续携手前进”主题教育活动，开展组织建设主题年工作，荣获民进全国组织建设先进地方组织。综合支部主委陈石获民进全国组织建设先进个人。民进南岸区委会社会服务连续8年、新闻宣传连续7年、社情民意工作连续6年获民进市委会表彰。

【思想建设】 思想建设。坚持将集体学习作为区委会（区委扩大会）和支部组织生活的第一议程。通过主题讲座、专项学习、小组中心组学习、网络会议、现场教学等方式开展网络学习和讨论，让政治思想教育入脑入心，提高全体会员思想认识。通过编撰《民进南岸区委会组织生活案例》，将思想建设的成果落地开花。

主题教育。在“不忘合作初心，继续携手前进”主题教育活动中，区委班子成员、区委委员带头学习、带头宣传、带头撰写理论研究文章，全年在社区、学校、其他区县党派区委等开展专题讲座11场，牵头完成市委会、区重点调研课题2个。利用活动深化主题教育，如新中国成立70周年庆祝活动、国庆当天升旗仪式等，有5幅作品入选民进中央庆祝政协成立70周年书画展等。

坚持边学边查边改。主副委及全体区委委员全面深入对口联系的支部，广泛听取会员及所在单位党组织的意见。召开专题民主生活会，班子成员通过批评与自我批评研究常态化、长效性的整改措施和工作举措。开展“回头看”专题工作会。

【参政议政】 围绕发展献计出力。区委会全年收到政协委员提案、会员社情民意101件。其中7件被民进中央采用，2件被市政协采用，2件得到市领导批示，区级层面有10余件被采用采纳。

围绕中心深入调研。围绕全国两会积极建言献策，3件信息得到国家级层面采用。成立课题组开展专项调研，全年完成国家级课题1个、市级课题2个、区级课题10个，配合民进市委完成课题1个。其中《重庆进出口贸易形势分析及对策研究》被作为市两会民进界别发言材料。

围绕履职完善机制。成立民进南岸区委会智库专家组，由副主委蒋述东担任组长，吸纳成员11名。专家组先后协助民进中央职业教育重点课题组民进沈阳市委会开展职业教育现状及发展专题调研。与民进唐山市委会围绕战略新兴产业、自由贸易试验区、康养产业等进行专题调研等。

【自身建设】 班子建设夯实组织建设基础。严格遵循民主集中制和决策议事规则，落实主副委联系基层支部、主副委分管会务等职责。高度重视基层班子成员的培养和再教育，组织基层支部班子成员参加各级各类培训近百人次，打造有能力、有担当、有热情的基层班子队伍。

“五个一”活动引领组织建设方向。以思想建设为纲，组织一系列专题学习。以党为师，开展一场与基层党组织的互动交流，区委会与基层支部分别联系支部所在单位党组织一次及以上。以丰富活动形式为轴，举办一次优秀基层组织生活展示，“巍巍汉风入校园、悠悠古韵润童心”传统文化进基层多党合作实践基地活动被新华社、重庆日报等十余家媒体报道。以组织有序发展为本，培养一批“新人”。以规范制度建设为核，编写一本组织生活案例。

【社会服务】 服务教育。承担民进中央“同心•彩虹行动”重庆行动，副主委李卫国任校长的重庆市第38中学，与贵州金沙县安洛乡初级中学结为对口帮扶学校，于11月开展送教到校、同课异构等教育教学活动并以重庆民进的名义赠送价值10万余元图书和教辅资料。义务为广益中学、文峰小学等8个学校师生家长开展家庭教育、心理健康专场辅导。在下浩、南塘苑社区等开展文化讲座等

基地建设。投入30万元的学生体能监测平台在东港学校全部建成。三八节为明月沱社区送上女性魅力提升培训课程。举办“从基层多党合作实践基地看新型政党制度优越性”演讲比赛。联合区教委在基地建成“家长好好学习，孩子天天向上”家长夜校。心理健康进基地、贫困学生精准帮扶活动持续开展。向学校社区捐赠价值2万元图书，1万余元学习用品。社区创新治理课题组3月和5月两次调研基地，深入社区、深入居民小区调查，探索老龄化社区自治模式创新等。

【新闻宣传】 区委会全年在各级各类纸媒和网络媒体上发表新闻宣传稿140余篇（条），其中在国家级媒体发表27篇（条），在外媒体发表44篇（条）。承担民进中央理论研究课题“国家监察法实施背景下民主党派内部监督定位及发展研究”并顺利结题，两名会员参加民进中央参政党理论研究研讨会，1篇论文获市政协理论研究优秀论文二等奖。重庆出版集团副总编、市委会副主委、南岸会员别必亮入选2018年国务院政府特殊津贴名单。

【民进南岸区委会负责人】

主　委：莫裕全

副主委：肖　辉　王传霞　李卫国

　　　　郭同永　蒋述东

（民进南岸区委会）

农工党南岸区委

【概况】 2019年，农工党南岸区委辖基层支部16个，党员334人。农工党南岸区第六届委员会委员，由牟成勇、钱伟弘、马红、冯虎翼、晏凤华、甘小彪、文红、刘建华、刘渝、刘毅、张小敏、张少正、邱光耀、罗维早、金仕勇、彭杰、蔡敏、程伯兵18名委员组成。牟成勇任主任委员，钱伟弘、马红、冯虎翼、晏凤华、甘小彪任副主任委员。全年发展新党员22人，共357人。其中博士18人，硕士55人，具有高级技术职称的党员比例为41.7%，女党员比例为53%，离退休党员比例为24%。医卫界占40.6%，教育界占31.9%，科技界占6.4%，其他界别如人口资源生态环境、法律、文化、非公有制经济代表人士也占有一定比例。

2019年，农工党南岸区委以建设形象好、作用大、影响力强的高素质参政党基层组织为目标，突出“健康中国”“美丽中国”建设两条主线，围绕南岸“三生三宜”品质城市建设，集智聚力，务实履职，为当地经济社会持续健康发展做出贡献。农工党南岸区委荣获农工党市委宣传思想工作先进集体、组织工作先进集体、参政议政工作先进集体、社情民意工作先进集体、社会服务工作先进集体、理论工作先进集体等6项荣誉。

【思想建设】 按照农工党中央、农工党市委、中共重庆市委统战部及中共南岸区委统战部的要求，在全区深入开展“不忘合作初心，继续携手前进”主题教育活动，统一思想认识，加强自身建设，推动区委工作争创一流、走在前列。深入学习贯彻习近平新时代中国特色社会主义思想和中共十九大、中共十九届四中全会、农工党十六大、农工党十六届三中全会、中共重庆市委五届四次、五次、六次、七次全会精神，认真学习《中

共中央关于加强中国特色社会主义参政党建设的意见》《民主党派代表人士队伍建设规划（2018—2027 年）》《各民主党派中央关于新时代组织发展工作座谈会纪要》等重要文件精神、习近平总书记视察重庆重要讲话精神，集中学习贯彻 8 次。举办学习大讲堂，让少数讲转变为多数讲，领导干部讲转变为两级班子全体成员、专职干部、骨干党员带头大家讲，从身边人身边事到农工党党史党章等，带动全体党员掀起学习热潮。开展“从基层多党合作实践基地看新型政党制度优越性”选拔活动，并推选出一名党员参加全区统战系统演讲比赛获得第二名。通过组织参赛党员深入学习习近平总书记提出的新型政党制度论述，走访社区、入户问卷，重新梳理基层多党合作实践基地建设的阶段性成果，再强化再提升对中国新型政党制度优越性的认识和理解，收集整理南岸统战文化教育基地展中的农工党历史资料和两个支部的党员之家建设资料，使党员深刻理解民主党派成员在不同时期、不同处境追求民族独立、国家富强、人民幸福的初心。开展廉政警示教育，增强党员干部规矩意识、纪律意识。全年开展主题教育专题活动 4 次，活动中引导全体党员深化对中国特色社会主义道路、理论体系和制度的认识，不断增强道路自信、理论自信、制度自信和文化自信，巩固思想政治基础。

结合主题教育活动，区委思想理论研讨小组围绕“新中国成立前农工党重要党史相关研究、新时代农工党凝聚共识研究、民主党派服务改革开放研究”等理论展开调研，完成理论调研报告 3 篇，其中“新时代农工党凝聚共识研究”获农工党市委理论研究项目成果二等奖，“邓演达与谭平山‘第三党’建党思想比较”获农工党市委理论研究项目成果三等奖。

强化宣传信息工作制度建设，紧密结合开展主题教育活动、理论研讨、参政议政调研、社会服务及支部的各项工作组织稿件，依托《前进论坛》《人民日报》《人民政协报》《重庆政协报》、农工党重庆市委信息和网站、《南岸协商报》、统战信息等多种途径，报送 80 余件次。在《前进论坛》发表稿件 1 篇，在《人民政协报》发表稿件 1 篇，在农工党中央网站发表稿件 2 篇，农工党市委网站发表稿件 36 篇。

【组织建设】 加强各级领导班子及后备干部队伍建设是实施人才强党战略的核心任务之一。区委会摸清全区党员基本情况，完善人才工作方案，为区委更好发现、发展、培养锻炼、推荐使用人才提供有力依据。深化党内作风建设，认真执行区委主副委联系基层支部制度，年内每个主副委参加所联系的支部活动不少于 3 次，及时了解基层动态，反馈支部及党员诉求。召开领导班子民主生活会，通过领导班子对照检查、开展自我批评和相互批评，找准问题，落实到位，促进班子更加团结。区委监督委员会成立，完善党内监督机制，促进党内部监督工作有序开展。坚持中心组学习和区委委员学习制度，坚持主委会、全委会及参政议政等各种会议均采用先学习后议事的原则，做到学习有计划、有内容、有记录，全年区委主委会和全委会学习共 8 次。

推进组织发展。区委坚持区委班子牵头的新党员发展前谈话考察制度，在保持党派界别特色的基础上，放宽视野，拓展界别，确保质量，全年发展党员 22 人，其中，博士 3 人，硕士 8 人，平均年龄 33.9 岁。

【参政议政】 完成市政协集体提案《促进科技成果转化推动中小企业发展的建议》。向区政协全委会提交大会发言 1 件，其中《提速中国智谷建设，促进大数据智能化产业落地生根》被作为大会发言内容，得到中共南岸区委主要领导的高度评价。提交集体提案 11 件，其中《关于进一步强化我区基本公共卫生服务的提案》被列为重点提案。党员中的市人大代表、市政协委员、区人大代表、区政协委员提交建议 18 件、个人提案 31 件。

【课题调研】 2019 年，农工党南岸区委组建 12 个课题调研组，紧扣重庆市“八项战略行动计划”和“三项攻坚战”，以及南岸区“三生三宜”品质城市建设的总体部署和“大数据、大健康、大生态”发展定位，从数据经济、人工智能、制造业转型升级、三峡库区消落带治理及中国智谷（重庆）创新发展、大健康产业聚集等，开展调查研究，形成调研成果。

在中共南岸区委 2019 年专题调研协商座谈会上，调研报告《关于夯实产业发展基础，提升中国智谷创新驱动力的建议》引起相关领导的高度重视。市人大代表提交的《关于在尘肺病人较多的乡镇卫生院建设康复站推动健康扶贫的建议》，推动了开州硅肺病康复站建立工作，市卫健委专项建站经费 60 万元及相关设备、人员都已到位，已建成 3 个康复中心站并投入使用，同时市卫健委拨付开州区卫健委用于职业病防治和康复工作经费 113 万元。

农工党南岸区委向重庆市政协、农工党重庆市委、南岸区政协、区委统战部等报送社情民意 60 余件次。其中，中央统战部《零讯》采用 2 件，农工党中央采用 4 件，市委办公厅《信息专报》采用 1 件，市政协采用 1 件，农工党市委采用 17 件。

【社会活动】 2019 年，农工党南岸区委在长生桥镇同景社区选点，共建多党合作实践基地。双方多次交流、协商，共同制订、适时调整 2019 年基地建设计划。农工党南岸区委在 2018 年基地建设工作基础上，区委主委及班子成员8次与镇、社区领导联系对接，共同制订、调整基地建设计划。

突出界别特色，推进基地建设。协调资金10万元，用于健康社区建设。根据上锦星城小区居民的健康需求，为健康小屋配置1万元的医疗器械。整合党派专业人才资源，采用“医生团队+志愿者”模式，走进上锦星城小区4个楼栋，2次走进秦渝物业公司，实现心肺复苏急救技能覆盖1个小区、1个单位。“农工党讲堂”与“市民大讲堂”深度融合，开展7次中医养生和食品药品安全等系统化的健康宣讲服务。由党员组成的医疗专家团队每月1次在健康体验馆和健康小屋开展“健康问诊”服务，受益群众400余人次。

探索将党派资源融入社区健康银行福利兑现活动中，群众满意度高。基地品牌效应逐步显现，接待沈阳市委统战部、嘉兴市委统战部、壁山区委统战部等到基地考察、交流10次。

【建功立业】 全年在省级以上刊物发表论文34篇。主持和参加国家重大专项、国家自然科学基金项目及省级科研项目34项，出版专著和教材3部，申请发明专利15项，授权3项。石远平荣获重庆英才计划“创业领军人才”称号。余葵、付旭辉所在科技创新创业团队荣获重庆英才计划“创新创业示范团队”称号。王永义被重庆市人力资源和社会保障局和重庆市卫生健康委员会评为“重庆市卫生健康系统先进个人”。

【农工党南岸区委负责人】

主　委：牟成勇

副主委：钱伟弘　马　红　冯虎翼

　　　　晏凤华　甘小彪

（农工党南岸区委）

致公党南岸区委

【概况】 2019年，致公党南岸区委下辖综合支部、重庆第二师范学院支部、重庆交通大学支部、重庆工商大学支部、重庆邮电大学支部、经开区支部和科教文卫支部等7个支部委员会，下设参政议政工作、社会服务工作和青年工作三个专委会。截至年底，全区党员总人数155人，女党员76人，平均年龄为45.1岁，中高级职称占比87.8%，其中博士23人，硕士89人，有侨海关系或海外留学经历的党员139人，侨海比例89.7%。

有市人大代表1人，市政协委员6人，区人大代表2人，区级政协委员12人，市区两级特邀人员5人，重庆市统战智库专家2人，南岸区统战智库专家8人，中央统战部信息直报点特约信息员5人。

2019年，致公党南岸区委秉承“致力为公”的初心和信念，坚持以思想建设为引领，以组织建设为抓手，以参政议政为己任，以社会服务为窗口，以海外联谊为特色，推动经济社会发展。

【思想建设】 主题教育。致公党南岸区委、各支部、各专委会开展以“庆祝中华人民共和国成立70周年”“学习十九届四中全会精神”“学习传达全国两会精神”等为主题的活动。组织全体党员认真学习习近平总书记视察重庆并召开“两不愁、三保障”专题座谈会的精神及致公党中央、市委的相关会议精神。组织9名党员参加中共南岸区委新中国成立70周年升国旗仪式。各基层支部相继组织支部党员集中观影《我和我的祖国》。组织党员参观统一战线历史陈列展、庆祝中华人民共和国成立70周年、庆祝人民政协成立70周年书画摄影作品展。全年开展思想政治学习31场次，参加党员733人次。与致公党重庆市委、南岸区侨联、铜元局街道联合举办庆祝“中华人民共和国成立70周年”主题活动，重庆市政协副主席、致公党重庆市委主委张玲、时任中共南岸区委书记郑向东等市区主要领导出席并对该活动给予高度评价。

学习培训。按照市委统战部“学讲做”活动要求，开展有针对性的学习培训活动。3月，在重庆邮电大学举办致公党重庆市委2019年第一次“致公学堂”活动。7月，康清莲和曹语桐在致公党重庆市委2019年新党员培训会上分别做“传统文化与修身”“努力做一名合格的致公党员”的专题报告会。全年组织党员参加致公党重庆市委新党员培训、参政议政骨干培训和基层组织党务工作培训等各级各类培训122人次。

开展活动。党员曹语桐参加区委统战部“从基层多党合作实践基地看新型政党制度的优越性”主题演讲活动，荣获二等奖。选送党员王巧萍、龚彬的书画作品参加致公党中央“同筑中国梦——庆祝中华人民共和国成立70周年”美术书法作品展，全部入选并被致公党中央书画院馆藏。

信息宣传。组织党员开展理论研究，撰写学习心得，及时采写、报送活动新闻、工作动态和党员风采类稿件，全年报送97条，采用83条。其中致公党中央网站采用27条，《中国致公》期刊采用1条，《重庆政协报》采用1条，《重庆致公》采用43条，区政协《协商报》采用46条。

【组织建设】 组织发展。全年发展新党员8人，平均年龄39.2岁，其中5人为硕士研究生学历。

组织结构。严格按照《中国致公党章程》和有关组织规定，完成综合支部拆分工作，新成立科教文卫支部和经开区支部，组织架构更加均衡合理。10月，成立党内监督委员会。11月，建立区委会党员专家智库，为参政议政工作提质增效提供人才支撑。

履职平台。形成“1个监委会+7个支部+3个专委会+1个党员专家智库+1个基层多党合作实践基地”工作架构，为党员参政履职提供平台。

支部建设。按照致公党市委会关于“五有支部”建设的工作要求，各支部进行对照检查，总结成绩也反思不足，得到市委督察组肯定，明确了各支部工作努力方向。12月，区委班子召开民主生活会，都明确地提出了各自在关心和指导支部工作方面的不足，今后将有针对性地多到支部、到党员中去，帮助支部自身建设再上台阶。

【参政议政】 三大协商方面。完成中共南岸区委重点协商调研课题“强化城市生态修复，建设‘三生’最优空间‘三宜’品质城市”，整合梳理形成“关于重庆东站功能规划的若干建议”参与了南岸区政府专题协商。时玫、任其亮和李远忠等参与重庆市政协协商课题“智慧化社区建设和社区治理创新”相关工作，为党委政府科学决策提供有益参考。

两会履职方面。全国“两会”期间，致公党区委会提交反映类信息17条，意见建言22条。在重庆市“两会”期间，向市人大提交代表建议17件，向市政协提交集体提案2件，委员提案19件，其中杨钢主笔的《关于加强我市农业农村专业化人才队伍建设的建议》、李庆主笔的《关于强化文旅融合，促进我市非物质文化遗产进旅游景区的建议》、黄承锋主笔的《优化投贷机制，纾解科创企业融资困境》荣获致公党重庆市委会2019年度优秀提案奖表彰。在南岸区“两会”期间，向区人大提交代表建议7件，向市政协提交集体提案6件，委员提案23件，其中《关于把南岸风景打造成中国梦的“盆景”的提案》被选作政协大会现场发言，《充分挖掘黄桷古道开发潜力，促进大南山文旅融合发展》被选作大会书面发言。

课题调研方面。完成区科委“南岸区现代农业综合示范区景观提升研究”和“基于区块链的农产品质量安全追溯应用技术研究”两项课题。李庆主笔的《聚焦重庆深度贫困地区实施精准脱贫攻坚的建议》荣获致公党重庆市委会2019年度优秀调研成果奖。组织骨干党员赴永川区开展大数据智慧城市建设专题调研，分赴璧山区和永川区开展现代都市农业及生态农业发展现状专题调研，赴垫江县大石乡大石村开展了扶贫工作专题调研。

社情民意方面。报送社情民意37条，采用28条，其中中央统战部采用3条，致公党中央采用4条，重庆市政协采用3条，致公党市委采用11条，区政协采用7条。任其亮撰写的《建议分类设置三峡大坝翻坝船舶优先通行权》、钱鹰撰写的《建议全方位开展安全可控计算机软硬件研发、教育及推广》、罗华政撰写的《我国化工企业布局存在安全风险亟待重视》被中央统战部零讯专报采用；任其亮主研的决策咨询报告《优化我市公交专用道建设管理的建议》获唐良智市长、邓恢林副市长肯定性批示，另有两篇决策咨询报告《加强主城区停车精细化管理的建议》《建议从四方面提升我市主城区智能化水平》均获副市长陆克华肯定性批示。11月，联合致公党沙坪坝区委会，共同开展参政议政专题培训和交流。撰写理论文章《抓思想、强队伍、创机制，努力探索参政议政工作提质增效的可持续途径》，在致公党重庆市委会2019年参政议政工作研讨会上做了交流发言，得到市委领导高度评价。

【社会服务】 深入基层送智，助力乡村振兴。组织骨干党员53人次，深入街道和社区，搜集群众意见建议，帮助群众反映问题和诉求。联合南岸区侨联，到涂山镇福民社区智慧养老中心进行了实地调研。是年8月，组织党员专家学者，赴垫江县大石乡大石村开展脱贫攻坚工作专题调研，走访慰问困难群众13户，向大石村捐赠1万元的太阳能路灯，并为大石村的脱贫攻坚工作提出许多接地气、可操作的好建议。10月下旬，组织各支部、全体党员通过“酉好货”电商平台“以购代捐”，截至年底共有31笔订单（累计金额近2万元），支持酉阳经济社会发展。

关注弱势群体，持续爱心助学。继续帮扶开州区河堰镇岩水中心校的贫困小学生（协议对象）和南岸区四所高校优秀贫困大学生。青年委正在筹备“圆梦微行动”活动，发动中青年党员为边远山区的贫困小学生奉献爱心，在力所能及的情况下帮他们完成小心愿。

发挥党派优势，推进基地工作。密切关注基层多党合作实践基地的相关工作，召开基地工作联席会5次、专题座谈会3次，坚持每周与社区干部联系工作，组织党内专家学者深入铜元局街道辖区各社区开展调研6次。

【建功立业】 党员获得省部级及以上表彰6人次，地市级表彰22人次，获得所在系统（单位）优秀表彰37人次。在国家级、省部级刊物上累计发表论文33篇，出版学术专著4部，承担科研项目累计36项，获得6项专利技术发明。2位党员新晋正高级职称，3位党员新晋副高级职称，黄承锋入选重庆英才计划第一批教育领域名家名师。党员王洋入选南岸区统战智库第二批专家成员，任其亮、李庆被评为南岸区统战智库优秀专家。

【交流联谊】 先后接待菲律宾中国洪门总团、竹林协义总团、致公党中吕宋支部来渝访问交流；组织党员6人赴菲律宾参加菲律宾中国洪门致公党总部和第

一、二、五支部的换届庆典暨恳亲交流大会；组织五个支部赴璧山、荣昌、永川等兄弟组织开展了专题组织生活会，以及基层组织党务工作交流。接待致公党辽宁省委、抚顺市委等市外兄弟组织来渝交流访问。

【表彰奖励】 致公党中央表彰：致公党南岸区委荣获致公党中央“（2015—2019年度）对外联络工作先进集体”表彰，专职副主委李远忠荣获致公党中央“优秀组织工作者”表彰。

致公党重庆市委会表彰：区委会荣获致公党重庆市委会2019年度宣传思想工作先进集体表彰、重庆第二师范学院支部荣获致公党重庆市委会2019年度“五有支部”建设先进集体表彰。党员熊进、韩萍、康清莲荣获致公党重庆市委会2019年度“致公党优秀党员”表彰，任其亮荣获“参政议政工作先进个人”，龚彬荣获“宣传思想工作先进个人”，曹语桐荣获“社会服务工作先进个人”，曹岭荣获“海外联络工作先进个人”。

致公党南岸区委会表彰：授予致公党重庆第二师范学院支部“宣传思想工作先进集体”，授予致公党重庆邮电大学支部“参政议政工作先进集体”，授予钱鹰、任其亮“突出贡献党员”，另表彰了“致公党优秀党员”21人，基层党务工作先进个人7人，思想宣传工作先进个人7人，参政议政工作先进个人14人，社会服务工作先进个人7人。

【致公党南岸区委负责人】

主　委：任其亮

副主委：李远忠　贾　鸿　杨　钢　王光强

（致公党南岸区委）

九三学社南岸区委

【概况】 2019年，九三学社南岸区委有社员416人。年内完成了专职副主委增补、主委届中调整工作，陈仕江新当选为社南岸区委主委，戴维当选为专职副主委。推荐38名优秀社员进入社市委人才数据库，推荐14名专家进入南岸区智库，推荐市级挂职锻炼1人。

2019年，围绕“庆祝中华人民共和国成立70周年”“学习十九届四中全会精神”“学习传达全国两会精神”主线，组织3名社员参加市统战部的献礼国庆70周年快闪活动，6名社员参加中共南岸区委在南滨路烟雨公园举行的新中国成立70周年升国旗仪式，70余名社员参观在民主党派陈列馆举办的统一战线历史陈列展，组织社员观影《九三楷模》。全年开展思想政治学习30场次，参加700余人次。按照“学讲做”活动以及“不忘合作初心，继续携手前进”主题教育活动的具体要求，继续开展有针对性的学习培训活动。5月，联合九三学社江北区委会在南山书院举行信息写作培训。7月，联合民进南岸区委会举办了“学习习近平新时代中国特色社会主义思想、提升基层组织建设能力”主题培训班，社南岸区委委员、基层组织主委、各专委会主任、参政议政骨干社员等20余人赴厦门大学马克思主义学院参加培训学习。8月，组织优秀社员代表参加“九三学社成立纪念碑旧址配套工程”揭幕仪式，并聆听武维华主席在揭幕仪式上的讲话。全年组织社员参加九三学社重庆市委新社员培训、参政议政骨干培训，南岸区智库专家写作等各级各类培训150余人次。组织社员参加社中央、市政协、中共市委统战部主题理论研究活动。参与理论研究和社史研究项目招投标工作。开展“不忘合作初心、继续携手前进”主题教育活动。根据社中央工作部署，不断完善基层组织社务考评细则，促使基层组织增强活力，提升履职效率。10月，综合支社委、中药研究院支社接受并通过了社市委监督委员会的基层组织规范化检查。10月底，在综合支社委建成第一个九三学社基层组织社员之家。12月，建成社南岸区委会“社员之家”和“老年社员活动室”。

2019年，九三学社南岸区委获得九三学社重庆市委参政党理论与社史工作先进集体，参政议政工作先进集体和社情民意工作先进集体三项表彰。陈仕江等17名社员获社市委优秀个人表彰，王蕾、戴维分获社市委青年论坛论文一等奖、二等奖。全年社员获省部级以上科技奖励和荣誉18人次。

组织社员积极参加各类征文活动，收集14篇论文上报社中央和社市委。贺元川、王蕾、戴维获社市委参政党理论与社史研究先进个人表彰。论文获社市委表彰的社员有：王蕾一等奖，戴维二等奖，石超峰、齐东文、贺元川、李廷辉获三等奖。郑云武、李彦池、张素英、陈海燕获社市委专（工）委工作先进个人表彰。社员卫筱卫参加区委统战部“从基层多党合作实践基地看新型政党制度的优越性”主题演讲活动，荣获三等奖。全年编辑《社讯》四期，共采编信息45条，其中社市委网站采用15条。南岸九三公众号发布信息16条。社员戴维获社市委宣传信息先进个人表彰。

【社会服务】 4月16—19日，社区委联合海棠溪街道赴浙江省嘉兴市、海宁市考察学习。其间，参观了嘉兴乌镇互联网国际会展中心，结合未来“智慧社区”的发展方向，考察学习互联网、大数据、网络安全、人工智能在未来社区发展中的运用。参观了嘉兴南湖革命纪念馆，“不忘初心，牢记使命”。与九三学社嘉兴市委座谈交流嘉兴市“智慧社区”建设情况。调研参观“海宁市袁花镇龙联村九三学社海宁市青年干部实践基地”。协助街道将社区“智慧养老”微信小程序进行整合调整，从单一针对老年人的“网上服务”拓宽到针对辖区全体居民群众的“综合性服务”。将现有小程序前端调整为14个功能模块，共计38个子模块，分三个大类进行开发设计。广泛动员，扩大基地建设的社员参与度，中药研究院支社、邮电大学支社、二师支社分别在社区开展了养生保健知识讲座、老年人智能手机使用、学苑社区“海棠溪智慧学苑”微信小程序的应用与推广讲座三次活动，让党派社员真正地参与到基地的建设中来。根据中共南岸区委统战部的工作安排，2019年九三学社南岸区委继续对口联系区发改委和区交委。通过与两个对口联系单位的沟通协调，与党派一起，助力学苑社区“智康健”养老服务站内部功能和设施的完善工作。目前，已建成常见中药材标本馆，为社区群众带去知识和健康。工商大学基层委员会周桂林获社市委社会服务工作先进个人表彰。

【参政议政】 文慧英、卫筱卫、张阳丹协同完成中共南岸区委重点协商调研课题“关于进一步推进南岸区慢性病管理高质量发展的建议”。蒋科、徐宗永整合梳理形成“关于重庆东站功能规划的若干建议”参与了南岸区政府专题协商。刘明浩、张学旺参与重庆市政协协商课题“关于农村三变改革的问题及建议”的相关工作，为党委政府科学决策提供了有益参考。

全国“两会”期间，九三学社重庆市南岸区委两位专家社员撰写的3篇信息被中央采用。其中国务院政府特殊津贴获得者、重庆市“两江学者”特聘教授陈洪凯撰写的《建议规范土壤污染修复行业技术标准》被《零讯》专报采用，撰写的《建议加强土壤修复治理确保生态安全》被《零讯》专刊采用。九三学社重庆市南岸区委副主委，重庆市南岸区人大常委，重庆市区域经济学会会长，重庆工商大学教授、博士生导师文传浩撰写的《建议加强长江经济带工业“生态优先、绿色发展”》被《零讯》专刊采用。全年九三学社南岸区委会有6篇建言获《零讯》采用刊登，3篇社情民意获市政协采用（其中一篇被市政协两会专刊采用），10篇被社市委采用，谢雪梅、巫云德、王蕾的3篇信息获区领导批示。同时，形成20篇完整的市级提案报社市委。

由“人民政协报，人民政协网”联合举办的“致敬70年，寻找最美基层政协委员”活动中，陈仕江主委荣获“优秀政协委员”。社区委荣获社市委参政议政工作和社情民意信息工作先进集体表彰，陈仕江、陈洪凯、李伟、文传浩获社市委参政议政先进个人表彰，陈洪凯、文传浩、王巍、卫筱卫获社市委社情民意信息工作先进个人表彰。

【建功立业】 2019年，九三学社南岸区委会社员有16人次获省部级表彰。其中，陈仕江、彭锐、张艳的“西南药用石斛资源发掘及产业化关键技术集成”获重庆市人民政府科技进步二等奖；张祖凡的“4G/4.5G移动通信测试关键技术及仪器”获重庆市技术发明二等奖。曾政的“三种重大猪病防控技术集成与示范”获重庆市科学技术奖二等奖。蔡成雄主研完成的“西南地方种糯玉米自交系创制及其杂交种推广应用”获2016—2018年度全国农牧渔业丰收奖成果奖一等奖。周利的香茶花新品种“巴渝香韵”“石榴红”获北京世园会金奖。

【九三学社南岸区委负责人】

主　委：陈仕江

副主委：谢雪梅　文传浩　郑云武　戴　维

（九三学社南岸区委）

南岸区工商业联合会（总商会）

【概况】 2019年，南岸区工商业联合会（总商会）（以下简称“区工商联”）有会员3674个（其中企业会员2468个，个人会员1179个，团体会员27个），有商会27个（其中直属商会24个，广东茂名商会、区个体私营协会、区家政行业协会为团体会员）。

【经济、法律服务】 继续深化“双向评价”活动。建立企业评价政府部门微信公众号，通过行业季度座谈会，收集解决困难问题173件。结合区级领导调整及政府机构改革变化，修改完善区级领导联系重点企业名单，全年区级领导联系企业3700余次，收集解决问题367件。建立“职能部门＋工商联＋民营企业”三方“直接联系”机制，联合相关职能部门开展惠企政策清理工作，向民营企业宣传惠企政策。

与区检察院共同修改完善《关于服务保障民营经济发展中加强配合协作的意见》，12名检察官与24家重点企业建立结对服务机制，走访非公企业110余家次，为非公企业提供法律咨询服务60余次，同时，在区检察院建立“南岸区检察院、南岸区工商联服务民营经济展览厅”。联合区公安分局深入民企开展“三问三防”服务（问不稳定因素苗头、问困难问题、问意见建议，防自身违法、防外部侵害、防内部职务犯罪），上门服务7975次，解决困难问题1214个，征求意见建议163条，调解涉企纠纷1381起，提供咨询服务15187次，为民营企业经济止损近3亿元。联合区法院搭建联动涉企纠纷处置平台，畅通沟通处置渠道和案件信息共享平台，开展“送法进企业”“法律体检”等活动，及时帮助民营企业解决法律问题和司法需求，为企业提供优质法律服务。联合区司法局成立“南岸区非公有制经济民商事调解中心”，发挥法律服务团的调解顾问作用，帮助企业化解各类纠纷 10 余件。

开展金融服务，加大商业价值信用贷款宣传力度，组织企业申请商业价值信用贷款，全区 200 家企业申请商业价值信用贷款，银行放款企业 11 家，放款金额 2374 万元。利用区政府第三方融资担保平台，为民营企业解决融资难问题，全年为民营企业融资担保资金 1.5 亿元。联合建设银行、工商银行、兴业银行在基层商会开展“普惠金融”活动，帮助小微企业解决融资困难，全年有 59 户小微企业实现普惠金融贷款投放，投放金额 9100 万元。

【参政议政】 区工商联组织企业家政协委员和人大代表围绕民营经济发展热点、难点，提交个人提案议案 206 件和集体提案 2 件。其中《关于推动我区民营经济发展的提案》被选作政协大会发言，并作为区委书记牵头办理的 1 号提案。全年区工商联主办完成政协提案 1 件，协办完成政协提案 4 件。

开展专题调研，完成市工商联重点调研“商会调解工作方法创新研究”，区委重点调研“关于南岸区扶持民营经济政策落地情况的调研”等调研工作。参与市人大评议民营经济法治环境工作，为改善民营经济法治环境建言献策。拓宽服务范围，驻会领导班子和机关干部深入基层及企业，联系、调研商会和企业 100 余家次，收集解决企业问题 40 余件。

【精准扶贫】 倡导非公经济人士和民营企业致富思源，通过产业帮扶、消费帮扶、助学帮扶、节日慰问等方式，对石柱县中益乡、南岸区广阳镇塘坎村、南岸区铜元局街道芭蕉湾社区以及渝东北、渝东南贫困地区等对口帮扶的贫困户脱贫致富，投入资金 1.65 亿元。

【青年企业家实践基地】 引导青年企业家参与塘坎村实践基地建设工作，重点从帮助发展种养殖业、点对点贫困户“微心愿”帮扶、基础设施建设、金秋助学、就业创业、深度贫困户节日慰问及消费扶贫等七个方面帮助南岸区广阳镇塘坎村脱贫攻坚，全年基地建设累计投入 18 余万元。

【四好商会】 以国家、市、区三级四好商会为抓手，推动商会按照四好标准加强自身建设，遵循“成熟一个、成立一个、规范一个”原则，确保四好商会创建工作扎实有效推进。已创建 4 个区级四好商会（南山商会、迎龙商会、长生商会、江南商会），2 个市级四好商会（南山商会、迎龙商会），1 个国家级四好商会（南山商会）。

【“两新”组织党建】 区工商联党组管辖基层党组织 13 个，其中：机关支部 1 个，企业总支 2 个，企业支部 7 个，商会支部 3 个，共有 196 名党员（含预备党员）。

【教育培训】 开展非公经济人士理想信念教育实践活动，在基层商会和民营企业中组织召开专题宣讲会和“学、讲、做”活动 30 余次、1220 余人次参加。组织企业家参加西南大学·中国（卢作孚）民营经济学院首期培训班、提高参政议政能力培训班、民营企业法律培训班、民营企业高质量发展研修班等专题培训班 10 余个、30 余人次。

【区工商联（总商会）负责人】

主　席：吴江林（会长）

副主席：周万里（驻会）　陈万龙（驻会）
吴　极（驻会）
吴先红　杨　勇　肖基成　王　祺
黄益荣　黄晓英　孙灿林　祝琴华
苟华福　任志鸿　冯晓东　徐金涛
刘　琦

副会长：周万里（驻会）　陈万龙（驻会）
吴　极（驻会）
叶兴全　黄祖仁　陈正伟　李德建
汤宗钢　管敏峰　苏新胜　何金存
张丽娟　唐昆尧　张剑林　任　洪

（区工商联）

群众团体

南岸区总工会

【组织建设】 推动“灵活就业群体”企业建会，以重庆保安集团金盾押运有限公司工会委员会和南岸区家政行业协会工会联合会为侧重点，新增灵活就业群体 2000 余人加入工会组织，推进保安员和家政服务员入会工作。以工会实名录入为抓手，建设实名动态、全面覆盖、安全共享的工会大数据库，掌握基层组织建设状况，逐步实现工会组织和工作覆盖精准化。2019 年，录入工会组织 553 个，职工 49006 人，会员 41507 人。

【能力提升】 区总工会对镇街（园区）、非公企业工会干部、社会化工作者开展理论和业务能力的培训 3 场次、300 余人次。同时，以“工会技能培训促就业行动”

为主要载体，开展职工职业技能培训，联合江北区茳北职业技术学校开展了家政服务技能、养老护理、花卉园艺培训，联合重庆市现代职业技师学院开展美容美发职业技能培训，参训200余人次。

【文体宣传】 深入宣传习近平新时代中国特色社会主义思想和党的十九大精神，开展“中国梦·劳动美——与共和国同成长 与新时代齐奋进”职工演讲比赛，“产业工人展风采·建功立业新时代”职工文艺会演，“舞动江南·快乐工作”南岸区职工健身操比赛，“颂党恩·听党话·跟党走”女职工演讲大赛和才艺展示大赛，“不忘初心·为爱起航”南岸区青年职工人生交流活动，组织劳模工匠“进企业、进车间、进班组、进校园、进社区”活动6次，深入基层组织开展送书籍、送电影、心理健康知识讲座、趣味运动会、篮球比赛、羽毛球比赛等活动共计32场，开展“网聚职工正能量 争做中国好网民”活动2次，新增重庆市“爱心托管班”1个，重庆市“爱心妈咪小屋”1个。

【劳动技能竞赛】 围绕“三生三宜”品质城市建设中心工作，开展劳动和技能竞赛，规模以上企业参加85%。开展南岸区家庭服务业“江南之星”技能大赛，“弘扬时代新风、展示巾帼风采”女职工食品包装技能竞赛暨风采大赛，第三届南岸区职工美容美发职业技能大赛，“巴渝工匠杯”物业服务技能大赛选拔赛暨南岸区物业技能大赛。动员12家企业参与网上劳动技能大赛，20名职工获得月度之星称号，其中太极集团重庆桐君阁药厂有限公司获得2019年“当好主人翁、建功新时代”重庆市网上劳动和技能竞赛先进集体三等奖。打造劳模和工匠人才创新工作室8个。

【创先争优】 国网重庆南岸供电公司副总工程师冯德伦、重庆圣华曦药业股份有限公司合成八室主任王庆获全国五一劳动奖章。重庆金隅大成新都会有限公司、重庆金猫纺织器材有限公司获重庆五一劳动奖状，重庆民泰新农业科技发展集团有限公司董事长杨梅、国药控股重庆有限公司工会主席杨成林获重庆五一劳动奖章，重庆市南岸区市政设施管理处工程科、重庆顶津食品有限公司重庆MT部荣获重庆市工人先锋号。

以创建创新工作室、寻找江南能手、打造金牌工人为载体，打造“江南能手”品牌。全年评选区级江南能手25人、金牌工人35人，工人先锋号45个。以筑造“六有”家园、深化“五家”建设、落实“四化”要求为创建载体，推进职工之家建设，全年创建市级模范职工之家2个，先进职工之家4个，30人获南岸区职工群众最信赖的娘家人称号。

【法制宣传与法律援助】 结合“七五”普法工作，开展“尊法守法·携手筑梦”服务农民工法制宣传行动、三月法治宣传月活动、“春风送法律·平安万里行”普法宣传活动、“4•15”全民国家安全教育日活动、职业病防治法宣传周活动、“全国安全生产月”活动、“国家宪法日”活动等17次。开展“千名律师服务职工在基层”活动，与2家律师事务所签订合作协议，安排5位公益服务律师深入16个镇街、园区，为企业与职工提供法律服务。接待职工来访来电423余件，为职工提供法律援助13件，挽回经济损失95余万元。

【困难帮扶】 完善困难职工建档立卡工作，完成建档职工帮扶情况记录和工作动态调整。通过节日慰问、项目化帮扶、金秋助学、技能培训等措施，促进全国级建档困难职工解困脱困。截至年底，有全国级建档困难职工46人（其中低保户8户，低保边缘户27户，意外致困户11户），年内脱困91人（年初为137人）。全年送温暖20.08万元。对口联系西藏自治区昌都县、芒康县，拨付扶贫资金50万元。

【区总工会负责人】

主　席：陈廷明（区人大常委会副主任）

副主席：周全国（党组书记、常务副主席）

　　　　巫永平　余正强

（区总工会）

共青团南岸区委员会

【概况】 2019年，共青团南岸区委员会（以下简称“团区委”）有行政编制5名，在编5人，设办公室、青少年发展与权益维护部。下属财政全额拨款事业单位南岸区青少年活动中心，有事业编制（管理岗）7名，在编6人。

2019年，团区委坚持党管青年原则，密切联系青年群众，服务党政大局，推进共青团改革。打造“南岸起风景·青春来添彩”“全民阅读·青听南岸”“青苔”计划助力脱贫攻坚、南岸青年人才驿站等工作品牌。举办纪念五四运动100周年快闪活动。制作的《五月·致青春》思想引领视频成功上线学习强国App。建设的“南岸正青春”微信公众号在全市共青团区县系统综合影响力排行中位居前列。各项工作受到人民网、重庆日报关注报道10余次。

【政治引领】 抓学习。学习贯彻习近平新时代中国特色社会主义思想和党的十九大精神，贯彻习近平总书记视察重庆重要讲话精神，开展“不忘初心、牢记使命”主题教育，规范化开展“两学一做”学习教育、党组中心组学习、支部“三会一课”等。在“五个结合”上狠下功夫，全面彻底干净肃清孙政才恶劣影响和薄熙来、王立军流毒。树牢“四个意识”，坚定“四个自信”，做到“两个维护”。

抓党建。定期研究党建工作要点和意识形态工作，细化目标，明确责任，统筹线上线下两条线维护中央权威，先后2次向区委汇报意识形态工作。配合区委第九轮巡察工作开展，落实“一报告两评议”制度和机构编制“三定”规定，坚持公开公平公正的原则，严格按照干部选拔任用程序选拔任免科级领导干部2人。

抓从严治党。从严履行全面从严治党主体责任，狠抓党风廉政建设和反腐败工作，严格执行中央八项规定及实施细则，市委、区委有关要求，抓实党员干部亲属涉权事项公开工作，开展“1+3+N”等专项整治，层层传导压力，教育引导党员干部勇于担当、主动作为。常态化开展党风廉政教育，开展“以案四说”警示教育，用身边事身边案教育身边人，时刻为党员干部敲响廉政警钟。全年退还上缴违规发放津补贴12510元，党纪政纪处分1人、组织处理3人。

【思想引领】 抓主题教育。不断强化共青团工作的政治性，推进“不忘初心、牢记使命”主题教育，运用线上线下相结合的方式，学习习近平新时代中国特色社会主义思想和党的十九大精神，以及习近平总书记视察重庆时重要讲话精神。开展支部委员会、团小组会、主题团课、团组织主题团（队）日活动400余场次，集中开展全区团干部专题培训2场次，强化青少年思想引领的政治性。

抓示范活动。抓住国庆、五四、六一等重要节点，以举办集中示范活动的方式引导全区青少年思想引领活动规范化开展。集中举办“青春心向党•建功新时代”南岸区纪念五四运动100周年座谈会、纪念五四运动100周年快闪、庆“六一”《小家大爱》公益专场、“争做向上向善好青年”分享团走基层、离队入团等引领示范活动40余场次。规范化开展庆祝新中国成立70周年、“青年大学习”主题团课、主题团（队）日等系列活动300余场次，思想引领机关党员干部、青年社会组织骨干、创业青年、青年志愿者、少先队员等20960余人次。

抓阵地建设。重点打造社区青少年之家22个，罗家坝、汇雅2个社区青少年之家被选为市级示范点，投入17万元引入益友公益联合打造。对南岸区青少年新时代文明实践站、社区微型少年宫等85个引领阵地进行规范化建设。以引入9个高校志愿服务社团的方式充实志愿服务力量，打造“青罗理想学院”“绘童心之光•聚星火之爱”科学与环保趣味实验室等特色思想引领项目。持续加强网上共青团建设。建成涵盖微信公众号、今日头条号、抖音号等在内的新媒体矩阵，“南岸正青春”微信公众号16次进入全国地市级团组织微信公众号综合影响力排行榜前50名，在全市共青团区县系统综合影响力排行榜中位居前列。制作的《五月•致青春》思想引领视频成功上线学习强国App，并被团中央选为全国纪念五四运动100周年展播项目。

【社会服务】 助力品质城市建设。围绕南岸“三生三宜”品质城市建设、生态文明建设、深化文明城区建设等中心工作，持续实施“南岸起风景•青年来添彩”行动，组建起民防、河小青、文化旅游、健康医疗、重马赛事等具有南岸特色的青年志愿服务队伍，开展“团小南”健康直通车、三清一改农村环境整治、春运暖冬行动、历史文化之旅、生态环保巡河志愿服务等活动270余场次，带动5800余名青年志愿者参与志愿服务活动，服务群众24910余人次。强化青年社会组织管理，促进青年社会专业化发展。

助力脱贫攻坚。由团区委负责人带队先后2次赴石柱、巫溪等对口帮扶区县开展对接工作，推动实施了“青苔”计划、公益徒步三峡、号户结对、青创培训等精准扶贫青春行动，动员南岸区住房城乡建委、南岸区检察院等部门与18户贫困户建立1对1定向帮扶机制，为对口帮扶区县81名贫困青少年捐赠了爱心礼物。联合在区高校开展“千校万岗•青春起航”重庆市大中专学生就业精准帮扶活动，为20余名贫困中职生提供就业岗位。

助力创新社会治理。从发挥青少年特长参与创新社会治理入手，主动把握参与创新社会治理工作要求，完善团组织与村（社区）结对共建体系，联合海棠溪街道，划拨6万元专项经费引入专业社工组织，设计打造罗家坝青少年创新社会治理项目。积极争取国家及市级支持，罗家坝、四海、烟雨堡等3个社区被选为青少年“双零社区（村）”全国创建试点单位。

助力全民阅读。紧扣全民阅读活动主题，结合青年阅读喜好，持续打造“青听南岸”青年阅读品牌，在商圈、产业园区、高校等青年集中地公益性投放朗读亭10个，并在喜马拉雅App成功上线“青年之家学习社——青年大学习”专栏，发布“习近平总书记重要讲话”、“志愿青语”等14期，收录青春好声音10000余条，吸引11221余名青年参与到全民阅读活动中来。成功举办第二届“全民阅读•青听南岸”留声阅读大赛总决赛，300余名青年现场观看聆听。

【共青团改革】 建立联席会议制度，分解《发展规划》任务。主动推动区委、区政府建立南岸区青年工作联席会议制度，召开南岸区青年工作联席会议第一次全体会议，审议通过《联席会议议事规则》和《〈发展规划〉实施方案》，对《发展规划》各项任务进行分解。

落实从严治团要求，夯实共青团组织基础。严格把控入团关，坚持入团先当志愿者，"一人一号、一证一书"的要求，规范入团程序，全年发展团员2000人。同时，依托"智慧团建"系统强化共青团员日常管理，推动全区15个镇街团(工)委全部建立"学社衔接临时团支部"，进一步做好毕业生团员转接团组织关系工作。

构建青年双创生态圈，营造青年创新创业良好氛围。实施"青锋计划"青年创业帮扶项目，向6名创业青年发放创业帮扶资金50万元。投入运营南岸青年人才驿站，免费向求职大学生提供为期1周的住宿及就业指导。协调推进重庆市青年双创中心的整体建设，完成智菁园——青年智能人才培养区、智趣园——青少年智能体验区、智创园——青年智能制造企业孵化区等3个服务区的建设并投入运行，面积达（1430平方米）。先后向3家院校输出智能制造教学模式，向2家制造企业提供智能制造规划，向重庆智能制造企业输出就业青年200余人。

【团区委负责人】

副书记：曾　金（2019年6月任职）

（团区委）

南岸区妇女联合会

【概况】 2019年，南岸区妇女联合会（以下简称"区妇联"）以"巾帼心向党·建功新时代"为主线，推进"三项助力行动"，开展"家家幸福安康工程"，全区各级妇联组织及妇女工作者先后荣获重庆市三八红旗集体、三八红旗手标兵等市级以上奖项14项。培树全国最美家庭等市级以上先进典型家庭13个。妇联下属4个幼儿园稳步发展。还接待了湖北省恩施州和青海省格尔木市妇联参观学习。

【思想引领】 深入学习贯彻党的十九大和十九届四中全会精神、中国妇女十二大精神，结合区妇联新时代文明实践所，成立宣讲师资库，组建"女先生"队伍，利用"百千万巾帼大宣传"等活动载体，开展宣讲活动30余场，组织动员广大妇女深学笃用习近平新时代中国特色社会主义思想，团结动员全区广大妇女群众在推动南岸经济社会持续健康发展中奋发有为。

紧扣新中国成立70周年主线，围绕"倾情礼赞新中国·巾帼奋进新时代"主题，创作"我和我的祖国"快闪视频荣登"学习强国"App平台；拍摄纪录片《一个基层妇联主席的一天——她和她的两枚胸针》在全国妇联"女性之声"播出。各个基层"妇女之家"联动开展"唱响祖国颂歌"系列活动30场。

举办"巾帼新视记"纪念第109个"三八"妇女节大会。组织各行各业优秀女性参与市妇联倡议节目。农村妇女科技致富能手袁学美事迹在网易直播《巾帼脱贫进行时》栏目播出，童雪梅家庭荣获全国最美家庭称号，曹振涛家庭荣获市十大书香家庭称号，市最美家庭苏娅娜全家登上市"书香润万家"展示舞台。全年获全国城乡妇女岗位建功先进集体、全国维护妇女儿童权益先进集体、重庆市三八红旗集体等市级以上荣誉18个，通报表扬区级"三八红旗手（集体）"22个，以榜样力量引领激励全区妇女岗位建功。

向国家级、市级、区级媒体报送工作信息154篇，采用率95%。《中国妇女报》《重庆日报》等市级以上主流媒体宣传报道区妇联工作60余篇，人民网等主流网站宣传报道58条，网络及新媒体平台发布的相关信息155条。

【技能培训】 巾帼家政江南巧职业培训学校开展母婴护理、育婴员、养老护理、家政服务、家庭保洁、家居美化、家庭教育等培训12期，培训育婴员、家政员、母婴护理员226人，成功推荐就业25人。在广阳镇、长生桥镇等开展农村留守妇女"双学双比"技能比赛，提升贫困妇女脱贫致富能力。强化妇女就业创业政策宣传，联合区就业局等相关职能部门结合本区出台的就业创业优惠政策，开展落实公益性岗位开发管理、创业担保贷款提质增效等政策宣讲，提振妇女干事创业的信心。实施农村创新创业人才培育计划，培育巴渝网姐2人、巴渝大姐3人、巴渝巧姐2人。结合区"五大示范片"建设，以峡口镇西流村、大石村建立的"乐和人家"农业专业合作社联合社为雏形，深入推广"妇女小组＋合作社＋农户＋互联网"的经营模式，培育农业发展新动能。

【家庭建设】 开展"最美家庭""文明家庭""书香家庭""最美阳台"等评比活动，全区各级推荐典型300户，择优向市级推荐"最美家庭"10户、"书香家庭"6户、"绿色·惜福家庭"1户、"最美阳台"5户、"最美庭院"3户。

开展第三个家庭教育日宣传服务活动，重点宣传家教促进条例和家教指导大纲。承接市妇联家教百场讲座活动3场，受益家长600余人。关注单身青年群体，普及正确的婚恋观，开展"游轮之约·为爱起航"主题青年联谊活动。启动"九九家风"项目建设，实施"幸福家庭七步走"计划，通过线上线下结合方式规划礼约课程，逐步培育100户礼约好人家。

指导基层妇联实施“三治融合·幸福家园”“南麓文化行·传承好家风”等8个品牌项目。开展“礼赞新中国·书香润万家”家庭诵读初赛并承接市妇联“书香润万家”展示活动，评出南岸区“十大最美家书”10封，推荐3户家庭参加市级决赛，并分别获得市级一、二等奖，区妇联荣获活动组织奖。“童心赞祖国·童眼看家乡”儿童作品获市级“优秀绘画获奖作品奖”1幅、“优秀摄影获奖作品奖”2幅、“优秀征文获奖作品奖”1篇。开展“晒面晒幸福·爱家爱祖国”主题活动，通过“小手牵大手”的形式，引导每一个家族树立爱家爱国情怀。

【创业创新】 建成引领女性创业就业，助力基层妇联的平台“她空间”，引进“儿童保护、幸福家庭建设、生活品质提升、女性个人技能和素养培训”等8家社会组织入驻并开展活动，线上联系社会组织20余家。支持女性创业就业，联合区人社局等部门举办以“构建和谐劳动关系·助推民营经济发展”为主题的和谐劳动关系系列政策宣讲活动。开展“巾帼建功”行动，指导51个单位参评全国和市级、区级“巾帼文明岗”，3个单位和3名个人分别获得市级“巾帼文明岗”“巾帼建功标兵”。开展家政技能培训9期，公益培训3期，培训学员289人。登记在册家政员399人，为3375家客户提供服务，解决160余名妇女就业问题。指导“江南巧”家政申报国家家政服务业“领跑者”行动试点企业，荣获2019年重庆市3•15消费者点赞活动“优质品牌企业”和2019年度重庆市“十佳”家庭服务企业称号。2人荣获市总工会网上劳动和技能竞赛活动“月度服务之星”。在南岸区家协技能大赛中获家政组二等奖1名，育婴组三等奖1名。

【维权关爱】 结合全区机构改革实际及时调整成员单位，落实分管领导和具体工作人员，明确主体责任，确保妇儿工委工作不脱节。加强业务培训，重点就国务院妇儿工委七届一次全体会议精神、2018年重庆市妇女儿童工作会议精神以及南岸区妇女儿童规划纲要具体任务等方面进行详细解读。高度关注重难点指标，加强与职能部门沟通，确保2020年各项指标任务全面达标；关注特点问题，整合资源持续推进儿童之家规范化建设，发动成员单位捐赠价值10万元书籍，热心企业爱心捐款24万元。通过人大、政协等渠道积极呼吁改善妇女儿童发展环境，提交和承办建议议案9条。区妇儿工委成员单位区法院民一庭获评全国维护妇女儿童权益先进集体。

做好实事维权和暖心关爱工作，联合多部门举办大型集中宣传活动2场，创编法制宣传文艺作品2个，以“法律讲堂＋模拟法庭”等形式开展法治宣传活动10场，组织区婚调会成员开展公益讲座5场。2019年共接待群众来电来信来访186次（其中含法律援助1起），全部办理完毕，无一例不满意。承接区级维稳专项任务1起。以传统节日为契机，以“欢庆六一”“祝福祖国”为主题组织开展活动30余场，慰问妇女儿童4384人次，慰问经费10.37万元，发放宣传资料5000余份，受益群众2.13万人次。掌握困境儿童动态情况，确保关爱常态化，成功通过市级专项督导。持续实施“儿童之家——四点半课堂”，招募志愿者1800余人次，组织培训20次，累计开展志愿服务57024小时，人均开展志愿服务227小时。筹集资金154.21万元，有32个社区公益站为4000余个家庭提供服务。

【基础建设】 夯实社区群团工作阵地，19个群团之家全部投入使用。持续推进妇女小组建设并通过公开征名确定“江南姐妹”品牌，出台激励制度形成长效机制，对妇女小组专项工作进行专项评比并对15个工作出色的城乡社区妇联给予工作经费补贴。对妇联工作内容和形象展示等工作进行规范，统一印制城乡社区妇联工作手册并免费赠送，推进全区15个妇联工作“五亮”示范点工作。

开展业务培训，面向基层妇干开展妇联工作新媒体知识等专题培训6期、500人次，组织外出参观学习3次，向基层妇干赠送价值近万元的业务书籍；联合区委组织部开展处级女领导干部专题培训班1期。新启动助力女性创业创新和为基层妇联提供智力支持和服务的“她空间”。牵头群团基金管理使用，新制订城乡社区群团基金项目申报和使用管理办法，支持各城乡社区围绕妇女儿童家庭开展家庭亲子关系辅导、婚姻家庭关系调适、社区志愿服务、妇女就业创业培训、弘扬中华优秀传统文化等主题活动，2019年策划实施项目19个，开展活动89场次，受益群众1.8万余人，在积极助推社会治理创新的同时极大提升了群团组织影响力和凝聚力。

【“四点半”课堂】 明确开办流程，规范志愿者招募、服务内容、制度纪律以及考核激励机制等管理制度，形成了镇街妇联指导、社区妇联配合、社区公益站具体实施的工作架构以及“妇联组织＋公益组织＋志愿者”的工作模式。争取民泰公益基金和社会各方面资源支持此项公益项目，社区开办“四点半课堂”的积极性提高，群众参与度、满意度提升。全年有10个镇街，17个公益站开办“四点半课堂”，34个志愿者提供服务，356户家庭受益。

【困难儿童关爱】 全区统计有困境儿童28人，其中女童16人。2016年，组织15名困境儿童及27名爱心父母参加市妇联举办的“伴随成长冬令营活动”，由专业心理团队给参加活动的困境儿童及爱心志愿者开展心理团辅、培训及心理测评，同时为孩子们送上慰问金及节日礼品，慰问金额3550元。推荐困境儿童周小钦及爱心志愿者王珏，代表南岸区参加市妇联举办的为期6天5晚的暑期活动。对困境儿童实施“1+1”志愿者结对帮扶，明确“爱心父母”“六个一”职责，为困境儿童提供亲情关爱。

区妇联已建立以村居妇联干部为主体，村居干部为补充的“爱心父母”队伍，与困境儿童结成一对一帮扶对子。组织巾帼志愿者200余人与孤寡老人、智障儿童结对帮扶。针对贫困无母乳女性群体，发动爱心企业为600余名母亲提供价值近200万元的婴幼儿奶粉。动员全社会力量捐资助学，引导和发动社会各界关心贫困女童、女学生的健康成长，掀起了助“春蕾圆梦”献爱心的热潮，资助贫困女学生33人，受助金额6万元。各项妇女儿童民生项目共筹集资金300余万元，惠及贫困妇女儿童1.3万人次。

【组织建设】 群团改革后，区妇联领导班子增设挂职副主席1人、兼职副主席3人，班子专职比例下降至43%。兼挂职副主席分别来自基层一线、民营企业、媒体单位，在各自领域开展工作发挥作用。下属事业单位增加编制2人，加强社会组织管理，增强妇联工作力量。

基层人员占比明显提高。增补区妇联执委，使基层一线妇女比例在执委和常委中分别占46%、31%。完成镇街、城乡社区换届工作，15个镇街、139个城乡社区区域性妇联换届完成率达到100%，选举产生执委1895人，基层工作人员配备较改革前增长1.5倍，体制外代表超70%。

组织覆盖逐步扩大。在微型企业孵化基地建立了市级群团服务站和区域性妇联组织。在各机关事业单位建立妇工委、妇委会，配合健全两新组织工会女职工委员会，促进妇联组织作用发挥。

阵地建设不断创新。重点夯实“妇女之家”“儿童之家”传统阵地，创新建设“群团之家”，探索建设“网上妇女之家”，持续打造“江南巧”家庭服务、“江南好人”巾帼志愿服务等品牌。培育市“十佳妇女之家”“优秀妇女之家”5个。妇联下属4个幼儿园稳步发展。

【特色“江南巧”品牌】 特色“江南巧”品牌在区有总店1个、形象店1个、片区分店13个、社区服务平台139个。2019年，创办了江南巧月子中心、江南巧职业培训学校，承接了南山街道养老服务中心，与1000余户家庭缔结合约关系。

提升服务能力。依托“江南巧”作为延长手臂和进入千家万户的桥梁纽带，以社区、家庭为重点，全面梳理承接政府职能清单9大项，重点围绕家政服务、养老护理、亲子教育、就业创业培训、母婴护理等方面开展服务，实现“线上线下同步、服务功能整合、合作渠道多元、品牌精品建设、服务效益最大化”。

实施精准服务。帮助就业困难女性再就业，推荐妇女群众参加下属江南巧职业培训学校培训，经过学习、实操、考试获得国家人社部认可资质的职业资格证书，帮助提升其就业能力。截至年底，培训家政服务员、母婴护理员等179人，全部推荐就业。帮助妇女群众解决矛盾纠纷、调解难题，设立“维权部”，组建16人婚姻家庭调解委员会依法进行服务，开展各类讲座和团辅10余次，惠及群众1300余人。

【反家庭暴力工作】 区妇联举办妇联干部专题培训班，区妇联第十二届全体执委，机关妇工委（妇委会）主任，镇街及村居妇联主席、专兼职副主席等500余名妇联干部参加培训。培训班邀请了全国公安系统优秀教师、重庆市警察学院知名教授郭子贤，诠释《中华人民共和国反家庭暴力法》和《重庆市家庭教育促进条例》。

开展宣传，举办“建设法治中国•巾帼在行动——‘反家暴•促平等’维权服务到身边”活动，邀请市妇联领导，区司法局、公安分局、法院、民政局、文化委、卫健委、广阳镇的领导以及相关科室工作人员，律师、公安民警、法官、心理咨询师等专业人员参加并参与现场咨询，教育引导群众自觉通过法律渠道表达诉求，共发放维权宣传资料和宣传纪念品1000余份，接待群众答疑30余人次。

向全区所有的街镇妇联及村居妇联（妇代会）妇联主席，区妇儿工委成员单位免费赠送《中华人民共和国反家庭暴力法》简明读本、《中华人民共和国反家庭暴力法》释义两套工具书，方便妇联主席更好开展工作。区妇联机关组织全体干部职工进行专题学习，通读法律条款并对重点内容进行释义。

协调《南岸报》开设专版，对《中华人民共和国反家庭暴力法》进行全文刊载，并对其中的亮点和精髓进行了解读，《南岸手机报》、南岸网以及《南岸报》还以开设专栏的形式进行后续的系列报道，通过微信公众号“江南巧”向一万余名粉丝做一期专题宣传。

以《中华人民共和国反家暴办法》为内容，发放宣传资料，开展有奖问答。将全国妇联统一制作的三分钟宣传视频及全国第一部反家暴微电影下发到各街镇，委托街镇妇联开展宣传活动。

【区妇联负责人】

主　席：刘　玲（党组书记）

副主席：傅　萍　周育萍

（区妇联）

南岸区归侨侨眷联合会

【组织建设】 2019年，南岸区归侨侨眷联合会（以下简称“区侨联”）有侨联盟员35人，全区有老归侨12人，归侨侨眷3000余人。10月，区侨联在德国法兰克福与安徽华人华侨（德国）促进会、德国中华总商会跨境电子商务委员会签署了战略合作协议，建立了德国海外工作站。11月，按照南岸区侨联青年委员会章程要求，换届成立了南岸区第二届侨联青年委员会，产生委员32人，选举出会长1人，副会长9人，秘书长1人。委员中硕士、博士占比95.5%。

2019年，区侨联组织全区归侨侨眷侨属认真学习党的十九大四中全会和中国侨联“十代会”精神，推动落实中国侨联《关于新时代侨联基层组织建设》。按照区委、区政府服务群众工作组的要求，建立了每周四群众接待日制度、建立小组与区服务群众工作组常态联系机制。

【参政议政】 为进一步拓宽侨情民意的来源渠道，及时掌握基层侨联和侨企动态，在“两会”前对侨界人大代表、政协委员进行参政议政培训，部分侨界政协委员以“基于大数据的智慧旅游，推进三生三宜全面发展”为主题，向大会提交了政协大会发言。与重庆市中富电梯有限公司董事长蔡锡田一起到花园路街道花园路社区，对老旧小区加装电梯工程进行调研。

在南岸区政协九届三次全会上，侨界委员提交提案105件。南岸侨联智库专家提交《关于加快建立我国超级核心企业风险管控机制的建议》《关于把重庆设为新时代国家综合发展特区建议》《关于新时代中国制造业领导者组织机制创新》等多篇侨情专报，得到重庆市侨联和中国侨联的肯定。市区侨联智库专家李庆2篇侨情专报被中国侨情专报采用。

【经济建设活动】 建立侨资源档案库，做好以侨搭桥、以侨引资工作。接待了重庆市侨青会调研团一行；通过投资西洽会、在英国伦敦召开的第十五届世界华商大会和重庆英才大会，南岸区侨联通过《重庆市南岸区投资指南》宣传手册向侨商推介南岸，向与会嘉宾介绍南岸区及重庆经开区的发展现状、产业布局和招商政策，并邀请他们到南岸观光考察，投资兴业，共觅商机；区侨联赴万盛经开区交流学习；对接桂林市侨联，加强侨联改革、基层侨联组织建设、侨联工作创新和“侨胞之家”建设等方面的涉侨工作交流。接待南岸籍澳大利亚自然疗法中心连锁集团有限公司董事长朱同健先生、澳大利亚作家贺琴；接待受中国侨联的邀请，到重庆参加“世界侨商重庆行”活动的南岸藉侨商、福升威尔智能控制技术股份有限公司董事长徐强先生；南岸侨联智库专家、南岸侨青会海外名誉会长、峰一国际CEO姜敖受邀参加重庆英才大会；接待安徽华人华侨（德国）促进会会长张天乐先生，并对重庆抗战遗址博物馆和弹子石老街长嘉汇进行商务投资考察。接待海外侨团、侨领、知名人士等来访考察，推动了多领域的交流合作。组织参加重庆英才大会的百名中国侨联特聘专家和百名海外杰出侨青参观集聚重庆山水之城两江四岸建设风貌的南滨路，加大对重庆夜景和文旅体联动的推介。区侨联与区投资局合作，在重庆丽笙世嘉酒店举行了西洽会。

【归侨侨眷服务】 区侨联与区政府办公室外侨科共同慰老归侨伍名苏、温庆和等12名老归侨。为贯彻中国侨联“十代会”精神，区侨联主席漆重建协调各方资源，促使街镇将“南侨机工二代”纳入节假日慰问。为困难侨界群众以政府采购的形式购买最高的医保。在春节、中秋、端午、七一、重阳节、教师节慰问南侨机工子女、归侨侨眷、留守儿童、烈士遗孤、五保老人、失独人员近千人次，对困难群众进行入户慰问。国际儿童节期间，区侨联慈善公益人士、侨界政协委员到南岸区兴隆湾小学开展“桑梓情深，情暖学子”帮扶活动，向10名困难学生赠送包括书包、新作业本、英语本、笔、墨水、《新华字典》等一整套学习用品。

开展2019年“精准脱贫光明行”活动，为涂山镇、广阳镇90多名归侨侨眷和困难老人免费做白内障手术。与区政府办联合举办侨界迎春联谊活动，并邀请侨界智库专家成员、重庆市政协委员、重庆市硬笔书法家协会副主席、重庆市中富电梯有限公司董事长蔡锡田以“墨香中化，挥毫发展”为主题进行中华书法历史和技法讲解，现场赠送春联。

【社会活动】 庆祝中华人民共和国成立70周年，与致公党重庆市委、致公党南岸区委、铜元局街道党委共同开展主题为“中国•祝福你——热烈庆祝中华人民共和国成立70周年”快闪活动和爱国歌曲鉴赏活动。与南岸区弹子石老街的重庆先锋艺术电影院联合开展了以“弘扬舞蹈文化，同走一带一路”为主题的2019年新加坡亚洲舞蹈艺术节重庆赛区暨启动仪式活动。区侨联侨界企业家、江南商会会长、南岸区人大代表、重庆渝海食品有限公司董事长黄晓英向弹子石街道东山坪社区“侨胞之家”捐赠电脑2台。区侨联组织基层侨联主席、区政协委员、侨联智库专家、侨青会成员、侨界企业家考察团赴合川区就深挖历史文脉资源和乡村振兴生态环保促进地方经济社会发展的项目进行了调研，并开展了联络联谊活动。区侨联盟员、南坪小学区骨干教师黄渝蓉在“侨胞之家”学府路社区举行暑期垃圾分类亲子活动。区侨联法律维护中心主任、重庆百君律师事务所律师龙卫星到南坪街道“侨胞之家”后堡社区，为广大社区党员干部及归侨侨眷侨属讲解了一场以“合同法律实务及风险防范”为主题的公益讲座。漆重建主席在弹子石街道“侨胞之家”东山坪社区以“两不愁三保障”为主题开讲了社区党课。

在弹子石宏声假日广场举行南岸区2019年“侨爱心•光明行”活动启动仪式，携手中国侨联、中国华侨公益基金会、湖南爱眼公益基金会、爱尔眼科医院集团共同开展大型白内障复明公益项目，此项目旨在帮助符合项目条件的白内障患者得到及时治疗，防止眼病患者因病致贫、因病返贫，是“侨爱心工程”的重要品牌活动。组织老归侨、侨眷、基层分会成员、侨界政协委员、侨联盟员观看大型专题文献片《我们走在大路上》第十一集《统一大业》，使归侨侨眷更多了解国家统一政策和历史，在推进祖国统一大业中发挥侨的力量。

【建功立业】 区侨联获中国侨联第二十届世界华人学生作文大赛组织奖，学生获一等奖10名，二等奖18名，三等奖32名，辅导教师获相应的奖。区侨联副主席李庆撰写的《针对共享汽车市场存在的7个方面问题的建议》《科学推动“公园城市”的景观风貌建设的建议》，分别被中国侨情专报4829期、4937期摘登。

【区桥联负责人】

主　席：漆重建

（漆重建）

南岸区文学艺术界联合会

【文艺创作】 南岸区文学艺术界联合会（以下简称“区文联”）坚持围绕中心服务大局，深入开展“以人民为中心”的文艺创作。破除机关化、行政化，文艺创作接地气。南岸区文联组织成立的南岸区“红色文艺轻骑兵”深入一线，到区内各基层、各单位进行蹲点采风创作。

承接了一些适合南岸区文联的重点文艺创作、文艺品牌活动：与区纪委监委一起组织作家创作廉政故事、承办江南新城管委会“好春赞江南征文”的名家采风和作品评审工作，区供销社“南岸乡村振兴征文”的作家采风、评选、出书工作等。

【创作成果】 组织区内外优秀文艺家申报市委宣传部2019年度重庆市文艺创作资助项目，区美协副主席梁昌华的版画《欢歌笑语》获得扶持。各个协会在专门的文艺领域比赛中入展、获奖：作家熊筱枫的短篇小说集《白色向日葵》获第八届重庆文学奖。作家麋建国的作品登上《人民日报》副刊，获得第二届重庆晚报文学奖。尹西陵等9位画家的作品入选第十三届全国美术作品展。摄影家协会秦文的作品入选国家艺术基金传播交流推广项目“见证现实——老工业基地及三线建设摄影作品展”，协会两幅作品入选市文联“蝶变之美——重庆市脱贫攻坚摄影作品展”，区书法家协会有15人的作品入选“重庆市十届书法篆刻展”等。

【文艺活动】 区文联各协会在庆祝新中国成立70周年期间，协办了2019年中国舞协文艺志愿服务“送欢乐下基层”走进南岸活动，主办了在全市较有影响力的展览6个。

【文艺惠民】 编辑好文艺双月刊《南山风》杂志，丰富南岸区文联的特色“南山风”文艺品牌。结合新时代文明实践中心（站）的建设，开展“深入生活、扎根人民”文艺志愿服务，与市文联联合举办“2019年重庆市文联新时代文明实践文艺志愿服务活动——走进南岸天文街道水云路社区”文艺演出。加强组织建设，注重新文艺形态发展，把文联细胞做得更小，与区委统战部“星蓝莓”组织、区网信办联动加强网络文艺宣传。

【学习教育】 区文联领导参加了“不忘初心、牢记使命”主题教育，到基层调研、讲党课“做爱党爱国的南岸文艺人”；参加中国文联举办的18期县市文联负责人培训班；组织南岸区作协会员撰写“我和我的祖国”征文，向“学习强国”平台推荐并发表等。

【区文联负责人】

主　席：赵　瑜

（区文联）

南岸区残疾人联合会

【概况】 2019年，南岸区残疾人联合会（以下简称“区残联”）以残疾人脱贫攻坚同步小康为目标，精准实施助残服务，健全残疾人社会保障、公共服务和权益维护体系，推进各项重点工作。采取政府购买服务方式，由第三方承接全区全国残疾人基本服务状况和需求信息数据动态更新工作，精准把握全区16820名残疾人的数据。推进第二代《残疾人证》更换、第三代智能《残疾人证》核发工作，全年更换第二代《残疾人证》、核发第三代智能《残疾人证》3126个。区内7个残疾人康复托养机构开展教育培训、文体活动、出行服务、联谊活动、物资捐助等近150次，参加活动的青年大学生志愿者、爱心人士3000人次。

【民生与社会保障】 将全区2231户符合条件的残疾人家庭全部纳入最低生活保障范围，做到应保尽保。投入13.4万元为16801名残疾人购买意外伤害保险，实现持证残疾人全覆盖。审核落实重度残疾人护理补贴2693人、贫困残疾人生活补贴2229人。投入8万余元，为537户重度视力、听力残疾人家庭给予基本电视收视费减免。全面开展残疾人特殊困难救助，投入0.9万元为贫困重度残疾人修缮房屋。为138户残疾人家庭实施贫困残疾人家庭无障碍改造，解决残疾人做饭难、如厕难、洗澡难等问题。

【康复服务】 与区卫健委联合出台《南岸区加强残疾人精准康复家庭医生签约服务工作实施方案》，按残疾人需求及分布状况，分类开展康复服务。依托各社区卫生服务中心、镇卫生院在家庭医生签约残疾人服务的基础上，投入66.4万元，为2600名残疾人提供基本康复服务（依托南坪爱尔麦格眼科医院为视力残疾人提供基本康复服务）。

通过政府购买服务，有针对性地组织公益性社会组织竞争参与残疾人康复工作。2个公益性社会组织、7家有条件的民办康复训练机构参与对1900名残疾人的基本康复服务，投入资金130万元。完成4622名残疾人基本康复服务，累计投入196万元。

按照《南岸区建立残疾儿童康复救助制度实施细则》，投入200万元，为160名0—6岁残疾儿童发放定点机构康复训练补贴及交通、生活补贴；投入19.4万元，为37名7—14岁在定点机构康复训练的残疾青少年发放康复训练补贴。投入2.4万元，为6个新建村（社区）康复室配备康复器材。

运用社会化工作方式，实施残疾人托养服务。通过政府购买服务，有针对性地组织公益性社会组织竞争参与残疾人托养服务工作，区内2个公益性社会组织、5家有条件的医疗机构或民办康复训练机构参与了对384名残疾人的托养服务工作。

【就业培训】 主动联系企事业单位，推荐残疾人就业的同时，鼓励支持残疾人创业，并对残疾人就业创业情况进行跟踪服务，全年安置残疾人就业198人。开展残疾人招聘会4场，参与企事业单位约50家。

通过委托培训、推荐培训、举办培训班的形式，开展残疾人技能培训、农村实用技术培训、青壮年扫盲培训等，培训残疾人209人。完成盲人医疗按摩继续教育市级、国家级培训工作，参加6人，1人通过盲人按摩师职称评定。完成申报2018年盲人按摩扶持金工作，14户盲人按摩就业机构获扶持金24万元。

【教育工作】 协助区教委做好2019年残疾儿童少年的入学工作，截至年底，已有222名残疾学生入学。为1名符合条件的残疾大学生解决学费1.2万元。

【文体活动】 参加市残联、市委宣传部、市教委联合举办的重庆市残疾人小康进程微视频大赛，《我是被亲吻的那一颗》获一等奖和人气奖，《医者仁心》获三等奖和最佳人气奖。组织观看庆祝新中国成立70周年“自强脱贫、助残共享”2019重庆市残疾人特殊艺术巡演，参加600人。在“全国助残日”“国际残疾人日”等重要节点期间，结合市残联组织的系列活动，开展诗歌朗诵、歌舞表演、趣味运动、健康咨询讲座、无障碍体验等文体活动。区残联单独或与专门协会、服务机构等共同组织文体活动10余次。

在全国第十届残疾人运动会上，南岸区盲人跳绳队夺得5枚金牌，肢残运动队夺得硬地滚球冠军、运动员余海夺得该项目个人第二名。8月，对33名残疾人体育健身指导员开展了再培训。

【权益维护】 聘请法律援助律师为残疾人提供专项法律咨询39人次，代书等法律服务15次，代理诉讼案件8件，诉讼标的208万余元，为残疾人挽回经济损失132.3万元。

开展“德法相伴”“莎姐大普法”等活动。邀请区检察院检察官、律师、法律服务志愿者举办讲座8场，进社区宣传4次，法律有奖知识竞赛1次，受众1000余人次。

为274名残疾人代步车车主申报机动轮椅车燃油补贴，为265名残疾人代步车驾驶员张贴车身文明广告用语，并按照一人一车一牌发放标识标牌，签订了遵纪守法承诺书，邀请区交巡警支队和交通执法大队举办交通安全法规讲座2场。

接待残疾人来访236人次，来信6件，网上信访3件，人大、政协意见建议2件，有效化解矛盾5起。

【区残联负责人】

理事长：赵安全

（区残联）

法 治

政法委及社会治安综合治理

【**概况**】 2019年，中共南岸区委政法委员会（以下简称“区委政法委”）贯彻《中国共产党政法工作条例》，围绕新中国成立70周年大庆安保维稳主线，统筹推进政法维稳暨平安建设各项工作，维护全区政治社会大局稳定。全区政法工作取得明显成效，群众安全感、政法队伍满意度和司法公信力分别达到98.46%、96.30分、96.94分，同比分别提高2.14%、1.69%、2.05%。

【**政治建设**】 坚持党对政法工作的绝对领导，把理论学习摆在突出位置，贯彻党的十九大、十九届三中四中全会精神，学习习近平总书记系列重要讲话精神，把握正确政治方向，不断增强“四个意识”、坚定“四个自信”、做到“两个维护”。开展主题教育，班子成员检视边查边改问题15条，已整改7条，查摆立行立改长期坚持问题56条。贯彻《中国共产党政法工作条例》，坚持请示报告制度，全年向区委常委会汇报工作15次，推动政法重点工作；按要求组织召开政法委员全体会议、列席政法单位民主生活会，确保统一政法单位思想和行动；多次深入政法单位、镇街、村居、民营企业等调研指导，确保政法维稳工作高质量开展。

【**重大风险防范化解**】 成立领导小组，由区委书记任组长。成立工作小组，王愚常委任组长，下设9个专项小组，协同推进重大风险防范化解。建立健全风险出库入库、重大风险紧急信息报告等工作制度，推进工作常态化、制度化开展。每季度结合重庆市督导内容，对重点成员单位、各镇街开展专项督察，及时通报问题，落实整改。专项小组每月开展风险动态排查，建立台账清单，排查出风险点860个。工作小组每月召开专题会议，对各领域特别是政治、意识形态、社会等领域的风险防范化解情况进行集中研判、调度，推动化解风险点70个。完成“防风险保安全护稳定迎大庆”集中攻坚行动。7月开始，高标准推进国庆安保维稳工作，实现“七个坚决防止”目标，获得市委市政府通报表扬。

【**扫黑除恶**】 强化组织领导，提请区委常委会、区政府常务会专题研究部署扫黑除恶工作6次，召开领导小组会、工作例会24次，开展专项督导4次，向相关镇街和部门提出整改建议69条。区扫黑办转办线索40条，查结35条，查结率87.5%，组织案件会商5次，打掉涉恶类团伙5个，全区9类涉恶案件发案97起，同比下降34.9%，10个重点整治地区刑事立案同比均下降20%以上。公检法“三长”完成签字背书69件次，区扫黑办核查55件次。逐案筛查涉黑涉恶案件38件，排查涉案人员220名，查处涉黑涉恶腐败和“保护伞”问题2件2人。以专项斗争为牵引，整治涉油违法犯罪、非法营运、城市环境乱象、娱乐场所违规经营等行业乱点乱象。针对行业领域监管不到位、属地管理责任缺失等问题，发出“三书一函”27份、督办函13份，推动行业部门细化监管措施，形成长效机制。

【**社会治理**】 强化党建引领，项目化推进社会治理创新，召开现场推进会2次，展示推介创新社会治理镇街示范项目30个，入围全国创新社会治理百家案例3个，其中南坪街道“三调合一”矛盾纠纷多元化解项目入围全国创新社会治理十佳案例。践行“枫桥经验”南岸实践，深化三事分流，推广“131”老旧散小区治理经验，推动无物业小区实现自治管理；完善矛盾纠纷联排联调工作机制，全区收集各类矛盾纠纷8875件，化解7457件，化解率84%；推广矛盾纠纷调解中心建设，受理纠纷2481件，调解成功2412件，协议金额3622.78万元。推进社会心理服务体系试点区建设，拟用三年时间初步搭建“13200”三级社会心理综合服务体系（1个区级平台、3个服务网络及200+个服务网点），在2019年试点督导评估中列全市第四名。

【**平安建设**】 完善社会治安防控体系，整合专职网格员、综治巡防队员、“红袖标”，对全区559个基础网格开展日常巡逻防控。每月汇总研判全区社会治安形势，每季度开展社会治安群众满意度调查，督促镇街和部门做好平安建设基层基础工作。开展专项整治，遏制网络制贩枪爆物品违法犯罪发展蔓延；开展校园及周边、医院、养老机构综合整治，依法取缔无证幼儿园2家，未发生涉医、涉养老机构重大案（事）件。加快“雪亮工程”建设应用，基本实现重要部位视频监控全覆盖。推进校园智能化安防建设，全区302所中小学幼儿园全部安装“一键式报警装置”，实现秒级响应。

【司法改革和法治建设】 加强政法单位执法司法活动监督，组织案件评查145件，未发现违法违规办案情况。牵头完善民营企业涉法涉诉维权协调机制，主动服务民营企业。推进涉法涉诉信访积案化解，终结12件、化解7件、建议市委政法委核销2件、教育稳控1件，受理并办结回复信访件16件。协调处理重大疑难案件，召开协调会30次，协调案件23件。完成政法委机关机构改革，机关职责配置、机构设置、工作机制得到进一步优化；牵头落实司法体制改革任务9项、社会治理体制改革任务14项，除待市上部署项目外，均按要求完成。

【队伍建设】 开展“不忘初心、牢记使命”主题教育活动。加强政法系统意识形态建设，坚决肃清孙政才恶劣影响和薄熙来、王立军流毒。履行全面从严治党主体责任，贯彻中央八项规定精神，组织全区政法系统领导班子成员参观市党风廉政教育基地。制定《2019—2022年南岸区政法系统干部教育培训实施意见》，在中国人民大学举办“南岸区政法系统防范化解重大风险维护社会稳定专题培训班”。开展“最美平安守护者”、新中国成立70周年安保维稳工作先进集体和个人等评选活动，选树先进典型，发挥示范引领和激励作用，促进队伍活力。参加“学习强国”风采展示活动，在全市比赛中获总决赛二等奖。统筹政法部门持续拓展宣传阵地，丰富宣传内容，围绕防止网络诈骗、扫黑除恶专项斗争、司法改革创新举措、服务民营经济发展、干警先进典型事迹等群众关心的热点问题，全年发布宣传稿件5000余条，南岸政法系统发布自媒体稿件3500余条，阅读量2000万人次。

【区委政法委负责人】

书　　记：王　愚（区委常委）

副 书 记：刘后金　王　虹　李向明　贺　俊

　　　　　韩伯海（挂职）

政治处主任：张　颖

（区委政法委）

公　安

【国庆安保维稳】 区公安分局开展“践行新使命、忠诚保大庆”实践活动，全区政治类、邪教重点人管控到位，政治安全“零出事”；化解顽固上访人员5人，重点人员“零非访”；严密管控爱达财富等涉众型经济案件受损群体，重点群体“零聚集”；策动区级职能部门，由区领导带队在区央企国企、部门镇街、景区景点开展安全稳定大督察，安全事故“零发生”；成功处置国旗被污损等敏感案事件17起，负面舆论“零炒作”；高效落实“三区联动”部署，开展路面秩序净化等“五大行动”，采取南山单循环、南滨路沿线车辆随停随走等措施，道路交通“零梗阻”；快速侦破“10•3”庆隆高尔夫入室盗窃、“10•5”南坪万达门面系列盗窃案等案件，全区21个重点挂牌整治地区总体立案同比下降34%，社会治安“零死角”；举行大庆安保决战决胜誓师仪式，全面落实战时督导检查，立查立改问题隐患243个，公安队伍“零违纪”。

【“三个中心、三支队伍”】 区公安分局确立“接警必跟进、逢案必研判、六侦合一、多维支撑、全程掌控”工作理念，全新打造合成作战中心、指挥中心、执法办案中心“三个中心”，配套组建专业抓捕队伍、专业审讯队伍、专业群众工作队伍“三支队伍”，从情报、刑侦、治安等警种和派出所选调骨干民警，24小时在合成作战中心集约值守，派驻技侦、网安就近设立保密工作区，制订出台考核办法、工作流程、技术保障方案，规范内部运行。通过完善“分局+派出所”两级合成研判，实行“接出警+研判+抓捕+审讯”闭环链条式作业，大幅缩短案件侦办周期，基本实现“1分钟配置警力、2分钟签收警情、30分钟反馈现场情况、8小时内完成受立案流程”，最大限度在72小时乃至48小时“黄金期”内实现抓捕、突审、破案、追赃等第一阶段工作，为审讯深挖环节提供了坚实保障。促成侦查模式由单一手段向多维度信息化应用转变，带动全局传统侵财案件侦办速度向“快侦快破”目标靠拢，提高办案效率、减轻民警负担。全年破获“盗、扒、骗”等侵财类案件案数同比去年翻了一番，专业抓捕队伍现场捉获违法犯罪嫌疑人496名，48小时以内违法犯罪嫌疑人到案率40%、72小时到案率46%。

【“三调合一”中心】 区公安分局践行“枫桥经验”，在南坪、天文等11个派出所会同辖区党政部门探索建立集人民调解、治安调解、诉前调解“三调合一”调解中心，调处各类矛盾纠纷2481起，成功率97.2%，实现民事纠纷和具备调解条件治安案件的高效化解，获评2019年全国十佳“创新社会治理典型案例”。

【警用三维云控系统】 区公安分局联合重庆市地

理信息与遥感应用中心、紫光集团等公司研发建设集实景展示、评估决策、指挥调度于一体的大数据＋视频云的“警用三维云控系统”。该系统通过无人机倾斜摄影技术，对网红景区弹子石老街错综复杂的九层坡地、沿街商铺、20栋建筑物、3条道路搭建精度达到3厘米的三维模型，同步整合该区域科信、网安、技侦、情报和视频等各类数据资源，对可能威胁现场安保的重点人员和突发事件提前预警、可视化展示，辅助扁平化指挥，实现精准高效处置。

【渣土车安全管控系统】 区公安分局为靶向治理工程运渣车超载、超速等监管难题，研发“车行云”渣土车安全管控系统，实现渣土运输车辆运行轨迹、运行时间、行车秩序及驾驶人员的精细化管理与控制。全年查处突出交通违法行为2万余起，经验成效得到《人民公安报》宣传推广。

【治安防控新路径】 区公安分局试行重点行业场所智慧管理，完成134家涉黄赌“高危”场所视频结构化镜头安装，将歌舞娱乐场所从业人员信息纳入合成平台研判，强化信息化监管，黄赌警情同比下降7%。联合美团、顺丰等快递物流、外卖送餐企业创新推出“反诈骗垫餐纸”“反诈包裹贴”，开展“杀猪盘”等新型诈骗防范宣传，增强群众防范电信网络诈骗“免疫力”。会同教育、检法、民政等部门强化未成年人违法犯罪综合治理，盗窃摩托车、盗窃车内物品等未成年人作案高发案件同比分别下降14.47%、25.41%。

【社区民警大比武】 区公安分局成立由主要领导任组长的社区民警大比武活动工作领导小组，人口、治安、刑侦、反恐、督察等警种分工协作，科学设计8项考核项目、30余项考核指标，对全局18个派出所230余名社区民警实现全覆盖。在现场测试、知识竞赛、警情模拟等传统考核方式基础上，首次引入第三方专业测评公司，对全区5000名群众进行民意抽样调查，真实准确了解社区民警日常工作情况，提升社区民警群众工作能力及对辖区熟悉度以及群众知晓率。

【民生警务】 区公安分局推行全域一站式报警受理工作机制，实现群众在南岸报警“只跑一次”，110重复报警、无效报警同比分别下降10.1%、9.9%；实施上新街片区智能交通改造项目，优化调整交通组织73处，完善交通设施117处，海棠溪新街高峰时段排队长度缩短22.3%、南山隧道通行效率提高15.4%；落实服务民营经济30条和新10条，破获交运城卡计算机系统被破坏案等涉企案件207起，为民企经济止损近3亿元；落实服务学校29条，全区302所中小学、幼儿园建成“一键式、可视化、全覆盖”安全报警平台；深化公安“放管服”改革，实现内地居民普通护照、往来港澳及台湾通行证“全国通办”，实行车驾管业务申请材料“四个减免”“一证办”“一窗式”办理，全市率先下放12类户口审批权限至派出所，群众办证时间平均缩短9个工作日。

【“2019年重庆国际马拉松”比赛安保】 3月31日，第九届重庆国际马拉松赛在南岸区南滨路开赛，共吸引了全球多个国家和地区的近3万名马拉松选手和爱好者报名参赛。南岸区公安分局在充分借鉴以往经验基础上，投入1600余名警力参加勤务，突出了大数据、特别是人脸识别在现场安保中的建设应用，赛事期间未发生一起突发事件、公共安全事故，确保了赛事圆满举行。

【典型案例】 2月26日，区公安分局收到一实名举报“套路贷”线索。经过专案攻坚，明确了一个以贷款为名实施“套路贷”诈骗犯罪团伙。7月18日，专案组一举抓获魏某等犯罪嫌疑人34人，查扣涉案资金57万余元。经查，该案涉及受害人300余人，被骗金额600余万元。

3月初，区公安分局相继在茶园地区发现多处利用改装面包车定点非法经营成品油。经过大数据循线深挖，明确了一个以代某某为首的非法经营成品油犯罪团伙。6月上中旬，一举摧毁了由代某某等人组成的非法经营成品油犯罪网络，捣毁非法经营窝点10处，抓获犯罪嫌疑人42人，查扣涉案运油车辆14台，查封涉案成品油597.05吨。经初步查证，该犯罪网络非法销售成品油2.23万吨，涉案金额1.32亿元。

【区公安分局负责人】
局　　长：张树金
政　　委：金　亚
副 局 长：廖真贵　刘增荣　何　平
政治处主任：曾佑彬
纪委书记：秦北海

（于进勇）

检　察

【概况】 南岸区人民检察院（以下简称“区检察院”）于2016年12月从南坪搬迁至茶园新区，办公大楼面积从2300余平方米增加到14500余平方米。2019年，有10个内设科室，人员编制105名，实有在编干警97人。在职党员干警79人，占在编干警81.4％；员额制检察官38人，检察辅助人员50人，司法行政人员12人，各占 39.1 %、51.5%、12.3%。

近年来，区检察院先后荣获全国先进基层检察院、全国职工职业道德建设先进单位、全市检察机关队伍建设先进单位等全国、全市荣誉 6 项，科室获全国“女职工建功立业标兵岗”等全国、全市荣誉 24 项，获“全国五一巾帼标兵”等省部级奖励 3 人次，获市、区奖励 150 余人次，20 人入选最高检、市院检察人才库，在全国、全市检察业务竞赛中获得标兵、能手称号。

【服务发展】 营造支持民营经济、外商投资企业发展的法治环境。健全与区工商联的多项沟通联络机制，与区工商联共建“检察机关服务民营经济展览厅”，院领导、检察官定点联系的民营企业由 14 家扩展到 42 家。与区总工会建立劳动者权益维护协作配合机制，在区职工服务中心设立民事行政检察申诉点，助推和谐劳动关系综合试验区创建。“服务民营经济法治宣讲团”开展法治宣讲 10 余次，向民营企业制发检察建议 4 份，推动民营企业合法合规经营。联合公安机关清理涉民营企业刑事诉讼“挂案”并撤案 5 件，为涉案民营企业卸下包袱。办准办好涉民营企业案件，起诉侵犯民营企业及其从业人员合法权益犯罪 30 余人。

抓好生态环境和资源保护，开展“保护长江母亲河”“主城大气污染防治集中治理”等公益诉讼专项行动，立案环境保护领域案件 52 件，占公益诉讼案件总数 86.6%，提出诉前检察建议 48 份，已整改 45 份，促请有关行政机关整治违法排污企业 37 家、清除垃圾 1500 吨、排查扬尘污染项目 35 处。与行政机关共同聚焦“雅巴洞”码头环境资源保护问题，相关行政机关通过重点整治、集中约谈、联合执法等方式，积极履职，拆除违法建筑 6700 余平方米，清运固体垃圾 600 余吨，清运污水约 15 吨。深入开展“保障千家万户舌尖上的安全”专项监督活动，就食品加工、网络餐饮安全等发出公益诉讼检察建议 6 件，已整改回复。实现国有财产领域公益诉讼零的突破，立案 2 件，发出诉前检察建议 2 件。通过现场送达诉前检察建议、参加工作协调会等方式，促进行政机关依法履职，收回医保基金 1400 余万元，并对涉案医院处罚违约金 7000 余万元。

化解公共安全风险，依法批捕故意杀人、抢劫等侵犯公民人身财产权益犯罪 772 人，起诉 848 人。积极参与打击整治枪爆违法犯罪、电信网络诈骗犯罪等专项行动，批捕 167 人，起诉 146 人。化解金融风险，与区金融办等机构密切协作，参与清理非法集资案件专项工作，批捕非法吸收公众存款等破坏社会主义市场经济秩序犯罪 55 人，起诉 49 人。提前介入非法经营成品油 2.2 万吨案，涉案金额 1.32 亿元，着力解决取证方向、案件定性等疑难复杂问题，依法批捕 19 件、36 人。受理监察机关和上级检察机关移送职务犯罪案件 7 件、7 人，已决定逮捕 4 人，起诉 5 人。

落实案件会商机制，涉黑恶案件做到 100% 提前介入引导侦查，稳准狠打击群众反映强烈的“套路贷”等恶势力犯罪，配合扫除恶势力团伙 8 个，依法起诉 34 人。严格落实检察长背书制度，开展黑恶势力犯罪专项复查，深挖“保护伞”线索。坚守客观公正立场，是黑恶的一个不放过，不是黑恶的一个不凑数，追捕、追诉涉恶犯罪 6 人，对证据不足的不批捕 2 人、不起诉 2 人。在区扫黑办牵头下，组织相关行政部门、街镇等 23 家单位及人大代表、政协委员开展“检察建议集中送达活动”，向 4 家行政部门送达检察建议、释法说理，均已整改回复，促进“非法放贷”专项整治、商圈治安防控、旅馆规范经营等行业、领域治理。

【社会治理】 畅通群众表达意见渠道，升级改造控告申诉接待大厅，与区司法局建立律师代理申诉工作机制，院领导接访群众 61 人次，做到群众信访 7 日内程序回复、3 个月内办理过程或结果答复“两个 100%”。加大对贫困当事人的救助工作力度，发放司法救助金 3 户、8.4 万余元。发挥好主导作用，对 779 件案件适用认罪认罚从宽制度，将矛盾化解贯穿于办案全过程，促进社会和谐。与区教委印发落实最高人民检察院“一号检察建议”文件，在部分小学成立“莎姐”青少年维权工作站，健全预防性侵害未成年学生违法犯罪机制。配合区教委落实涉性侵犯罪人员从业禁止制度，通过入职涉罪信息查询系统，完成全部教职员工的涉罪信息查询工作。院领导担任龙门浩职业中学法治副校长，带头为学生以案释法。与区残联健全沟通协作机制，深入街镇、村社等为老年人防诈骗支招、为残疾人普法 30 余场次。在区总商会成立涉罪未成年人观护基地，1 名涉罪未成年人已在观护基地进行帮教和就业技能学习，帮助其顺利回归社会。在东南医院建立未成年被害人“一站式”询问、救助点，对 5 名未成年被害人开展司法救助、心理干预等救助工作。

监督侦查机关立案 7 件、撤案 6 件，纠正漏捕漏诉 21 人，书面纠正侦查违法行为 20 余次。严把批捕起诉关，对事实不清、证据不足的，不批捕 358 人、不起诉 107 人。注重对量刑畸轻畸重等案件的监督，提出刑事抗诉 6 件。加强刑事申诉审查，提出再审检察建议并被采纳 2 件。加强刑罚执行监督，监督纠正财产刑执行不当 13 件、收监社区矫正人员 5 人，提出变更强制措施建议被采纳 5 人，向上级检察机关移送职务犯罪线索 1 条。

坚持依法纠错与维护正确裁判并重，办结民事行政监督案件 69 件，上升 57%。办理民事裁判结果监督案件 25 件，提请抗诉 11 件，发出再审检察建议 3 件，经再审后改判5件。办理民事审判活动及执行活动监督案件22件，向相关单位提出检察建议20件，已回复19件。以行政非诉执行监督为切入点，办理行政检察监督案件9件，发出检察建议6件，均已回复。对恶意串通侵占他人财产、虚构事实逃脱债务等虚假诉讼案件，提请抗诉4件，经再审后改判4件。与区司法局建立民事行政检察与法律援助工作协作配合机制，开展支持起诉22件，挽回弱势群体经济损失10余万元。

【队伍建设】 开展“不忘初心、牢记使命”主题教育。召开党组会、中心组学习会、专题会议等学习14次，深入学习贯彻习近平新时代中国特色社会主义思想和党的十九大、十九届四中全会精神，院领导带头上主题思政课，切实增强“四个意识”、坚定“四个自信”、做到“两个维护”。贯彻《中国共产党政法工作条例》，重大事项及时向区委请示报告，切实把党对检察工作的绝对领导落到实处。开展主题征文3次，组织参观周公馆、桂园、《挺进报》爱国主义教育基地等，1名干警在“全市检察机关‘不忘初心、牢记使命——我是共和国检察官’主题报告会”做主题发言。邀请退休干部讲述院史院情，建成党员活动室、荣誉墙等文体设施，开展青年联合会、女检协等活动10余次，营造干事创业的良好氛围。

完善检察官动态管理机制，补充选任5名员额检察官。推进聘用制书记员改革，招聘29名聘用制书记员。打造“辩论队”，实行“理论导师＋实务导师”培训制，开展“检察官一律师”模拟庭审、全员轮训、法律文书评比等岗位练兵活动230余人次，获评“全市检察机关未成年人案件优秀法律文书”“全市检察机关优秀社会治理类检察建议”各1份。鼓励干警参加高学历教育，4名干警在职攻读博士学位。提高检察理论和实务研究能力，50余篇论文在《法治论坛》等公开刊物发表或获奖，承担国家级、省部级课题9项，1人入选“全国检察机关调研骨干人才”。提高智慧检务运用能力，推进智慧刑检深化试点工作，深度运用远程提讯、移动检务等系统，积极与上级检察机关联合建设公益诉讼快速检测实验室。

严格落实“两个责任”，持续整治形式主义、官僚主义等“四风”问题。对廉政风险点进行全面排查和防控，聘任10名廉政监督员，发布检务督察通报6期。院领导上廉政党课2次，组织参观重庆市党风廉政教育基地等2次，开展“以案四说”警示教育活动10余次。严格落实“三重一大”事项集体决策制度，严格执行“三个规定”，严格防范关系案、人情案、金钱案。运用好监督执纪“四种形态”，特别是第一种形态，开展廉政谈话43人次，对检察人员违纪违法零容忍。

【区检察院负责人】
检 察 长：李大槐
副检察长：黎先文　傅红波

（区检察院）

法　院

【概况】 2019年，南岸区人民法院（以下简称“区法院”）由12个部门组成，其中人民法庭1个。全院有员额法官及其他工作人员189人，其中，员额法官79人，占41.8%；法官助理69人，占36.5%；具有硕士及以上学历82人，占43.4%。全年受理各类案件53812件，同比增长23.26%。审执结案件47773件，同比增长21.67%，法定审限内结案率99.98%，案件结收比96.62%。生效案件服判息诉率94%。

【刑事审判】 全年受理刑事案件1231件，同比下降4.49%。审结刑事案件1190件，同比下降3.09%。审结涉黑涉恶案件10件，判处罪犯51人。加大对黑恶势力财产处置力度，判处罚金1413万元，追缴和责令退赔“黑财产”36.83万元和1500.16万元。严惩杀人绑架、故意伤害、强奸等严重暴力犯罪案件51件，判处罪犯59人。坚决惩治群众身边的犯罪，审结黄赌毒、盗抢骗、传销等犯罪案件834件。持续打击涉众型经济犯罪，严惩非法集资、非法吸收公众存款、金融诈骗等犯罪案件16件，涉案金额5.8亿元。

【民商事审判】 全年受理民商事案件31588件，同比增长13.44%；审结民商事案件26790件，同比增长3.48%。审理涉及企业兼并、改制、重组、破产等案件32件，帮助困难企业盘活资金。依法及时审结投资、买卖、物流、工程施工、租赁等合同纠纷2660件，涉案标的1.4亿元。审结金融借贷、保险纠纷等案件5586件，促进市场要素顺畅流通。审结房地产案件2260件，服务房地产市场健康有序发展。加强产权司法保护，慎用查封、扣押等强制措施，审结涉民营企业纠纷案件10522件，涉案标的7.4亿元，有力维护民营企业合法权益。审结婚姻、赡养、扶养、继承等案件1199件。审结追索劳动报酬、工伤保险等案件1638件，依法打击拒不支付劳动报酬行为，为劳动者追回报酬6937.68万元。

【行政审判】 全年受理行政案件520件，审结512件，同比分别上升31.01%和33.68%。监督行政机关行政行为，判决行政相对人胜诉案件15件，促使行政机关变更行政行为案件62件。依法维护行政行为的权威性和公信力，判决支持行政行为案件53件。运用协调、和解等“柔性手段”，实质化解行政争议，当事人主动撤回起诉62件，占行政诉讼案件结案数的22.71%。异地管辖、审理行政案件117件。促进依法行政，为相关部门提供法律咨询意见83次，开展法治讲座12次，提出并发送行政司法建议4份，组织120名干部旁听案件庭审，为辖区法治政府建设贡献力量。

【执行】 受理执行案件19588件，同比增长52.52%；执结案件18445件，同比增长73.58%。执行兑现金额14.8亿元，实际执结率68.48%，执行标的到位率48.84%。开展重点复杂案件清理专项行动、“利剑2019三集中专项行动”，开展凌晨集中执行27次，深入突击执行57次，周末全天执行9次，执结“硬骨头”案件5820件，集中拘留46人次、腾退房屋及不动产35处、扣押车辆106台。受理集体土地征收、城市房屋拆迁案件10件，执结3件，结案率30%。无一引发群体性事件或恶性事件。

【司法改革】 按照市高法院统一部署，构建“1+18”司法责任制改革制度体系，完善权责明晰、权责一致的审判权力运行机制。加快建立以审判工作为中心的机构设置模式和人员配置方式，圆满完成基层法院内设机构改革。加强法官员额动态管理，遴选法官10人，新招录法官助理5人，充实审判力量。完善瑕疵案件认定、审判责任承担等机制，严格审判责任认定和追究。落实院庭长办案责任，院庭长办案20660件，同比增长46.67%，占结案总数的43.25%。

【队伍建设】 始终把队伍建设作为推进法院工作的根本保证，加强干警思想、作风和廉政建设，锻造忠诚、干净、担当的高素质人民法院队伍。用实际行动践行“两个维护”、兑现“三个确保”，把初心写在行动上、把使命落在岗位上。严格落实“三会一课”要求，定期组织干警专题学习216次。全年组织参加办各类业务培训43期，培训121人次。扎实推行“一线磨砺”计划，多岗位、全方位培养锻炼青年法官的综合能力。10个集体和4名个人受到市委、区委及市高法院表彰。

【区法院负责人】

院　　长：王子伟
副 院 长：陈晓南　汤　平
政治处主任：马世军
纪检组组长：向　蓉
执行局局长：刘　锋
审判委员会专职委员：陈　芳　杨　忠
审判委员会委员：谭千花　王　敏
执行局政委：骆　兵
副调研员：朱　波

（区法院）

司法行政

【依法治区】 建立四个层面会议机制，召开区委全面依法治区委员会会议2次，协调小组会议3次，办公室主任办公会议1次，依法治区工作座谈会1次，研究解决依法治区的重大问题。完成四个专项工作，做好中央依法治国办法治政府建设全面督察准备工作，完成法治政府建设示范创建活动，落实市委营造法治化营商环境、保护民营企业发展专项督察工作，完成市委食药品领域执法专项督察工作，发挥专项工作切口小、专业性强、指向明确的特点，推动法治政府建设。

【法治政府建设】 健全依法决策机制，审查以区政府或重庆经开区管委会为主体签订的民事合同112件，出具法律意见952余条，参与政府重大事项法治审核10件。推行行政规范性文件合法性审核机制，对以区政府名义制发的5件行政规范性文件进行合法性审核；清理审查涉及民营经济发展、生态环境保护的区政府行政规范性文件19件，废止不适应经济社会发展的区政府行政规范性文件4件。完善法律顾问制度，全区镇街已实现法律顾问参与政府行政管理全覆盖，参与各级行政机关涉及的行政复议、行政诉讼（一审）案件180余件，参与各镇街、各部门涉法事项研究530次。

【行政复议】 深化行政复议体制改革，畅通行政复议渠道，综合运用书面审理、听证审理、联动调解等方式审理行政复议案件。全年新收行政复议申请43件，决定受理38件，不予受理5件。其中决定确认违法、撤销、变更、责令履行4件，占审结总数的11.1%。行政诉讼一审开庭审理132件，行政机关负责人出庭应诉29次，占庭审总数的21.9%；法院判决应诉行政机关撤销、变更、确认违法、履行法定职责7件，败诉案件占案件总数的5.3%。南岸区作为七个区县之一入选全市行政复议规范化建设首批示范创建地区。

【行政执法】 全面推行行政执法三项制度，成立南岸区全面推行“三项制度”工作领导小组及办公室，形成上下贯通、左右协调的组织体系。落实行政执法公示制度，通过南岸区“信用南岸”平台公开行政处罚案件的名称、权力依据、案情描述、案件状态等信息。建立行政执法公示事项清单，健全公示内容审查机制。全面推行“双随机、一公开”监管，各部门随机抽查事项达到本部门市场监管行政检查事项的70%以上，其他行政检查事项的50%以上。加大执法队伍建设，及时清理更换行政执法证件684个，组织开展全区816名行政执法人员培训考试，考试合格率100%。

【“枫桥经验”南岸实践】 推广“三调合一”矛盾化解机制，联合相关部门在南坪街道建立“矛盾纠纷调解中心”，开展访调、警调和诉调对接“三调合一”试点。中心建立便捷司法确认机制、值班和现场处置机制、跟踪办结机制、联动联调机制四大机制，将矛盾化解在前端。全年受理调解矛盾纠纷4765起，调解成功4676起，成功率98.13%，进行司法确认55起，得到群众和社会好评。按照区级一点、镇街一点、公安一点“三个一点”的原则，在全区10个镇街11个派出所全面启动镇街矛盾纠纷调解中心并正式运行。2019年，南岸区“三调合一”机制荣获全国“创新社会治理典型案例”十佳案例，市委常委、市委政法委书记刘强，市政协副主席、市信访办主任徐代银等市领导到现场指导，并给予高度评价，同时《半月谈》《重庆日报》等媒体也进行了报道。

【公共法律服务体系】 优化以区公共法律服务中心为枢纽、15个镇街法律服务站为骨干、145个村社法律服务室为支撑的三级法律服务体系，实现公共法律服务便民化。区级公共法律服务中心作为窗口部门，被市司法局纳入2019年全市重点打造的十个示范中心，多次接待司法部和外省市司法厅局调研，得到一致好评。

【民主法治村社“三治结合”建设】 2019年，南岸区达到市级法治、德治、自治“三治结合”建设标准的村社有56个，占全区总数38.4%，基层社会治理体系和治理能力现代化不断深入。

【大普法工作】 加强法制宣传，落实“谁执法谁普法”责任制，结合三月法制宣传月、扫黑除恶专项斗争等各类主题活动，扩大法制宣传的覆盖面和影响力。全年全区各镇街、各部门开展普法宣传活动487场，参与群众9.2万人次，发放各类宣传资料29.5万份。开展“宪法宣传周”活动，区人大主要领导、分管领导，区委、区政府、区政协分管领导参加了活动启动仪式。“宪法宣传周”期间，全区15个镇街、41个部门开展集中宣传28场，举行法治文艺演出14场，发放各类普法宣传资料2.8万余份，参与群众2.2万余人。

培养法治思维，组织42名新提任处级以上领导参加全市春秋两季新提任领导干部法治理论知识考试、组织133名处级以上领导干部参加年度法治理论知识考试集中抽考，参考率和合格率均100%。组织8200名领导干部、企事业单位职工参加年度法治理论知识网上答题，参考率92.1%，合格率99.7%。组织440余名处级以上领导干部参加3次庭审旁听，通过近距离接触反面警示教育案例，增强领导干部对法律的敬畏。

【助推高质量发展】 加大律师行业培育力度，服务经济发展，引进北京浩天信合、上海建纬、上海汇业律师事务所进驻南岸。对接洽谈上海申浩律师事务所、北京万商天勤等全国律师行业规模性、品牌性大所，达成落户南岸的初步意向。2019年，全区律师行业收入首次突破一亿元，增速23%，增速位于全市前列。开展公共法律服务进园区活动，组建律师法律服务团对全区重点企业进行“法律体检”，为重点领域、重点工程、重点项目和重大民生事项提供专项法律服务，为60余家民营企业开展法律风险评估，引导民营企业建立制度化、规范化、法治化的运行模式。

参与全区民生项目，区公证处为两江四岸环境整治、轨道环线站点建设、农转非安置房选择、普惠制幼儿园入学资格抽签等重大公益事项提供法律服务，推动经济社会发展。全年受理各项公证申请6726件，接待各类法律咨询近2万人次，业务收入540万元。

【法律援助】 提高法律援助工作专业化水平，组建相对固定的50人法律援助律师团队，参与区法律援助中心、看守所、检察院、法院援助站点窗口值班、负责12348热线服务咨询，办理法律援助案件，深入各镇街进行法律宣传。区司法局与相关部门加强工作衔接，完善配合机制，将所有刑事案件犯罪嫌疑人纳入法律援助范围，实现刑事案件法律援助全覆盖。开展“法援惠民生·关爱农民工”活动，发挥法律援助为农民工维权的职能，畅通农民工欠薪维权渠道，共办理农民工讨薪案件645件。全年全区受理法律援助案件1575件，结案860件，挽回经济损失992万元，提供各类法律咨询3.2万人次。

【扫黑除恶】 按照中央、市委工作要求，发挥职能作用，开展“两类”人员涉黑涉恶线索深挖排查工作，移交涉黑涉恶线索1条。组织各司法所定期以入户谈话、电话问询等方式对辖区内有涉黑前科的20名刑满释放人员进行针对性走访和情况信息收集，及时掌握此类人员的思想、生活和工作等动态情况。

【社区矫正】 坚持“稳”字当头，落实重大风险、平安稳定和矫正安帮风险研判工作。在册列管人数429人，未出现社区矫正对象参与、发生重大案事件的情况。认真贯彻落实全国人大常委会《关于在中华人民共和国成立七十周年之际对部分服刑罪犯予以特赦的决定》，排查出8名拟特赦人员，8名拟特赦人员均由法院依法裁定特赦。建立完善安全稳定应急处置机制，特赦人员按要求接回并纳入重点安置帮教对象，确保辖区安全稳定。

【安置帮教】 坚持动态化管理，做到情况清、台账明、措施实。全区安置帮教总人数2967人，核实服刑人员430人，确保核实率100%；回执预释放人员103人，回执率100%；衔接刑满释放人员993人，进行帮教978人、安置967人。

【矛盾调处】 完善矛盾纠纷预防、排查、调处工作机制，指导全区15个镇街调委会、11个专业调委会定期开展纠纷排查工作，做到隐患及时预防、及时调解、及时化解。全区受理矛盾纠纷4276件，调解纠纷4276件，调解率100%，调解成功4208件，调解成功率98.4%，有效预防“民转刑”和个人极端案事件发生。

【信访稳定】 区法律援助中心积极参与化解重大信访案件，为重庆远大中西医结合医院、重庆昌野药房连锁有限公司等5起470人次信访群众提供法律援助，把信访纳入法制轨道，有效维护稳定。

【主题教育】 区司法局党委高度重视“不忘初心、牢记使命”主题教育活动，班子成员集中学习研讨8次，12个基层党支部参加集中学习170人次。局班子形成5篇调研报告，提出解决问题措施21条，对专题民主生活会查出来的21条问题形成整改方案，明确了整改时限，落实了责任人员，局党委成员在全系统讲党课4次，参加党员158人次。经过主题教育，全局提高了党组织凝聚力和党员党性修养。

【律师行业党建】 成立南岸区律师行业党委。加强新形势下律师行业党建工作，以党建促业务，以业务带党建，引领律师行业健康发展。建立律师行业“1+1+1”党建工作机制。突出“支部建设规范化、组织生活制度化、阵地建设标准化”，将全区律所分为5个片区，每个片区打造1个党建工作示范点，1个示范点带动1个片区律所党建工作，1个局机关支部党员指导1个示范点及片区律所党建工作。加强律师行业组织建设。按照“就近建”“同步建”“同步转”原则，突破隶属关系，按照律所办公地址区域建立4个联合党支部。

【班子建设】 坚持理论学习，建立健全理论中心组学习制度，提高班子业务能力和整体素质，共开展理论集中学习15次。坚持民主集中制，规范集体决策程序和运行机制，凡涉及“三重一大”的事项，及时召开党委会研究。坚持作风建设，班子成员认真对照党风廉政建设要求，自觉接受监督，广泛听取党员干部、群众和服务对象的意见，深刻查找自身存在的问题，抓好整改落实。

【司法行政队伍】 推进“两学一做”学习教育常态化、制度化，依托“三会一课”，建立周五机关干部学习日制度，组织学习45次，内容涵盖党建知识、业务技能等。持续推进廉政建设，在全系统坚决整治“四风”问题，落实中央八项规定精神，干部职工无违法违纪行为发生。重视干部培养选拔，经过组织酝酿、民主推荐、民主测评、组织考察、任职公示等程序，新提拔3名科室负责人，调整交流6名科级干部。强化教育培训，落实学法长效机制，23名干部参加并通过全市法治理论知识考试。组织干部职工参加市区两级培训13人次。

（区司法局）

重庆市渝都监狱

【安全稳定】 狱政管理。贯彻司法部及市“两局”监管安全工作要求，结合司法部驻在式检查整改意见，全面排查整治各类重点安全隐患95项，完善监管工作制度10余项，规范各类办事流程10余项。开展“明身份、守监规、促改造”专项整顿活动，以“三姿”“一装”“一品”为抓手，开展各类评比检查20余次，罪犯行为养成明显提升。调整优化狱情分析模式，拓宽信息收集渠道，各监区每周四专题会议研究，解决突出问题，落实民警责任，对不能解决的问题由狱政科汇总后再协调各部门整改落实，提高解决问题的针对性和及时性。针对新中国成立70周年等重要时间节点，增配警力，强化安保措施，确保监狱安全稳定。强化罪犯外诊管理，规范押解、现场管理标准及程序，确保外诊工作绝对安全稳定。注重规范罪犯死亡处置程序，全年未发生罪犯家属无理缠闹，影响监狱正常工作的情况。加强监管区大门管理，印发《关于进一步加强AB门安检工作的通知》，严格管控外来人员进出监管区，最大限度防范监管安全事故的发生。

狱侦工作。强化情报工作基础，主动掌握监管安全的预警控制权，布建耳目×人，收集耳目情报材料×份，撰写耳目情报综合分析 × 期；发展信息犯 × 人，收集信息犯材料 × 份，完成安全分析 × 份，形成了较为周密的情报网络。充分利用智慧监狱优势，建立联勤处突中心，整合夜间值班警力，大幅度降低民警值班频率，提升值班效率和处突能力。

【生活卫生】 持续完善食品安全责任制，坚持食堂6T管理要求，健全食品安全清单化、流程化、网格化、规范化流程管控机制，严格按照罪犯生活食物量标准，将肉食进行均衡分摊，调整罪犯菜谱，不断改进蔬菜的加工质量，增加不同的口味，罪犯对伙食的满意度大幅提高。开展反对浪费、厉行节约专项活动，全监罪犯生活潲水由原来的80桶减少到现在的30桶。丰富劳动补偿餐和奖励餐菜品品种，使奖励餐品种由原来的4个增加到30个，在提高菜品质量的同时降低菜品单价，有效激发罪犯改造积极性。开展开饭现场秩序整顿，为罪犯购置了消毒柜和统一餐具，强化监舍内务规范，严格定点吸烟，开展监管区环境卫生大整治活动，监狱规范化管理水平明显提升。规范罪犯医疗救治和卫生防疫工作，明确监狱医院职能，加大医疗卫生宣传力度，实行医院医生分片巡诊制，规范罪犯外诊，通过邀请社会医院医生来狱等措施来减少罪犯外诊量。做好防暑降温工作及疾病防疫工作，提升卫生保障水平。

【公正执法】 加强对最高人民法院《关于办理减刑、假释案件具体应用法律的规定》《监狱提请减刑假释工作程序规定》等法规制度的培训学习，增强民警法纪意识，规范执法行为。强化执法“痕迹化”管理，加强执法记录仪的使用和管理，加强视频监控的运用，完善了民警现场执法、罪犯严管和行政处罚佐证材料的搜集、整理和归档工作。

全年新收罪犯 × 人，依法提请办理减刑案件 × 件，罪犯减刑比例占押犯平均总数 ×。办理罪犯保外就医 × 人，新中国成立70周年提请办理特赦 × 人，案件办理准确率100%。按照市局和监狱统一安排部署，监狱还对历年保外就医下落不明的 × 名罪犯进行考察和收监工作，先后成立四个小组，赴渝中区、江津区、广东惠州等地，成功将 × 名保外就医下落不明的罪犯抓获收监。

【改革创新】 调整优化监区功能定位，调整十一监区职能，将罪犯大伙、劳动补偿餐和奖励餐进行整合，丰富菜品，改善伙食质量，罪犯满意度明显提升。明确定位十四监区为监狱生产技术调度中心，将原材料、产成品的出入库以及裁剪等工序进行统一管理，有效提高运行效率，降低违禁品流入风险。将监管区内外民警食堂合并，降低运行成本，降低安全风险。对一、六监区罪犯进行整合，调整优化生产项目，充分发挥六监区生产监区职能。

完善罪犯管理体系，修订计分考核、分级处遇办法，将计分考核同罪犯处遇无缝连接，形成管理闭环。撤销严管监区（十三监区），制订《监狱级严管罪犯管理暂行办法》，将监狱级严管罪犯纳入十监区管理，彻底改变以往以关代教的处理方式，监狱级严管罪犯总量下降90%以上。以计分考核、分级处遇、劳动报酬、物质奖励、监狱级严管等五大制度为核心，逐步建立起科学、规范、高效的罪犯管理新模式，通过日常计分考核管理罪犯并按分值兑换不同处遇套餐，结合劳动补偿以及区别化管理新要求，一方面民警管理更加便捷高效，另一方面罪犯改造积极性大幅度提升，在实践中取得良好效果。

建立任务派遣及督察督办机制，通过对监狱长办公会、交接班例会、晚例会等布置的工作任务进行派遣，落实工作责任，形成部门（监区）负责，分管领导审核把关，警务督察部门督察督办的良性工作机制。全年监狱办公室、指挥中心派遣各项工作任务1500余条，警务督察队开展现场督察154次，视频督察132次，部门联合督察22次，专项督察5次，发现各类问题隐患420余件次，其中通报典型问题隐患198件次，问责处理民警（予以个人量化考核）8人，推进监狱各项工作的落实。

【改造工作】 坚持政治改造的引领作用。先后抓住改革开放40周年、全国“两会”等重要节点，组织罪犯观看活动实况转播，增强罪犯国家认同感；以新中国成立70周年为契机，开展“我和我的祖国”系列主题教育活动。建立政治改造教研组，制订改造课堂教学大纲，打造政治改造教师团队，教学效果得到增强。邀请了市委党校教授等专家学者来狱为罪犯宣讲两会精神，引导罪犯了解国家发展取得的巨大成就和发展思路。确定一、九监区为政治文化改造示范基地，以点带面推进全狱政治改造工作。投入20余万元，打造“五大改造”成果展；悬挂国旗、国徽和政治改造标语，制作政治改造专栏，月初和重大节日举行升旗仪式，营造浓厚的政治改造氛围。

充分发挥教育治本功能。严格落实“5+1+1”和“共管包教”“一犯两警”制度。坚持每周为罪犯集中上思想政治课。抓实四级讲评制度落实，严格落实“十必谈”制度，开展“一二三四”工作法（建立一个体系、把握两个重点、扭住三个关键、强化四方联动）强化危顽犯攻坚转化，成功将市级挂牌转化对象代坪、易云洪两名罪攻坚转化。探索制订了《罪犯矛盾纠纷排查调处实施办法（试行）》，全年排查调处各类矛盾纠纷220余件次。

做实罪犯心理矫治工作，开展入监心理健康教育311人次，入监心理测试311人次。完成出监心理健康教育2次，出监心理测试459人次，完成罪犯临时心理测试594人次，对78名情绪和行为异常罪犯进行心理咨询、干预，并制订后续矫治方案，完成2837人次危险性评估测试。制发《关于进一步加强罪犯出监评估工作实施意见（试行）》的通知，采取分监区评估、监区评定和监狱出监评估委员会会议审定的方式，对即将刑满释放罪犯484人进行出监评估，确定重点帮教对象121人，并严格落实必接必送，做到了接茬帮教无缝对接。严格按照《中华人民共和国监狱法》和市局规定审批罪犯日常行政奖励，全年完成3548人次日常表扬审批。

充分发挥文化育人功能。坚持以“法、德”为核心，将“明德、厚德、尚德、塑德、敬德，守法、畏法、礼法、崇法、弘法”等10项内容定为各监区文化建设主题。升级打造“四位一体”教育平台，发挥“渝都电视台”在狱内宣传的窗口作用，全年播放各类电教课55课时、新闻48期，制作专题片16期。强化“渝都育人”网络平台的管理，刊载作品近1700条（篇）、电教视频130集、休闲娱乐音视频500部（首）。继续做好广播电台和两报编辑工作，“育人之声”有线广播电台共播出20期，播出新闻信息430条，《重庆育人》和《心理健康》报分别出版24期、12期，形成了图像、声音、文字和网络立体式浸透润化的文化格局。优化“新生艺术团”建设，添置设备设施，创作精品节目，举办“迎新春文艺演出”，等活动24场次，举办“第十届狱内书市”。各监区开展了“感恩迎新春，改造增信心”系列活动，举行乒乓球、象棋等文体活动，促使罪犯在文化艺术氛围中提高修养，净化心灵。

劳动改造职能得到提升。严格落实监狱执法标准以及劳动改造工作流程，结合监狱和公司整体发展思路出台《罪犯劳动报酬发放考核办法》《罪犯物质奖励办法》等核心制度，配套制订了《生产项目管理办法》《劳动改造工作考核办法》《三方协调机制》等工作办法，规范劳动改造执法程序，优化劳动改造职能，巩固劳动改造效果。全年开展4批次、300余名罪犯职业技能鉴定，获证率96%，超出部颁标准6个百分点。指导、督促各监区开展5次罪犯生产技能竞赛，提高罪犯学习生产技能积极性。推进劳动改造规范化管理，持续推进生产现场视觉识别标准化建设，开展生产现场劳动工具专项整治活动，排查尖锐工具3861把，钝化3705把，钝化率96%，确保生产安全稳定。企业管理水平不断提升，围绕公司整体发展思路，狠抓产业结构调整，初步形成以高中低档服装缝纫加工为主，其他加工为辅的产业布局，载至年底，实现劳务加工产值×万元。全年发放罪犯劳动报酬×万元。新生公司通过加大安全投入，提高民警、罪犯安全生产意识，实现安全生产“零事故”目标。开展火灾防控、安全月主题教育、百日安全生产攻坚等专项活动，加强对厂房、仓库、消防设施及特种设备的安全检查。开展生产安全隐患排查整治，全年开展各类隐患排查76次，排查隐患181个，投入安全隐患整改费用69.1万元。开展监狱级综合应急演练3次，按照司法部驻在检查组“回头看”检查意见，制订了监区联动应急处置方案。组织民警参加了重庆市注册助理安全工程师考试，对安全生产管理民警开展安全生产管理人员持证上岗培训，组织民警职工到迎龙消防队进行消防业务技能培训。开展新入监罪犯培训5批次、181人次。根据工作需要，全年调整职工岗位20余次，全面启用NC系统，规范对工人劳资人事管理基础工作。落实工人队伍的各项待遇，及时准确兑现职工各项福利政策，确保职工队伍安全稳定。

【队伍建设】 抓民警队伍培养。以学习习近平新时代中国特色社会主义思想、党的十九大、十九届四中全会精神为主线，以“不忘初心、牢记使命”主题教育为载体，深入开展政治理论学习，进一步增强“四个意识”、坚定“四个自信”、做到“两个维护”、实现“三个确保”。全年开展党委理论中心组学习13次，支部书记、教导员经验业务座谈会5次。注重民警教育培训，先后邀请专家学者来狱开办全国“两会”精神宣讲、形势政策教育、心理健康、家庭教育、党务业务知识等专题培训讲座6场次；先后分四批次40余人参加了支部书记培训班，提升党务业务素质能力；选派56名业务骨干和优秀民警代表到市内外先进兄弟单位开展学习考察，并组织召开考察报告会5次，有效推动和促进了监狱工作发展。

抓干部结构调整。针对中层领导结构老化、责任意识不强，大多数民警没有安全感、幸福感等突出队伍问题，监狱公开选拔、调整科级干部、分监区长近百人，科级领导平均年龄由45岁下降至42.7岁，队伍执行力、干事创业的动力明显增强。严格领导干部履职标准，强化中层干部管理，转变中干思想观念，鼓励担当作为，充分发挥好中流砥柱作用，中层领导干部履职能力和工作状态显著提升。

抓民警队伍管理。通过细化岗位职责，强化民警队伍执行力，民警尽职履责情况持续好转，三大现场见警率不断提高。严格落实“点评考核”制度，印发《民警个人量化考核办法》，并要求各单位根据民警的实际工作情况进行打分排名、点评考核，并将排名情况同评先评优挂钩，奖优罚劣、奖勤罚懒，充分体现干好干坏不一样；结合“岗位之星”和“共产党员示范岗”等评先活动，大力宣传正面先进典型，民警工作积极性大幅度提升，获得感、满足感、幸福感持续增强。创新警情分析形式，建立支部周分析、月汇报、监狱季度专题研究工作机制，及时发现并有效应对民警队伍中出现的各类问题，确保队伍安全稳定。

【廉政建设】 突出“两个责任”，抓好制度建设。制发《2019年领导和部门党风廉政建设和反腐败工作分工责任制》，签订《党风廉政建设责任书》《廉政承诺书》。监狱纪委每月对各单位的党风廉政建设进行监督检查。强化“一岗双责”，严格执行《党风廉政建设和反腐败工作日常检查指导办法》，强化报告制度，加强对报告事项的检查监督。制订《2019年党风廉政建设及反腐败工作要点》，搭建平台、拓宽宣传教育渠道，在“渝都莲花”微信公众平台推送廉政信息30余则；向民警职工发送廉政短信2500余则，廉政文化氛围更加浓厚。强化日常教育，各支部每月至少组织1次党风廉政专题学习教育，教育覆盖面100%。监狱领导为民警职工上廉政党课27场次，各支部书记上廉政党课40余场次，梳理监狱典型案例10起，汇编成《违纪违法案例集》，以身边事教育身边人，做好监督执纪“后半篇”文章。做好针对性教育，抓早防小，对监狱摸排出的重点人员谈话50余人次，开展入党廉政培训48人次，与监狱中干谈话180次，组织开展“以案四说”3次，全狱民警2000余人次受到教育。

强化执纪问责，抓好廉政风险防控。重视执纪安全，严格落实“手递手”制度。拓宽信息收集渠道，恢复纪委公开接待日。建立刑满释放罪犯谈话制度，谈话率不低于50%。监狱将民警岗位风险防控作为党风廉政建设的重中之重。将警囚界限作为衡量干部廉洁自律的重要标准，将警囚界限作为衡量监区抓党风廉政建设工作的重要标准，民警自律范围更加明确。为杜绝违禁品流入，监狱将监管区大门搜身岗位外包，有效解决了民警熟人之间检查磨不开脸面，检查不严不细的问题。规范了物资验收和财务管理环节，明确大宗物资采购、工程建设验收标准。

落实“八项规定”精神，坚决纠正“四风”问题。坚持节假日“打招呼”，提醒广大领导干部、民警职工守底线、懂规矩；严格执行创建节约型机关有关规定，从严控制三公经费支出，严格控制外出学习考察活动，对上级主管部门安排的学习参观活动，严格审批和报销程序。严格执行公车管理规定，每部车辆均安装了公务车辆管理系统，坚持派车制度和里程油耗公示制度。严格公务接待，从简安排各种活动。

【后勤保障】 提高政务服务水平。制订《监区（科室）工作目标绩效考核办法》，按季度对全狱各单位开展绩效考核工作，根据工作实效对各单位进行评分排名，通过落实奖惩，有效激发全狱各单位的工作积极性，形成良好工作氛围。按照《党政机关公文处理工作条例》要求，严把公文质量关，规范公文处理流程，全年办理发文380件，处理上级来文550件。规范会议工作，提高会议质量和效率，全年承办各类会议50余场次。贯彻中央八项规定要求，精简会议文件数量，减轻基层工作负担，与上年相比，全年会议文件总量减少20%，清理减少各类表册30余项。完善机要办公室建设，加强对机要人员的业务培训，强化对机要文件及密码设备的管理，开展全狱性的保密安全培训2次，同全狱民警职工签订保密协议。强化办公用品管理，按需为全狱各单位配置办公用品，提高服务质量。

增强后勤保障能力。完成民警食堂就餐模式调整，推行自助餐模式。在菜品、口味上广泛征集民警职工意见，尽可能地调节品种，提高民警职工满意度。坚持把食品安全卫生放在首位，严把食品质量关，确保食品的绝对安全。合并监管区内外食堂，监管区采用新的配餐模式，充分保障基层民警工作需要。做好接待工作，主动为来狱的各级领导和来宾提供优质的后勤服务，展示监狱良好形象。优化民警备勤环境，新装修了机关民警备勤室，为各监区购置了新的备勤床、柜等办公家具，统一配发床上用品，并提供定期清洗服务。严格公务车辆管理，完善交通车定期安检制度，加强司机安全教育，车辆运行实现“零重大事故”“零伤人”目标。做好环境绿化及卫生保洁工作，营造干净、舒适、整洁的办公环境。

提高财务管理水平。突出财务工作重点，强化预算控制，完善管理制度，出台《2019年财务工作要点》，下达2019年行政经费内部预算，制订《经费审签报销管理办法》《票据管理办法》，按季度通报分析经费执行情况，梳理解决困难，使年度经费得以保障，经济行为规范有序，财务监督行之有效。

【渝都监狱负责人】

监 狱 长：徐　革（党委书记）

政　　委：崔跃翔（党委副书记）

副 书 记：王小波（纪委书记）

副监狱长：郭三辉　梁进忠　万光林　杨朝鸿　陈　阳　程建中　侯良铭

（渝都监狱）

军事

人民武装

【政治建设】 深入学习习近平新时代中国特色社会主义思想和强军思想，认真筹划组织“不忘初心、牢记使命”“传承红色基因、担当强军重任”两项主题教育。利用驻地资源搞好配合活动，先后组织参观渣滓洞、白公馆、红岩魂陈列馆和重庆市爱国主义教育基地，参加南岸区公祭革命烈士、同升国旗同唱国歌等活动，利用交班会、党团活动等时间开展“讲红色故事、守初心使命”教育，进一步缅怀前辈先烈，铭记革命历史，不忘初心使命。

区人武部党委两次召开民主生活会，针对巡视巡察反馈问题，结合自我剖析检讨，检视5个方面31个问题立改立行。落实专武部长军地联合考察，组织专武干部资格认证，规范任免审批，下达任职命令，完成年度测评和履职考评。落实基干民兵预建党组织，预建党支部19个、党小组44个，民兵干部全部是党员，基干民兵党员比例30%，坚持党日、党课制度，确保党对民兵队伍的绝对领导。

以专武、民兵干部为重点，利用组织整顿、轮训备勤等时机开展“理论大学习”活动，结合新中国成立70周年系列活动加强光荣传统教育，学习宣传王继才先进事迹，引导民兵学习改革先锋、时代楷模、道德模范，组织民兵开展“双争”活动。制订2019民兵参建参治方案，发动民兵开展“把驻地当故乡，为富民兴渝做贡献”活动。

【民兵组织整顿】 着眼构建“基础队伍强大、基干力量精实、应急应战一体”新型民兵队伍，按照《南岸区“十三五”时期民兵调整改革实施方案》，严密组织2019年民兵组织整顿潜力调查及数据会审，召开年度民兵组织整顿工作部署暨业务培训会议，印发《2019年南岸区民兵组织整顿工作计划》，适时组织专项工作任务推进会，协调9个区级部门和驻区消防救援支队、预备役部队统筹国防后备力量建设，推动民兵应急力量纳入地方应急管理体系，编建普通民兵分队×××个、×××××人，基干民兵分队××个、××××人，人员在位率、退伍军人比例、高中以上文化程度比例、专业对口率全部达标。

制订《军民通用装备预征预储计划》，签订《军民通用装备征储协议》××份，投入59.1万元购齐民兵应急连装备物资器材。投入1.99万元，组织全体基干民兵体检和政治考核。完成全部专武干部、干事和基干民兵档案建立。

【按纲治训】 修订应急方案×份、应战方案×份、日常战备方案×份、行动保障方案×份。以担负警备区战备建设试点为契机，投入经费46万元改建值班室，新建作战室、战备资料室、战备物资器材库和战备图库，战备配套建设水平走在警备区前列。

按训练大纲制订下达年度训练计划、首长机关训练计划、民兵在岗训练计划。组织基干民兵分队参加年度“开训周”活动，拉动点验××名基干民兵。组织专武干部带民兵应急分队×××人轮训备勤，遴选人员组建新的区民兵应急连，完成基础、专业、应急课目训练，接受军委国防动员部实兵拉动考核取得优异成绩。组织×××名预定新兵参加役前教育训练，完成队列、战备基础、体能训练和军队常识、兵役法、人民军队光荣传统教育，征集男兵×××名，保证了兵员质量。

协调组织区国动委参加重庆市城市人民防空演练。组织××名民兵信息员进行业务培训，选聘12名有各类专业特长人员担任民兵教练员，挑选3名优秀教练员参加警备区民兵教练员比武竞赛。分三批培训学生军训教官200人，完成年度全区7所高中、驻区4所大学学生军训任务，承训高中学生6950人、大学生21200人。

【军地融合】 及时调整区国防动员委员会、军事设施保护委员会、征兵工作领导小组等军地议事协调机构。坚持政府主导，依法展开国防动员潜力统计调查，统筹发动区内各组织机构、行业系统、社会团体、企事业单位，指定专人负责，明确责任分工，搞好业务培训，严格核查会审，采集数据总量×××××条，年度数据增量超过100%，覆盖率和可用率大幅提升。

建成区征兵集中办公场所，协调区公安分局提供适龄青年人员信息，协调区教委组织适龄在校生、指导镇街组织适龄社会青年“双线”同步展开兵役登记，兵役登记率98.7%（××名适龄青年异地登记）。承办重庆市2019年征兵宣传进高校活动启动仪式，组织指导镇街、社区、村社、学校、企业全方位开展征兵宣传，全区应征报名××××人。协调区卫健委全程跟踪指导征兵体检，协调区公安分局跟进征兵政治考核；尊重镇街、高校推荐意见，坚持择优定兵、集体定兵，开设电话、网络、信箱等廉洁征兵监督渠道，挑选60名廉洁征兵监督员，实现连年征兵工作“零投诉”。

建立军地企协调机制，为“军转民”“民参军”企业提供政策咨询，搞好服务。履行军事设施保护职能，主动做好拥军优属、抚恤优待、退役安置工作，协调55名军人子女入学，助推“全国双拥模范城”评选。

【基层达标建设】 承担重庆市高校武装部正规化建设试点任务，指导重庆市第二师范学院建成“三室一库一馆”，在全市得到推广。加强区人武部正规化建设，按照军人职业教育要求，投入9.5万元，新建互联网、军综网军人职业教育学习室各1个。投入14.3万元改建档案室，添置保密柜18个、文件柜10个、密集架11组，聘请专业人员整理历年档案，规范了文件档案管理。协调区文旅委投入25万元、自筹3.9万元，购置体育训练器材32件（套），建成军人体育训练室。投入20.7万元整治营区环境，营造军营文化氛围。投入10.9万元增设营区安全设施设备。

高标准建设区民兵应急连连部、民兵活动之家，区人武部营区面貌一新，为基层武装部树立了样板，得到警备区首长肯定。按照正规化建设标准和“两年全部达标”要求，结合全区基层单位实际，制订2019—2020年分别达标17个、2个的“两步走”计划。召开专题任务部署会，指导长生桥、鸡冠石、峡口镇武装部率先进行正规化达标建设，树立先行试点。年底对今年计划达标的17个武装部逐个检查验收，峡口镇、鸡冠石镇和重庆第二师范学院武装部为一级达标，9个单位为二级达标，5个单位转列2020年达标。

【制度建设】 坚决贯彻“军委主席负责制”，常态落实“请示报告、督促检查、信息服务”三项机制。坚持双重领导和军地领导双向兼职制度，第一书记和国动委主任多次深入区人武部和基层人武部现场办公。召开人民武装和国防动员例会，总结部署工作，研究解决具体问题。统筹党委议军、军事日、工作报告和述职制度，始终保持对武装工作的有力领导。以迎接军委国防动员部民兵调整改革检查为契机，督促基层武装部立起“民兵工作会议、请示报告、组织整顿、政治教育、军事训练、设施资料管理、民兵活动、民兵青年之家管理、外出民兵管理、检查评比”十项制度，促进武装工作在末端制度化、常态化。坚持将武装工作纳入全区经济社会发展实绩考核，细化武装工作考核标准，促进了各级落实武装工作的积极性。

【议战议训】 1月8日下午，区人武部召开部党委议战议训会，学习研究中央军委新年开训动员令，筹划部署新年度军事工作。在总结反思2018年度军事工作拉榜排名情况基础上，制订2019年目标任务，强化组织领导，细化任务分工，确保工作落实。会议明确，迅速掀起开训热潮，在全区组织开训“练兵周”活动，采取基层人武部自训与区人武部拉动点验相结合方式，开展军事理论、基本技能和动员业务等训练。民兵应急力量结合任务需要，重点开展体能、森林灭火、抗洪抢险等课目训练，坚持领导带头，以上率下，全面掀起新年度练兵热潮。坚决纠治和平积弊，开展和平积弊大讨论，对照具体表现，深入纠治人武部系统存在的痼疾顽症，查找不思打仗、不愿吃苦、不敢牺牲等问题根源，克服松懈麻痹、与己无关、后备后用、后备无用等错误思想，以时不我待的危机感、马上就干的实际行动，主动投身国防动员主责主业中。

（胡长应）

【应急民兵分队拉动】 1月10日，区人武部组织辖区内15个街（镇）应急民兵分队开展开训“练兵周”活动。为检验各单位训练“四落实”情况，1月17日上午，由谭丙阳政委带队，组织3个检查组分别对长生桥镇、南坪街道、涂山镇进行拉动抽查和点验。10时30分，被抽查的3个单位均在2小时内将人员及装备带到指定地点完成集结。

（胡长应）

【国防动员工作会】 1月23日上午，召开南岸区2019年人民武装暨国防动员工作会议，区委书记郑向东、区政府常务副区长黄红和区人武部部长王军、政委谭丙阳出席会议。会议传达学习了警备区党委五届二次全体（扩大）会议精神，总结2018年工作，表彰先进单位和个人，安排部署2019年工作任务。区委书记郑向东围绕警备区首长寄予全区“争创一流、走在前列”的期望要求，着重就坚持党管武装、聚焦备战打仗、激发使命担当进行部署，就“高标准抓好武装工作落实、扎实推进后备力量建设”提出具体要求。各镇街党（工）委书记和专武部长、区国动委成员单位领导、企业（院校）专武部长和区人武部全体人员 70 余人参加会议。

（游斌）

【表彰座谈会】 1 月 30 日上午，南岸区召开立功受奖现役军人暨家属座谈会，表彰 2018 年度立功的南岸籍现役军人及家属。区人武部政委谭丙阳，区退役军人事务机构筹备组组长詹道刚、副组长傅远军，全国拥军模范贾紫焰出席会议。向立功军人及家属发放了慰问金和慰问品，有 10 名现役南岸籍军人，其中 2 人荣立二等功，8 人荣立三等功。

（李泽琛）

【“三室两库”试点建设】 着眼需求谋布局。按照“利于值班执勤、利于组织指挥、利于战备出动”原则，精心设计功能布局，合理配置设施设备，确保指挥通达、信息畅联、反应迅速、保障充分，为应战应急行动提供有力支撑。

着眼体系建系统。紧贴人武部职能任务实际，统筹考虑系统先进性、集成性和可推广性，重点加强应急指挥、日常值班、安全管理和应用系统建设，拓展情报收集、辅助决策、要素管理等功能，实现信息主导、系统集成、资源引接和综合配套要求。

着眼任务定方案。根据战备工作要求和应急应战职能，科学制订国动动员、战时政治工作、后装保障等作战方案计划，结合辖区实际修订完善森林灭火、抗洪抢险、反恐维稳等非战争军事行动预案，突出任务区分和人员编组重点，确保方案预案实用管用。试点建设于 5 月中旬完成，共投入经费 46 万元改建值班室，新建作战室、战备资料室、战备物资器材库和战备图库，试点成果在警备区得到推广。

（胡长应）

【扶贫攻坚】 4 月 18—19 日，区人武部政委谭丙阳率队来到彭水县石柳乡和芦塘乡开展脱贫攻坚工作，深入每户贫困家庭家中，送去慰问品，并详细了解他们的生产生活和身体状况，察看他们的住房情况，向贫困户传达习主席考察重庆时主持召开的解决“两不愁三保障”突出问题座谈会精神，鼓励他们自强自立，不放弃对美好生活的向往。继续协调当地政府给予贫困户森林直补、种粮直补等补贴，协调落实烤烟种植技术，继续给予因学因病致贫的家庭一定的生活补贴，确保他们稳定脱贫。截至年底，区人武部对口扶贫的 4 户贫困户已全部脱贫，提前完成了脱贫攻坚任务。

（陈胜强）

【“双应”能力提升】 基础设施配套完善。根据规范化建设标准，完善连部配套设施设备，突出战备应急需求，购置通用型、任务型重点装备物资，落实箱组分类存放，便于紧急出动，为遂行任务提供有力保障。

轮训备勤紧贴任务。5 月中旬，采取轮训与备勤、练兵与用兵相结合方式，在完成共同科目强化训练后，全连以担负反恐维稳设卡盘查任务为背景，接受了军委国防动员部工作组实兵拉动检验。

组织指挥清晰流畅。实兵拉动按照全要素、全过程组织，不仅检验操作技能，更检验组织指挥。受领任务后，连指挥员从动员准备、组织机动、展开行动到组织回撤，程序清晰，指挥顺畅，班排反应迅速、协调一致，全连“双应”能力得到有效检验。

（游斌）

【学生军训】 抓思想统认识。深刻领会市教委、警备区战备建设局通知精神，部领导高度重视，提出具体要求，把学生军训工作摆上党委议事日程，当作人武部政治工程、树人工程和形象工程抓紧抓好。

抓协调统机制。根据警备区赋予任务，南岸区担负 7 所高中、4 所高校 28150 名学生军训任务，区人武部主动与区教委和各学校沟通，指派民兵负责人精准对接，保持常态联系与互通，确保工作紧前推进。

抓培训统质量。严把民兵承训力量选拔关、培训关，精心挑选军事素质硬、作风形象好的退役军人担任民兵教练员，采取上级选训、本级普训相结合方式，经考核合格持证上岗，确保承训教官质量。

抓服务统保障。引导民兵教练员树立“服务学校、学生至上”原则，切实端正自身态度、严守纪律规定。组织岗前培训和开展军训期间，做好民兵教练员食宿保障，按规定落实承训人员训练补贴、课时费等，调动民兵参训组训热情。

（游斌）

【区人武部负责人】

部　长：王　军

政　委：谭丙阳

（区人武部）

工　业

概　述

【概况】 南岸区工业和信息化主管部门为南岸区经济和信息化委员会（以下简称“区经信委”）。区经信委内设办公室、投资发展科、经济运行科、中小企业科、能源服务科、安全稳定科、智能制造科、军民融合科。有机关行政编制20名，实际在编19人，其中领导班子5人、处级非领导职务4人、科级及科以下10人。区经信委下属事业单位重庆市南岸区中小企业服务中心，有编制7名，在编4人。

2019年，工业增加值同比增长6.0%，低于全区GDP增速0.1个百分点，工业增加值占全区GDP的比重为27.0%。2019年年底，规模以上工业企业176户，同比下降19.6%，包括国有及国有控股企业27户、民营企业135户、外商及港澳台商投资企业14户，主要分布在交通运输设备制造业、金属制品业、专用设备制造业、烟草制造业、通用设备制造业、化学原料及化学制品制造业、食品制造业、电子设备制造业、电力、热力、燃气及水生产和供应业等主要行业，涉及24个大类。2019年，全区规模以上工业产值792.8亿元，同比增长3.7%。

2018—2019年南岸区工业主要经济指标

	单位	2018年	2019年	同比增长（%）
规模以上企业户数	户	219	176	−19.6
工业总产值	亿元	—	—	—
工业增加值	亿元	—	207.7	6.0
其中：规模以上企业				
工业总产值	亿元	780.3	792.8	3.7
工业销售产值	亿元	764.6	765.7	0.1
工业增加值	亿元	—	—	
主营业务收入	亿元	776.1	776.8	0.1
利润总额	亿元	36.1	34.5	−4.4
应交增值税	亿元	19.6	21.1	7.7
企业职工人数	人	54887	49842	−9.2
亏损企业户数	户	59	36	−39.0
亏损企业亏损额	亿元	3.5	4.0	14.3
资产总额	亿元	689.3	776.3	12.6
负债总额	亿元	393.5	468.8	19.1

（刘巧灵　王万勇　刘静宜　彭杰）

【产业结构调整】 按照全市“8大类”产业分类，南岸区初步形成了以移动通信终端为代表的电子信息，以离心式鼓风机、通风机、轴承、金属切削机床、金属门制造等为代表的装备制造，以摩托车整车及配件、改装车及汽车配件为代表的汽摩产业，以化学药品、中成药、医药中间体等为代表的医药产业，以烟草、食品、包装印刷等为代表的消费品产业的发展格局。2019年，电子信息产业完成工业总产值392.8亿元，同比下降

1.7%，手机产量3066.9万台，同比下降36.5%；装备制造业完成工业总产值90.4亿元，同比增长24.0%；汽摩产业完成工业总产值68.5亿元，同比增长11.0%；医药产业完成工业总产值42.1亿元，同比增长4.2%；消费品产业完成工业总产值111.7亿元，同比增长0.6%。

（刘巧灵）

【软件和信息服务业】 51户规上企业营业收入73.6亿元，占全区规上营利性服务业总量的62.7%，集聚了固守大数据、东方中讯、西南集成电路设计有限责任公司、重庆芯讯通等一批龙头企业，通过推进企业改革创新，不断提升软件信息服务的发展水平和发展质量，在软件开发、平台运营、信息安全、5G模组等方面取得进展，有力地促进了全区软件和信息服务业的发展。

（李永春）

【中小微企业发展工作】 组织重庆康洲大数据有限公司、重庆成效财务咨询有限公司等4户企业申报重庆市中小企业公共服务示范平台。牵头组织企业申报2019年第一批和第二批中小微企业发展专项资金，通过政策宣讲，组织160户企业申报贷款贴息，企业共享受贷款贴息资金1287万元。组织企业申请商业价值信用贷，全区94家企业申请商业价值信用贷，已推送17家，银行预授信企业7家，预授信金额1289.5万，实际放款企业3家，放款金额659万元。

（耿杰）

【清欠工作】 完成“对拖欠企业的款项年底前要清偿一半以上，决不允许增加新的拖欠”任务，清理欠款进度55.22%，清欠金额5928.01万元。

在清理欠款的同时，区经信委联动相关部门，制订清理欠款保障机制，在发现有欠款欠薪苗头的情况下及时跟进。对欠款欠薪企业进行约谈，要求限期就欠薪欠款拟定相关清偿方案，并协调银行或金融机构对欠薪企业进行相关贷款服务，保障无新增欠薪欠款情况出现。

（李维然）

【军民融合】 南岸区22家军民融合企业实现总产值166.3亿元，其中军民融合相关业务产值42.48亿元，占总产值的25.54%。西南计算机、长江电工、建安等在区10家企业或机构七个类别、18个项目获得市级政策资金1465.89万元，占比全市1/6，位居全市第一。

（敖晓蓉）

【工业企业创新】 区工业企业建有国家级企业技术中心4个、市级企业技术中心39个、国家级技术创新示范企业1个、市级技术创新示范企业9个（2019年认定情况尚未公布）、市级工业和信息化重点实验室5个、市级新型企业研发机构3个、市级产业技术创新联盟3个、市级优秀创新型企业4个，2019年全区25个企业产品列入重庆市重大新产品目录，全区工业企业创新实力位于全市前列。

（余波）

【工业节能】 目标单位工业增加值能耗下降3%。淘汰落后产能。对全区沿江1公里企业、化工企业、涉重金属企业等27家企业开展落后产能甄别及淘汰工作。

环保搬迁。督促重庆川东化工（集团）有限公司、重庆江南化工有限责任公司完成搬迁后的土壤修复治理工作。推动重庆医药工业研究院有限责任公司完成科研部分环保搬迁。

绿色发展。组织重庆美心麦森门业有限公司、重庆机床（集团）有限责任公司成功申报了国家级绿色工厂，组织重庆通用工业（集团）有限责任公司1家企业成功申报市级绿色工厂；对重庆昊晟玻璃股份有限公司等6家区级重点用能单位开展专项节能监察工作。

（李云骄）

【改革与社会稳定】 党政重视，落实责任。坚持把敏感时段的信访稳定作为工作重点，坚持重大节点等敏感期间的矛盾纠纷排查；接待国有改制企业职工、国有破产企业职工、解散（关闭）城镇集体企业职工、下岗失业人员、“单解人员”、老复员军人、参加核试验部队退役人员、参战退役人员、国有企业幼教职教退休教师和群众上访及政策咨询人员600余人次，无人员非正常进京上访。本系统信访稳定，平稳可控。

完善群众（信访）工作网络。实现受理、交办、查询、回复的全流程网上操作。受理网上群工系统群众来信来访5件、信访系统信访37个，全部办结。

妥善处置涉法涉诉案件。南岸电线厂被重庆宇宙花生物工程有限公司兼并后，职工档案的遗失问题，区经信委在重庆市五中院应诉6次，南岸区人民法院应诉3次。

防范化解重大风险。严格落实意识形态工作责任制，动态排查意识形态领域风险点，及时掌握和处置突发问题和突发事件。加强领导干部的政治学习，定期召开党委会，定期组织党员干部职工开展“三会一课”学习活动，严格按照“三重一大”议事规则，严格执行八项规定。配合区发改委防范金融领域风险。（1）化解民营企业融资和债务风险，为南岸区49家企业发放转贷申请77笔，转贷72103万元。（2）化解民营企业经营风险，主要规范部门涉企保证金收取，清单外一律不允许收取，会同区财政局，对标市级涉企保证金收取目录，编制南岸区涉企保证金目录清单，组织目录清单管理部门填报涉企保证金台账表。

扫黑除恶。区经信委对通过问卷调查收集到的线索进行分析研判，采取电话回访、上门走访等形式与企业间建立信息联动机制，完成阶段性工作。

涉军政策办理。（1）关于涉军“三类”人员（老复员军人、参加核试验部队退役人员、参战退役人员）稳定工作。区经信委根据《关于做好有关部分军队退役人员身份工作的通知》（渝民发〔2011〕122号）文件精神，按照民政局文件要求进行身份审核、困难补贴申报和政策宣传，接待涉军人员政策咨询3人次，审核办理困难补助优抚2人，无不稳定风险。（2）关于部分退役士兵补缴保险工作。根据《关于印发〈解决部分退役士兵社会保险问题的实施办法〉》（渝退役军人局〔2019〕29号），对退役时由政府安置到区属国有工业企业的人员进行身份认定，对补缴政策进行宣传讲解，受理由区安置的退役人员档案资料并统一交到区退役军人事务局。接待退役人员政策咨询86人次，身份认定52人，受理并移交人员资料22人。

（张斌）

【国企办社会职能剥离移交】 国企办社会职能剥离移交工作大部分完成，三供（水电气）方面：市属国企5227户、央企20329户已完成改造施工和移交。一业（物业管理）方面：市属国企12770户、央企8935户已完成综合整治，退休人员方面完成16095人及其档案、党组织关系移交，市政设施方面完成6处设施移交。全年向各市属国企拨付三供一业剥离移交财政补助资金6028万元。

（李云骄）

2019年南岸区规模以上工业企业名录

一、农副食品加工业

重庆禹崔食品有限公司

重庆莉莱食品有限公司

重庆聪捷食品有限公司

重庆野山珍商贸有限公司

重庆德庄农产品开发有限公司

二、食品制造业

重庆市天友乳品二厂有限公司

重庆民泰新农业科技发展集团有限公司

四、烟草制品业

重庆中烟工业有限责任公司重庆卷烟厂

重庆烟草滤嘴材料厂

五、纺织服装、服饰业

重庆四方制装有限公司

新马制衣（重庆）有限公司

重庆雅创服饰集团有限公司

重庆雅戈尔服饰有限公司

重庆新生机电有限责任公司

六、木材加工及木、竹、藤、棕、草制品业

重庆豪利门业有限公司

七、造纸和纸制品业

重庆秉信纸业有限公司

八、印刷和记录媒介的复制业

重庆华林天美印务有限公司

重庆新华印务有限责任公司

重庆市科立印务有限公司

重庆江南印务有限公司

重庆盛明印务有限公司

重庆富贵万年新材料股份有限公司

重庆宏劲印务有限责任公司

九、化学原料和化学制品制造业

重庆华辉涂料有限公司

重庆力宏精细化工有限公司

重庆中科力泰高分子材料股份有限公司

十、医药制造业

重庆圣华曦药业股份有限公司

重庆科瑞制药（集团）有限公司

重庆陪都药业股份有限公司

重庆莱美金鼠中药饮片有限公司

太极集团重庆桐君阁药厂有限公司

重庆莱美药业股份有限公司

十一、橡胶和塑料制品业

重庆市乐缘复合包装制品有限责任公司

太极集团重庆塑料四厂

重庆万丰塑胶有限公司

重庆市一龙管道有限公司

重庆三易塑胶制品有限公司

重庆晨光化工新材料有限公司

重庆丰海化学制品有限公司

重庆正天环保产业有限公司

重庆协益塑胶有限责任公司

十二、非金属矿物制品业

中建佰润商品混凝土重庆有限公司

重庆华西易通商品混凝土有限公司

重庆中砼混凝土有限公司
重庆砼磊混凝土有限公司
重庆圣同混凝土有限公司
重庆华新天成混凝土有限公司
重庆汉信新型建材有限公司
重庆泰宏新型建材有限公司
重庆中泰混凝土工程有限公司
重庆昊晟玻璃股份有限公司
重庆市慧江混凝土有限公司
重庆二航商品混凝土有限责任公司
重庆市巨成混凝土有限公司
重庆市华谊混凝土有限公司
重庆科端建材有限公司
重庆安道沥青有限公司
重庆诚邦科技发展有限公司

十三、有色金属冶炼及压延加工业

重庆盛安铜业有限公司

十四、金属制品业

重庆万桥交通科技发展有限公司
重庆宝汇钢结构工程有限公司
重庆福伦德实业有限公司
重庆美心（集团）有限公司
重庆渝万通新材料科技股份有限公司
重庆市龙门消防设备修造厂
重庆厦安消防设备有限责任公司
重庆派斯克刀具制造股份有限公司
重庆美心贝斯特金属制造有限公司

十五、通用设备制造业

重庆重锅能源科技有限公司
重庆博森电气（集团）有限公司
重庆害门特机电制造有限公司
重庆大环机械制造有限公司
重庆机床（集团）有限责任公司
重庆第二机床厂有限责任公司
重庆九源机械有限公司
重庆伊士顿电梯有限责任公司
重庆长江轴承股份有限公司
重庆纳川重型机械有限公司
重庆通用工业（集团）有限责任公司
重庆美的通用制冷设备有限公司
重庆亮友弹簧有限公司
重庆颖熙科技有限公司

十六、专用设备制造业

国家电投集团远达环保催化剂有限公司
重庆天海医疗设备有限公司
重庆金猫纺织器材有限公司
重庆零一精密机械有限公司
重庆市易博数字技术有限公司
重庆世玛德智能制造有限公司
重庆市灵龙自动化设备有限公司

十七、汽车制造业

重庆迪马工业有限责任公司
重庆南方迪马专用车股份有限公司
重庆钺行汽车零部件制造有限公司
重庆鸣洋警安电器有限公司
重庆金华汽车制动器有限公司
重庆瑞方渝美压铸有限公司
重庆齐信汽车零部件有限公司
重庆瑞生机械厂有限公司
重庆新南方工程塑料有限公司
重庆索尔汽车配件有限公司

十八、铁路、船舶、航空航天和其他运输设备制造业

重庆隆鑫机车有限公司
重庆帝力游艇制造有限公司
重庆广益摩托车有限公司
重庆两江机械制造有限责任公司
巩诚电装（重庆）有限公司
重庆和诚电器有限公司
重庆南洋摩托车配件有限责任公司
重庆通盛祺泰实业有限公司
重庆帆禄昊机械制造有限公司

十九、电气机械及器材制造业

重庆美的制冷设备有限公司
重庆樱花能源科技有限公司
重庆柒安电线电缆（集团）有限责任公司
重庆市润伟冲压科技有限公司
重庆三峡电缆（集团）有限公司
重庆嘉瑞电气科技有限公司
重庆三力达电子有限公司

二十、计算机、通信和其他电子设备制造业

重庆会凌电子新技术有限公司
重庆百立丰科技有限公司
重庆恒讯联盛实业有限公司
维沃移动通信（重庆）有限公司
重庆鹏亿南联电子科技有限公司
重庆市华森心时代实业有限公司
重庆市翌辰光电有限公司
重庆航伟光电科技有限公司

重庆东方丝路技术有限公司
重庆美顺电子科技有限公司
重庆兴伟顺电子有限公司
重庆美景光电科技有限公司
重庆市合益光电有限公司
重庆天行健实业有限公司
重庆威思沃科技有限公司

二十一、仪器仪表及文化、办公用机械制造业

重庆南坪自动化仪表厂有限公司
重庆盟讯电子科技有限公司
重庆明光燃气设备有限公司
重庆顺昌通用电器有限责任公司

二十二、电力、热力的生产和供应业

市电力公司南岸区
重庆生息节能技术有限公司

二十三、燃气生产和供应业

重庆燃气南岸分公司

二十四、水的生产和供应业

重庆市自来水公司南岸区分公司

（刘巧灵）

【区经信委负责人】

主　任：王怀奇（党组书记）
副主任：舒　亮　简广玲　兰发强　杜　江

（彭杰）

交　通

概　述

【概况】2019年，根据《重庆市南岸区机构改革方案》，重庆市南岸区交通委员会更名为重庆市南岸区交通局（以下简称“区交通局”），为区政府工作部门，有行政编制14人，机关后勤服务事业编制1人。内设办公室、财务审计科、规划建设科、综合运输科、法治安全科。下属区运管所、区质安站、区港航所3个事业单位。

2019年，区交通局开展全区交通基础设施建设，新改扩建公路108千米，全区公路里程达到546千米。全面推进铁路建设，持续优化公交线网布局，提档升级公交车辆及设备。开展码头船舶治理，道路运输行业发展稳中向好，践行“南岸起风景，交通须先行”。深化“放管服”改革，优化营商环境，实现“四办”承诺，办理行政许可70件，办理质量监督手续10件，备案招标文件6件，下达工程设计批复99件，办理行业监管服务项目41997件。全区规模以上交通运输仓储和邮政业实现营业收入28.7亿元，同比增加3.4%。强化安全监管，全年道路运输行业共发生安全生产事故2起，死亡2人，同比分别下降25%、50%，发生水上交通安全事故1起。开展“联系服务群众”活动，做好行业信访维稳工作，办理网络舆情、联系服务群众工作系统等渠道的群众咨询和投诉约500件。处理信访转办案件56起，群众满意率95%。办理人大代表建议和政协委员提案件87件，及时回复率100%。

基础设施建设

【公路建设】第一批77千米四好农村路全部建设完成，第二批9千米四好农村路全面开工建设。干线公路建设方面，黄明路南山段、黄明路长生桥至广阳段、弹广路鸡冠石至广阳岛大桥段3个项目31千米干线公路主体工程全部完工。渝建路、石冷路等第二批51千米干线公路项目已进场施工。

【铁路建设】推进铁路枢纽东环线征地拆迁工作，全年完成交地3200亩，占总量的66%，完成拆迁2.47万平方米，保障项目用地需求。中铁一局实施的DHZQ-3标段累计实现投资7.77亿元，完成进度42%。有序推进庆云山双线特大桥、铁炉垭隧道等重点工程。中铁二局实施的DHZQ-4标段累计完成投资2.45亿元，完成进度49%，鸡公咀隧道、明月峡长江大桥等重点工程进展顺利，鸡公咀下层隧道基本完成，明月峡长江大桥1号墩施工完成。重庆东站及渝湘高铁前期工作有序推进，设计、勘界、报件等工作基本完成。

【公路桥隧管理养护】全年完成日常修补2.17万平方米、灌缝3200米、清理塌方410立方米。定期开展桥涵隐患排查，完成长冲隧道、广阳岛大桥定期检测，启动跳蹬河大桥等10座桥梁的专项整治工程。加强清扫保洁，完成管养路面清扫保洁23万千米、管养公路边沟清理653千米、道路冲洗及清扫5350车次、道路垃圾清运420吨、清理涵洞37个、清理塌方410立方米、清洗护栏765千米，累计修补路面约18593平方米，新增和修复防撞护栏约800米，增设修复警示标志牌34处。刷白南涪路、渝建路、南木路行道树3200棵。严查货运车辆扬撒脱落、污染破坏公路行为，全年共查处货车扬撒案件1774起，路政案件20件。

道路运输

【公交客运】南岸区有公交业户1户，公交客运线路120条，公交车2325辆。公交客运主要由重庆南部公共交通有限公司负责运营。

2019年南岸区公交线路情况

线路	起止点	运力数量	经营企业
108	南坪枢纽站—五里店	13	南部公交
115	山千院—会展中心	14	南部公交
119	大佛寺—重庆北站南广场	12	南部公交
121	盘溪东—丹龙路	40	南部公交
125	人和万年路—南城大道	28	南部公交
140	城南家园—城南家园（环线）	5	南部公交
142	迎龙—四坪	1	南部公交
143	迎龙—马颈村	1	南部公交
144	城南家园—城南家园环线	5	南部公交
145	耐得工业—南湖支路	30	南部公交
149	人和华廷—南坪枢纽站	24	南部公交
150	河口—河口	1	南部公交
155	迎龙—清油洞	1	南部公交
156	温家溪—大石村	2	南部公交
157	长生—知青场	1	南部公交
158	城南家园花红路—南坪协信城	25	南部公交
159	长生—惠民	8	南部公交
160	迎龙—冷水垭	1	南部公交
172	长生镇政府—长生镇政府	17	南部公交
175	茶园德庄—莲池路	3	南部公交
176	长生镇政府—峡口镇84中	10	南部公交
177	长生—文峰公社	10	南部公交
178	江南交通换乘枢纽站—南坪大帝学校	26	南部公交
179	江南交通换乘枢纽站—明月沱	12	南部公交
180	长生—鹿角	14	南部公交
188	城南家园—二塘路	12	南部公交
301	李家沱公交车场—磁器街	27	南部公交
303	龙洲湾枢纽站—南坪枢纽站	27	南部公交
304	南坪枢纽站—弹子石群慧路	29	南部公交
305	丹龙南路—上新街	15	南部公交
308	龙洲湾枢纽站—磁器街	30	南部公交
312	南坪枢纽站—天星寺	1	南部公交
313	花溪建设厂—磁器街	28	南部公交
314	南坪枢纽站—石龙	3	南部公交
317	南坪枢纽站—月华	3	南部公交
318	瑞祥路—陈家湾佳和医院	28	南部公交
319	融汇大道2站—大庙龙湖新壹街	30	南部公交
320	李家沱公交车场—盘龙转盘	31	南部公交

续表

线路	起止点	运力数量	经营企业
321	弹子石—磁器街	32	南部公交
322	牛角沱枢纽站—丹龙南路	24	南部公交
325	重庆西站—南坪枢纽站	28	南部公交
331	老龙洞—邮电大学	1	南部公交
334	丹龙南路—轨道六公里	5	南部公交
335	南山—温家溪	4	南部公交
337	大石村—放牛村	1	南部公交
338	牛角沱枢纽站—盘龙转盘	18	南部公交
345	江南交通换乘枢纽站—南坪枢纽站	8	南部公交
346	新力村—较场口	19	南部公交
347	老厂—菜园坝火车站	19	南部公交
350	后堡公园—青龙路	14	南部公交
352	上新街—天龙广场	17	南部公交
353	珊瑚村—海棠烟雨广场	10	南部公交
354	南坪中学—重庆北站北广场	31	南部公交
355	弹子石—白沙沱	3	南部公交
356	珊瑚村—六公里	9	南部公交
357	珊瑚村—丹龙南路	13	南部公交
358	龙洲湾枢纽站—南湖支路	12	南部公交
361	阳光美地—磁器街	15	南部公交
362	南坪枢纽站—动物园	24	南部公交
363	南湖支路—南区公园路	5	南部公交
364	南坪枢纽站—创业大道	32	南部公交
365	后堡公园—苹果城	18	南部公交
366	盘龙山—慈母堂	2	南部公交
367	老龙洞—石堡	9	南部公交
371	融侨半岛—辅仁路	9	南部公交
372	南坪中学—道门口	14	南部公交
373	兰湖天—五江路	21	南部公交
375	盘龙山—双峰山路	25	南部公交
376	融侨半岛—盘龙山	25	南部公交
377	城南家园花红路—罗家坝	4	南部公交
381	南坪枢纽站—铜元局	13	南部公交
382	辅仁路—道门口	16	南部公交
383	老龙洞—广黔路口	12	南部公交
383 区	老厂—广黔路口	6	南部公交
384	南山—南坪枢纽站	10	南部公交
385	弹子石—温家溪	9	南部公交
386	南坪枢纽站—界牌	1	南部公交

续表

线路	起止点	运力数量	经营企业
387	鱼胡路口—邓家湾站	6	南部公交
388	南坪枢纽站—清和	2	南部公交
389	城南家园花红路—弹子石群慧路	6	南部公交
841	重庆北站南广场—兰湖天	16	南部公交
898	云篆山水公租房—南坪新街	20	南部公交
南东线	四公里长途站—东泉	13	南部公交
夜间 301	李家沱公交车场—磁器街	3	南部公交
夜间 321	弹子石—磁器街	6	南部公交
426	罗家坝—华福雅苑	34	南部公交
475	轨道大堰—七公里	24	南部公交
464	回龙湾—汉渝路	28	南部公交
808	融侨半岛—磁器口	36	南部公交
809	冉家坝—四公里枢纽站	20	南部公交
819	青龙路—都市花园	27	南部公交
833	四公里枢纽站—上江城	30	南部公交
873	江南体育馆—美茵河谷	41	南部公交
839	南方香榭里—苹果城	40	南部公交
872	盘溪东—四公里枢纽站	37	南部公交
392	江南交通换乘枢纽站—东城大道	8	南部公交
394	大佛寺—重庆大剧院	6	南部公交
396	融创欧麓花园城—长生镇政府	18	南部公交
398	融创欧麓花园城—会展中心	13	南部公交
131	四公里枢纽站—双谷社区	4	南部公交
136	城南家园—迎龙镇政府	5	南部公交
329	白鹤枢纽站—南山加勒比	4	南部公交
130	江南交通换乘枢纽站—柏林村	8	南部公交
336	双峰山路—工贸大厦站	2	南部公交
399	丹龙南路—丹龙南路	3	南部公交
123	丹龙南路—二塘路	4	南部公交
100	丁香路—梨花大道	3	南部公交
102	石门滩—城南家园水云路	3	南部公交
122	雷家桥立交—同景路	3	南部公交
101	江南水岸公租房—江南交通换乘枢纽站	3	南部公交
184	江南交通换乘枢纽站—江南交通换乘枢纽站（环线）	5	南部公交
197	瑞祥路—弹子石群慧路	5	南部公交
116	广电路东—山千院	2	南部公交

【重庆南部公交公司】 重庆南部公共交通有限公司在南岸区有线路 113 条，车辆 1572 辆。全年计划营运班次 577.27 万班，实际班次 559.81 万班，完成率 96.98%。计划营运 8292.58 万千米，实际营运 7973.84 万千米，完成率为96.16%。计划高峰班次 76.13 万班，实际 75.17 万班，执行率 98.74%。

【班车客运】 南岸区有道路旅客运输业户3户，有客运班车134辆。参营四公里换乘枢纽站的市、区客运企业46户，参营车辆710辆，开行线路74条，其中跨省线路12条，主要线路有酉阳、秀山、黔江、彭水、武隆、丰都、石柱、南川、綦江、万盛、打通、合川等，全年共发车23.63万班，客运量543.98万人次。参营江南交通换乘枢纽站的市、区客运企业22户，参营车100辆，开行线路15条，主要线路有涪陵、忠县、开州、丰都、南川、大足、万盛、綦江、永川、增福、新妙、石沱、垫江、涪陵、杉树湾等，全年共发班车0.84万班，客运量7.52万人次。

【出租车客运】 南岸区有2家国有出租车公司的5个分公司、9家民营出租车公司，共有出租汽车3382辆。

2019年南岸区出租车情况

出租车企业	地址	车辆数
重庆黄埔实业有限公司	南岸区南坪旧车市场旁	247
重庆市出租汽车有限责任公司第二分公司	重庆经开区白鹤路126号	360
重庆市出租汽车有限责任公司第三分公司	重庆经开区白鹤路126号	377
重庆市出租汽车有限责任公司第四分公司	重庆经开区白鹤路126号	358
重庆市出租汽车有限责任公司第五分公司	重庆经开区白鹤路126号	359
重庆中日出租汽车有限公司	重庆市南岸区花园路街道金山支路18号4—2	129
重庆金建汽车运输有限公司	重庆市南岸区南坪双石街B段第4层	216
重庆睿拓投资咨询有限公司	重庆市南岸区南兴路230号	258
重庆银建出租汽车服务中心	重庆市南岸区南坪街道南坪北路13号第2层	339
重庆江南出租汽车有限公司	重庆市南岸区南兴路230号	124
重庆新世界公共交通有限公司	重庆市南岸区金山支路18号	158
重庆邦达出租汽车有限公司	重庆市南岸区南坪街道南坪北路13号	239
重庆飞滴出租汽车有限公司	重庆市南岸区南兴路230号	91
重庆国际经济技术合作客运有限公司	重庆市南岸区花园路街道金山支路18号4—2	127
合计		3382

【租赁车管理】 2019年，南岸区有汽车租赁车业户69户，共有小型汽车租赁车2183辆，网约车8109辆。

【公路货运】 2019年，道路运输货运业户1937户（含危险品业户8户），有货运车辆7922辆（其中危险品565辆），吨位88369吨。货运量3705.02万吨，货运周转量499242.75万吨千米。

【汽车维修业管理】 2019年，全区有机动车维修业户388户（含一类机动车维修企业25户、二类机动车维修企业52户、三类机动车维修企业311户），驾驶员培训业户30户。全区在营的77户一、二类机动车维修企业全部完成汽车维修电子档案建设工作。全年建立汽车维修电子健康档案38.04万辆次。

【机动车驾驶培训机构管理】 2019年，全区有驾驶员培训业户30户，驾驶操作教练员2634人，教练车1551辆，驾驶训练场地面积1194259平方米，驾驶培训机构招收学员约3万人。从业人员诚信考核1.23万人次、备案登记6752人次，换发从业资格证5162个。

2019年南岸区驾驶培训机构情况

业户名称	办公地址	教练车辆数
重庆峰华驾驶培训学校有限公司	鸡冠石石龙村峰华驾校基地	151
重庆市渝运汽车驾驶培训学校有限公司	江津区珞璜工业园区B区渝运驾校	123
重庆众航机动车驾驶培训学校（普通合伙）	南岸区丹回路5号	118
重庆市渝快机动车驾驶培训有限公司	江北区五红路29号附4号（金科花园）	109

续表

业户名称	办公地址	教练车辆数
重庆功成驾驶培训学校（普通合伙）	渝北红石路 150 号聚信建材 A 栋 19—17	97
重庆捷信机动车驾驶培训有限公司	南岸区腾龙大道 50 号附 13 号 3—7	87
重庆城南机动车驾驶培训有限公司	南岸区南山街道泉山村城南驾校	76
重庆久峰汽车驾驶培训有限公司	南岸区黄桷垭镇龙井村建设组	73
重庆中大机动车驾驶培训有限公司	两江新区康美街道柏溪村金通大道 651 号	65
重庆长汇汽车驾驶培训有限公司	南岸区丹回路 5 号	63
重庆昌宏机动车驾驶员培训有限公司	南岸区回龙路 66 号回龙湾小区	54
重庆市普仁驾驶培训学校	南岸区广黔路长橡佳园 19 号	52
重庆双百汽车驾驶培训有限公司	李家沱街道曼哈顿一期 8 幢 4—4	49
重庆嘉恩汽车驾驶培训有限公司	南滨路喜来登公寓 A 座 4—13	46
重庆市腾辉机动车驾驶培训有限公司	南岸区玉马路圣地足球场公园	41
重庆麒龙汽车驾驶培训有限公司	南岸区黄桷垭镇新力村小湾社	38
重庆市正鑫机动车驾驶员培训学校	巴南区鱼洞街道金竹村瓦岗寨旁	37
重庆合成汽车驾驶培训有限公司	巴南区花溪王家坝路 153 号	33
重庆晶茂驾驶培训有限责任公司	巴南区红光大道理工综合楼 3 单元 1—2	33
重庆好同学汽车驾驶培训有限公司	渝北区空港工业职业学院内	26
重庆晨源驾驶培训有限公司	南岸区涂山所腾龙大道 21 号附 14 号	23
重庆华安汽车驾驶培训有限责任公司	南岸区南坪江南大道 23 号聚丰阁 9—2	23
重庆舟飞帆驾驶技术培训有限公司	南岸区广黔路长橡佳园 19 号	21
重庆市金盾驾驶培训学校	南岸区万寿路钻石年代 B—9	20
重庆益丰驾驶培训有限公司	南岸区回龙路 83 号	20
重庆重邮驾驶培训学校	南岸区崇文路 2 号附 1 号	20
重庆交通大学重交驾校	南岸区学府大道 66 号	19
重庆聚鑫汽车驾驶培训有限公司	巴南区红光大道江南水乡	19
重庆市惠通驾驶培训学校	南岸区回龙路 88 号附 83 号商铺	14
重庆市公安消防总队汽车训练大队消防驾校	渝北区加州花园 B1 栋 6—6	1

水路运输

【概况】 南岸区地处主城区东部，有主城区长江以南 60% 的水岸线，岸线起于二塘村（距宜昌航道里程长 673.1 千米），经铜元局、大佛寺、鸡冠石、铜锣峡、广阳岛、明月沱，止于温家沱（距宜昌航道里程长 625 千米），岸线总长度 48.1 千米。

【货运码头治理】 关闭哑巴洞、海棠溪、弹子石、大佛寺、新渝石化 5 座货运码头，停止经营和装卸作业，实现“两江四岸”范围内货运码头全部关闭。

【“两江四岸”船舶整治】 对停泊在南岸区的 67 艘船舶，完成整治 31 艘，其中拆解 9 艘，迁移 11 艘，更新 2 艘，美化 9 艘。

【老码头技术检测与评估】 对地升建材码头、江贵建材码头等 7 座老码头开展了技术检测与评估。

【大兴场客渡关闭】 2019 年，完成对郭家沱大桥施工范围内的大兴场渡口和渝峡号、渝峡 3 号渡船和大兴号趸船的征收工作，终止大兴场至郭家沱客渡线的运营。

法治建设

【交通运输行政执法】 重庆市交通行政执法总队

直属支队南岸区大队主要负责南岸区内公路路政、道路运政等交通行政执法工作。全年整治四公里枢纽站周边、南坪商圈、茶园轻轨沿线和铜元局、刘家坪等区域非法营运，全年查处四轮车非法营运案件313件、三轮摩托车非法营运案件140件。严查出租车拒载等违章行为，全年查处出租车违章1054起。深化客运班车、公交车和汽车租赁整治，全年共查处客运班车案件80件，租赁车案件57件。严查“两客一危一租赁”、货车非法改装等违法违规行为，查处危化品车辆违法案件49起。查处货运车辆超期不进行维护违法违章2846件，教练车各类违法案件84件，机动车维修违法案件38件。

【交通运输行业改革】 持续深化“放管服”改革，取消道路货运站场经营许可、外商投资道路运输业立项审批、总质量4.5吨及以下普通货运车辆道路运输证和驾驶员从业资格证；取消道路运输经营许可证件和车辆营运证收费；对普通货运车辆实施网上审验、自动审验、异地签注。积极推进政务服务事项网上运行，完成37项行政许可事项和10项公共服务事项网上办理流程、表单配置工作，逐步向“全渝通办”转变；调整优化24项行政许可事项“四办”清单，精简维修企业备案流程，加快推进审批服务便民化工作。不断提升行政审批效率，在区行政审批服务中心设立交通运输服务窗口，方便企业和群众办事。设立大客户大集团办理平台，开通“绿色通道”，提高审批效率；对招商引资企业，提供预约办理、延时办理和一对一专办服务；开通“一窗通办”窗口3个，实现行业监管类事项立办立取。

【安全管理】 召开安全工作例会12次、安全风险专题研判会4次，全年检查整改安全隐患816处，检查运输企业385家，均责令其现场整改或限期整改，未发现重大安全隐患，整改合格率为100%。

【环保督察】 开展中央、市环保督察问题回头看工作，对11家问题企业开展回头看，确保环保问题不回潮、不反弹。出动检查人员710人次，检查维修业户126户、港口码头24家，查出问题215个，发出整改通知书183份，215个问题全部限期整改完成。办理督察期间群众投诉29件，其中主办16件，办结29件，办结率100%。

【区交通局负责人】

局　长：曾德全（党委书记）

副局长：苏娅勤（副书记）

宋　强　马建军　马良成

（区交通局）

邮政 通信

邮　政

中国邮政集团公司重庆市南岸区分公司

【概况】 中国邮政集团公司南岸区分公司（以下简称“南岸分公司”）位于南坪西路28号天府克拉广场。南岸分公司在2012年因重庆主城经营体制改革从城区一局分离出来。2018年邮政包裹快递部与南岸邮政速递公司合并，成立区分公司寄递事业部。分公司有南坪主城支局、弹子石支局、长生桥支局3个支局，三个分支局下设邮政及代理金融网点15个，业务范围涵盖金融、保险、包裹、函件、集邮、报刊、车险、简易险、分销等项目。有职工185人。

南岸分公司寄递事业部有南坪投递站、弹子石投递站、长生桥投递站、南城营业部、亚太营业部、回龙湾营业部、黄桷垭投递站、药品市场营业部8个寄递营业投递站点。业务范围涵盖国际业务、标准快递、快递包裹、物流业务、投递服务等项目。有职工252人。

南岸分公司机关机构设置有综合办公室、党建工作部（监察室、工会）、财务部3个综合职能管理部门，市场营销部（客户营销中心）1个市场经营部门。下设金融业务、渠道平台、集邮与文化传媒3个经营支撑部门。分公司寄递事业部下设综合部、市场服务部、运营管理部3个部室。

南岸分公司服务辐射范围涵盖南岸区262.43平方千米、服务人口76万人。服务涉及8个街道、7个镇。邮路总长度（单程）65160千米，南岸邮政投递服务汽车共计50辆、投递服务摩托车共计61辆、投递服务电动车共计20辆。

【运行状况】 2019年，南岸分公司总收入完成13286.16万元，完成市公司创收达标目标（13139万元）101.12%，超预算进度1.12%，超绝对值147.16万元，超市公司平均进度1.38%，完成市公司创收达标目标进度城片区排名第一位，区县排名第四位。同比增幅11.29%，超全市平均增幅2.56%，增幅城片区排名第三位，区县排名第四位。总收入规模城片区排名第十一位，区县排名第二十位。

金融类收入完成7201万元，完成市公司创收达标目标（7195万元）100.08%，进度城片区排名第二位，区县排名第十一位。同比增幅6.79%，高于全市平均增幅1.95%，同比增幅城片区排名第二位，区县排名第十二位。

寄递事业部业务实现收入4059.90万元，完成市公司新奋斗目标（3904万元）103.99%，同比增幅34.50%，收入规模位列全市区县第五位，收入增幅位列全市区县第十三位。

集邮与文化传媒部实现收入1292万元。函件收入完成214.34万元，完成市公司基本目标（280万元）76.55%，同比增幅-14.71%；报刊收入完成558.71万元，完成市公司基本目标（595万元）93.90%，同比增幅-1.18%；集邮收入完成518.95万元，完成市公司基本目标（580万元）89.47%，同比增幅-7.9%。

渠道平台（增值业务）收入完成200.95万元，完成市公司基本目标（385万元）52.19%，同比增幅-41.85%；分销业务收入完成415.40万元，完成市公司基本目标（495万元）83.92%。

2019年，南岸分公司总利润（含寄递）完成1169.70万元（其中：政策性冲收补贴171.86万元），剔除补贴后仍超计划129.86万元，超计划目标14.96%；寄递事业部利润完成-182.96万元（其中：政策性冲收补贴171.86万元），剔除补贴后仍超计划163.18万元，超计划目标31.50%。集邮完成160万元利润目标，分销完成30万元利润目标。共投入能力建设资金108.09万元，用以提升企业经营发展能力。

（中邮南岸分公司）

通　信

中国电信股份有限公司重庆南岸分公司

【概况】 中国电信股份有限公司重庆南岸分公司

（China Telecom Corporation Limited Chongqing Nan'an Branch，以下简称“重庆电信南岸分公司”），位于重庆市南岸区江南大道10号，是中国电信股份有限公司重庆分公司所属的城区分公司。重庆电信南岸分公司下设综合管理部、销售服务部、政企客户部、网络部、客户经营部、综合服务支撑中心，并设19个支局、4个中心、4个中心营业厅（南坪、回龙、弹子石、茶园）。重庆电信南岸分公司现有员工340人，本科及学历占比达95%，研究生学历占比达15%，华为思科专业认证占比达5%。重庆电信南岸分公司作为南岸行政辖区内具有网络资源、品牌优势和发展实力的全业务运营企业，主要提供南岸区内固定电话、宽带接入、移动通信、卫星通信、互联网专线接入及与此相关的系统集成、技术开发、增值业务等综合信息服务。具备电信全业务、多产品融合的服务能力和渠道体系。

荣获“2019年度中国电信重庆公司十佳单位”。重庆市南岸区公安分局授予“2019年度内部治安保卫工作先进集体”。

【业务发展】 重庆电信南岸分公司以“让南岸区每一个人尽情享受信息新生活”为企业愿景，始终以服务人民群众和协助地方政府打造“三生三宜品质城市”、共同“让南岸起风景”为目标，秉承“用户至上，用心服务”的服务理念，内抓管理强素质，外抓服务树形象，以开放、合作、共赢的心态面向市场和客户，网络、技术、人才和服务等方面的优势获得社会各界和广大客户的普遍赞誉。

重庆电信南岸分公司竭诚为客户提供个性化、差异化服务，发挥业务和资源的整合优势，目前提供业务涵盖光纤宽带、高清电视、固定电话、移动电话等传统业务，以及NB-IoT、SDN等。包含行业智慧化整体解决方案：智慧医疗、智慧校园、智慧社区、5G智慧制造、5G媒体直播、智慧旅游、智慧养老、智慧警务、智慧政务、智慧交通等；中国电信特色行业应用产品：云堤、外勤助手、天翼对讲、来电名片、云呼叫、总机服务、CN2国际精品专线、全球眼视频监控、天翼大喇叭、智云护航（政企客户网络组网及维护）。

南岸区域内配备650余人现场服务响应队伍，驻地分布于南坪、回龙、弹子石、上新街、南山、茶园、长生桥、峡口、迎龙、广阳等地，能够对南岸区域内所有的客户提供7×24小时服务响应和故障处理能力。南岸电信积极响应和参加国家5G建设部署，不断提升5G服务和应急保障能力。

（重庆电信重庆南岸分公司）

中国移动通信集团重庆有限公司城一分公司

【概况】 中国移动通信集团重庆有限公司城一分公司（以下简称“移动一分公司”）是一家基于GSM（2G网络）、TD-SCDMA（3G网络）、TDD-LTE/FDD-LTE（4G网络）、NR（5G网络）制式的移动通信运营商，是中国移动通信集团重庆有限公司的下属分公司，由原重庆移动南岸分公司与原重庆移动南岸分公司于2016年合并而成。2019年，在职员工441人，平均年龄36岁，其中大学本科248人，硕士研究生42人；中共党员104人，共青团员33人。办公地址位于重庆市南岸区亚太路1号亚太商谷9栋，并在较场口、企业天地、时代天街、弹子石、南岸智谷等5处设有驻外办公点。

中国移动重庆城一分公司以“创无限通信世界，做信息社会栋梁”为使命，扎根南岸信息通信事业，以推动信息通信技术融入百业、服务民生，持续服务南岸经济社会发展。通过落实“建设网络强国、数字中国、智慧社会”战略部署，以及重庆市委市政府“抓大数据促智能化、抓大开放促国际化、抓大保护促绿色化、抓大城乡促融合化、抓大文旅促品质化”总体要求，依托中国移动庞大的网络资源和用户资源，持续做好管理创新、技术创新和服务创新。2019年，中国移动重庆城一分公司为进一步贴近市场，激发组织活力，按照“网格划小，全量入格，严格执行管理、考核、支撑、薪酬四统一”的工作思路，在原营销中心基础上，成立6个城市分局和1个农村分局，其中位于南岸辖区的有南坪分局、弹子石分局、四公里分局、江南新城分局和江南农村分局。各分局由分公司总经理直接领导，各部门为其提供指导和帮助。

【服务质量】 开展住宅小区宽带光改工作。2019年，南岸区住宅光纤覆盖率提升至98.8%，光纤改造率99.2%，全区83%的移动宽带用户用上了100M以上光纤宽带。

聚焦服务短板提升。坚持以“人民为中心”看待生产经营中出现的服务投诉问题，通过拟定客户投诉管理办法，建立内部分层分级投诉预警机制，提升客户投诉解决及时率。通过加强服务质量监控，每日对营业厅服务情况进行跟踪，通过增设咨询台、实施“一杯水、一颗糖”服务、专人引导等便民服务举措，缓解厅内排队等候问题。截至年底，中国移动重庆城一分公司重点厅店平均排队等候时长由2019年年初的人均20分钟，降低为人均3分钟，营业厅客户满意度提升至98.84%。

加强外部沟通，强化监督引领。配合市消协开展2019年“3•15国际消费者权益日宣传活动暨‘放心消费’展示推介会”，并在活动现场为客户答疑解惑。开展六场“总经理接待日”活动，聘请30名服务质量监督员，让普通客户能够直接与分公司总经理面对面沟通、解决问题，通过每季度开展的专项流程穿越活动，优化客户服务体验，促进服务水平改善提升。

【党建工作】 深入开展“新时代”理论学习。2019年，中国移动重庆城一分公司深入学习习近平新时代中国特色社会主义思想和党的十九大及相关会议精神，扎实开展马克思主义理论学习宣传和教育培训工作。全年开展党委中心组学习研讨9次，支部集中学习57次，党委会38次，党员大会3次。分公司党委委员、各支部书记分别在各自分管领域、支部讲授党课10堂。

开展“不忘初心，牢记使命”主题教育。通过主题研讨、基层调研、对标对表找差距、聚焦问题抓落实等工作，着力解决党建与业务“两张皮”、基层党组织组织力不够强等方面问题。主题教育期间，累计查找问题5大类，22个具体问题表现，并全部纳入整改台账。

抓好宣传阵地建设与管理。坚持抓好新闻宣传及意识形态方面的工作，结合公司改革发展、经营业绩、典型人物、优秀成果等，主动策划宣传，引导舆情，传播正能量，弘扬主旋律。全年累计印发《城一信息周刊》14期，撰写内宣新闻99篇，外宣新闻5篇。

开展一线走访调研。做好广大党员群众的团结引导服务工作。通过党员责任区、片区调研、书记沟通日、谈心谈话等形式开展干部员工思想状况调研，回应干部和员工的思想关切和利益诉求，了解掌握苗头性、倾向性问题，做好引导。党委班子成员累计开展“三必走”（必走一线、必走合作伙伴、必走客户单位）专项调研27次，收集意见问题173个。

强化反腐教育力度，筑牢思想防线。以季度为单位开展廉洁教育学习，组织观看《红色通缉》，学习中国移动纪检组“以案示警”相关内容，开展“新时代•见初心•守使命”主题宣传活动，加深认识，筑牢反腐思想防线。

（移动一分公司）

中国联合网络通信有限公司重庆市南岸区分公司

【概况】 中国联合网络通信有限公司重庆市南岸区分公司（以下简称“南岸联通”）位于重庆市南岸区江苑路8号，是重庆联通下属一类分公司，于2008年成立，2012年被评为市级文明单位。有职工151人，大专及以上学历占94%，2019年总收入2.03亿元。下设3个职能部门和7个经营部门，主营固定通信业务、移动通信业务、国内通信设施服务业务、数据通信业务、网络接入业务、各类电信增值业务、与通信信息业务相关的系统集成业务等，拥有自建营业厅3家，各类业务代理网点150余家，建有868个移动通信基站，548个室内分布系统，基本实现通信网络城区及重点区域无缝覆盖、边远乡村全面覆盖的长期目标。2018年，南岸区、重庆经开区与重庆联通签订项目合作协议，约定双方共同加快推进宽带互联网基础设施建设，促进互联网经济快速发展，提升南岸区、经开区经济社会各领域的互联网应用水平，着力打造重庆信息化先导区。

【业务发展】 南岸联通全面落实集团提出的以聚焦、合作、创新为核心内容的发展新战略，深化混合所有制改革，全力推进互联网化运营，打造新基因、新治理、新运营、新动能、新生态的“五新”联通，秉承“一切为了客户、一切为了一线、一切为了市场”经营理念，坚持以规模效益为导向，加快4G发展驱动移动业务增长，以高质量应用提升宽带产品价值。2019年，分公司总体收入2.32亿元，移网新增用户16.7万户，宽带新增用户2.3万户。光纤用户5.8万，固网宽带覆盖率93%。总端口22万，FTTH端口18万。

【服务管理】 持续推进客户问题治本解决，提高政治站位，高度重视国务院大督察转办事项的专项处理，将服务工作纳入部门绩效考核当中，坚持结果导向，建立整改责任机制。

健全以客户口碑NPS为核心的服务评价体系。基于客户痛点深挖根源，努力由事后补救向事前防范迁移，提升客户满意度。

优化服务体验。加强互联网化服务转型，构建以微信客服为核心的互联网服务体系，建立多渠道、立体式的宣传引流，快速扩大微信客服影响力。提升手厅、微厅线上触点服务能力，强化客户触点大数据支撑分析，为线上触点运营和支撑能力赋能。

【5G建设】 重庆市是全国15个首批试点与电信共建共享城市之一，重庆联通承建15个区，包括主城南岸区、江北区、两江区、渝北区及区县11个。南岸区已基本实现除偏远乡村的全面覆盖，开通站点包含NSA及SA组网方式。

（南岸联通）

农　业

概　述

【概况】 南岸区农业农村委员会（以下简称“区农委”）内设党政办公室、财务科、农业科（与南岸区农村经营管理站合署办公）、林业科（与南岸区天然林保护中心合署办公，南岸区天然林保护中心于2019年6月划归区规划自然资源局）、水利科（与南岸区防汛抗旱管理站合署办公，南岸区防汛抗旱管理站于2019年9月划归区应急局）、森林公安局、南岸区农林水利行政执法大队、南岸区动物卫生监督所。区农委直属基层事业单位有南山林场（2019年6月划归区规划自然资源局）、明月山林场（2019年6月划归区规划自然资源局）、南坪畜牧兽医站、涂山畜牧兽医站、鸡冠石畜牧兽医站、南山畜牧兽医站、峡口畜牧兽医站、长生桥畜牧兽医站、迎龙畜牧兽医站、广阳畜牧兽医站。区委、区政府设在农业农村委员会的临时机构有南岸区河长办公室、南岸区精准扶贫工作领导小组办公室、南岸区委农村工作暨实施乡村振兴战略领导小组办公室、南岸区农村人居环境整治工作领导小组办公室。

2019年，全区农林牧渔业总产值51341万元，同比增长1.7%。农林牧渔业增加值39667万元，同比增长1.7%。

【行政审批】 2019年，行政审批以《中华人民共和国行政许可法》为依据，做好行政审批电子监察系统审批工作，规范行政审批行为。全年无超时、超权限审批项目。

【产业结构调整】 2019年，推进农业供给侧结构性改革，成功打造江南枇杷节、农民丰收节、重庆千盆杜鹃盆景展等农业旅游节会品牌，以及“北斗锄禾、清谷问耕、苟家结庐、龙顶摘香”四季垄耕现代都市乡村旅游品牌，促进产业互动融合。

【农业产业化龙头企业】 2019年，规范龙头企业管理，发挥重庆德庄农产品开发有限公司、重庆莉莱食品有限公司、重庆野山珍商贸有限公司等市级龙头企业带动作用，形成具有南岸特色的农业产业化成果。

【特色产业】 发展林果、花卉、盆景三大特色效益农业，重点保护南山花卉、广阳枇杷、吴小平葡萄、龙顶樱桃等一批全市知名农产品。全区8个主要水果蔬菜基地全面实现无公害生产，认证无公害农产品、绿色农产品34个，年产量6000吨以上。全区80%以上耕地种植花木、水果等经济作物，粮经比2∶8。

【新产业新业态】 全区农产品加工业规上企业实现产值114亿元以上，增长11.4%。全区乡村旅游接待游客234万人次，实现乡村旅游综合收入2.34亿元，增长20.44%。

【农旅融合发展】 打造南山樱花节、南山蜡梅节、江南枇杷节等农业旅游节会品牌。举办南山千盆杜鹃盆景展，以“传承技艺、生态发展、品牌培育、产业振兴”为主题，汇聚一千余盆南山本土制作杜鹃盆景作品和历届全国盆景展获奖作品，是全国规模最大的夏鹃盆景展，展会期间盆景销售额300余万元。

【“互联网+农业”】 与阿里巴巴、京东、苏宁云商等全国知名电商平台开展合作，或自建互联网平台进行销售，2019年全区实现农产品网上销售6100万元，农村常住居民人均可支配收入2.3万元，增长9.6%。

【招商引资】 2019年，签约19.17亿元。其中：南山生态带管委会签约重庆高屋置业集团有限公司，总投资2亿元拟建成南山森林公园高屋休闲乐园项目。南重庆迎龙环湖实业有限公司签约神州长城股份有限公司，总投资14.75亿元，打造重庆迎龙湖乡村振兴示范园区。重庆市南岸区南山街道放牛村委会签约重庆鼎枫茂园林绿化有限公司，投资1亿多元打造铜锣花谷生态园乡村旅游项目。

【农业农村改革】 完成农村集体资产清产核资。清理集体资产账面数 4.14 亿元，其中经营性资产账面数 0.16 亿元。集体土地总面积 10.46 万亩，其中农用地面积 8.88 万亩。

推进农村承包地确权登记颁证。确权地块 91282 个，实测总面积 42351.35 亩，涉及 6 个镇街、38 个村、347 个组、12873 户。

开展农村集体经济组织登记赋码。完成 10 个村登记赋码工作，占应登记赋码村的 50%。

多途径发展壮大集体经济。2019 年，全区城市规划区外的行政村经营收入均超过 5 万元。其中，峡口镇西流村集体经营性收入实现 201.5 万元，成为全区第一个突破 200 万元收入的村集体。

制订《2019 年南岸区耕地地力保护补贴工作实施方案》（南岸农发〔2019〕123 号），发放耕地地力保护补贴 440011.87 元，补贴农户 4302 户，补贴面积 5198.628 亩。

扩大农村“三变”改革试点。放牛村将村集体经营性资产 1900 万元，量化到全村 1120 人，实行一人一股，成立南岸区放牛村股份经济合作联合社，与秋枫花木种植专业合作社、林阁花木种植股份合作社、南麓茆舍民宿等合股联营，集体经济年收入 77.85 万元，股东每股分配 300 元。

【精准扶贫】 截至年底，南岸区 8 户区级建档贫困户全部达到脱贫标准，按照“八步工作法”完成脱贫程序，实现脱贫，提前一年完成脱贫攻坚任务。

种 植 业

【概况】 2019 年，南岸区贯彻市、区农村工作会议精神，以农业增效、农民增收为目标，加快农业结构调整，支持花木、优质水果和休闲农业三大主导产业发展。全年农作物播种面积 1527.39 公顷，其中粮食作物播种面积 431.65 公顷，经济作物播种面积 1095.74 公顷。

【花木】 2019 年，南岸区花卉面积 226 公顷，鲜切花产量 343.35 万只，盆景观赏植物 27.56 万盆。

【水果】 2019 年，水果面积 447.87 公顷，产量 3924 吨。

【蔬菜】 2019 年，南岸区蔬菜种植总面积 421.87 公顷，总产量 8083 吨。

【粮食】 2019 年，稻谷播种面积 21.35 公顷，总产量 106.89 吨，红苕播种面积 123.45 公顷，年产量 518.91 吨，玉米播种面积 280.19 公顷，年产量 1415.76 吨。

【耕地地力保护补贴】 2019 年，根据《农业农村部财政部关于做好 2019 年农业生产发展等项目实施工作的通知》（农计财发〔2019〕6 号）和《财政部 农业农村部关于全面推开“三项补贴”改革工作的通知》（财农〔2016〕26 号）和《重庆市农业委员会 重庆市财政局 中国农业发展银行重庆市分行关于印发 2019 年重庆市耕地地力保护和种粮大户补贴工作实施方案的通知》（渝农发〔2019〕84 号）要求，结合南岸区情况，制订了《南岸区农业委员会 南岸区财政局关于下发〈2019 年南岸区耕地地力保护补贴工作实施方案〉的通知》（南岸农发〔2019〕123 号）。全年发放补贴 440011.87 元，补贴农户 4302 户，补贴面积 5198.628 亩，补贴标准 84.64 元 / 亩。

【第十九届西部农交会】 参加“第十九届西部农交会”，结合南岸区风貌特色精心设计展台。从辖区内优中选优，推出重庆德庄农产品开发有限公司、重庆莉莱食品有限公司、重庆渝海食品有限公司、重庆野山珍商贸有限公司、重庆龙老幺食品有限公司、重庆乡里人樱桃专业合作社、重庆南岸区乐和人家农业专业合作社联合社这 7 家优秀企业和专业合作社参展，参展品种包括牛肉干、火锅底料、礼品盒泉水鸡、优质品种水果、原生态农副食特产等，着力突出绿色、生态特点，充分展现南岸区食品加工业以及优质水果和生态休闲旅游农业的发展成果。推荐野山珍商贸参加农产品出口对接洽谈会，展会期间吸引观众 5 万人次，现场销售额 4 万元，线上销售额 52 万。

水 产 业

【概况】 2019 年，南岸区渔业工作在区委、区府的正确领导下，在上级主管部门的关心和指导下，以促进渔业增效、渔民增收和保护渔业环境为目标，大力发展生态特色渔业，促进渔业工作稳定开展。

【塘库养殖】 2019 年，全区养殖面积 2430 亩，水产品总产量 2099 吨。

【观赏鱼养殖】 2019 年，观赏鱼养殖产量 300 万尾，养殖面积 120 亩。

农产品加工业

【概况】 2019年，南岸区农业农村委新增农产品加工业职能，帮助农产品加工企业扩大产值，从政策上、行动上等多方面实现增产增收。全年农产品加工业实现总产值119.82亿元，与2018年同比增长14%，其中规模以上农产品加工业20家，产值114.05亿元。

畜 牧 业

【畜禽生产】 2019年全区畜禽生产仍然是控制发展，全区畜禽养殖数量与2018年相比下降幅度较大，生猪常年存栏1700头，奶牛常年存栏16头，羊常年存栏222只，鸡常年存栏33414只，鸭常年存栏10773只，鹅常年存栏1472只。生猪出栏1593头，牛奶产量74吨，家禽出栏44007只，禽蛋产量236吨。

【非洲猪瘟防控】 严格实施动态监管。加大对生猪养殖户的监管力度，在全区推行生猪户口制、日巡查制度、生猪运输车辆备案制度、非洲猪瘟疫情有奖举报制度、联席会议制度、非洲猪瘟值班制度等。全区建立生猪户口约275户，全年巡查养殖户4000余次，协助高速收费核查生猪调运800余起，备案生猪运输车辆2台，目前全区暂未发生非洲猪瘟疫情。

严格执行生猪及产品调运。严格落实动物调运政策及检疫程序，严防动物及动物产品非法调运，全区备案生猪产品调运96余次，防范外疫引入。

强化消毒灭源工作。集中开展生猪散养户大消毒行动2次，发放消毒药品1500千克，阻断疫病传播。

【养殖污染整治】 为巩固“创模”所取得的养殖污染整治成果，防止已取缔畜禽养殖场反弹复养，防止新建养殖场，南岸区农业农村委牵头建立了如下长效管理机制，并监督各街镇认真落实。

督促各街镇严格实施相关文件要求，落实到具体人头，定期巡查，及早发现复养或扩养的苗头，发现一处，查处一处，确保粪污不直排。

区农业农村委加强指导和监督，不定期对各街镇的复查情况进行巡查，按已整治养殖场（户）名单和达标养殖场（户）畜禽数量档案，随机抽查，现场核实，监督检查镇政府工作成效，针对问题向相关街镇印发书面督察整改通知，确保无反弹复养。

开展第三方评估。4月，委托第三方机构对南岸区畜禽养殖废弃物资源化利用率进行评估，评估结果约81%。划拨49万元给相关街镇，用于完善废弃物资源化利用设施。

【动物防疫】 为有效防治动物重大疫病和人畜共患病的发生，维护公共卫生安全，按照“以防为主，防控并重”指导思想，实施“春秋两季集中防疫，常年补栏补防”工作。坚决执行动物主要疫病强制免费免疫制度，开展猪0型口蹄疫、牛羊0型－亚Ⅰ型口蹄疫、高致病性禽流感、羊小反刍兽疫、犬狂犬病为主的国家规定疫病的动物免疫工作。结合春秋季防疫工作的开展，对畜禽饲养圈舍、场地、用具以及周边环境进行统一消毒，将各种疫病病毒消灭在萌芽状态，净化养殖环境。

2019年与2018年南岸区动物免疫情况对照

免疫病种		2019年			2018年		
		春季集中免疫动物数量（头、只）	秋季集中免疫动物数量（头、只）	统一消毒面积（平方米）	春季集中免疫动物数量（头、只）	秋季集中免疫动物数量（头、只）	统一消毒面积（平方米）
高致病性禽流感	鸡	48178	50824	春季：109085 秋季：113218	72314	41505	春季：161250 秋季：129150
	鸭鹅						
	其他						
鸡新城疫		/	/		/	/	
猪瘟		/	/		/	/	
猪蓝耳病		/	/		/	/	
猪、牛、羊口蹄疫		2400	2165		4430	3537	
奶牛A型口蹄疫		/	/		/	/	
羊小反刍兽疫		337	183		441	371	
犬狂犬病		4039	3492		3371	3394	

【动物检疫】 动物检疫。在接到养殖业检疫申报后，到现场查验动物免疫耳标和动物免疫证明（齐全且在有效期内），对动物健康状况良好者，方出具产地检疫证明，全年产地检疫生猪452头。

产品检疫。动物产品因继续调运或者分销需要进行检疫申报时，需严格按照申报程序提交材料，申报受理后，官方兽医及时到场开展检疫工作，对动物产品进行检查验证，确保动物产品在有关国家标准规定的保质期内，且无腐败变质等情况。

【动物疫病监测】 为及时发现疫情，南岸区严格落实《重庆市南岸区突发动物疫情应急预案》，确保发生动物重大疫情时，能够迅速报送信息，以便采取果断措施，按照“早、快、严、小”原则，拔除疫点、扑灭疫病，防止疫病扩散。组织对全区高风险动物疫病病种开展风险监测，全年监测牛羊布病样品70余份，监测马鼻疽样品26份，未发行阳性样品。

【动物及肉类产品质量安全管理】 狠抓饲料、饲料添加剂、兽药等养殖投放品的生产、销售和使用环节监管。（1）按照农业农村部《饲料生产企业审查办法》规定开展饲料生产企业审查工作，把牢饲料生产行业准入关，并加强获证饲料生产企业日常生产监督管理 。（2）加强兽药经营门市GSP条件规范管理。采取措施，推进兽药GSP实施进程，督促企业规范经营活动，加强对违禁兽药重点品种的监管，促进兽药经营市场正常运行。（3）抓好养殖环节养殖投入品使用监管。加强对《食品安全法》和《动物防疫法》、违禁药物种类品名的宣传，对畜禽养殖户加强守法生产、添加违禁药的社会危害及承担法律责任的教育。督促养殖户严格落实休药期制度。积极配合重庆市饲料兽药检测所加大饲料兽药的生产环节、销售环节、使用环节抽检力度、范围和频次。配合重庆市动物疫控中心定期开展农贸市场、超市畜禽产品质量安全检测。

强化动物卫生监督执法，加大打击力度。加大养殖、私屠滥宰环节监管力度，严把各道关口。严查严处各类危害动物及造成肉类产品质量安全的违法行为，一律依据动物防疫有关法律法规规定从严处罚。违法行为涉嫌犯罪时，及时与公安、卫生等部门沟通协调，必要时开展联合执法，保证畜产品安全。2019年立案查处3起，罚没金额984元。

林 业

【“林长制”工作】 在前期创新推行林长制、山长制的基础上，印发《南岸区开展明月山林长制试点实施方案》（南岸委办〔2019〕38号），下发了系列相关制度。全面建立明月山区、镇街、村居三级林长体系。通过多次实地调查，在明月山林长制范围内安装公示牌22块。

【国土绿化】根据《关于做好长江上游生态屏障（重庆段）山水林田湖草生态保护修复工程林业项目的通知》《重庆市人民政府办公厅关于切实做好2019年国土绿化提升行动工作的通知》要求，开展实地调查，编制三年总体方案、2019年度方案、2019年国土绿化实施方案，并经市级评审，将1.6万亩任务分解落实到各镇街、林场，落实资金1550万元，全面完成年度任务。

重庆市2019年春季义务植树示范活动于2月28日在南岸区广阳岛举行，植树活动地块面积约45亩，栽植黄葛树、桢楠、红枫、桂花、樱花、红叶石楠苗木约2700株，市直机关、区级相关部门600余人参加。

【森林保护】 严格执行林地占用审批程序，推进东环线铁路永久、临时项目，重庆东站及其他项目林地审批。与区交通局共同行文，将全区四好农村路项目纳入防火通道建设，按为林业生产服务进行审批，规范林地占用行为。全年办理永久、为林业生产服务涉林审批项目9件，面积39.1237公顷，征收植被恢复费1924.2108万元。对国家下发的157个森林督察图斑组织专业技术单位开展现地核实、整改工作。印发《关于全面加强森林资源保护管理的紧急通知》（南岸林发〔2019〕5号），强化森林资源监管，保护生态资源。

对森林公园、湿地公园、风景名胜区进行全面梳理，落实原森林公园、湿地公园矢量边界。以其原总体规划图为基础，结合土地征收、权籍资料、“多规合一”等成果，对边界范围逐步甄别，对成片居民点、城规区域，按照国家、市级文件精神予以优化调出，调出面积1363.16公顷。整合优化前全区保护地投影面积5972.86公顷，占全区国土面积比例22.7%。整合优化后保护地投影面积4609.7公顷，占全区国土面积17.52%。整合优化后设立自然保护地4个（南山自然公园、明月山自然公园、迎龙湖自然公园、苦溪河自然公园）。

【有害生物防控】 对全区范围内的枯死松木、濒死木、衰弱木等所有松类树木均严格按照松材线虫病除治技术要求进行除治，伐除枯死、濒死、衰弱、风折、风倒等松树1.02万株，清理面积1.31万亩，其中疫木除治面积0.15万亩。林间枯死松树伐除率、除治现场合格率、伐桩处理合格率均达到100%，所有伐桩均低于5厘米，并进行剥皮、放药、覆膜等处理；山场除治干净、彻底，按市级规定的时间节点及要求全面完成除治任务。实施无公害防治，继续推广APF-I型松墨天牛化学诱剂及诱捕器投置工作，挂诱捕器490套，合理分布于林区中。采用无公害药物积极开展其他林业有害生物的常规防治工作，防治松毛虫、尺蠖约3000亩。

【天保工程】 森林资源管护。全区天然林管护涉及七镇一街、两个国有林场，管护面积9.56万亩，落实责任单位10个，签订管护目标责任书10份，做到管护区域、管护任务、管护措施、保护标志、责任单位、承包人员、奖惩制度七落实。

职工五项保险社会统筹。两个国有林场有在职职工39人，其中：南山林场9人，明月山林场30人，全部参加了社会五项保险制度，并足额缴纳各项保险费用。

清退林业员养老和医疗补助。截至年底，原清退林业员养老和医疗补助发放11人，累计发放养老和医疗补助157440元。

森林保险。森林保险投保面积64329亩，其中公益林投保面积38905亩、商品林投保面积25424亩，投入保费资金99922.6元。

开展2019年度地方集体公益林森林生态效益补偿工作，涉及补偿面积4709.25亩，补偿资金60042.95元，均已直补兑现至相关村、村民小组。

【退耕还林】 对全区退耕还林工程（含地方退耕还林）所涉及的广阳镇、迎龙镇、长生桥镇、峡口镇、鸡冠石镇和南山街道等5镇1街13643.781亩退耕还林地进行日常管理，其中：国家坡耕地还林12427.482亩、地方坡耕地还林1216.299亩。

水　利

【概况 】 2019年，南岸区抓好民生水利，全面实现了城乡供水一体化。做好河道管理工作，开展河道清四乱工作。全面推进河长制工作。稳步推进全区重点水利工程。

【民生水利】 结合统筹城乡发展要求，针对农村饮水安全人口全面销号以后出现的新问题，推进城乡供水一体化进程。通过供水管网改造、并网等措施，关停全区所有农村水厂，改由城市水厂统一供水、统一管理、统一经营，确保农村区域供水稳定、水质提升，实现全区城乡供水一体化，让全区4万农村居民喝上放心水。

为保证现有农村供水工程安全稳定运行，投入资金279.5万元用于补助村社管网水损和人员经费，实施管网维护改造等工作，全面提高农村饮水安全保障。

【河道清四乱】 结合河长制，在全区范围内开展地毯式排查，查找长江南岸段、长生河、渔溪河和南岸区其他小河流河道乱占、乱采、乱堆、乱建等“四乱”问题，逐段建立问题清单。全年排查“四乱”问题10处，其中长江南岸段7处：乱占4处，乱堆2处，乱建1处。

【河长制】 加大河长巡河力度。南岸区有区级河长19人，应巡河23次，实际巡河25次。推进区级河流“一河一策”制度。全面完成除长江外所有河库“一河（库）一策”方案编制，累计编制“一河（库）一策”29册。

【重点工程】 为确保市级重点项目南岸经开区长江防洪护岸综合整治工程（一期）稳步推进，克服征地拆迁阻力较大困难，协调施工单位，通过调整施工计划，采取“交地一段施工一段”的方式确保工程建设施工作业面，同时采取倒排工期、增加施工机械及人员等措施，抢抓长江枯水期黄金施工季节，全力保障工程进度。已完成护岸基础开挖及块石换填1千米，混凝土挡墙600米等工程内容，启动高坎子滑坡治理工作，完成投资1700万元。

农业综合开发

【农田建设项目】 2019年，启动南岸区迎龙镇高标准农田建设项目，总投资792万元，其中中央投资207万元，市级财政资金393万元，区级配套资金145万元，群众自筹47万元。项目实施地在迎龙镇龙顶村、北斗村，广阳镇银湖村，计划实施高标准农田5000亩，项目经公开招投标已确定施工单位，项目预计2020年11月完成全部建设任务并报请市级相关单位验收。

规划完成南岸区2019年度高标准农田建设项目，总投资921万元，中央财政资金321万元，市级财政资金600万元。项目实施地为迎龙镇大坪村、四坪村和清油洞村，广阳镇银湖村，南山街道石牛村，长生桥镇凉风村，峡口镇西流村。项目计划完成高标准农田建设7000亩，项目已取得市农委的实施计划批复，预计2020年7月开工建设，2020年12月底前全面完工。

行政执法

【概况】 2019年，以《水法》《河道管理条例》

《农产品质量安全法》《种子法》等相关法律法规为重要依据，以维护农民切身利益、保护生态环境、保障农业生产安全为初心，以打击各类违法行为为使命，资源保护措施有力，行政执法严格高效，保持特重大资源环境问题“零发生”态势。

开展行政执法专项行动，维护“三农”权益，严格执行农药管理条例，依法查处假冒伪劣农资、剧毒高毒农药违法行为，确保农产品质量的安全。

【农业执法】 根据市、区农产品质量专项整治工作安排部署，先后组织“绿箭护农行动”“农产品质量安全执法”“绿剑护农”“秸秆禁烧执法”“不忘初心、牢记使命”农产品质量安全执法等行动，开展农业执法检查行动228次，出动执法车辆228辆次、执法人员912人次，散发秸秆禁烧宣传资料7000份，对蔬果、农药、水产品等开展监督抽检3批次17个样品，发放禁渔宣传资料500余份，张贴禁渔宣传横幅20幅（含镇街），劝离游钓人员1300余人，处理举报投诉25件，救护水生野生保护动物4尾，协助公安机关查处非法捕捞案件23起，收缴非法网具80副、渔获物60公斤，行政立案10件，罚款1.03万元。

【水利执法】 全年开展水利执法检（巡）查150次，组织检查（巡查）人员450人次，调查各类水事案件25件，含立案查处11件，违法情节轻微未立案查处14件，责令停止违法行为11起，罚款2万元。开展普法宣传2次，组织宣传人员10人次，制作横幅4条，发放宣传手册500份，发放法律宣传资料100份。参与水利安全执法检查12次，组织检查人员36人次，下发责令限期整改通知书6份，整改复核意见6份。配合区政府强制拆除千斤岩江段、哑巴洞江段、铜元局江段、白沙沱江段、喻家沱江段违法涉河建设10余起。

森林公安执法

【概况】 2019年，重庆市南岸区森林公安局按照森林公安机关机构改革、职能调整要求，逐渐转移工作重心到涉林治安和刑事案件上来，按照公安部和市局统一部署，开展“打击破坏野生动物资源违法犯罪行为”“春雷”“昆仑”等3大类专项打击行动，严厉查处涉林、涉野生动物违法犯罪行为。严格落实人民警察各项纪律要求，时刻筑牢民警和辅警思想防线。协助、指导林业局开展“2019年森林督察”工作、林地清理整治工作等，特重大破坏资源环境行为保持“零发生”，禁种铲毒、森林火灾保持“零目标”。

【刑事案件查处】 通过多警种合作、跨区域作战，专案组奔赴广东、贵州、四川等地，侦破森林和野生动物刑事案件7件，侦办犯罪嫌疑人13（其中已判刑1人、逮捕2人，采取强制措施10人），收缴、扣押象牙制品5件、二级以上野生动物18头（只），其中，协助河南、四川森林公安破获野生动物案件2起，抓获犯罪嫌疑人2人。加大林区执法检查和案件办理力度，查处擅自改变林地用途案件3起，处罚3人（单位），罚款88263元，恢复林地5927平方米，申请法院强制执行林地案件1起。

【林地整治】 “林地非农化”专项行动中，整治南山柏杨湾别墅4栋，拆除房屋4栋及游泳池、硬质地面等附属设施150平方米，拆除蓝屋顶2200平方米，处理弃渣土石1320立方米，覆土3602平方米，植树170株，植草2000平方米，恢复林地生态5.5亩。协助林业局处置南山民宿事件，对大南山区域43家民宿开展摸排检查，指导林业局对违法占林地民宿进行整改和处罚。以南山壹号及壹华里森林公园后山国有林区违法坟墓为突破口，整治拆除违法新旧坟12座，恢复林地生态1万平方米。

【林区安全】 “2019春节燃放烟花爆竹”专项行动中，组织发动各林场和街镇开展禁放宣传，动员社会力量924人，印发宣传资料58654份，设立宣传站点62个，播放宣传片15场，发放宣传短信8万条，张贴宣传画10363幅，出动民警136人次，出动车辆98辆次，确保了春节期间林区的安全稳定。通过加强检查，深入排查，开展了林区风险排查和矛盾纠纷化解工作，加强防火隐患和安全生产隐患排查，检查林区单位46个次，发现隐患5个，整改5个。

【野生动植物保护】 加大破坏野生动植物违法犯罪打击力度，破获非法交易象牙、虎牙、穿山甲片等野生动物制品刑事案件5起，打击处理涉案人员5人，破获毁坏珍贵野生植物案件1起，涉案人员4人，收缴灰鹦鹉、黄金泽巨蜥蜴等列入国际贸易公约附录Ⅰ、Ⅱ的濒危动物活体4头，收缴象牙制品5件和猫头鹰、白鹇等动物标本11件。加强野生动物救助，开展野生动物栖息地巡查，救助放生林麝等珍贵、濒危野生动物6只。

农业生产安全管理

【农机安全】 全年清理外籍变型拖拉机17台，清理统计率100%。函告查询26台，回函率95%。落实农机购置补贴政策，组织农机推广人员开展购机实地核实4次，补贴机具4台，补贴金额3200元。

【渔船安全】 全年开展渔船安全检查13次，分管区领导带队检查1次，委分管领导带队检查8次。召开全区渔船安全工作会议2次，培训渔民200余人次。下发整改通知书3份，排查安全隐患3个，整改落实3个。

按照农业农村部、财政部、人力资源社会保障部等三部委《关于印发长江流域重点水域禁捕和建立补偿制度实施方案的通知》（农长渔发〔2019〕1号）、《重庆市人民政府办公厅关于加强长江水生生物保护工作的实施意见》（渝府办发〔2019〕42号）文件要求，深入渔港码头，开展调研，函送各单位征求意见，报送区政府常务会审定，形成《重庆市南岸区渔民退捕转产工作实施方案》，由区农业农村委牵头，各相关镇街各负其责，“一船一策”“一户一策”，落实渔民退捕转产专项工作。区级安排财政专项资金909万元，统筹中央、市级资金1400万元用于水生生物保护区渔业船舶退捕转产工作。全年已签订捕捞渔船退捕转产协议67份，拆解渔船67艘、无证辅助船29艘；发放渔民退捕转产补助资金1340万元，赎回渔业船舶证67份、渔民登记证124份，全面平稳完成南岸长江重庆段四大家鱼国家级种质资源保护区渔民退捕转产上岸工作。无矛盾纠纷发生和遗留问题出现。

【农产品质量安全】 加强农产品质量安全监管。印发《2019年全区农产品质量安全工作要点》《食用农产品质量安全例行监测（风险监测）计划》。召集全区各涉农镇街及农产品生产企业（合作社）召开农产品质量安全会议2次，参加人员100余人次，发放农产品质量安全监管手册32本，签订农产品质量安全承诺书、责任书37份。采用法制宣传和走访调查相结合的方式开展农产品质量安全宣传4次，发放新修订《农药管理条例》《禁限农药名册》《农产品质量安全法》等资料1000余份。对辖区蔬菜水果、水产品开展例行风险监测20批次，对农产品生产企业（合作社、大户）及农药经营门店开展指导检查24次，指导农产品生产业主做好农事记录，严格执行禁限用药规定、休药间隔期和生产档案记录制度。

【林业安全】 及时开展行业领域风险研判工作，通过对11个森林防火责任单位7类风险情况分别进行定性定量分析，分析出蓝色风险3个，黄色风险4个。及时开展隐患排查22次，查出一般隐患18个，建立了风险台账和隐患清单。建立林业安全生产资料档案、安全检查整改记录、复核档案、履职档案、安全生产检查记录、安全生产会议记录、风险研判报告、风险台账、隐患清单等。

【森林防火】 落实森林火灾预防工作领导负责制，将森林火灾预防责任层层落实到各林区、村社、林区经营单位、巡护人员和林区农户。强化国有林区火源管控，在林区重点地段、路口增加巡山护林人员，增设检查站和哨卡，严禁火种入山。加大宣传力度，在入山路口和重点地区、重要路段设置醒目标志，悬挂宣传警示标语，广泛宣传森林火灾预防。启动南岸区森林防火规划（2020～2025年）编制工作。

（区农委）

商业贸易

概　述

【概况】 南岸区商务委员会（以下简称"区商委"）是区政府工作部门，内设机构7个：党政办公室（人事科、财务科）、现代流通科、电子商务科、外经贸科、综合商务科（安全科、行政审批科）、自贸建设科、运行调节科。委管理全额拨款正科级公益一类事业单位1个：区商务综合行政执法支队，加挂区商务服务中心牌子。区商委的主要职责是：拟定全区商贸服务业发展的中长期发展规划，拟定商贸经济发展区域规划等现代流通业的发展规划及落实各级商贸扶持政策等工作。

2019年，全区社会消费品零售总额增长6.6%，增速位居主城第3位、主城都市区第16位。商品销售总额增长10%，增速位居主城第3位、主城都市区16位。住宿餐饮营业额增长10.9%，增速位居主城第8位、主城都市区第19位。增速分别回落0.3个、0.1个和0.6个百分点。社零增速主城排位下降1位，商品销售总额增速主城排位上升3位。外贸进出口总额完成16.33亿美元，同比增长5.4%，总额列主城第6位，增幅列主城第3位。实际利用外资8.88亿美元，同比增长0.23%，总量列主城第3位，增幅列主城第6位。

【自身建设】 强化组织建设。深入学习贯彻党的十九大精神和习近平新时代中国特色社会主义思想，扎实开展"不忘初心、牢记使命"主题教育，制订区商委党组《关于开展"不忘初心、牢记使命"主题教育方案》，督促领导班子和各支部扎实开展主题教育，确保取得成效，坚决杜绝主题教育搞形式、走过场的现象发生。全年，解决群众在群工系统反映的问题7件，新发展党员1人，预备党员转正1人，全体党员缴纳党费54643.35元。持续深化"两解一帮"群众工作，结合"全民动手日"活动，组织党员干部轮流到联系的村（社区）开展志愿服务活动，拉近了干群距离，打通了干部联系服务群众的"最后一公里"。

严格落实意识形态工作责任制。将意识形态工作纳入全局重要议事日程，严把论坛、讲座等活动的审批程序关，与下属非公支部书记以及会展场馆签订《意识形态工作责任书》，明确目标责任和追究机制，层层压实责任，传导工作压力，全年专题研究意识形态工作2次，审批了35个论坛、讲座活动，均未发生意识形态安全方面的问题，重要节点安全稳定可控。

深入推进党风廉政建设。制定了区商委主体责任清单，明确完善了党组、党组主要负责人、领导班子成员工作责任，不定期研究党风廉政建设和反腐败工作，每半年听取全面从严治党专题汇报，强化责任监督和责任落实。扎实开展"以案四说"警示教育工作，通过QQ、微信群、支部学习平台等，及时转发中纪委、市纪委网站以及清风南岸微信公众号通报的身边案、典型例，教育党员干部牢固树立"四个意识"，筑牢抵制不良风气思想防线，知敬畏、存戒惧、守底线，使廉政意识内化为价值追求，外化为制度约束和行为习惯。持续开展"1+3+N""四风"专项整治和领导干部利用名贵特产、特殊资源谋取私利问题专项整治的自查自纠工作，以钉钉子的精神，驰而不息推动落实中央八项规定精神。

商贸流通

【商品批发】 2019年，全区商品批发业主要集中在医药、石油及制品、金属材料、服装鞋帽、通信器材和烟酒行业。全年批发业销售总额同比增长10%。区内188户限额以上批发企业实现销售总额911亿元，同比增长4.2%。其中：医药类实现销售额190亿元，同比下降9%；通信器材类实现销售额268亿元，同比增长1.4%；金属材料类实现销售额120亿元，同比增长35.9%；烟酒类实现销售额24亿元，同比增长3.5%。年销售总额超20亿元的有重庆九州通医药有限公司、中国石油天然气股份有限公司重庆江南销售分公司，2户批发企业。

【商品零售】 2019年，全区零售业实现销售额同比增长6.6%。全区63户限额以上商品零售企业实现零售总额188亿元，同比下降2.5%。其中，汽车行业实现销售总额84亿元，同比下降5.4%；药房连锁公司实现零售额17.7亿元，同比增长16.6%。石油及制品类实现零售额41亿元，同比下降7.1%。年销售总额超5亿元的有重庆东银壳牌石化有限公司、中国石油天然气股份有限公司重庆江南销售分公司、重庆谊品弘渝科技有限公司、重庆百事达华众汽车销售服务有限公司、重庆市万和药房连锁有限公司、追星汽车服务（重庆）有限公司、重庆童联孩子王儿童用品有限公司、重庆市庆德宝汽车销售服务有限公司、重庆市滔搏商贸有限公司、重庆渝润汽车销售服务有限公司等10户零售企业。

【消费提振】 在重庆（南）会展资金的持续拉动下，会展品牌效应逐渐显现，除婚博会、新春年货购物节、房交会、家博会等传统展会外，中盟“双品汇”、药智网“研发创新峰会”、国际美食节暨餐饮发展大会、重庆6•18电商日等国家级、市级专业会展落地南岸。全年举办展览85个，会议论坛137个，直接收入66.18亿元，拉动消费264.96亿元。

引导企业抓住元旦、春节、五一等节日和马拉松等大型赛事进行促销。元旦期间，各大商业综合体、商场、超市跨年大促销，协信星光、江南商都销售收入分别增长56%、26%，华润万家超市假日期间销售过百万元，同比增长84%。春节期间，南山枇杷园火锅销售同比增长165.3%。五一期间，影院、温泉等休闲活动深受老百姓青睐，海棠晓月温泉酒店收入增长111%。端午节期间，长嘉汇•第二届重庆南滨国际戏剧节盛大开幕，节日期间游客196.34万人次，周边消费收入同比增长30%左右。国庆期间，全区实现社会消费品零售总额9.57亿元，同比增长6.9%。南滨路沿线餐饮火爆，景婆婆餐饮实现营业额同比增长62.4%，堃记重庆宴实现营业额同比增长7.9%。南山枇杷园火锅实现营业额同比增长95.7%。开展汽车消费惠民活动，10月1日至31日期间，给予每台车1500元（加油卡）补贴。

【商贸服务质量】 开展重点服务业专项整治工作，倡导企业“规范经营、诚信经营、文明经营、安全经营、优质经营”，并联合区市场监管局、区卫健委、区公安分局、区文旅委等部门和属地街镇对南滨路沿线和南坪商圈区域商场、酒店、文化娱乐等场所进行联合检查，出动执法人员210余人次，检查企业550家次，约谈住宿企业经营者8人，处罚不实名登记1家，取缔非法经营旅馆1家，严厉打击违法违规经营行为。马拉松期间，召集区内喜来登酒店、丽笙世嘉酒店、万豪酒店等20家酒店在重马期间推出延迟退房服务，为参赛选手提供更为优质便捷的服务。召集区内酒店、餐饮企业等50余个企业召开培训会，解读《重庆市住宿行业服务规范》《重庆市餐饮行业服务规范》，鼓励各企业积极贯彻落实，以标准促质量。

【电子商务】 京东云西南运营中心、城市服务平台、京东智能产业创新平台、京东云（重庆）数字经济产业园、黄金珠宝交易平台、火锅食材供应链平台、网红经济产业共享孵化基地、京东医药西南总部等陆续启动。京东云数字经济产业园建设取得重要进展，117家企业已确认合作落地意向，92家企业已完成注册，涵盖智能设备、电脑、家电、日用品、医药、食品、珠宝、旅游等业态。

京东云与重庆工商大学达成校企合作共建项目，三年内为南岸区培养500名专业电商人才。国家信息中心全国能源大数据中心启动建设，中移物联网、中交通信“全国车联网监管与服务公共平台”、中交兴路“全国道路货运车辆公共监管与服务平台”、药智网等大数据运营平台提速发展。城投金卡RFID智能交通管理技术国家地方联合工程研究中心、易华录城市数据湖示范项目等大数据项目竣工运营。

农村电商有序发展，2019年南岸区统计涉农电商共8家，包括企业7家、专业合作社1家，2019年销售总额约1.1亿元，其中国家级龙头企业德庄销售额8600万元，莉莱食品1800万元，其余企业和专业合作社年网络销售额为30万～180万元，共计670万元。网络销售平台包括淘宝、天猫、京东、微信等，网销产品涉及火锅底料、牛肉干、豆腐乳、豆豉等加工产品及枇杷、葡萄、柑橘等生鲜产品，其中上京东的有德庄和巴倒烫火锅，上架产品均为火锅底料、调料等。

【应急保供】 为防范自然灾害、突发性事件、交通运输、市场供求等多种因素的影响，南岸区加强重要生活必需品和重要商品的市场供给应急保障。2019年，南岸区确保重要商品供应充足、安全，满足居民基本生活和应急处置需要。主城九区重要商品应急联动机制良好运行，11个区重点应急保供企业物资储备正常，能确保应急商品满足老百姓日常需要的生活必需品。重大节日期间，各大超市、农贸市场组织充裕的货源，安排必要的储备，保障粮食、食用油、肉类、蔬菜等重要商品的市场供应，确保节日供应不脱销、不断档。

开放经济

【外商投资】 不断丰富外资路径，厚泽小额、重庆永翔取得境外借款，城建集团成功发行外债，谊品弘科技等注册资本到位。全年实际利用外资 8.88 亿美元，其中 FDI3.51 亿美元，对外借款 5.31 亿美元，外商其他投资 600 万美元。利用外资的企业 24 家，其中利用外资额 1000 万美元以上的企业 10 家。利用外资行业主要为租赁和商务服务业、批发和零售业、金融业、制造业，利用外资额分别为4.66 亿美元、1.63 亿美元、1.6 亿美元、7694 万美元。

【对外贸易】 不断夯实外贸基础，重庆国际贸易集团有限公司跻身全国供应链试点企业，深度开展外贸模式、业态，进行机制创新。渝贸通利用“外经贸公共综合服务平台”功能，助推中小外贸企业发展。利用服务贸易特色产业园积极培育服务贸易企业。支持、鼓励企业参加第二届中国国际进口博览会、中国—非洲经贸博览会等国际展会、境外考察。加强宏观政策宣传，协助数 10 家外贸企业成功申请中小开、国际服务贸易、进口贴息、融资担保、加工贸易等市级资金 1000 余万元。全年外贸进出口完成 16.33 亿美元，同比增长 5.40%，其中进口 12.03 亿美元，同比增长 31.28%，出口 4.30 亿美元，同比下降 32.08%。全区有外贸实绩的企业 204 家，其中外贸额 1000 万美元以上的企业 14 家，100 万～ 1000 万美元的企业 35 家，100 万美元以下的企业 155 家。主要产品为大宗商品、机电产品、化工产品，外贸额分别为 8.37 亿美元、5.51 亿美元、1.03 亿美元。

【自贸建设】 2019 年，南岸自贸板块新增注册企业 305 家，其中内资企业 303 家，注册资本金 59.33 亿元；外资企业 2 家，注册资本金 8180 万美元。2019 年，南岸区实际利用外资 8.88 亿美元，其中南岸自贸板块实际利用外资 4.1 亿美元，占全区总额的 46.17%。南岸区外贸进出口总额 16.33 亿美元，其中南岸自贸板块外贸进出口额 8 亿美元，占全区总额的 49.0%。围绕市里明确的 141 条创新措施，逐项进行研究，全面完成市里明确的 2019 年改革落实任务，充分发挥“自贸试验区 + 中新示范项目 +CBD+ 经开区”等开放平台和政策叠加优势，鼓励企业先行先试。积极承接市政府向自贸区下放的 41 项行政审批权力等管理事项，为办事群众及企业提供各种行政审批及咨询服务。自贸试验区企业工商注册登记时限由平均 3 个工作日再次提速至 1.5 个工作日，最快实现 1 个小时办结。

【中新项目】 成立金融服务、信息通信技术（物联网）、交通物流、现代服务经济 4 个专项工作小组，主动与新加坡有关机构对接，拜访新加坡国际企业发展局、中华总商会等机构和企业，促进中新合作项目框架下招商引资和企业间合作。推动普洛斯零售及电子商务、物流和结算基地项目、领安电子商务仓储物流项目和重庆永翔国际电商物流产业园项目等项目投运，积极对接“中欧卡航”等项目。促进企业开展境外发行外债、借款和跨境人民币结算等金融业务。成功引进中银富登村镇银行。积极促成南岸区城建集团赴新加坡发行债券 5 亿美元。新加坡毅鸣股权投资基金正在与相关区级平台公司共同设立现代服务业产业发展基金 10 亿人民币。由新加坡海峡置业投资约 8 亿元人民币打造的江南“悦地”购物中心，面积 8.5 万平方米。推动新加坡国际互联网数据专用通道（信息通道骨干网直连点）智谷节点建设，发展通信、大数据、智能终端和人工智能等相关业务。

【招商工作】 2019 年，围绕大数据、总部经济、医药大健康、外资外贸、商贸流通等现代服务业开展招商工作，引进永达南星西南地区总部、创购电子商务平台、新鸥鹏南湖教育城等项目。完成新开工项目计划投资额 1.41 亿元，正式签约合同总额 59.99 亿元，新增入统企业重庆兴汇聚信息科技有限公司、重庆鑫晨星信息技术有限公司、重庆阿蒙蒙商贸有限公司、重庆蓝色基点电子商务有限公司等 17 户。重点在谈项目：华润医药重庆总部基地、国药总部基地、海创汇西部总部、中航油、天鑫洋等 10 个，在谈项目总投资额 72 亿元。

综合管理

【成品油市场管理】 全区有加油站 43 座，停业 3 座，全年汽油销售 25.8 万吨，增长 12.1%，柴油 16 万吨，增长 8%，加强同区内成品油经营龙头企业的协调，确保成品油供应充足，为全区社会经济和生产生活提供能源保障。

【酒类流通管理】 重点抓好酒类流通追溯信息卡办理、随附单使用、销售统计监测工作，全年办理追溯信息卡 25 个，有效开展流通追溯工作。

【再生资源行业管理】 完善再生资源回收系统建设。实现再生资源回收体系网络和生活垃圾分类网络“两网”融合。按照“七统一、一规范”标准，加强日常服务管理，督促企业（个体工商户）做好“门前五包”，自觉接受属地镇街、社区（村）管理。联合市场监管、公安、镇街对回收站进行综合整治，使规范达标，取缔 12 家无证无照回收站。

【预付卡管理】 2019年，南岸区单用途商业预付卡规模备案企业2家（重庆协信购物中心发展管理有限公司、重庆百联南岸上海城购物中心有限公司）。一般备案企业12家，累计14家。处理单用途商业预付卡21起，涉及金额5.1万元。

【行政审批】 根据市级部门相关政策，优化行政审批程序，减少办事流程，实现"马上办、网上办、就近办、一次办"。全年办理酒类追溯信息卡25个。

行政执法

【行政事项清理】 根据全市统一要求，组织专人对行政审批、检查、执法等项目进行清理，其中行政许可6项、行政检查1项、行政执法依据19条、其他行政权力1项。

【队伍建设】 组织执法队成员参加区司法局组织的行政执法实务培训，学习《中华人民共和国行政处罚法》等法律法规、法律文书制作等内容，提高商务执法人员的执法能力和思想业务素质，做到依法行政。

【执法宣传】 开展"3•15"保护消费者权益宣传活动和9月"诚信兴商"活动。制作展板，以文字、图片、宣传册、视频等形式宣传南岸区商务委员会的主要职能职责、行政许可项目、商务行政执法的法律依据以及与广大群众的生产、生活较为密切的法律和规章。向群众发放各类宣传资料5000余份，详细介绍商业单用途预付卡、非法集资防范、成品油打非治违等工作，提高群众知晓率，保护消费者合法权益。

【信用建设】 制定并实施《南岸区商务局社会信用体系建设实施方案》，探索创新信用信息在事前、事中和事后监管的应用模式，加快推进在行政管理中率先使用信用产品， 强调对企业的信用审查机制，从政策上鼓励和支持诚信企业，限制和监管失信企业。建立"红黑名单"制度， 开展"诚信兴商宣传月"活动，发放资料4000余份。

【工作成效】 开展"我消费、我做主""清风行动""成品油打非治违"等行政执法活动，全年出动执法人员120余人次，检查各类经营户80余户，已立案、结案2件，行政罚款1万元，行政警告案件1件，发放整改通知书6份。处理商务投诉21件，为群众挽回损失5.1万元。并对案件实行信息公开，提升行政处罚的威慑力和权威性，保障消费者和企业的合法权益。

【区商务委负责人】
主　任：李永文（党组书记）
副主任：刘　刚　胡国于　何　丰　张　磊

（区商委）

供销商业

【概况】 南岸区供销合作社（以下简称"区供销社"）是南岸区政府的其他部门，内设党政办公室（安全保卫科）、业务发展科、资产管理科（会统科）、资产管理营运中心。有行政在编13人，事业在编7人。有党支部7个，共产党员158人。

2019年，全系统实现销售总额6.8亿元，利润总额343万元，缴纳税金380万元，实现社会贡献总额2110万元，全面完成各项经济指标目标任务。

【资产管理】 2019年，区供销社资产管理租赁收入731.26万元，所属企业收入815.4万元，系统共计收入1546.66万元，与上年基本持平。

【重点项目建设】 实行烟花爆竹全面禁放政策，全面回收全区烟花爆竹零售网点库存商品44件，登记核对63家烟花爆竹零售经营户，集中兑付217万余元，妥善安置渝南烟爆公司员工。全年回收农膜18.29吨，推广可降解地膜2吨。

【乡村振兴】 出台《南岸区推进"三社"融合发展的实施意见（试行）》文件，全面推进"三社"融合发展，落实区财政300万元"三社"融合专项发展资金（其中：风险补偿资金100万元，贷款贴息资金200万元）。

全年清理农民专业合作社117个，覆盖全区29个行政村，消除"空壳社"2个，新建股份社1个、综合服务社5个。基层社采用以入股的方式与南山双龙村、放牛村联合组建"重庆山益苑盆景股份合作社""重庆南双苑生态观光农业股份合作社"和"重庆市南岸区林阁花木种植股份合作社"。重庆市南岸区林阁花木种植股份合作社为"三社"融合发展示范点。

组织特色农产品参与"西部农展会"，与区有关部门共同举办"金猪迎春•福满江南"非遗进机关精品农产品展示活动。组织举办"自在南山•2019重庆千盆杜鹃盆景展"，南山双龙村被中国风景园林学会•盆景赏石分会授予“中国南山杜鹃盆景之乡”称号，双龙村上榜农业农村部公布的第九批“一村一品”示范村镇名单。举办第一届南岸“七月消夏”采摘节活动。参与承办2019年度“中国农民丰收节”。主办南岸区首届乡村书画摄影作品展、南岸“最美家园”乡村振兴征文大赛、“壮阔70年，奋进新时代”献礼新中国成立70周年文艺会演等活动，参与全区迎新春“文艺会演”，组织编撰出版《南岸供销70年》文史资料一书。

【基层党建】 坚持抓班子带队伍，落实全面从严治党责任。党委坚持开展“三会一课”，结合支部开展“主题党日”活动，组织系统干部职工认真学习贯彻党的十九届二中、三中、四中全会精神，学习习近平新时代中国特色社会主义思想，掌握习近平新时代中国特色社会主义思想的核心要义和创新观点，增强“四个意识”，坚定“四个自信”，落实“两个维护”。供销商贸联合支部、长生桥供销有限公司党支部、物资回收有限公司党支部、黄桷垭和弹子石供销有限公司党支部举行换届选举。

【区供销社负责人】

主　任：江　群（党委书记）

副书记：蒋　革

副主任：彭朝琼

　　　　张守军（2019年7月任职）

（区供销社）

水电气供应

供　水

【概况】 重庆市自来水有限公司江南营业管网所（以下简称“江南营管所）位于南岸区福红路46号，设综合科、财务材料科、营业一科、营业二科、管网一科、管网二科、技术科、工程科8个科室，供水范围东至弹子石、鸡冠石，南临黄桷垭、老厂，西至巴南区李家沱、花溪，DN100以上供水主干管555余千米，供水面积约90平方千米、供水人口80万、供水用户36万余户。担负着辖区内生活、生产用水办理，水表管道安装、维修，抄表收费等供水服务任务。

【供水情况】 南岸区有市政取水系统3个：黄桷渡取水系统、白洋滩取水系统、玄坛庙取水系统。供水能力45万立方米/天，黄桷渡规模为20万立方米/天、白洋滩规模为20万立方米/天、玄坛庙规模为5万立方米/天。2019年最高日供水39.09万立方米/天，全年总供水量11063万立方米。

【供水覆盖】 高效完成应急工程的抢建，打通堵点盲点。5月6日，丹龙路DN600管网工程完工通水。6月18日，雅居乐DN1000管网工程完工通水。7月2日，苦竹坝DN500管道工程完工通水。

向江南新城输送水日均18514立方米，最高日达到40277立方米。向南山供水站输送1600立方米/天。

【安全保供】 多措并举保障疫情防控期间供水安全，抓管网建设，提升保供能力。保质保量，持续抓好应急工程的抢建，提升供水安全保障能力，确保多供水，供好水。抓预检，勤巡查，保证设施设备完好。以设备设施问题为导向，开展预检、巡检、点检工作，提高抢维修质量和效率，在保证安全供水的前提下，提高供水效率。重改造，优方案，提高管网安全。聚焦爆管频发和漏损大的病旧管网，突出重点，制订目标，优化方案，推进改造，持续提升管网安全运行的稳定性。

积极应对缺水缺压调水工作。按照公司“供、调、保”三结合要求，针对2019年高温、高峰天气提前到来，片区供水形势紧张（向江南新城、渝南及南山供水站调水的任务），细化2019年高峰供水方案，制订调水及大面积停水现场处置预案。实行领导带班、专人24小时值班制度。晚上增设抢维修应急值班组，负责突发事件的处理。管网调水工作组实行24小时值班，在保证向江南新城供水的同时，针对南山片区及高、偏、远等小区高峰阶段缺水缺压现象，调配得当，完成了紧急调水任务，最大限度保障高峰供水安全。

持续推进GIS系统建设，借助GIS系统建设成果及互联网技术，将“智慧水务”系列、“互联网+”系列运用到生产实践，全面提升工作效率。

【服务提升】 推进“营业精细化”管理，开通电子发票功能，打通网上收费瓶颈。增配营业厅高拍仪，实现用户过户销户、供用水合同签订等资料电子化。全面推广微信公众号、支付宝、手机App缴费，有效缓解营业厅缴费压力。继续加大手机抄表终端建设力度，开通手机端催费、停水功能，为停水催费痕迹化管理提供保障，减少用户开停水纠纷。制定《精准服务实施方案》，拓展网上服务平台业务功能，使用户足不出户便可完成业务办理。深化“梯队式服务体系”的服务理念，以《江南营管所服务规范》着手对标进行检查、整改和考核。持续关注南岸区服务群众综合信息平台，阳光重庆、天天630、市长公开电话、各类信箱以及用户来信等反映的情况，办公室、营业、管网设立服务专员及时处理用户反映事宜，完善首问责任制，推行一问结案方式，快速回应用户诉求和期待。充分利用建立的微信工作群，快速处置用户投诉，做到快速回应，及时维修，合理处置，让用户满意。所里热线服务人员全天候 24 小时接听热线服务电话（62801334），快速回应用户诉求和期待。

【应急处理】 全年接警 1.66 万余件，其中网上工单接件 1.08 万件，用户来电工单接件 0.58 万件。及时到达现场，高效率处理用户问题，切实做到“五个一”要求。供水设施完好率、管网修漏及时率、突发性断管和爆管的抢修均达到了承诺要求，真正做到了供水服务无小事，为群众排忧解难办实事。

（江南营管所）

供　电

【概况】 国网重庆市电力公司南岸供电分公司（以下简称“供电公司”）是国家电网公司Ⅱ型供电企业，负责巴南、南岸两区 2087.43 平方千米的电网建设、电力调度、电力销售及服务等业务。

2019 年，南岸电网有用电客户 64.33 万户，同比净增 8.6 万户。全年最大负荷 118.52 万千瓦，同比增长 2.06%，最大日供电量 2372 万千瓦时，同比增长 2.20%。全年售电量 41.07 亿千瓦时，同比增长 1.98%。共有公用变电站 29 座，其中 220 千伏变电站 5 座、110 千伏变电站 22 座、35 千伏变电站 2 座，变电总容量 512 万千伏安。

【服务保障】 应对连晴高温电网负荷三创新高考验，出动 683 人次、发电车 26 台次，完成智博会、广阳岛新春植树、重庆国际马拉松、全球旅行商大会等活动期间 86 项重大保电任务。全面推行小微企业办电“三零”（零上门、零审批、零投资）服务，办电环节压缩至 2 个，平均时长由 10.8 天压减为 3.7 天，专用变压器供电接入的标准由 50 千伏安提升至 160 千伏安。

【电网建设】 投运 110 千伏融侨输变电工程，从根本上消除铜元局片区供电紧张局面。开工 110 千伏大田输变电工程，保障茶园组团 B 分区远期用电需求。在南滨路投资 3600 万元，完成长嘉汇第一开闭所等 9 座开闭所“异站异通道”供电改造，打造“重庆城市会客厅”高可靠供电示范区。筹资 6377 万元，“永临结合”完成南坪商圈、南滨路、弹子石等重要片区 27.65 千米、1200 余处电缆管沟火灾隐患治理，提升整体供电能力。

（供电公司）

供　气

【概况】 2019 年，重庆燃气集团南岸分公司（以下简称“燃气集团南岸分公司”）在集团公司“1567”发展战略思路与目标的指引下，以深化改革和创新驱动为双引擎，按照“保供应、拓市场、抓改革、强安全、优服务、提质量”的经营方针，遵循“认形势、明目标、稳安装、固经营、保安全、强素质、增收益”工作思路，把持续提升服务作为头等大事，着力解决客户关心关注的焦点，加强气源协调、科学有效调度，全力做好南岸安全平稳供气工作。在坚持不懈抓好企业经营管理的同时，重点落实安全管理工作，积极开展排查整治工作，防范各类重大事故发生。开展员工技能培训，提高业务服务技能；培育企业文化，营造和谐的企业氛围。

【市场拓展】 成立深化用户用气报装改革优化营商环境工作领导小组。全公司上下牢固树立“发展是第一要务”和“客户至上”理念，增强“危机意识、市场意识、服务意识、竞争意识、成本意识、合规意识”六个意识，优化内部业务流程、规范员工行为，增强业务的透明度，增加客户的信赖感、获得感，赢得客户的信任。

【线路建设】 组织专人负责了解掌控市场建设进度信息，及时建立开发项目信息档案。组织编制分公司中期市场发展规划和实施方案。协调各相关职能部门，打造多气源多渠道的供气保障。同时用做好项目建设、搞好优质服务、保障安全平稳供气、主动做好各方面协调工作的实际行动，为南岸经济和社会发展创造良好的条件。

【经营管理】 围绕燃气集团“1567”发展战略和目标，脚踏实地，认真负责，把“保供气、保增量、保服务、控输差、保安全、保效益”作为生产经营的重点，采用相应的对策，认真抓好各项工作的具体兑现和落实，抓紧抓实经营管理、安全管理、工程管理、内控管理等工作。随着人民生活水平的提高和城乡一体化建设的推进，南岸区在城市建设上的步伐不断加快。南岸分公司为配合城市建设，投入资金和人力实施燃气基础设施建设，提高燃气供应保障能力，保证辖区的安全平稳供气需求。

【客户服务】 客户服务管理按照分公司《客户服务管理责任书》所列“意识要强化、供气要保障、接待要热情、服务要便民、工作要深入、考核要严格”的六项要求，在不断改进完善《责任书》内容的基础上，南岸分公司与各科、室、站签订客户服务管理工作责任书，将《责任书》内容进一步逐项逐条抓好落实。南岸分公司高度重视服务窗口建设，要求服务制度、服务承诺、收费标准等上墙，接受客户的监督；分公司客户服务管理委员会对各管理站的客户服务工作推行和整改情况定期督察检查；坚持纠建并举，完善监督机制，加强对“966777”客户热线宣传，做到“有诉必理，有理必果”，并设置“工单员”及时快捷地处理客服中心下达的各类工单。深入推行“11533”服务新标准，客户服务从理念到执行，从管理到操作实现全面升级。同时，注重开展文明礼仪、接待技巧培训、员工业务考核和技能竞赛，提高企业的服务水平和服务质量，竭诚为南岸广大客户提供优质服务。

【燃气集团南岸分公司负责人】

总 经 理：尚　勇

党委书记：喻俊瑛

副总经理：龚云祥　陈兴疆

（燃气集团南岸分公司）

宏观经济管理

概　述

【概况】 2019年，全区地区生产总值（GDP）770.58亿元，同比增长6.1%，在主城九区排名第三，主城区都市圈排名第十五。其中第一产业实现增加值3.86亿元，同比下降1.9%；第二产业实现增加值294.5亿元，同比增长9.4%；第三产业实现增加值472.22亿元，同比增长4.1%。按常住人口计算，全区人均GDP达到83850元。三次产业经济结构由2018年的0.5 ∶ 38.4 ∶ 61.1调整为0.5 ∶ 38.2 ∶ 61.3。从分产业看，第一产业没有拉动GDP增长，对GDP增长的贡献率为-0.2%；第二产业拉动GDP增长3.6个百分点，对GDP增长的贡献率突破新高，达到59.3%，其中建筑业对GDP增长的贡献率为30.4%，工业对GDP增长的贡献率为28.9%；第三产业拉动GDP增长2.5个百分点，对GDP增长的贡献率为40.9%。

全区实现社会消费品零售总额472.11亿元，同比增长6.6%。从社会消费品零售构成行业来看，批发业完成70.78亿元，同比增长9.1%；零售业完成330.51亿元，同比增长6.5%；住宿业完成14.16亿元，同比增长5.1%，餐饮业完成56.66亿元，同比增长4.4%。全区批发零售业额1858.45亿元，同比增长10.0%，其中限额以上法人批发零售业额911.64亿元，同比增长4.2%；住宿餐饮营业额129.55亿元，同比增长10.9%，其中限额以上法人住宿餐饮业额8.42亿元，同比下降12.8%。

【地方财政】 全区实现地方财政收入62.93亿元，同比下降12.1%，其中：一般公共财政收入达到57.38亿元，同比下降9.7%；税收收入达到47.82亿元，同比下降13.8%。一般公共财政支出98.26亿元，同比增长2.2%。

【农村经济】 全区实现农林牧渔业总产值5.13亿元，同比增长1.7%。其中：农业产值4.43亿元，同比增长1.9%；林业产值0.13亿元，同比增长2.8%；牧业产值0.12亿元，同比下降3.1%；渔业产值0.31亿元，同比下降2.9%；农林牧渔服务业产值0.14亿元，同比增长7.1%。

2019年南岸区主要农产品产量

产品名称	单位	产量	同上年相比（%）
粮食作物	吨	2063.55	-0.6
蔬菜产量	吨	8083.00	5.8
生猪出栏头数	头	1593.00	-38.0
鲜奶产量	吨	74.00	-57.2
鲜鱼产量	吨	2197.00	-3.0
水果	吨	3924.00	-5.2

【工业经济】 全区实现工业增加值207.7亿元，同比增长6.0%，占全区GDP比重为27.0%。全区完成工业投资29.72亿元，同比下降2.3%，占全社会固定资产投资的7.9%。全区176户规模以上工业企业实现总产值792.79亿元，同比增长3.7%。全区七大支柱产业中有六个实现正增长，分别为：电子制造行业实现总产值392.75亿元，同比增长1.7%，占比49.5%；装备制造行业实现总产值126.07亿元，同比增长8.5%，占比15.9%；消费品行业实现总产值111.74亿元，同比增长0.5%，占比14.1%；化工医药行业实现总产值51.88亿元，同比增长1.1%，占比6.5%；材料行业实现总产值43.61亿元，同比增长30.1%，占比5.5%；能源工业实现总产值33.90亿

元，同比增长5.4%，占比4.3%。有一个呈负增长，为汽车制造行业，实现总产值32.84亿元，同比下降2.4%，占比4.1%。

全区规模以上工业企业销售产值765.69亿元，同比增长2.3%，其中出口交货值28.38亿元，同比下降10.3%；主营业务收入776.79亿元，同比增长2.2%，其中大型企业实现主营业务收入497.07亿元，同比增长3.0%；利润总额34.48亿元，同比下降4.8%。全区规模以上工业增加值增速为6.3%。

2019年，14户大型企业实现总产值499.67亿元，同比增长6.4%，高于全区总产值增速2.7个百分点，强力拉动全区工业经济增长3.9个百分点，实现工业总产值占全区的比重为63.0%。31户中型企业实现工业总产值162.09亿元，同比增长1.5%，低于全区总产值增速2.2个百分点，拉动全区工业经济增长0.3个百分点，实现工业总产值占全区的比重为20.5%。131户小型企业实现工业总产值131.03亿元，同比下降3.1%，低于全区总产值增速9.5个百分点，负拉动全区工业经济0.5个百分点，实现工业总产值占全区的比重为16.5%。全区在产的68种工业产品中，有46种减产，减产面高达67.6%。14种重点工业产品中，有8种产品减产，分别为：移动通信手持机（手机）3066.9万台，同比下降36.5%；光电子器件5328.5万只，同比下降26.9%；摩托车64.2万辆，同比下降17.6%；饮料46.8万吨，同比下降18.1%；服装171.0万件，同比下降61.2%；纸制品33379.0吨，同比下降0.9%；金属切削机床1034台，同比下降24.0%；改装汽车3434辆，同比下降4.7%。

2019年南岸区工业重点产品产量

产品名称及计量单位	产量	同上年相比（%）
移动通信手持机（万台）	3066.9	-36.5
光电子器件（万只）	5328.5	-26.9
卷烟（亿支）	184.0	3.8
摩托车（万辆）	64.2	-17.6
工商用制冷、空调设备（台）	15493	22.9
房间空气调节器（万台）	563.5	46.3
饮料（万吨）	46.8	-18.1
服装（万件）	171.0	-61.2
纸制品（吨）	33379.0	-0.9
塑料制品（吨）	39735.1	18.2
商品混凝土（万立方米）	785.1	18.8
金属门窗及类似制品（吨）	454	4.1
金属切削机床（台）	1034	-24.0
改装汽车（辆）	3434	-4.7

全区规模以上工业企业（不含水、电、气、烟草南岸分公司）万元产值能耗0.0218吨标准煤，比上年下降2.1%。

全区建筑业增加值为86.8亿元，同比增长19.9%，占全区GDP比重为11.2%。注册地建筑业实现总产值265.03亿元，同比增长16.9%，其中建筑工程产值212.37亿元，同比增长16.4%。房屋建筑施工面积1731.32万平方米，同比增长20.5%；房屋建筑竣工面积449.34万平方米，同比增长53.3%；竣工房屋价值80.39亿元，同比增长83.8%。

【固定资产投资】 全区固定资产投资375.97亿元，同比增长6.4%。其中：工业投资29.72亿元，同比下降2.3%；基础设施建设投资49.42亿元，同比增长91.7%；房地产开发投资286.35亿元，同比下降3.0%。从固定资产投资的构成看，建筑安装工程投资221.55亿元，同比增长21.9%，占全社会固定资产投资的58.9%；设备工器具购置17.57亿元，同比增长48.3%，占全社会固定资产投资的4.7%；其他费用136.84亿元，同比下降14.4%，占全社会固定资产投资的36.4%。从三次产业来看，二产业完成投资29.72亿元，同比下降2.3%，占全社会固定资产投资的7.9%；三产业完成投资346.25亿元，同比增长7.2%，占全社会固定资产投资的92.1%。

【商品房销售】 全区商品房销售面积达到274.3万平方米，同比下降25.1%，其中住宅达到214.9万平方米，同比下降31.2%，办公楼达到12.5万平方米，同比增长171.2%，商业营业用房15.8万平方米，同比下降29.1%；施工面积1348.7万平方米，同比下降13.5%，其中住宅达到850.5万平方米，同比下降19.2%，办公楼达到32.7万平方米，同比下降9.4%，商业营业用房178.2万平方米，同比增长0.9%；竣工面积278.4万平方米，同比下降35.3%，其中住宅达到194.2万平方米，同比下降37.7%，办公楼达到4.6万平方米，同比下降51.6%，商业营业用房18.0万平方米，同比下降39.1%；商品房销售额331.01亿元，同比下降16.9%，其中住宅达到288.25亿元，同比下降18.5%，办公楼达到14.75亿元，同比增长213.3%，商业营业用房19.73亿元，同比下降33.6%。

【外贸进出口】 全区外贸进出口16.33亿美元，同比增长5.4%。其中出口4.3亿美元，同比下降32.08%，进口12.03亿美元，同比增长31.28%。实际利用外资8.88亿美元，同比增长0.23%。

【旅游经济】 全区共有旅行社45家，其中国际旅行社4家、国内旅行社41家。星级酒店6家，其中：五星级酒店2家，四星级酒店2家，三星级酒店2家。对外开放的国家等级景区9家。建成投用了龙门浩历史文化街区首开区、黄桷垭巴渝风情特色风貌街一期，南山一棵树、长嘉汇弹子石老街、南山书店、龙门浩历史文化街区、南山黄桷垭历史风貌街等都市文化旅游“网红”打卡地，重庆抗战遗址博物馆成功创建为国家4A级景区。南山街道双龙村荣获2018年“全国生态文化村”，南山街道被评为2019年中国南山千盆杜鹃盆景之乡，广阳镇回龙桥村2019年荣获“中国乡村文化旅游模范村”。南山街道石牛村和放牛村、广阳回龙桥村评为“2019年全市休闲农业和乡村旅游示范村”，迎龙谷生态园被评为“2019年全市休闲农业和乡村旅游示范点”。组织开展“晒文化•晒风景”城市宣传推介，“南岸起风景”宣传品牌荣获2019中国大三峡文化旅游最具吸引力城市形象宣传口号100强。重庆国际马拉松、重庆全球旅行商大会、南滨路国际音乐啤酒节、重庆夜市文化节、南山樱花庆、广阳江南枇杷节等成为品牌赛事和活动，吸引广大游客来南岸及重庆观光旅游。全年接待游客5386.97万人次，同比增长10.17%，实现旅游收入224.57亿元，同比增长33.55%。其中接待海外游客32.76万人，同比增长2.22%。

【金融】 2019年，全区金融业增加值69.64亿元，同比增长16.6%，占全区GDP比重为9.0%。金融机构人民币存贷款余额为2965亿元，同比增长20.5%；金融机构人民币存款余额为1480亿元，同比增长13.5%；金融机构人民币贷款余额为1485亿元，同比增长28.5%。

【社会事业】 全区有中小学校（幼儿园）234所，其中：公办中小学校（幼儿园）77所，包括幼儿园12所、小学41所、九年一贯制学校5所、初级中学11所、高完中5所、中职学校1所、特殊教育学校1所、教师进修学院1所。全区中小学（幼儿园）共有学生144180人（其中：公办学校学生97590人），教职工11171人（其中：公办学校教职工5835人）。科技事业成效显著。全社会研发经费支出达到21.45亿元，占GDP比重达3.0%；科技创新水平指数88.2%，位列全市第二；科技促进经济发展指数达99.4%，位列全市第四。全年入库科技型企业153户、同比增长22.6%，达到734户，位列全市第五；新认定高新技术企业44户、同比增长22.8%，达到178户，位列全市第四；新增市级及以上重点实验室、工程技术（研究）中心、企业技术中心等科技研发平台12个、达到184个（国家级17个）。全年支持57家企业获得区级知识价值信用贷款9037万元、4家企业获得区级创业种子投资基金免息贷款18万元。完成第三、四批产业协同创新项目结题，实现产值2.9亿元，申报专利30件、软件著作权31件。组织和举办全国科技活动周、全国双创活动周、科技下乡服务等活动，参与人数超1000人次。大力组织区内企业参加西洽会、智博会等，实现技术合同交易2.62亿元。

文化建设。全区共建成社区图书馆100个，全部实现图书借还“一卡通”。全年区图书馆、区文化馆年接待群众突破50万人次，举办“南岸起风景、建设共同家园”文艺展演、“重庆市广场舞南岸区展演暨‘幸福南岸’第十三届广场舞大赛”等大型文化活动70余场，惠民展演455场次，“文化迎春、艺术为民”服务基层中国交响乐团文化志愿者服务团队走进南岸主题实践活动3场。区图书馆组织联合社区分馆、农家书屋开展各类讲座、展览、培训、“梦想沙龙”系列活动、街镇读书演讲比赛等阅读推广活动109场次，受众10万人次。公共文化物联网进行481次配送。

卫生事业。全区城乡居民家庭医生签约服务覆盖15.83万户，28.04万人，签约率31.5%。基本公共卫生项目服务经费补助按照人均55元的筹资标准实施，给予区级配套补助。推进公立医院改革，先后将区人民医院、区中医院、市五院纳入改革范围，实现辖区内二级以上公立医院改革全覆盖。新设医疗机构84家，全部为门诊部及诊所。向群众发放宣传资料3.5万份，宣传品6000多份，接受群众咨询5000多次。全年办理生育服务证登记7413件，其中办理二孩登记3112件，办理再生育审批217例。

体育事业。全区人均体育占地面积2.24平方米，所有社区、行政村建立了体育组织，体育队伍600余支，体育单项协会26个，全区体育锻炼人口55.0%。江南体育中心“八场”（篮球场、足球场、排球场、网球场、羽毛球场、门球场、田径场、高尔夫练习场）已全面完工投入使用，青少年活动中心已建成投入使用。成功举办2019年长安汽车重庆国际马拉松赛、2019重庆女子国际半程马拉松赛、2019中国男子职业高尔夫球巡回赛、2019年“体彩杯”南岸区机关职工运动会等体育赛事活动。2019年体育彩票销量2.5亿元，销量约占重庆体彩市场的份额约为5.0%。

城乡居民收入。全区居民人均可支配收入41105元，同比增长8.5%，其中城镇常住居民人均可支配收入41915元，同比增长8.3%，农村常住居民人均可支配收入23059元，同比增长9.6%。城乡居民收入比为1.82∶1。

社会保障。全区城镇新增就业39840人，完成率128.5%；城镇登记失业人员就业8201人，完成率132.3%；就业困难人员就业3117人，完成率141.7%。辖区应届高校毕业生就业率92.0%。发放创业担保贷款4218万元。开展职业培训15900人次。保障市区重点产业企业用工10441人。城镇职工养老保险、城乡居民养老保险、失业保险、工伤保险参保人数分别为48.94万人、2.8万人、31.96万人、33.69万人，征收社会保险费31.71亿元，统筹城乡养老保险参保率保持在95%以上。落实社会保险领域减负政策，为辖区企业减负11.9亿元。

“宜居南岸”建设。全年完成照明暗盲区路灯安装509盏。新建公厕5座，改造公厕2座。车行道沥青路面大修2.7万平方米，完成丹龙路、明佳路、二塘路、弹新街、涂山镇烟厂支路人行道整治约1.1万平方米。新增配建室内外停车位20000个，建成智能停车位286个。累计整治卫生死角72957余处，清除暴露垃圾41393.94余吨。完成车行道维修整治1.7万余平方米、人行道维修整治8000余平方米。累计消除违法建筑0.42万平方米，整治存量623件，面积45.89万平方米。栽植地被12万平方米，灌木151.4万株。完成乔木修剪6700余株，绿地栏杆修补4500余米。修补市街花台147处，修补树圈538余个。

环境质量。开展“蓝天、碧水、宁静、绿地、田园”环保五大行动，全区环境保护进一步加强。全区空气质量优良天数为310天，占总天数的84.9%，同比持平。二氧化硫（SO_2）年平均浓度为8微克/立方米，二氧化氮（NO_2）年平均浓度为37微克/立方米，可吸入颗粒物（PM_{10}）年平均浓度为59微克/立方米，细颗粒物（$PM_{2.5}$）年平均浓度为37微克/立方米。与上年相比，二氧化硫（SO_2）浓度下降11.1%，二氧化氮（NO_2）持平，可吸入颗粒物浓度（PM_{10}）下降3.3%，细颗粒物浓度（$PM_{2.5}$）下降2.6%。城市集中式饮用水源地水质达标率为100%，区域环境噪声年均值为52.8分贝，交通噪声年均值为66.0分贝。

【区发改委负责人】

主　任：刘　孟

副主任：李　上　秦　弦　李玉立　周　彬

（区发改委）

财　政

【概况】 南岸区财政局（以下简称“区财政局”）内设办公室、预算科、国库科（债务科）、行政事业财务科、社会保障科、经济建设科、农业科、产业科、会计法监科（行政审批科）、政府采购办公室。下属区支付中心（参公）、区政府投资评审中心、区风险投资政府引导基金管理中心、重庆南岸区乡镇企业发展有限公司。

2019年，区财政坚持稳中求进工作总基调，坚持新发展理念，坚持以供给侧结构性改革为主线，按照区委、区政府的决策部署，深入抓好“三大攻坚战”“十项重点工作”，实施积极财政政策，大力减税降费，牢固树立过“紧日子”思想，调整优化支出结构，深入实施预算绩效管理，强化政府债务管控，促进经济持续健康发展。

全区减税降费政策落实到位，政策效应明显。减税降费政策是应对宏观经济挑战，实现高质量发展的重要举措，有利于激发市场主体活力，是目前财政工作的头等大事。全年减税降费41.3亿元，增值税和个人所得税减税力度较大，其中增值税减税14.1亿元，占减税比重的57%，对扶持以制造业为代表的实体经济发展发挥了重要作用；个人所得税减税规模达到7.5亿元，占减税比重的30%。享受小微企业普惠性政策新增减税企业户数达到5万户，减免税额3.4亿元，有力扶持了广大小微企业和小规模纳税企业的发展，增强了企业获得感，有效引导和稳定市场预期。

财政收入稳中承压。得益于烟草、电子信息、医药制造等重点企业的拉动，在减税降费政策力度持续加大背景下，收入结构持续优化：（1）辖区工商税收保持良好增幅，全年完成189亿元，同比增长5%。（2）增值税和企业所得税等主体税种平稳增长，反映南岸区经济基本面有较强韧劲，总体呈稳中向好趋势。（3）制造业税收占比稳步提高，全口径税收占比达到33%，同比提高6个百分点。同时，减税降费政策力度超预期、房地产市场持续低迷、项目控规土地出让进度严重滞后等多重政策性因素叠加致区级收入承受较大压力。

全力保障重点支出，坚决兜住"三保"底线。立足服务大局，紧紧围绕党的十九大各项决策部署，按照区委、区政府中心工作要求，扎实抓好"三大攻坚战""十项重点工作"，加快建设中国智谷（重庆）科技园，推动以大数据智能化为引领的创新驱动发展，全力服务广阳岛片区长江经济带绿色发展示范建设，确保市区两级重点项目顺利推进，持续改善城乡面貌，扎实推进五大环保行动。贯彻以人民为中心的发展思想，保障市、区两级民生实事圆满完成，落实过"紧日子"要求，规范财政支出管理，提高财政运行的可持续性，最大程度提高财政资金使用绩效，集中财力做好"三保"工作。通过压减一般性支出、统筹存量资金、加快发行专项债券等措施，保证债务还本付息，保持重点领域一定的支出强度。做好"三资"整合，服务重大项目建设，积极争取上级补助，采取有力措施盘活沉淀资金，全面统筹各类资金用于稳增长、调结构、补短板等亟须支持的重点领域。

【财政收支及构成】 在实施更大规模减税降费政策，全市对广阳岛片区长江经济带绿色发展示范建设、重庆高铁东站、"两江四岸"核心区整体提升规划等项目控规，以及房地产业持续低迷等背景下，受政策性减收、土地出让进度严重滞后等因素影响，全年财政收支增速放缓。

财政收入及财力：全年财政总财力1524887万元。（1）一般公共预算收入完成573813万元，同比下降9.7%，其中：税收收入完成478206万元，同比下降13.8%，税收占一般公共预算收入的83.3%。剔除减税降费等政策性减收因素后，一般公共预算收入同口径增长6.1%，税收同口径增长4.2%。当年一般公共预算收入加上执行中增加的上级补助、调入预算稳定调节基金、地方政府债务收入和其他调入资金，品迭上解支出后当年财力1063199万元。加上上年结转83357万元，2019年一般公共预算累计财力1146556万元，同比增长2.2%。（2）政府性基金收入完成477万元，同比增长3.2%。政府性基金预算收入加上级补助收入、地方政府债务收入品迭上解支出减调出资金后，当年财力320870万元，加上年结转57461万元，政府性基金累计财力378331万元。（3）国有资本经营预算收入完成55003万元，主要是区属国有企业上缴利润收入。

2019年南岸区财政收入情况

收入项目	金额（万元）
收入总计	1801220
一、一般公共预算收入合计	1202688
1. 区级收入	573813
（1）税收收入	478206
（2）非税收入	95416
其中：专项收入	29038
行政事业性收费收入	2746
罚没收入	13179
国有资产有偿使用收入	45744
其他收入	4709
2. 转移性收入	628875
（1）上级补助收入	214302
（2）债券转贷收入	50000
（3）调入预算稳定调节基金	61213
（4）调入资金	220003
（5）上年结余	83357
二、政府性基金预算收入合计	543529
1. 区级收入	477
2. 转移性收入	543052
（1）上级补助收入	305691
（2）债券转贷收入	179900
（3）上年结余	57461

续表

收入项目	金额（万元）
三、国有资本经营预算收入合计	55003
1. 区级收入	55003
2. 转移性收入	
（1）上级补助收入	
（2）上年结余	

财政支出及结转结余情况：全年完成财政支出1391219万元，其中：2019年一般公共预算支出982572万元；政府性基金支出288746万元。安排预算稳定调节基金50000万元，地方政府债务还本支出50000万元，专项债务还本支出69900万元，年末结余83669万元，其中，一般公共预算结余63984万元，同口径下降25.5 %，基金结转结余19685万元，同口径下降65.4 %。

2019年南岸区财政支出主要项目

支出项目	金额（万元）
支出总计	1801220
一、一般公共预算支出合计	1202688
1. 一般公共预算支出	982572
其中：一般公共服务	83863
公共安全	74591
科教文卫	254886
社会保障	75192
城乡社区事务	348417
2. 转移性支出	220116
（1）上解支出	56132
（2）地方政府债券还本	50000
（3）安排预算稳定调节基金	50000
（4）结转下年	63984
二、政府性基金预算支出合计	543529
1. 政府性基金预算支出	288746
其中：城乡社区事务	188067
农林水事务	4262
2. 转移性支出	254783
（1）上解支出	198
（2）地方政府债券还本	69900
（3）调出资金	165000
（4）结转下年	19685
三、国有资本经营预算支出合计	55003
1. 国有资本经营预算支出	
2. 转移性支出	55003
（1）调出资金	55003
（2）结转下年	

【政府债务管控】 严守政府债务底线，稳妥化解债务风险。严格政府债务限额管理和预算管理，用好用活地方债券，强化政府建设项目资金管理，开展债务风险评估和预警。建立全口径监测债务化解工作机制，建立债务化解台账，落实存量债务化解实施方案，着力降低债务总额，妥善化解债务存量。推进全流程监管债务资金，全力提高债券资金拨付效率，对债券资金实行专户管理，加强资金流向的过程监管及追踪，确保专款专用。切实落实偿债资金来源，加大财政监督检查力度，严肃财经纪律。全年政府债务管理规范有序、风险安全可控。

【创新理财方式】 稳步推进改革创新，深化财政精细化管理。紧密跟进参与推进市与区财政事权和支出责任划分改革，做好收支调整保障。推行预算项目库建设，建立了分类和分级体系，转变部门预算年度项目编报工作，按重要性和紧迫性实施滚动式常态化管理。推进全面实施预算绩效管理，制订工作方案和配套制度，强化结果运用，提高公共服务供给质量，增强政府公信力和执行力。全面运行国库集中支付电子化管理，实现国库集中支付改革全覆盖，建设统一的全区行政事业单位财务软件系统，达到财务管理规范化要求，提高财政资金数据完整性、准确性。完善政府采购内部控制和外部监管制度建设，建立采购监管部门、采购人、代理机构、供应商四维监管框架，形成事前事中事后监管体系。

【区财政局负责人】

局　长：包　卫

副局长：何天霞　杨红宇　郭　飞

（区财政局）

税　务

【概况】 国家税务总局重庆市南岸区税务局（以下简称“区税务局”）全面落实减税降费工作，社保费和非税收入征管职责平稳划转，建立、修订和完善8大类、105项制度，多项工作获得国家税务总局、重庆市税务局和南岸区委、区政府领导肯定性批示16人次，南岸区税务局第一税务所荣获全国青年文明号、全国税务系统先进集体等称号。

【税费收入】 2019年组织税费收入156.48亿元（不含烟厂），其中全口径税收收入98.23亿元，社保费、非税及其他收入58.25亿元。组织区级税收收入36.54亿元（含烟厂）。

【税收征管】 以增值税发票税控系统2.0为依托，强化数据比对，及时发现和防范发票虚开、错开、虚抵等风险。转变所得税优惠事项管理模式，实践汇算清缴事后管理新方法，有序开展西部大开发、研发费加计扣除等政策事后核查，提高重点优惠事项管理质效。以建立土地增值税项目管理台账为抓手，探索房地产行业各税种一体化、精细化管理的新路子，在“消化存量项目、减少管理风险、保障税收收入、发挥调节职能”等方面取得明显实效。抓好税收风险分级分类应对，重点对房地产业、影视业、交通运输业的中高风险企业进行应对，自主建立房地产行业的税种逻辑比对模型，全年查补入库税款1.24亿元，调增企业所得税应纳税所得额843万元。

【税收法治】 全面推行行政执法公示制度、执法全过程记录制度、重大执法决定法治审核制度，制订实施方案及实施办法，细化13个配套文件，优化执法方式，提高执法效能。健全内控机制，狠抓内控平台信息维护和预警扫描，及早发现潜在的执法风险，督促整改落实，规范权力运行。

【营商环境优化】 改善办税条件，率先在全市解决前台税务插件、驱动与64位操作系统的兼容难题，前台办税时间缩短50%以上。全面升级智能办税区，设置24小时自助办税区，配置各类自助办税设备77台。加强前台人员业务培训，严格落实首问责任制。线下推行“便民办税10条举措”，13大类、193个涉税事项实现“最多跑一次”。线上推行“一表集成”申报、消费税“一键申报”“全程电子退库”、房屋交易税收管理等系统，电子税务局申报业务替代率98%，发票业务替代率86%，减轻办税缴费负担。

深化“银税互动”，联合相关部门加大对纳税信用评价结果的运用，对符合条件的企业贷款4.5亿元。集中优化注销、退税、发票增版增量等17个常见业务的征管流程，注销业务涉税文书减少40%，流程节点减少30%。对符合规定的退税、注销等业务即时办结，即办率95.3%，办税效率极大提高。

【减税降费】 建立减税降费师资团队，针对全局干部职工组织小微企业普惠性税收减免政策考试，测试知识掌握程度。针对企业举办各类培训辅导100余场次，组织税收志愿者走进商圈、孵化园、高校众创空间等开展政策宣讲，确保纳税人应知尽知、应会尽会。高质量完成小微企业普惠性税收减免政策退税核实任务，退税7630笔，退税金额197万元。深化增值税改革，完成系统升级、数据核实、效应分析等工作。主动加强与南岸区人力社保、财政、医保等部门沟通协调，合力推进社保费降率实施。做好新个人所得税法实施，成为全国个人所得税核验试点单位之一，有效释放政策红利。选聘10名人大代表、政协委员担任特邀监督员，组织走访座谈，听取意见建议。全年减免税费13.57亿元。

【基层党建】 把加强党的领导和党的建设贯穿税收工作全过程。贯彻《中共中央关于加强党的政治建设的意见》，持续彰显税务机关政治属性。落实党建工作主体责任，形成层层抓落实的工作格局，全面加强党对税收改革发展的领导。推进党支部标准化、规范化建设，开展"坚持党建引领 深化减税降费"主题党日活动，组建"党员突击队""党员先锋队"，设置"党员示范岗"，充分发挥党支部战斗堡垒和党员先锋模范作用。组织党员过"政治生日"，重温入党誓词，党内生活更加规范。

对基层党支部开展专项巡察，原汁原味反馈问题，明确责任，强化整改，形成与全面从严治党新形势相适应的作风建设新常态；充分运用监督执纪"四种形态"，其中"第一种形态"24人次，"第二种形态"4人次，加大对苗头性、倾向性问题的处置力度，纪律规矩意识更加深入人心。

【"不忘初心、牢记使命"主题教育】 强化理论学习，围绕习近平新时代中国特色社会主义思想，通过党委中心组学习、专题讲座、书记讲党课、撰写心得体会等形式，推动学习走深走实走心。与企业、学校、部队等单位联学联建，到社区、村镇开展联系群众服务工作，为群众办实事办好事。采取专题调研、座谈走访、书面征集、问卷调查等方式，广泛征求意见建议65条，形成调研报告11篇；对照党章党规、初心使命检视问题，扎实开展主题教育专题民主生活会，查找差距，剖析原因，制订整改措施18条，其中12条已整改完毕，6条取得阶段成果并将长期坚持。

【队伍建设】 选任科级领导干部9人，有序开展干部交流轮岗工作，推进职务与职级并行工作。强化干部培训，举办改革融合专题培训和科所长综合能力提升培训，组织"岗位大练兵 业务大比武"，12名干部荣获南岸区税务局"税收业务能手"称号，7名干部荣获重庆市税务局"税收业务能手"称号。积极推动创先争优，全局13个市级文明单位荣誉顺利承接，3名干部被评为市级、区级优秀团干部及优秀团员，3名干部被评为"重庆市优秀税务青年"，1名干部被评为"纳税服务明星"，评选了区局"十佳优秀青年"，让干部职工学有标杆、干有榜样、赶有目标。举办庆祝建党98周年暨传唱"中国税务之歌"合唱比赛和庆祝中华人民共和国成立70周年文艺会演，得到社会各界好评。

（区税务局）

审　计

【概况】 2019年，南岸区审计局（以下简称区审计局）人员编制41人，在编35人，设办公室、法规审理科、整改督察与内审管理科、财政审计科（重大政策跟踪审计科）、企事业审计科、投资审计科、经济责任审计科、电子数据审计科。下设南岸区审计中心。

【审计成果】 全年审计单位43个，其中审计41个，专项审计调查2个。查出主要问题金额588528万元，其中违规金额14435万元、管理不规范金额574048万元。审计发现非金额计量问题176个，损益（收支）不实金额12885万元。出具审计报告和专项审计调查报告37篇，被批示、采用7篇次。审计处理处罚金额22371万元，其中应上缴财政14252万元、应归还原渠道资金182万元、应调账处理金额7937万元。移送纪检监察机关和有关部门处理事项1件，移送处理人员27人。审计促进整改落实有关问题资金28585万元，审计后挽回（避免）损失1080万元，核减投资额7958万元。审计提出建议136条，被采纳92条，推动被审计单位制订整改措施5项，促进被审计单位建立、健全规章制度8项，提交审计信息73篇，被批示、采用1篇次。

2018年度大足区财政预算执行和决算（草案）审计项目被评为重庆市审计局优秀审计项目，2019年度中央和市级重大项目跟踪审计被评为重庆市审计局优秀行业审计项目。

【国家重大政策措施落实情况跟踪审计】 重点关注南岸区优化营商环境推进、深化行政审批制度改革、消除市场不公平竞争、减税降费政策措施落实、清理拖欠民营企业中小企业账款等情况，揭示政策落实过程中的潜在风险和重大问题24个。

【财政审计】 开展大足区2018年度财政预算执行和决算（草案）审计、南岸区南坪镇等7个镇和南山街道办事处财政财务收支审计，揭示虚增本级财政收入、专项资金长期闲置、违规新增债务、预算编制不规范等问题，促进健全规章制度5条，已按审计决定整改上缴财政资金13633.62万元。

【经济责任审计】 将领导干部经济责任审计和自然资源资产离任审计统筹安排、有序衔接，完成对6名区管主要领导干部的经济责任审计，查出违规金额585.60万元，揭示惠民资金管理使用等方面存在的问题。

【固定资产投资审计】 推进投资审计转型，注重揭示决策失误或重复建设造成重大损失浪费、重大违法违规等问题。全年完成公共建设投资审计项目29个，核减投资额7958万元，审减率4.5%，揭示问题70个，提出审计建议74条。

【审计调查】 开展重庆市地方国有金融产业发展情况审计调查，查出隐匿代偿资金27.47亿元，揭示支农支小政策落实不到位等问题，提出明确的改进措施。开展全区补交党费使用管理情况审计检查，全面覆盖南岸区38家党内统计归口单位，查出13类补交党费管理使用不规范问题，并提出有针对性的意见建议。

【信息化建设】 首次尝试运用地理信息系统进行图像叠加分析，排查疑点。自主研发"E助手"辅助工具，解决表格多、人工合并慢、不支持SQL查询分析等问题，提高工作效率。2019年采集数据总量约计30GB，并探索对全区所有村（社区）财务数据进行采集整理。

【内部审计】 指导全区完成内部审计项目483个，审计总金额2993003万元，增收节支8150万元，提出建议意见被采纳206条。开展2019年全区内部审计调研工作，建立内部审计报告备案机制，积极组织内部审计人员参加市内部审计协会举办的各类培训。将审计项目与内部审计同部署、同检查、同考核，组织开展业务指导、专项检查。

【基层党建】 认真学习贯彻习近平新时代中国特色社会主义思想，深入推进"两学一做"学习教育常态化制度化，认真开展"不忘初心、牢记使命"主题教育，持续加强党的政治建设。不断夯实组织建设基础，规范党建基础工作，充实队伍力量，加强联系服务群众工作。开展丰富的群团活动，提升队伍凝聚力。扎实开展形式主义、官僚主义集中整治，深化正风肃纪，推进党风廉政建设。

【区审计局负责人】

局　　长：卢盛国

副 局 长：赵　勇　杨　柳　钟蜀海　王凌颖

纪检组长：刘　柳

（刘畅）

统　计

【概况】 南岸区统计局（以下简称"区统计局"）成立于1984年，2002年成立南岸区社会经济调查队。2004年确定南岸区社会经济调查队为全额拨款事业单位。2010年成立南岸区统计执法队。

2019年，区统计局内设专业统计科、综合统计科、办公室（统计法治科、行政审批科）。全局有工作人员20人，其中行政9人、参公事业4人，事业7人。区统计局的主要职责是：贯彻执行统计法律、法规、规章和方针政策，普及统计法律、法规知识，负责监督、检查本行政区域内单位统计法律、法规及统计调查制度的贯彻执行情况，依法查处统计违法违纪行为。承担组织领导和管理协调全区统计工作，确保统计数据真实、准确、及时；贯彻执行国家统一的基本统计报表制度、统计标准和发展规划。制订并组织实施南岸区统计调查制度和统计改革发展规划等。

【统计管理】 2019年，全区15个镇街已全部设置专门的统计管理办公室，明确专职负责人，配备2人以上的专职统计工作人员、1台以上的专用计算机等。统计管理办公室受同级人民政府（派出机构）和区统计局双重领导，统计业务以区统计局为主，工作经费纳入区财政预算。建立了部门联审、联席会议制度，加强统计数据管理，对投资、商贸、农业等三项统计进行了部门联审；执行核算和工业统计的部门联席会议制度，由区统计局会同相关职能部门对统计工作进行沟通，衔接有关数据。

【专业统计】 固定资产投资统计，组织实施全区固定资产投资、建筑业、房地产业的统计报表制度，提供有关统计数据资料。2019年，对全区工业、农业、固定资产投资、商贸、劳动工资、城乡居民收入、服务业等分别进行了专业统计。其中，全区规模以上工业企业有174户，资质内建筑企业109户，房地产开发企业132户。

【统计监督执法】 对在区规模以上企业进行统计执法检查，重点对涉及企业"一套表"和联网直报的企业进行检查，对部分企业存在的问题要求按照《中华人民共和国统计法》和《重庆市统计管理条例》的相关规定进行整改。对部分镇街到期的调查员证件进行回收和换发。同时，通过基层单位统计年报培训会、"企业一套表联网直报"培训会、统计法宣传日、经普培训会等多种形式进行统计普法宣传，为基层统计企业，镇街的村委会、居委会及社会群众发放“统计法宣传单”等普法宣传资料5000余份，将《中华人民共和国统计法》宣传教育纳入区委党校领导干部教育培训课程。

【区统计局负责人】

局　长：郑　渝

副局长：熊　伟　江　帆

（王宏亮　唐瑞遥）

规划和自然资源

【概况】 2019年1月，市局党组、南岸区委确定了南岸区规划和自然资源领域机构改革方案，整合区发展改革部门组织编制主体功能区规划职责，区水利部门的水资源调查和确权登记管理职责，区农业部门的森林、湿地、草原资源调查和确权登记管理职责，以及区农业部门、区城管部门、区城乡建设部门自然保护区、风景名胜区、自然遗产等管理职责，组建南岸区规划和自然资源局（以下简称“区规划资源局”），并加挂区林业局牌子，为市规划自然资源局的派出机构。2月19日，区规划和自然资源局、南岸区林业局正式在南城大道办公点正式挂牌。12月23日，区规划资源局办公点由南岸区南城大道17号搬迁至南岸区茶园汇成路24号金隅时代之星A座。

区规划资源局有员工228人，其中在编职工145人，机关内设有办公室、纪检组、法规督察科（行政审批科）、自然资源调查登记科、自然资源权益利用科、国土空间规划科（区规划委员会办公室）、市政交通规划科、建筑规划科、文化风貌科（村镇规划科）、国土空间用途管制科、耕地保护和生态修复科、林业科（区绿化委员会办公室、天然林保护中心）、财务科、机关党委、规划监察执法大队、信息档案科等16个科室单位，茶园新城规划和自然资源所、南坪规划和自然资源所、黄桷垭规划和自然资源所等3个基层所，南山林场、明月山林场等2个林场。

【三大战略任务】 广阳岛片区总体规划。配合参与广阳岛片区总体规划编制工作，组织完成广阳岛片区地质灾害评估和规划方案环境影响评价，有序推动岛周视线可视范围风貌整治。广阳岛片区总体规划先后经市政府常务会、市委常委会、人大常委会审议通过，正式取得市政府批复。

重庆东站片区规划。配合开展重庆东站片区详细规划设计工作，梳理片区自然、人文、建设本底，协调落实片区周边交通、市政等重要基础设施布局，组织论证片区内行洪通道改造，重庆东站规划方案已通过市规委会第四次专题会审议。

配合完成两江四岸核心区整体提升方案。配合开展两江交汇核心区整体提升规划工作，深入研究南滨路片区发展优势、定位和融入发展的思路，全面梳理南岸滨江片区自然、人文、建设本底，落实市规划展览馆迁建，做好开埠文化遗址公园等重点项目落地选址。两江四岸核心区整体提升方案已通过市规委会第四次专题会审议。

【三大整治任务】 “大棚房”清理整治。全面排查梳理项目511宗，华城园林、金易等10个项目经研判后被确认为“大棚房”问题项目，已全部按照全市统一标准整改到位，顺利通过市大棚办验收。

违建民宿核查整治。核查整治8家媒体曝光的网红民宿、国家林草局成都专员办抽查的3家民宿、自查的30家民宿，配合制订“一户一策”整治方案，全部完成11家占林民宿的拆除整改和林地覆绿，基本完成6家占田民宿的拆除清理和土地复耕。

违建别墅清查整改。牵头制订专项行动方案，根据南岸区24个自然保护区名录范围，逐一核查市推进办下达的450个图斑，结合各属地镇街清查、再清查认定情况，认定11个违建别墅项目，按照“一户一策”整治方案，依法依规完成11个项目的整改拆除，顺利通过市级、区级自查验收。

【自然资源调查登记】 国土“三调”成果加快报批。全面完成土地利用现状调查及土地利用数据库建设、调查成果整理等工作；基本完成专项用地调查，完成基本农田、耕地细化、批而未建建设用地调查；正在推进耕地分等定级调查评价。“三调”成果已于2019年12月通过市级核查并第二次上报国家进行核查。

切实做好土地权属调查服务。全年审查核实不动产权属440件，涉及土地权属调查253宗，出具土地核实确认书170件，与南岸不动产登记中心联合审查各类土地房屋登记270件。

【重点规划编制】 国土空间分区规划。完成南岸区2035规划大纲编制，启动国土空间分区规划研究，作为主城区国土空间分区规划编制试点区。

经开区总体规划。充分衔接广阳岛、重庆东站、两江四岸等重点片区规划，对经开区用地布局进行优化，对重大基础设施进行完善，对未来发展提出政策建议，规划方案通过区规委会第二十九次会议审议。

南山城市山地公园规划。开展《南山城市山地公园规划》编制工作，对南山自然文化本底进行梳理，对莲花村、石龙村等重点区域进行研究，形成价值文化、提升实施方案、用地、综合交通等研究成果，已报经市局专题研究。

村规划。编制完成全区26个村规划，双龙村、石牛村2个村规划获市局审查同意，银湖村、新六村等11个村规划已报请市局审查。

【城市风貌形象提升】 城市风貌塑造。支持南滨路城市地标建筑选址论证工作，全面推进全区建筑屋顶、立面环境整治风貌提升专项工作，制订审批城市阳台、主题公园、主题社区专项规划方案。完成南滨路重要地段约8.4平方千米范围的城市设计工作。

历史文化保护。重点开展慈米龙历史文化街区文化资源利用研究、长江电工厂职工宿舍区保护利用研究，开展历史文化街区、历史建筑普查和资料建档、保护和利用工作，着力推进黄桷垭—涂山片区、黄山—南山风貌协调区的保护规划评估和修编工作，做好故宫博物院南迁项目的实施指导，提升南岸区在主城区“两江四岸”文旅走廊的功能定位层级。

基础设施配套。完善教育、医疗、公园等公共服务设施配套功能，统筹利用城市边角地新建、改建9个社区体育文化公园，办理老旧小区电梯增设项目近30个，切实完善老旧小区基础设施配套，提升老旧片区城市品质。

【生态文明建设】 历史遗留和关闭矿山治理复垦。全年完成治理复垦关闭矿山9家，销号面积115.49公顷，超额完成2019年初市局下达的31公顷目标任务。

长江经济带废弃露天矿山修复。组织实施长江干流及主要支流沿岸10千米范围内废弃露天矿山调查举证及系统填报，印发工作方案，制订实施计划。2019年完成修复并销号废弃露天矿山8家，销号面积55.76公顷；完成阶段性任务年度修复矿山1家，修复面积13.83公顷。

山水林田湖草生态保护修复。统筹山水林田湖草生态保护修复各项工作，制订实施方案和配套管理制度，完善资金调配，强化联合巡查督办。争取到位中央奖补资金2.4087亿元，落地实施20个生态修复项目，其中已完工项目6个，正在实施项目14个。

耕地保护。严格履行耕地保护职责，统筹分解保护目标，组织和指导层层签订《耕地保护目标责任书》，压牢压实主体责任，严格执行年度考核。认真推进日常耕地保护工作，强化永久基本农田用途管制，积极配合做好铁路东环线、渝万高铁等重大建设项目永久基本农田占用和补划踏勘论证，严格开展临时用地占用永久基本农田论证审查。认真落实土地复垦有关规定，严格执行土地复垦费用预存监管制度，2019年共建立监管账户11个，监管复垦资金合计500.7万元，有效保障临时用地复垦经费来源。

【土地集约利用】 土地供应。合理确定土地供应计划和时序，适时调整土地供应结构、规模和节奏，确保南岸区土地有序供应。全年出让土地8宗、土地面积463亩，成交价款共28.25亿元。办理土地划拨手续共21宗、土地面积607亩，全力保障“522”市级重点项目、10个社区文化体育公园、观景口水厂等重点项目及基础设施用地需求。

增存挂钩。全面清理、逐宗分析南岸区闲置土地和批而未供土地情况；消化批而未供项目6宗，土地面积158公顷，消化率70%，位列主城区第三位。完成中科诺、国信通2宗170亩以及恒德远景地块破产重整闲置土地处置工作，超额完成市局下达的30亩的闲置土地处置任务。

【建设用地管理】 重点项目用地保障。落实用地报批，有效保障广阳岛片区、重庆东站及站前区、铁路东环线、六纵线等重点建设项目用地需求。完成广阳岛片区“两规”一致性处理，23个项目约6972亩土地征转已经市政府批准，30个项目约11516亩用地已上报或完成组件，批准临时用地11个约1750亩用地。做好征地拆迁的监管和保障工作，征地完成率67.21%，郭家沱大桥、东环线等市级重点项目约4127亩已完成交地，重庆东站用地已完成房屋拆迁进度82%。配合渝湘、渝万高铁开展先行用地和预审工作。

集体建设用地管理。严格按照批准后的村规划、旅游规划，指导属地镇街开展农村宅基地农用地转用报批工作。根据重庆市点状用地政策，对农村村民住宅、乡镇村公共设施和公益事业建设、乡镇企业用地，以及农村集体经济组织以土地使用权入股、联营等方式与社会资本共同举办企业的土地，涉及占用农用地和未利用的，督促用地单位按规定办理农用地转用手续，并加强日常用地监管。

【林业资源管理】 自然保护地大检查大整治。开展全区自然保护地大检查大整治工作，经市林业局认定下发我区问题清单共31个。其中，已完成整改问题26个，正在整改5个，整改完成率83.9%。

国土绿化提升行动。2019年，南岸区拟实施国土绿化1.6万亩，已全部完成工作任务，实施完成率100%。

明月山林长制试点。制订《南岸区明月山开展林长制试点方案》，明确林长制试点重点工作任务，建立区、镇街或林场、村（社区）或林区管护站三级林长体系。

自然保护地整合优化。整合优化南山自然公园、明月山自然公园、迎龙湖自然公园、苦溪河自然公园等4个自然保护地边界范围。

【规划自然资源领域治理】 土地资源违法整治。按照环保督察要求，立案查处火锅一条街违法用地案件11宗，查处违法占地面积148亩，其中耕地75.3亩。开展卫片执法，2018年度卫片执法工作共查处整改违法图斑36个，违法占地面积256.9亩。认真开展耕地非农化图斑清理工作，清理处置成都督察局移交的耕地非农化图斑36个。立案查处各类违法用地案件14宗，按照282号令提请区政府强制消除42宗，区政府均已发布强消公告责令属地单位实施。

规划监察执法。及时制止、及时处理违法建设行为，立案查处违法建设行为案件36件，处罚面积14.65万平方米，处罚金额1497.5万元。共办理建设工程规划核实确认书78件，建筑面积5781777.24平方米。协助区两违办查处在建违法建筑认定83件。

依法行政。积极应诉诉讼案件，处理诉讼案件35件（民事诉讼案件2件，行政诉讼案件33件），认真处理行政复议案件4件，审核12宗涉及没收、拆除的行政处罚案件，参与进行会议审理案件10次。及时办结《司法建议书》《检察建议书》《监察建议书》各1件，获得区法院、区检察院、区监察委员会认可。

【规划自然资源领域改革】 行政审批改革。完成南岸区“一张蓝图”方案报区政府审批，精简办理建筑许可流程，实现行政审批窗口联合办公，实现“三集中、三到位”，推进多规合一、多审合一、多评合一和窗口作风建设；全面压缩行政审批办件时间，262件行政审批件减少48.6%的审批办件时间；全面梳理2014—2018年区局改革工作进展情况，全面完成2019年改革项目和试点工作。

机构和干部人事改革。完成区局和林业人员转隶工作，实现局机关集中办公；迅速完成干部选任，选齐配强区局干部队伍；完成公务员职级、职级套转和晋升改革工作，符合条件公务员全部套改，完成部分符合条件干部职级晋升工作。按照市局执法改革部署，稳妥推进执法体制改革工作，完成调查摸底等基础性工作。

【安全稳定】 安全生产。成立局安全生产委员会，设立安委会办公会，明确各科室、所、林场安全生产责任，建立每月1次安委会例会的工作机制。做好地质灾害防治“三查”工作，实施工程治理3处、应急处置32次，组织“5•12”防灾减灾宣传周、安全生产月等专题宣传培训活动53次、地质灾害单点演练84次，参加人员3452人，有效地提升地质灾害防治意识和水平。层层落实森林火灾预防责任到各林区、村社、林区经营单位、巡护人员和林区农户，对重点片区、林区道路增加巡山护林人员，增设检查站和哨卡，严禁火种入山；在入山路口和重点地区、重要路段设置醒目标志，悬挂宣传警示标语，广泛宣传森林火灾预防。

信访维稳。接待群众300多人次，来电咨询1000余人次。及时处置各类信访案件245件、信息公开30余件、网络舆情7件，化解庆隆南山国际社区15组团二期项目、南坪街道阳光社区七一村安居工程等2件信访积案。

建议提案办理。收到区人大代表建议15件，政协提案9件，全部按时办结，满意率100%。

保密工作。成立区局保密委员会，明确各科室保密责任，制订《基础测绘地理信息成果提供使用管理办法》和《涉密计算机管理办法》，邀请市局专家到区局开展全局保密培训1次，做好日常秘密公文、涉密载体、涉密计算机的日常管理。

【全面从严治党】 “不忘初心、牢记使命”主题教育。贯彻落实中央、市委、市局党组和区委组织部的各项部署任务，扎实做好主题教育工作，完成教育目标，成效明显。

基层党组织建设。完成局机关党委和10个党支部的建立和设置工作，完成机关党委委员、各支委成员的选举工作，建立支部联络员制度，实现党建和业务“一肩挑”，确保基层党组织组织生活规范化开展。全面梳理区委组织部各类文件，明晰党建基础性工作各项要求，制订《党的组织生活规范化开展手册》，明确党建基础性工作责任和任务。

党风廉政建设。层层签订党风廉政建设责任书，层层明确责任，层层传导压力，层层开展廉政谈话。强化专题党风廉政教育，筑牢拒腐防变的思想道德防线。加强日常提醒，通过微信工作群、短信平台群发廉政提醒短信，定期开展明察暗访，重申纪律规矩，传导执纪压力，让干部职工时刻绷紧纪律之弦。开展“1+3+N”“四风”专项整治，重点对违规使用公务加油卡和私车公养问题、违规发放工会福利问题开展合规性审查，加强监督区局招投标项目。

【区规划资源局负责人】

局　长：张超林（党组书记）

副局长：宋西平（正处级）

　　　　张永川（调研员）

　　　　杨　军

寇洪菲（事务中心主任）
吕 亮 李碧香
何全祖（纪检组长）
姜 波

（区规划资源局）

土地整治储备

【概况】 南岸区土地整治储备中心（以下简称“区土储中心”）位于南湖路19号，为南岸区国土分局举办的全额拨款事业单位，区国土分局负责业务指导，人财物由区政府统筹管理保障，机构规格为正处级，机构类别为公益一类。主要负责为全区土地整治储备提供保障，承担依法取得土地、进行前期开发、储存以备供应土地等相关工作。2019年底，中心实有在编人员13名，设办公室、财务部、整治部、储备部。

【土地储备】 2019年，区土地整治储备中心储备整治土地2389.82亩，其中渝黔高速公路征地剩余的7个合作社共计91.25亩，廖家山项目1098亩，四公里地块265.344亩，峡口地块项目与防洪护岸工程项目679.29亩，土庙子“棚户区”改造项目122.1亩，铜元局危旧房改造片区项目46.1亩，南岸区塑料十厂、龙洞天棚户区项目50.4亩，弹子石地块37.2亩，为辖区城市建设提供了土地资源，搭建了融资平台，提供了保障。

【土地整治】 罗家坝—杨家山地块。项目涉及拆迁户数3500余户，已办理完成99.9%。新增交地330亩，收回土地价款约4.2亿元资金。基本完成土地成本的审计工作，审计单位已提供审计初稿。

鸡冠石廖家山。项目涉及拆迁户数2100余户，已办理完成99.9%（出让范围内已经拆迁完毕），村民小组集体资产补偿已全部到位。

南坪东路588号农资公司片区改造。该征收项目于2017年12月14日启动，现已全部完成范围内的征收工作，现正督促海棠溪派出所及农资公司房屋租赁户的搬迁工作。

“522工程”交地工作。完成了交地范围内的全部征地拆迁工作，对范围内的景观树木进行了编号挂牌，完成了交地范围的勘界打桩放线工作，准备对交地范围内的土地进行清表工作。

龙黄路扩宽改造相关工作。推动龙黄路26号拆迁工作，拆迁户数15户，已有6户办理征收手续。推动龙黄路人行天桥建设工作，完成龙黄路人行天桥立项及可研报告，准备对项目的设计及施工挂网公开招投标。

棚户区改造。推动一天门一期、四公里片区、双峰山片区、龙洞天片区二期棚户区改造工作。办理完毕征收“四规划一计划”等征收手续，协调进行征收调查登记、价格评估等，为2020年启动征收打下基础。

“三生三宜”品质城市建设。将黄桷湾立交周边及龙井片区空闲地块约200亩土地交由城管局进行绿化种植。完成对红旗开关厂、重塑十厂、龙洞天项目等拆迁地块的环境卫生整治，解决了拆迁地块的“脏、乱、差”等问题，美化了拆迁区域的环境。

【土地收购】 区土地整治储备中心通过收购储备破产企业的土地，盘活企业土地资产，支持集体企业改制。收购企业33家，成功盘活企业15家，有151亩储备土地。聘请保安每周巡查，开展专项整治，加强企业管理，确保拆迁地块、收购企业范围内无乱倒弃土、无安全事故、无恶性治安和刑事案件发生。

【融资工作】 筹集棚户区改造项目贷款资金127000万元，收到区财政拨付的专项款（债券资金）10606万元、借款110084万元，获取租金收入约79.67万元，获得其他收入约18996.72万元。全年共计筹措资金266766.39万元。

【区土储中心负责人】
主 任：杨 勇
副主任：陈光勇 田 伟 欧四文

（区土储中心）

征地管理

【概况】 南岸区征地办公室（以下简称“区征地办”）负责组织实施政府统一征地工作，完成政府下达的征地任务。

2019年，区征地办实施征地拆迁项目28个（含2个委托项目），涉及征地总面积1437.4万平方米，完成征地200.1万平方米，交地333.5万平方米。全年拆迁农户600余户、企业100余家，补偿安置2000余人，拆迁房屋面积20余万平方米。

【重点项目】 铁路东环线项目征地面积175.3万平方米，已启动部分征地面积121.9万平方米，需拆迁农户253户，已拆迁农户247户，剩余6户，完成率98%。需拆迁企业22家，已拆迁企业16家，剩余6家，完成率 72.7%。该项目已移交土地约 121.9 万平方米。

六纵线南段项目征地面积 75.4 万平方米，需拆迁农户 310 户，已拆迁农户 206 户，剩余 104 户，完成率 66%。该项目已移交土地约 14.7 万平方米。

郭家沱大桥项目征地面积 22.8 万平方米，征地红线内所有房屋与企业已于 2018 年底拆迁完毕并移交土地，保障大桥施工方的全面建设，征地红线外补征范围面积约 13 万平方米，需拆迁农户 48 户，已拆迁农户 33 户，剩余 15 户，完成率 69%。

廖家山项目剩余 1 户农户未办手续，拆迁工作已完成 99.9%，企业拆迁工作已全部完成，该项目已基本完成并移交土地。

【项目管理】 定期组织征地拆迁区域安全隐患排查整改。对各拆迁区域滑坡现象、旧房拆除遗留隐患、安全标示张贴情况、拆迁户回迁区域开展拉网式排查，建立问题台账，及时整改落实。

加强对征而未建区域环境卫生的管护。督促拆房单位文明施工，及时清除旧房垃圾。

加大全民动手活动参与力度。组织党员干部每周四轮流前往弹新街社区开展“大城众管、共同家园”全民动手志愿服务活动，参加 100 余人次，并针对弹新街社区主出入口过道环境脏乱差和 60 号扶梯年久失修及环境脏乱差的问题进行整治施工，助推“三生三宜”品质城市建设。

【安置房保障】 鉴于重点征地项目多，安置房源缺口大，区征地办配合区住房城乡建委对全区存量安置房进行梳理统筹，报经区政府常务会议审议通过，采取从长生桥镇调剂方式落实安置房源 807 套。剩余缺口约 2000 套，拟按照《南岸区安置房购买办法》，通过市场购买落实解决，正在推进相关工作。诚毅花园安置房项目已开工建设。

加快推进办证工作。由于税务系统调整升级，以及相关要求产生变化，安置房办证工作推进难度大，区征地办通过与税务和产权部门协调，完成长生雅苑第一批 70 余个产权证的办理工作。

配合区发展改革委，推进沁芳园项目购买价格的审定工作。由区发展改革委委托中介单位对该项目价格进行审核，并经区发展改革委、区财政局等部门会审，形成初步意见，报区政府常务会议进行审议。

南山筱筑安置房护栏整治。因该小区无物业公司管理，小区护栏锈蚀损坏严重，存在较大安全隐患，经区征地办与南山街道共同研究并报区政府同意，决定由区征地办出资对该小区护栏进行更换，已全部完成。

南山安置房排污整治。完成 11 个安置房小区的探测排查和方案设计，年内全部完成。

加强安置房日常维修管理。完成各类农转非安置房维修维护 400 余次，主要进行了管道疏通更换、化粪池治理改道及窨井维护等。

【信访维稳】 全年办理信访案件 100 件（其中，区信访办通过网上信访系统转件 50 件，群众来信 18 件，群众来访 16 件，群工系统转件 16 件），且均在规定时间内回复，群众满意度较高。完成 10 件包案化解工作。集中排查矛盾 12 次，重点排查 6 次。与属地党委政府和公安机关联动维稳，及时足额拨付了相关工作经费到两类联动部门。

【司法内审】 司法。根据征地项目推进需要，从区政府法律顾问库中选聘了 2 名法律顾问作为长期合作法律顾问，并与区法院、区司法局等单位沟通，规范征地拆迁司法工作，辅助征地业务工作的开展，强制执行 1 户。

内审。持续推行内审工作机制，以征地安置补偿协议、行政及工会经费、采购及经济合同为重点，通过现场查看、资料审查、走访询问等多种方式，全面深入审查把关，有效发挥内审工作第一道防线作用，促进征地拆迁等各项事务更加规范有序。全年审查 442 件，涉及金额约 9.14 亿元。

【主题教育】 开展“不忘初心、牢记使命”主题教育，收看“传承弘扬红岩精神、初心使命永驻心间”主题讲座，参观《挺进报》爱国主义教育基地，领导班子坚持开展中心组学习，集中学习研讨 8 天 13 次，专题研讨 27 人次，党支部集中研讨 2 次。

认真检视问题，通过征求意见、对照党章党规找差距和交心谈心，共检视问题 53 个，制订整改措施 80 条，已整改 35 个，同时，以制度强整改，以服务群众促落实，清理修订行政及业务相关制度（清理制度 30 个），对弹新街社区 60 号扶梯及环境进行整治施工等。

开展调研，通过实地走访、约谈接访、召开会议等方式，完成了 5 个调研主题并形成了调研报告，制订解决问题措施及建议 18 条，并召开调研成果交流会，把调研中查找到的问题和形成的对策建议作为整改的内容和措施。

召开专题民主生活会，领导班子及成员在对照党章党规找差距的基础上，坚持“团结—批评—团结”的方针，开展批评和自我批评，营造严肃认真的氛围，会上共查找问题 52 个，制订整改措施 30 个。

【区征地办负责人】

主　　任：杨泽辉（党组书记）

副 主 任：罗　鸿　卢　强　谭力铭

纪检组长：何　川

（区征地办）

不动产登记

【概况】重庆市南岸不动产登记中心(以下简称“区登记中心”）是隶属于重庆市规划和自然资源局的事业单位。职责任务是受市规划和自然资源局的委托，承担辖区内土地（含土地承包经营权）登记、房屋登记、林地登记等不动产登记发证的具体工作，以及房地产交易管理的事务性工作等。区登记中心内设综合科、受理审查科、登记复核科、缮发证件科、档案科、市场监管科、财务科、法治事务科和信息管理科共9个科室。2019年有职工141人，其中在编职工54人(专业技术人员11人，事业管理人员39人，工勤人员4人），派遣职工66人，退休职工21人。中心共有党员45名，其中9名党员为专业技术人员，25名党员为事业管理人员，4名党员为派遣人员，7名为退休党员。

【业务工作】 2019年，商品房、存量房交易总额439.59亿元。其中，商品房成交36704件，成交建筑面积311.45万平方米，套内面积235.61万平方米，成交金额为339.57亿元。其中商品房住宅成交19547件，成交金额为284.24亿元，套内单价为15375.42元/平方米，同比增长16.09%，建面单价为12783.35元/平方米，同比增长16.66%。存量房成交26057件，成交建筑面积208.99万平方米，套内面积168.79万平方米，其中存量房住宅成交21059件，同比下降20.11%。

不动产登记受理案件246502件。其中批量案件102733件，日常案件128806件，土地登记（包括土地权属和土地抵押）468件，农房638件，司法接待7882件，特案5975件。

缮发证件科共缮制不动产权证78372件，同比减少12.41%。缮制合同备案与预告证明48541件，同比减少31.40%。现房抵押46006件，同比增长19.83%。

完成窗口档案查询60856件次，同比减少51.98%；批量档案查询141469件次，同比增加93.14%；共接收整理档案181542卷，同比减少23.75%；完成档案质检185055卷，同比减少13.89%；自助机查询36749件次，全市联网查询189件次。

执收非税收入2975.58万元，其中不动产登记费1416.87万元，转让手续费22.43万元，经适房转让土地价款142.08万元，规费补缴308.26万元，调查费151元，工本费5.1万元，划拨土地收益金1080.84万元。

【登记改革】 全面推行存量房屋登记交易税收“一窗办理，即办即取”工作。开展流程再造、窗口调整及人员培训，开设“一窗办理，即办即取”综合服务窗口，企业或个人在综合窗口可一次性办理存量房转移登记、交易、核税、缴税、缴纳登记费和领取不动产权证书等事宜。

实现不动产登记信息查询全市联网查询。市规划自然资源局将不动产登记资料、地籍图全部数字化保存，规划、地籍、登记等信息已集合在一个电子数据库。企业和群众可以通过“渝快办”“重庆市规划和自然资源局官网”“重庆市不动产微信公众号”进行网上查询。中心也设置了专人接待的窗口，权利人可凭身份信息查询本人名下全市范围内不动产登记信息。其他人可通过不动产坐落查询该不动产的自然状况、地籍图(宗地图)、是否存在共有、是否存在抵押、是否存在查封等信息。

不动产抵押登记服务向金融机构延伸。2019年，有30家金融机构开展了抵押类业务外网远程申报，企业和群众办理不动产抵押登记由金融机构网上申报，登记结果网上反馈给金融机构，整个流程抵押人和抵押权人都不需要到不动产登记服务大厅办理，实现不动产抵押登记“不见面”办理。全年远程办理不动产抵押登记4951件。

【便民举措】简化流程，简便手续，压缩办理时限。将不动产登记证明、不动产权证遗失公告调整为作废公告，作废同时补办新权证和证明。改进初始登记楼盘预转实和土地预审方式，由受理人员接件并统一科室内部传递；对土地竣工变更登记和土地房屋初始登记试行并案办理，一次性交件，减少企业跑路次数。缩减开发企业批量申请材料，对商品房合同中有预告约定的，不再单独收取合同预告约定和抵押权预告约定。改进了司法查封登记业务在中心的内部流转流程，将法院拿到送达回执的时限由一周缩短为立等可取，得到了法院的大力好评。

对登记结果提供邮寄送达服务。中心开通了委托到付邮寄不动产权证业务。对不动产权证书、不动产登记证明等登记结果，在最初受理登记时即告知办事群众可灵活选择邮寄快递方式获取登记结果，减少群众跑路次数。2019年共成功邮寄74份不动产权证书和证明。

开展上门服务。优化上门服务政策，根据病重、病危或年老行动不便等群众的急切需要，固定每周二提供上门服务，方便申请人安排时间，全年上门服务78次，惠及群众300余人次。

【市场监管】 加强市场调研，及时掌握市场动态。组织市场调研5次，针对茶园刘家坪片区高铁影响楼盘问题、市场行情回落企业如何推盘问题、南滨路沿线在售楼盘定价问题等情况进行走访座谈，准确把握市场行情，针对企业困境精准施策，维持房地产市场平稳发展。

开展二手房网签前期调研工作。按照《住房和城乡建设部关于印发房屋交易合同网签备案业务规范（试行）的通知》要求，结合渝规资〔2019〕845号文《关于进一步做好“一窗受理、并行办理”工作的通知》，针对重庆市主城区房屋交易合同网签备案业务的执行情况开展专题调研，形成《关于开展房屋交易合同网签备案业务的调研报告》，为市住建委市场处全面铺开二手房网签工作，提供了翔实的基础信息及建议意见。

分析评估限售房屋解禁后市场影响。9月22日起，首批限售住房解禁，中心对此进行为期一个月的数据采集，对二手住房成交数据、交易人员数量、成交地段、成交价格信息等跟踪收集分析，对比往年同期、主城类似老区地段成交相关数据，形成分析报告。经分析得出，南岸区两年限售解禁的二手住房为总成交量的1%，对正常需求的转让影响不大，通过分析报告印证了限售政策的合理性。

【基层党建】 党支部按照“一岗双责”要求，落实从严治党主体责任。全年召开支委会20次，召开主题党日暨支部党员大会12次，开展书记、副书记讲党课5次。6月10日—8月30日，开展“不忘初心，牢记使命”主题教育工作。班子查摆出问题16个，制订5个方面16条整改措施。11月，开展主题教育“回头看”工作，中心班子的16个问题中，限期整改的问题全部整改到位；长期坚持的，已完善措施，持续整改。

开展庆祝新中国成立70周年纪念活动，加强爱国主义教育。同时加强中心党风廉政建设和反腐败工作建设，将廉洁纪律规定和反腐败要求纳入中心的日常管理制度。

【队伍建设】 完善制度，加强内部人员管理。制订《投诉零容忍制度》，修订完成《派遣人员管理办法》，改进《服务向导制度》和《值周长制度》，印发《关于进一步规范政府采购管理工作的通知》。

做好群团工作。开展篮球、钓鱼、舞蹈、游泳健身等兴趣小组活动，开展职工演讲比赛、纪念五四运动100周年活动、仲夏读书、端午节包粽子比赛、春游秋游、夏季运动会、新中国成立70周年庆祝活动、新春游园会等。注重职工慰问帮扶，为女职工办理“玫瑰人生”保险，看望因病住院、生育、婚丧事宜的职工35人次，给中心4名困难职工开展“送温暖”活动。

开展先进集体（科室）和先进个人的表彰和“创先争优”活动。号召中心全体干部职工向受表彰的集体和对象学习，锐意进取，开拓创新，以榜样的力量带动中心职工奋发向上。

【区登记中心负责人】

主　任：胡渝清（党支部书记）

副主任：李永红　许雪松

（区登记中心）

市场监督管理

【概况】 重庆市南岸区市场监督管理局（以下简称“区市场监管局”）于2019年2月26日正式挂牌成立，将原重庆市工商行政管理局南岸区分局、重庆市南岸区质量技术监督局、重庆市食品药品监督管理局南岸区分局的职责，以及区发展改革委的价格监督检查职责，区商务局的反垄断职责，区科技局的专利管理职责等进行了整合转隶。区市场监管局有在职干部职工216人（不含经开区局），其中公务员202人，工勤及事业编制人员14人，另有退休职工167人，内设26个科室，下设1个执法支队为区局管理的行政执法机构，13个街镇市场监管所作为派出机构，代管消委会。

区市场监督管理局主要职责是：贯彻落实党中央、国务院关于市场监督管理工作的方针政策，贯彻执行市委、市政府关于市场监督管理工作的决策部署和市市场监督管理局的工作安排，在履行职责过程中坚持和加强党对市场监督管理工作的集中统一领导。负责市场综合监督管理，负责食品药品安全监督管理综合协调，负责食品安全监督管理，负责药品、医疗器械、化妆品安全监督管理，负责宏观质量管理，负责产品质量安全监督管理，负责特种设备安全监督管理。综合管理特种设备安全监察、监督工作，负责市场主体统一登记注册，负责推动市场主体信用体系建设，负责规范和监督管理市场秩序，负责消费者权益保护工作，负责统一管理计量工作，负责统一管理标准化工作，负责统一管理认证认可和检验检测工作，负责知识产权发展与保护工作，负责开展市场监管综合执法工作，协助指导小微企业、个体工商户、专业市场党建工作，负责机关、直属单位党建工作，完成市局和区委区政府交办的其他任务。

【安全监管】 抓好防范和化解重大风险工作，防范化解三大安全风险，全区未发生食品药品、特种设备、产品质量等重大安全责任事故。

落实“四个最严”要求，保障饮食用药安全。全区食品安全监督抽检、食品快速检测、药品安全监督抽检合格率分别达到98%、99.2%和98.5%，国家食品安全示范城市创建宣传工作和食品安全监测风险点建设均走在全市前列，食品安全工作获得区长陈一清肯定性批示。将校园食品安全作为重中之重，督促学校严格落实主体责任和食品安全管理制度，全覆盖检查全区318个校园食堂，排查校园周边食品经营主体2000余户，消除安全隐患300余起，校园食堂“明厨亮灶”率100%。开展食品药品安全专项整治，立案查处食品药品违法案件304件。完成42起、5万余人次的国家级、市级重大活动食品安全保障任务。

深化排查整治，筑牢特种设备安全防线。检查全区特种设备企业227家，排查特种设备2481台件，消除安全隐患352起，立案查处特种设备违法行为5件，监督拆除设计年限到期的大型游乐设施11台。加强特种设备风险研判，全区特种设备实时“飘红”状态为零，预防特种设备突发事件。

坚持底线思维，提升产品质量安全保障水平。加强工业企业质量管理，全区规上工业企业先进质量管理方法覆盖率85%以上。完成产品生产、领域抽检任务542批次，问题发现率分别为7%、9%，对不合格品完成了后处理工作。查办各类质量案件20件，全年无产品质量安全事故发生。

【商事制度改革】 2019年，南岸区新增市场主体22153户，增速22.13%，净增长9.34%。其中，新增民营市场主体22003户，增速22.56%。市场主体总数达到11万户，居全市第六位、主城区第四位。持续推进“多证合一”“证照分离改革”，共发放“多证合一、一照一码”执照12万余份。

提升市场准入便利化水平，全面推行企业名称自主申报登记和经营范围规范化改革，实现“零上门、零等待、零表格”，推动“互联网+政务服务”体系建设，在全市率先成功开发并投入使用“南岸市场监管”微信预约排号系统，在日常登记工作中创先建立容缺受理机制，在企业在缺少材料情况下，先行受理及审核，提高办事效率，群众满意度明显提升。收到企业和群众肯定局注册登记工作的锦旗5幅、感谢信10封。

完善退出机制，降低企业退出成本，有2000余户企业通过简易注销模式退出市场，企业减少窗口往返3000余次，节约注销成本逾50万元。发挥动产抵押登记职能作用，办理动产抵押登记41件，助企融资14.06亿元，破解中小型企业融资难题。

【监管机制】 健全新型监管机制，提高监管效能，营造市场公平竞争环境。推进企业信用体系建设。推进市场主体年报工作，企业年报率92.27%，保持在全市前列。

完成全区综合和民办非学历教育培训机构“双随机、一公开”监管抽查计划2467户，完成率100%，累计将2.8万户市场主体列入异常经营名录库管理。

联合征信系统征集数据5万余条，累计整合各类企业信用信息200万余条，有效推动建立“一处违法、处处受限”的企业失信联合惩戒机制。加大违法行为打击力度，严厉打击假冒伪劣、商标侵权、广告违法宣传、不正当竞争等违法行为。重点整治了群众投诉量较大的机动车检测市场的价格乱象行为，对南岸、巴南、万盛、綦江的14家汽车检测公司的价格违法行为进行了立案查处，涉及违规收费金额约500万元。全年查办各类违法案件339件，案值金额1176万元。南岸优生活食品经营部商业诋毁案入围全国反不正当竞争执法暨“百日行动”典型案例。

【消费者权益保护】 持续开展12315“五进”工作，新建消费维权服务站9家，累计达到84家。与南岸区商务委联合探索实施“红黑榜”制度，助推农贸市场诚信规范建设。受理消费者投诉举报7628件，有效办结、调解率100%，为消费者挽回经济损失1011.6万元。

【质量提升行动】 落实区级部门联席会议制度，统筹推进全区质量提升行动。开展“质量开放日”活动，促进企业提升质量管理水平，得到区人大代表、区政协委员高度评价。发挥质量基础设施作用，认证认可、检验检测等工作有序开展，抓好认证“双提升”攻坚年活动，制修订国家、行业、地方标准45项，向社会公开企业产品标准1191项，向企业免费提供标准5000余项。加强计量监督，开展“打好三大战役、严查计量欺诈”专项监督执法行动，完成全区“水、电、气民用三表”周期更换22.8万余台套。

【知识产权保护】 2019年，南岸区商标有效注册7017件，累计有效注册30553件；专利申请量3764件，居全市第四位，其中发明专利申请量1829件，居全市第三位。构建大健康产业知识产权服务平台，建立生物医药知识产权服务平台，推动南岸大健康产业发展。加强南滨路文化产业园和公共旅游资源的商标保护，积极打造“重庆会客厅”和“长嘉汇大景区”商标品牌。助推市知识产权局与区政府签订《共同推动知识产权高质量发展战略协议》开展战略合作，推动南岸区建设成为知识产权高地。

【“三生三宜”品质城市建设】 强化食品药品监管，

积极配合镇街督促各市场主体落实“门前五包”责任，打击销售假冒伪劣旅游商品、消费欺诈、虚假宣传等违法行为效果明显，获得2019年三季度考评第一名。

【主题教育】 扎实开展“不忘初心、牢记使命”主题教育，坚持问题导向，党的建设全面加强。通过中心组学习、三会一课、主题党日、朗诵比赛、集中收看警示教育专题片、参观红色教育基地、重温入党誓词、组织志愿服务、开展专题讲座等方式，推动全局党员干部职工深入学习贯彻习近平新时代中国特色社会主义思想，增强“四个意识”、坚定“四个自信”、做到“两个维护”。局党组中心组共开展集中学习研讨12次，基层党支部开展学习研讨68次，完成调研课题21个，开展专项整治8个。

【区市场监管局负责人】

局　　长：齐　琦（党组书记）

副 局 长：杨蘘华　刘　炯　陈智华　邬继贫
张焕丽　艾　渝　黎志华　李晓云
焦强峰　李渝杰　何仕福　王进平
王　勇　潘海林

纪检组长：徐新朋

（区市场监管局）

经济板块

江南新城

【概况】 重庆市江南新城开发建设（集团）有限公司，原名重庆市茶园新区建设开发（集团）有限公司，成立于1999年3月4日，注册资本144069.35万元人民币，是经重庆市南岸区人民政府批准成立的由茶园新区管委会出资的法人独资企业。2017年8月31日，公司名称变更为重庆市江南新城开发建设（集团）有限公司，企业类型变更为有限责任公司（国有独资），股东变更为重庆市南岸区国有资产管理中心。集团公司有员工71人（其中：领导4人、中干13人、职工54人），集团党委于2017年6月成立，下设2个党支部，有党员27名。集团公司内设综合行政部、党群工作部、审计监察部、人力资源部、资金财务部、发展计划部等6个部门。2019年，集团公司管理控股、参股企业10家，其中江南新城集团、茶园建司、三城公司3家企业围绕主营业务开展正常经营活动。目前集团工程建设、土地征地储备、对外融资、投资主要以重庆市茶园工业园区建设开发有限责任公司为平台开展相关工作。

【基础设施建设】 完成秉文路（水投段）规划选址工作，正在进行方案设计。开工建设B标准分区横二路市政道路、梨花大道二期市政道路工程。完成通江大道石塔立交北侧下穿通道工程设计工作。完成B标准分区学知路方案设计及前期准备工作。完成科创中心提档升级工程。开工建设南岸文化艺术中心。

【筹融资金】 面对债务高峰，对接金融机构30余家，跟进融资项目15个，2019年获得金融机构授信20.89亿元，提款6.09亿元。为到期债务偿还和重点项目提供了资金保障，全年完成本金及利息兑付12.92亿元。截至年底，已获得授信批复6亿元（建设银行2亿元、光大银行4亿元），提款2亿元。

【对外投资】 完成飞象公司的股权转让及增资，持有飞象公司55%股权，成为最大股东，为引进阿里巴巴集团的股份奠定了基础。出资200万占股10%，与成都鼎兴量子投资管理有限公司组建“鼎诚智谷股权投资基金管理（重庆）有限公司”。引入中铁建重庆投资集团，合作开发中铁建（重庆）总部基地，通过招拍挂以总价3.27亿元拿下茶园A标准分区A77-3/06地块。

【征地拆迁】 智谷公园项目拆迁房屋14户，花木种植2户，有2户正在走司法程序。城投560项目完成实测摸底工作，项目内房屋190户，应安置人员约1000人，企业约50户。完成B标准分区B59-1/04、B72-1/06、B72-2-1/05部分地块征地约385亩。

【安全维稳】 签订《2019年安全生产工作目标责任书》，印发《公司2019年安全生产检查计划》《防风险保安全护稳定迎大庆的通知》《关于冬季防火安全的通知》等安全生产文件6份。

建立安全隐患台账，做到每季度定期摸底登记，每月逐项落实整改。全年学习传达上级安全生产文件及会议精神30余件次。组织宣传教育活动，提高全员安全意识。全年召开职工大会8次进行安全生产宣教，在户外物业及施工现场张贴安全生产宣传横幅30余条，邀请重庆利民防火中心的教官开展“消防安全培训及应急演练活动”1次。全年召开安全生产工作例会12次，管理人员接受安全警示培训教育120余人次。

开展安全检查活动，全年进行各种形式的安全检查51次，发现问题隐患203项，现场整改112项，下达限期整改指令4份11项，隐患排查率、整改率100%，全年未发生一起安全生产事故。基本完成“都市和谐家园”分房工作，未发生非法越级上访、集访，以及严重极端个体案件，实现了安全稳定工作目标。

【江南新城集团负责人】

董 事 长：刘　超（党委书记）

监事会主席：文　宏

党委副书记：刘力铭
副 总 经 理：范　兵

（江南新城集团）

南坪现代服务业集聚区

【概况】 重庆市南坪现代服务业集聚区管理委员会（以下简称“集聚区管委会”）成立于2017年6月，由原重庆市南坪西部新区开发建设管理委员会与重庆市南坪商圈开发建设管理委员会合并设立，属全额拨款正处级公益一类事业单位。管委会内设党群工作部、行政部、招商服务部、经济发展部、规划工程部、城市管理部、社会事务部。核定事业编制28名，其中处级领导职数7名，科级领导职数9名。按照区委、区政府明确的“提档升级、转型发展、服务业升级”发展思路，管委会主要职责是聚焦经济发展主业，突出以项目为载体，重点推进国家服务业综合改革试点，抓好商圈提质、产业发展、城市更新、交通疏解等重点工作。

【经济发展】 南坪商圈全年社会消费品零售总额增长6.9%，实现商品销售同比增长10%。辖区140家限额以上商贸法人企业，实现商品销售总额650亿元，同比增长4.3%。固定资产投资项目8个，2019年计划完成投资8.95亿元，完成投资11.2亿元。持续推进首信皇冠学府、金菱车世界、中国智能制造密码创新基地、国家文物保护综合服务设施、国泰汽车E电园等重点项目建设工作。招商引进企业17家，入统3家，招商协议签约金额20.57亿元。

【招商引资】 金菱车世界建设进展顺利，已入驻4S店17家，销售突破20亿元，国泰汽车E电园动工建设，围绕汽车主题消费的产业布局逐步形成。智能制造密码创新基地启动规划编制，与国内密码领域领军企业——中国网安就基地建设达成战略协议。文物保护装备产业基地于12月8日在珠海举办的“2019年度文物保护科技与产业发展论坛”上面向全国进行招商发布。

【规划建设】 启动南坪片区提档升级规划研究。1月，启动南坪片区提档升级规划研究工作，挖掘区域发展潜能，补齐发展短板，围绕上位规划和顶层设计谋划未来5年南坪片区转型升级重大项目和实施策略，为区域发展奠定基础，指明方向。9月，完成项目二期建设，按“腾笼换鸟”模式率先实现了低效工业用地的再开发利用。完成南坪片区12平方千米范围内排水管网普查工作，厘清雨污混流、管网错接和破损情况，为后续实施改造提供条件。12月，分3个标段完成南坪片区排水管网改造EPC招标，确定总包单位并开展排水管网改造设计相关工作。完成南坪东路二巷道路改造，长度300米，通过修复破损路面、增加违停抓拍和中间隔离等措施提升道路通行能力。

【城市管理】 推进“三生三宜”品质城市建设，落实“垃圾不落地”攻坚战，打造绿化亮点，提升绿化品质，加强市容市貌综合管理，深化辖区“城管—公安”联动执法工作机制，开展占道经营顽疾整治、摩托车乱停乱行整治、僵尸车整治、噪声扰民等各类整治，改善城市形象。围绕“十无四净”目标开展环卫清扫工作，全年开展大型整治15次，出动突击人员约1000人次。

【安全管理】 安全稳定总体可控。全年出动检查人员526人次，检查域内企业160家次，查处各类隐患365处，督促整改率98%。妥善处置美心印象“8•17”生产事故。完成新中国成立70周年安保维稳任务，辖区全年平安稳定。妥善化解涉及400余户业主、500余户经营户的宏声流行前线地下商场冷却塔搬迁安置信访积案。

【党群工作】 全面加强自身建设。依托南坪商圈党群服务中心，深化“互联网＋非公党建”工作模式，实施委领导“定点联企”制度和党建指导员“包片联企”制度，打造“揽才计划”“党组织共享服务站”“我为平凡发声”等党建品牌。创新“三会一课”及“主题党日”活动载体，推进“不忘初心、牢记使命”主题教育，学习宣传党的十九大精神及习近平新时代中国特色社会主义思想，持续开展联系服务群众工作，“两学一做”实现常态化、制度化。

【集聚区管委会负责人】
主　　　任：周　旭（党工委书记）
副　主　任：范　毅　邓智泉　黄文伟
　　　　　　喻阳明（2019年8月任职）
副　书　记：王晓靓
纪工委书记：包婷婷（2019年7月任职）

（集聚区管委会）

南岸滨江路

【概况】 南岸滨江路（以下简称“南滨路”）范围南起南坪镇二塘，北至鸡冠石娄家庄，西临长江，东至弹广路，全长24.9千米，面积18.42平方千米。南滨路建设始于1998年，目前二塘至寸滩大桥段已建成通车。南滨路的功能定位是：重庆市中央商务区核心区（弹子石片区）、重庆市自由贸易试验区（南岸片区）、南岸滨江水岸经济带（两江四岸核心区）、传统风貌集聚区。南滨路已形成以长嘉汇购物公园、金辉铜元道、东原1891时光道、泽科星泽汇、华润万象汇五足鼎立，海棠晓月第一大道、南滨路烟雨公园酒吧街、阳光100商业区、珊瑚都会商业街等协同发展的良性发展格局。2019年，南滨路综合性商业体总体量55万平方米，写字楼总体量约64万平方米。

【项目建设】 完成固定投资52.3亿元。完成争取上级资金3.7亿元，完成全年目标任务2.66亿元的139%。完成招商引资157.1亿元，完成全年目标任务65亿元的242%。完成实际利用外资5亿美元，完成全年目标任务的5亿元的100%，约占全区实际利用外资的56.8%。完成外贸进出口10亿美元，完成全年目标任务的10亿元的100%，约占全区外贸进出口的44%。

【土地出让】 11月15日，完成滨四期地块招拍挂工作，由杭州保亿集团和珠海华发集团分别竞得，滨四期地块建筑面积21万平方米，挂牌价约16.72亿元，总成交价约21.2亿元，溢价约4.48亿元，溢价率26.8%。

【产业发展】 将南滨路沿线各企业商家发展与总部经济区发展形成良性互动，南滨路已建成的能源大厦、出版集团、中讯时代大厦、长江国际等7栋写字楼已投入使用64万平方米，总体招商入住率约为72%。弹子石万象汇、长嘉汇购物公园、泽科商业中心、东原1891、金辉铜元道等商业体销售收入10.51亿元，同上年相比上涨19%。严格按照市委、市政府全力打造“长嘉汇大景区”要求，启动“长嘉汇大景区”品牌资源保护相关工作，推动“长嘉汇”商标整体转让。

【招商引资】 引入优质企业，与见优美集、港渝传媒、重庆旅游投资集团、盛捷高科技有限公司等企业签订正式合同，签约金额157.1亿元，超额完成目标任务65亿元的242%。推动阿里巴巴西南总部、腾讯Roblox（重庆）创新中心、笙记餐饮总部、HPE慧与、国际辣椒产业联盟、萃华珠宝、北京浩天信和律所、重庆雾都律所、上海汇业律所等项目或企业落户南滨路。南滨路管委会下属平台公司重庆南岸滨江路开发建设有限公司出资300万元购买重庆美电先锋电影制片厂有限公司20%股权。

【文体活动】 以南滨路重点历史文化老街及商业综合体为载体，成功举办“重庆国际马拉松赛”“重庆南滨国际戏剧节”“重庆文化旅游惠民消费季”“京东无人机编程表演”“第十一届重庆国际啤酒节”“2019中国重庆国际时尚周”等各项文体活动近50场。举办2019年重庆全球旅行商大会、2019首届南滨路影视文化节、数字经济与区块链技术应用研讨会等高端国际会议，提升国际影响力。

【南滨路管委会负责人】

党工委书记：王　愚

副　主　任：张　鹏　徐　胜　沈　兵　王　岗

聂　萍（党工委副书记）

李贵文（纪工委书记）

张　勇

（南滨路管委会）

南山生态带

【概况】 南山生态带包括铜锣山南岸段即“四山”管制区南山片区，面积61平方千米，涉及南岸区南山街道、南坪镇、涂山镇、鸡冠石镇、长生桥镇、峡口镇及海棠溪街道、龙门浩街道等8个镇街，区位优势突出、自然禀赋优越、旅游资源丰富、文化底蕴厚重，有较高的生态价值，在区域发展格局中具有重要战略地位。

2019年，南山生态带管委会坚持走“生态优先、绿色发展”之路，围绕区委、区政府建设“三生三宜”品质城市的总体部署，以建设南山城市山地公园为目标，对南山进行全域统筹，着力强化规划控制，整治违法建筑，推进生态修复，完善功能配套，培育绿色产业，南山保护提升等工作取得阶段性成效。

【规划编制】 启动南山城市山地公园规划编制工作。完成南山区域城乡建设用地梳理研究，大南山旅游景区综合交通改善规划，南山街道金竹、泉山、龙井、新力村村规划编制，乐和谷、公园北路策划规划设计初稿，南山区域排水管网普查。

【综合治理】 2019年，铜锣山、明月山区域整治违法建筑222宗，整治面积24.5万平方米。自2018年7月南山生态保护综合治理工作开展以来，全区“四山”范围累计整治各类违法建筑711宗，整治面积69.7万平方米。

违建民宿整治。清理整治涉及占用林地民宿11家、7989平方米，应拆除5943平方米，已全部完成拆除整改并复绿，超面积违建罚款27万余元。涉及占用基本农田民宿6家，应拆除违建面积2337平方米，已拆除并实施复耕（清理）1195平方米，已拆除（清理）正在复耕746平方米，其余396平方米均为农民住房，对违法部分实施拆除会导致合法部分的安全隐患，拟在处罚到位后纳入永久基本农田核实整改补划。

违建别墅整治。开展南山区域九重阁花园、松间、南山里、壹南山、伍云海等违建别墅助拆工作，拆除违法建筑4487.6平方米，清理地面硬化面积1000余平方米，种植草坪10000余平方米，银杏、木春菊、红花灌木等苗木1000余株。

火锅一条街占林违建整治。对南山火锅一条街违法占地餐饮单位进行查处，依法处以没收8宗，部分没收、部分拆除2宗，处以拆除1宗。查处火锅一条街枇杷园、李氏鲜火锅、土司烤牛头、巴倒烫火锅等4宗违法占林行为，涉及违法占有林地685平方米，全部完成整改。

【林长制试点】 制订《南岸区开展南山林长制试点实施方案》，坚持“以山管事”原则，聚焦南山区域难点、痛点、堵点问题，明确“保护生态、科学规划、减量控增、提质添彩、完善基础、打造景观”等6个方面25项试点工作，全面建立起区、镇街或林场、村（社区）或林区管护站三级林长体系，区域内共有各级林长58人。建立健全南山林长制定期会议、监督考核、工作督办、信息通报等相关制度，试点工作有序展开。设置林长制公示牌54块，利用LED屏幕等广泛宣传林长制试点工作，营造良好社会氛围。

【交通设施】 构建生态共融、多元共享、城旅共生的综合交通体系。建成黄桷古道、慈母山、龙脊山、指月峰等步道5条，初步构建起“快行系统”+“慢行系统”交通体系。黄明路路面大修，南山大竹林移民公路竣工，常态化开展黄金公路（火锅一条街）日常维修维护工作，提速实施黄金公路、黄桷垭环道、向黄路延伸段、一棵树至黄桷垭正街连接道入口栈道、农村四好公路（南山街道大坪村、泉山村、双龙村、放牛村、石牛村）、干线公路等项目建设。完成腊梅路、崇文路部分路段景观绿化彩化工程，多彩南山建设步伐加快。建成南山第一庄、中药研究所、广益中学等一批生态停车场，推进上新街桂花新村等停车场建设，区域内新增公共停车位489个。

【生态修复】 开展美心、巨成闭矿区生态修复，完成465亩生态修复任务，后续将规划建设生态公园。完成南山生态文化公园南部片区复绿39亩。清理涂山湖泄洪干渠等各类明、暗渠2.4千米，清淤1.1万余立方米，整治和规范工业企业、餐饮、养殖户、民宿排污16家。实施大南山区域水环境综合治理应急抢险工程，完成涂山湖东岸、福寿路、第二师范学院、涂山镇、鸡冠石镇、南山北部片区等排污管网工程16.29千米，排查并整改雨污错接点44处。火锅一条街（黄金公路）沿线已修建市政污水管网并接入石院子污水处理厂。

【全域旅游】 重庆抗战遗址博物馆成功创建国家4A级景区。九街壹华里非遗市集、夜景公园初步建成，黄桷垭老街开街，成为市民打卡网红景点。对原南山第一庄进行征收，建设南山文化客厅，开设南岸图书馆分馆，规划建设文化展厅，吸引广大市民前往阅读游憩。完成南山公园北路书香一条街改造规划，书香南山氛围日益浓厚。老君洞步道加快建设，建成后将与一棵树观景台、涂山湖、黄桷垭老街等景点形成联动，进一步带动南山旅游。推动南山盆景园、南山蜡梅园、南山桃花园等乡村旅游景点建设，通过举办盆景节等展会，培育壮大南山花卉苗木、特色盆景产业，促进农民增收致富。

【南山生态带管委会负责人】
主　　任：李　忠（党工委书记）
工委委员：刘万虹（抗博党委书记）
副 主 任：郑　绪　张祖军　梁　强

（南山生态带管理委员会）

迎龙商务区

【概况】 迎龙商务区位于重庆经开区、东港港区范围内，东至高铁站体、绕城高速、巴南区，西至纵三线、纵七线，南至南岸区区界，北至茶涪路、开迎路、东港，包括迎龙、长生桥和广阳镇的部分用地。总面积约25.4平方千米（其中：站前区组团约5.4平方千米，迎龙湖生态功能区组团约20平方千米）。而站前区组团中的3.47平方千米划归重庆东站铁路综合交通枢纽工程，于2019年9月成立了建设现场指挥部（以下简称“东站枢纽指挥部”），负责高铁东站的规划、建设及配套基础设施、土地综合开发、征地拆迁等相关工作。

迎龙商务区交通条件优越，该区域将形成环线铁路、长江水运、高速公路三大物流对外通道。迎龙商务区根据自身发展定位，依托良好的区位优势和交通优势，着重发展与商务区紧密相连的商业商贸、研发设计、都市休闲旅游、现代物流等行业。迎龙商务区工作的核心和基础是高铁东站、迎龙湖国家湿地公园建设、迎龙镇东部七村土地流转及“三签”安置工作。

【高铁东站建设】 重庆东站概念设计方案已形成最终成果，待市政府最终确定采用方案。待东站站房设计方案确定后，即可开展站房的可研编制。

重庆东站铁路综合交通枢纽工程建设现场指挥部正同步组织开展综合交通枢纽的可研编制工作，并暂定重庆交通开投集团作为交通枢纽业主，开展征地报批相关工作。

完成东站片区控规修编和城市设计方案并提交成果，拟招标具有资金实力、管理实力、建设实力的企业负责项目总体组织和实施。

东站片区控制性详细规划和城市设计成果通过市政府审批并入库。完成迎龙湖片区集体土地情况梳理，并与区规划自然资源局就实施只征不转的可行性进行研究。

【茶园片区道路交通优化规划】 2017年6月15日，迎龙商务区建设指挥部按照要求通过公开招标方式，委托重庆市交通规划研究院开展编制工作，该规划对茶园片区骨架路网优化规划、轨道线网布局优化、客货运交通组织规划设计等进行研究规划，对既有道路、轨道交通等相关上位规划进行优化调整。目前，结合广阳岛·长江生态文明创新试验区规划、重庆东站综合交通规划进一步深入完善，已形成了茶园片区优化后的骨架道路系统、轨道线网系统、货运交通组织等规划成果。该成果已纳入重庆东站片区控制性详细规划，重庆东站片区控制性详细规划已获市政府批复。

【乡村振兴】 推进迎龙湖水库水系综合整治及生态涵养工程一期A区、南岸区渔溪河流域植被恢复项目、茂苗苗木基地配套道路及道路边坡治理工程、重庆迎龙湖国家湿地公园农耕文化宣教展示工程等项目，完成项目总投资1805.75万元。

【“三签”安置工作扫尾】 完成“三签”村民安置1787户，已抽取房屋2386套（含期房330套），完成结算并审计通过1104户，都市和谐家园办理预接钥匙458套。全面清理、参加“三签”，掌握未安置人员信息，分户分原因形成解决遗留问题方案，以稳妥处理“三签”安置遗留问题，保障信访稳定。

【产业发展】 全力推进产业招商工作，完成协议投资金额35.5亿元。新签约项目5个，其中项目合作协议2个［中国（重庆）建筑业大数据产业示范创新区项目、力合科创重庆项目］；战略合作协议3个（分别与中建科技有限公司、深圳市潮汕商会、深圳市侨商智库研究院签署的战略合作协议）。

【迎龙商务区管委会负责人】

主　　任：袁　亮（党工委书记）
副 书 记：刘秀兰（党工委副书记）
副 主 任：马　力　刘昌银　刘　丁
纪工委书记：黄　力

（迎龙商务区管委会）

重庆经济技术开发区

概　述

【概况】 2019年，重庆经济技术开发区（以下简称“经开区”）贯彻《国务院关于推进国家级经济技术开发区创新提升打造改革开放新高地的意见》（国发〔2019〕11号），出台《关于推进重庆经开区加快发展的意见》（南岸委发〔2019〕14号），按照“干一年、看三年、谋五年、思十年”要求，推动地区经济社会发展。全年实现生产总值343.55亿元，增长7.1%；规上工业增加值增长6.7%，规上建筑业增加值增长23.6%；固定资产投资完成221.5亿元，其中工业投资27.7亿元，增长38.4%；一般公共预算收入11.2亿元，增长10.1%；区级税收收入11.1亿元，增长10.3%；实际利用外资7.2亿美元，外贸进出口总额12亿美元。

【工业经济】 规上工业企业主营业务成本下降6%，利润总额增长48%，人均利润率增长4.1%，全员劳动生产率增长23.8%，单位工业增加值能耗、电耗分别下降10%、10.4%，工业经济效益明显向好。113家战略性新兴企业产值增长2.6%，主营业务收入增长4.5%，利润总额增长47%。电子信息、装备制造和其他行业产值比重为37 ∶ 36 ∶ 27，工业经济结构渐趋合理。具有研发经费投入的规上工业企业增加24家，占主营业务收入比重提高0.4个百分点。

【大数据智能化产业】 中国智谷（重庆）科技园影响力大幅提升，重庆软件园正式开园，全市唯一的5G产业园落地运营。大数据智能化产业全年完成营业收入730亿元，增长7%。移动终端出货量3100万台，智能手机占比超过90%，其中维沃手机产值230亿元，增长14%。高通“中国智能物联网联合创新中心”、阿里“飞象工业物联网”“物联地带•渝”等物联网项目持续发力，物联网产业集群效应初步显现，物联网基地被工信部评为2018年度西部地区唯一五星级国家新型工业化示范基地。国家信息中心能源大数据中心、中住数据等大数据平台高效运营，中交通信日均接收数据230万条，中移物联网OneLink日均采集数据4亿条，城投金卡日均采集数据2000万车次。人工智能产业快速发展，科大讯飞西南总部、深兰科技等重大项目落地，夯实人工智能算法研究、软件开发、产品制造、技术服务等产业发展基础。

【重庆智谷高新实业有限公司】 重庆智谷高新实业有限公司（以下简称“智谷公司”）成立于2018年7月12日，注册资金2亿元，下属子公司1个。智谷公司受政府委托实施中国智谷（重庆）园区规划、投资融资、开发建设、招商引资、管理运营任务，并参与大数据、物联网、智能制造等产业投资活动。智谷公司设综合管理部、党群人事部、财务融资部、规划建设部、运营服务部、产业发展部6个部门。在职员工26人，其中博士学历1人，硕士研究生学历5人，本科学历18人，专科学历1人，高中学历1人；具有高级职称2人，中级职称3人，注册会计师1人。

2019年，智谷影响力得到大幅提升。重庆软件园正式开园，全市唯一的5G产业园落地运营，智谷范围内新引入甲壳云、国网信、深兰科技、中住大数据等招商引资项目近40个。全区大数据智能产业规模突破900亿元，增长12%左右，高通•中科创达、飞象工业互联网等项目持续发力，物联网基地被工信部评为2018年度西部地区唯一五星级国家新型工业化示范基地。国家信息中心能源大数据中心等大数据平台高效运营，中交通信日均接收数据230万条，中移物联网OneLink日均采集数据4亿条，城投金卡日均采集数据2000万车次。在智博会上，中国智谷•重庆经开区展区效果良好，5个分（子）论坛活动顺利进行，得到重庆市委、市政府主要领导和各界来宾的高度评价。作为场外体验区，中国智谷（重庆）科技园展示馆、智能科技体验区（科创中心）接待参观达5万人次。会议期间，南岸区招商接待团队30余个，主会场签约项目4个、专场签约项目36个，签约总金额611亿元。

【传统制造业】 推动传统制造业与互联网、大数据智能化深度融合，存量工业企业中实施技术改造企业达28家、项目41个，Clivet（克莱沃）品牌亚洲生产基地、重庆桐君阁中药智能工厂、神箭汽车传动件智能产线等一批智能化改造提升项目顺利实施，盟讯电子引入MES系统率先实现技术改造，长江轴承、通用工业、集诚汽车等企业完成智能化改造，新增投资10亿元、产值50亿元，工业技改投资增长115%。美的制冷提质扩能产销一体化、美的通用转产扩能，均实现产值、税收翻倍。

【现代服务业】 重庆药交所、药智网、医渡云、阿里健康等运营平台和市中药研究院、圣华曦医药研究院、医药工业研究院等研发机构带动效应凸显，集聚医药流通企业231家，占全市40%。重庆石油天然气交易中心注册会员1600家、成交金额430亿元。打造京东云电商小镇，多业态招商引进电商企业15家。安得、盛通、原尚、普洛斯、永翔等现代物流项目建成投用。谊品生鲜全国总部项目营业收入增长200%，估值超过10亿美元，成长为"独角兽"企业。

【科技创新】 高新技术企业新增20家，达到100家，累计培育科技型企业271家，协同重庆西南知识产权运营集团搭建知识产权运营维护体系，国家、地方、行业标准制订累计超过400个，自主知识产权达到3319个，科技成果转化合同金额达35亿元，平均每项科技成果转化金额超过100万元。开展科技活动周、2019Navigate创客节暨中国智谷•环重邮创新创业大赛等科创活动10余场，着力营造科技创新浓厚氛围。引进中住数据、重庆现代建筑产业发展研究院等5家知名企业及科研院所，积极打造设计产业创新集聚地。深化在区高校合作，与重庆工商大学就科技成果转化、学科建设等方面签订战略合作框架协议。

【重大战略布局】 主动承接、协同推进广阳岛片区和重庆东站建设，加快实施广阳湾征地拆迁、生态修复、环境整治工作，启动广阳岛管网传输工程建设，完成重庆东站片区3.47平方千米征地拆迁前期工作和综合开发、交通优化、城市设计研究。结合广阳岛片区、重庆东站等重大战略项目布局，实施重庆经开区控规及交通、市政专项规划修编，启动新拓展区域用地研究和基本农田调查工作，优化完善茶园大道沿线城市空间形态研究。

【重点项目建设】 55个重点项目完成投资80亿元，超计划8个百分点。大力推进基础设施建设，建成道路17.5千米，茶园大道主线通车，C—D连接桥、东西南北干道综合整治工程、经开立交等11个项目全面完工，月季路等项目有序推进。飞龙电子商务仓储物流、城邦科技配套用房等4个产业项目完工，中国华录•重庆数据湖产业园、圣华曦厂房改扩建工程等16个产业项目加快建设。枫丹江屿、金科•博翠园、金科联发•东悦府、国瑞•江南御府、碧和原•千屿、恒大同景国际城小学等房地产项目完成建设70万平方米。

【征地征收】 实施征地项目20个、12100余亩，新启动长江防洪护岸二期、地产C分区、广阳湾风貌整治区等国家级、市级重点项目3个项目，完成城投830地块、茶园污水处理厂防护地块、祥宁安置房BC地块等项目征地拆迁3400亩。持续推进迎龙老街、广阳镇河口场片区棚改项目征收工作，拆除房屋5万平方米。

【招商引资】 围绕"大生态、大数据、大健康、新经济"主攻方向，发挥已有产业、平台、项目作用，大力实施精准招商，着力引进龙头企业、核心零部件制造商、科技创新技术平台。全年签约项目43个、金额385.6亿元，100亿元重庆软件园项目、50亿元甲壳云城市大脑应用项目、40亿元鼎兴量子智能创新产业园、10亿元江南大数据产业园，以及华为物联网创新中心、树根工业互联网"一带一路"总部等项目落地。跟踪洽谈上海复星"4+1"合作、中国建设设计集团重庆总部等项目23个。

【开放合作】 全面融入共建"一带一路"和长江经济带建设，紧紧围绕全市"一区两群"协调发展等新机遇，充分发挥国家级开发区、自由贸易试验区、西部大开发、中央商务区、中新战略性互联互通合作示范等叠加优势，持续深化与苏州、武汉、广州等开发区合作共建，形成资源互补共赢、园区合作共建的区域经济合作模式，培育"走出去"开放型经济主体。加快推进两江海关搬迁入驻和毅鸣投资基金等中新示范项目，接入新加坡国际互联网数据专用通道节点，积极参与长江经济带国家级经开区协同发展联盟，成功举办第七届开发区对话世界500强活动、中国（重庆）智能建造暨建筑业大数据应用高端论坛、重庆数字建筑技术应用峰会，做实重庆经开区（深圳）协同创新中心、重庆经开跨境创新服务中心，打造内陆开放门户。

【外资外贸】 推动南城建、厚泽小贷、谊品弘科技等企业开展海外借款、增资，厚泽小贷、谊品弘科技利用外资分别增长80.7%、97.3%。进出口企业、外资企业分别增加20家、12家，重庆国际贸易集团进口业务持续扩大。成功发行境外债5亿美元。协助力宏精细化工、派斯克刀具、圣华曦等12家企业申请中小企业国际市场开拓资金，助力企业开拓境外业务。支持美心集团、东本集团和伊士顿电梯等企业赴美国、越南和澳大利亚等国家和地区投资。鼓励外贸企业参加美国食品科技展、伊朗石油展、智博会、中国进口博览会等国内外展会，引导企业不断扩大外贸渠道。

【中央环保督察问题处置】 贯彻全国生态环境保护大会精神，牢固树立"绿水青山就是金山银山"理念，严格落实环境保护"党政同责、一岗双责"，围绕重点整治区域、突出环境问题，结合污水偷排偷放、直排散排乱排、涉危涉重涉化和"三进三查"生态环境安全专项排查等工作，全面实行24小时在岗值班制度，注重联防联控，加大对企业"三废"和噪声、粉尘等污染排放执法监管，按时回复、办结、销号督察组交办投诉案件23件次，办结率100%。

【污水治理】 编制《重庆经开区茶园污水处理厂污水溢流调查评估报告》和《巴南区鹿角片区污水接入茶园污水处理厂调查评估报告》，启动茶园污水处理厂三期扩建项目前期工作，积极推进巴南区鹿角片区新增污水处理设施规划建设。茶园—东港片区污水调配管网工程建成投用，新增雨污管网37千米，排水设施完好率达99%。常态化开展工业企业排污检查，确保污染物达标排放，引导企业实施节能、节水和清洁化改造项目87个。完成474千米雨污管网普查，编制雨污分流整治计划，改造雨污混流点位30处。积极推进广阳岛片区环境影响评价及全国第二次污染源普查工作，配合完成国家森林督察违法图斑现地调查及查处。

【绿化养护】 严格按照《重庆市城市园林绿化养护质量标准（试行）》，加强园林绿化养护，开展抗旱保苗、春季病虫害防治等工作，修剪乔木14万余株、草坪136万平方米，清除杂草落叶4万立方米。深入推进园林绿化品质提升工作，完成智谷先导区空地绿化、苦竹溪支流景观等5个城市景观项目，新增绿地面积15.3万平方米，超额完成全年任务的27%，城市人均绿地面积保持率108%。

【河道管护】 落实"河长制"，围绕"清四乱""清八乱"等重点，全面排查24个沿河排口，严查偷排乱排等违法行为；进一步强化苦竹溪河、渔溪河、跳蹬河等17.5千米河道管护，清漂190吨，清除占绿农作物850平方米，努力实现"江清水畅"。

【市政设施】 长生水厂一期工程主体完工，长生变电站主变增容等6个电力工程竣工，新增地下管网75.8千米，水电气讯保障能力持续增强。强化市政设施管护，修复路面5.6万平方米，市政道路完好率98%，道路照明设施亮灯率99%，更换路灯约2000盏，疏通雨污管网约4000米，市政设施完好率98%。新建江南水岸公租房片区公厕，扩建江溪路生活垃圾中转站，完成渔溪大桥河岸风貌整治工程。

【城市管理】 严格控制建筑工地和市政道路扬尘污染，规范施工围挡4630米，清除建筑垃圾820吨，查处违章渣土运输车辆1000余辆，培育市级安全文明工地1个，施工扬尘污染控制示范工地4个，持续改善空气质量。加强道路清扫保洁力度，推行"以洗代扫"，全年冲洗用水量48万吨，清洗油污路面2.64万平方米。清运城市生活垃圾3000余吨，垃圾无害化处理率100%。开展"四治"行动，综合运用"劝、纠、罚"等方式，整治城市"十乱"现象2.3万余件，消除违法建设1600余平方米，整治绿地违规耕种2700余平方米，落实"大城智管、大城细管、大城众管"要求，促进城市形象更加靓丽、城市品质更加宜居。

【"放管服"改革】 全面贯彻扶持民营经济发展要求，推进"放管服"试点示范。争取下放市级管理权限，争取实现经济建设领域闭环审批管理，推进贸易便利化。精简行政审批事项54项，涉企审批时间总体减少56%，企业投资项目和一般工业投资项目审批时限分别压缩至44个和14个工作日，企业设立登记时间压缩为1个工作日，基本实现全市"流程最简、要件最少、时限最短"。严格执行"三集中三到位"，分阶段建立综合窗口，完善综合窗口和全程代办运行机制，制订"一张表"告知单，做到"办事不出大厅"，以"互联网+"政务服务为抓手，加快信用体系、"电子监察"平台建设，提升行政审批工作效率，打通服务民营企业"最后一公里"。

【国企改革】 制订《重庆经开区债务管理办法》《重庆经开区政府性债务管理考核细则》，规范国有企业举债行为。开展国有资产清查工作，加速推动国有资产处置整合，实现国企国资存量改革，缓解偿债压力。推动国有企业转型发展，鼓励开拓多元化业务，实施经营业绩考核审计，引导国企重业绩、讲回报，提升核心竞争力，推进国企努力实现可持续发展。

【“三进三查”】 开展稳中求进安全大排查、谋定思进服务大调查、聚力奋进状态大检查的“三进三查”活动，对全域范围内的产业发展、资源载体、债务管控、安全稳定、企业服务、干部作风等情况进行深入调查。全年走访调研企业660余家次，与干部职工交心谈心280余人次，分门别类建立基础台账17册。

【企业服务】 建成投用“智信经开•区域经济大脑”综合服务平台，统筹推进“智慧园区”、信用体系建设，政务环境更加高效。积极兑现各类扶持政策6.5亿元，协助企业争取上级资金3646万元；贯彻减税降费政策，全年为企业减负5.8亿元，帮助企业节约成本1.5亿元；与国家开发银行等25家金融机构共同搭建金融服务平台，用好全市中小微企业转贷应急周转资金池、中小企业商业价值信用贷款平台，落实贷款资金7036.6万元，缓解中小微企业融资难问题；切实加强对企业的服务工作，深入开展“疏堵解难”专项行动，帮助企业解决用工、稳定、载体租购、要素保障等问题300余个；受理代办事项140余件，办结率100%，企业满意率100%；构建企业科技创新服务平台，推动在区高校与讯之美等企业加强人才、技术、项目合作，初步形成金融、人才、科技、能源等全方位企业服务体系；开展法律服务进园区活动，为企业发展及员工利益提供重要法律保障。

【经开区管委会负责人】

书　　记：陈一清（兼，2019年4月离任）
　　　　　郑向东（兼，2019年4月任职，10月离任）
　　　　　颜　伟（兼，2019年10月任职）
主　　任：王茂春（副书记，2019年4月任职）
副 主 任：侯宗权　张　进
　　　　　王建华（2019年8月任职）
副巡视员：闵秀兰

（杨康　翁羽芮）

经济发展

【概况】 重庆经济技术开发区经济发展局（安全生产委员会办公室）属重庆经开区管委会内设机构之一（以下简称“经发局”），核定行政编制8人，其中：局领导1正2副，工勤1人。下设综合科、产业发展科、投资管理科、经济运行科、行政审批科、安全生产科6个科室。经发局现有人员35人，其中，行政及机关工勤8人，事业7人，聘用人员20人。

经发局的主要职责是：组织编制和实施经开区国民经济和社会发展战略、中长期发展规划、年度发展计划，负责国民经济发展趋势分析；组织编制和实施产业发展规划，负责制订和兑现产业发展扶持政策；负责经开区统计资料的收集、汇总和分析；负责投资管理、重大项目策划储备、重点项目协调推进；负责招投标活动指导、协调和综合监督；负责政府主导类项目的审批和管理；负责企业投资项目核准和备案；统筹协调经开区行政审批事项办理；负责开发区综合发展水平考核评价相关工作；负责经开区工业和商贸企业安全生产属地监督管理；负责安全生产委员会办公室日常工作；承办管委会交办的其他事项。此外，经发局还承担节能减排、招商引资、促进民营经济发展和智能家居家电生产基地建设等工作任务。

【产业发展】 大数据智能化产业加速集聚。中国智谷（重庆）科技园影响力大幅提升，重庆软件园正式开园，全市唯一的5G产业园落地运营。大数据智能化产业完成营业收入730亿元，增长7%。移动终端出货量3100万台，智能手机占比超过90%，其中维沃手机产值230亿元，增长14%。高通•中科创达、飞象工业互联网等项目持续发力，物联网基地被工信部评为2018年度西部地区唯一五星级国家新型工业化示范基地。国家信息中心能源大数据中心等大数据平台高效运营，中交通信日均接收数据230万条，中移物联网OneLink日均采集数据4亿条，城投金卡日均采集数据2000万车次。

传统制造业转型升级加快步伐。推动传统制造业与互联网、大数据智能化深度融合，克莱沃、神箭汽车等实施技改、新产品研制、产品转型等项目41项，新增投资10亿元、产值50亿元，工业技改投资增长115%。美的制冷提质扩能产销一体化、美的通用转产扩能，均实现产值、税收翻番。

现代服务业发展稳中向好。重庆药交所、药智网、医渡云、阿里健康等运营平台和市中药研究院等研发机构带动效应凸显，集聚医药流通企业231家。朝天门商贸城回购商铺3860个，占已出售数量的52.7%。重庆石油天然气交易中心注册会员1600家、成交金额430亿元。京东云关联电商企业集聚15家。谊品生鲜全国总部项目营业收入增长200%，估值超过10亿美元，成长为“独角兽”企业。

【重点项目】 全年安排重点项目55个，总投资1180.6亿元，计划投资115.8亿元。其中，基础设施项目27个，年度计划投资26.2亿元，工业及商贸物流项目20个，年度计划投资48.8亿元，房地产项目5项，年度计划投资39.0亿元，功能配套项目3个，年度计划投资1.8亿元；政府资本项目30个，年度计划投资

31.3亿元，社会资本项目25个，年度计划投资84.5亿元。2019年完成投资83.7亿元，占年度计划的72.3%，基础设施项目完成投资10.2亿元，占年度计划的39.0%；工业及商贸物流项目完成投资12.5亿元，占年度计划25.7%；房地产项目完成投资60.2亿元，占年度计划154.3%；功能配套项目完成投资0.8亿，占年度计划43.8%。政府投资类项目完成投资13.9亿元，完成年度计划44.5%；社会投资类项目完成投资69.8亿元，占年度计划的82.6%。

【经济运行】 重庆经开区全域完成地区生产总值343.5亿元，同比增长7.1%；全社会固定资产投资221.5亿元，同比下降1.5%，其中工业投资27.7亿元，同比增长38.6%；一般公共预算收入11.2亿元，同口径增长10.1%；区级税收收入11.1亿元，同口径增长10.2%；实际利用外资7.3亿美元，同比增长1.4%；外贸进出口总额15.3亿美元。发挥主引擎、增长极作用，工业、外资、进出口等领域支撑作用明显；在国家级开发区综合发展水平考核中综合排名跃升至第26位，首次进入国家级经开区发展第一梯队。在53项考核评价指标中，29项高于全国平均水平，高技术制造业产值占比、实际使用外资占比、省级以上研发机构数量等指标处于全国领先水平。

【行政审批】 全年办理立项审批65个，投资额414.26亿，其中债券专项项目10个，投资额298.30亿元；可研审批15个，投资额400.33亿元，其中债券专项项目11个，投资额393.72亿元；概算3个，投资17.67亿元，概预算合并审查15个，投资0.41亿元。企业投资项目核准1个，投资0.2亿元；企业投资项目备案176个，投资100.21亿元，其中：装备制造17个，投资6.83亿元；电子信息60个，投资7.82亿元；房地产3个，投资17.29亿元；标准厂房7个，投资36.58亿元；机械3个，投资0.72亿元；服务9个，投资7.95亿元；其他77个，投资23.02亿元。外商投资企业备案6个。危险化学品经营许可证审批3个；“非药品类易制毒化学品经营备案证明”1个。

【放管服改革】 精简行政审批事项54项，减少56%，推行“一窗受理”“一网通办”“多评合一”“联审联办”和“代办帮办”，简化审批要件和流程，企业投资项目和一般工业项目审批时限分别压缩至44个、14个工作日，基本实现全市“流程最简、要件最少、时限最短”。

以“互联网＋政务服务”为抓手，统筹加快“智慧园区”平台建设、信用体系建设、“电子监察”平台建设，实时监控审批流程，提高效率，营造规范、高效、透明、廉洁的政务环境。

开展“疏堵解难”专项行动，帮助企业解决问题300余件，协调兑现扶持政策2.2亿元，帮助节约综合成本1.5亿元，辖区市场主体净增长11.4%，外商投资增长22.7%。经开区成功入选“全国优化营商环境示范区”候选单位，在2018年全市营商环境评价中，位居开放平台第四名，《重庆日报》等市级以上主流媒体正面宣传报道15次。经发局在2018年全区民营企业“双向评价”中获得第一名，精准服务重点企业提质增效被市工商联录入全市服务民营经济典型案例。

【安全监管】 全面落实安全生产责任制。严格执行安全生产“党政同责、一岗双责”机制，全面落实企业安全生产主体责任“一把手工程”，确保未发生较大安全生产事故，安全工作先进经验在市级以上媒体宣传报道12次。

狠抓安全生产标准化建设。探索网格化、专业化、标准化、常态化监管服务，督促指导24家工贸企业成功创建安全生产标准化，达标企业210家。

开展大排查大整治。开展安全生产检查1127家次，整改安全隐患905个，指导安全生产应急演练365次，开展安全培训36次，培训2000余人次。

【基层党建】 压实党建责任。强化主体责任、第一责任人、班子成员分管责任落实，对标年度党建工作要点研究制订工作计划5类、21项，细化支部责任清单13项具体内容；班子、科室、个人分层统筹推进，坚持季度分析研究4次，纳入月度绩效考核12次，针对薄弱不足抓整改提升。

抓意识形态监管。研究制订意识形态“6+1”文件专项方案6个，坚持“五个纳入”制度，开展定期分析研判5次，落实半年专题报告2次；以走访调研、监管服务、专项活动等形式抓实效监管，及时稳妥处理涉企安全稳定事件20余起。强化网络管理，规范网上言行，严把信息关口，舆论导向、网络阵地引导管控有力，意识形态“零事故”。

围绕主线强学习。以学习习近平新时代中国特色社会主义思想、党的十九大精神和十九届四中全会为主线，以学习强国、网络学院、“三会一课”为平台，以个人自学、集中辅导、专题讲座等形式抓好学习贯彻，推进工作落实。严守政治纪律和政治规矩，旗帜鲜明地讲政治，肃清工作深入有力，保持了立场坚定、风清气正的政治生态。

开展主题教育。聚焦总要求和“五个目标”，集中开展研学讨论，组织“感言悟初心、实践担使命”、观影体会交流等活动7次，党员干部理论学习收获明显、理想信念更加坚定。围绕主责主业深入调查研究，专题确定盘活低效用地、传统工业企业转型升级、重点企业服务等调研课题13个，注重成型调研成果转化，主动协调解决厂房协调、美的用工等困难问题35件。

夯实基础。严格执行组织生活制度和党内法规学习，召开“三会一课”、主题党日34次，支部书记带领班子成员讲授党课8次；狠抓党员教育管理，培养入党积极分子6人，开展谈心活动、新进员工入职培训、“八一”复退军人座谈、困难党员帮扶慰问等活动，团结凝聚了推动发展的全员动力。

抓廉政促发展。牵头推进党工委分工负责的工程建设领域、涉企涉商领域2类7项具体责任事项落实，务实梳理单位廉政风险点18个；先后2次修订完善“三重一大”议事规则，召开局长办公会20期，民主决策“三重一大”事项69项；先后开展“学原文、悟原理、抓结合”专题研讨交流7次，写心得体会60余篇，促进发展思路更加明晰。

【经发局负责人】

局　长：李　东

副局长：罗　刚　罗江涛

（经发局）

征地服务

【概况】 重庆经济技术开发区征地服务中心（以下简称“征地服务中心”）内设部门9个，人员编制30名，在岗人员38人，其中领导2人，其他在编人员14人，聘用20人，西部志愿者2人。征地中心的主要职责是为开发区建设提供征地服务，承办征地及房屋征收涉及的拆迁、补偿、安置等事务工作。

2019年，征地服务中心实施征地项目20个，总面积约809.1公顷，包括基础设施类项目7个，产业类项目1个，配套类项目7个，综合类项目5个。其中新启动了长江防洪护岸二期项目、地产C分区项目、广阳湾风貌整治区3个项目，面积365.87公顷。截至年底，收到各项目征地补偿款约9.27亿元，使用征地资金约4.14亿元，新补偿房屋285户，安置1102人。已完成朝天门安置房BC地块和遗留项目零星地块等2个项目41.69公顷交地备忘录签订，全年完成交地71.13公顷。

【重点项目】 广阳湾产城融合示范区项目涉及征地总面积约245.15公顷。截至年底，峡口镇已补258户，安置660人，完成总任务量的71.3%。迎龙镇已补偿283户，安置1006人，完成总任务量的79.9%，该项目其他各方面工作正在加紧推进中。范围内涉及茶园污水管廊亟须使用的1.8公顷用地已于4月份全部交地。广阳湾风貌整治区项目总面积约438.13公顷，扣除已实施区域132.67公顷，实际拟征地面积约305.47公顷。征地中心已提前介入、提前研判，对范围内基本情况进行摸底调查，将存在的问题建议上报党工委、管委会决策研究，正待落实批文、资金、安置房源后正式启动相关工作。

【扫尾工作】 针对经开区安置房源紧俏、供不应求的现状，广泛对接辖区各业主单位，对未来五年征地计划和安置房需求进行预判，形成专题报告上报党工委、管委会决策研究。同时，牵头拟定《经开区安置房源统筹管理试行办法》、建设“经开区安置房管理系统”，以制度的力量、现代化的手段，达到调控房源、盘活资源、满足需求的目的。截至年底，广阳湾产城融合示范区完成住房安置472套、长生桥镇片区遗留征地项目住房安置对象完成选房61户，达到100%，已接房59户，达到97%；广阳镇片区遗留征地项目住房安置对象完成选房207户，达到97%，已接房172户，达到81%。其余遗留征地项目安置扫尾工作平稳推进。

及时办理征地人员安置申报及养老保险办理手续，截至年底，完成51个项目1.4万人次农转非及1.21万人次社会养老保险办理。同时，正加快办理长江防洪护岸项目（一期）、长江防洪护岸项目（二期）、纵三路南段二标项目、观景口水厂等4个已实施及遗留征地项目1137人的人员安置申报工作，力争让被拆迁群众早日享受社保待遇。

【信访维稳】 接待朝天门、长江防洪护岸、东港片区等项目的拆迁群众信访18批次，及时回复及协助办理群工系统、信访系统信访来件38件，处理并签订息访息诉1件，为征地工作稳定有序推进提供了坚实保障。

按照“三到位一依法”要求，对长期上访的信访老户耐心接待，集中力量化解信访积案和遗留项目难题。基本化解茶园污水处理厂防护距离补差等区政府挂牌督办重点群体性问题；城投830项目养老保险办理、广阳湾沙湾和生基岩处理厂防护外项目征地补差信访积案2个项目已销案。主动应对重点信访人员进京上访事件，履行事权主体责任，维护社会稳定。

【财务管理】 修改完善单位“内控手册”“制度手册”，并对单位内部控制进行自查，将权力关进制度的“笼子”，规范内部控制建设，提高中心内部管理水平，完善廉政风险防控机制，做到关口前移，源头防腐。根据各项目开展情况，适时对2019年前置资金进行清理，并逐一审核划转。截至年底，收到征地前置资金累计12.70亿元，已划转11.52亿元，余额1.18亿元，并按项目分类规范使用，确保专款专用。

【档案管理】 做好现场业务档案的移交工作，年底档案室入库征地类档案累计5877件。完成2018年度文书档案的加工、交接、归档工作，入库档案1347件，档案室入库文书类档案累计8758件。通过科学归档、建立台账及检索工具提高入库档案查询效率，全年查阅档案80人次，借阅档案17次、744件，出具证明89份。聘请专业公司对全部入库档案进行数字化建设、系统化整理，利用信息化技术使档案管理台账化、精细化、规范化。

【安全管理】 坚持每月安全工作例会，引导全体干部职工认真吸取教训，筑牢“安全第一”思想防线，把“三进三查”工作要义运用到安全生产工作中。对“蓝屋顶”进行全面整治，专项拆除32处。做好危房旧房拆除工作，安全拆除房屋343户。全年开展安全检查47次，出动人员200余人次，排查隐患43项，已全部整改完成，排危12处。征地服务中心领导深入联系企业，走访检查，一线督导，现场办公，对各单位存在的安全隐患提出明确整改要求，落实责任，限期整改，务求实效。

【人员管理】 加强干部选拔任用管理，2名八级职员被提拔任用为七级领导职务，1人由拟聘专技十二级转岗为管理九级职员，拟同意1人由管理九级职员转岗为专技10级（具有中级职称），另办理1名八级职员调出手续，并配合人事局完成退役士兵档案清理等工作。

配合经开区组织部（人事局）完成招聘聘用人员11人（其中2人签劳务服务合同），接收西部志愿者2人，根据工作需要，科学合理分配岗位，开展入职培训，帮助新职工尽快融入工作岗位；完成了聘用人员的按期转正及合同续签、新签工作，保障干部职工合法权益，增强了征地队伍的凝聚力和战斗力。

用制度管人管事，制订了《征地拆迁聘用人员工作补助的指导意见》《〈征地拆迁聘用人员工作补助的指导意见〉的实施细则》《关于进一步规范补助费用发放流程的通知》，对聘用人员和村社干部的工作补助进行了规范和调整。

【基层党建】 强化组织领导。坚持一把手负总责，班子成员各负其责的原则，制订了年度党建工作、党风廉政建设工作实施方案，明确责任领导、责任部门、责任内容，确保全面从严治党各项工作有人抓、有人管、有人落实。

强化理论武装。深化“两学一做”学习教育，按规定开展“不忘初心，牢记使命”主题教育，党支部集中学习14次，其中支部书记讲党课2次。经常性开展警示教育，通报违反中央八项规定精神典型案例，如结合《东方时空》曝光的冒领无主坟墓拆迁款案例，开展“以案四说”，教育干部职工引以为戒，自觉增加党纪法纪意识。全年组织廉政教育10次、个人廉政约谈32人次。加强意识形态的监管，注意分析和把握当前意识形态领域的倾向性问题，坚持破立并举，旗帜鲜明讲政治，立场坚定批驳错误。

转变工作作风。围绕老百姓关注的安置房源问题、征地公告前死亡农转非人员是否给予住房安置等问题开展专题调研，并提出合理化建议意见。深入征地项目涉及村社、结对共建社区开展为民服务活动，宣传解释征地拆迁政策的同时为群众办实事、解难事。开展形式主义、官僚主义集中整治，有效解决下基层调研主动性不强、不够深入，服务群众不够热情、责任意识不强、担当精神不够等问题。

增强廉政意识。开展廉政风险排查工作，结合职能职责梳理出在业务流程、权力范围、外部环境等方面存在的风险点，制订防范措施，强化事前监督。开展“1+3+N”“四风”专项整治活动，再次对违规吃喝、收送“红包”礼金、违规发放津补贴，以及公务用车等问题进行了自查自纠。

【征收服务中心负责人】

主　任：廖文忠

（征收服务中心）

组织人事

【概况】 重庆经开区组织部（人事局）为重庆经开区管委会内设机构，主要负责组织建设、机构改革、干部管理、人才建设、人事管理、园区统战、群团工作、巫溪扶贫等。组织部（人事局）核定行政编制6人，其中：部长（局长）1人、副部长（副局长）2人。下设综合干部科、人事人才科、党建指导科、统战工作部、党群服务部5个科室。2019年，组织部（人事局）有行政编制工作人员2人，部长（局长）1人、副部长（副局长）1人。

【组织建设】 推进“不忘初心、牢记使命”主题教育。牵头拟定《重庆经开区开展“不忘初心、牢记使命”主题教育工作方案》，统筹安排、扎实推进主题教育。经开区委领导参加南岸区集中学习研讨12次、处级领导开展集中学习研讨10次、各基层党组织坚持每月开展1～2次交流讨论，形成调研文章27篇，做到了学思用贯通、知信行合一。

提升党建工作水平。经开区处级及以上干部参加所在支部学习240余人次，各基层党组织开展专题学习讨论300余次、讲授党课150场，174名党员干部全部完成重庆干部网络学院学习任务，扎实推进“两学一做”学习教育。指导1个机关事业单位党组织进行补选，新发展党员72人，新建非公企业党组织6个，建成维沃、雅戈尔等非公党建示范点2个。做好市委巡视经开区各项工作，及时提供17类800余份党建工作资料，按要求完善“三重一大”议事规则。全年开展各类培训讲座活动19期，培训人员1200余人次；梳理意见建议和问题困难123条，帮助解决110余条。

【机构改革】 按照“7+4”基本框架、聚焦经济建设主责主业，拟定经开区机构编制方案，报经市委编委审批下发。根据市委编委方案，细化完善各内设机构职能职责，拟定4个事业单位三定方案经区委编委审议通过。完成经开区市场监管局组建前期工作，初步拟定干部人事管理、绩效薪酬改革等配套制度，为完成机构改革“下半篇”文章打好基础。

【干部管理】 开展聚力奋进大检查工作，收集各类共性问题45个，全面摸清干部基本情况。组织科级及以上干部参加各类培训35人次，全体在编职工完成法治理论考试，经开区干部的理论水平和综合素质有效提升。24名处级干部及7名国企负责人按要求填报干部个人有关事项报告，增强干部主动接受监督和自我约束的意识。

结合商务部53项综合评价指标、市对区考核任务及南岸区、经开区重点工作，制订各单位2019年度考核指标，聚焦主责主业，突出考核的实效性和针对性。

【人才建设】 参加重庆英才大会，辖区25家企业与250余名应聘者达成意向协议，事业单位考核招录急需紧缺人才3名。与重庆大学公共管理学院合作，开展人才工作调研，制订围绕产业人才集聚的实施方案。与广州人才集团对接，筹备组建人才公司，在探索人才工作市场化、聚焦人才引进与服务方面达成初步合作意向。

【人事管理】 完成5名公务员非领导职务晋升，21名事业人员任职、聘任，3人转岗工作。指导完成事业单位绩效工资改革，做好科级干部出入境管理、年度考核、档案管理、工资审核发放等人事管理工作。结合春节、重阳节等重大节庆，组织开展系列学习慰问活动，老干部工作有序开展。

【园区统战】 全面完成同心圆“智园”“盟园”“创园”工程建设，打造雅戈尔等基层统战工作示范点1个，努力建强统战工作平台。实现建有党组织的非公企业、经开区规上企业统战联络员全覆盖，加强统战队伍建设。督促指导经开区知联会、经开区商会、南岸区新专联经开区小组等统战组织积极开展活动，动员辖区各统战组织、党外代表人士开展调查研究，收集汇总意见建议70余条，园区统战经验被《重庆日报》等主流媒体宣传推广。

【群团工作】 围绕园区发展，工、青、妇群团组织开展新春游园、夏送清凉、职工运动会、扶贫助困等群众活动30余次，惠及辖区职工6000余人，提升经开区群团组织凝聚力和职工归属感。

【巫溪扶贫】 通过特色产业扶贫、重点贫困群众帮扶、教育扶贫、生态扶贫等措施助力巫溪脱贫攻坚，全年落实天元乡基础设施建设资金150万元，划拨群众帮扶资金70万元，募集教育帮扶资金200万元，签订横向生态保护协议，购买巫溪森林面积指标1万亩，15年管护期总体资金2500万元，1100万元已到位，其余1400万元将在管护期间逐年拨付。

【组织部（人事局）负责人】
部　长：胡大德（人事局局长）
副部长：文　苑（人事局副局长）

（经开区组织部）

金融业

概述

【概况】 2019年，全国金融工作会议提出，要大力推动金融改革发展，精准科学服务实体经济，切实防控金融风险，促进金融业持续健康发展，更好地发挥对经济社会发展的重要支撑。党的十九大以来，在以习近平同志为核心的党中央坚强领导下，全党全国落实党的十九大做出的战略部署，统筹推进“五位一体”总体布局，协调推进“四个全面”战略布局，坚持稳中求进工作总基调，坚持新发展理念，坚持推进高质量发展。面对复杂严峻的外部环境和经济下行的内部压力，有效应对外部环境深刻变化，迎难而上、扎实工作，坚持以供给侧结构性改革为主线，坚持深化市场化改革、扩大高水平开放，加快建设现代化经济体系，继续打好三大攻坚战，着力激发微观主体活力，创新和完善宏观调控，统筹推进稳增长、促改革、调结构、惠民生、防风险工作，保持经济运行在合理区间，进一步稳就业、稳金融、稳外贸、稳外资、稳投资、稳预期，提振市场信心，提高人民群众获得感、幸福感、安全感，保持经济持续健康发展和社会大局稳定，为全面建成小康社会收官打下决定性基础。

南岸区金融办依托中国（重庆）自由贸易试验区和中新（重庆）互联互通示范项目，抓住共建“一带一路”的重要机遇，利用弹子石总部经济区及南滨路沿线的区位优势作用，聚焦“大生态、大数据、大健康”，打造新型金融集聚区、产业金融示范区、金融科技示范区和金融综合服务基地，引导全区金融机构更好地服务实体经济和改革发展，不断开创南岸区金融工作新局面。截至年底，区内有40家支行级银行机构、13家证券机构、24家保险机构。银行存贷款余额快速增长，存贷款余额2965亿元，增长20.48%，其中：存款余额1480亿元，增长13.41%；贷款余额1485亿元，增长28.46%，存贷比为99.66%。证券公司营业收入7779.09万元，保险公司保费收入24.68亿元，各金融机构总计缴纳税收5.55亿元，同比增长16.11%。

银行

【概况】 南岸区有工商银行南岸支行、工商银行南坪支行、农业银行南岸支行、建设银行南坪支行、中国银行南岸支行、重庆银行南坪支行、农村商业银行南岸支行、交通银行南岸支行、邮政储蓄银行南岸支行、光大银行南坪支行、招商银行南岸支行、招商银行学府支行、招商银行融桥半岛支行、华夏银行南岸支行、华夏银行南岸茶园支行、兴业银行南岸支行、兴业银行江南支行、民生银行南坪支行、民生银行茶园支行、浦发银行南坪支行、平安银行南岸支行、平安银行四公里支行、三峡银行南岸支行、三峡银行茶园支行、三峡银行回龙湾支行、三峡银行福利社支行、三峡银行弹子石支行、中信银行南坪支行、中信银行经开支行、富滇银行南岸支行、南粤银行南岸支行、厦门银行南岸支行、哈尔滨银行南岸支行、大连银行南岸支行、成都银行南岸支行、汉口银行南岸支行、恒丰银行南岸支行、中银富登村镇银行、浙商银行南岸支行、广发银行南岸支行共40家银行机构。

【年度存贷款余额】 国家的货币政策保持稳健态势，全区银行业保持稳步发展，努力发展存贷款业务，壮大自身实力，增设服务网点，增加金融品种，拓展中间业务，资产规模持续扩大，盈利能力不断提升，区内金融体系日趋完善，银行信贷平稳增长，经营效益稳中有升，银行存贷款余额呈逐年上升之势。

2019年南岸区金融机构存贷款余额

单位：亿元

	2019
年末存款余额	1480
其中：城乡居民存款	798.8
年末贷款余额	1485

【中间业务】 银行中间业务服务的范围和种类不断增加，可以提供如银行卡、通存通兑、自动柜员机、自助银行、电话银行、手机银行、企业银行、网上银行、电子货币、商务货币等高新技术业务品种，也提供银行结算、项目评估、企业常年财务顾问、代理销售理财产品、代理发行国债等多种中间业务服务。中间业务的发展在可以增加商业银行业务收入的同时，又能吸引更多顾客，增加商业银行的利润，为辖区法人客户提供了多种金融服务。

【工商银行南岸支行】 位于重庆市南岸区江南大道9号，支行内设办公室、公司金融业务一部、公司金融业务二部、个人金融业务部、业务运行管理部、信贷管理部，营业网点15个，主要分布于南岸区中心城区及周边社区，ATM机共86台。有从业人员234人，正式员工234人，党员73人，本科学历110人（全日制本科学历89人），研究生学历23人（全日制研究生学历20人）。主营业务：办理人民币存款、贷款、结算；办理票据贴现；代理发行金融债券；代理发行、代理兑付、销售政府债券；代理收付款项；外汇存款，外汇贷款，外汇汇款，外币兑换，结售汇；资信调查、咨询、见证业务，以及总行在中国人民银行批准的业务范围内转授权的业务。经中国人民银行批准的其他业务。

【工商银行南坪支行】 位于重庆市南岸区南坪西路5号，支行内设办公室、公司金融业务部、个人金融业务部、业务运行管理部、信贷管理部，营业网点7个，主要分布于南坪商圈和附近中心区域，ATM机共65台，支行有从业人员137人，全部为正式员工，党员44人，本科学历53人（全日制本科学历31人），研究生学历9人（全日制研究生学历7人）。主营业务有人民币存贷款、结算、票据贴现、代理收付款项，外汇存贷款、外币兑换、结售汇等，支行多年来支持区内众多基本建设、基础产业、重大项目、重点企业以及中小企业的发展，以雄厚的资金实力、较多的营业网点、先进的结算网络、稳健的经营作风、优质的客户基础、多元的业务结构、高素质的人才力量，强劲的创新能力和市场竞争力以及卓越的品牌价值竭诚为广大客户提供一流的金融服务，为南岸区的经济发展贡献力量。

【农业银行南岸支行】 位于南岸区江南大道21号。南岸农行机关内设5个部门：公司业务部、个人金融部、信贷管理部、财会运营部、综合管理部。下辖13个营业网点，主要分布于南坪、四公里、上新街、弹子石、茶园新区、南山、长生等地区。ATM机共72台，广泛推广应用了电话银行、手机银行、网上银行，具有明显的网络网点优势。有在岗员工261人，其中全日制研究生学历的员工有13人，具有双学士学位的员工有7人，本科学历的有157人。员工中具有中级专业技术资格的有63人，有9名员工获得律师、金融理财师、人力资源管理师执业资格。党支部17个，中共党员181人。南岸农行针对南岸经济发展状况，因地制宜，不断创新管理模式，拓宽服务领域，完善金融品种，提高服务水平，实现了业务经营跨越式发展，经营效益大幅增长，存贷结构明显优化，中间业务发展喜人，主要业务经营指标位居全市农行和全区同业前茅。

【建设银行南坪支行】 位于南岸区南坪西路26号，内设办公室、财务会计部、风险管理部、公司业务部、机构业务部、小企业业务部、个人金融部、住房金融部、信用卡中心等职能部门9个，对外营业网点17个，ATM机131台，有员工246人，党员77人，本科学历174人（全日制本科学历116人），研究生学历18人（全日制研究生学历18人）。支行践行“以客户为中心，以市场为导向”的服务理念，坚持“党建引领，零售优先，对公提速，聚焦‘三大战略’和‘劳动者港湾’”建设，主营业务有人民币存款、贷款、结算，票据贴现，代理发行金融债券、政府债券；代理财产保险、人身保险；外汇存款，外汇贷款，外币兑换，结汇，售汇；黄金买卖等。2017年以来，建行创新推出“云税贷”“抵押快贷”等信贷产品，为南岸区1840户小微企业提供33亿元普惠贷款支持。

【中国银行南岸支行】 位于南岸区南坪西路29号，支行内设综合管理部、公司业务部、国际结算部、个人金融部，营业网点12个，主要分布于南坪商圈，ATM机共32台，支行现有从业人员201人，全部为正式员工，党员71人，本科学历169人（全日制本科学历125人），研究生学历10人（全日制研究生学历9人）。中国银行作为持续经营超过百年历史的中央直属国有银行，主营业务为办理存款、贷款、结算、票据贴现，包括国际结算、外汇交易、结售汇交易、期权交易、贵金属交易、衍生品交易、债权交易等。中行南岸支行作为服务南岸已30年的基层机构，牢固树立植根于斯、发展于斯理念，为区政府、企业、居民提供专业、优质、高效的金融服务，助推南岸区域经济社会发展。

【重庆银行南坪支行】 位于重庆市南岸区南坪街道南城大道199号1层2-2，支行内设公司业务一部、二部，小微业务一部、二部，零售业务一、二、三、四部，风险管理部，综合部，营业部，保卫部，营业网点4个，主要分布于南坪、回龙湾、茶园、弹子石，ATM机共11台，支行现有从业人员85人，正式员工58人，党员19人，本科学历51人（全日制本科学历49人），研究生学历7人（全日制研究生学历6人）。主营业务为办理人民币存款、贷款、结算、票据业务。

【农村商业银行南岸支行】 位于南岸区江南大道24号，内设零售金融部、公司金融部、风险管理部、会计结算部、人力资源部、计划财务部、保卫监察部、审计稽核部、综合部、财富管理中心、集中作业中心、业务营销一部、业务营销二部、业务营销三部。从业人员370人，其中正式员工365人。本科学历264人（全日制本科学历179人），研究生学历27人（全日制研究生学历25人），党员136人；设有30个营业网点，主要分布在南坪商圈、南滨路沿线、天文大道沿线、南山街道、长生桥镇、涂山镇等地。共计投放142台ATM机、30台超级智能柜台。2018年，获评南岸区“A级纳税企业”“2018年度内部治安保卫工作先进集体”。2019年，获评“重庆市和谐劳动关系”AA级企业、重庆市银行业安全管理先进单位、南岸区2019年度治安保卫重点单位先进集体。

【交通银行南岸支行】 位于南岸区南坪双石街1号，支行内设营销部、办公室、个贷组，营业网点5个，主要分布于南坪、四公里、茶园，ATM机共52台，有从业人员121人。主营业务：对公业务、直投类业务、供应链业务、小微业务是亮点，通过新型业务、链条客户、新客户营销拓展，加强客户基础建设，小微业务发展良好。稳定个金负债业务发展，改善客户结构，建立长期稳定深入的客户关系，实现了客户群规模与资产规模、资产结构、销售收入的同步提升。加强业务培训，建设好个金队伍。加强公私联动，积极拓展开发商。

【邮政储蓄银行南岸支行】 位于南岸区江南大道24号。支行有员工77人，21个营业网点，银行坚持服务“三农”、服务中小企业、服务城乡居民的大型零售商业银行定位，发挥邮政网络优势，强化内部控制，合规稳健经营，为广大城乡居民及企业提供优质金融服务，支持南岸区国民经济发展和社会进步。

【光大银行南坪支行】 位于重庆市南岸区南坪西路27号，支行内设公司部、零售部、营业部，营业网点3个，主要分布于南坪片区、融侨片区、弹子石片区，ATM机9台，支行现有从业人员32人，本科学历25人（全日制本科学历18人），研究生学历4人（全日制研究生学历3人）。主营业务：办理人民币存款、贷款、结算；办理票据贴现；办理外币储蓄存款、外币兑换业务；其分行在中国人民银行批复的业务范围内的转授权业务；以及经中国人民银行批准的其他业务。

【招商银行南岸支行】 位于南坪西路23号金台大厦，支行内设零售部和运营部，营业网点1个，ATM机共8台，支行现有从业人员55人，正式员工51人，本科学历46人（全日制本科学历44人），研究生学历5人（全日制研究生学历5人）。主营业务（特色）为办理人民币存款、贷款、结算；办理票据贴现；外汇存款、外汇贷款、外汇汇款、外币兑换、结汇、售汇业务；其上级行在银监会批准的业务范围内转授权的业务；经银监会批准的其他业务。

【招商银行学府支行】 位于南岸区学府大道33号招商局一楼，支行内设零售部、运营部，营业网点1个，ATM机共3台，支行现有从业人员17人，正式员工12人，党员2人，本科学历7人（全日制本科学历7人）。主营业务（特色）为吸收公众存款，发放短期、中期、长期贷款，办理票据承兑与贴现，提供信用证及担保，办理国内外结算，提供资信调查及咨询服务，经银监会批准的其他业务。

【招商银行融桥半岛支行】 位于风临路15号附5号，支行内设零售部和运营部，营业网点1个，主要分布于风临路15号附5号金辉广场处，ATM机共2台，支行有从业人员15人，正式员工11人，党员3人，本科学历13人（全日制本科学历13人），研究生学历1人。主营业务（特色）为办理人民币存款、贷款、结算；办理票据贴现；外汇存款、外汇贷款、外汇汇款、外币兑换、结汇、售汇业务；其上级行在银监会批准的业务范围内转授权的业务。经银监会批准的其他业务。

【华夏银行南岸支行】 位于南岸区南坪西路17号福天大厦A座一楼。支行占地1000余平方米，支行下设机构为4个部室，分别为营业室、公司客户部、个人客户部、保卫综合部。支行现有从业人员24人，经营范围包括：办理本外币存、贷款，结算；外汇买卖、外币兑换；提供信用证服务及担保；发行金融债券；代理发行、兑付、承销、买卖政府债券；同业拆借；代理收付款项。资信调查、咨询、见证等各项金融业务，能不断满足各阶层客户的需求。华夏银行重庆南岸支行坚持质量、效益、速度、结构协调发展。支行已在南岸区设立了3家自助银行，“立足南岸经济，辐射全区”的机构体系已经基本形成。

【华夏银行南岸茶园支行】 位于重庆市南岸区香溪路1号附59号-62号，支行于2017年3月成立，内设营销部、营业室，营业网点1个，ATM机共2台，有从业人员12人，正式员工12人，党员5人，本科学历11人（全日制本科学历11人），研究生学历1人（全日制研究生学历1人）。主营业务（特色）是为茶园地区企业提供全方位的金融服务，包括公司贷款、小企业贷款、个人贷款以及各类结算服务。特别是对南岸区重点发展的电子信息技术产业企业提供了有力的信贷支持。

【兴业银行南岸支行】 位于南岸区南坪南路11号，支行内设企业金融南岸业务部、零售信贷部、财富业务部、会计结算部等4个业务部门，营业网点1个，ATM机共2台，有从业人员23人，正式员工23人，党员2人，本科学历23人（全日制本科学历20人）。主营业务（特色）为：一是坚持赤道原则，致力发展绿色金融业务。兴业银行是国内首家“赤道银行”，支行坚持总行、分行经营理念，推动节能减排、大气治理、水务治理等绿色金融业务的发展。二是集团化经营，全方位金融服务。充分发挥银行、租赁、信托、基金、券商、消费金融等综合牌照优势，为客户提供全方位综合金融服务方案。三是创新金融服务模式，金融回归本源，服务实体经济。多方面探索互联网金融业务，强化线上线下服务创新与融合。

【兴业银行江南支行】 位于重庆市南岸区南坪西路58-4-8至58-4-12号，支行内设零售业务部、公司业务部，营业网点1个，主要分布于上海城商圈附近，ATM机共2台，有从业人员25人，正式员工25人，党员5人，本科学历25人（全日制本科学历25人）。主营业务（特色）为办理人民币存款、贷款结算，办理票据贴现，重庆分行在金融监管机构批准的业务经营范围内转授权的业务，经金融监管机构批准的按许可证核定期限从事经营的其他业务。

【民生银行南坪支行】 位于南岸区珊瑚路一号，支行内设个人金融部、营业部、办公室，营业网点8个，支行现有从业人员64人，正式员工27人，党员10人，本科学历56人（全日制本科学历52人），研究生学历3人（全日制研究生学历3人）。主营业务（特色）：中国民生银行秉持“为民而生、与民共生”的使命，坚持以改革创新为己任，致力于为中国银行业探索现代商业银行建设之路，致力于为客户提供专业特色的现代金融服务。展望未来，中国民生银行将以习近平新时代中国特色社会主义思想为指导，深入贯彻落实党的十九大精神和全国金融工作会议精神，坚持“民营企业的银行、科技金融的银行、综合服务的银行”的战略定位，锐意变革创新，加速战略转型，致力于成为一家特色鲜明、价值成长、持续创新的标杆性银行，努力实现“长青银行、百年民生”的宏伟愿景，为客户创造更大价值，为投资者实现更高回报。

【民生银行茶园支行】 位于南岸区茶园天文大道17号-5。有一个营业网点，包括：营业部、理财部、办公室3个部门，3个ATM机。目前有在岗职工27人。银行树立“服务大众、情系民生”的经营理念，立足在茶园地区的发展。

【浦发银行南坪支行】 位于重庆市南岸区海铜路上海城一期C区41号楼一层，支行内设办公室、零售部、公司部、营业部，营业网点1个，ATM机共2台，支行现有从业人员27人，正式员工24人，党员7人，本科学历14人（全日制本科学历10人），研究生学历2人（全日制研究生学历2人）。主营业务（特色）为办理人民币存款、贷款、结算业务，办理票据贴现。其上级行在中国银监会批准的业务范围内转授权的业务。经中国银监会批准的其他业务。

【平安银行南岸支行】 位于南坪西路35号，支行内设运营、零售部门，营业网点1个，现有从业人员27人（全日制本科学历27人）。主营业务（特色）为零售业务方面，销售理财、基金各类产品，南岸支行坚持以客户为中心、不断创新产品和服务，加强“一站式”综合金融服务能力。

【平安银行四公里支行】 位于经开区青龙路94号（附10、11、12号），营业网点1个，现有从业人员20人。支行顺应实体经济电商化发展趋势，通过集团协同、同业联盟、商务联盟、政务联盟等，批量获客，引领公司业务互联网化发展。在小企业业务方面，以产品多、效率高、服务优三大特色，为小企业客户提供各类融资。创新推出的“贷贷平安”商务卡，为小微企业客户打造一个包括支付、结算、贷款、理财、保险等多种功能的综合金融平台，有效助力小微企业发展壮大。

【三峡银行南岸支行】 位于重庆市南岸区南坪西路58号上海城中央大街C30、C31，支行内设行长室、综合部、业务部、营业部，营业网点1个，ATM机共2台，有从业人员29人，正式员工27人，党员6人，本科学历17人（全日制本科学历17人），研究生学历8人（全日制研究生学历5人）。主营业务：从事人民币业务、吸收公众存款。发放短期、中期和长期贷款，办理国内结算，办理票据贴现业务。

【三峡银行茶园支行】 位于重庆市南岸区通江大道89号附27号、附26号，支行内设业务部、综合部、营业部，营业网点1个，主要分布于茶园新区，ATM机共2台，支行员工目前18人，其中研究生5人（含在读2人），本科生13人，本科及以上学历覆盖率100%。助力南岸发展电子、手机产业，在过去几年对区内重点手机供应链企业五锋科技及其配套企业进行授信，为其出口海外提供了资金支持，响应国家号召重点支持小微企业及个体工商户，2019年净增小微企业贷款8000万元。主营业务（特色）为吸收公众存款，发放短期、中期和长期贷款，办理国内结算，办理票据贴现等。

【三峡银行回龙湾支行】 位于重庆市南岸区青龙路94号，支行内设营业部、业务部、综合部，营业网点1个，ATM机共2台，有从业人员22人，正式员工22人，党员2人，本科学历21人（全日制本科学历21人），研究生学历1人（全日制研究生学历1人）。主营业务（特色）为存款（“财富存”属银行定期存款，保本保利息，且利率比定期利率高，可提前支取，提前支取靠档计息）、贷款（有公司贷款、小企业贷款，个人消费贷款等，支持抵押或者信用贷款，商铺住房均可贷）。

【三峡银行福利社支行】 位于南岸区南坪东路45号，于2014年8月成立，内设营业部、业务部、综合部，营业网点1个。ATM机共2台，支行有从业人员21人，正式员工15人，党员6人，本科学历15人（全日制本科学历15人），研究生学历1人。主营业务特色：定位是小微企业专营支行，2017年升级为一级直管支行。经过四年的发展，形成了以支持小微企业和实体经济为特色的资产经营特色。

【三峡银行弹子石支行】 位于重庆市南岸区腾龙大道56号，支行内设综合部、营业部、公司业务部、小企业业务部、零售业务部，现有营业网点1个，ATM机共3台，有从业人员21人，正式员工21人，党员4人，本科学历20人（全日制本科学历20人），研究生学历1人（全日制研究生学历1人）。业务方面：支行是主要以打造小微企业特色支行、零售按揭业务为抓手的业务支行。除公司业务外，支行现以小微企业贷款为主，另开展融e贷、育才贷、商户财富贷、教师贷、公务员贷等贷款业务，同时开展一手房、二手房按揭业务。存款业务方面，支行重点推进个人大额存单、财富存和各类理财产品。

【中信银行南坪支行】 位于南岸区南坪学府大道2号。有营业网点1个，从业人员33人。自成立以来，遵循总行“智慧创造财富”的经营理念，依托强大的中信集团平台，保持创新、稳健的发展势头。南坪支行是中信银行重庆分行在重庆成立的首批支行之一，是分行下属一级支行，在辖内考评中，多次在系统内被评为一级行。中信银行重庆南坪支行立足南岸区、服务大重庆，与各类经济组织、社会各界人士建立起了长期、良性、互动的合作关系。

【中信银行经开支行】 位于南岸区南坪西路31-1号，支行内设公司部、零售部、营业部、综合部，营业网点1个，主要分布于南岸区南坪西路31-1号，ATM机共4台，有从业人员33人，正式员工24人，党员10人，本科学历22人（全日制本科学历19人），研究生学历3人（全日制研究生学历3人）。主营业务为吸收公众存款、发放贷款、办理结算、办理票据承兑与贴现、办理代理业务、银行业监督管理机构或其派出机构许可，并经上级行授权开展的其他业务。

【富滇银行南岸支行】 位于重庆市南岸区江南大道23号，支行内设营业部、业务部、办公室，营业网点1个，ATM机共2台，有从业人员20人，正式员工17人，党员4人，本科学历17人（全日制本科学历12人），研究生学历2人（全日制研究生学历1人）。主营业务为经营人民币和外币业务：吸收公众存款；发放短期、中期、长期贷款，办理票据承兑与贴现，提供信用证及担保，办理国内外结算，提供资信调查和咨询服务等。

【南粤银行南岸支行】 位于重庆市南岸区铜元局街道亚太路1号，支行内设运营部和财富部，营业网点1个，ATM机共2台，有从业人员13人，正式员工10人，党员5人，本科学历11人（全日制本科学历11人），研究生学历1人。主营业务（特色）为下列范围内的人民币业务：吸收公众存款。发放短期、中期和长期贷款；办理票据承兑与贴现，提供信用证服务及担保，办理国内结算，代理其他业务如保险销售及贵金属销售业务，提供资信调查和咨询服务等。

【厦门银行南岸支行】 位于重庆市南岸区南坪街道江南大道43号1栋门面1、2号，支行内设营业部、营销部，营业网点1个，ATM机共3台，有从业人员20人，正式员工20人，党员3人，本科学历17人（全日制本科学历17人），研究生学历1人（全日制研究生学历1人）。主营业务（特色）为吸收公众存款；发放短期、中期和长期贷款；办理国内外结算，办理票据贴现，代理发行、代理兑付、代理收付，提供信用证服务及担保，办理财政、企事业单位委托贷款业务，办理银行卡业务、外汇存款，办理政策性住房金融业务。

【哈尔滨银行南岸支行】 位于南岸区珊瑚路2号，支行内设营业部公司部、个金部、行长室，营业网点1个，ATM机共2台，有从业人员11人，正式员工11人，本科学历11人。支行秉承“普惠金融、和谐共富”理念，严防风险、根植地方、服务大众，成为赢得了大众喜爱的银行。

【大连银行南岸支行】 位于南岸区花园路街道明佳路9号，支行内设业务部、营业部，营业网点1个，ATM机共2台，有从业人员23人，正式员工20人，党员3人，本科学历19人（全日制本科学历19人），研究生学历1人（全日制研究生学历1人）。南岸支行主营业务（特色）中的对私业务是理财产品销售，对公业务是房地产开发贷款、直投类业务。通过新型业务、链条客户、新客户营销拓展，加强客户基础建设，小微业务发展良好。稳定个金负债业务发展，改善客户结构，建立长期稳定深入的客户关系，实现了客户群规模与资产规模、资产结构、销售收入的同步提升。加强业务培训，建设好个金队伍。加强公私联动，积极拓展开发商。

【成都银行南岸支行】 位于重庆市南岸区江南大道23号A栋1单元，支行内设对公业务部、个金业务部、国际业务部、会计运营部，营业网点1个，ATM机共2台，支行现有从业人员19人，正式员工18人，党员2人，本科学历14人（全日制本科学历14人），研究生学历3人（全日制研究生学历3人）。主营业务（特色）为经营人民币和外汇业务：吸收公众存款，发放短期、中期和长期贷款，办理票据承兑和贴现，提供信用证及担保，办理国内外结算，提供资信调查和咨询服务，经中国银行业监督管理委员会批准的其他业务。

【汉口银行南岸支行】 位于南坪街道江南大道27号，支行内设营业室、零售业务部、公司业务部、综合办公室、行长室，营业网点1个，ATM机共3台，支行现有从业人员11人，正式员工11人，党员3人，本科学历10人（全日制本科学历10人），研究生学历1人（全日制研究生学历1人）。主营业务为储蓄存款结算、理财产品、代销理财保险、抵押贷款、按揭、邻里金融、对公存款结算、融资业务等。

【恒丰银行南岸支行】 位于重庆市南岸区南坪街道南坪西路1号二层1、2号，支行内设行长室、综合部、公司部、零售部、营业部，营业网点1个，ATM机共3台，支行现有从业人员17人，正式员工17人，党员2人，本科学历15人（全日制本科学历13人）。主营业务（特色）为吸收公众存款，发放短期、中期和长期贷款；办理票据承兑与贴现，提供信用证及担保，办理国内外结算，提供资信调查和咨询服务，对私结售汇业务，经中国银行业监督管理委员会批准的其他业务。

【中银富登村镇银行】 位于重庆市南岸区南坪西路28号，是南岸区政府2016年招商引资的一家具有法人资格的本地银行，是中国银行和新加坡淡马锡集团共同发起设立的国有控股银行，属于中新项目。有营业网点2个，ATM机2台，有从业正式员工44人，党员13人，本科学历40人（全日制本科学历40人），研究生学历1人（全日制研究生学历1人）。主营业务：以“担当社会责任，做最好的村镇银行”为目标，秉持“共同成长，成就梦想”的理念，专门为当地中小企业、微型企业、个体工商户及个人提供较为完善的金融支持与服务，根据本地经济特点，相继开发了新的存贷款产品，拓宽服务渠道，提升服务品质，真正为本地企业提供本土化的高水准金融产品和服务，有力地支持了区域经济建设，是一家真正服务当地的金融机构。

【浙商银行南岸支行】 位于重庆市南岸区南坪街道南坪西路38号第一层38号、第二层38号，支行内设行长室、综合管理部、业务发展一部、小企业业务一部、个人业务部、营业部，营业网点1个，ATM机共3台。有从业人员34人，正式员工33人，党员10人，本科学历26人（全日制本科学历26人），研究生学历7人（全日制研究生学历7人）。主营业务（特色）：吸收公众存款，发放短期、中期和长期贷款，办理票据承兑与贴现，提供信用证及担保，办理国内外结算，代理保险业务及代理收付款项，经中国银行业监督管理委员会批准的其他业务（按重庆监管局批复的经营事项开展经营活动）。2017年支行获得2017年度分行级先进集体奖项。

【广发银行重庆南岸支行】 位于重庆市南岸区南

坪西路27号1层5号，支行内设公司部、零售部、运营部，营业网点1个，ATM机共1台，支行现有从业人员20人，本科学历20人（全日制本科学历20人）。主营业务：吸收公众存款，发放短期、中期和长期贷款，办理票据承兑与贴现，提供信用证服务及担保，办理国内外结算，代理保险及其他业务，提供资信调查和咨询服务，经中国银行业监督管理委员会批准的其他业务。

证 券

【概况】 2019年，南岸区的证券营业部有西南证券惠工路营业部、上海证券重庆营业部、银河证券南坪东路营业部、中信建投南坪西路营业部、银泰证券江南大道营业部、中航证券珊瑚路营业部、国泰君安惠工路营业部、红塔证券江南大道营业部、湘财证券学府大道营业部、安信证券南坪营业部、招商证券学府营业部、国信证券江南大道营业部、国盛证券重庆营业部13家证券机构。

【西南证券惠工路营业部】 位于南岸区南坪惠工路1号。成立于1999年12月，有员工27人，其中研究生学历3人，本科学历24人，经营范围包括证券经纪、证券投资咨询业务等。营业部秉承“诚信、稳健、创新、求精”的经营理念，按照中国证监会的规定，开展证券代理买卖、代理还本付息、证券代理保管签证、代理证券登记开户、证券投资咨询等业务。惠工路营业部营业利润、股基交易量近年来均位列全辖区前三甲，金融产品销售、新开户数、新增客户资产等各项指标亦名列前茅。连续六年荣获西南证券“先进集体”。2018年荣获“中国梦、劳动美”重庆市第三届金融行业职工技能大赛培训讲师二等奖。

【上海证券重庆营业部】 位于南岸区南坪南城大道199号正联大厦3楼。全部员工均为本科及以上学历，并全部具有证券从业资格。上海证券重庆营业部面积2340多平方米，业务范围：包括沪深证券交易所股东账户的开户，代办股份转让业务开户及交易，股票、国债、基金的代理发行及交易。为适应市场变化，上海证券重庆营业部不断加强投资咨询、柜台业务、系统信息维护服务，提高员工的综合工作能力和客户服务能力；推出新的客户咨询服务模式，通过定期的投资策略分析会、电脑网络、手机短信、电话咨询、客户服务QQ群等方式加强对营业部客户的服务功能，多种方式的客户服务功能目前已经覆盖营业部的80%以上的客户，以此为客户提供良好的证券投资条件。

【银河证券南坪东路营业部】 位于南岸区南坪东路15号新洲大厦2楼。中国银河证券股份有限公司重庆南坪东路证券营业部是中国银河证券股份有限公司下属重庆地区证券营业部之一。交易厅面积1800平方米，营运资金810万，其机构由总经理室、理财中心、客服中心、综合财务部组成。营业部主要业务范围包括证券代理买卖、代理还本付息、分红派息；证券承销和上市推荐；企业重组、收购与兼并；投资咨询、财务顾问；资产管理；发起设立证券投资基金和基金管理公司；代办股份转让等。营业部能为客户代理深沪A股、B股、基金和债券等所有合法交易品种的买卖，能够为客户提供柜台委托、自助委托、电话委托、网上委托等委托方式，可以让投资者根据不同的需要选择不同的委托方式。

【中信建投南坪西路营业部】 位于南岸区南坪西路西计大厦4楼。营业面积1318平方米，根据前、后台的分工不同，全体员工都纳入绩效考核范围内，每位员工都依据平衡记分卡中的各项指标逐一完成。公司紧紧围绕“巩固经营成果，树立公司文化，努力开拓市场，全面提升公司业务水平”这一总要求，积极把握市场机遇，奋力开拓各项业务，圆满完成了各项经营目标，实现了公司发展的重大跨越，也为今后发展打下了坚实基础。

【银泰证券江南大道营业部】 位于江南大道2号1栋1单元5-1号，成立于2016年10月17日，经营范围包括：证券经纪，证券投资咨询，融资融券，证券投资基金代销，代销金融产品。坚持“诚信、稳健、专业、和谐”的经营理念，遵循“专业化服务、规范化经营”的方针，致力于为客户提供更优质、更安全、更具价值的财富增值服务。营业部成立以来，不断累积区域经济动能，开拓创新业务领域，经营业绩取得了稳步增长，成功引进保险资管产品业务，扩大了营业部总体资产规模，丰富了客户结构。

【中航证券珊瑚路营业部】 位于南坪街道珊瑚路1号负1层和1层。中航证券依托中国航空工业集团，与中航财务、中航租赁、中航信托、中航期货、中国航空产业投资基金、中航安盟财险等公司，构成中航投资控股有限公司投资经营的中航工业非银行金融板块，为国内外机构及个人客户提供综合性金融服务。

【国泰君安惠工路营业部】 位于南坪惠工路15号1、2单元商业用房2号。国泰君安秉持以客户为中心的服务理念，扎根于国内资本市场，是国内规模大、经营范围广、机构分布广、服务客户多的证券公司之一，首倡量化投资理念和交易策略，推出国内首个对冲型集合理财产品，积累出衍生产品研究开发的明显领先优势；首创行业财富管理第一品牌——君弘俱乐部，深度融合IT优势、研究资源、专业团队、丰富产品等综合金融服务资源。

【红塔证券江南大道营业部】 位于南坪江南大道23号1栋3层商业用房1号。公司成立以来，秉承“稳健•创新•多元”的经营理念，在规范运作的基础上，不断开拓进取，成为西南地区第一家创新试点类证券公司，也是业内屈指可数的连续十年实现盈利的券商之一。

【湘财证券学府大道营业部】 位于重庆市经开区学府大道22号第5层。该营业部主要开展证券投资咨询；与证券交易、证券投资活动有关的财务顾问；证券承销与保荐；证券自营；证券资产管理；证券投资基金代销；融资融券业务；代销金融产品业务及中国证监会批准的其他证券业务。

【安信证券南坪营业部】 位于江南大道6号1层1号，成立于2017年6月，扎根重庆南岸，依托分公司平台，整合了总、分支机构资源。团队由来自银行等金融领域的资深管理人员及营销队伍组成，本着专业、拼搏、诚信、共赢的工作理念，为广大客户提供全面、专业的财富管理服务，并致力于为高净值客户提供最尊贵的金融服务。近一年资产净流入6900万元，新开户1661户，两融余额11900万元。2019年重庆安信内部合规评比中，重庆南坪营业部荣获“内部合规奖”。

【招商证券学府大道营业部】 位于南岸区学府大道33号17幢招商局大厦写字楼1楼1号，该营业部主要开展证券经纪、证券投资咨询；与证券交易、证券投资活动有关的财务顾问；证券承销与保荐，融资融券，证券投资基金代销，代销金融产品。营业部团队致力于以卓越的金融服务实现客户价值增长，推动证券行业进步，立志打造产品丰富、服务一流、能力突出、品牌卓越的国际化金融机构，成为客户信赖、社会尊重、股东满意、员工自豪的优秀企业。

【国信证券江南大道营业部】 位于南岸区江南大道8号2栋27层，现有员工18人。国信证券江南大道营业部主要从事证券经纪，证券投资咨询，与证券交易、证券投资活动有关的财务顾问；融资融券，证券投资基金代销，代销金融产品，证券资产管理（限承揽），证券承销与保荐（限承揽）业务。营业部坚持弘扬“合规自律、专业务实、诚信稳健、和谐担当”的文化理念，始终秉持“创造价值、成就你我、服务社会”的价值理念，开拓进取，不断创新，竞争优势和市场地位较为突出。

【国盛证券重庆营业部】 位于弹子石复兴街9号15层4、5号，有从业人员9人。公司成立于2018年4月，主要从事业务范围包括：证券经纪，证券投资咨询，与证券交易、证券投资活动有关的财务顾问。证券承销与保荐（仅限项目推介与承揽），融资融券，证券投资基金销售，代销金融产品。国盛证券作为一家牌照齐全的券商，秉持“以卓越服务立业、以改革创新驱动、以控制风险安身、以金融科技图强”理念，为客户提供资本市场全产业链产品及便捷的一站式综合金融服务。

保　险

【概况】 2019年，南岸区有24家保险机构，其中分支公19家：中国百年人寿保险股份有限公司重庆分公司、平安人寿保险南岸支公司、中国平安财产保险股份有限公司南岸支公司、中国人民财产保险股份有限公司重庆市南岸区支公司、中国人民人寿保险股份有限公司重庆市南岸区支公司、中国人寿财产公司南岸支公司、中国人寿保险股份有限公司重庆市南岸支公司、中国太平洋财产保险股份有限公司重庆市南岸支公司、中国太平洋人寿保险股份有限公司重庆市南岸支公司、中国平安财产保险股份有限公司南岸支公司、中国平安人寿保险股份有限公司南岸支公司、天安保险股份有限公司重庆市南岸支公司、中国大地财产保险股份有限公司南岸支公司、阳光财产保险股份有限公司重庆市南岸支公司、永安财产保险股份有限公司南岸支公司、安诚财产保险重庆市南岸支公司、光大永明人寿南岸支公司、国任财产保险股份有限公司南岸支公司、安邦财产保险有限公司南岸支公司。营业部5个：新华人寿保险股份有限公司重庆分公司南岸营销服务部、中美大都会人寿保险有限公司重庆南岸区营销服务部、平安人寿保险公司南坪营业部和平安人寿保险公司第五、第六营销部。

【保险业务发展】 2019年，南岸区保险服务领域不断拓宽，市场体系日益完善，法律法规逐步健全，监管水平不断提高，风险得到有效防范。区内各个保险公司实现了人力和保费平台的飞速增长，随着人寿保险、财产保险、医疗保险、再保险、健康保险、汽车保险、农业保险多险种经营模式的发展，行业向着多元化、多层次发展，并取得了良好的业绩。目前，中国经济增长的内在动力依然较强，保险市场仍具有广阔的发展前景和潜力，接下来保险行业将进入一个高速发展期。

2019 年商业保险业务发展情况

单位：亿元

	2019 年
保费收入	24.68
理赔金额	6.4

【中国百年人寿保险股份有限公司重庆分公司】 位于南岸区南坪西路 36 号。主要从事人寿保险、健康保险、意外伤害保险等各类人身保险业务。员工 300 余人，采取多元化销售发展策略，陆续建立并行发展个险、银行保险、团险、电话销售、网络销售、顾问行销六大业务渠道，注重高价值业务增长，公司个险、银保期交两大高价值核心业务向行业前十不断迈进。百年人寿还注重多领域发展，推出开心保、壹佰金、爱立方等互联网金融和健康管理服务，走创新发展之路。百年人寿卓越的经营能力和发展潜力，赢得市场与专家的一致认可和好评，公司连续被评为行业最具发展潜力和最具成长性的保险公司、最佳保险企业和最佳责任典范公司。2015 年、2016 年连续被中央财经大学《中国保险公司竞争力评价研究报告》和《中国保险报》联合评为“中国价值成长性十佳寿险公司”。

【平安人寿保险南岸支公司】 位于亚太路 9 号玖玺国际 7 幢 3 楼，员工 689 人，公司个险、银保、电销、互联网多渠道齐头并进，实现协同发展，依托集团“金融 + 科技”双驱动战略，在合规经营、防范风险的前提下，开启平台经营新时代，持续提升产品、科技两大核心竞争力，推动内含价值及规模持续、健康、稳定增长。主要经营范围：承保人民币和外币的各种人身保险业务，包括各类人寿保险、健康保险（不包括“团体长期健康保险”）、意外伤害保险等保险业务。办理各种法定人身保险业务，证券投资基金销售业务，对营销员开展培训和管理，收取营销员代收的保险费、投保单证，分发保险公司签发的保险单、保险收据等相关单证，接受客户的咨询、投诉。经中国保监会批准的其他业务。

【中国平安财产保险股份有限公司南岸支公司】 位于南岸区峡江路一号新天泽国际总部城 A6 四单元 5、6 楼。有员工 20 余人，南岸支公司经营范围包括：企业（家庭）财产损失保险、建筑工程保险、安装工程保险、货物运输保险、机动车辆保险、船舶保险、能源保险、一般责任保险、保证保险、农业保险、其他财产保险业务、短期健康保险和意外伤害保险、上述保险业务的再保险业务。主要业务有：企业财产保险、机动车辆保险（包括机动车交通事故责任强制保险）、进出口险、货物运输保险、建筑安装工程保险、责任保险、短期健康保险、意外伤害保险等八大类，共 91 个品种。公司保险业务规模不断扩大，实现了又好又快地发展。

【中国人民财产保险股份有限公司重庆市南岸区支公司】 位于南岸区南坪东路 3 号。中国人民财产保险股份有限公司南岸区支公司经营领域主要涉及机动车辆、工程、企财、货运、家财、责任、信用、涉外险及短期意外险等 9 个大类 200 多个品种的财产保险业务。支公司始终坚持“以市场为导向，以客户为中心”的经营理念和“求实、诚信、拼搏、创新”的企业精神，向着“做好做强，追求卓越，做行业领先”的发展战略目标扎实推进，切实发挥了保险补偿职能和参与经济建设、稳定社会的功能。公司通过金牌服务工程争创一流、深化品牌内涵创造卓越、车险快捷服务、电话直销保险、零距离网络合作、新启“全员规范服务达标”活动、启动全辖“同城通赔”再次提速理赔服务等七大服务举措保持着行业领先。

【中国人民人寿保险股份有限公司重庆市南岸区支公司】 位于亚太路 9 号玖玺国际 8 幢 3 楼，主要从事人寿保险、健康保险和意外伤害保险等保险业务。

【中国人寿财产公司南岸支公司】 位于江南大道 7 号 4 栋 21 楼，现有从业人员 38 人，主要从事财产损失保险，责任保险，信用保险和保证保险，短期健康保险和意外伤害险，经中国保监会批准的其他业务。

【中国人寿保险股份有限公司重庆市南岸支公司】 位于南岸区南坪东路 3 号。组织机构设置分别为：总经理室、四个业务销售部门、三个后勤保障部门。南岸区支公司是一个集个险销售、中介销售、团险销售为一体的综合性公司。

【中国太平洋财产保险股份有限公司重庆市南岸支公司】 位于南岸区南坪南路 1 号。经营的保险种类有：机车车辆保险、企业财产保险、货物运输保险、船舶保险、家庭财产保险、个人住房保险、建安工程保险、责任保险、保证保险、短期人身意外保险、健康保险等。太保产险南岸支公司努力探索具有太平洋产险特色的专业化经营道路，奋发进取，扎实工作，在建设现代化保险企业的道路上迈出了坚实的步伐。近年来，南岸支公司业务质量明显改善，风险防范意识不断增强，服务质量和效率不断提高，树立了良好的公司品牌形象。

【中国太平洋人寿保险股份有限公司南岸支公司】 位于南岸区南坪西路浪高凯悦大厦12楼。太平洋人寿保险南岸支公司经营本外币人身保险承保业务。

【中国平安财产保险股份有限公司南岸支公司】 位于重庆市南岸区江峡路1号。企业财产损失保险、家庭财产损失保险、短期健康保险、意外伤害保险、建筑工程保险、安装工程保险、货物运输保险、机动车辆保险、船舶保险、能源保险、法定责任保险、一般责任保险、保证保险、信用保险、种植保险、养殖保险，代理国内外保险机构检验、理赔、追偿及其委托的其他有关事宜，经中国保监会批准的其他业务。

【中国平安人寿保险股份有限公司南岸支公司】 位于南岸区江南大道城市之光大厦三、四楼。营业面积近3000平方米，经营范围以人寿保险为主，兼顾车险、团险、养老险、证券等多种金融保险产品。由于保费平台和理赔服务的提升，南岸平安的员工数量也在不断壮大和发展，面对激烈竞争和严峻的市场环境，本着客户至上、服务至上的理念，南岸平安细心做好每一个客户的服务工作，在稳健中求发展，维护了市场的秩序，也赢得了竞争对手和其他公司寿险代理人的尊重。

【天安保险股份有限公司重庆市南岸支公司】 位于南岸区南坪西路23号金台大厦20楼。天安保险是一家全国性股份制商业保险公司。主要经营本外币的各种财产保险、责任保险、信用保险、水险、意外伤害保险、健康保险、金融服务保险、再保险、法定保险和资金运用等业务。

【中国大地财产保险股份有限公司南岸支公司】 位于南岸区南坪南路17号聚丰酒店五层2005号，面积123平方米，处于南坪中心地段，交通便利，方便客户。经营范围为财产损失保险、责任保险、法定责任保险、信用保险和保证保险、农业保险、其他财产保险业务、短期健康保险和意外伤害保险，以及上述保险业务的再保险业务等。

【阳光财产保险股份有限公司重庆市南岸支公司】 位于南岸区南坪南路万凯新都会6楼。阳光财产保险股份有限公司重庆市南岸支公司，是阳光保险集团所属子公司——阳光财产保险股份有限公司在重庆市南岸区的分支机构。公司的主要职能是聚集保险基金，组织经济补偿，开办国家政策性保险和经营商业性保险业务，为经济发展、改革开放、社会稳定提供保险保障服务。主要业务有：企业财产保险、机动车辆保险（包括机动车交通事故责任强制保险）、货物运输保险、建筑安装工程保险、责任保险、短期健康保险、意外伤害保险等七大类，30个品种。阳光财产保险股份有限公司重庆市南岸支公司开业以来，以崇高的道德水准、高效健全的管理和高素质、高境界、高度职业化的员工队伍，为客户提供优质稳定的服务，成为高成长性的公司，成为客户首选的公司。

【永安财产保险股份有限公司南岸支公司】 位于南岸区南湖路26号6-19。永安财产保险股份有限公司南岸支公司主要职能是聚集保险基金，组织经济补偿，开办国家政策性保险和经营商业性保险业务，为经济发展、改革开放、社会稳定提供保险保障服务。公司经过3年的发展，保险业务规模逐年上升，保持了稳定快速增长。

【安诚财产保险南岸支公司】 位于重庆市南岸区花园路街道丹龙路16号1、2、3幢，现有正式员工15人，公司主要从事财产损失保险，责任保险，信用保险和保证保险；短期健康保险和意外伤害保险；上述业务的再保险业务；国家法律、法规允许的保险资金运用业务；经中国保监会批准的其他业务。

【光大永明人寿南岸支公司】 位于重庆市南岸区海铜路一号钻石国际13-1、2、3、4，主要从事人寿保险、健康保险和意外伤害保险等各类人身保险业务。公司始终秉持“以客为尊”的经营理念，通过多种销售渠道，以一流的产品和服务，满足客户养老、意外、医疗、教育、资产管理等多方面的保险保障和财富管理需求，赢得了良好的市场口碑。

【国任财产保险股份有限公司南岸支公司】 位于重庆市南岸区南坪街道南坪西路23号18-1号，主要从事财产损失保险，责任保险，信用保险和保证保险，短期健康保险和意外伤害保险；上述业务的再保险业务；中国保监会批准并经总公司授权的其他业务。

【安邦财产保险有限公司南岸支公司】 位于重庆市南岸区南坪西路28号13-19号，主要从事财产损失保险、责任保险、法定责任保险、信用保险和保证保险、农业保险、其他财产保险业务、短期健康保险和意外伤害保险、上述保险业务的再保险业务。安邦财险公司坚持为客户提供优秀的产品、优质的服务，重视与客户建立相互信任，长期发展，努力为客户提供多层次、全方位的金融服务，实现与客户、股东、战略伙伴、员工的共赢发展。

【新华人寿保险股份有限公司重庆分公司南岸营销服务部】 位于南岸区南坪西路23号金台大厦11楼，为分公司销售部门非独立核算的分支机构。

【中美大都会人寿保险有限公司重庆南岸区营销服务部】 位于南岸区南坪西路2号浪高凯悦18楼，为分公司销售部门非独立核算的分支机构。

【平安人寿保险公司南坪营业部】 位于南岸区五公里招商局大厦1层、10层，为分公司销售部门非独立核算的分支机构。

【平安人寿保险公司第五营销部】 位于重庆市南岸区南坪西路73号6-8楼，为分公司销售部门非独立核算的分支机构。

【平安人寿保险公司第六营销部】 位于重庆市南岸区南坪街道江南大道19号3-2、4-1、4-2；海桐路1号新宝龙钻石国际大厦32、33层，为分公司销售部门非独立核算的分支机构。

【区金融办负责人】

主　任：贺文革

副主任：龚晓梅　韦桂良

（胡电）

城建环保

城乡建设

【概况】 根据《重庆市南岸区机构改革方案》的通知，区城乡建设委员会（区移民局）、区房屋管理局、区民防办公室完成职责整合，组建区住房和城乡建设委员会，作为区政府工作部门。不再保留区城乡建设委员会（区移民局）、区房屋管理局、区民防办公室。

【道路及基础设施】 南岸区城市道路基础设施建设，注重解决城市交通拥堵，提升道路通行能力。实施基础设施工程33项，竣工15个项目。开展了污水管网建设、黑臭水体整治、市政消火栓及公共停车场等基础设施建设工作。

大型桥隧。配合市级业主加快推进郭家沱大桥及六纵线、通江立交项目建设，协调推进鹿角隧道、茶惠大道、江南隧道、渝长高速复线连接道等项目建设前期工作。

城市立交。推进江南立交、大佛寺南桥头立交等建设工作，配合市级业主推进通江立交建设工作。

主次干道。继续实施完善南坪组团、茶园新区、CBD南区等板块的主次干道建设。竣工投用滨山大道一期A段、纵一路BC段、横三路、纵一路A段等项目。

人行过街。竣工投用茶园珊瑚小学人行天桥、融侨中学人行天桥、海棠溪轻轨站连廊工程、南坪实验小学康德校区和珊瑚村人行天桥提档升级。

城市排水管网。按照市住房城乡建委下达的2019年度排水管网建设计划，我区2019年计划实施污水管网建设项目10个、12.699千米，雨水管网建设项目5个，9.536千米。我区2019年实际完成江南新城梨花大道二期、南山福寿路排污管网工程等污水管网建设项目12个，新建污水管网16.174千米；已完成茶园大道拓宽改造、东西南北干道整治等雨水管网建设项目9个，新建雨水管网24.073千米，已完成2019年雨污管网建设目标任务。

黑臭水体整治。继续巩固苦竹溪、白沙河、纳溪沟长制久清成果，同步推进“清水绿岸”治理提升工程。苦竹溪已进入项目一期施工阶段；纳溪沟现正在开展沿线区域调规和土地出让准备工作，为配合高坎子水库整治，已先行实施纳溪沟河道整治工程；白沙河完成了长制久清暨“清水绿岸”治理提升一期工程。

市政消火栓建设。完成市级部门交办的71个市政消火栓建设任务，并对建成的市政消火栓进行了检查验收，形成验收记录表。

公共停车场建设。完工6个停车场（南山崇文路口停车场、桂花新村停车场工程、法蓝西庄邸三期蓝铂湾室外停车场、重庆市第十一中室外停车场、茶园时代都汇（A08）商业停车库、壹华里一期停车场），新增公共停车泊位约1200个；在建6个停车场（国家文物保护综合服务设施项目停车场、新南湖生活广场工程、铁厂湾桥下停车场工程、东水门南立交P+R换乘中心、茶园大众广场人防工程公共停车场、南滨路国瑞地块）。已完成20025个停车泊位改造工作，并接入智慧停车管理系统。

人行步道项目。南岸区有1个步道项目纳入市级计划，两江三桥步道南岸段（东水门长江大桥至朝天门长江大桥，含2座大桥桥头垂直电梯），实现开工项目1个。

2019年南岸区城市道路设施情况

序号	项目名称	项目位置	建设类型	建设规模	截至2019年
一	大型桥隧				
1	郭家沱大桥及六纵线南段	两江新区、江北区、南岸区	新建	北起于两江新区郭家沱周家村，向南跨嘉陵江，止于茶园立交，双向八车道，含郭家沱跨江大桥（路轨两用桥）	在建
2	江南隧道	南岸区	新建	起于南坪辅仁路，止于茶园，其中隧道长约4.5千米，双向六车道	前期手续

续表

序号	项目名称	项目位置	建设类型	建设规模	截至2019年
二	城市立交				
3	大佛寺南桥头立交	南岸区	新建	内环快速路、腾龙大道和滨江路相交节点，互通式立交	在建
4	江南立交改造	南岸区	改造	增加6条匝道，总长3200米，2个下穿道长120米	在建
5	群慧公园及配套道路工程（一期）	南岸区	新建	项目位于朝天门大桥南桥头，包括环东路、环东路下穿道、1条连接道路、3条匝道拓宽、2座人行天桥；以及群慧公园工程的东西干道上盖结构和临时转换道路。	在建
二	主次干道				
6	滨五期（一期）一标段	南岸区	新建	起点接现有南滨路四期末端，双向六车道，道路标准路幅宽40米	在建
7	滨山大道一期A段	南岸区	新建	起于东原世纪滨江段，止于龙门路，全长约300米，红线宽16米，双向2车道	完工
8	纵一路A段	南岸区	新建	北起于江南体育馆烟雨支路交叉口，南止于御峰小学侧规划横四路交叉口，全长约398米，红线宽36米，双向4车道	完工
9	向黄路延伸段工程	南岸区	新建	起于向黄隧道，止于八十八中，全长约1077米，红线宽26米，双向4车道	在建
10	纵二路B段	南岸区	新建	南起于和黄御峰NO.8侧规划纵一路交叉口，北止于和黄御峰四期14#地块，全长约958米，红线宽22米，双向4车道	在建
11	纵三路中段	南岸区	新建	起于宏声路东原锦阅，止于阳光南滨，全长约580米，红线宽16米，双向2车道	在建
12	横三路	南岸区	新建	西起于烟雨路，东止于规划纵一路，全长约398米，红线宽度32米，双向4车道	完工
13	江南新城B区路网工程（秉文路）	南岸区	新建	起于与规划纵三路相交的平交口，止于与纵二路（天文大道北段）相交的平交口，道路长约400米，道路宽30米	在建
14	纵一路BC段	南岸区	新建	道路长1030米，道路宽22米，双向4车道	完工
四	人行过街				
15	融侨中学人行天桥	南岸区	新建	长32米，宽5.5米，投影面积约410平方米，设雨棚及4部自动扶梯	完工
16	海棠溪轻轨站钢连廊	南岸区	新建	宽3米，长26米	完工
17	茶园珊瑚小学人行天桥	南岸区	新建	长95米，宽5米，投影面积约798平方米，设3部垂直电梯	完工
18	珊瑚村人行天桥提档升级	南岸区	改造	新增2部垂直电梯	完工
19	南坪实验小学康德校区人行天桥提档升级	南岸区	改造	新增2部垂直电梯	完工
五	公共停车场				
20	桂花新村停车场工程	南岸区	新建	停车泊位85个。	竣工投用
21	南山龙黄公路与崇文路交叉口停车场工程	南岸区	新建	停车泊位117个。	竣工投用
22	法蓝西庄邸三期蓝铂湾室外停车场	南岸区	新建	停车泊位179个。	竣工投用
23	重庆市第十一中室外停车场	南岸区	新建	停车泊位95个。	竣工投用
24	茶园时代都汇（A08）商业停车库	南岸区	新建	停车泊位499个。	竣工投用
25	南山壹华里一期停车场	南岸区	续建	停车泊位154个。	竣工投用
26	国家文物保护综合服务设施项目停车场	南岸区	新建	停车泊位879个。	在建
27	新南湖生活广场工程	南岸区	新建	停车泊位700个。	在建
28	东水门南立交P+R换乘中心	南岸区	续建	停车泊位574个。	在建，收尾阶段
29	苏家坝立交桥下公共停车场环境整治工程	南岸区	续建	停车泊位50个。	一期完工

续表

序号	项目名称	项目位置	建设类型	建设规模	截至2019年
30	南滨路国瑞地块	南岸区	续建	停车泊位600个。	基坑防护
31	铁厂湾立交桥下停车场	南岸区	续建	停车泊位220个。	一期现状停车，开展二期前期工作。
32	茶园大众广场人防工程公共停车场	南岸区	续建	停车泊位625个。	主体施工
七	人行步道项目				
33	两江三桥步道南岸段	南岸区	新建	包括“两江四岸”（东水门长江大桥至朝天门长江大桥），以及2座大桥桥头垂直电梯，由市城投集团作为业主，东水门长江大桥垂直电梯已进场施工，实现开工目标，“两江四岸”（东水门长江大桥至朝天门长江大桥）工程正进行方案设计。	开工建设

【房屋征收拆迁】 全年实施强制搬迁19次、48户，完成征收拆迁项目12个、1270户、19万平方米，超额完成了考核任务，让1250户危旧房住户搬离棚户区乔迁新居。保障基础设施建设、招商出让用地以及重点项目轨道交通十号线二期、郭家沱长江大桥和江南立交改造建设用地需要，为土庙子片区、弹子石大佛段片区等土地挂牌出让创造条件。

【住房保障】 抓好保障性住房精细化管理。廉租房保障以实物配租和租金补贴方式做到应保尽保，累计保障低保低收入家庭8730户，实现动态全覆盖。做好公租房管理服务工作，高效整改公租房小区报修13839件，通过精细化管理和人性化服务，公租房租金收缴率99.95%，位列全市第一，公租房管理逐步实现特色化、品牌化。

【物业管理】 全区有物业小区436个，物业管理总面积5530万平方米，物业管理覆盖率90%以上。开展了新一轮的星级评定，举办“工匠杯”物业服务技能大赛。培育中铁山水时光、金隅南山郡、和黄御峰、喜马拉雅等4个物业管理区级优秀项目。基本完善了开发单位物业专项维修资金网络互动系统，归集物业专项维修资金3.5万户、2.1亿元。全面推进“车位共享互助停”，成功上线项目23个、车位1006个，月均解决停车需求2.4万次。

【老旧小区整治】 10个老旧小区改造项目按计划全部开工，涉及房屋70栋、4012户、32万平方米。花园一村、花园七村作为全市老旧小区整治标杆项目，多次接待全国各地考察学习。

【农村人居环境】 把改善农村人居环境作为统筹城乡区域发展的重要举措，以保障农民基本生活条件为底线，以农村环境综合整治为重点，以美丽宜居村庄建设为导向，全面推动农村人居环境改善。按照“环境整治＋风貌提升”工作思路，完成美丽庭院创建300户，农村公共照明建设900盏。全区农村自然生态环境有效改善，农村生活垃圾处理、生活污水治理和卫生改厕已初具成效，公共基础设施配套进一步增加完善。

【农村危房改造】 贯彻中央精准扶贫指导思想，严格按照中央、市、区相关政策文件要求，以居住在危房中的农村建档立卡贫困户、分散供养五保户、低保户“三类人员”为重点对象，采取加固补强、完善功能、维修整治、拆除重建等多措并举，按照“轻、重、缓、急”的标准科学合理安排改造时序，持续推进控规区范围以外的农村危房改造。

【人防工程建设】 人防审批项目均严格执行“应建必建、应收尽收”，快速审批、长效监督、严格验收。全力建设茶园大众广场人防工程，项目总投资1.62亿元，预计2020年建成。平时作为停车场，解决“新都会”区域停车难的问题。

【建筑行业管理】 按注册地统计建筑业总产值（在南岸区注册的建筑企业完成的产值）265.03亿元，同比增长16.9%，在地建筑业总产值（在南岸区施工的建筑企业完成的产值）261.61亿元，同比增长33.6%，其中重庆市的建筑企业完成产值130.9亿元，外地来渝建筑企业完成产值130.71亿元。建筑业实现增加值86.80亿元，同比增长19.9%，增速与2018年比增长11个百分点。对GDP的贡献率为30.9%，拉动南岸区地区生产总值增长1.8个百分点。

全区有各类建筑企业769家，包括总承包企业161家、专业承包企业568家、施工劳务企业40家。其中：特级企业2家、一级企业44家、二级企业253家、三级企业203家、不分等级企业267家。

农民工工资清欠。受理农民工工资拖欠投诉案件23件，结案22件，涉及1015人、1899万元。通过全面推行建筑农民工工资卡支付制度、建立工资支付“双月报”制度、实施企业信用等级评定管理等，有效避免不良企业和包工头挪用工资的情况。

城建档案管理。77个项目（移交和验收）、12783卷。其中：7804卷文字，4841卷图纸，138张光盘。接待查阅咨询287次。

【房地产开发行业管理】 全年实施房地产开发项目80个，其中主体施工的项目48个，实施拆迁征地、场地整治、办理前期手续的项目32个。全区完成投资286亿元，同比下降3%。新开工265万平方米，同比下降47%。竣工278万平方米，同比下降35%。销售面积274万平方米，同比下降25%。销售额331亿元，同比下降17%，主城排名第四名。房地产开发投资额占全社会固定资产投资比重、房地产税收在地税占比均超过50%，房地产业仍是南岸区的重要支柱产业之一。

严格执行《关于实施房地产开发项目新增管理制度的通知》，在项目办理预售资金监管、竣工验收备案等环节形成闭合管理。以诚信体系建设促进发展环境的“软转型”，昕晖、东原、葆方、金辉长江4家企业获2019年全市房地产信用测评50强。截至年底，全区房地产开发企业资质103家，其中一级资质企业5家，二级资质企业38家，三级资质企业12家，暂定资质企业48家。房地产业从业人员16046人，从业人员工资总额807533千元，平均增速0.21%。推动企业转型升级，金地、首创、东原、碧桂园、融创、恒大等企业在我区以兼并重组、合作开发等方式推进诚毅、同景原用地建设开发。

开发服务。协调项目推进，区委区政府将需协调的项目问题纳入每月重点工作会，2019年召开区级房地产座谈会8次，为20余个企业解决项目难题60余个。12月，组织100余家开发企业召开全区房地产业行业统计工作会，做好企业数据填报指导工作，保障房地产开发数据应统尽统。

【勘察设计】 全年办理初步设计项目审批12个，其中公共建筑项目5个，总建筑面积6.5499万平方米。市政项目7个，道路、桥梁、管涵长2772.84米。完成施工图告知性备案项目70个，其中：房建项目45个，总建筑面积277.32万平方米；市政项目11个，道路、桥梁、管涵长6663.303米；老旧小区电梯加装项目14部。 完成工程项目勘察外业检查9个，检查比例为项目总数的10.34%。

【信访稳定】 全年接件接访2922件次，比上年同期增长118%。其中接件1915件，接访1007批次，3542人次，接件量比上年同期增长128%，接访量比上年同期增长102%。网上信访系统接件681件，群工系统接件592件，966566建委服务热线接件455件，市长信箱接件85件，群众来信68件，舆情转办17件，12319城市管理服务热线转办10件，扫黑办转办7件。全部办结。

【黄桷垭正街风貌改造】 完成黄桷垭老街一期改造项目，其中重建68栋、风貌改造103栋，改造效果得到市民和各级领导的一致称赞。并于“十一”期间举办历史文化展示活动，在不宣传的情况下，到黄桷垭老街参观展示人数依然突破十万，为山城再添“打卡热点”。

【区住建委负责人】

主　　任：冉启云（党组书记）

副 主 任：黄　辉　张柏福　李世进　李俊杰

　　　　　陈志胜　林　烨　周　阳

党组成员：喻贵远（征收中心主任）

（区住建委）

生态环境保护

【概况】 南岸区生态环境局（以下简称“区生态环境局”）是主管全区环境保护工作的正处级政府工作部门。局机关设办公室（环境应急管理办公室）、综合管理科（行政审批科、自然生态环境科）、水生态环境科、大气生态环境科（核与辐射安全管理科）、土壤生态环境科（固废监管科），下属南岸区生态环境保护综合行政执法支队、区生态环境监测站和区环境保护宣传教育信息中心3个事业单位。

【生态环保督察整改】 推进鸡冠石污水处理厂提标改造、长生桥垃圾填埋场生态修复及垃圾渗滤液处置、砖瓦窑关闭及生态修复、南山闭矿山生态修复、茶园—东港污水调配管网建设、川东化工原址遗留问题整治、涂山湖干渠污染治理、茂霞建材及哑巴洞码头等沿江码头侵占岸线整治、南山火锅一条街污水治理等生态环保工程。第一轮中央督察55个问题已整改销号52个，长江经济带警示片披露3个问题已整改销号2个。完成配合第二轮中央生态环境保护督察工作，第二轮中央生态环保督察交办南岸区257件投诉案件，已办结246件，阶段性办结11件，办结率95.7%。完成市级环保督察、市级污水偷排偷放专项行动、市级暗拍暗访等各类生态环境问题整改72项。

【生态保护修复】 加强“绿盾2019”自然保护地强化监督工作，完成2500余个遥感监测点位实地核查，实施国土绿化1.6万亩、南山矿坑生态修复52.63公顷，完成7家砖瓦窑闭矿区土地复垦，拆除南山违法建设22.67万平方米、南滨路违法建设2.6万平方米。编制并印发《南岸区农村生活污水治理实施方案》，新建集中式污水处理设施10余个，提排站4个，污水管网20.4千米，完成三格式化粪池修建1863户，实施农户改厕1700余户，农村卫生厕所覆盖率95%以上。

【蓝天保卫战】 创建和巩固扬尘控制示范工地20个、道路20条。启动工业企业污染治理14家，完成6台、52蒸吨燃气锅炉低氮燃烧改造。完成路检机动车12332台次，老旧柴油货运车淘汰72辆，处罚冒黑烟车辆3297台。完成90家社会餐饮企业和30家公共机构食堂油烟治理。2019年全区空气质量优良天数310天，保持历史最佳，$PM_{2.5}$浓度下降至37微克每立方米，其他主要污染物均持续下降。

【碧水保卫战】 全面推行“河长制”，完成29个河库“一河一策”方案编制印发，建立“一河（库）一档”基础信息。完成苦竹溪、白沙河、纳溪沟、小泉支流南岸段等4条黑臭水体整治和长制久清，通过国家住建部和生态环境部现场核查。全面完成长江黄桷渡、长江白洋滩、长江玄坛庙、长江广阳明月沱、迎龙湖水库等5个集中式饮用水源地规范化建设，建成投运寸滩国控断面水质自动监测站，全区集中式饮用水源地水质达标率100%。

全区新建污水管网21.374千米，改造雨污混排点72个，建成投运东港污水处理厂、茶园污水处理厂二期、南山石院子污水处理厂，完成鸡冠石污水处理厂提标改造，全区污水处理能力89.25万吨/日，全区城市污水集中处理率96%以上。

【净土保卫战】 持续开展危险废物产废单位规范化、危险废物经营单位精细化管理，完成一般工业固体废物申报登记38家、危险废物申报登记55家，对416家医疗卫生机构实施联单管理，危险废物规范化、精细化管理完成率100%。启动“无废城市”试点工作，编制《南岸区“无废城市”建设试点工作领导小组》和《南岸区“无废城市”建设工作方案及任务分解》并印发实施。完成75块场地土壤污染状况调查评估，确定为污染物超标的14块场地中，实施风险管控7块、开展治理修复5块、完成治理修复2块，污染地块安全利用率100%。开展重金属污染防控，建立全区化工和涉危涉重企业重点监管名单，重新核发涉重金属企业重庆博森电气有限公司排污许可证，完成重庆长江电工工业集团有限公司淘汰电镀生产线工作，全年未发生涉重污染事件。

【宁静行动】 创建市级安静居住小区1个，复查安静小区4个，安静小区噪声达标率100%。完成重庆美心麦森门业有限公司、张记兴隆乡村菜餐馆、万象汇3家重点噪声源整治。通过镇街网格化巡查、约谈施工单位、对投诉量大的施工单位实行夜间施工审核限批或禁批、严格执法检查等措施，强化建筑夜间施工噪声整治，全年立案查处噪声违法行为49件，处置夜间施工噪声扰民投诉1864余件，同比下降约40%。

【总量减排】 全区集中式城乡污水处理厂实际污水处理量35513万吨，比上年同期增加2762万吨。督促指导12家排污单位在国家平台上完成排污许可证申报和核发工作。排污权有偿使用和交易开户注册156家，完成排污权核定185件，排污权购买登记185件，购买化学需氧量1121.054吨，氨氮163.987吨，二氧化硫306.782吨，氮氧化物804.242吨，合计金额311.4294万元。

【行政审批】 严格环境准入，将建设项目环评审批与规划环评、现有项目环境管理、区域环境质量“三挂钩”，严格实行四个“一律不批”，全年审批建设项目环评报告55件，其中环境影响报告书2件、环境影响报告表53件，建设项目登记表备案406个。深化“互联网+政务服务”，梳理出依申请行使4类行政权力的20个事项和公共服务办理类的3个事项的清单，逐项完成了网上办理流程、表单配置等工作。深化“放管服”改革，优化环评审批流程，对茶园工业园、长江工业园范围的建设项目环境影响评价文件审批全部实施告知承诺制，将环评文件的技术评审由事前审查调整为事后抽查，并在项目公示结束后2个工作日内出具环评批文。

【污染源普查】 南岸区第二次污染源普查工作在已完成的清查建库、入户调查、数据采集工作基础上，进行数据审核、数据比对和排放量核算。数据已全部通过审核，正准备验收。

【环境监管执法】 全年"双随机"检查企业258家次，督促33家企业完成工业污染源达标评估报告编制，对评估出的119个问题进行跟踪整治，整改完成率100%。开展环境监测720余次，分析项目约3200项次，出具监测报告517份，获得监测数据约4万多个。

加强环境应急管理，督促36家企事业单位开展风险评估和应急预案修订备案，排查并整改环境风险隐患问题7个，全年未发生突发环境事件。强化环境行政执法和刑事司法联动，严查重罚各类环境违法行为，全年依法做出行政处罚决定126件，处罚金额约769万元，实施查封扣押9起，移送行政拘留2起。

开展长江经济带化工企业污染整治专项行动，化工企业名录范围内在产企业7家，关停9家，搬迁6家，转产1家，停产1家。开展整治污水偷排偷放专项行动，发现并督促整改问题481个，实施罚款55.5万元，依法关停5家。全年受理12369环保热线投诉3311件，与上年相比下降27%，信访投诉案件回复率和按时办结率均100%，投诉办理满意率99.5%。

【环境宣传教育】 利用环保公众开放周、科技活动周、全国科普日、环保主题摄影、环保嘉年华等开展丰富多彩的宣传活动，组织发动全区各学校、机关企事业单位、镇街及社会公众52456人参与重庆市第六届生态文明知识竞赛活动，提升全民环境保护意识。在《南岸报》刊发相关报道80余篇，通过新浪微博和微信发布信息3067条，收到网络投诉148件，引导回复率100%，全年无环保网络舆情事件发生。联合区教委共同主办"共建生态文明 共享美丽家园"南岸区2019年乡村生态振兴进校园活动，开展绿色学校、绿色园丁、绿色使者系列评选活动，全区中小学环境教育覆盖率100%。

【区生态环境局负责人】

局　长：母　晓（党组书记）

副局长：夏华源　张　峰　姚壮志

（区生态环境局）

城市管理

概　述

【概况】 2017年12月，重庆市南岸区市政园林管理局（重庆市南岸区综合行政执法局）更名为重庆市南岸区城市管理局（以下简称“区城管局”），加挂重庆市南岸区城市管理综合行政执法局牌子，为承担全区市政基础设施管理维护、城市供水、城市市容、环境卫生、园林绿化、风景区管理、市容环境、市政监察执法、灯饰管理、数字化城市管理等职能的区政府部门。区城管局内设党政办公室（安全督察科）、计划财务科、执法监督科、市政设施科（灯饰管理科、南岸区停车场管理办公室）、市容环卫科、园林绿化科、项目规划科、行政审批科。有机关行政编制人员22名，机关后勤服务事业编制人员2名。

2019年9月，重庆市南岸区城市管理局不再保留重庆市南岸区城市管理综合行政执法局牌子。划出风景名胜区管理职责至区规划和自然资源局；划出工程建设项目招投标的监督、管理、执法职责至区发展和改革委员会；划出城市污水处理厂运行监督管理、污水管网运行维护、雨水管网建设维护等职责至区住房和城乡建设委员会；加强城市管理领域综合执法工作，具体执法交由相关执法队伍承担，并以部门名义统一执法。指导镇街、经济板块城市管理领域综合执法工作。按照优化协同高效的原则，整合设置相关内设机构为7个。内设机构有党政办公室（安全督察科）、计划财务科（项目管理科）、执法监督科、市政设施科（灯饰管理科、南岸区停车场管理办公室）、市容环卫科（农村环境卫生管理科）、园林绿化科、行政审批科。有行政编制人员20名，机关后勤服务事业编制人员2名。辖重庆市游乐园管理处、南岸区城市管理综合行政执法支队、南岸区市政设施管理处、南岸区园林绿化管理处、南岸区环境卫生管理处、南岸区路灯管理处、南岸区数字化城市管理中心、南岸区西城市政绿化公司8个基层单位。

【重庆市游乐园管理处】 位于南岸区长江大桥南桥头，紧邻重庆会展中心，公园占地面积207亩，土地性质为公园绿地，为差额拨款事业单位，机构规格为正处级，机构类别为公益二类，总编制28名。2016年12月，重庆市游乐园管理处由重庆市园林局划转南岸区人民政府管理，是南岸区城市管理局下属正处级事业单位，公园的服务宗旨和主要职责任务是：提供休闲场所，丰富人民群众文化生活；进行设施的维护管理，游乐园绿地管理，游乐园游览与娱乐项目组织管理，相关社会服务。公园坐落在两江景点交映处，居高临下，林木葱郁，整个园区显现出山水园林的自然美景，勾勒出一幅独具山城特色和现代都市文明的瑰丽画卷

【南岸区城市管理综合行政执法支队】 2017年12月，重庆市南岸区综合行政执法支队更名为重庆市南岸区城市管理综合行政执法支队，为重庆市南岸区城市管理局（重庆市南岸区城市管理综合行政执法局）举办的副处级全额拨款公益一类事业单位、综合行政执法机构，依法受委托具体承担城市管理行政执法工作。执法支队的主要职责是：贯彻执行有关城市管理行政执法的法律、法规、规章和方针政策，依法接受委托集中行使区级城市管理综合行政执法范围内的行政处罚权及相应的行政强制措施；承担市政公用、市容环卫、城市供排水、园林绿化、风景名胜方面的各项行政处罚及相应的行政强制职能；承担环境保护管理方面的露天烧烤污染、城市焚烧沥青塑料垃圾等烟尘和恶臭污染、露天焚烧秸秆落叶等烟尘污染的行政处罚及相应的行政强制职能；承担工商管理方面的户外公共场所无照经营、违规设置户外广告的行政处罚及相应的行政强制职能；承担交通管理方面的侵占城市道路的行政处罚及相应的行政强制职能；承担水务管理方面的向城市河道倾倒废弃物和垃圾的行政处罚及相应的行政强制职能；承担食品药品监管方面的户外公共场所食品销售和餐饮摊点无证经营的行政处罚及相应的行政强制职能；负责城市管理综合行政执法重大复杂违法违规案件查处；负责城市管理综合行政执法队伍纠察工作，承办城市管理综合行政执法专项

整治行动和重大执法活动；组织推进城市管理综合行政执法信息化建设；承办上级交办的其他工作。

重庆市南岸区城市管理综合行政执法支队有内设机构4个，下设直属执法大队1个、经济板块执法大队3个和街镇执法大队15个。2019年事业编制为293名。

【南岸区市政设施管理处】 全额拨款事业单位，机构规格为正科级，事业编制139名。2011年8月，区市政工程处更名为南岸区市政设施管理处；2015年8月，经费形式由财政差额拨款调整为财政全额拨款（现实际为财政综合预测）。具有市政设施维护资质甲级、市政公用工程总承包三级（从2018年后无法年审），主要负责城市道路（车行道及人行道）、桥梁（含人行天桥）、隧道等设施的维护管理，负责城市给排水、市政污水处理设施维护管理等。

2019年，管理处管护道路面积353.062万平方米（其中车行道223.203万平方米、人行道129.8594万平方米）；下水管网559956米（其中雨水管网431239米，污水管网128717米）；检查井13456座、进水口7001座；主要排洪沟17条（长度41.5千米）；排水泵站5座（污水3座，雨水2座）；护栏5.5533万米（人行护栏2.618万米；防撞栏杆2.9353万米）；桥梁、隧道、地通道104座（其中桥梁48座、人行天桥21座、隧道10座、人行地通道20座、车行下穿道5座）；背街小巷人行步道4.4万平方米，梯步0.7万米；挡土墙9.6万平方米；护面墙1.7万平方米；自动电扶梯19台。内设行政办公室、工程科、设施科、后勤科、安全执法科、人事科、财务科、合同造价科等8个科室和重庆吉阳市政工程有限公司（该公司在2007年停止经营）。

【南岸区园林绿化管理处】 全额拨款事业单位，机构规格为正科级，事业编制101名。始建于1964年2月25日，于1995年经南岸府发〔1995〕108号文批准由南岸区绿化工程队更名为南岸区园林绿化管理处，具有绿化施工、管护国家三级资质。管理处的业务范围：城市园林绿地系统规划；城市园林绿地建设；城市园林绿地管理与维护；城市园林绿化工程设计。主要负责全区公园绿地、道路绿地、护坡绿地、立体绿化、广场、公园、行道树的日常管理和维护工作。承接城市绿地、公园、社区公园、商业街区绿化工程等城市景观绿化项目的设计、施工。

管理处内设行政办公室、人事科、财务科、综合科、生产经营科、工程科、后勤科等7个科室。管护范围及内容：一是市街绿化，管护全区61条主干道，1个公园、3个生态林、6个节点、1个广场、4个护坡共860732.29平方米的绿地，大树4160株，行道树15217株。二是苗圃管理，辖区共有5个苗圃，面积32.06公顷，其中长生1.87公顷，龙井湾2.53公顷，广阳8.33公顷（租用），迎龙6公顷（租用），黄桷湾13.33公顷（代管）。现共有圃存乔木14789株，灌木66038株。三是机具设备管理，现有洒水车12辆、货车4辆、皮卡车5辆，高空作业车1辆，草坪机21台，短油锯19台、高枝油锯4台，高枝锯38把，抽水机4台，机动喷雾器16台，绿篱机12台，草坪修边机13台。

【南岸区环境卫生管理处】 全额拨款事业单位，机构规格为正科级，事业编制112名。内设办公室、安督科、人事科、计财科、设施科、管理科、征收科、处置科、环卫一所、环卫二所共10个科室。主要职能职责为：负责监督、检查、指导、考核各作业公司清扫保洁、厕站管理工作；负责直管区域环境卫生作业；负责直管路段重大环境卫生迎检工作；负责全区市政产权环卫设施设备管理维修维护；负责全区化粪池检测工作；负责全区生活垃圾处置费征收。2019年处自管冲洗面积487.24万平方米，自管清扫保洁171.86万平方米，作业车辆126台。

【南岸区路灯管理处】 全额拨款事业单位，机构规格为正科级，事业编制27名。内设党政办公室、设施科、财务科、项目科、安督科、人事科6个科室，以及南岸区正富照明工程有限公司（已注销，手续未完善）；现有高空作业工程车5辆、应急抢险车1辆、巡查车2辆；担任着辖区路灯26022盏（线路438.665千米），89台变压器（总功率5047.59千瓦）的管理、维护任务；现已逐步建成投入使用城市照明监控终端243台，基本实现了辖区管护主干道路灯数字化管控的全覆盖。管理处严格按照城市精细化管理机制，落实路灯精细化管理，辖区路灯亮灯率长期保持在99%以上，设施设备完好率达99%以上，安全生产率100%。在历年来全市各项城市照明综合考评中，均位居前列。

【南岸区数字化城市管理中心】 2010年5月，设立重庆市南岸区数字化城市管理中心，全额拨款事业单位，机构规格为正科级，事业编制14名。下设行政办公室、党建办公室、信息采集科、监督指挥科、智慧城管建设科和隧道管理科，主要负责数字化城市管理系统的建设管理；负责对城市管理实施全方位、全时段监控、派遣、跟踪；制订数字化城市管理工作规划、制度和办法，经批准后组织落实办理。

【南岸区西城市政绿化公司】 位于南岸区南坪丹龙路78号，为国有企业单位，公司于2012年8月23日由原经济技术开发区劳务开发公司更名而成，有在职职工96人，退休职工86人，公司设有环卫部、绿化部、路灯部、综合部4个部门，主要从事原经开区南区范围内的环境卫生、园林绿化及城市照明设施管理、维护及停车管理。

市政建设

【道路改造建设及维护管理】 2019年，相继完成峡江路车行道局部中修或大修工程、峡江路车行道路面提升整治工程、峡江路车行道起伏路面整治工程、峡江路沿线桥梁栏杆涂装及人行道路面和附属设施整治工程、公厕排污管道改造工程、二贸中心商场排水管网改造排危工程、2019年道路交通安全隐患整治工程、罗家坝排洪沟护栏排危整治工程、2019年排洪沟清掏整治工程、公厕排污管网改造工程、丹龙路下水道改造工程、腾龙大道地通道改造工程、慈母山隧道部分污染墙面涂装维护工程、中海学校大门外侧断头路整修工程、腾滨路市政设施改造提升工程等专项工程，完成车行道翻修35838平方米、人行道翻修881平方米、新画标志标线9606米、新安人行护栏5595米、新安隔离护栏860米。

【桥梁结构设施检测】 按照《重庆市城市管理局关于加强城市桥梁安全管理工作的通知》，2019年，对上海城人行天桥、温家溪大桥、兰草溪大桥、江南立交桥、四公里交通换乘枢纽站人行天桥等19座结构设施进行定期检查及评估，做到应检必检，安全检测率100%，确保完成“七大工程”中的考核任务。

【照明工程】 坚持做好城市照明设施精细化管理，维护路灯38723盏次，路灯保洁24636盏次，整治安全隐患452处；维护景观照明项目66项，其中楼宇灯饰131栋、桥梁灯饰10座。辖区功能照明设施和景观照明设施的完好率、亮灯率均在99%以上。

持续开展城市功能照明“扫盲”行动，在桂花新村336号、南坪新街19号、铜元局芭蕉湾、南山文峰段等12处城市照明暗盲区新改建路灯623盏，其中LED路灯541盏，背街小巷及老旧社区安装路灯391盏，惠及街区33个、居民约1.31万人。

推进城市景观照明灯光品质提升，区城管局统筹各相关部门实施南岸区2019年迎春灯饰工程；配合重庆市城市照明中心在南滨路沿线楼宇灯饰上安装“三遥”智能控制终端96台，并已纳入两江四岸核心区域景观照明“一把闸刀”集中统一控制；按照“三同时”要求，督促开发企业完成了中核•紫金一品一期泛光照明工程、鲁能领秀城1#二期夜景灯饰建设项目等9项景观照明项目建设。全区新改建重庆游乐园摩天轮灯饰字体更换工程、喜来登酒店灯饰项目等5项重点景观照明项目。

【污水处理费征收】 2019年，区城管局采取多方面措施，收费人员反复宣传、多次上门耐心细致地宣传和解释城市污水处理费征收政策，推进镇级、地下水、温泉水开征。2019年1—6月，征收污水处理费250.16万元。

园林绿化

【概况】 2019年，南岸区实施“增绿添园”“城美山青”和“五项重点工作”等项目，整治绿地380万平方米，新增乔木1.15万株、灌木83万株、地被植物15万平方米、时令花卉54.8万株。清除杂草168.3万平方米，修剪植物80万平方米，清理4222株行道树藤蔓。清洗植物890.34万平方米，出动26447人次，出动机械1577台次。完成九曲花海台地公园工程（一期）、千屿社区公园、长生河跌水公园、黄桷湾立交及周边地块绿化景观提档升级和渝航大道（二期）等项目20个，新增绿化面积135.4万平方米。

【园林工程】 完成九曲花海台地公园工程（一期）、千屿社区公园、长生河跌水公园、黄桷湾立交及周边地块绿化景观提档升级和渝航大道（二期）等景观提档升级工程项目建设。

【社区公园建设】 完成博翠公园、千屿社区公园、江溪小游园、长生河跌水公园、鸿笙苑社区公园和云天锦绣城社区公园等社区公园建设，新建绿化面积7.79万平方米。

环境卫生

【市容市貌】 全区生活垃圾实现日产日清、定点投放。2019年，收运生活垃圾27.28万吨，平均747.4吨/日，垃圾无害化处理率100%，其中调运界石中转站19.22万吨，调运江津百果园焚烧场7.29万吨，调运丰盛焚烧厂0.77万吨。全年检测社会单位粪便处理设施3499座次，发出整改通知书37份，除涂山镇6份督办通知（4月1日、5月9日、6月11日、8月15日、

9月25日和11月12日先后6次对涂山路566号附75号化粪池发出督办整改通知）未整改外，其余督办整改完毕。

【环卫设施】 加快公厕建设，满足社会需求。新建公厕16座，完成改建公厕2座，已免费对外开放社会厕所200座。

【清扫保洁】 加强日常保洁。严格规范、全面加强城区道路清洗保洁作业，督促完善城区内射线高速、交通枢纽、国省道的清扫保洁机制。

及时清除暴露垃圾。以城区道路沿线、工地、背街小巷、老旧小区等薄弱地带，以及车站、码头，“两江四岸”沿线和学校、医院、农贸市场周边等区域为重点，集中排查整治暴露垃圾，确保城区干净整洁。全区发现市容环境卫生问题67242处，整改问题67242处，问题整改回复率100%。出动作业车辆111285车次，用水约58.49万吨，清洗护栏275.29万米，清除暴露垃圾3.83万吨。

加强辖区内报刊亭、公交站亭、城市雕塑等“城市家具”清洗，保持干净整。

开展“三车”（渣车、脏车、车窗抛物不文明行为）专项整治行动，加强对建筑垃圾运输车辆违法运输行为和脏车入城监管执法，加强制止车窗抛物不文明行为的宣传和劝导，消除带泥上路，强化道路扬尘污染防治，打好污染防治攻坚战和“蓝天行动”主动战。

【餐厨垃圾】 南岸区环卫处负责全区餐厨垃圾收运工作，实现餐厨垃圾收运全覆盖，每天分12个小组分别对全区2748家签约餐饮企业的餐厨垃圾进行收运。商家分布不集中，小面馆和小餐馆比较多，收运路线长，收运时间也长，每天分白班和夜班进行收运。签约商家餐厨垃圾处置率为100%。2019年收运餐厨垃圾54861.63吨，每日收运量约150.30吨。收运处置率100%，在含固率指标完成的情况下收运量稳步上升。

【垃圾处置费征收管理】 2018年12月至2019年10月，南岸区征收垃圾处置费4336.143718万元，开展定点宣传3次，发放宣传单6500余份，办理减免手续3393户。

【农村生活垃圾治理】 农村生活垃圾治理工作涉及7个镇街48个行政村，约4.4万人。全区配备农村保洁员259人（其中清扫收集人员218人、转运人员41人），设置垃圾收集桶（箱）2179个（其中垃圾箱472个，垃圾桶1707个），农村生活垃圾运输车辆（不包括村内收集车辆）21辆，镇乡垃圾中转站9座，设立可再生资源回收站点74个。2019年农村生活垃圾日常清运处理总量6615吨，48个行政村生活垃圾全部得到有效治理，农村生活垃圾有效治理率99%。

综合行政执法

【扬尘控制】 加强施工工地管理。督促规范工地围挡设置、进出口道路硬化、冲洗设施配置、进出车辆冲洗等工作，严控运渣车辆装载情况。督促落实“施工工地控尘约谈机制”，与施工企业签订扬尘污染防治承诺书。

强化重要线路执法。在全区运渣沿线道路、建筑垃圾消纳场、城区入口道路、快速干道进出口道路等设置检查点，采取现场整改、责令返回、暂扣处罚等措施，严查冒装撒漏、无证运渣、带泥上路、不按规定路线行驶和随意倾倒建筑垃圾等行为，坚决防止外区工地密闭运输车辆违规进入我区倒渣。

会同区生态环境局、区住建委、区交巡警等部门开展联合执法。建立全区渣车智能系统，实行“智慧管理”模式。整治露天焚烧、露天烧烤。严厉打击规范区域外露天烧烤行为，规范许可经营的烧烤摊严格按照“三限三有三控”（限时间、限地点、限规模经营，有经营许可、有垃圾收容器、有防渗漏地垫，控噪声、控油烟、控隐患）执行，用清洁能源代替钢炭。

2019年，道路扬尘控制行动出动执法人员82068人次，执法车辆22464车次，对49个工地进行值守，检查工地5102次，开展联合执法237次，检查密闭运输车辆64397台次，夜间巡查9991次。查处密闭运输车辆案件82件，罚款金额18.46万元，查处工地案件22件，罚款金额6.9万元。劝导、制止露天焚烧335件，清理露天烧烤摊区（点）772个。全年获空气质量优良天数310天，圆满完成2019年度优良天数目标任务。

【市容秩序整治】 开展“三边”（农贸市场周边、校园周边、医院周边）和全区主次干道、窗口地区、重点路段、重要节点市容环境秩序全面整治。

摸排全区23个标准化农贸市场、200余所大中小学及幼儿园周边、医院周边市容秩序问题，主要对占道无证经营流动摊点、骑门摊、占道停车、乱堆放、乱派发经营性宣传品等重点问题进行整治，采取加大日常管控、增加巡查频次的方式，强化长效管理。

开展城市管理监管执法各项专项行动。包括城市主干道两侧建筑物玻璃幕墙清洁整治、摩托车及电动车乱停乱放整治、城市管理“百日会战”、高中考期间城管秩序监管执法、“两江四岸”地区城管秩序监管执法、户外广告和招牌清理整治、违规搭建亭棚整治等各项行动。

协助镇街、板块大队开展市容环境秩序整治，做好重大活动执法保障工作。协助做好南坪商圈摩托车专项整治、二贸片区市容环境综合整治、江南新城片区占道停车专项整治、僵尸车联合整治等行动；做好广阳岛植树节、智博会、重庆马拉松运动会、重庆·台湾周等活动的执法保障工作。参加保护性施工等临时工作任务20余次。

全年出动执法人员17万人次、执法车辆2.7万余车次，劝离违规占道停车16521起，查处违规占道停车845辆次；清洗主干道两侧建筑物玻璃幕墙60余处，面积约8.5万平方米；取缔占道经营100246处，规范骑门摊62133处；清除城市牛皮癣135752处，停机1508个，处罚“三乱”610件，处罚金额5.34万元；整治拆除违规户外广告、招牌1990块，面积约10489.5平方米，拆除违规搭建亭棚271个，处理乱堆放7476处。

【排放整治】 开展城镇排水与污水处理突出违法行为集中执法专项行动，不定期开展巡查督察，对城镇污水排入排水管网许可证、雨污分流与污水排入排水设施、城镇污水处理设施维护运营以及城镇排水管网设施安全保护等四大领域15种突出违法行为开展集中执法。制作宣传单5000余份，对辖区内从事餐饮经营、建筑施工、洗车场所等排污个体和企业入户宣传2000余次。督促商家办理城镇污水排入排水管网许可证明311家。排查餐饮经营单位、洗车场、建筑工地2415家，发现问题122处，已整改122处。排查长江边排水口24014次，发现问题100处，已整改100处。对污水偷排偷放违法行为行政处罚28件，罚款金额5.94万元。

【非法收运餐厨垃圾整治】 联合区交巡警、区治安支队、区食药监局、区环卫处采取多部门联合执法，以南滨路、回龙湾、南坪商圈等餐饮集中地为调查重点，不定期进行专项检查，深入调查摸排餐厨垃圾处置动态。全年出动5543人次，2012车次，执法检查餐厨垃圾产生单位1615次，检查餐厨垃圾收运单位166次，检查餐厨垃圾处置单位114次，餐厨垃圾教育宣传1512次，发现问题33个，责令整改33个，立案查处2起，处罚金额5600元。

【巡查督办考核】 落实“马路办公”反馈问题整改。全年接到城综办交办问题89个，均已交办相关执法大队进行处理并按要求回复办结。

舆情跟踪、案件督办处理。全年接到舆情投诉件115件（市容类80件、市政类16件、绿化类8件、扬尘控制类3件、队容风纪类5件、政策咨询类1件、户外广告1件、排污1件），已处理回复115件，回复率100%。

接受群众电话投诉154件，其中市容类113件、市政类11件、扬尘控制类8件、绿化类5件、队容风纪类11件、违章搭建4件、排污类2件。已全部协调或督办镇街、板块执法大队处理并完成回复办理。根据日常巡查、通报及月底暗查情况，对各执法大队月度考核12次，下发巡查通报24期。

【文明劝导】 南岸区有文明劝导岗位夏季岗34个，冬季岗33个，在职文明劝导员200余人。组织文明劝导员参与迎检活动8次，牵头组织街镇开展“周六文明劝导我参与”志愿服务活动4次，在全区重要路段、“窗口”地区保持常态化劝导。配合区文明办做好文明城区复检工作。在弹子石老街、龙门浩老街等网红景点增设劝导员点位。加强履职情况督察。强化日常巡查，今年查处违规人员159人。加强人员管理。每两月定期对文明劝导员开展业务技能和行为规范的培训，召开工作例会和小组长工作会12次。

【队伍建设】 狠抓纪律建设。修订和完善了《考勤管理制度》《请销假制度》《直管执法大队协管队员绩效考核管理办法》，重点对工作纪律、着装管理、请休假等方面进行了规范。

加强学习培训。组织队员学习《习近平新时代中国特色社会主义思想学习纲要》《习近平关于“不忘初心、牢记使命”重要论述选编》《中国共产党章程》《城管执法行为规范》等内容，通过学习提升执法队员思想理论水平。对全体正式执法人员和部分骨干协管人员（共350人）分两批在区委党校开展集中培训，邀请专家、领导进行行政执法风险防控、执法程序、城镇排水执法实务和党风廉政工作要求的讲解，提高执法人员的政治和业务素质。

加强业务指导。通过分管领导分片包干指导和每月召开大队长例会等方式对各大队执法工作情况以及工作中存在的问题进行调研指导，共同研究和解决执法工作难题。

加强执法规范。新配设100台执法记录仪下发各执法大队，加强对单兵执法使用率的督办。全年单兵接办执法类案件10287件，回复率100%（重复投诉案件2734件，其中占道广告牌1086件，店外经营293件，无照经营游商744件，违章悬挂广告牌匾611件），大队单兵的使用率98.9%，上线率99.2%。

【违建整治】 全年整治存量违法建筑655宗，面积47.22万平方米，年度计划整治任务完成率100%，其中，整治城市范围存量违法建筑325宗（含南滨路沿线违法建筑24宗），面积11.42万平方米；整治城市范围外存量违法建筑330宗，面积35.8万平方米。处置新增违法建筑109宗，消除面积4277平方米。完成“四山”管控区域已测绘违法建筑整治销号123宗，面积15.58万平方米。

【绿化执法】 全年接绿化类投诉13件，均已办结回复。

【区城管理局负责人】

党组书记：赵剑敏（2019年1月任职）
局　　长：赵剑敏
　　　　　殷　陶（2019年1月任职）
　　　　　王　平　陈　军　黄　兵
　　　　　蒲　波（2019年3月任职）
城管支队队长：颜　政（2019年8月任职）
城管支队政委：郭　庆

（区城管局）

教　育

概　述

【概况】 2019年，南岸区有中小学校（幼儿园）237所，其中：幼儿园162所，小学42所，九年一贯制学校6所，单办初中13所，高完中7所，中职学校5所，特殊教育学校1所，教师进修学院1所。在校中小学（幼儿园）学生150443人，其中：在园幼儿32826人，小学生63718人，初中生27674人，高中生13423人，中职学生12578人，特殊教育学生224人。在职教职工10688人，其中专任教师7698人。全区各校总占地面积2424058平方米，校舍面积1587626平方米，教学辅助用房786414.2平方米。

2019年，建成投用江南水岸小学、弹子石中学、大佛段小学、青龙路小学东校区等4所中小学，新增学位5850个，创新回收、回购等多渠道建园模式，新增公办和普惠性民办园20所，公办园在园幼儿占比39.3%，普惠率56.3%。与同济大学合作共建西部产教融合示范区，推进中德项目，与同济大学合作共建“产教融合协同发展中心”“跨企业培训中心”，加快中德职业教育联盟西部中职示范基地建设，与京东云、华为等70余家企业深度合作，产教融合发展迈上新台阶。推进高考综合改革，出台南岸区高考综合改革实施方案。高考成绩实现历史性突破，重点本科上线率51.9%，本科上线87.7%，过半高中毕业生升入重点大学。发展智慧教育，完成4所智慧校园示范学校建设，建成高中综合素质评价管理平台，建成高中走班排课、生涯规划数字系统；建成学前教育监管云平台，实施质量检测，优化学前教育服务。优质供给丰富多元，创建中小学思政教育新机制，推进“九九家风”传统教育，积极心理健康教育实验区特色彰显。创办国科大附属重庆科技中学，首届海航班毕业学员的高考成绩、飞行考核成绩和清北双学籍等指标均位列全国第一；成为中德校园足球联盟示范基地，中小学生获国际金奖30人次、国家级金奖100余人次。

2019年南岸区教育事业情况

单位：人

	学校数	毕业生数	招生数	在校生数	教职工数	
					计	其中专任教师
总计	236	36508	47193	150443	10688	7698
中职教育	5	4011	4469	12578	727	402
普通高中	7	4397	4929	13423	942	920
普通初中	19	8677	10206	27674	1811	1564
普通小学	42	8652	12681	63718	2556	2482
特殊教育	1	78	23	224	60	56
学前教育	162	10693	14885	32826	4592	2274

注：1. 数据来源：《2019—2020学年度重庆市南岸区基础教育综合统计报表》。

2019 年南岸区办学条件情况

单位：平方米、册、万元、台

	占地面积	校舍面积		运动场地面积	固定资产值		图书		教学用计算机
		计	其中教学辅助用房		计	其中教学仪器设备值	计	其中电子图书	
总计	2424058	1587626	786414.2	942606	284473.33	65435.95	2312442.6	246	2688
中职教育	256518	198539	115689.2	36182	50602.87	12040.53	273827.6	246	1640
普通高中	656626	423200	173128	205094.2	68515.13	11652.68	509405	—	191
普通初中	662784	403648	155156	234938.17	66281.22	17323.68	496138	—	103
普通小学	779646	511745	318897	347553.57	99074.11	24419.06	970724	—	752
特殊教育	32851	20007	5542	4618	—	—	9688	—	2
学前教育	35633	30487	18002	114220.06	—	—	52660	—	—

注：1. 数据来源：《2019—2020 学年度重庆市南岸区基础教育综合统计报表》。

2019 年南岸区教育经费及办学水平情况

类别	数量
教育经费总收入	251570 万元
其中：国家财政性教育经费	184914 万元
社会捐、集资办学经费	194 万元
事业收入	54506 万元
教育经费总支出	259851 万元
其中：事业性经费支出	256989 万元
基本建设投资项目支出	3.6 亿元
公共财政教育支出占公共财政预算支出的比例	15.73%
公共财政教育支出增长高于财政经常性收入增长	6.28%
小学生均预算内教育事业费	9277.34 元
初中生均预算内教育事业费	15972.37 元
普通高中生均预算内教育事业费	16299.26 元
中等职业学校生均预算内教育事业费	15043.53 元
小学生均公共财政预算公用经费支出	3765.70 元
初中生均公共财政预算公用经费支出	5701.18 元
普通高中生均公共财政预算公用经费支出	5027.69 元
中等职业学校生均公共财政预算公用经费支出	8597.26 元
每万人口在园幼儿数	—
每万人口在校小学生数	—
每万人口在校初中生数	—
每万人口在校高中阶段学生数	—
学前三年毛入园率	100%
小学适龄人口入学率	100%
初中适龄人口入学率	100%
高中阶段教育入学率	99.42%

续表

类别	数量
小学毕业升入初中比例	100%
初中毕业生升入高中阶段教育比例	99.34%
其中：升入普通高中比例	66.29%
教育人口占总人口的比例	—
人均受教育年限	10.3

注：数据来源为南岸区2019年教育经费统计报表。

【义务教育保障机制】 免费教科书及教辅材料。投入1302.2万元为92003名学生提供免费教科书和教辅资料（不含特殊教育学校学生224人）。

生均公用经费。投入义务教育学校公用经费补助资金12952.89万元，惠及学生91392名。

义务教育贫困学生生活费补助、免住宿费及公用经费补助。投入非寄宿农村建卡贫困户及寄宿制贫困学生生活补助资金386.35万元，惠及学生2079人；投入免住宿费及公用经费补助资金309.06万元，惠及学生4847人。

免作业本费。投入义务教育阶段学生免除作业本经费304.43万元，惠及学生84784人。

校舍安全保障长效机制经费。投入2573万元改善义务教育阶段学校办学条件。

【全面改薄】 2019年，全区投入“全面改善义务教育薄弱学校基本办学条件”项目资金24302万元，完成基本建设项目5个，添置教学、生活设施设备107565件（套）。全面完成全区义务教育薄弱学校基本办学条件规划任务，确实改善南岸区薄弱学校基本办学条件。

按市教委工作部署，及时启动义务教育薄弱环节改善与能力提升项目。全年投入薄弱学校改善及能力提升项目资金11886万元，持续推进广福路学校建设、文峰小学新校区建设，完成青龙路小学综合楼建设，进一步巩固和提高了我区义务教育均衡发展水平。

【内控体系】 推进教育系统内部控制体系建设，建立健全内部控制制度，完善内部控制流程，并以此为基础推动内控信息化建设，在教育系统确定9个单位开展内控信息化试点工作。

【财务管理】 强化政策业务培训，提升财务队伍综合素质。对系统各单位负责人、财务人员进行分层级、有针对性的财务后勤管理工作专题培训，重点关注对基层单位主要领导的政策宣传。全年开展培训26次，其中针对基层单位一把手领导的专题培训2次，提高系统财务后勤管理工作水平。

区教委计财科余澜获“重庆市教育系统先进个人”。龙门浩小学校彭璞、重庆市辅仁中学校曾惜等3人获重庆市教育会计学会论文三等奖。区财务结算中心袁鸣、南岸区城南家园小学陈吉等5人获南岸区教育系统优秀论文奖。

【学前教育】 全区有幼儿园162所，在园幼儿32826人，其中公办幼儿园在园幼儿12903人，普惠性民办幼儿园在园幼儿5593人，公办园在园幼儿占比39.3%，普惠率56.3%。市级示范园3所，一级园58所，二级园53所，学前教育优质率70.4%。

推进南岸区第三期学前教育行动计划，新增公办园和普惠性民办园20所。建成南坪实验等5个公办学前教育集团，实施小区配套园治理，强化“三级＋四查”日常监管，实现挂牌督导、法律顾问、视频监控全覆盖，完成第二期、启动实施第三期课程改革，创新建成大数据质量监管云平台和实施第一期“智慧型”质量监测，学前三年、学前一年毛入园率均达100%，学前三年教育基本普及。

【素质教育】 印发招生工作方案和招生计划，调整入学矛盾尖锐学校招生范围，召开招生工作会，启动随迁子女新生报名网上报名工作，指导学校分时段、分步骤推进招生工作，确保适龄儿童有书可读。配合区商委等部门，做好招商引资企业高管和高技术人才子女入学安置。开展招生和教辅资料使用专项检查，指导学校规范办学。

深化全国文明城区工作，建立全国未成年人思想道德建设工作长效机制，完成复查验收工作。培育和践行社会主义核心价值观，在未成年人中深入开展“新时代好少年”学习宣传活动，4名同学获评“新时代重庆好少年”。

落实市教委70%指标到校的规定，录取学生1639人。组织8618人顺利参加重庆市初中学业水平暨高中招生考试，联招上线4300人。特教中心19名高三毕业生全部被大学录取。组织36所小学的6400余名学生参加四年级数学、英语、科学三个学科质量监测，以试题研究为切入口，推动区域教学提质增效。

组织15个街镇召开摸底工作动员会，主动联动街镇、社区和学校，明确学校控辍任务，开展入户核查，完成劝返82人。联动区公安分局、区人民法院、区残联、相关街镇和社区等，一同开展打击非法办学机构的专项行动，并联动区检察院有针对性地开展公益诉讼，继续开展劝返复学工作，确保适龄学生到校就读或送教上门，完成控辍数据清“零”任务。

组织全区中小学校开展推普周宣传、经典诵读、青少年国学大会、中小学生课外阅读竞赛等活动；在市委宣传部等六部门组织的“寻找书香典范”展示活动中，2名校长荣评书香校长，3名教师获评书香教师，10名家长获评书香家长，10名学生获评书香少年。组织专家分6组深入学校开展语言文字达标学校验收工作，圆满完成2019年创建目标。构建德智体美劳全面培养的教育体系，将劳动教育纳入学校课程方案，明确劳动教育目标，系统规划劳动教育。迎龙小学“北斗锄禾”课程实践基地建设稳步推进中。

将禁毒教育列入年度工作计划，严格执行教育部《中小学生毒品预防专题教育大纲》和《全国青少年毒品预防教育规划》，充分发挥毒品预防教育教学主渠道作用，组织学生参与“2019年全国青少年禁毒知识竞赛”活动，打造“1+N”的毒品预防教育模式，以达到“教育一个孩子，影响一个家庭，带动整个社会”的目标。组织中小学因校制宜开展双拥宣传教育，配合退役军人事务局做好部队军官子女入学工作，并顺利完成“双拥模范城”复检。

【高中教育】 完成青少年海军航空学校招生80人，海航学员有246人，做好学员军事训练、暑假夏令营、飞行体验与筛选、高三模拟测试等保苗育苗工作。海军航空青少年学校首摘硕果，其中两名学生获得海军航空学院和清华大学、北京大学双学籍，取得全国办学最好成绩。推进国科大附属科技中学相关工作，为区域创新人才培训及科技教育水平提升奠定基础。高中拔尖学生培养计划继续保持优异成绩，在学科奥赛中获得全国一等奖10人，二等奖146人，艺体多项目全面突破，助力区学生参加双一流高校自主招生考试，2019年清华北大上线22人。拟定《南岸区普通高考综合改革实施工作方案》，在区政府组织下协调召开南岸区深化普通高考综合改革实施工作会；加强研究中学课后延时服务相关方案的制订，将为高考综合改革实施提供坚实保障。

【中职教育】 落实《重庆市深化职业教育改革实施方案》的要求，深化职业教育综合改革，把职业教育作为教育改革创新和经济社会发展的突破口，整合社会资源，推动职业教育高质量发展，建设一批在校企合作、工学结合、人才培养模式等方面改革成效显著的示范、特色专业，促进学生德智体美劳全面发展，培养大批高素质劳动者和技术技能人才，为地方经济社会发展提供强有力的支撑。

2019年，新增实训基地17个，新增校内实习实训工位390个，校外实习实训工位3381个。辖区中职学校开展了计算机、食品药品、船舶驾驶、餐饮服务等技能培训，完成培训7000余人次。规范职业学校实习管理工作，加强实习管理，保障实习安全。实习学生购买实习责任险覆盖率100%。2019年南岸区中职学校获得国家级（省部级）奖项26个，市级奖项29个。南岸区中职学校教师到企业行业中参加实践交流111人，全年引进55名行业教师来校任教。

【民办教育】 2019年，南岸区有民办教育机构211个。其中民办幼儿园127个，从业人员3608人，招收幼儿24808人，占全区幼儿总数的75.6%。民办非学历校外文化教育培训机构78个，从业人员1420人，培训学员4.8万人次。民办学历教育学校6所，从业人员1532人。

指导西南大学重庆江南中学校变更办学层次、申报高中阶段学历教育，完成了办学条件初审，并向市教委提交变更请示。对全区73个民办培训机构和127所民办幼儿园开展年度检查，对辖区民办中小学、民办幼儿园和民办非学历校外文化教育培训机构办学安全、食品安全等进行全面排查。强化与市场监管、公安、消防等部门的协调与沟通，建立日常监督检查机制。将民办教育机构从业人员纳入入职人员涉罪信息查询范围，持续开展防止民办教育机构非法集资宣传工作，防范民办教育机构办学风险。

【社区教育】 经区委编办批准，依托重庆广播电视大学南岸分校成立南岸区社区教育学院，负责全区社区教育业务指导和组织实施。贯彻党的十九大关于“办好继续教育，加快建设学习型社会，大力提高国民素质”新部署，根据社区居民需求，整合民办培训机构、职业学校、中小学教育资源开展“你点课，我送课”“南岸市民大讲堂”进社区系列活动。对试点社区开展300次、参培人数1万人次的课程培训，组织全区相关单位社区教育干部15人参加国家级社区教育骨干教师的培训班3次，开展手工制作、知识讲座、各类培训等6000余次。

继续开展全民终身学习系列评比活动，评选出10个区级“书香（示范）社区”、13个“百姓学习之星”、

10户家庭为区级“书香家庭”、10佳社区教育志愿者等，评选出区域首届社区教育“垃圾不落地，南岸更美丽”环保手工制作大赛100余名优秀选手。

举办2019年全民终身学习活动周系列活动，参与市民10万人次，并荣获全国第13届优秀组织奖，南岸社区教育学院“你点课，我送课，居民参与乐呵呵”荣获重庆市2019年终身学习活动品牌。打造“互联网+”学习新平台，目前有市民大讲堂课程40门、在线市民课程9000余课时、精彩活动8个。

【德育教育】 创新德育队伍荣誉制建设。探索区德育荣誉制建设线上主题阅读学习型组织活动，区德育专委会理事、区班主任工作站主持人、区首席班主任80余人参加。启动第二批五星级班主任、五星级德育干部培育工作，组织2019年五星级班主任能力提升培训（华中师范大学班）、第二批五星级班主任合格候选人第一阶段培训、五星级德育干部能力提升培训（海南师范大学班），213人次参培。组织南岸区第九届中小学班主任基本功竞赛初赛，组织中小学课程德育精品课程、主题班会优质课评选，其中主题班会优质课在重庆市教育学会德育专委会学术年会上展示。在教育部基础教育司主办的2019年省级德育骨干示范培训班上，南岸区就德育队伍荣誉制做经验交流。

深化“以文化人、以行树人、以心育人、以家养人、以梦启人”的五大德育品牌，持续加强品质德育，迈向立德树人一体化。10月17日—21日，联合主办第二届“木铎心声”心理健康教育高峰论坛。国内外知名心理学专家、教育学专家们齐聚一堂，就论坛主题“走进孩子内心，创造幸福人生”展开深入、多元的探讨，全方位、综合性展示交流了南岸积极心理健康教育，获得与会嘉宾一致好评，成为积极心理健康教育范例，被《中国教育报》、学习强国、新华网、人民网等多家媒体密集报道。组织边玉芳团队名师工作室第二期第五次、第六次集中培训（北京师范大学班），持续优化区域积极心理健康教育课程体系与课程资源。持续做好“阳光工作站”未成年人公益心理服务，组织重庆市未成年人心理健康教育巡回讲座250余场。全国未成年人心理健康辅导中心专家来到南岸调研，充分肯定了南岸区未成年人心理健康辅导中心工作。启动24所第三批班级文化建设实验校建设，召开班级文化建设工作研讨会、阶段培训会、成果论证会等系列会议，持续引领实验学校深度推进班级文化建设工作。开展“学宪法讲宪法”、禁毒宣传教育、“学雷锋纪念日”主题教育活动、“九九家风共享幸福童年”主题活动、“右行爱心和谐号”开学第一课活动、“环保知识进课堂”、“11•27大屠杀”70周年纪念、“12•4”国家宪法日主题宣传教育活动等，吸引10余万名中小学生、30余万名市民积极参与。参加重庆市“学宪法讲宪法”活动，获演讲比赛2个特等奖和2个一等奖，参加重庆市第四届中小学法治教育优质课竞赛，获普高组特等奖和职高组一等奖，区教师进修学院获得优秀组织奖。

【科技教育】 针对区内各学校发展需求和实际情况， 对40多项青少年科技活动特别是青少年创客、创意编程等项目重新规划，科学布局，依托科技示范学校、科技名师，打造科技特色项目，培养科技特长学生。全区学校科技竞赛项目参与率达95%。2019年新增重庆市十一中学、南坪实验金科小学校、珊瑚中铁小学校三所区级科技示范校，全区科技示范校达21所。

组织对全区科技辅导员近2000人次和6000多名学生开展了60多次科普培训，加强了在创新大赛创新类项目、人工智能、创意编程等项目上的培训，引进北京、上海等地的创客教育、人工智能、编程教育的国内知名专家对全区各校科技辅导员进行高端培训，全面提升科技教师队伍和青少年的科学素质和创新实践能力。珊瑚小学姜畅老师在首批全国青少年高级科技辅导员认证评选活动中被评为高级科技辅导员，龙门浩隆平小学谭雪东校长被评为重庆市最美科普工作者，天台岗小学周蓉教师获全国创新大赛科教方案评比一等奖。

2019年组织全区各中学校共开展了44项科技竞赛展示活动。配合市、区科协开展专家院士进校园活动，在珊瑚小学、南坪小学等学校共举办了9场专项科普讲座，在全区各中小学营造了浓厚的科普氛围。

组建以重庆大学、重庆邮电大学、重庆交通大学、重庆师范学院等高校专家、教授组成的专家资源库，聘请专家到区内开展讲座、培训教师、指导学生作品、担任重要赛事评委，强化少科站服务基层学校的作用；让中小学生走进高校实验室，激发学生的学习兴趣，培养动手动脑的能力；与社会专业科技教育机构、企业开展深度合作，共享资源，特别在人工智能和机器人领域，借力提升我区机器人教练和学生的技术水平和实战能力。

2019年被中国科协评为第34届全国创新大赛优秀组织单位。参加全国第15届“青少年走进科学世界”科学实验嘉年华活动、第14届中国少年科学院“小院士”评选活动，被中国儿童发展服务中心评为优秀组织单位；参加重庆市第34届创新大赛、重庆市第19届青少年机器人竞赛、首届重庆市青少年STEAM科创大赛、第二届重庆市“科学表演”大赛、重庆市第30届青少年科技模型大赛、2019年青少年高校夏令营活动，被市科协、市教委等单位评为优秀组织单位。

在青少年科技竞赛活动中，共获国际奖63个，国家级奖153个，市级奖1111个，获奖数量突破千人次并继续在全市保持领先。在第34届青少年创新大赛上，市赛获14个一等奖，国赛获3个一等奖，位列全市各区县榜首；在重庆市第八届中小学生科技节中，1人获小科学家称号，3人获小发明家称号，2人获小能手称号。在第五届创意编程竞赛中，全市前100名，我区占50多名，在全市各区县中占据了绝对优势，人工智能和编程教育成为我区科技项目的又一特色、亮点。

【环境教育】 为全面落实党的十九大牢固树立创新、协调、绿色、开放、共享发展理念，将环境教育与生活垃圾分类工作持续推进，加强组织领导，健全保障机制。成立南岸区教委生活垃圾分类领导小组，明确分管科室责任，加强对学校环境教育与生活垃圾分类工作实施的指导和管理，并给予必要的政策支持，及时协调解决学校在环境教育与生活垃圾分类工作中的困难和问题。指导各个学校建立了相应的工作组织架构，各学校结合实际制订具体可行的垃圾分类实施方案，制订完善垃圾分类工作制度，明确内部管理岗位和职责，强化部署、检查、考核，进一步建立健全垃圾分类工作机制，形成生活垃圾分类管理工作合力。

加强对学校环境教育工作宣传的管理监督和检查考核，建立工作报告制度，健全表扬和监督机制，将环境教育垃圾分类常态化，建立长效机制，印发垃圾分类知识读本。组织各学校每月20日前报送生活垃圾分类宣传教育简报和报表，每月至少开展一次以垃圾分类为主题的宣传教育活动，让环境教育走进课堂，用好环境教育教材，每学年环境教育课程安排12课时，并与德育结合，融入校园文化建设。组织各学校利用校园广播、LED宣传屏、校园网、微信公众号、宣传栏、墙报、横幅等宣传平台进行宣传造势；结合国旗下讲话、班队会、团课等契机，穿插进环境教育生活宣传，全面普及校园生活垃圾分类知识。组织各学校开展“共建生态文明•共享美丽家园”知识讲座活动、乡村生态振兴绘画比赛、乡村学校“生态文明你我同行”征文比赛，充分调动广大青少年学生的积极性、主动性。

2019年我委成功创建弹子石幼儿园、南坪实验金科小学、十一中3所垃圾分类区级示范学校。垃圾分类区级示范学校以点带面，助推垃圾分类工作深入开展，并向家庭、社区辐射，形成推进全区中小学环境教育和实践的良好机制，实现教育一个学生、影响一个家庭、带动一个社区、引领整个社会的良好社会效果。

【招生考试】 2019年，南岸区有6553名考生参加高考报名，5264人参加六月高考，其中：文科2557人，理科2707人。742余名监考教师及工作人员参加了监考工作。

完成教师资格考试，组织3月、11月的笔试和1月、5月的面试工作，笔试报名11419人，24258科次，面试报名3060人，抽调面试考官313人。

成人高校招生考试，南岸区成人高考报名人数1305人，其中文科233人，理科254人，专升本812人，免试生6人，全区设考点1个，考场45个。

高等教育自学考试，组织自学考试2场，报名总人数为11021人（其中新增考生2538人），报考25439科次。全年为70名考生办理了毕业手续。

全国硕士研究生招生统一考试，报名人数1449人，报考5052科次，设1个考点，49个考场。

学业水平考试，2019年开始新高考改革下的学业水平考试，分别在6月和12月举行，报名人数8454人，报考33908科次，设7个考点，288个考场。争取财政资金400万元新建重庆市南坪中学、重庆市广益中学、重庆市长生桥中学为国家教育考试标准化考点，指导重庆第二外国语学校、重庆市南开（融侨）中学自筹资金建设成国家教育考试标准化考点。

【教师队伍建设】 2019年，新增设立了重庆市南岸区江南水岸小学校事业单位建制，撤销了重庆市第十一中融创学校建制，将“重庆市南岸区龙门浩小学校”更名为“重庆市南岸区龙门浩隆平小学校”。完成2019年教师招聘、选调246人。

全区有274名新教师参加入职培训。举办“卓越杯”教师赛训活动，全区4000多名教师参赛。深化课改持续推进“主题式”全员培训，11个学科、530人次参加“基于核心素养的课堂教学改革”专项培训。启动开展编外聘用教师专项培训，首期培训公办幼儿园编外聘用教师218人。

加强名师队伍建设，全区有市区级骨干教师998人，市级及以上各类名师38人。经孔子学院总部/国家汉办遴选，2名教师入选赴美任教。规范教师资格行政审批事项，制订初中及以下教师资格认定行政审批事项服务指南、申请材料示范文本、审查工作细则，扩充教师资格考试面试考官110人，全年认定1622人取得初中、小学、幼儿园教师资格。

全区中小学应参加交流轮岗教师1460人，实际参加224人，占比15%，其中骨干及优秀教师69人，占比31%。4名教师、2名干部到石柱全职支教，石柱县17名教师来南岸跟岗研修。做好上一批“组团式”援藏教师期满返渝工作，新选派1人赴西藏芒康援藏，15名西藏教师来南岸跟岗实践。

按政策落实调整机关事业单位工作人员基本工资标准和增加离休人员离休费工作，以及机关事业单位养老保险制度改革退休“中人”养老金复算工作。在区委区政府高度重视和支持下，二外纳入事业编制实名制管理人员养老保险若干问题逐步得到解决。

【实验区二期课改】 持续推进基于核心素养的课堂教学改革，研制并发布《南岸区关于进一步推进“基于核心素养的课堂教学改革”的指导意见》，明晰区域教学改革的主张、主线及主要任务。开展课改专项培训，学习借鉴最新教育教学改革成果，进一步厘清课改推进脉络，明晰区域基于核心素养的课堂教学改革的具体策略。

实施“教学论道—赛训活动—课例展评”一致性活动，促进教学改革的整体推进。开展教学论道活动，促进每所学校聚焦基于核心素养的课堂教学改革，从理念、实践、反思三个维度进行教学综述，不断规划、完善和提升学校教学改革主张与实践；分层分类开展“教学主张”赛训活动，通过论述教学主张、课例展示教学主张，答辩反思教学主张三个环节，促进教师教学观念转变与实践并举；开展学校典型课例展评，三个学段、14节学校典型课例，以课例实证学校论道，展示教学主张，培育和孵化学校教学品牌，促进教学改革的理念落地、知行合一。

梳理二期课改经验及成效，推广优秀成果。在全国实验区会议上推介南岸课改经验，“聚焦核心素养 深化课堂教学改革再出发”的课改成果广受赞誉；组织参加第二届基础教育课程改革实验区课改项目与课例展示活动，“学科育人：基于核心素养课堂教学改革的区域实践”荣获优秀实践项目，并成功选送和现场展示小学及初中8门学科优秀课例，深受好评，有力彰显了南岸基于核心素养课堂教学改革成效。

推进区域深化课程教学改革丛书的编著，包括：《四图两表——可视化的学校课程规划》《“深度学习”教学改进实操指南》《寻找书香的宽度》《“五位一体”教师研修课程的实践与探索》《课程领导力——普通高中系统变革的核心动力》五本专著，由北京师范大学出版社出版。形成著述299本，发表论文2000余篇，其中，论文《基于核心素养的课堂教学改革的区域推进》在核心期刊《中国教育学刊》发表，为课改的整体推进和大面积实现优质均衡发展提供了区域实践样本；《整合：教师研修课程的区域实践》《基于课堂观察的校本研修模式构建与实践》等系列论文，在《基础教育课程》杂志上专题推送，彰显出教师研修机制的创新与实践。

总结推广区域基础教育课程改革的先进经验，探索新时代实验区建设。12月26日，重庆市南岸区课程领导力建设二期总结暨三期动员会在南岸区政府隆重召开。以“知行合一 真抓实干”的大会报告和巨幅展板，全面总结区域及学校深化推进课改建设成效；开展优秀课例、教学论道等四个课改专项、近150校次的集中表彰，33所学校荣获课改先进学校。谋划和启动三期课改，与教育部课程教材发展中心和教材研究所再次正式续约牵手，踏上课程领导力建设3.0征程。

【科研工作】 开创“双导师制”骨干教师研修指导范式，有60名教育科研骨干教师学员结业。与西南大学联合培养27名专业硕士研究生。获第六届教育科研成果奖一等奖2项、二等奖6项、三等奖7项，位列全市前茅。高中发展促进计划重大课题“区域推进普通高中多样化发展的实践研究——以南岸区课程领导力为例”顺利结题，已有59项优秀课题成果转化为教师培训课程。编制《加快南岸教育现代化实施意见（2018—2022年）》（讨论稿）在全区教育大会上发布。编辑6期《教育研究•决策参考》，编印4期《南岸教育研究》为课改汇智，展示南岸教育品质风采。

【基本建设】 2019年，中小学标准化率为小学39.1%，初中85.7%。小学、初中校地标准化建设达标率分别达到45.7%、85.7%，校舍标准化建设达标率分别为82.6%、95.2%。全区中学生均校地22.3平方米，生均校舍11.3平方米；小学生均校地13.3平方米，生均校舍8.3平方米。

推进教育系统基建教育项目13个，全年投入3.6亿元，完工弹子石中学迁建工程、江南水岸小学新建工程、青龙路小学东校区改造工程3个项目，江南水岸小学完工面积47224平方米，新增校地95亩，新开工项目3个为文峰小学新校区建设工程、茶园广福路学校建设工程、恒大同景国际小学新建工程。继续推进续建项目长生桥中学征地扩建工程。在建工程施工总面积约16.6万平方米。推进南坪中学PPP项目、江南水岸中学新建工程等6个前期手续办理。

完成南岸区教育系统75所学校常年维修工作，投入维修资金2002万元。

【教育民生】 开展第十三个农民工日宣传活动，科学确定12所定点接收流动人口子女入读学校，明确随迁子女入学政策，简化随迁子女入学程序，落实随迁子女普惠政策，接收农民工子女18463人，占公办学校学生总人数的23.34%。由南岸区教育委员会、南岸区教育发展基金会和中国人寿南岸区分公司一同组织开展重症学生活动，惠及学生29人，慰问经费23.84万元。

指导5所中小学和幼儿园对口帮扶石柱，开展跟岗学习、送教到校等工作，投入经费10万元，完成500名石柱县贫困学童资助。

全面落实普惠性学前教育扶持发展政策。投入普惠性学前教育建设经费2676万元，新增弹子石幼儿园长嘉汇园区等公办园和普惠性民办园20所，提供普惠学位3200个；投入普惠性学前教育公用经费2002.08万元，惠及幼儿18496人；投入治理经费270万元，完成小区配套幼儿园治理18所；投入户外场地整改扶持资金43万元，惠及民办幼儿园12所；投入奖补经费46万元，惠及14所普惠性民办幼儿园。

全面贯彻落实各项学生资助政策。学前教育资助投入187.0096万元，惠及学生366人。义务教育资助投入386.35万元，惠及学生2079人，其中寄宿生生活补助330.87万元，惠及学生1409人；非寄宿生生活补助55.48万元，惠及学生670人。普通高中学生资助投入205.96万元，惠及学生566人，其中免学费61.68万元，惠及学生315人。国家助学金134.44万元，惠及学生566人。免教科书费用9.84万元，惠及学生250人。

中职学生资助投入3248.75万元，惠及学生12326人，其中免学费2485.7万元，惠及学生12326人；国家助学金642.92万元，惠及学生2952人；免住宿费60.45万元，惠及学生1412人；免教科书费用47.08万元，惠及学生1289人；国家奖学金12.6万元，惠及学生21人。

中职公用经费投入183.63万元，惠及学生3538人。大学生资助投入209.62万元，惠及学生348人，其中生源地信用助学贷款199.42万元，惠及学生264人，新生入学路费资助5万元，惠及学生72人，三峡移民高职助学金0.2万元，惠及学生2人，泛海资助5万元，惠及学生10人。

【教育督导】 促进教育均衡发展。（1）2019年参与“全国义务教育基本均衡发展区”复核国检，梳理区内19个部门、15个镇街数据4000余个，形成区级自查报告、亮点材料、典型案例等八类材料8.7万余字，提交市教委、市政府教育督导室审定通过。12月14日，重庆市全域通过国家督导复核认定。（2）撰写《南岸区义务教育优质均衡发展现状分析及对策建议》资政报告，推动印发《南岸区创建全国义务教育优质均衡发展区的工作意见（征求意见稿）》，经区政府第90次常委会审定后印发，推动建设全国义务教育优质均衡发展区。（3）起草《南岸区人民政府履行教育职责自评工作实施方案》，报送2018年度履行教育职责自查自评情况及补充报告近2万字，严格落实市对区政府履职情况评价工作。（4）完成2019年重庆市义务教育质量监测南岸区样本校参测工作。（5）组织教育、法律专业人士指导区内13所新建公办学校（含幼儿园）章程建设，推进以学校章程为核心的现代学校制度体系建设。

深化督导实践研究。（1）健全政府部门、镇街对教育督导机构反映的问题与意见的协同研究与处理机制，制作完成《勇立潮头 敢为人先》《行走在春天》宣传片，汇编四类、14册挂牌督导经验总结资料，开展年度责任督学挂牌督导效能调研，全面做好全国中小学责任督学挂牌督导创新区接受国家督导组核验准备。（2）开展2019年幼儿园规范办园行为专项督导，完成162所幼儿园线上督评与84所幼儿园实地督评。(3)12月，重庆市教育科学“十二五”规划2015年度重点有经费课题“‘一中心两支点’引领下区域校内外督导互动实践研究”顺利结题，成果被评定为优秀。

探索现代学校发展督评。（1）审核2018年现代学校教育质量专项督导单校报告63份与总报告1份，共32.5万余字。撰写现代学校特色项目发展需求督评单校报告37份与总报告1份，近40万字。（2）完成2018年末现代学校发展核心数据动态分析，采集对象74个（含委属公办学校及校区），信息采集点16280个，形成58个数据汇总图表，65个2017年、2018年度数据比对图表。（3）启动现代学校办学质量公众满意度测评，涉及六类型学校75个单位，测评对象有学生、教师、家长、社区代表、责任督学、联动片区主任、教育行政机关代表、教育科研机构代表、用人单位代表等近2万人，形成13余万字南岸区2019年现代学校办学质量调研分析报告。

教育督导发展成效。（1）9月，“教育督导顶层理念与基层实践——区域教育督导创新发展‘南岸策略’”专题报告入选国家教育行政学院课程资源库，用于全国教育干部、教师网络培训学习。11月，受国家教育行政学院邀请，在北京市丰台区专兼职督学培训班上现场交流南岸督导经验。（2）重庆市教育科学“十二五”规划2015年度专项重点课题“‘一中心两支点’引领下区域校内外督导互动实践研究”研究成果，即《激活教育“神经末梢”——南岸创新联动片区机制下校内督导实践研究》专著由西南师范大学出版社出版，此书由教育部原国家副总督学、国家教育督导团原办公室主任、现任中国教育督导学会常务副会长郭振有题词并作序。（3）荣获市教委、市政府教育督导室组织的2019年重庆市教育督导典型案例及研究论文评选一等奖的有2人、二等奖8的有人、三等奖的有1人。

【体育艺术卫生】 着眼“教育公平”，构建公开透明的管理机制。中招体考电子化，精心组织8631名考生参加考试，平均46.74分（满分为50分），成绩再创新高。体艺招生规范化，规范体艺特长生指标到校，共招收体艺特长生162人。学生体质标准化，做实《国家学生体质健康标准》测试和上报工作，上报率100%且100%全覆盖抽查复核，建立个案追踪、区域报告和校长约谈机制。赛训活动常态化，创建“学校、片区、全区”三级赛训机制，以赛促训，赛训融合。全年共举办区级各类赛训13项（次），参赛学生近10000人次。特色学校建设常态化，深入开展体育艺术2＋2项目，全面推行“五进模式”，截至年底，建成国家级、市级、区级体育特色学校40所、24所、27所，已形成“一校一品”“一校多品”的良好格局。近视防控制度化，成功创建“全国儿童青少年近视防控改革试验区”，全面实施六大行动工程，开发“南岸云眼”平台，成功承办重庆第24个全国“爱眼日”宣传活动。高一学生国防教育规范化，精心组织了7335名高一新生军训工作。校园足球引擎化，以“发展校园足球、推进学校体育、促进体质健康”为目标，让广大南岸学子在足球运动中“享受乐趣、增强体质、健全人格、锤炼意志”。已建成国家级、市级、区级校园足球特色学校29所，各校足球课和班级足球联赛普及率达到100%，开展校园足球的学校占比达到73.9%。遴选了1名校园足球教师以国家公派访问学者的身份赴法国进行为期3个月的培训。今年珊瑚浦辉小学4名队员正式入选全国最佳阵容；辅仁中学3名队员正式入选全国最佳阵容；黄桷垭小学3名队员入选全国最佳阵容；广益中学4名队员入选全国最佳阵容。组队参加重庆市校园足球联赛总决赛，斩获冠军5个，亚军2个。5月25日南岸区人民政府、同济大学、德国门兴格拉德巴赫足球俱乐部签订《关于推进重庆市校园足球发展合作备忘录》。现已建成中德足球联盟示范基地学校30所、中德足球联盟示范基地精英梯队学校2所。11月18日成功举办中德校园足球联盟示范基地（南岸）建设工作会，11月29日开展首届中德校园足球联盟南岸区小学生同济杯暨中学生门兴杯足球比赛，12月11日精心组织中德校园足球联盟南岸示范基地学校校长高级研修班。

紧扣“喜闻乐见”，探索展演带动群演模式。“艺术节”展演参与面广，举办第十三届艺术节声乐、器乐活动、美术作品大赛、第二届少儿民乐大赛，成功承办第一届“中外人文交流小使者”器乐类全国活动，各校体艺节师生参与率达96%。“艺术教育进社区”影响力大，开展“缤纷江南、大美彼岸”第二届艺术教育进社区活动、“新时代新农村新气象”学校书画大赛活动。体艺活动及师资培训扎实，参加市中小学音乐美术教师教学技能展示活动，分别获团体第一名和第二名，个人获6个一等奖；今年建成市级艺术特色学校2所、中华优秀传统文化艺术传承学校2所。7月成功举办南岸区教育系统庆祝中华人民共和国成立70周年庆祝合唱比赛，全区共8个片区，参赛人员达5000余人。组建男、女教师合唱团参加重庆市庆祝中华人民共和国成立70周年庆祝活动、南岸区庆祝中华人民共和国成立70周年庆祝活动，女教师合唱团荣获第一名，男教师合唱团得到社会各界的一致好评。组织全区100名书法教师集中培训，提高专业素养。现已建成市级学生艺术团13个、区级学生艺术团21个、校级学生艺术团百花齐放。

注重“民生实务”，全面优化营养改善计划。投入942.63万元，惠及65所学校29164人次，其中覆盖农村义务教育学校28所、受益学生27212人，城区义务教育学校37所、受益学生1934人。投入732.56万元，为27019学生提供免费饮用奶；投入210.07万元，为2145名学生提供免费营养午餐补助。建立完善专项审计、定期与不定期检查等机制，管好了中小学营养改善计划资金，发挥了最大效益。

打造“舌尖安全”，构建食品卫生监管体系。明责任，逐级签订安全目标责任书，确保食品安全管理各项制度落地落实。建机制，严格执行“六不准”“九必须”，落实食堂管理“十个一”，构筑六道安全防线，确保检查全覆盖。重监管，通过政府购买服务和邀请社会参与等形式，督促各学校及时整改消除隐患，学校食堂明厨亮灶工程100%全覆盖，校园食堂投诉率同比下降4.6%。优服务，在全市率先推出“诚食南岸 良膳校园”专用App，加强校园食品安全监管，完善校园食材供货商联席约谈机制，优化校园食品安全联合监管系统，抽检学校年内覆盖面100%，食品安全隐患排查整改率100%，食堂明厨亮灶覆盖率100%，落实了中小学食堂100%为自主经营。

【信息技术与装备建设】 以制度促管理，高效优化技装职能。修订《南岸区装备建设管理办法》，将技装工作纳入学校年度考核，引导学校聚焦教育信息化发展。

以项目促建设，提高技术装备水平。完成第二期24所学校的无线网络改造项目，目前全区无线网络全覆盖校园已达36所，完善大型学校、集团中心学校网络建设。完成年度财政保障项目，完成投资3250万元，实施学校班班通、计算机、实验室、图书室配置项目138个，确保学校设施设备配置达标。

以培训促应用，发挥技术引领作用。开展“南岸区教育技术专家培训会”，邀请国家级、市级专家到南岸区学校现场指导并讲座，开展区级专家片区指导工作，通过传帮带提升全区装备人员技术水平。

与阿里巴巴合作，开展“南岸区智慧教育云平台应用推广培训会”，推广“钉钉”办公应用，培育钉钉未来校园示范学校10所。与希沃公司合作，启动南岸区“未来课堂”工作室建设，推动信息技术与教育教学深度融合。组织“书香南岸，因AI而能”校长培训，邀请原中央电教馆副馆长蔡耘、东北师大教授王以宁做专题讲座，引领智慧校园建设方向，提升校长、教师信息化领导力。

以亮点促品质，推动技装工作发展。投入专项资金，推进十一中、辅仁中学、茶园新城中学、珊瑚实验小学4所学校智慧校园建设，4所学校被重庆市教育委员会评为重庆市第二批智慧校园示范学校。开展全区教育技术装备审查工作，更新了全区所有教育装备的管理目录，做到器材有编码，仪器柜有编号，加强技术装备的管理工作。持续开展石柱县帮扶工作。邀请石柱县装备干部参与南岸区一系列的装备工作培训会；与石柱县技装中心开展深入交流，共同研究智慧校园学校建设和装备管理经验；实施网络课堂建设，为南岸区优质教育教学资源惠及石柱县中小学提供技术支持。

【基层党建】 高举中国特色社会主义伟大旗帜，以习近平新时代中国特色社会主义思想为指导，深入贯彻党的十九大和十九届二中三中四中全会精神，深入学习贯彻全国全市全区教育大会精神，引领广大党员教师增强“四个意识”，坚定“四个自信”，坚决做到“两个维护”。坚持和加强党对教育工作的全面领导，全面贯彻党的教育方针，加快推进教育现代化强区建设，营造教育系统良好政治生态和育人环境。扎实开展“不忘初心、牢记使命”主题教育，整改问题270个。贯彻落实《中国共产党支部工作条例（试行）》《中国共产党党员教育管理工作条例》，推进党员队伍规范化建设，提升基层党组织组织力。优化党组织设置，完成基层党组织调整15个、更名4个、换届选举23个；开展基层党组织分类定级工作，推进基层党组织规范化建设，严格落实“三会一课”、支部主题党日、党员领导干部双重组织生活会等制度；培育党建工作特色，指导学校推进党建项目46个，评选优秀党建项目8个；加强党务干部队伍建设，开展党务工作专题培训、党组织书记全覆盖培训等共3期、400余人次，开展党组织书记抓基层党建工作述职评议。强化党员教育管理，组织系统65个基层党组织、3300余名党员扎实开展“不忘初心、牢记使命”主题教育，推进“两学一做”学习教育常态化制度化；全年发展预备党员33名，转正党员28名，表彰优秀党务工作者61名、优秀共产党员115名、先进基层党组织13个，完成10名党员档案丢失补件；持续开展“两解一帮”、城乡支部结对共建，到石门社区、大佛寺社区开展联系服务群众70余次，开展专题服务活动4次，解答教育类问题10余个。

工委班子开展理论学习中心组学习24次，在“不忘初心、牢记使命”主题教育中，组织撰写《南岸区义务教育阶段困境家庭子女入学情况》等调研报告6篇。筑牢思想根基，拓展新时代文明实践所（站），创建“南南故事会”，专题宣讲习近平新时代中国特色社会主义思想、党的十九届四中全会精神、习近平总书记视察重庆重要讲话精神和全国全市全区教育大会精神100余场，策划“师者仁爱·初心传承”“初心遥相寄·家书意万重”“寻找南岸优秀学子”等主题活动20余次，选树和培育“身边榜样”541人，带领校长立政德、教师塑师德、学生强品德，推动社会主义核心价值入脑入心，巩固壮大主流思想舆论。

【干部队伍】 坚持正确的选人用人导向，严格执行党政领导干部选拔任用各项规定，优化学校领导班子在年龄、专长、能力等方面的结构配置，全年调优基层班子37个，提拔校级干部27名，交流轮岗校级干部16人次。探索实施干部导师制，规范和完善教育系统干部培养、职务管理和监督，选派68名党员干部参加国家级市级培训、挂职锻炼和考察学习，完成干部网络学习、法律知识等学习任务，干部积极性、能动性及干事创业氛围不断提升。

【统战群团】 加强党对统战工作的领导，认真落实部门对口联系民主党派、联谊交友等制度。支持民主党派和新专联教育分会加强自身建设，全年新发展党派成员9名，引导党派成员撰写建言献策100余篇，其中《统战工作（专刊）》采用1篇。持续开展统战知识进课堂工作，完成各学段课程体系建设及课题研究报告初稿，召开全区工作推进展示会；抓好民族宗教工作，区教委被评为重庆市民族团结进步模范集体称号。发挥工会、共青团、妇联、关工委桥梁纽带作用，举办“让青春成为人生最美的风景”纪念五四运动成立100周年暨建团97周年大型团日活动、教职工趣味运动会等活动10余次，增强教育系统的凝聚力和战斗力。

【内部监督】 严格落实中央“八项规定”精神，驰而不息正风肃纪，抓实教育系统全面从严治党“两个责任”监管系统和党员干部亲属涉权事项公开系统建设。深入开展“廉政文化进校园”活动，修订教育系统党章党规党纪及规范性文件汇编。开展多种形式“以案四说”警示教育活动12场次，通报典型案例8个，发送廉政短信、清风微教案21期，赴重庆市渝都监狱开展警示教育活动2次。全年传达党风廉政会议精神30次，召开党风廉政建设专题会3次。加强权力运行监管，常规开展教委机关廉政风险防控，排查出廉政风险点58个、制订内控外控措施62条，绘制权力运行流程图71个。全面执行廉政约谈制度，把“干部约谈常态化”作为实践监督执纪“四种形态”的重要抓手，开展廉政约谈700余人次。灵活运用党风廉政建设督办通知单、整改通知单、提醒通知单“三单”30次，解决苗头性倾向性问题10类。开展“1+3+N”、“四风”、形式主义官僚主义、扫黑除恶、漠视侵害群众利益、违规经商办企业等专项整治；关注开学季和节假日督察，协同驻区教委纪检监察组开展监督检查80余次。面向家长、教职工和学校中层及以上干部开展满意度调查，群众对教育满意度98.78%；畅通信访举报渠道，全年牵头调查涉及区纪委交办、群众来信、网上网下舆情反映来信来访28件，办结率100%。加强内部审计监督，全年完成财务审计项目17项，其中财务收支审计9个、经济责任审计4个、专项资金审计3个、绩效评价1个，审计金额9.74亿元。

【区教委负责人】

书 记、主 任：包茹华
考试中心主任：陈　健
副　书　记：鄢伟霞
副　主　任：赵　波　朱静萍　李小兵　尹厚霖
考试中心副主任：范国强
纪 检 组 长：喻平凡

（向联奎）

科学技术

概 述

【概况】 2019年，全区研究与试验发展经费支出占GDP比重达到3.0%。全年新增高新技术企业42家、共176家，新入库科技型企业153家、共734家，新入库国家科技型中小企业评价企业53家，新增市级以上重点实验、工程研究中心、企业技术中心等科技平台机构12个、共184个。

科技开发

【招商局重庆交通科研设计院有限公司】 成立于1965年，前身为交通部交通科学研究院重庆分院，是部属正厅级事业单位。2000年，转制进入招商局集团，成为其全资二级企业。招商交科是国家认定的“国家火炬计划重点高新技术企业”、首批“国家创新型企业”、国家级“创新人才培养示范基地”和“国家山区公路工程技术研究中心”的依托建设单位，是交通行业重要的智力密集型科技综合服务企业。

招商交科是国家级交通行业科技创新基地：建有国家级、省部级等各类研究开发平台20个，包括“山区道路工程与防灾减灾国家地方联合工程实验室”“桥梁工程结构动力学国家重点实验室”“公路隧道建设技术国家工程实验室”等国家级研发平台6个。设有博士后科研工作站1个，与高等院校联合共建博士点1个和硕士点5个。形成了道路、桥梁、隧道、交通工程、生态环保、景观建筑、汽车等十多个专业技术门类，构成了集约高效的科技创新体系。

2019年，公司获得国家重点研发计划项目3项，国拨经费3223万元。国家自然科学基金项目2项，经费79万元。交通运输行业规范制修订项目5项，经费370万元。重庆市科技局科技计划项目10项，经费606万元。全年科研业务新签合同总额7600余万元，其中财政科研经费总计4580万元。获得国家级和省部级科技奖12项，其中，获国家科技进步一等奖1项，国家科技进步二等奖1项；获省部级科技一等奖7项，二等奖3项。获得招商局集团创新资助项目2项，创新先进单位三等奖1项，创新先进个人三等奖1项，发明专利奖励38项，创新专项奖励2项（国家级科技进步奖），共计获得招商局集团经费资助和奖励2348万元，为历史之最。公司获授权知识产权106项，其中发明专利40项，实用新型专利41项，外观专利2项，软件著作权登记23项。隧道建设与养护技术交通行业重点实验室获交通运输行业“十大创新平台”称号。

【中电科技集团重庆声光电公司】 公司是模拟集成电路、微声器件、光电器件及磁性材料专业性子公司，汇聚了4个国家Ⅰ类研究所/中央直属事业单位（中国电科第9、24、26、44研究所）以及20余个所属产业公司的科研和生产力量。公司坐落在重庆和绵阳，拥有西区、南区及绵阳厂区，现在职人员7000余人，专业技术人才占比50%，硕士及以上学历人才占比20%以上，拥有省部级及以上专家百余名。未来，公司将以军工、通信导航、汽车电子及智能电子为主要市场，到2020年建设成营业收入突破百亿元的高科技子公司。其中，下属的9所是中国唯一的综合性应用磁学科研机构，主要从事军用磁性功能材料与特种元器件的研制、开发、生产、服务以及应用磁学基础研究。24所是中国唯一的模拟集成电路专业研究所，其A/D、D/A转换器及RF射频电路国内领先；26所是声表技术门类最全的研究所，同时也是国内振动惯性技术门类最全的研究所，其专业技术国内领先、世界一流；44所是国内唯一研制生产CCD器件的半导体光电专业研究所，其光收发产品技术水平国内领先。

2019年，公司注重人才培养与队伍建设，在站博士后5人，毕业硕士生5人，新招硕士生4人，在读硕士生16人。累计授权发明专利授权104项，国防专利5项，国外发明专利5项，软件著作权1项，集成电路布图设计6项。知识产权拥有量逐年提高，逐渐形成以核心技术为中心、外围技术为保障的知识产权屏障雏形。依托军用模拟集成电路国防科技重点实验室建设打造技术创新机构，发表学术论文50篇，其中SCI源论文28篇、EI源论文11篇，主办国际会议1次，联合承办国际学术会议1次。付晓君成功入选青年拔尖人才国防专项；李婷牵头的高性能数据转化器IC创新技术团队入选第十六届中国青年女科学家团队；李婷当选重庆市十佳科技人才；余怀强当选重庆市十大青年拔尖人才；模拟IC、智能感知等四个团队入选重庆英才创新创业示范团队；欧黎、付晓君、范麟入选重庆市创新争优先进个人，公司中青年科技人才竞争力得到进一步巩固加强。

【中国信息通信研究院西部分院】中国信息通信研究院西部分院（又名“重庆信息通信研究院”）由中国信息通信研究院与重庆市经济与信息化委员会以及南岸区人民政府合作建设，于2010年10月正式成立，作为中国信息通信研究院的内设派出机构进行管理，遵循“国家高端专业智库 产业创新发展平台”的服务宗旨开展工作，是中国中西部地区最重要的公共技术服务平台之一。中国信通院西部分院致力于提升中国中西部地区工业与信息化进程，优化产业发展环境，强化产业区域优势，培养和扶持中西部地区电子信息相关企业拓展国内外市场能力，不断完善自身科研与检测能力，努力打造中西部地区电子信息产业、物联网产业科研检测基地，鼎力支撑重庆市成为中国新一代移动通信产业基地和中国物联网产业核心基地。

2019年，完成《重庆经济技术开发区5G产业发展规划（2019—2025年）》《南岸区军民融合发展战略行动计划（2019—2022年）》《南岸区重庆经开区新型智慧城市建设实施方案（2020—2022年）》等多项决策报告，牵头2018年度国家重点研发计划物联网与智慧城市关键技术及示范重点专项“物联网终端评测平台关键技术研究及标准化”项目和2019年工业互联网创新发展工程“省级工业互联网安全态势感知平台”项目，研发建设和应用示范基于智慧城市典型应用的物联网关键设备质量评测标准化平台。学院承担了重庆市物联网产业协会、工业互联网产业联盟重庆分联盟和南岸区协同创新产业联盟秘书处工作，承办了2019年智博会5G与未来网络高峰论坛和工业互联网高峰论坛，研发基于MTBF的智能终端应用自动化测试系统和基于深度卷积神经网络的手机液晶屏幕缺陷检测系统，建成智能终端质量控制与技术评价工业和信息化重点实验室、重庆市工业互联网安全态势感知平台、仙桃数据谷智能硬件检测公共服务平台和万盛5G天馈线检测实验室。

【重庆交通大学】重庆交通大学是一所交通特色鲜明、以工为主的多科性大学。1951年，根据毛泽东主席指示，为修建康藏公路、建设大西南，刘伯承、邓小平领导的西南军政委员会创办学校，时名西南交通专科学校。1960年，组建重庆交通学院、成都工学院土木系、四川冶金学院冶金系、武汉水运学院水工系等相继并入。2000年，学校由交通部划转重庆市管理，为省部共建高校。2006年，更名为重庆交通大学，并增列为博士授予单位。现有南岸、双福、大坪三个校区，占地3000余亩，校舍建筑面积83万余平方米，馆藏纸质和电子文献440余万册（种）、期刊杂志1500多种、中外文数据库100余个，教学科研仪器设备总值4.39亿元，现有教职工2000余人，其中专任教师1500人，高级职称700余人。高水平人才：国家有突出贡献的中青年专家、交通运输部“百千万人才工程”、重庆市“两江学者、巴渝学者”等国家和省部级人才120余人次。聘有包括王光谦、郑皆连、孟凡超等两院院士、知名企业家、工程大师等150余位特聘或兼职教授。

学校现有交通运输工程、水利工程、管理科学与工程、土木工程等4个一级学科博士学位授权点，土木工程、交通运输工程、水利工程等3个博士后科研流动站，有土木工程等16个一级学科硕士学位授权点；获批重庆市3个一流学科、12个重点学科 、智能交通和智慧城市2个“人工智能+学科群”；设有土木工程学院、河海学院、交通运输学院等19个学院（部），有62个普通本科专业。土木工程、港口航道与海岸工程、交通运输等3个国家特色专业通过工程教育专业认证，水利水电工程等7个专业获批教育部“卓越工程师教育培养计划”试点专业，有重庆市“三特行动计划”特色专业15个、特色学科专业群7个。

2019年，学校各层次立项项目达781项，科研总经费达2.52亿元，获得各类省部级及以上科学技术奖励31项，EI、SCI等收录论文341篇，授权发明专利88项，获得市教委哲学社会科学重大理论研究阐释专项1项，获得国家科技进步二等奖1项，重庆市自然科学奖1项，重庆市科技进步一等奖2项，重庆市科学技术一等奖3项，建成省部共建山区桥梁及隧道工程国家重点实验室，内河航道整治技术交通运输行业重点实验室被评为交通运输行业优秀重点实验室，结构工程重庆市高校重点实验室、山区道路建设与维护技术教育部工程研究中心和水利水运工程教育部重点实验室3个实验室被列为市教委高水平科研创新平台3年期培育计划，周建庭教授领衔的桥梁状态感知与先进维护创新团队成功入选2019年度交通运输行业科技创新人才计划重点领域创新团队，余葵老师领衔的山区河流通航安全与桥梁防撞装置研发科技创新创业团队入选重庆市创新创业示范团队，《重庆交通大学学报（自然科学版）》首次入选 CSCD 扩展版，《应用数学和力学》继续入选 CSCD 核心版。

【重庆邮电大学】 重庆邮电大学是国家布点设立并重点建设的邮电高校之一，是工业和信息化部与重庆市共建的一所特色鲜明、优势突出，在信息通信领域具有重要影响的高水平教学研究型大学。学校现有在校学生 2.4 万余人，其中研究生 3400 余人。在职教职工 1700 余人，其中高级职称 730 余人，博士生导师和硕士生导师 700 余位，学校校友、中国工程院原副院长邬贺铨院士为学校名誉校长、校董事会主席。学校外聘了中国科学院、中国工程院和英国、加拿大、美国、波兰、印度等国 30 余名院士及 150 余位知名专家学者为学校兼职教授或名誉教授。学校有国家高水平人才 100 余人，全国五一劳动奖章、全国模范教师、全国师德标兵、全国高等学校优秀骨干教师、全国优秀科技工作者、重庆市名师、重庆市优秀教育工作者等获得者 110 余人，国家及省部级科技创新团队、教学团队等 22 支。学校现有学院 16 个，本科专业 56 个、国家级特色专业 5 个、重庆市特色专业和“三特”专业 16 个、 5 个市级大数据智能化类特色专业、4 个市级首批本科一流专业、“三特”学科专业群 4 个，涵盖工、理、经、管、文、艺、法等学科门类。拥有重庆市“双一流”学科 3 个、重庆市重点学科 14 个、博士后科研工作站 4 个、一级学科博士学位授权点 2 个、一级学科硕士学位授权点 18 个，学校的工程学科进入 ESI 全球排名前 1%。经教育部批准具有推荐本科生免试攻读研究生资格。学校现建有“国家宽带移动通信军民结合终端设备动员中心”、移动通信终端与网络控制国家地方联合工程研究中心、重庆工业物联网示范性国际科技合作基地、全国首个“信息无障碍工程研发中心”、大数据智能研究院等 50 余个国家发改委、科技部、工信部、教育部及重庆市重点实验室、工程研究中心和人文社科基地。“新一代信息网络与终端协同创新中心”“工业物联网协同创新中心”“大数据协同创新中心”入选重庆市“2011 协同创新中心”择优支持计划。

2019 年，学校科研总经费 12560.66 万元，创历史新高，其中牵头千万元级重点重大项目 3 项，承担横向科研项目经费 2486 万元，比上年度增长 51.68%，首次牵头获得省部共建协同创新中心 1 个，获市财政经费 1500 万元资助，首次获得重庆市科技局创新群体 1 个，引进和培养高层次国家级人才 4 人，省部级人才 40 余人。发表 SCI 三区以上高水平论文 381 篇，比去年增长 76.4%，新增 ESI 论文 29 篇。获得授权发明专利 356 件，比上年增长 28.7%，授权发明专利数量继续保持市属高校排名第一。制订国际、国家、行业 / 地方标准 16 项。完成了 18 项科技成果的转化，转化项目数比去年增长了 64%。

【重庆工商大学】 重庆工商大学（Chongqing Technology and Business University，CTBU），溯源于 1952 年，由原重庆商学院（原商业部主管）与原渝州大学（重庆市政府主管）合并组成，中央和地方共建，以重庆市政府管理为主，是一所经济学、管理学、文学、工学、法学、理学、艺术学等学科协调发展、具有鲜明财经特色的多科性大学。学校是“服务国家特殊需求博士人才培养项目”实施单位、国家“中西部高校基础能力提升计划”首批重点支持高校、国家级卓越人才教育培养计划改革试点项目实施单位、全国大学生文化素质教育基地、全国毕业生就业典型经验高校（全国就业“50 强”）。

在校全日制普通本科学生、研究生 30000 余人，形成了本—硕—博完整的人才培养体系。学校依托“服务国家特殊需求博士人才培养项目”培养博士生，拥有重庆市属高校唯一的应用经济学博士后科研流动站。近年来承担国家重点研发计划战略性国际科技创新合作重点专项、国家社科重大招标项目等国家级科研项目 228 项。

截至 2019 年，学校拥有国家智能制造服务国际科技合作基地、长江上游经济研究中心教育部人文社科重点研究基地、废油资源化技术与装备教育部工程研究中心、电子商务及供应联系系统重庆市重点实验室、成渝经济区城市群产业发展协同创新中心等 40 个国家级、省部级科研机构。

【重庆第二师范学院】 重庆第二师范学院是一所以文为主的多科性地方普通本科师范院校，始建于 1954 年 3 月成立的重庆市中学教师业余进修学校，1973 年 10 月更名为重庆市教师进修学院。1984 年 7 月，合并原重庆第一师范学校高等教育师范专科班、重庆第二师范学校、重庆第三师范学校，组建为重庆教育学院。2012 年 3 月，经教育部批准，改建为重庆第二师范学院。

改建以来，学校始终坚持以服务重庆经济社会发展为己任，大力实施转型发展战略，做精做优师范教育、做特做强非师范教育，积极培育“服务 0~12 岁儿童成长”的办学特色，努力促进师范与非师范教育融合发展，形成了面向基础教育和重庆市战略新兴服务业的发展定位。获批国家发改委等三部委联合实施的“‘十三五’产教融合发展工程规划项目”百所应用型本科高校之一、教育部“云数融合 科教创新”项目首批试点院校、全国应用技术大学联盟成员单位和重庆市首批转型试点高校，与教育部规建中心合作共建全国首家儿童研究院，是全国大学生文化素质教育基地、重庆市教师教育创新实验区和重庆市中小学教师发展中心。

依据学校《“十三五”事业发展规划》总体规划和学校党委行政年度工作部署，2019年，学校科研全面进入攻坚克难阶段，围绕“面向0～12岁儿童成长发展”的办学特色，以学科建设为引领，以教学科研平台建设为核心，以学科、团队、项目、成果、期刊建设为支点，做好载体、做强特色、做优环境，夯基垒台，砥砺奋进，不断深化科研体制改革，不断凝聚科研特色方向，不断探索合作研发路径，全校科研事业发展取得了较好成绩。

科研平台：一是创新机制，实施教学科研平台晋级遴选新模式。以《教学科研平台建设行动计划》为指引，完善并出台《教学科研平台遴选晋级与建设管理办法》。构建多部门协同互动评价机制，完成首次教学科研平台遴选晋级重点平台3个、一般平台1个，推动“立体生态化”教学科研平台系统可持续健康发展。二是完善体系，促进平台良性互动效应初步显现。加强建设规范与指导引领常态化、制度化，2019年完成22个校级科研平台、4个校级研究所的年度考核，产出核心以上级别论文57篇、专利66项、横向项目到账经费297万元。组织召开2019年教学科研平台建设交流会，修订平台年度考核评价指标，艺术类、体育类、外文类科研平台的自选业绩比例由30%提高至50%，促进平台质量提升与特色化发展。三是强化引领，推进单设科研平台顺利起步。深入推进单设科研平台的运行机制、保障措施、运营模式和目标管理的体制机制探索，出台《重庆第二师范学院实体科研机构管理办法》，实施《实体科研机构年度重点工作目标考核》，儿童研究院、功能性食品协同创新中心均顺利完成年度建设任务。稳步推进教学科研平台体制改革。

学科建设：一是稳步推进市校级重点学科建设。组织市级重点学科“教育学”中期检查，结果为“优秀”。组织参加2019年全国智博会，推动了计算机科学与技术重点学科接轨前沿，不断创新发展。二是持续巩固高层次人才培养成效。持续推动博士后科研工作站建设，学校工作站成功新招博士后1名。继续推动与西南大学联合培养专业硕士研究生工作，完成32名专业硕士生联合招生培养工作。三是不断提升特色学科的内涵发展。组织召开“新增教育硕士学位点申报政策解读报告会”，邀请专家详细解读申硕政策。组织召开2019年市、校级重点学科建设工作推进会，不断提升特色学科的内涵建设水平。四是大力加强科研团队培育力度。市级团队立项再获突破，成功获重庆市教委“重庆市高校创新研究群体”培育立项1项；获重庆市科技局“重庆英才•创新创业示范团队”立项2项。学校市级以上在建科研团队总数比去年增长了1倍。

科研项目：获得国家社科基金2项，省部级项目142项，立项校级项目76项，横向项目39项。

科研经费：学校科研经费总量2023万元，其中纵向项目经费903万元，横向经费400万元，平台、团队建设经费总计540万元，学科建设资助经费180万。

科研成果：学校职工第一作者论文共420篇，其中T2级（SCI1区）论文22篇，A1级（SCI2区）论文23篇，A2级（SCI3区）论文9篇，权威核心论文28篇；核心论文72篇；发明专利7项，软件著作权61项，实用新型72项；学术专著22部；教材10部。

科研获奖：2019年，学校科研人员获得市级以上论文成果二等奖1项，三等奖3项。《关于我市学前教育普惠性发展的困境及应对策略》《我市高校“课程思政”建设的主要问题及应对策略》2篇研究报告获重庆市人民政府采纳。

产教融合：2019年立项横向项目39项，合同经费400万元，项目数量比2016年增长2项，合同经费增长58.7%，横向项目质量明显提升。

【重庆建筑工程职业学院】 重庆建筑工程职业学院建校于1956年，是重庆市优质高等职业院校立项建设单位，重庆市专本贯通试点单位，教育部首批建筑信息模型（BIM）1+X证书制度试点院校，重庆市第一批智慧校园建设示范学校、职业院校数字校园建设实验校，教育部2018年度网络学习空间应用普及活动优秀学校。学校始终秉承“厚德、笃学、求实、创新”的校训，始终坚持“习学相融，知行统一，培育建筑英才，服务城乡发展”的理念，充分彰显城乡建设行业特色，先后为国家输送了近7万名高素质技能型的技术精英、管理能手和经营骨干。学校位于重庆市主城南岸区茶园新区，占地520余亩，现有在校学生8200余人。学校有国家级、市级重点实训基地9个，相对稳定的校外实训实习基地70余个。2013年建成重庆市高职院校首个工程体验馆，2015年建成重庆市高职院校首个BIM实训中心，2017年建成VR实训基地。目前正在建设3.2万平方米的综合实训基地和1万平方米的建筑产业现代化实训基地。学校师资力量雄厚。现有教职工470余人，高级职称教师占比46%，双师素质教师占比92%以上。专业课教师大部分具有一级注册结构工程师、一级注册建造师、注册造价工程师、注册咨询工程师、注册监理工程师等执业资格证书和丰富的从业经历。学院依托建筑工程技术、建筑设计、工程造价等专业骨干教师组建的建筑信息模型制作与应用领域的教学创新团队入选首批国家级职业教育教师教学创新团队立项建设单位。

学校专业结构合理。现有43个专业，面向全国招生。有全国职业院校示范专业（交通运输类）1个，中央财政支持重点建设专业2个，重庆市高等职业院校骨干专业7个，院级特色专业9个。其中，建筑钢结构工程技术、土木工程检测技术、安全技术与管理、建设项目信息化管理、村镇建设与管理、建筑电气工程技术、地下与隧道工程技术、港口与航道工程技术等专业，填补了重庆高职院校专业设置的空白。近三年，学校在国家及省部级技能竞赛中获奖200余项，充分彰显了“以赛促教”“以赛促学”的办学特色。学校科技服务能力强。拥有重庆市高等职业技术院校装配式建筑应用技术推广中心、山地城市智能道路检测重庆市高校工程中心两个市级科技创新平台。重庆市建筑产业化工程技术研究中心落户学校，入选重庆市首批装配式建筑产业基地名单（培训类）。在装配式建筑、BIM技术应用、VR技术与应用、海绵城市、路桥与市政工程、轨道交通等领域取得了一批有影响力的成果，先后获得多项省部级科技奖励、国家专利、标准和工法。开展包括行业职业证书、特种设备、BIM等15个项目的技术技能培训，培训规模达到1.4万人次/年。

2019年，学院继续加大科研经费投入，积极鼓励全院师生投入科研工作，设立专项研究经费，实行单独列支，分层管理。全年投入用于科技研究与发展（R&D）总经费551.5万元（科技503万元，人文社科48.5万元），获得135万元的技术成果转化收入，总投入比上年增长5.5%。学院科研人员申请纵向科研项目57项，成功立项37项，横向项目收入突破100万元，建成首个省部级工程研究中心——山地城市智能道路检测工程中心，在各类学术刊物上共发表119篇论文，其中SCI检索2篇，SSCI、EI、ISTP检索5篇，中文核心及以上期刊31篇，申请专利50项，其中发明专利4项，获得专利授权42项。

科研平台

【市级以上平台】 2019年，全区有科技研发平台184个（国家级研发平台17个），其中重点实验室30个、工程技术研究中心（协同创新中心）62个、工程研究中心（工程实验室）34个、企业技术中心52个、工业和信息化重点实验室6个。重庆交通大学“山区桥梁与隧道工程省部共建国家重点实验室”通过科技部验收，被纳入国家级重点实验室。

【新型高端研发平台】 拥有市级以上新型（高端）研发机构、合作平台5个。其中，新型研发机构一个：重庆鹏方路面工程技术研究院有限公司。新型高端研发机构2个：重庆工港致慧增材制造技术研究院有限公司、中国科学院大学重庆转化医学研究院。联合研发基地（中心）2个：重庆南向泰斯环保技术研究院、中-斯大数据技术联合研发中心。

【双创平台】 京东云（重庆）创新中心通过重庆市众创空间认定，招商局重庆交通科研设计院数字交通众创空间通过国家专业化众创空间认定，新建力合科创（重庆）创新中心。

2019年南岸区科技研发平台

	序号	平台名称	依托单位	主管部门	认定年份
工业和信息化重点实验室6个	1	精密高效磨齿机重庆市工业和信息化重点实验室	重庆机床（集团）有限责任公司	市经信委	2015
	2	智能终端质量控制与技术评价重庆市工业和信息化重点实验室	重庆信息通信研究院	市经信委	2016
	3	高血压类药物研发重庆市工业和信息化重点实验室	重庆圣华曦药业有限公司	市经信委	2017
	4	高效离心压缩机智能化技术重庆市工业和信息化重点实验室	重庆通用工业有限责任公司	市经信委	2017
	5	中药口服液体制剂整体纯化重庆市工业和信息化重点实验室	太极集团重庆桐君阁药厂有限公司	市经信委	2018
	6	径向冷精密锻造成型重庆市工业和信息化重点实验室	重庆市能源投资集团科技有限责任公司	市经信委	2019

续表

	序号	平台名称	依托单位	主管部门	认定年份
重点实验室30个	1	桥梁工程结构动力学国家重点实验室	招商局重庆交通科研设计院有限公司	国家科技部	2008
	2	山区桥梁与隧道工程省部共建国家重点实验室	重庆交通大学	国家科技部	2010
	3	移动通信技术重庆市重点实验室	重庆邮电大学	市科技局	
	4	信号与信息处理重庆市重点实验室	重庆邮电大学	市科技局	
	5	计算智能重庆市重点实验室	重庆邮电大学	市科技局	
	6	山区道路结构与材料重庆市重点实验室	重庆交通大学	市科技局	
	7	山地城市交通畅通与安全重庆市重点实验室	重庆交通大学	市科技局	
	8	电子商务及供应链系统重庆市重点实验室	重庆工商大学	市科技局	
	9	中药资源学重庆市重点实验室	重庆中药研究院	市科技局	
	10	催化与功能有机分子重庆市重点实验室	重庆工商大学	市科技局	
	11	制造装备机构设计与控制重庆市重点实验室	重庆工商大学	市科技局	
	12	光电信息感测与传输技术重庆市重点实验室	重庆邮电大学	市科技局	
	13	数控制齿机床重庆市重点实验室	重庆机床集团	市科技局	
	14	经济社会应用统计重庆市重点实验室	重庆工商大学	市科技局	2015
	15	城市轨道交通车辆系统集成与控制重庆市重点实验室	重庆交通大学	市科技局	2015
	16	智能物流网络重庆市重点实验室	重庆交通大学	市科技局	
	17	三峡库区药用资源重庆市重点实验室	重庆第二师范学院	市科技局	2016
	18	中央空调离心式压缩机重庆市重点实验室	重庆美的通用制冷设备有限公司	市科技局	
	19	杂交水稻育种重庆市重点实验室	重庆中一种业有限公司	市科技局	
	20	烟叶资源科学利用重庆市重点实验室	重庆中烟工业有限责任公司	市科技局	
	21	复杂系统与仿生控制重庆市重点实验室	重庆邮电大学	市科技局	2017
	22	大数据生物智能重庆市重点实验室	重庆邮电大学	市科技局	2017
	23	山区道路复杂环境“人—车—路”协同与安全重庆市重点实验室	重庆交通大学	市科技局	2017
	24	图像认知重庆市重点实验室	重庆邮电大学	市科技局	2018
	25	网络空间与信息安全重庆市重点实验室	重庆邮电大学	市科技局	2018
	26	泛在感知与互联重庆市重点实验室	重庆邮电大学	市科技局	2018
	27	桥梁结构智能感知与控制重庆市重点实验室	重庆交通大学	市科技局	2018
	28	生态航道重庆市重点实验室	重庆交通大学	市科技局	2018
	29	微纳系统与智能传感重庆市重点实验室	重庆工商大学	市科技局	2018
	30	中药健康学重庆市重点实验室	重庆市中药研究院	市科技局	2018
	1	国家山区公路工程技术研究中心	招商局重庆交通科研设计院有限公司	国家科技部	2011
	2	国家内河航道整治工程技术研究中心	重庆交通大学	国家科技部	
	3	重庆市发展信息管理工程技术研究中心	重庆工商大学	市科技局	
	4	重庆市化学制药工程技术研究中心	重庆医药工业研究院有限责任公司	市科技局	
	5	重庆市中药良种选育与评价工程技术研究中心	重庆市中药研究院	市科技局	
	6	重庆市制浆造纸工程技术研究中心	重庆造纸工业研究设计院有限责任公司	市科技局	
	7	重庆特种船舶数字化设计与制造工程技术研究中心	重庆交通大学	市科技局	
	8	重庆市城市单轨交通工程技术研究中心	重庆交通大学	市科技局	

续表

	序号	平台名称	依托单位	主管部门	认定年份
工程技术研究中心（协同创新中心）62个	9	重庆市电磁兼容工程技术研究中心	招商局重庆交通科研设计院有限公司	市科技局	
	10	重庆市公路工程技术研究中心	招商局重庆交通科研设计院有限公司	市科技局	
	11	重庆市航运工程技术研究中心	重庆交通大学	市科技局	
	12	重庆市口服缓控释制剂工程技术研究中心	重庆科瑞制药有限责任公司	市科技局	
	13	重庆市物联网工程技术研究中心	重庆邮电大学	市科技局	
	14	重庆市移动智能终端工程技术研究中心	重庆国虹科技发展有限公司	市科技局	
	15	重庆市汽车电子控制嵌入式系统工程技术研究中心	重庆邮电大学	市科技局	
	16	重庆市中药药学评价工程技术研究中心	重庆市中药研究院	市科技局	
	17	重庆市信息无障碍与服务机器人工程技术研究中心	重庆邮电大学	市科技局	
	18	重庆市中央空调工程技术研究中心	重庆美的通用制冷设备有限公司	市科技局	
	19	重庆市新一代宽带移动智能终端芯片及系统工程技术研究中心	重庆重邮信科通信技术有限公司	市科技局	
	20	重庆市电子信息产品测试工程技术研究中心	重庆信息通信研究院	市科技局	
	21	重庆市软件质量保证与测评工程技术研究中心	重庆邮电大学	市科技局	
	22	重庆市桥梁通航安全与防撞工程技术研究中心	重庆交通大学	市科技局	
	23	重庆市特色农产品加工储运工程技术研究中心	重庆工商大学	市科技局	
	24	重庆市药物安全评价工程技术研究中心	重庆市中药研究院	市科技局	
	25	重庆市汽车传动轴承工程技术研究中心	重庆长江轴承股份有限公司	市科技局	
	26	重庆市新型药物递释系统工程技术研究中心	重庆医药工业研究院有限责任公司	市科技局	
	27	重庆市移动互联网数据应用工程技术研究中心	重庆邮电大学	市科技局	
	28	重庆市公共交通运营大数据工程技术研究中心	重庆交通大学	市科技局	
	29	重庆市抗菌素药物工程技术研究中心	重庆圣华曦药业股份有限公司	市科技局	
	30	重庆市肿瘤淋巴示踪及靶向治疗药物工程技术研究中心	重庆莱美药业股份有限公司	市科技局	
	31	重庆市土壤污染控制与修复工程技术研究中心	招商局重庆交通科研设计院有限公司	市科技局	
	32	重庆市功能性食品工程技术研究中心	重庆第二师范学院	市科技局	
	33	重庆市机床再制造工程技术研究中心	重庆机床（集团）有限责任公司	市科技局	
	34	重庆市透平机械工程技术研究中心	重庆通用工业（集团）有限责任公司	市科技局	
	35	重庆市车联网工程技术研究中心	重庆中交通信信息技术有限公司	市科技局	
	36	重庆市通信软件工程技术研究中心	重庆邮电大学	市科技局	
	37	重庆市北斗射频 RFIC 工程技术研究中心	重庆西南集成电路设计有限责任公司	市科技局	
	38	重庆市大气污染物治理催化剂工程技术研究中心	国家电投集团远达环保催化剂有限公司	市科技局	
	39	重庆市火锅调味品及菜品工程技术研究中心	重庆德庄农产品开发有限公司	市科技局	
	40	重庆市高效能药物工程技术研究中心	重庆医药工业研究院有限责任公司	市科技局	
	41	重庆市沙漠生态恢复工程技术研究中心	重庆交通大学	市科技局	
	42	重庆市有机资源再生工程技术研究中心	重庆恒远晋通科技有限公司	市科技局	
	43	重庆市羧甲基纤维素醚工程技术研究中心	重庆力宏精细化工有限公司	市科技局	
	44	重庆市电子认证工程技术研究中心	东方中讯数字证书认证有限公司	市科技局	
	45	重庆市系统集成智能专用车工程技术研究中心	重庆迪马工业有限责任公司	市科技局	2017
	46	重庆市桥面铺装工程技术研究中心	重庆市智翔铺道技术工程有限公司	市科技局	2017

续表

	序号	平台名称	依托单位	主管部门	认定年份
工程技术研究中心（协同创新中心）62个	47	重庆市中药大健康工程技术研究中心	重庆市中药研究院	市科技局	2017
	48	重庆市微电子器件与集成电路系统工程技术研究中心	重庆邮电大学	市科技局	2017
	49	重庆市智慧邮政工程技术研究中心	重庆邮电大学	市科技局	2017
	50	重庆市智能供应链工程技术研究中心	重庆交通大学	市科技局	2017
	51	重庆市工业废油再生工程技术研究中心	重庆工商大学	市科技局	2017
	52	重庆市药物质量控制企业工程技术研究中心	重庆莱美药业股份有限公司	市科技局	
	53	重庆市半导体医疗照明工程技术研究中心	重庆邦桥科技有限公司	市科技局	
	54	重庆市固态惯性技术企业工程技术研究中心	中国电子科技集团公司第二十六研究所	市科技局	
	55	重庆市高耗水行业节水与水资源利用工程技术研究中心	国家电投集团重庆远达水务有限公司	市科技局	
	56	重庆市心血管药物企业工程技术研究中心	重庆圣华曦药业股份有限公司	市科技局	
	57	重庆市车身智能控制系统企业工程技术研究中心	重庆集诚汽车电子有限责任公司	市科技局	
	58	重庆市桥面铺装企业工程技术研究中心	重庆市智翔铺道技术工程有限公司	市科技局	
	59	重庆市临床细胞分类识别设备企业工程技术研究中心	重庆天海医疗设备有限公司	市科技局	
	60	重庆市煤层气开发企业工程技术研究中心	重庆市能源投资集团科技有限责任公司	市科技局	
	61	重庆市制浆造纸产业技术协同创新中心	重庆造纸工业研究设计院有限责任公司	市科技局	
	62	重庆市肿瘤早期筛查产业技术协同创新中心	重庆天海医疗设备有限公司	市科技局	
工程研究中心（工程实验室）34个	1	公路隧道建设技术国家工程实验室	招商局重庆交通科研设计院有限公司	国家发改委	2012
	2	移动通信终端与网络控制国家地方联合工程研究中心	重庆邮电大学	国家发改委	
	3	缓控释制剂开发国家地方联合工程研究中心	重庆科瑞制药（集团）有限公司	国家发改委	
	4	山区道路工程与防灾减灾技术国家地方联合工程实验室	招商局重庆交通科研设计院有限公司	国家发改委	
	5	智能仪器仪表网络化技术国家地方联合工程实验室	重庆邮电大学	国家发改委	
	6	交通土建工程材料国家地方联合工程实验室	重庆交通大学	国家发改委	
	7	射频识别智能交通管理技术国家地方联合工程研究中心	重庆城投金卡交通信息产业有限公司	国家发改委	
	8	化学药物合成研发技术国家地方联合工程研究中心	重庆圣华曦药业股份有限公司	国家发改委	2017
	9	煤矿瓦斯防治国家地方联合工程研究中心	重庆市能源投资集团科技有限责任公司	国家发改委	2018
	10	检测控制集成系统重庆市工程实验室	重庆工商大学	市发改委	
	11	固态惯性技术重庆市工程实验室	中国电子科技集团公司第二十六所	市发改委	
	12	网络与信息安全技术重庆市工程实验室	重庆邮电大学	市发改委	
	13	功能性食品研发重庆市工程实验室	重庆第二师范学院	市发改委	
	14	公共交通运营大数据重庆市工程实验室	重庆交通大学	市发改委	
	15	汽车轴承重庆市工程实验室	重庆长江轴承股份有限公司	市发改委	
	16	危险废物综合处置重庆市工程实验室	新中天环保股份有限公司	市发改委	
	17	中药药效学与安全性评价重庆市工程实验室	重庆市中药研究院	市发改委	2017
	18	数字医疗装备与系统重庆市工程实验室	重庆邮电大学	市发改委	2017
	19	交通工程应用机器人重庆市工程实验室	重庆交通大学	市发改委	2017
	20	环境水利工程重庆市工程实验室	重庆交通大学	市发改委	2017
	21	儿童大数据重庆市工程实验室	重庆第二师范学院	市发改委	2017
	22	桥面铺装重庆市工程研究中心	重庆鹏方路面工程技术研究院有限公司	市发改委	
	23	高档数控制齿机床重庆市工程研中心	重庆机床（集团）有限责任公司	市发改委	

续表

	序号	平台名称	依托单位	主管部门	认定年份
	24	重庆市桥梁缆索重庆市工程研究中心	重庆万桥交通科技发展有限公司	市发改委	
	25	药物合成研发重庆市工程研究中心	重庆圣华曦药业股份有限公司	市发改委	
	26	化学原料药绿色工艺研发重庆市工程研究中心	重庆医药工业研究院有限责任公司	市发改委	
	27	电子信息（物联网）检测重庆市工程研究中心	重庆信息通信研究院	市发改委	
	28	纳米炭材料靶向抗肿瘤药物开发重庆市工程研究中心	重庆莱美药业股份有限公司	市发改委	
	29	煤矿瓦斯防治重庆市工程研究中心	重庆能源投资集团科技有限责任公司	市发改委	2017
	30	空间大数据智能技术重庆市工程研究中心	重庆邮电大学	市发改委	2018
	31	物联网大数据分析与处理重庆市工程研究中心	中移物联网有限公司	市发改委	2018
	32	智能网联汽车电控系统重庆市工程研究中心	重庆集诚汽车电子有限责任公司	市发改委	2018
	33	桥梁与结构智能监测重庆市工程研究中心	招商局重庆交通科研设计院有限公司	市发改委	2018
	34	智慧城市规划与测评重庆市工程研究中心	重庆信息通信研究院	市发改委	2018
企业技术中心52个	1	重庆机床（集团）有限责任公司技术中心	重庆机床（集团）有限责任公司	国家工信部	2018
	2	重庆通用工业（集团）有限责任公司技术中心	重庆通用工业（集团）有限责任公司	国家工信部	2018
	3	重庆美的通用制冷设备有限公司技术中心	重庆美的通用制冷设备有限公司	国家工信部	2013
	4	重庆莱美药业股份有限公司技术中心	重庆莱美药业股份有限公司	国家工信部	2014
	5	重庆市能源投资集团科技有限责任公司	重庆市能源投资集团科技有限责任公司	市经信委	2017
	6	重庆圣华曦药业股份有限公司	重庆圣华曦药业股份有限公司	市经信委	2017
	7	重庆长江电工工业集团有限公司	重庆长江电工工业集团有限公司	市经信委	2017
	8	重庆渝建实业集团股份有限公司	重庆渝建实业集团股份有限公司	市经信委	2017
	9	重庆诚邦科技集团有限公司	重庆诚邦科技集团有限公司	市经信委	2017
	10	重庆重锅能源科技有限公司	重庆重锅能源科技有限公司	市经信委	2017
	11	重庆民泰新农业科技发展集团有限公司	重庆民泰新农业科技发展集团有限公司	市经信委	2017
	12	重庆爱思网安信息技术有限公司	重庆爱思网安信息技术有限公司	市经信委	2017
	13	重庆美心·麦森门业有限公司	重庆美心·麦森门业有限公司	市经信委	2017
	14	重庆中科力泰高分子材料股份有限公司	重庆中科力泰高分子材料股份有限公司	市经信委	2017
	15	重庆迪马工业有限责任公司	重庆迪马工业有限责任公司	市经信委	2017
	16	国家电投集团远达环保催化剂有限公司	国家电投集团远达环保催化剂有限公司	市经信委	2017
	17	重庆星特龙实业有限公司	重庆星特龙实业有限公司	市经信委	2017
	18	重庆伊士顿电梯有限责任公司	重庆伊士顿电梯有限责任公司	市经信委	2017
	19	重庆科瑞制药（集团）有限公司	重庆科瑞制药（集团）有限公司	市经信委	2017
	20	重庆泛嘉控股有限公司	重庆泛嘉控股有限公司	市经信委	2017
	21	重庆陪都药业股份有限公司	重庆陪都药业股份有限公司	市经信委	2017
	22	重庆力宏精细化工有限公司	重庆力宏精细化工有限公司	市经信委	2017
	23	重庆市城投金卡信息产业股份有限公司	重庆市城投金卡信息产业股份有限公司	市经信委	2017
	24	重庆和诚电器有限公司	重庆和诚电器有限公司	市经信委	2017
	25	太极集团重庆桐君阁药厂有限公司	太极集团重庆桐君阁药厂有限公司	市经信委	2017
	26	重庆第二机床厂有限责任公司	重庆第二机床厂有限责任公司	市经信委	2017
	27	东方中讯数字证书认证有限公司	东方中讯数字证书认证有限公司	市经信委	2017

续表

	序号	平台名称	依托单位	主管部门	认定年份
企业技术中心52个	28	重庆金猫纺织器材有限公司	重庆金猫纺织器材有限公司	市经信委	2017
	29	重庆建安仪器有限责任公司	重庆建安仪器有限责任公司	市经信委	2017
	30	重庆中交通信信息技术有限公司	重庆中交通信信息技术有限公司	市经信委	2017
	31	重庆长江轴承股份有限公司	重庆长江轴承股份有限公司	市经信委	2017
	32	重庆神箭汽车传动件有限责任公司	重庆神箭汽车传动件有限责任公司	市经信委	2017
	33	重庆齐信汽车零部件有限公司	重庆齐信汽车零部件有限公司	市经信委	2017
	34	重庆建工桥梁工程有限责任公司	重庆建工桥梁工程有限责任公司	市经信委	2017
	35	西南计算机有限责任公司	西南计算机有限责任公司	市经信委	2017
	36	重庆东港船舶产业有限公司	重庆东港船舶产业有限公司	市经信委	2017
	37	重庆盟讯电子科技有限公司	重庆盟讯电子科技有限公司	市经信委	2017
	38	重庆昊晟玻璃股份有限公司	重庆昊晟玻璃股份有限公司	市经信委	2018
	39	重庆神工农业装备有限责任公司	重庆神工农业装备有限责任公司	市经信委	2018
	40	重庆远视科技有限公司	重庆远视科技有限公司	市经信委	2018
	41	重庆市华森心时代实业有限公司	重庆市华森心时代实业有限公司	市经信委	2018
	42	重庆市一龙管道有限公司	重庆市一龙管道有限公司	市经信委	2019
	43	重庆富贵万年新材料股份有限公司	重庆富贵万年新材料股份有限公司	市经信委	2019
	44	重庆西南集成电路设计有限责任公司	重庆西南集成电路设计有限责任公司	市经信委	2019
	45	重庆会凌电子新技术有限公司	重庆会凌电子新技术有限公司	市经信委	2019
	46	重庆攸亮科技股份有限公司	重庆攸亮科技股份有限公司	市经信委	2019
	47	重庆华辉涂料有限公司	重庆华辉涂料有限公司	市经信委	2019
	48	重庆诚邦路面材料有限公司	重庆诚邦路面材料有限公司	市经信委	2019
	49	重庆万桥交通科技发展有限公司	重庆万桥交通科技发展有限公司	市经信委	2019
	50	巩诚电装（重庆）有限公司	巩诚电装（重庆）有限公司	市经信委	2019
	51	重庆世玛德智能制造有限公司	重庆世玛德智能制造有限公司	市经信委	2019
	52	重庆福伦德实业有限公司	重庆福伦德实业有限公司	市经信委	2019

科技服务

【科学普及】 坚持科学知识进机关、进乡村、进社区、进学校、进企业宣传普及活动，充分利用科技活动周、科技工作者日、全国科普日、知识产权宣传周、防灾减灾宣传周、食品安全周、质量月等重要时段和节点，广泛、深入开展形式多样的科普宣传活动，普及科学知识、弘扬科学精神、倡导科学方法、提升公民科学素质。全年组织或参与集中宣传活动7次，发放各类科普宣传材料20000份，答复咨询2000余人。成功举办南岸区第二届科普讲解赛，并选派3名优秀选手代表南岸区参加第六届重庆市科普讲解大赛，并获“重庆市优秀组织奖”。依托区内17家市区两级科普基地，充分发挥其科普传播阵地作用，积极开展面向中小学生校外科普实践活动，推动青少年综合科学素质提升。以农业专家大院为平台，结合枇杷、观赏鱼、葡萄和花卉苗木等特色农业产业，深入开展科技下乡活动，有针对性选派19名市区两级农业科技特派员、科技专家深入乡村开展种养殖技术培训、田间地头指导和技术应用推广活动20余场次，培训农技人员1200余人次。

2019年南岸区科技成果

成果编号	成果名称	取得成果单位
渝科成字 2019Y003	高性能胶结料	重庆诚邦路面材料有限公司
渝科成字 2019Y025	2000MPa 级高强钢丝斜拉索研制	重庆万桥交通科技发展有限公司
渝科成字 2019Y026	超大跨径悬索桥 2000MPa 级钢丝主缆索股研制	重庆万桥交通科技发展有限公司
渝科成字 2019Y357	基于多场数据融合的山区滑坡地质灾害监测预警关键技术与应用	重庆交通大学
渝科成字 2019Y358	石斛口含片及其制备方法	重庆市中药研究院
渝科成字 2019Y359	一种新鲜银耳的常温贮藏保鲜方法	重庆市中药研究院
渝科成字 2019Y360	一种米粒冲调型即食方便粥及其制备方法	重庆市中药研究院
渝科成字 2019Y361	含有石斛和银花的复方口含片及其制备方法	重庆市中药研究院
渝科成字 2019Y362	一种复方乌天麻片剂、制备方法及其应用	重庆市中药研究院
渝科成字 2019Y376	盾构穿越富水漂卵石地层施工关键技术	中铁二十局集团第三工程有限公司
渝科成字 2019Y377	高效智能变频离心式冷水机组关键技术研究及应用	重庆美的通用制冷设备有限公司
渝科成字 2019Y386	野生银耳驯化栽培及系列新产品研发与应用	重庆市中药研究院
渝科成字 2019Y387	川枳壳良种选育与推广应用	重庆市中药研究院
渝科成字 2019Y388	微酸性电解水绿色防控技术在无害化银耳生产中的应用及示范	重庆市中药研究院
渝科成字 2019Y390	大跨径钢桥面浇注式沥青铺装体系性能提升及质量保障关键技术	重庆市智翔铺道技术工程有限公司
渝科成字 2019Y412	冲泡型方便银耳及其制备方法	重庆市中药研究院
渝科成字 2019Y413	用于治疗手足癣的按摩膏	重庆市中药研究院
渝科成字 2019Y414	桃片专用的复合保鲜剂及其应用	重庆市中药研究院
渝科成字 2019Y415	快速食用压缩莼菜及其制备方法	重庆市中药研究院
渝科成字 2019Y416	一种银耳护肤组合物及其应用	重庆市中药研究院
渝科成字 2019Y417	银耳可食用纸及其制备方法	重庆市中药研究院

2019年南岸区知识价值信用贷款情况

基金规模（亿元）	首期出资（南岸区）	贷款企业数（家）	贷款金额（万元）
2	1200（万元）	57	9037

2018年南岸区创业种子投资基金情况

贷款年份	企业名称	贷款金额（万元）	还款期限（年）
2018年	重庆长星光电子制造有限公司	50	3
2018年	重庆琪美斯医疗设备有限公司	50	2
2018年	重庆市海洁消毒卫生用品有限责任公司	30	2

2019年南岸区各类技术合同签订及执行情况

合同类型	登记合同数（份）	合同成交总金额（万元）
技术开发	217	20297.02
技术转让	7	39.5
技术咨询	3	20.0
技术服务	29	5887.97
合计	256	26244.49

科技企业

【高新技术企业】 2019年，新增高新技术企业42户、有效期内高新技术企业176户、实现销售收入417.6亿元，高新技术产品（服务）收入366.14亿元，研发经费投入达24.43亿元，累计拥有知识产权8141项，其中发明专利1139项，科技活动人员9670人。

2019年南岸区新增高新技术企业名单

单位名称	企业统一社会信用代码或组织机构代码
重庆建设工程质量监督检测中心有限公司	915000003395789798
重庆西渝田盛电子新材料有限公司	91500108MA5UA48W1D
重庆思特奇信息技术有限公司	915001083395682957
重庆吉雪机电设备有限公司	915001080503800138
重庆南坪自动化仪表厂有限公司	91500108203193869L
中铁二十局集团第三工程有限公司	91500000798017847A
重庆春蚕科技有限公司	91500108683940113B
重庆永渝检验检测技术有限公司	9150010869390428XQ
重庆华西三利包装刀具有限责任公司	91500108202910109H
重庆长橡实业有限公司	9150010820316761XP
重庆奥林特机电技术有限公司	91500108739825449A
重庆博晶光学仪器有限公司	915001086635652136
重庆世玛德智能制造有限公司	91500108MA5U5N2D2A
重庆愉客行网络有限公司	91500108MA5U892P9K
重庆坦承精密机械有限公司	9150010807232037X2
重庆光荣网络信息技术有限公司	91500108753063639F
重庆茂日科技发展有限公司	91500108094532496E
重庆金越水务有限公司	91500108568715287U
重庆运城制版有限公司	91500108747476306G
重庆昆顶环保科技有限公司	91500108671004416X
重庆朗威仪器仪表股份有限公司	91500108091247999M
重庆万紫科技有限公司	91500108320476315H
重庆砼磊混凝土有限公司	91500108585712184Q
重庆昆顶生物技术有限公司	91500108203178730L
重庆近平工程勘测设计有限公司	91500108590509463D
重庆万丰塑胶有限公司	915001082031809614
重庆齐信汽车零部件有限公司	915001082029143617
重庆重通透平技术股份有限公司	91500108MA5U4BPB4E
重庆市了赢科技有限公司	91500108MA5U5UF75B
重庆思鸿科技有限公司	91500108066180729M
重庆市乐缘复合包装制品有限责任公司	91500108903942138W
重庆宝汇钢结构工程有限公司	91500108739821181P
重庆爱派科技有限公司	915001085687497351
重庆厚元汽车配件有限公司	915001085699335185

续表

单位名称	企业统一社会信用代码或组织机构代码
重庆中林广生科技有限公司	915001085761759979
重庆渝至达科技有限公司	91500000305257843F
重庆轻足迹电子有限公司	91500108304807006J
重庆福日太阳能有限公司	91500108688927962W
重庆市太吉环保科技有限公司	915001085979707033
重庆成名天下科技有限公司	91500222075685526B
重庆灵龙实业发展有限公司	91500000688930491W
重庆威思沃科技有限公司	915001085721420631

【科技型企业】 2019 年，新增入库科技型企业 153 户，累计 734 户，全市排名第六位。

2019 年南岸区新增科技型名单

企业名称	统一社会信用代码
重庆凌域新科技有限责任公司	91500108592287876J
重庆美的制冷设备有限公司	91500108576175014L
重庆芯达智胜科技有限公司	91500000MA5U7PPE3K
重庆恭逸科技有限公司	91500108MA5U5NE539
重庆瑞生机械厂有限公司	91500108203183003N
重庆恒荣服饰有限公司	915001086862239293
重庆千北风科技有限公司	91500000MA603BR14F
重庆市凯曦机械制造有限责任公司	915001084503874924
重庆朗荣医药有限公司	9150010875306798XG
重庆首扬科技有限公司	91500108MA5U3MWL5P
重庆柯瑞思科技有限公司	915001080891356483
重庆辉道建筑工程有限公司	91500108MA5UKA3419
重庆中丹机电设备有限公司	91500112MA5U6BY610
重庆力美药业有限公司	91500108203185439H
重庆理想普鲁泰科技有限公司	91500108MA5YR4K96K
重庆康骐医药有限公司	915001083459920254
重庆魔云科技有限公司	91500108MA5U7TCU2X
重庆环宇电器有限公司	9150010862219134X1
重庆唐成妙客文化传媒有限公司	91500108MA5YTP345H
重庆乐吧便捷科技有限公司	91500107MA5UB7NW0Q
重庆网新机电设备有限公司	915001085520435276
重庆千行广告有限公司	91500108304960342R
重庆超科电气有限公司	91500108668930726T
重庆聚力创智科技有限公司	91500108MA5YMPDR9M
重庆凌进电子有限公司	9150010866893548XB
重庆中欧维商贸有限公司	915001080577506465
重庆康乃馨信息科技有限公司	91500108MA5U46YQ03
重庆云采科技股份有限公司	91500108MA5YR2KH6D
重庆渝雕橡胶密封件有限公司	915001087717881745
重庆七斛生物制药有限责任公司	91500108MA5U5GQU5K
重庆仁思科技有限公司	91500108MA5UNXBJ4Y
重庆吾推网络科技有限公司	91500108MA600ELA1A
重庆同舟医药有限公司	91500108MA5UQW1Y74

续表

企业名称	统一社会信用代码
重庆城野科技有限公司	91500108MA5U42C23J
重庆雨墨科技有限公司	9150010859923715OT
重庆市七色精灵科技有限公司	91500108MA5U801H21
重庆德来旺实业有限公司	915001087093306O5M
重庆为名科技有限公司	91500108MA5UA36W6A
重庆慕网科技有限公司	91500108MA5U3TJXXN
重庆欣网逸通科技有限公司	91500108MA5UP9A08A
重庆合友人医疗器械有限公司	91500108MA5U4QN96T
重庆依玛克工业科技有限公司	91500108MA5U35D73B
重庆俞品馨文化传播有限公司	91500108352744572E
重庆四圣天星科技服务有限公司	91500108MA5YQ7972A
重庆特芮科技有限公司	91500108MA5U6U9J0W
重庆坤演科技有限公司	915001080656825833
重庆赛格车圣通信导航有限公司	915001087980061368
重庆聚祥科技有限公司	91500108331690958J
重庆唯众创农业开发有限公司	91500108MA5U5CBJ90
重庆画缇科技有限公司	91500108MA5U5Q677Q
重庆诺怡尔科技有限公司	91500108MA5UT6UW0G
重庆呢喃信息技术有限责任公司	91500108MA5YQPMA9T
重庆草益科技有限公司	91500108089100488G
重庆兵哥梦科技有限公司	91500108MA6002MC1B
重庆谦与小帆科技有限公司	91500108MA5YW3W89Y
重庆七帮科技有限公司	91500108MA5U616R80
重庆均略科技有限公司	91500108MA5U35652E
重庆永佳医院管理有限公司	91500108MA5YUMWP9Q
正和绿源检测技术（重庆）有限公司	91500000MA600RRM3Y
重庆尼尔森环保科技有限公司	9150010867865047X0
重庆天合盛科技有限公司	91500108MA5U62UA4J
重庆汇美科学仪器有限公司	91500108X21913511N
重庆思特奇信息技术有限公司	915001083395682957
重庆宝威实业有限公司	91500108MA5U5YKL2U
重庆永渝检验检测技术有限公司	9150010869390428XQ
重庆和泰木业有限公司	91500113MA5YQUQKX7
重庆知需科技有限公司	91500108MA5UTEWQ6E
重庆禹恒圣通信科技有限公司	915001085979767697
中铁二十局集团第三工程有限公司	9150000798017847A
重庆吉沃农业科技有限公司	9150010807367791X5
重庆骊咏科技有限公司	91500108305291769T
重庆尚然生物科技有限公司	91500108696566028B
重庆尉菡科技有限公司	91500108678683183C
重庆逻较科技有限公司	91500108MA5UAE4U7G
重庆弘圣医药有限公司	91500108MA5U3YFD4L
重庆斯帕勒科技有限公司	91500103588014090E
重庆光荣网络信息技术有限公司	91500108753063639F
重庆渝润新型管业有限公司	91500108086323395A
重庆艾曼娜生物科技有限公司	91500108MA5UN0AF5P
重庆寅翔智能科技有限公司	91500000MA5YMKLK9H

续表

企业名称	统一社会信用代码
重庆木舌科技有限公司	91500108MA5YUHD85T
重庆洁豪电子商务有限公司	915001083556229411
重庆兴际云大数据科技有限公司	91110105MA003LGJ8W
重庆恒利达显示技术有限公司	91500108MA5YUN6Q4L
重庆大卓厨房设备有限公司	915001085590476867
重庆成名天下科技有限公司	91500222075685526B
重庆长橡实业有限公司	9150010820316761XP
重庆近平工程勘测设计有限公司	91500108590509463D
重庆小跑步科技有限公司	915001083050147374
重庆淡墨飞舞科技有限公司	91500108094945872E
重庆鑫铝科技有限公司	91500108345870933H
重庆纬渝科技有限公司	9150010832777274XU
重庆青山隐医药有限公司	91500108066182329D
重庆世纪长和实业有限公司	91500108305188518F
歆钜高分子材料（重庆）有限公司	91500108MA5YT0LJ47
重庆艺标装饰工程监理咨询有限责任公司	91500108MA5U822Q8Y
重庆市中汇林激光技术有限公司	91500108MA5YRR1K8M
重庆莉莱食品有限公司	91500108X220358454
重庆米课教育科技有限公司	91500108MA5YQUW398
重庆波士兰顿服装有限公司	91500108MA5YQWHW6H
重庆尚洛机电设备有限公司	91500108MA60310E16
重庆九开科技发展有限公司	91500108MA5YTGY647
重庆澜科中药材有限公司	91500108781599895X
重庆砼磊混凝土有限公司	91500108585712184Q
重庆胜同铂飞光电科技有限公司	91500108MA5UA7PT3C
重庆朗盟科技有限公司	91500108559049294R
重庆市迪山科技有限公司	91500108795864362C
重庆德伦特农业科技有限公司	91500108MA5U77FX64
重庆钢川重型机械有限公司	91500108795877163H
重庆沐野家具有限公司	91500108MA5U6P6E7G
重庆沃野阳光电子商务有限公司	91500108MA5U3X4C3T
重庆业精橡胶制品有限公司	91500108572132076K
重庆这样学教育科技有限公司	91500108MA5UGJHX02
重庆瑾辰通信技术有限公司	91500108MA5XDUFN2L
重庆世玛德智能制造有限公司	91500108MA5U5N2D2A
重庆中圣轩文化传播有限公司	915001083203309571
重庆金越水务有限公司	91500108568715287U
海博瑞德（重庆）汽车动力控制系统有限公司	91500108MA5U7D7K5L
重庆中建郭家沱大桥建设运营管理有限公司	91500108MA5YNJ7921
重庆优霓维思科技有限公司	91500108MA5U5XG02Y
重庆天狼星医疗科技有限公司	915001083556781289
重庆爱尔麦格眼科医院有限公司	91500108584257650M
重庆品胜物联网技术有限公司	91500108MA5YPHR01B
重庆美迪舸科技有限公司	91500108MA5U715T3K
重庆合众慧燃科技股份有限公司	91500108MA5U9CWL0M
重庆银点工贸有限公司	915001087784826887
重庆瑞策科技有限公司	91500108552010127J

续表

企业名称	统一社会信用代码
重庆京藏电力储配技术开发有限公司	9150010835274023X0
重庆渝舟船舶设备有限公司	91500108742894912K
重庆南之山文化产业发展有限公司	91500108MA5U86353E
重庆望阳电子有限公司	91500108MA5UH3BB45
重庆贝贝龙生物科技有限公司	91500108MA5UMMQRXU
重庆中林广生科技有限公司	915001085761759979
重庆盛汇葛博数据科技有限公司	91500108MA5YRETG81
重庆飞象工业互联网有限公司	915001080949446931
重庆久上电子商务有限公司	915001083556442780
重庆芯讯通无线科技有限公司	91500108MA5YY8RM6M
重庆荣建电器有限公司	91500108MA5YXQYT1K
重庆品网科技有限公司	91500107552005176J
重庆重通智远空调设备有限公司	91500108MA5U79RQ0K
重庆雨木科技有限公司	91500108320394248N
重庆中渝固立智能科技有限公司	91500108MA5UN6XK9F
重庆正务广告传媒有限公司	91500108MA5YP4R22J
重庆图源物联网技术有限公司	91500108MA5ULELN8N
重庆坦承精密机械有限公司	9150010807232037X2
重庆溢权科技发展有限公司	91500108MA5UAJG28T
重庆华西易通建设股份有限公司	915001080703099195
重庆健萌科技有限公司	91500108MA5U3GY77P
重庆锦春科技有限公司	915001080960017445
重庆撒子果科技发展有限责任公司	915001083315368978
重庆讯飞慧渝人工智能技术研究院有限公司	91500108MA5YN9HT2A
重庆制导科技有限公司	91500107339475670D
重庆睿捷天诚科技发展有限公司	91500108MA60296X1R
重庆海邀网络科技有限公司	91500108345948331E
重庆轻足迹电子有限公司	91500108304807006J
重庆心蜜蜂电子商务有限公司	91500108MA5U31D48T
重庆均方机械制造有限公司	91500104327761063W
重庆金银花科技有限公司	91500108346016800X
招商局公路信息技术（重庆）有限公司	91500108MA5UMTFT5K
重庆杜米亚柯科技有限公司	91500105MA5UMR2U58
重庆百美新科技有限公司	91500108MA5UNERE3T
重庆追逐科技有限公司	91500108MA5YPUPD0J
重庆六扇门科技有限责任公司	91500108MA5UB6YG7N
重庆重通透平技术股份有限公司	91500108MA5U4BPB4E
重庆昆顶环保科技有限公司	91500108671004416X

【区科技局负责人】

党组书记：马　俊

局　　长：晏凤华

副 局 长：陈必伟　简　静

（区科技局）

科学技术普及

【概述】 2019 年，南岸区科学技术协会（以下简称“区科协”）机关在编在职 7 人，区科协主席 1 人、副主席2人、办公室主任（兼秘书长）1人，街镇科协15个，所属区级学（协）会13个，科普基地3个，企业科协21个。组织召开八届二次全委会，增补5位区科协八届委员会委员。2019年南岸区公民具备科学素质的比例为12.6%，提高0.9%。

【科普设施】夯实科普阵地，新建科普画廊5处，LED科普电子显示屏6块，科普活动室1个，总投资98.2万元，布局进一步完善。全区现有科普画廊134处，科普活动室79个，LED科普电子显示屏42块，科普长廊1处，科普公园3个，社区科普馆1个，科普大学教学点26个，基层科协工作阵地齐备，形成综合性科普服务全覆盖。

【科普活动】 开展和参加“知识产权日”“防灾减灾日”“科技活动周”“全国科技工作者日”“食品安全宣传周”“全国科普日”“公民科学素质大赛”等活动。

“全国科普日”活动围绕主题多样化展示人工智能、5G技术。区委常委、宣传部部长魏小红，区政协副主席曹廷中莅临指导主会场活动。各街镇、各相关部门、区属学协会、企业科协等20多个单位广泛开展宣传，15个镇街科协积极参与。主会场活动获得中科协办公厅“2019年全国科普日活动优秀组织单位”奖。

各镇街科协学（协）会、科普教育基地等基层科协组织将科普活动融入日常工作，围绕科技成果展示、青少年科技教育、生态文明与环境保护、安全生产、反邪教、食品药品安全、卫生健康咨询、专家义诊等主题开展了多方位的科学知识宣传，发放科普资料2万余册，群众参与率和受教育面不断扩大。

组织动员全区科协系统参加重庆市公民科学素质大赛，在全区范围内遴选优秀选手组成竞赛队伍，获重庆市公民科学素质大赛现场复赛三等奖。

联合区科委、经开区招商服务中心、各镇街及相关部门、区属学（协）会、企业科协在茶园金科永辉广场开展“2019年南岸区科技活动周暨全国科技工作者日”集中宣传展示活动，宣传科技工作者。

承办第34届重庆市青少年科技创新大赛；承办第19届中国青少年机器人竞赛暨2019世界青少年机器人邀请赛，圆满完成大赛筹备及组织工作的同时联合区教委积极组织本区学生参赛，取得优异成绩。完成第十三届南岸区青少年科技创新区长奖评选表彰工作，王若丞等29名同学被评为南岸区第十三届青少年科技创新区长奖、区长奖提名奖和区长奖鼓励奖。全年区青少年科技辅导员协会对全区科技辅导员开展了60多次科普培训；组织全区各中学生校开展了48项科技竞赛展示活动；在各类青少年科技竞赛活动中，共获得国际奖项63个，国家级奖项153个，市级奖项1111个，继续在全市保持领先。

邀请重庆邮电大学科学传播专家团、西南大学科学传播专家团、重庆市蚕丝学会科学传播专家团、重庆师范大学讲师团等多个专家团队在南岸9所中小学开展科技辅导、科普讲座，着重培养学生对科学的兴趣爱好，上万名师生受益。

【助力经济发展】 承办“2019中国云计算与物联网大会”。负责大会组织协调工作，邀请29家行业企业参加大会特邀论坛“中国智谷（重庆）科技园企业座谈会”，接待台湾云端物联网产业协会代表团到智谷园区和企业考察调研，促成中国电子学会、重庆市科协、南岸区政府、重庆邮电大学签署四方战略合作协议，“云物大会”永久会址落户南岸。

按照区委区政府统一部署，组织15名企业科技工作者参加中国国际智能产业博览会各项活动，区科协2名同志受到区内通报表扬。

协助区委区政府做好2019重庆英才大会区内组织工作，完成市对区该项工作考核任务。

做好院士专家工作站建站及服务工作。建立首家区级院士专家工作站——重庆工港致慧增材制造技术研究院院士专家工作站；为重庆泛嘉控股有限公司“非常规能源矿产勘探与开发院士专家工作站”入驻的3位“两院”院士申报高层次人才公寓需求。

【农村实用技术推广】 实施广阳回龙枇杷科普基地技术培训，常态化开展果树种植、栽培和田间管理的科普知识讲座、技术咨询。邀请重庆市中医药行业协会与南山街道双龙村开展村会合作，指导双龙村盆景技术。

【科普教育基地】 南山植物园科普基地、中药研究院等运用自身资源广泛开展科普教育。南山植物园科普基地2019年全国科普日活动获中国科协办公厅“全国科普日优秀活动”表彰。

【“三长”作用发挥】 镇街科协吸纳同级医院院长、农技站站长（农业服务中心主任、社事科科长）、学校校长担任科协兼职副主席，增补46人。各镇街科协以“三长”为龙头，组织参加各类科普活动、科普讲座，并密切联系农技、医疗卫生、教育三领域科技工作者，建立以教师、医生、农技人员为主要力量的科普讲师团，为基层送科普，提高全民科学素质，提升基层科协组织的凝聚力和影响力。

【科普示范创建】 推荐长生桥镇同景社区、花园路街道南湖社区申报重庆市科协“基层科普行动计划”项目，为两社区各争取专项资金15万元用于建设社区科普样板间。

推荐花园路街道南湖社区申报青少年科学工作室项目获补助资金2万元，用以加强工作室建设与运营管理，提高青少年科技教育服务水平，丰富社区青少年科技教育活动资源。

推荐龙门浩小学科技教师谭雪松获评2019年重庆市“最美科普志愿者”；《重庆科技报》以半版刊出题为“李紫微：闻香识中药 科普传大众”的南岸优秀科技工作者专题报道。

联合区科技局、区人力社保局、区国资委做好重庆市首届创新争先奖评选推荐工作，推荐重庆莱美药股份有限公司莱美药业胃肠消化系统药物研发创新创业团队申报先进集体，推荐重庆机床（集团）有限责任公司刘一冉、招商局重庆交通科研设计研究院有限公司阎宗岭2人申报先进个人。

【巡察情况】 3—5月，区委第四巡察组对区科协党组进行为期2个月的巡察，针对区委巡察组提出的问题，区科协党组逐条剖析，逐一明确责任人，逐项整改到位，修订完善制度52个，形成《南岸区科协制度汇编》，建立长效机制。

【学会建设】 深入各基层学会组织调研，倾听广大科技工作者意见建议，督促所属各学会组织按时按要求完成换届及社团年审等内部管理工作，帮助解决他们工作、生活中的实际困难和问题。按照上级要求认真落实南岸区反邪教协会筹建工作，指导南岸区税务学会完成换届。

【区科协负责人】

主　席：张学辉

副主席：谭远前　王　菁

马　俊（兼）　甘小彪（兼）

朱如生（兼）　朱静萍（兼）

刘家勤（兼）　杜　江（兼）

秘书长：李　梅（办公室主任兼）

（区科协）

文化 旅游

概 述

【概况】 2019年1月26日，原区文化委、原区旅游局、原区体育局合并为中共南岸区文化和旅游发展委员会（体育局）。

公共文化服务

【国家公共文化服务体系示范区创建】规划和统筹。完善了《重庆市南岸区创建国家公共文化服务体系示范区的实施方案》，制定了《南岸区关于创建国家公共文化服务体系示范区过程管理几项规定》《创建国家公共文化服务体系示范区建设任务督办表》等过程督办文件。

宣传。制定《南岸区创建国家公共文化服务体系示范区新闻宣传方案》，初步形成了中央媒体、地方媒体、自媒体和各类宣传点（阅报栏等）组成的"3+N"传播矩阵，促进了线上线下的融合。先后在《人民日报》《光明日报》《中国文化报》《半月谈》《新华每日电讯》、学习强国、中国政府网等中央媒体发表报道34篇（次），联同重庆市委撰写的《重庆南岸区加强公共文化"微创新"不断满足新时代人民群众对文化的需求》得到中央深改办的批示。在《重庆日报》、华龙网等市级媒体（包括电视台）发表48篇。在区级媒体开设专栏进行创建日常跟踪报道42篇，在"人文南岸"等公众号上发表原创文章163篇，总点击率超过50万次。制作了《南岸起风景·文化惠民生——南岸区创建国家公共文化服务体系示范区纪实》等展板，在区文化阵地重要道路沿线、阅报栏、灯杆道旗、建筑围挡处张贴创建宣传海报2300份，通过活动开展派发示范区宣传物料5万份，并在商业综合体的LED大屏上循环播放创建视频内容。初步形成了人人知晓、人人参与的创建氛围。

坚持融合发展。立足文化和旅游融合的大背景，利用"两个示范区"共创的独特优势，推动"公共文化服务+"，实现公共文化服务与文化旅游、休闲娱乐、城市更新、乡村振兴等领域有机融合，不断扩展公共文化服务新空间。

落实考核。制定并向各镇街发布《2019年基层综合文化服务中心免费开放绩效评价实施方案》，要求各街镇对标对表进行评估自查并准备考核资料，同时，委托第三方对基层综合文化服务中心免费开放情况进行满意度民意调查，对基层综合文化服务中心公共服务情况进行排名。对照市对区公共文化考核指标制定区任务分解表，将责任落实到人，收集汇总公共文化设施建设、公共文化服务供给、重大文化惠民工程、公共文化服务保障等方面内容，并梳理短板和不足。

创建过程中，南岸区坚持重心下沉，紧紧围绕"标准化、均等化、社会化、数字化"以及文旅融合、公共文化和社会治理融合发展（"公共文化服务+"）等五大领域，不断探索创新方式，打造具有示范性和引领性的创建亮点。（1）标准化：与重庆市市场监管局、市质量和标准化研究院达成合作，结合南岸区公共文化服务工作实际，以基层为特色，以公共图书、文博艺术、数字服务、文化志愿、群众文化等五个领域为重点，探索构建可复制、可推广的公共文化服务标准体系。（2）均等化：创建以来，南岸区全面提档升级镇街综合文化站和村（社区）综合性文化服务中心，通过惠民电影进农村、进工地、进特殊教育学校的方式，努力实现公共文化服务均等化。（3）社会化：引入社会力量建设图书馆社会分馆12个，文化馆社会分馆6个，并依托社会力量开展公共文化服务。（4）数字化：通过数字化手段，打破行政界限，在全区人群聚集区建立了自助书吧、喜马拉雅有声图书馆等，有效提升了数字化服务能力。

截至年底，根据《第四批国家公共文化服务体系示范区创建标准》和《南岸区创建国家公共文化服务体系示范区目标任务分解表》所梳理的7个方面、69个具体指标任务，实现创建指标达成率93%。在6月召开的"全国公共文化领域重点改革暨旅游厕所革命工作现场推进会"上，得到文旅部部长雒树刚的表扬及与会专家的肯定。9月，在文旅部国家公共文化服务体系示范区中期督察中，获得西部地区第一名。

公共文化服务设施

【概况】 2019年，以文化馆和图书馆等区级公共文化设施为引领，以15个镇（街）和147个村（社）基层设施为重点，实现了区、镇（街）、村（社区）三级公共文化服务设施的全面达标和覆盖，并全部实行免费开放。

【区文化艺术中心及文化艺术中心剧院】 南岸区文化艺术中心是一座集文化、娱乐、影视、培训、艺术表演、会议等多功能为一体的标志性文化设施，占地面积6646平方米，建筑面积12000余平方米。2003年建成，2012年由南岸区政府投入1500万元，对中心大楼实施了全面的大修改造。

艺术中心为公益二类事业单位，有事业正式在编人员2人，企业人员16人。实行企业化市场管理、社会化有偿服务。二楼的南岸区文化艺术中心剧场，以承办高档次文艺演出、会议及庆典活动为主。

2019年，南岸区文化艺术中心以建国70周年为契机，推动中心剧院业务量稳步增长，发挥区艺术中心的公共文化活动服务能力的整体功能，着力筹划高雅艺术惠民音乐会，实现社会效益和经济效益双丰收。

【区文化馆】 南岸区文化馆为国家一级文化馆，馆内设施齐全，机构完善，人员、功能布局合理，免费提供文化活动场所33个，面积超过总建筑面积85%以上。2019年在重庆市区县“三馆”免费开放绩效评价工作中被评为“一等”，参加中国文化馆年会并在开幕式上就南岸区文化馆总分馆建设经验进行了分享，以“优化资源·社会参与——重庆市南岸区文化馆总分馆建设扎实推进”为主题进行发言。

探索“一个总馆+多个分馆+若干服务点”模式，确定“两化”（街镇分馆标准化、社会分馆特色化）建设路线，采取“三明确”（明确职责、明确路径、明确需求）工作方法，及“五个统一”（统一业务建设、统一服务规范、统一人员培训、统一平台管理、统一绩效考核）方法保障总分馆建设。截至年底，完成分馆建设21个，3个特色分馆正在筹建中，已建成的分馆中有15个分馆建在街镇文化中心，其余6个特色社会分馆分布于全区各社会活动区域，涉及戏剧、音乐、演艺、展览等领域。

【区图书馆】 重庆市南岸区图书馆是国家（地级）一级图书馆，在2019年重庆市区县“三馆”免费开放绩效评价工作中获“一等馆”，免费开放考核成绩位居主城片区第三名。

总分馆服务建设。5月，在文化和旅游部公共服务司举办的推进公共文化领域重点改革任务落实培训班上，区图书馆受邀就本馆总分馆建设中的主要做法、特色亮点及主要成效进行了交流。6月，在“全国公共文化领域重点改革任务暨旅游厕所革命工作现场推进会”上，相关领导及专家对南岸区图书馆的总分馆建设以及数字平台建设等给予了高度评价，人民网、《中国文化报》、学习强国平台等中央媒体对此进行了报道。

业务研究。4月，在第九期“重庆市公共图书馆少儿服务馆员培训班暨2019年公共图书馆少儿服务工作交流会”上，南岸区图书馆受重庆市少年儿童图书馆的邀请，就“图书馆+”少儿阅读推广服务模式工作进行了交流发言。学术研究方面，区图书馆报送的《地市级图书馆总分馆制建设与服务创新初探》一文，在重庆市图书馆学会、重庆市高校图工委第八届学术研讨会论文征集活动中荣获“一等奖”。

全民阅读。区图书馆在2018年全民阅读工作中荣获中国图书馆学会“全民阅读示范基地”。区图书馆组织的选手在“我和我的祖国”2019年重庆市“红岩少年”阅读大赛——亲子阅读大赛决赛中荣获“一等奖”。

公共文化服务活动

【文化惠民】 2019年，实现文化惠民活动1808场，其中政府向社会力量购买公共文化演出服务455场，全民艺术普及活动466场、全民阅读推广活动170场、惠民电影906场，文博非遗展示展览6场。

【重大文化活动】 推动重庆国际马拉松比赛成为国际田联双金标赛事。创新打造了重庆广场舞展演、重庆南滨国际戏剧节、重庆国际时装周、重庆先锋艺术影展等全市性大型文化活动品牌。

持续提升南山农民丰收节、幸福南岸广场舞大赛、农民（工）歌手大赛、非遗民俗民风文艺展演暨社区文化节、青年歌手大赛、南岸区街镇美术书法摄影联展等8大区级活动品牌的影响力。

实施中国交响乐团进基层演出（进乡村、进工地、进学校），“南岸起风景 建设共同家园”文艺展演，舞剧《杜甫》鉴赏推介会，2019年中国舞协进基层系列活动（培训、讲座、演出），放歌新时代春季、秋季送演出进基层活动，“老街故事荟”，“歌唱祖国”——南岸区庆祝中华人民共和国成立70周年群众合唱音乐会，重庆市广场舞南岸区展演暨“幸福南岸”第十三届广场舞大赛，2019年重庆市广场舞展演等大型文化惠民活动70余场。

文旅产业

【国家级文化产业示范区创建】 同步推进国家文旅部国家公共文化体系示范区创建和南滨路国家级文化产业园区创建工作。6月，国家文旅部雒树刚部长在2019年“全国公共文化领域重点改革暨旅游厕所革命工作现场推进会”中，对南岸区南湖社区公共文化服务工作多次予以表扬。9月，南岸区以西部第一的得分通过了文旅部中期评估。南滨路国家级文化产业示范园区获创建主体资格，辐射带动作用得到增强。

【重点项目推进】 建成投用长嘉汇弹子石老街、龙门浩历史文化街区首开区、九街壹华里重庆首个非遗特色小镇、施光南大剧院、重庆四公里文化旅游集散中心、重庆国际马戏城、国瑞303艺术剧场、先锋艺术影院等一批品牌文旅项目。

融侨720度旋转立交、苏家坝立交成为“网红”打卡地，正在进行景观改造。迎龙湖国家湿地公园通过验收，广阳镇回龙桥村荣获“中国乡村文化旅游模范村”。

【招商引资】 引进重庆美电先锋电影制片厂、国家文保基地、三峡文物科研中心、故宫文物南迁纪念馆、重庆开埠遗址公园等一批国家级、市级重点文化旅游企业和文旅项目。与国内电视剧龙头企业浙江华策影视、国内文博龙头企业保利文化集团、国内最大的文化产业投资公司华人文化集团、重庆旅投达成合作协议150余亿元，正在推动项目落地。

【重点公共服务项目】 文化、旅游、体育公共服务谋“精”。以群众获得感幸福感为目标，推动全民阅读、全民艺术普及，并打造了梦想沙龙城市慢阅读、经典大讲堂、广场舞大赛、戏曲进校园等品牌文化活动。以全域旅游为目标，推动全区3A级以上景区实现Wi-Fi全覆盖，完成58座旅游厕所建设。以全民健身为目标，建成30个大健康社区服务促进中心，参加全国、市级各类比赛获得金牌68枚，银牌82枚，铜牌83枚，同时打破22项重庆市最高纪录。

文化、旅游、体育产业发展思“创”。推动文旅体产业创新发展。2019年，全区接待游客3931.01万人，实现旅游收入158.16亿元，同比增长32.83%。

历史文化遗产保护利用和全域旅游发展图“美”。紧扣“南岸起风景”推进历史文化遗产保护利用和全域旅游发展。先后完成了法国水师兵营旧址、于右任官邸旧址、《挺进报》旧址等国家、市级、区级文物修缮工作，正在推进弹子石摩崖造像、觉林寺报恩塔等国家、市级文物修缮。完成了第一次可移动文物普查。配合完成弹子石老街、龙门浩历史文化街区首开区、黄桷垭老街等历史文化街区和历史风貌街区建设。打造重庆首个非遗市集九街壹华里。推动国家非遗项目广阳民间故事基地建设。建设庆隆易汤南山温泉、重庆南山·海昌安坪露营温泉酒店、南山街道双龙村乡村旅游示范点等一批品牌旅游项目和商旅综合体。

文化、旅游、体育活动树“品”。以活动带动区域文旅体影响，提升品质，聚集人气，拉动消费。打造了重庆国际马拉松（国际国内双金标、中国四大大满贯马拉松赛）、国际女子半程马拉松赛、高尔夫中国巡回赛、全球旅行商大会、先锋艺术电影展、南滨路国际戏剧节、全国健身行业投资人论坛等品牌活动。

文化、旅游、体育安全保“稳”。做好放管服改革，服务好企业和群众。做好市场审批、行业安全和意识形态安全监管。全系统未发生重大安全生产责任事故和意识形态安全事故。

文旅市场

【市场管理】 市场巡查监管。落实市场监管常态化，做到文化、旅游、体育场所巡查监管齐头并进，实行科室分工负责、执法人员片区负责制，明确任务，压实责任，力争实现巡查监管全覆盖。对安全工作不到位、经营活动不规范的场所，在查处的同时还实行约谈备案制度，指出问题助其整改，做深做细做实巡查监管工作，提升执法效果。全年出动3690人次，检查旅游行业170余家次、网吧377家次、歌舞娱乐场所247家次、音像经营户36家次、书报刊市场99家次、游艺场所42家次、印刷企业175家次、电影73家次、复印52家次、文物153家次、演出场所25家次；现场跟踪监管经营性演出110余场次、讲座11场次。共查缴非法音像制品51张（其中盗版影视光盘48张、黄色淫秽光盘3张），查缴盗版出版物242本，没收非法报纸52份。

查处非法经营行为。全年对14家网吧、1家网站、1家旅行社、1家书店、3家印刷企业、2家电影院、1家体育电子竞技场所、1家擅自举办演出的餐厅进行了行政处罚。共办案24件，收缴罚款139908.5元。

处理群众投诉。秉承执法为民的理念，妥善处理群众投诉。先后处理电子游戏投诉1件、网吧接纳未成年人上网投诉5件、KTV歌厅噪声扰民投诉7件、旅游投诉98件。通过对违规经营户约谈教育、耐心调解、责令整改、行政处罚等方式，妥善地处理了这些投诉；同时将处理方式、处理结果与举报人进行了沟通，赢得了他们对文化执法工作的理解。

【市场执法】 查处非法演出行为。依法对重庆埠口餐饮文化有限公司未经批准、绕开经纪公司擅自聘请3名菲律宾演职人员进行非法驻场演出行为予以取缔，并罚款52000元。

查处旅行社非法经营行为。对重庆和谐国际旅行社有限公司组织的“［五星缅甸］曼德勒+蒲甘双飞五日游”旅游活动中擅自变更旅游行程，严重损害旅游者权益的非法行为进行查处，给予40000元罚款的行政处罚。

查处网站非法经营行为。对擅自从事经营性互联网文化活动的重庆趣投科技有限责任公司旗下网站提供涉嫌含有宣扬淫秽、暴力或者教唆犯罪内容的网络文化产品（一款游戏）的非法经营行为进行了立案查处，罚款5000元。其中重庆星美影院管理有限公司制造虚假交易、虚报票房、扰乱电影市场秩序案件被评为2017—2019年度“优秀案卷”，受到国家文化和旅游部通报表扬。

【安全生产】 抓好文化旅游体育场所安全。支队与各文化旅游场所签订安全生产目标责任书，明确工作职责、责任范围、责任内容，压实安全责任。制定《2019年度安全生产（消防）监督检查计划》、每月巡查检查方案。对安全工作不到位、经营活动不规范的经营场所，实行约谈备案制度，指出问题助其整改，做深做细做实了安全工作，提升监管效果，全年约谈场所法人或负责人20余人次。先后6次召开全区网吧、网站、旅行社、星级酒店、A级景区、印刷、娱乐、电影、出版物、演出、文物、体育等12个行业安全生产暨守法经营工作会，强化和抓好文化旅游行业安全生产，参会经营户1000余人次，强化各企业安全生产主体责任的落实。持续开展文化场所安全大排查大整治行动，坚持对全区文化、旅游、体育等行业开展安全生产大检查，督促生产主体强化安全生产措施，落实企业安全主体责任，保持安全工作常态化。

狠抓委系统安全工作。签订委系统安全生产目标责任书，通过层层签订责任书，明确工作职责与安全责任。建立“党政同责，一岗双责”领导班子成员安全履职档案。组织委机关全体干部职工、基层单位党政领导及安全员开展安全生产培训，学习安全法规与技能，提升干部职工安全生产意识。

开展文物安全巡查。对南山植物园印度驻渝使馆、南山抗战遗址博物馆、法国水师兵营旧址、英国大使馆旧址、大佛寺、美军招待所旧址等国家级重点文物保护单位的安全巡查工作坚持做到每月1次。对长江索道、空军坟、中央工业实验所旧址、于右任别墅旧址等市级文物保护单位的安全巡查工作做到每季度1次。加强对美国使馆酒吧旧址等区级文物的巡查监管，深化文物保护工作。

抓好国庆期间安全。组建4个安全检查组，每组分别由班子领导带队，实施对南坪地区、南滨路及弹子石片区、南山及黄桷垭片区、茶园片区分组检查，主要围绕文化、旅游、体育等行业，就场所消防安全、意识形态安全、守法经营、服务质量、环境卫生等内容进行全方位检查，排查整治安全隐患20余个，勒令整改。会同区交通执法大队对多家旅游企业开展开展“黑车”“黑导游”、旅游大巴安全资质联合执法检查，出动执法车辆11台次、执法人员45人次，现场检查旅游车辆60余台次，查获旅游“黑车”3台。健全委机关、委基层、区文旅企业（场所）间安全信息共享机制，通过微信群、QQ群及时将委主要领导关于安全工作的内容、指示、要求等进行及时传达和贯彻落实，增强了工作的针对性、时效性。落实机关、基层节日双人值班，保证值班电话24小时畅通，国庆假期全委系统参加值班达74人次。

日常安全业务。落实区安委会安全生产文件精神，通过拟制安全生产通知、方案、计划等文件形式向基层单位、经营场所予以贯彻，并向区安办按时上报安全工作总结、报表等资料。建立健全文化旅游委安全工作管理台账，搞好安全工作资料归档管理、分类放置，做好日常安全生产迎检与督察，强化对委基层单位日常安全工作的指导。

【扫黄打非】 加强出版物市场执法监管。把校园周边专项整治与出版物市场监管有机结合，严密排查非法政治性出版物，及时删除娱乐场所低俗类非法歌曲3首，在校园周边、背街小巷、景区等处收缴情色类书刊5本、淫秽光盘3张、盗版书130本，盗版教辅53本，净化校园周边文化环境。

强化对论坛、讲座、演出场所的监管。坚持对区文旅体经营活动内容进行现场跟踪监管制度，全年对110余场演出、11场次讲座进行了现场跟踪监管，保证意识形态安全。

开展“绿书签行动”。4月，为深化“扫黄打非”“护苗行动”，支队会同区教委在怡丰小学、南坪中学、茶园新城中学等学校开展“绿书签”活动。在窍角沱小学、天台岗小学、珊瑚中学举办“‘扫黄打非’护苗2019签名活动”，活动现场3000余名学生踊跃签名，倡导“远离盗版，从我做起”。借助“4•23日世界读书日”活动，向学生倡议开展“护苗行动”。借助学校升旗仪式、LED大屏幕等形式宣传拒绝盗版、绿色阅读，提高学生明辨是非的能力。

开展问题地图专项整治。5月上旬和6月中旬，区文化旅游委会同区委宣传部、区规划自然资源局，对辖区内的5家印刷企业、7家书店、1家景点、1家旅行社、11家图书商贸发行部等涉地图图书的企业（场所）进行了专项执法检查，总体情况良好。

开展“小耳朵”专项整治。选定绿洲龙城、四海花园、海昌加勒比印象3个小区为创建“无小耳朵”试点小区，会同属地镇街对小区住户擅自安装“小耳朵”非法行为进行了整治，拆除“小耳朵”8个。

【扫黑除恶】 大力倡议。在组织委机关、基层党员干部学习《致全市党员干部的倡议书》的基础上，发动干部职工和党员主动参与到扫黑除恶活动中来，积极摸排举报相关线索，并在为期三年的扫黑除恶专项斗争中，带头遵纪守法，勇于同黑恶势力做斗争。

广泛宣传。持续利用LED视频、网吧、影院和娱乐场所开展视频宣传，张贴宣传横幅、宣传海报，通过QQ群、微信群下发工作通知等形式大力宣传扫黑除恶工作；在全区各文旅市场经营场所悬挂宣传标语600余条，张贴宣传海报800余份，扫黑除恶专项斗争氛围浓厚。

借助驻村时机深入群众宣传。党委书记林莉、文旅委主任雷旺及委班子成员多次分别到广阳镇回龙桥村和涂山镇仁济路、金鹤社区服务群众工作联系点开展扫黑除恶宣传活动，重点对打击12类黑恶势力进行宣传讲解，并发放扫黑除恶举报宣传单。

开展黑恶线索摸排。书记、主任带队，深入一线场所开展走访，委分管领导分别与娱乐、印刷和网吧、旅游行业协会的负责人进行座谈，各文化行业协会领导对本行业经营场所进行暗访摸排，结合日常执法工作，对各经营场所进行座谈、了解、摸排；共移送扫黑办线索1条（桃园路和光电路KTV疑似有组织地从事陪侍服务）。

开展市场执法检查。会同区公安分局治安支队、区工商分局、区食药监分局、花园路街道等部门，对桃园路和光电路附近及其他KTV场所的无证经营、陪侍服务等违规行为开展联合执法检查，出动执法人员36人，开具各类执法文书80余份，遏制光电路和桃园路附近KTV经营乱象。

【品质城市建设】 强化公共文化服务。开展公共文化服务，上半年开展送公共文化服务进村252场，其中送演出209场、送图书阅览21场次、送展览讲座6场、送辅导培训2场、送法规政策宣讲14场，送电影进社区（村）688场，参与受惠群众约50000人次。

强化文明旅游宣传。开展“文明旅游健步走”区级示范志愿服务活动，在区内各景区景点建立志愿服务站点，设置志愿服务岗。开展文明引导、文明劝导活动，督促各景区利用LED屏、宣传栏等多种传播方式循环播放文明旅游公益广告，并在景区和酒店醒目位置增设旅游文明用语、温馨提示等宣传牌300余块，引导游客文明出行。

强化市场执法监管。将日常执法检查与三生三宜工作、文明城区建设、安全巡查以及扫黑除恶等工作进行有机结合，实行一同检查、一同督导、一同监管，对各文化旅游企业（场所）从实从严落实“门前五包”、文明经营及“文明窗口”建设、安全生产等工作，保持工作常态化。

做好文明城区复审测评迎检工作。调整以委党委牵头的全面提升城市管理服务水平加快“三生三宜”品质城市建设暨深化全国文明城区建设工作领导小组。先后召开文化、旅游、体育系统的深化全国文明城区工作动员部署大会2次、各类相关工作研讨会6次，对深化全国文明城区建设工作在文化、旅游、体育系统中进行广泛宣传动员。制定《区文旅委全国明城区测评指标网上申报部分、实地考察部分任务分解表》，将任务分解落实到各科室、各基层单位和辖区A级景区、星级宾馆等相关社会单位。

电　影

【概况】 重庆市江之南电影有限责任公司是南岸区文化委员会直管，且具有独立法人资格的国有电影文化企业。1996年11月，原南岸区电影发行放映公司、上新街电影院合并成立南岸区电影发行放映公司；2003年，南岸区电影发行放映公司和弹子石电影院从自收自支事业单位改制为企业；2009年5月，南岸区电影发行放映公司和弹子石电影院再次整合，成立重庆市江之南电影有限责任公司至今。公司位于南岸区弹子石群慧路1号，有江之南影城（南岸区弹子石群慧路1号）、江之南影城南坪（南坪南城大道199号一楼）两处经营场所，总资产809万元，经营面积1526平方米，2019年全年实现经济总收入230万元（电影放映总收入159万元，其他业务收入3万元，营业外收入68万元）。现有退休职工43人，在职职工26人，下岗职工7人。

【电影放映】 户外露天电影。保证国家公共文化服务惠民电影任务的圆满完成，同时拓展商业电影，与多个企事业单位及商家密切合作。

学生系列化爱国主义教育电影。始于20世纪80年代，在区委、区政府高度重视、关心下，爱教电影于2010年被列为南岸区教委“十大民生工程”，完全实现爱教电影涵盖全区中小学校。

【电影教育】 完成惠民公益电影市对区考核任务，放映1306场次（农村780场，农民工16场，社区510场）其中，包含特别场次室内放映点放映16场，公租房放映24场，养老院放映22场，部队放映23场；新建峡口镇室内放映点1个，并探索发放了便民服务卡，观众可预约和指定影片放映。

惠民电影。紧扣国家、市级重大时政和节庆主题抓好放映活动：1—3月完成了“金猪送福中国梦·惠民电影进万家——2019年重庆市欢度元旦春节惠民电影放映”活动。4月完成了“清明祭英烈”电影放映宣传活动，从4月底开始，接着开展“我和我的祖国——重庆市庆祝新中国成立70周年电影放映”活动，活动持续到10月圆满完成。11月底开始市级环保宣传放映活动，完成时间为2020年4月。与主题放映同步，于映前播放了习近平总书记系列重要讲话精神、全市各区县书记晒文化晒风景、扫黑除恶等贴片宣传片。

精准放映。围绕“乡村振兴”战略，实现全面小康精准放映。联合部门开展了南岸驻地部队拥军慰问及“安全文化进工地”农民工电影巡展专场。对接部门先后开展了环保主题系列宣传、卫生惠民政策和日常健康知识宣传，以及交通法律法规宣传。针对南岸区国家级公共文化服务体系示范区，以及公共文化产业示范区创建工作，特别打造了“惠民电影·精彩无限”“悦听电影·光影随行”走进特殊教育中心两个专项活动，对2019年9月顺利实现国家公共文化服务体系示范区中期督察阶段目标，起到推进作用。

爱教电影。全年实现学生爱教电影放映学校56所，1200余场次，观影学生8万人次，实现100%观影。精心策划2019年南岸区“我和我的祖国——庆祝新中国成立70周年”学生爱教电影主题放映活动。为延伸爱教电影平台，举办多年的“银幕下的童心”电影征文和漫画评选优惠展映活动，4—5月完成了第14届活动征文和漫画评选表彰。

拓展动作。拓展市场运作放映惠民电影1502场：7镇、1街签约惠民电影放映场次放映780场，高校、中职电影签约场次放映12场，其他企事业单位商业电影已放映210场，映前贴片广告500场。

文　物

【安达森洋行旧址修缮及故宫文化项目】 完成安达森洋行旧址4栋文物建筑、4栋传统风貌建筑修缮及环境整治工程。同时，推进安达森洋行旧址故宫文化项目落地，并取得实质性进展。明确由融创重庆阳光壹佰房地产有限公司作为业主单位，全面实施该项目建筑内装、展陈及后期运营工作。现已完成项目整体业态与内装设计，完成故宫文物南迁纪念馆展陈方案设计、展陈大纲编写、资料整理等工作。

【弹子石摩崖造像修缮】 弹子石摩崖造像修缮工程已由区政府确定采购方式及采购限价，正按要求推进该项目的公开招标工作。已申报五佛殿修缮采购工作，开展大佛寺公园（弹子石摩崖造像建设控制地带内环境整治）设计，预计在2020年3月底前完成方案编制。

【觉林寺报恩塔修缮】 觉林寺报恩塔修缮工程于2019年11月20日正式入场实施修缮工程。完成报恩塔外立面脚手架专项搭建、室内外抹灰剔除及环境设计工作。

【开埠遗址公园建设】 为开埠遗址公园方案设计梳理资源本底，参与设计方案论证，三峡博物馆正在积极完善方案设计工作。

【西部新区文保基地建设】 已完成1号楼外墙真石漆施工，正在安装铝合金门窗。完成2号楼主体结构，砌体工程完成50%。完成3号楼砌体70%。完成车库四段主体施工。完成4号楼基础地梁。

【创新举措】 开展挖掘南岸历史文化资源、宣传南岸内涵底蕴、讲好南岸故事相关工作，完成区历史文化故事性书籍《南岸掌故》编写工作。

启动南岸区历史文化遗产系列片拍摄工作，以广阳岛机场抗战遗址及老君洞为主题，完成两集短片制作。

开展各项历史文化宣传展示活动，助力南岸区创建全国公共文化服务体系示范区。举办2019“国际博物馆日”暨重庆市第十届文化遗产宣传月系列活动，在《挺进报》旧址举办“红岩精神”主题讲座。在区行政服务中心举办《国之瑰宝》——中国国家博物馆馆藏精品图文临展。配合区委宣传部在爱国主义教育基地《挺进报》旧址开展“不忘初心、牢记使命”主题教育专题学习，全区90余个单位、1400余人次参加活动。在南坪实验小学康德校区、上浩社区皓月广场等地举办《挺进报》旧址精品展巡展。

【区文化旅游委负责人】
党委书记：林　莉
主　　任：雷　旺
副 主 任：李真平　朱　健　苏　斌　卢佃明
　　　　　庄兆敏　彭　均
　　　　　杨忠仁（执法支队支队长）

（区文旅委）

新 媒 体

南岸区融媒体中心

【概况】 2019年，为加强和改进党的新闻舆论工作，成立重庆市南岸区融媒体中心（以下简称“区融媒体中心”），为区委管理的正处级全额拨款公益一类事业单位，归口区委宣传部领导。同时撤销重庆市南岸区南岸报社（南岸网站）和重庆市南岸区南岸电视台。区融媒体中心荣获2019年南岸区“巾帼文明岗”。《南岸报》获得“2019年优秀区县报”，连续9年获得此荣誉。

【运行情况】 实现无安全播出事故。确保电视播出、传输过程中的节目完整、信号安全和技术安全。

坚持正确舆论导向。推出《沿着习近平总书记指引的方向前进》《大城智管》《扫黑除恶进行时》《聚焦智博会》《走进我们身边的“五长”》《一把手访谈录》等专题栏目。

提升对外宣传能力。2019年，在重庆电视台各档栏目用稿量200条。其中，《重庆新闻联播》99条。

加强平台建设。全域重庆——《幸福南岸》推出6个板块，推送栏目399期，南岸新闻960条；南岸手机台推出《学习强国》《镜看南岸》《新闻多一度》《南韵》等新栏目，手机台访问量665323次。《南岸报》出刊145期，发布原创稿件3000余篇；南岸网发布原创及转发稿件5300篇；在全市区县媒体率先推出首个新闻小程序——“包子日报”，全年外宣刊发稿件102条，其中，中央级媒体7条，同比增长100%。

【重大事件报道】 全年先后开展了《习近平总书记视察重庆重要讲话》系列报道、《贯彻落实习近平新时代中国特色社会主义思想》系列报道，策划开展“庆祝新中国成立70周年”系列报道和“2019年智博会”专题系列报道等。

（王璞）

档案 地方志

档　案

【概况】 2019年，根据机构改革方案，不再保留与区档案馆合并成立的区档案局，原区档案局承担的行政职能划归区委办公室，区档案馆作为区委办公室所属事业单位。

【数字档案馆建设】 区档案馆通过“国家级数字档案馆”测试验收，成为重庆市第四家“国家级数字档案馆”。

【档案保管利用】 区档案馆坚持馆库以及服务器机房每日巡查登记制度、隐患登记销号制度。节假日前后以及重要时间节点，组织专人对重要部位进行安全大检查，消除安全隐患。与第三方签订维保协议，派专业人员每周对馆内消防设施进行检查，数据安全保障有力，馆藏所有数字化档案经由市档案局统一到上海进行异地备份。与第三方签订数字维保合同，对数字档案数据库进行安全维护。

2019年，区档案馆接待档案利用查阅4338人次，调阅6621卷次，复印17067页。

【依法治档】 推进网上行政审批和“互联网＋监管”系统改革。按照《关于开展“互联网＋监管”系统事项梳理填报工作的通知》要求，领取监管事项目录清单，编制行政检查事项实施清单。所有行政审批事项均在市网审平台上运行，并及时更新完善行政审批事项，确保数据更新及时并上报审核通过。

【机构改革】 按照《关于机构改革中档案管理和处置工作的实施意见》要求，做好涉及机构改革的部门和单位的档案接收进馆工作。根据实际工作情况和需求，给予部分撤并单位全宗号。与区科学技术局、区住房和城乡建设委员会、区机关事务管理局、区行管办、区迁建办等多个部门、单位沟通联系，处理档案流向和处置、归属争议等问题。

【档案资源拓展】 接收2家单位2001—2015年文书档案89盒、3484件，光盘6张。接收区民政局2017年婚姻档案382盒、15628件。

截至年底，区档案馆馆藏全宗单位286个，共90521卷、10503盒、410212件档案。其中，文书档案

43936卷、6135盒、207624件，专门档案46585卷、4368盒、202588件。专门档案中会计档案5739卷，科技档案85卷，婚姻档案5771卷、4202盒、184635件，学籍档案2616卷，案件档案2716卷，工商企业登记档案7168卷，实物档案100件（计入卷数），照片档案137册（计入卷数），声像档案84卷，小康建设32卷，土地确权档案130盒、17235件，科学发展观办公室（已撤销）档案305卷、36盒、718件，天然林保护档案41卷，殡葬档案56卷，国有企业人事档案21735卷。另有代管寄存的43个破产企业档案51811卷。

地 方 志

【概况】 南岸区地方志办公室在南岸区地方志编纂委员会指导下开展工作，是南岸区年鉴编纂发行、大事记资料收集整理等具体承办单位。位于南岸区江南新城广福大道1号，与南岸区档案馆合署办公。有编制2人，实编2人，其中南岸区地方志办公室主任（兼）1人、志鉴编研科科长1人。

【交办业务】 完成《重庆市年鉴》（南岸区部分）撰稿任务6000余字。参加重庆市地志办举行的业务培训和学习教育活动。5月16日，参加重庆地志办召开的主城片区专项调研座谈会并作“南岸区方志工作经验总结”交流发言。完成援藏任务，指派专人亲临西藏察雅县开展工作指导，承担《察雅县志》校对工作，并对察雅县援助资金2万元。

【年鉴编纂】 2月初，起草《〈南岸年鉴〉（2019）组稿通知》，为撰稿单位厘清任务提纲，统一撰稿格式，明确组稿任务，保证组稿质量，固定交稿时限，在保证稿件质量基础上、按时完成组稿任务。11月，完成《南岸年鉴（2019）》的公开出版发行任务，为出席区“两会”的代表和委员了解南岸全年发展情况提供参考资料。《南岸年鉴（2019）》共60余万字，全面记录了2018年度南岸区经济、政治、社会和文化教育等情况。

【大事记】 《南岸区大事记》按月发行。资料收集做到时间、地点、人物、事件四落实，为领导咨询及有关单位的利用提供第一手资料。年初，重庆市巡视工作组来区巡视，即以2017年至2019连续三年《南岸区大事记》资料为参考。全年完成《南岸区大事记》12期、60000余字。

【民间修志】 鼓励民间人士挖掘南岸区抗战历史和特色文化，为人们提供南岸真实的历史。民间人士先后出版发行了《黄桷小屋》《黄桷古渡》等，从另一侧面呈现了抗战时期发生在南岸的历史事件。

【志书交流】 开展志书交流工作，其中区县志书交流18次，跨省市交流7次，推进了不同地域之间文化的传播和志书的异地保存。

【资料利用】 全年接待来访来电查询资料15次，为有关单位提供有价值文字资料、历史老照片及线索11次，充分发挥了地方志资政、存史、教化的作用。

【区档案馆负责人】
馆　长：余洪泽
副馆长：胡大进　陈远斌

（范相洲　马玉风）

卫生健康

概 述

【概况】 2019年3月27日，原南岸区卫生和计划生育委员会更名为南岸区卫生健康委员会（以下简称“区卫健委”）。机关有行政编制19名，实有在编公务员18人，其中，委领导7人，二级班子正副职6人。机关内设办公室（纪检组织科）、规划财务科（信息科）、政策法规科（行政审批科）、医政科（医改办）、基层卫生健康科、公共卫生科（卫生应急办、重庆市南岸区爱国卫生运动委员会办公室）、人口与家庭发展科。

区卫健委直属全额拨款事业单位5个：重庆市南岸区卫生健康信息系中心、南岸区基层医疗卫生管理中心、南岸区疾病预防控制中心、南岸区妇幼保健计划生育服务中心、南岸区精神卫生中心。直属（代管）参公单位2个：南岸区卫生计生监督执法局、南岸区计划生育协会。直属综合性医院2个：重庆市第五人民医院、南岸区人民医院。直属基层医疗卫生机构10个：弹子石街道社区卫生服务中心、龙门浩街道社区卫生服务中心、南山街道社区卫生服务中心、南坪街道社区卫生服务中心、铜元局街道社区卫生服务中心、长生桥镇卫生院、广阳镇卫生院（南岸区东港中心医院）、迎龙镇卫生院、峡口镇卫生院、鸡冠石镇卫生院。管理民营医疗机构23个：重庆现代女子医院、重庆圣保罗医院、康平医院、重庆南城医院、重庆国晟中西医结合医院、重庆盛景医院、重庆爱尔麦格眼科医院、重庆国医堂医院、重庆华医中西医结合医院、重庆鹏爱医疗美容医院、重庆星宸整形美容医院、重庆南岸华仁护理院、重庆南岸南华护理院、重庆成佳牙博士口腔医院、重庆南岸摩尔口腔医院、重庆慈佑中西医结合医院、重庆小米熊儿童医院、重庆荣美医疗美容医院、西南计算机有限责任公司职工医院、重庆学府医院、重庆创太达尔康医院、重庆远大中西医结合医院、重庆南岸慈济护理院。

2019年，南岸区有各级各类医疗机构596个，其中非营利性医疗卫生机构151家（非营利性非政府办54家，非营利性政府举办97家），营利性医疗机构445家。有三级甲等医院3所（重医附二院江南分院、武警重庆总队医院、重庆市第五人民医院）、二级医院16所（含10所专科医院）、一级医院21所。

全区医疗机构床位7291张，每千人口拥有床位约8张。卫生技术人员8052人，每千人注册医师约4人（3839人）、注册护士约6人（5685人）（不含武警总队医院）。全区拥有核磁共振、螺旋CT、DR机、高压氧舱、全自动化学发光仪、超声乳化仪、两微米激光治疗仪等多种先进诊疗设备。医疗机构出院人次12.3万人次，手术量突破3万人次。平均住院日8天，医疗服务满意度达到90%以上。

2019年（以常住人口统计），南岸区总人口945711人，出生11269人，政策性生育率为99.31%，自然增长率为7.1‰，其中：出生男孩5762人，出生女孩5507人，出生人口性别比为104.63。

医疗卫生

【医疗体制改革】 统筹推进医药卫生体制改革。按照全市统一部署，结合区委、区政府全面深化改革的总体要求，开展全面深化医药卫生体制综合改革工作，持续推进医疗服务、医疗保障、药品供应、公共卫生、监管体制综合改革。成立以区长陈一清为组长的深化医药卫生体制改革专项领导小组，制定了医改专项小组工作规则和专项小组办公室工作细则，制发2019年区深化医药卫生体制改革重点项目计划和工作要点，定期督促推进目标任务落实。制定《重庆市南岸区健康产业发展规划》（2018—2030年），推动大健康产业发展。

继续深化公立医院综合改革。（1）全面加强公立医院党的领导，医院章程试点推广到区内二级以上公立医院。（2）完成取消耗材加成同步调整医疗服务价格改革，完善政府投入机制，药品“零差率”销售价格补偿率91%。（3）启动公立医院薪酬制度改革，在市五院开展薪酬制度改革试点，试点医院医疗收入同比增长7.5%，药品收入占医疗服务收入同比下降3.5%，材料收入占医疗服务收入同比下降 1.6%。（4）增强医疗服务能力，实施改善医疗服务行动计划及 12 项医改便民措施，患者满意度 92.69%。（5）深化医保支付方式改革，开展 DRG 付费改革试点，健全大病保险政策及困难人群医疗救助，夯实全民医保体系。（6）推进独立设立区精神卫生中心的相关工作。完成区域医疗机构数据全覆盖，打造三库融合体系。

巩固医疗联合体建设。“1+3+X”区域医联体模式逐渐成熟，有成员 30 家，紧密型医联体建设增加 2 家，共计 4 家。畅通“三通”机制，促进分级诊疗及全区医疗服务水平的提高。上级医院病人下转较上年增长 27%，超过 15% 的考核指标。

深化基本卫生综合改革。（1）出台南岸区《家庭医生签约服务费管理办法》，推进医防融合。（2）推进社区卫生服务站和村卫生室运行管理改革工作，制定印发《南岸区社区卫生服务站管理办法（试行）的通知》（南卫健发〔2019〕373 号），夯实社区卫生服务中心（站）及镇村医疗卫生一体化管理，落实基本公共卫生和基本医疗职能。（3）以基层医疗机构能力等级评审为抓手，提升基层医疗机构综合能力。龙门浩街道社区卫生服务中心通过市级评审，达到国家标准（甲级）。

医疗卫生领域“以案四改”试点工作。按照区委、区纪委《南岸区医疗卫生领域“以案四改”试点工作方案》要求，针对学府医院骗取医保基金案暴露出的问题，联合区医保局等部门开展“以案四改”专项检查，以依法执业和欺诈骗保为重点组织开展医疗机构全覆盖专项整治，对辖区内各级各类医疗机构开展执法检查 207 户次，立案 24 件，发出行政处罚决定书 10 件，罚款金额 30 余万元。并以此为契机，推进全区医疗业务数据互联互通，对辖区内民营医疗机构、社区卫生服务站、村卫生室及诊所进行全量数据汇聚，加大居民电子健康卡推广及运用，建设区域银医智助系统，实现健康卡使用、居民相关健康档案查询及健康一体化管理，全方面提升居民的健康水平。

【智慧医疗建设】 落实区政府与中国科学院大学战略合作协议关于共建南岸区智慧医疗项目，区卫生健康委率先在全市创新提出引入银行投资，与建行南坪支行签订“南岸健康智慧医疗”项目合作协议，引入资金 8000 万元，为推动卫生事业发展探新路，实现共赢发展。

【基本公共卫生服务】 全年新增基本公共卫生服务项目 19 项，共 31 项，筛选开展项目 26 项及家庭医生签约服务。

全区基本公共卫生服务项目人均补助标准提升到 63 元 / 人。全区家医签约服务居民 28.04 万人，重点人群签约服务率 84.9%，特殊人群签约率 100%。城乡居民电子健康档案建档率提高到 77.05%，居民知晓率 54%，免疫规划预防接种率 95%，孕产妇系统管理率 94.70%，0 ～ 6 岁儿童健康管理率 95.78%。65 岁以上老年人健康管理覆盖率 60.13%，高血压患者规范管理率 60.73%，糖尿病患者规范管理率 61.74%，65 岁以上老年人和 0 ～ 36 个月儿童中医药健康管理率分别达到 50.49% 和 73.68%。严重精神障碍患者在册报告患病率 3.93‰，规范管理率为 84.21%。

南岸区围绕“社会心理服务体系试点建设”新课题，启动为期三年的社服心理服务体系建设工作，通过培育自尊自信、理性平和、积极向上的社会心态，促进社会安定和谐。全年在教育系统 63 所中小学中建成心理健康辅导室，共建设 85 个学生心理辅导站。医疗系统检测 1 个心理治疗门诊、5 个心理门诊和 11 家基层医疗机构心理咨询室；完成基层 15 个镇街、49 个村社心理咨询场所的建设，43 家党政机关企事业单位为员工或服务对象提供了心理健康服务，超过 30% 的党政机关企事业单位开展了多种形式的心理健康科普宣传和心理服务。

【疾病防控】 艾滋病防治。完善艾滋病综合防控，扩大检测覆盖面，加强辖区高危人群干预，深化“三位一体”感染者随访管理模式，推进美沙酮门诊的规范正常运转。全区医疗机构主动开展咨询检测（PITC）186155 人次。各社区医疗机构开展感染者随访管理工作，随访管理率 96.8%。重庆市第五人民医院开展艾滋病免费抗病毒治疗工作，全部感染者治疗覆盖率 85.1%。美沙酮门诊维持治疗累计入组 1398 人。

结核病防治。加强和规范结核病防治工作，持续推进以南岸区疾病预防控制中心、重庆市第五人民医院、南岸区基层医疗机构“三位一体”的新型结核病防治服务体系建设，明确辖区各医疗卫生机构的结核病防治工作职责，形成职责清晰、分工明确、协作有力的工作机制。推进学校结核病防治工作，与南岸区教委加强联防联控，继续推进每月学校肺结核疫情专题分析及风险评估，落实学生患者治疗及休复学管理。全年发现肺结核患者 432 例，肺结核患者登记管理率 99.77%，在治疗肺结核患者的规范管理率 97.57%，肺结核疫情总体到位率 96.37%，肺结核患者成功治疗率 93.71%。

免疫接种。2019 年国家免疫规划、非免疫规划各类疫苗报告接种 473515 剂次，各类免疫规划疫苗报告接种率均在 95% 以上。接种率调查显示（基础免疫）：建卡率 100%，建证率 100%，卡证符合率 100%；卡痕阳性率 100%；卡介苗接种率 100%，合格接种率100%；脊灰疫苗全程接种率100%，全程合格接种率100%；百白破三联疫苗全程接种率100%，全程合格接种率100%；麻疹类疫苗接种率100%，合格接种率100%，及时接种率98.21%；乙肝疫苗全程接种率100%，全程合格接种率100%，首针及时接种率95.24%；流脑疫苗全程接种率100%，全程合格接种率91.67%；乙脑疫苗接种率100%，合格接种率97.62%；甲肝疫苗接种率100%，全程合格接种率99.11 %；八苗全程接种率100%，全程合格接种率91.07%。开展AEFI监测工作，对病例均进行规范报告和处置。

慢性病防治。管理高血压患者47688人，任务完成率93.51%，规范管理率60.73%，最近一次随访血压达标率53.48%；管理糖尿病患者18579人，任务完成率109.29%，超额完成任务，规范管理率为61.74%，最近一次随访血糖达标率为52.29%；65岁以上老年人健康管理率为60.30%。全年全区报告死亡病例4630例，粗死亡率为508.79/10万，标化死亡率472.48/10万，前六位死因分别为：循环系统疾病、恶性肿瘤、呼吸系统疾病、损伤与中毒、内分泌、营养与代谢性疾病。继续开展了心脑血管事件报告和肿瘤登记报告工作，全年全区发生心脑血管事件3739例，粗发病率410.88/10万，标化发病率356.29/10万（其中脑卒中3270例，粗发病率359.34/10万，标化发病率312.18/10万；急性心肌梗死426例，粗发病率46.81/10万，标化发病率39.94/10万；心脏性猝死43例，粗发病率4.73/10万，标化发病率4.17/10万）；新发肿瘤病例2684例，粗发病率294.95/10万，标化发病率200.96/10万。截至12月25日，全区报告慢性阻塞性肺部疾病9032例，报告发病率为992.53/10万，其中慢性阻塞性肺部病例4911例，慢性支气管炎2302例，肺气肿1819例。

地方病和寄生虫病防治。开展碘营养监测工作，监测结果显示，8～10岁学生家用食用盐合格碘盐食用率为95.50%，学生尿碘中位数为188.88 μg/L，甲状腺肿大率为4.00%；孕妇的家用食用盐合格碘盐食用率99.00%，尿碘中位数为196.08 μg/L，达到碘缺乏病消除的技术指标。开展疟疾疫情监测工作，完成疟疾血检500例，任务完成率为100.00%（500/500），复核50张血片，复核率10.00%（50/500），未发现疟疾本地病例。开展布鲁氏菌病监测工作，在与牲畜及畜产品有接触的重点职业人群中进行了布鲁氏菌病血清学检测，血清学检查结果均为阴性。开展肝吸虫感染情况监测，人群、淡水鱼、保虫宿主肝吸虫感染阳性率均为0；人群肝吸虫卫生常识与行为状况调查显示，肝吸虫病知晓率50.67%，肝吸虫病防治知识知晓率为31.33%，防治行为知晓率82.00%，防治态度知晓率82.67%。

【公共卫生应急处置】 2019年规范处置食物中毒事件4起，其中野菜中毒1起、副溶血性弧菌食物中毒1起、金黄色葡萄球菌食物中毒1起、亚硝酸盐中毒1起，均按相关要求及时进行网报。

传染病报告。根据传染病报告信息管理系统统计：全年无甲类传染病报告，报告乙丙类传染病18种（病毒性肝炎归为一种），12059例，发病率1325.17/10万，死亡数35例，死亡率3.85/10万，传染病病死率0.29%。与2018年（发病数13052例，发病率1464.87/10万，死亡17例，死亡率1.91/10万，传染病病死率0.13%）相比，病例数下降7.61%，发病率下降9.54%，死亡数上升105.88%，死亡率上升101.57%，传染病病死率上升123.07%。

突发公共卫生事件。全年发生传染病类苗头疫情447起［手足口病166起，水痘87起，其他感染性腹泻病（诺如）11起，呕吐腹泻聚集事件7起，其他感染性腹泻病（副溶血性弧菌）1起，流行性感冒76起，流行性腮腺炎2起，不明原因肺炎3起，登革热75起，急性出血性结膜炎8起，疱疹性咽峡炎6起，出血热1起，风疹3起，猩红热1起］，与2018年（314起）相比增加了42.36 %。经过区疾控中心及14家医疗机构卫生应急队伍的现场应急处置，其中12起达到突发公共卫生事件网络报告标准，仅3起达到突发公共卫生事件一般级别标准，9起为未分级事件。2019年累计主动向学校（托幼机构）反馈传染病个案信息1593次，保证学校疫情防控关口前移效果，有效降低暴发疫情风险，辖区公共卫生三级网络有效运行。

重点疾病监测。100%完成霍乱、SARS及人禽流感、手足口病、登革热、流行性感冒等重点传染病监测任务。

【妇幼保健】 提升妇幼保健服务质量。全年全区妇女常见病筛查率112.60%、孕产妇系统管理率94.70%，7岁以下儿童保健覆盖率95.78%，婴儿死亡率2.539‰；预防艾滋病、梅毒、乙肝母婴传播工作取得新进展，全区孕产妇进行HIV抗体、梅毒和乙肝两对半检测7703人，检测率均达99.9%；为6005名城乡适龄妇女免费进行“宫颈癌”筛查，为6019名城乡适龄妇女免费进行“乳腺癌”筛查；免费婚前医学检查工作持续开展，全年免费婚检3165人，初婚婚检率51.92%；持续加强出生缺陷三级干预，国家免费孕前优生健康检查持续开展，全年检查1952人，孕优检查目标人群覆盖率100%。全区发放国家免费避孕药具38.75万元，药具发放率104.56%。落实待孕妇女服用叶酸工作，全区发放叶酸28316瓶， 新增服用7378人，新增叶酸服用率96.60%。新生儿四病筛查率98.78%，0～6岁儿童眼保健和视力检查覆盖率95.76%。

强化产科质量建设。推进全区爱婴医院质量建设，完善全区产科质量管理控制制度体系建设，通过市区两级母婴技术专家开展相关技术培训。5月，开展“当好主人翁，建功新时代”为主题的母婴安全知识和技能竞赛，提升全区产科质量控制和服务技术指导水平；依托市五院成立的全区高危孕产妇和新生儿救治中心，持续完善以预警管理、孕情监测、转诊救治为重点的全区危重孕产妇规范化转诊救治制度，畅通绿色救治通道。加强非医学需要的剖宫产率控制管理，全区助产医院非医学需要的剖宫产率得到有效控制。

加强托幼机构卫生管理。对全区88所托幼机构进行托幼机构卫生保健评价，其中新设立19所、三年到期69所。全年进行托幼机构现场督导检查192次。

【基层医疗卫生】 推进一体化管理。持续推进社区卫生服务中心（站）、镇卫生院（村卫生室）服务一体化管理，即体制、人员、业务、药械、资产财务五统一。

强化信息化管理。加强社区卫生服务站、村卫生室HIS和公卫系统的运用监管。

持续提升能力。下发《关于转发重庆市2019年度基层卫生人员能力提升培训项目实施方案的通知》，组织区级培训机构、相关管理人员及专业技术人员培训6期、80余人。

强化保障。完成乡村医生执业证书有效期满再注册23人。加强村医工作激励保障，落实全区乡村医生2500元/人/月专项补助，完善村级卫生服务综合绩效考核和分配机制。推进离岗乡村医生养老和医疗补助保障政策，全区已有40名离岗村医完成认定工作并享受政策补助。

【中医药发展】 落实中医药法，推进中医药法实施。推进中医诊所备案制，对申办者做到当场申请、当场审核、当场发证，开展“首批确有专长医师资格考核”工作。

夯实基层服务网底，提升中医药服务能力。开展全国基层中医药工作先进单位复审工作，对全区41个村卫生室进行中医综合服务能力升级，市五院康复医学科与铜元局街道社区卫生服务中心康复科建立紧密型医联体。

实施基层中医药服务能力“十三五”行动计划。全区100%的社区卫生服务中心、镇卫生院、社区卫生服务站和75%的村卫生室能开展中医药服务，基层医疗机构门诊中医药服务率占比52%。

重视中医人才队伍建设，提升基层服务能力。社区卫生服务中心和镇卫生院中医类医师占同机构医师总数的20%～25%。社区卫生服务站和75%以上的村卫生室具有1名以上中医类别的医师或能提供中医药服务的临床医师，每万名居民拥有0.4名中医类别全科医师。

重视基层专科建设，提升特色服务水平。龙门浩街道社区卫生服务中心和长生桥镇卫生院、峡口镇卫生院针灸科被评为市级基层中医药特色专科。

弘扬中医药文化，推进中医药继承创新。挖掘整理市级名中医夏中和学术思想和临床经验，完成经验集编写。开展区级“第二届师带徒”、中医药适宜技术推广工作及中医药适宜技术比赛，全面提升群众对中医药服务满意度。

持续开展中医药法宣传，中医药法传播深入基层。委属社区卫生服务中心、镇卫生院开展“中医中药中国行”主题宣传活动10场次，为群众提供中药饮片、推拿、贴敷等中医药适宜技术服务500余人次。发放中医药宣传资料2000余份。

推进基层中医馆健康信息平台建设。推动区卫生健康委、区中医院、基层医疗机构三级互动共建区中医平台，形成1+1+N的高效建设服务管理模式。

做好中医药健康管理。2019年全区完成65岁及以上老年人中医药健康管理56367人，管理率50.49%。完成0～36个月龄儿童中医药健康管理26188人次，管理率73.68%。全年孕产妇中医药健康管理12954人。高血压病基础指导74324人次，专业指导9503人。2型糖尿病基础指导31766人次，专业指导4255人。

强化中医医疗行为规范。开展全区中医医疗机构现场年度校验。

【卫生监督执法】 全年受理举报投诉102件，办理和回复率均100%。全年立案查处卫生健康行政处罚案件177件，罚没款总额331万余元，移送公安机关案件2件，公安立案2件，申请法院强制执行7件，收到法院行政裁定书5件。大案要案结案6件（其中吊销门诊部执业许可证1件），移送医保部门案件1件。罚没款金额较前两年同期分别增长305%、418%。其中，区卫健委查办的全市第一例非法开展人类辅助生殖技术案，历时10个月调查，3次向市卫生健康委申请延长调查时限，罚没总额230余万元。

卫生监督日常。全区应监督单位3672户，完成监督6328户次，年度总体监督覆盖率100%。开展300余家企业的全覆盖职业卫生监督工作，行政警告2件。办理许可审批1000余件，其中新办541件、变更85件、延续166件、注销1328件、校验26件、许可撤销4件。全年双随机工作任务437家，监督完成率、任务完成率、完结率均100%，双随机案件查办数28件，罚款金额3.97万元。完成卫生监督行业监测样品12782件，合格样品12592件，合格率98.51%。

卫生监督协管。加强全区卫生协管体系建设，不断配置和升级协管巡查装备，扩展协管服务网底，充实协管服务人员队伍，推进完善片区责任制和协管执法一体化，完成全年协管巡查巡访任务。全年开展卫生监督协管巡查9057户次，巡查发现并信息报告487起，协管专项工作2578户次，巡查覆盖率、信息报告率均100%。开展卫生监督协管督导工作，对协管文书质量和现场工作质量情况进行定期督导和稽查。全年对南岸区13家协管单位共开展季度督导52次，重点督导2次，根据现场发现的问题提出督导意见，并督促将问题整改到位。

食品安全标准跟踪评价工作。开展蛋与蛋制品类及调味品类产品的食品安全国家标准跟踪评价，对提出标准实施和修订建议，推进科学合理制标和提升标准执行力都具有重要的意义。

专项整治工作。统筹安排协管网底巡查，完成“2019校园蓝盾”、抗（抑）菌制剂、医疗乱象、个体诊所依法执业、医疗废物、住宿业卫生以及“保健”市场乱象百日行动暨中医养生保健服务乱象专项整治行动等10余个专项执法任务。

【爱国卫生运动】 爱国卫生月宣传活动。以“文明南岸、共同缔造”主题活动、“三生三宜”品质城市建设和深化国家卫生区建设为契机，开展以“共推‘厕所革命’共促卫生健康”为主题的南岸区第三十一个爱国卫生月活动，转变农村群众对卫生厕所的认识，提高卫生健康意识。

民生实事。按照2019年重庆市民生实事要求，全年新改建无害化卫生户厕1863户，新建农村公厕4座，改建农村公厕2座，超额完成市爱卫办下达的1400户任务，全区无害化卫生厕所普及率超过95%。

病媒生物防治。继续采取市场化消杀与全民动手齐消杀的模式，财政拨款72.5万元，聘请专业公司进行防治。继续开展春秋两季农户灭鼠活动，统一在五镇（长生镇、广阳镇、鸡冠石镇、迎龙镇、峡口镇）投放3500公斤鼠药开展灭鼠活动，并定期对辖区病媒生物防治效果进行监测。按照“防治结合、标本兼治、以防为主、降低密度”的除“四害”工作原则，物理与化学防治相结合，灭前灭后成效显著。

无烟机关示范单位创建。按照创建要求，南岸区各部门及镇街参与，并结合本单位实际情况制订方案、开展宣传、分步落实。经过实地验收，弹子石街道办事处和长生桥镇人民政府达到《重庆市无烟机关示范单位创建标准》要求，被授予“重庆市无烟机关示范单位”。

【健康教育】 全年各医院、社区卫生服务中心、镇卫生院及社区卫生服务站与村卫生室刊出专栏576块次。开展咨询活动401场，受益群众131611人次。举办社区健康教育讲座552场，受益群众32377人次。发放健康教育印刷资料种类317种、201533本，播放健康教育视频41464次、37822小时。

持续打造“南岸健康卫士”微信平台，完善微信信息发布管理制度，推进其他媒体健康教育工作。在南岸报刊发文章60篇，南岸健康卫士微信推送信息113条，南岸电视台开设了《卫生与健康栏目》，每天1期，每期5分钟，播放1825分钟。

全民健康生活方式行动。以“三减三健”为核心，开展全民健康生活方式行动。（1）全区按照健康支持性环境建设标准，在辖区内推进全民健康生活方式行动和健康细胞建设工作。2019年，全区已有“健康餐厅”9个、“健康食堂”10个、“健康学校”10所、“健康单位”15个、健康社区62个、健康步道3条、健康主题公园1个、健康一条街3个、健康小屋11家等健康细胞124个。正在新建健康主题公园1个、健康街区2个、健康步道2条。（2）在全国第四届“万步有约”职业人群健走激励大奖赛中，南岸区取得“全国优秀健走示范区”称号和“示范区组织管理奖”。（3）推动健康骨骼项目工作，辖区部分社区卫生服务中心或者综合性医疗机构已建立了骨质疏松健康管理基地。参加重庆市首届创意健骨操大赛片区选拔赛。（4）开展学校减糖专项行动。（5）各镇街和医疗卫生机构围绕专项行动核心信息，开展“三减三健”公众宣传，制作宣传展板20块，横幅标语32条，宣传栏49块。播放视频822次，受益15564人次。组织讲座活动25场，参加2105人。开展咨询活动54场，接待咨询群众16493人，发放宣传材料17760份。编发微信7条，南岸报刊载文章2篇，南岸电视台利用晚上黄金时段播放5部公益广告。

【老年人工作】 完成区老龄委机构调整。机构改革后，老龄委工作由民政部门交由卫生健康部门。10月完成了全区老龄委成员单位调整工作，明确老龄办设在区卫生健康委，承担老龄委员会日常工作。

敬老月活动，以重阳节为契机开展“尊敬老人、关爱老人、赡养老人”活动。开展文化体育艺术活动110场，参加人数9656人次，开展人口老龄化国情市情专题宣讲活动9场，参与人数566人次，开展老龄健康知识讲座92场。在老年权益维护活动中，老龄健康宣传进社区、进家庭参与服务人数553人次，受益人数3087人次，提供法律咨询服务 25 场，发放老年法宣传资料 507 册，法律援助人数 38 人次。

推进医养结合。深化医疗和养老服务“放管服”改革，鼓励有条件的基层医疗机构开展养老服务。南山社区卫生服务中心和峡口镇卫生院分别设立了真武山社区养老服务中心和峡口镇大兴场社区养老服务中心。11 月 21 日，区政协副主席曹廷中带队组织区政协教科卫界别政协委员一行到峡口镇卫生院调研视察医养结合工作，相关工作得到委员们的高度评价。

计划生育

【概况】 2019 年，南岸区新增特扶对象 239 人，新增奖扶对象 338 人，奖扶及时率 86.6%。分两次发放特别扶助金 4766 人次、1959 万元。发放奖励扶助金 3097 人、391 万元。发放独生子女死亡父母一次性养老金 150 人、75 万元。全年使用生育关怀资金 111.2 万元。其中走访慰问 1637 人次、95.6 万元；临时救助计划生育特殊家庭和困难家庭 117 户、15.6 万元。

继续实施全面两孩政策。南岸区办理生育服务证登记 7408 件，其中，办理两孩登记 3110 件，办理再生育审批 217 件。

开展技术服务。开展优生优育、避孕节育、生殖健康知识宣传活动 100 余场次，发放各类宣传资料 3 万余份，发放避孕节育药具 2 万余盒，发放装有生殖健康、优生优育、避孕节育知识的宣传资料及药具的礼品袋 7000 余份，现场接待群众咨询 1 万余人次。开展各项计划生育技术服务手术 16359 例。药具宣传发放服务网点覆盖了全区各镇街、社区、村委会，各大医院、社区卫生服务机构、镇卫生院、村卫生室均设立了避孕药具宣传发放点，实现了所有公立医疗机构全覆盖，并在人群集中区域、医疗机构设置了药具自助发放机 60 台，基本实现了避孕药具宣传发放的城乡全覆盖。

【区卫健委负责人】

主　　任：李　智（党委书记）
纪检组长：黄　燕
副 书 记：王　爽
副 主 任：唐　健
　　　　　陈亚玲（红十字会长）
　　　　　刘　莉
　　　　　刘　容（区计生协会常务副会长）
　　　　　甘小彪

（区卫健委）

体　育

概　述

【概况】 2019年，南岸区有体育单项协会18个、青少年俱乐部17个。全区有社会体育指导员3100人，组织指导基层开展全民健身活动。辖区8街7镇均有专兼职群众体育活动工作人员。全区所有社区、行政村共建有文体团队600余支。全区大、中、小学校推行国家体育锻炼标准面达100%，学生体育锻炼达标率99.5%。社区体育、农村体育、职工体育、老年体育、残疾人体育广泛开展，组织开展各类体育活动620余次。常年参加体育锻炼人口约55万人，占全区总人口的60%。

2019年，南岸区青少年各项目队参加2019年全国青年游泳锦标赛暨青运会预选赛、2019年重庆市青少年儿童游泳锦标赛、2019年重庆市田径锦标赛、2019年重庆市网球锦标赛，2019年重庆市青少年武术套路锦标赛，承办了2019重庆市网球积分赛等全国、市级各类比赛，共获得金牌72枚，银牌55枚，铜牌58枚，区青少年游泳队打破4项重庆市最高纪录。

青少年选手杨子泰在第二届全国青运会游泳比赛上获得1500米第三名成绩，创造南岸区选手在全国综合性运动会上的最佳成绩。开展“体教结合”，加强体育后备人才培养工作。深化打造特色体育项目，江南小学国际象棋、辅仁中学足球和青龙路小学青少年板球、天台岗中学跆拳道等特色体育项目稳步推进。

【南岸区青少年儿童体育运动学校】 学校是全额拨款的事业单位，编制15人。主要任务是培养和输送德、智、体全面发展的体育运动优秀后备人才，完成市青运会、全国城运会的任务，为社会培训、输送具有体育专项运动技能及特长的体育人才。

【体育场地与设施】 坚持因地制宜建设体育场地与设施，既建有专业的体育运动场地和设施，又有学校、工矿企业和社区建设的大量群众性体育运动场地和设施。

江南体育中心。2019年，江南体育中心“两馆八场”为市民在主城提供了一处健身项目最多、布局最为集中的大型全民健身活动场所。江南体育中心所举办的大小文体活动场次逾百，其中最具代表性的大型文体活动有2019年重庆体育舞蹈锦标赛、2019年西南地区轮滑赛等。将江南体育中心具备条件的体育场馆定时、定点面向广大群众免费低收费开放，助推全民健身，提升场馆开放效能。

庆隆高尔夫球场。位于茶园新区希尔顿草坪公园内，占地6.67公顷．由重庆庆隆物业有限公司施工建成。并连续四年成功举办“江南新城·中国高尔夫庆隆高尔夫美巡赛”。

高校体育场地。驻区4所高等院校有体育场5个、体育馆4个、室内橡胶地面球类馆2个、室外田径池5个、田径场6个、篮球场47个、足球场5个、排球场15个、体操房5个、健身房6个、门球场3个、室外网球场7个、羽毛球场4个、乒乓球场9块、乒乓球馆1个、艺体馆1个。

中小学校体育场地。辖区中小学校（含中专）有体育场地162个。其中，标准体育场地102个，非标准体育场地60个，总用地面积537220平方米，总建筑面积128117平方米，总场地面积362250平方米。

社区体育场地。南岸区贯彻“中国体育彩票全民健身路径工程”，每年用彩票公益金为街镇购置安装全民健身路径器材。2019年，各街镇和社会单位有600余个小型健身场地，由房地产开发商兴建了150多处健身场所，街镇社区体育健身器材已在全市率先达到全覆盖。

【群众体育】 南岸区8街7镇均配备了文体专干，全区所有社区、行政村及企事业单位均设有兼任负责群众体育活动的工作人员。坚持每年举办一次“全民健身月”活动，推动全民健身广泛开展。全区各大、中、小学校推行“国家学生体质健康标准”，各中小学校实行每天30分钟的大课间体育活动，全年安排活动260项。其中，体育局安排区级、市级和国家级大型活动36项，区级部门、经济板块安排活动32项，街镇安排活动100项，体育单项协会安排活动60项。

2019年长安汽车重庆国际马拉松赛。经国家体育总局田径运动管理中心批准，由中国田径协会、重庆市体育局主办，南岸区人民政府、巴南区人民政府共同承办。重马赛事规模30000人，其中参加全程、半程马拉松赛14500人，参加5千米迷你马拉松健身跑15500人。重马在延续了历年的全马、半马、迷马等传统项目以外，首次推出了“赛中赛”活动，包含亲子马拉松和情侣马拉松，跑步里程4千米，不参与竞速计时，200个亲子组家庭以及200对情侣在比赛中共同感受“奔跑的幸福”。赛事吸引了来自30个国家和地区，海内外551个城市的32000余名马拉松选手和马拉松爱好者报名参赛。其中，60%的参赛运动员来自市外。本届重马还吸引了来自全国各省市的25支专业队伍，官员、运动员、领队及教练近400名，创历届锦标赛、世锦赛选拔赛之最。为确保本次赛事的顺利进行，赛事组委会组织了包括交巡警、公安、医疗救护、志愿者、工作人员等1万余人的庞大保障队伍。其中，裁判员300余名，志愿者3000余名，安保人员2400余人，交巡警约600人，公安干警约4000人，医疗救护人员约700人，工作人员1000余人。

城镇社区体育。城镇社区居民参加体育健身者不断增多，清晨和傍晚，在社区广场、健身点随处可见做广播体操、跳健身舞、打太极拳、练剑、跑步等体育锻炼者。2019年，各街、镇、社区和各单项体育协会组织开展了全民健身活动达600多次，涉及项目有篮球、乒乓球、羽毛球、拔河、趣味活动等，参与90万人次。

农村体育。全区各镇、村组织开展形式多样，内容丰富的农民健身活动400余次。5月，峡口镇举办了“健康峡口”农民运动会，来自辖区内的10余支参赛队伍500多名运动员参加了乒乓球、羽毛球、篮球、迎面接力、拔河、象棋等10个项目的角逐。

职工体育。全区机关、企事业单位以及非公企业单位20000余人参加了全区机关职工趣味运动会。

青少年体育。继续贯彻《国家学校体育工作条例》，区体育局、区教委分别设有负责青少年体育工作的科室，各中小学有1名分管体育的副校长，有体卫处或体育教研组或体育组（室），均按规定配足了专（兼）职体育教师。各中小学始终坚持将国家体育锻炼标准纳入学校体育教学大纲和总课程表中，坚持“两课、两操、两活动”。小学每周开3节、中学每周开2.5节体育课，体育课分室内、室外2种形式。室内课一般在雨天进行，由体育教师在教室给学生讲授体育锻炼的基本知识，室外课在体育教师的示范和指导下进行各项体育锻炼。体育课内容有田径、篮球、足球、排球、乒乓球、跳高、跳远、跳绳、拔河、赛跑、接力、投掷、体操、武术、韵律体操等。区各中小学在坚持大课间体育活动的同时，普遍开展了各具特色的课间体育活动。大课间活动时间为每天30分钟，内容由各校根据学生身体素质、体育任务、学生特点和年龄而确定；课间体育活动有广播操、素质操、健身操、健美操、模仿操、卡通操、武术操、主体教育操（校操）、持轻器械操、跳绳、踢毽、舞蹈、游戏等，形式分集体活动、分组活动或个人自由活动。另外，各中小学每周一般安排了2节课外体育活动或体育锻炼课时，内容由各学校确定，一般是根据不同年级，开展形式多样和不同项目的比赛，或班与班、校与校之间的篮球、足球、乒乓球、拔河、接力赛等。坚持举办学生运动会，各中小学每年春秋各举办1次运动会，时间均为2天，比赛项目有田径、乒乓球、足球、接力赛、投掷、趣味游戏等。有的中学为推进体育达标工作的开展，还专门举办了达标运动会。坚持学生的体育考核制度，把体育课列入考核学生成绩的科目之一，对达到国家一、二、三级运动员等级的学生，在升学时可加分。各校在学生学籍档案中均建有学生《体育合格情况登记卡》《身体素质测验登记表》，至2019年，区中小学施行国家体育锻炼标准面达100%，学生体育锻炼达标率99.50%、良好率34%、优秀率19%。

高校体育。驻区各高校继续按《全国普通高等学校体育课程教学指导纲要》，编写教学大纲，实施体育教学。非体育专业的学生，每周设2个学时体育课，内容有单双杠、篮球、足球、排球、台球、标枪、铅球、跨栏等；教学方法有讲解、示范、体验、纠错、评议和观摩等，学生体育成绩不及格者不能毕业。每年一、二年级学生实行网上选项课教学，供选项目有篮球、排球、足球、乒乓球、器械健身、健美操、体育舞蹈、网球、散打、跆拳道等，打破了年级、班级建制，根据学生所选项目组合上课，满足学生不同层次、不同水平、不同兴趣的需要，主要采取开放式、探究式方法进行教学。2019年，各校均安排有课外体育活动，除院校社团组织开展活动外，学生可根据自己的爱好，自行选择体育活动项目进行锻炼。各校每年春秋各举办1次学生运动会，比赛项目有田径、乒乓球、足球、接力赛、投掷、田径等。一年间，辖区高校学生全部达到体质健康测评标准，98.9%的学生达到国家体育锻炼标准。

老年体育。全区举办大中型老年人体育比赛50余次，10000余人参加；组织老年人参加市级以上的比赛25次。举办“老少同乐趣味运动会”20余次，参加5万人次。

残疾人体育。区体育局、区残联设有负责残疾人体育工作的兼职人员，各街镇及村、社区残疾人协会确定有残疾人体育工作人员。举办残疾人运动会，组织残疾人开展体育健身活动，组队参加市以上残疾人运动会及比赛活动。

社会体育活动。开展系列社会体育活动550余次，其中全区性大型活动达30次，群众参与活动人数达50万余人。完成了2019重庆国际马拉松赛、南岸区机关职工运动会等赛事，形成了“天天有活动、周周有赛事、月月有高潮”局面。

【国民体质监测】 2019年，完成南岸区国民体质监测样本2000份，分别对农民、城镇体力劳动者、城镇非体力劳动者、城镇老年人、农村老年人5种人群进行监测。监测内容主要包括身体指标监测和问卷调查两个部分。监测指标主要包括身体形态、身体机能、身体素质三个方面，问卷调查的内容主要是被测试者的生活方式、体育锻炼的基本情况以及饮食习惯等。监测工作历时6天，监测结果显示，合格1864人，不合格136人，抽样合格率93.2%。从监测结果看，不合格主要集中在中老年群体，主要表现为肥胖。

【体育人才培训】 2019年，南岸区培训社会体育指导员300人、教练员15人、裁判员103人。

运动员培训。南岸区通过体育传统项目学校和体校优秀运动员培训，走体教结合之路，以培养、锻炼、输送体育尖子人才，实现“金牌战略”的目的。区体育传统项目定点中、小学，由学校自行申报和市级体育部门评估而定，被授予体育传统项目的学校享受体校的有关政策待遇。市十一中学（田径）、市辅仁中学（田径）、珊瑚小学（田径、篮球）、天台岗小学（田径、篮球）、弹子石小学（乒乓球）、海棠溪小学（乒乓球）、长生桥小学（田径）等7所学校，再次被命名为重庆市体育传统项目学校。各体育传统项目学校坚持把体育传统项目纳入学校教学工作计划，列入课外活动的主要内容，保证参加传统项目训练的学生，每天有一个半小时的训练时间。各校运动队（班）每周训练5次以上，每次训练时间不低于90分钟，暑假训练不少于30天，寒假训练不少于15天，教练员由项目学校体育教师兼任。各传统项目学校培养出了大量业余体育人才，在市级以上的比赛中连连夺奖。

体育教师教练裁判培训。采取不定期开办培训班方法培训裁判员，培训内容有理论、临场、外语等，根据其考试成绩由国家体育总局和市、区体育局审批，并授予不同等级裁判员称号。全年举办裁判员培训班2期，120名体育教师和体育爱好者参加了培训和考试。

社会体育指导员培训。区体育局坚持每年组织对二、三级社会体育指导员的培训和考试工作。经考试合格者，由体育总局、市或区体育局颁发相应等级的社会体育指导员等级证书。2019年，全区培训社会体育指导员3200人，平均每万人拥有28名社会体育指导员，达到创建全国文明城区每万人达20人的指标。

【竞技体育】 2019年，全区新增国家运动等级标准运动员75人。

市级以上竞赛。组队参加市级以上各项目“锦标赛”和运动会30余项次，参赛运动员5000余人。比赛项目有田径、武术、国际象棋、乒乓球、足球、篮球、羽毛球、网球、艺术体操、跳水、定向运动等。2019年南岸区运动员参加全国、市级各类比赛，共获得金牌72枚，银牌74枚，铜牌52枚，打破3项重庆市最高纪录。

【体育产业】 2019年，体育健身企业经营户63家，其中旱冰经营户7家、健身城经营户13家、棋牌经营户5家，田径经营户36家、高尔夫经营户2家；竞技体育培训发展到34家，其中乒乓球培训中心5家、羽毛球培训中心5家、台球培训中心5家、武术跆拳道培训9家、少儿体操培训3家，网球训练点7家。2019年，有体彩销售网点145个，全区覆盖率100%。区体彩办公室经考核获得市优秀体彩办公室，其职能已日益彰显。南岸区体彩实现销量2.98亿元，全面完成全年基本目标、力争目标和挑战目标，占重庆体彩市场的份额约为18.63%，排名区县前三。

（区文旅委）

社会事务管理

人力资源和社会保障

【概况】 2019年，南岸区人力资源和社会保障局（以下简称“区人社保局”）荣获2019年全国清理整顿人力资源市场秩序专项执法行动取得突出成绩单位、重庆市第三届“渝创渝新”创业创新大赛特别贡献奖，区就业和人才服务局荣获2015—2019年度重庆市人力资源和社会保障工作先进集体。

【就业】 全年城镇新增就业39840人，城镇登记失业人员就业8201人。促进高校毕业生、就业困难人员就业，高校毕业生就业率稳定在90%以上，城镇就业困难人员就业3117人，开展“春风行动”等专场招聘会32场，公益性岗位兜底安置就业困难人员521人，“零就业家庭”保持动态清零。落实就业帮扶政策，发放创业担保贷款4218万元，建成市级创业孵化基地4家，开发免费创业工位230个，开展职业培训14000余人次，保障市区重点企业用工11000余人。

【社会保险】 深入实施全民参保计划，全年城镇职工养老保险、城乡居民养老保险、失业保险、工伤保险参保人数分别为48.94万人、2.8万人、31.96万人、33.69万人，统筹城乡养老保险参保率保持在95%以上。加强社保基金监管，严厉打击欺诈冒领行为。落实阶段性降费、困难行业企业小微企业减负、稳岗补贴稳岗返还等惠企政策，为辖区企业减负11.9亿元。做好工伤经办服务，推进交通、铁路、水利等行业建设工程按项目参加工伤保险。全年受理工伤认定1889人，开展工伤职工劳动能力鉴定1143人、病退鉴定272人。

【人事人才】 深化职称制度改革，做好职称申报评审工作，受理职称申报1343人，确定专业技术资格445人，确认职称资格37人。聚焦高端人才培养，加大“高精尖特”行业人才培育力度，成功推荐2019年“百千万”人才工程国家级人选2人，推荐2019年全市特殊人才职称评定14人。做好人才引进工作，开展引才申报工作，入选“鸿雁计划”人才11人，申报“鸿雁计划”补贴人员8人。组织参加2019重庆英才大会，考核招聘高层次急需紧缺人才5人。加强技能人才培养，起草《南岸区提高技术工人待遇实施方案》，培养技师、高级技师1019人，推荐“全市技术能手”3人。规范事业单位人事管理，做好事业单位岗位设置及聘用管理工作，配合做好机构改革人事管理工作。持续深化事业单位绩效工资政策，加强事业单位分类指导。推进重庆市第五人民医院薪酬制度改革试点。

【劳动关系】 强化权益保障，全年受理劳动保障监察举报投诉案件374件，涉及人数1208人，涉及金额3113万元。开展劳动保障专项执法检查，检查用人单位500个，涉及劳动者13390人。加大治欠保支工作力度，落实“两金三制”制度，遏制拖欠农民工工资行为，全年未发生重大群体性欠薪案件。推进“互联网+调解仲裁”服务，发挥“1+3+N”调解组织作用，畅通困难群体维权绿色通道，加强裁审衔接机制建设，提升劳动争议仲裁效能，全年立案受理劳动争议仲裁案件3558件，审理结案率95%。持续推进和谐劳动关系综合试验区创建，建立企业集体合同、工资专项集体合同签订率动态保持在85%以上，企业劳动合同签订率93%以上，推荐市区级劳动关系和谐企业121家，其中全国模范劳动关系和谐企业3家。

【行风建设】 围绕提升公共服务质量和群众满意度，以“清、减、压”为重点，持续开展系统行风建设。全面清理服务事项，按照职权法定原则，取消无设定依据审批服务事项，编制权力清单和责任清单，现存行政许可事项4项，行政权力事项63项。持续推进“减证便民”，对没有法律法规依据的一律取消，对能通过个人现有证照来证明的一律取消，对能采取申请人书面承诺方式解决的一律取消，对能通过网络核验的一律取消，最终保留证明事项8项。全面推行当场办结、限时办结等服务模式，公共服务事项“网上办”“马上办”“一次办”占比80%，劳务派遣、特殊工时制行政许可办理时限缩减10个工作日，缩减率50%，人力资源机构设立许可时限缩减13个工作日，缩减率65%，民办培训机构设立许可时限缩减70个工作日，缩减率78%。

【党的建设】 坚持把党风廉政建设纳入年度总体布局，召开2019年度党建暨党风廉政建设工作会议，印发《党建工作要点》《党风廉政建设工作要点》《关于深化落实全面从严治党主体责任的实施意见》，将全面从严治党责任落实落细。坚决肃清孙政才恶劣影响和薄熙来、王立军流毒，营造风清气正的政治生态。不断加强意识形态领域引导和管理，推进人社领域意识形态工作任务落实。深入学习贯彻习近平新时代中国特色社会主义思想和党的十九大精神，提升党员干部理论素养。扎实开展“不忘初心、牢记使命”主题教育。强化风险防控，全面梳理廉政风险点，切实加强社保基金、就业资金、招录考试等重点领域风险防控。做好廉政教育、节日廉政提醒和廉政谈话工作，增强干部职工廉洁自律意识和拒腐防变能力。开展“以案四说”教育活动，深入推进扫黑除恶专项斗争，完成党员干部亲属涉权事项公开、补录和核查工作。贯彻中央八项规定精神，持续推进“1+3+N”专项整治工作。

【区人力社保局负责人】

区人力社保局局长：谢志辉（党组书记）

区社会保险局局长：谭天琪（党组成员）

区就业和人才服务局局长：向亚飞（党组成员）

副局长：阳德恩（党组成员）

陈　宏（党组成员）

文　华（党组成员）

尹晓畅（党组成员）

（区人社局）

民　政

【概况】 南岸区民政局（以下简称“区民政局”）是政府主管民政工作的职能部门，内设办公室（行政审批科）、社会组织管理和区划地名科（社会组织综合党委办公室）、社会救助科、基层政权和社区治理科（慈善事业促进和社会工作科）、社会福利和社会事务科，有公务员编制12名，工勤编制1名。有下属事业单位6个：区殡葬管理所、区民政局婚姻登记处、区社会组织登记管理中心、区社会救助中心、重庆市江南殡仪馆、区社会福利中心，事业单位核定编制72名。

2019年，成功申报第四批中央财政支持开展居家和社区养老服务改革试点地区。陈洁被人力资源社会保障部、民政部授予“全国民政系统先进工作者”。

【城市社区建设】 4月，民政部部长黄树贤调研南岸区基层社区治理工作，唐良智市长、潘毅琴副市长陪同。5月，承办重庆市城乡社区治理现场示范培训班。6月，南岸区98个社区全面完成村规民约、居民公约的修订完善工作。7月，经区政府第96次常务会议研究决定，同意成立重庆市南岸区长生桥镇创智路社区居民委员会和重庆市南岸区铜元局街道梨支园社区居民委员会；同意调整长生桥镇百乐园社区居委会、同景社区居委会和桃花桥社区居委会规模；同意调整铜元局街道长江新村社区居民委员会规模。

【农村基层民主建设】 6月，南岸区48个村全面完成村规民约的修订完善工作。

【最低生活保障】 建立城乡低保工作协调机制，定期研究解决困难群众基本生活保障问题，做到应保尽保。全区城乡低保对象6786户、8960人，发放低保金6939.14万元。

【临时救助】 坚持“兜底线、织密网、建机制”原则，临时救助的有效衔接等社会救助制度，统筹推进城乡社会救助体系建设。全区临时救助困难群众1578人，支出救助金720.78万元。

【社会救助】 特困人员生活保障。全区有特困人员385人，其中：城市“三无”人员135人，农村“五保”老人212人，特困未成年人（困境儿童）38人。9月1日起，供养标准由650元/人•月提高到754元/人•月，全护理特困人员照料护理补贴标准为300元/人•月，半护理特困人员照料护理补贴标准为200元/人•月，全年发放“三无”“五保”供养资金494.4万余元。

孤儿、困境儿童生活保障与管理。10名孤儿和38名困境儿童（含艾滋病毒感染儿童）养育得到妥善保障，孤儿基本生活费标准于9月1日提高到1204元/人•月，全年发放孤儿及困境儿童基本生活费54.4万余元。

流浪乞讨人员救治救助。联合公安、城管、教育等部门及街镇开展了街面流浪乞讨救助巡查，对发现的人员，按照“先救治、后救助”的原则开展工作，确保流浪乞讨人员得到及时救助，全年未发现未成年人乞讨。

开展“夏季送清凉、寒冬送温暖”救助活动，全区各级“劝导队”对辖区商业繁华路段、步行街、公交枢纽站、天桥涵洞等重点区域开展巡查650余次，出动车辆210余台次，发放防暑降温、御寒保暖食品、药品、衣被价值3.4万余元。同时，开展托养机构安全大排查，确保流浪乞讨托养对象的人身安全，全年通过DNA比对成功寻亲1人，通过人脸识别成功为3名长期滞留人员寻亲，全年甄别送返流浪乞讨人员41人次，临时救助86人次，目前滞留人员29人，使用流浪乞讨救助管理资金140万元，街面流浪乞讨现象明显减少。

【福利事业】 南岸区有社会福利中心1个、农村敬老院4个、五保家园17个，床位528张，入住城乡五保、“三无”及社会代养老人326人。

2019年，新建社区养老服务设施12个，市级示范社区养老服务中心2个，总数达到75个，日间照料床位756张。为2.1万名城乡低保、城市“三无”、农村五保及城乡高龄老人发放惠老补贴经费1736.06万元；为全区392名三无、五保、孤困儿童发放节日慰问金15.68万元；为全区43名孤困儿童发放困难补助金8.6万元；为全区349名三无、五保老人发放春节慰问大礼包价值13.96万元。组织参加老博会，参加护理员技能大赛。年底，全区具备养老护理员等级资格人数达到375人，护理员持证上岗人员已达到80%以上。全区现有养老机构35个，其中区福利中心1个、敬老院4个、民办养老机构30个，共有床位4172张，全年入住老人25600余人次。

2019年南岸区城镇社会福利机构基本情况

序号	社会福利机构名称	机构性质	成立时间	床位数（张）	年末入住人数	员工人数	地址
1	南岸区社会福利中心	国办非营利性	1998	160	86	23	南山街道福寿路1号
2	南岸区南山夕阳公寓	社会办非营利性	2007	260	92	28	黄桷垭联合村劳动社
3	南岸区九九颐园老年公寓	社会办非营利性	2005	160	95	14	南山植物园路150号
4	南山仁爱养老公寓	社会办非营利性	2010	105	78	16	南山镇黄桷垭崇文路9号
5	南岸区聚汇缘老年公寓	社会办非营利性	2006	200	115	22	长生镇凉风村八一炉社
6	南岸区青松养老公寓	社会办非营利性	2011	132	94	28	南山街道公园路151号
7	南岸区利寿老年公寓	社会办非营利性	2012	238	142	18	海新街38号
8	绿叶老年公寓	社会办非营利性	2002	100	75	10	南山公园路108号
9	南坪玛瑙花园老年公寓	社会办非营利性	2004	60	54	8	玛瑙花园21号
10	南山枫叶园老年公寓	社会办非营利性	2012	110	74	15	南山公园北路
11	南山区松林老年公寓	社会办非营利性	2012	96	64	16	南山石牛村双狮社110号
12	南山区福瑞老年公寓	社会办非营利性	2012	60	47	8	南山石牛村双狮社16号
13	南山之家养老院	社会办非营利性	2013	260	192	29	南山植物园路35号
14	南岸区翠峰养老院	社会办非营利性	2003	100	57	8	长生桥腰子岗村
15	南岸区福星老年公寓	社会办非营利性	2014	50	28	4	长生桥镇凉风村洪家坡
16	南岸区佳佳老年护养院	社会办非营利性	2014	67	57	12	南坪玛瑙苑138号
17	南岸区顺添养老公寓	社会办非营利性	2014	120	75	12	涂山镇五马组26号
18	松翠园老年公寓	社会办非营利性	2015	90	60	13	南山街道石牛村上石牛
19	福源养老院	社会办企业	2015	83	62	9	南山街道泉山村麻柳湾
20	星宇城市之星养老院	社会办非营利性	2015	86	46	4	南坪科普中心西北侧
21	美瑞嘉年江南人家	社会办企业	2018	286	150	26	丹龙路22号
22	康云佳养老院	社会办企业	2016	80	56	8	涂山路526号
23	北瀚养老院	社会办非营利性	2016	200	58	12	迎龙镇北斗村冯家湾社
24	爱民老年护养院	社会办非营利性	2016	99	73	14	汇龙路68号
25	丰源老年公寓	社会办非营利性	2017	70	35	3	南山公园路131号
26	快乐园老年公寓	社会办非营利性	2017	120	98	10	敦厚下段38号
27	涂山惜鑫老年公寓	社会办非营利性	2018	140	70	11	涂山镇莲花村46号

续表

序号	社会福利机构名称	机构性质	成立时间	床位数（张）	年末入住人数	员工人数	地址
28	金洲老年养护院	社会办非营利性	2018	180	128	25	龙门浩街道一天门 42 号
29	广阳镇银湖敬老院	乡镇办非营利性	2010	56	13	3	广阳镇银湖村
30	鸡冠石镇敬老院	乡镇办非营利性	1989	20	7	3	鸡冠石镇石龙村
31	迎龙镇敬老院	乡镇办非营利性	2002	15	10	2	迎龙镇双谷村
32	长生桥镇敬老院	乡镇办非营利性	2014	104	67	16	长生桥凉风村洪家坡
33	阳光家园养老院	社会办非营利性	2018	60	40	7	上新街前驱路 104 号
34	聚福岛养老院	社会办企业	2019	110	51	15	经开区白鹤路 103 号
35	怡德养老公寓	社会办企业	2019	95	26	6	南山街道双龙村招待所村民小组

【婚姻与收养】 全年办理婚姻登记 15993 对（其中结婚登记 9334 对，离婚登记 6659 对），出具无婚姻状况证明 7 人次，整理婚姻登记档案 14758 份，登记合格率 100%。办理解除领养登记手续 1 个，登记合格率 100%。

【殡葬管理】 南岸区殡葬服务业实现销售收入 1.2 亿元，其中规模以上殡葬服务业实现销售收入 0.9 亿元。火化遗体 1.1 万余具，火化率 100%。销售墓位 1028 个，其中生态安葬 303 个。广阳镇新六村建成南岸明月陵园，并于清明节正式对外开放。江南殡仪馆完成 10 台火化机尾气排放环保治理，通过了市环境检测中心验收；江南殡仪馆完成综合大楼消防改造，建成了消防喷淋及报警系统，通过了消防部门验收。开展“住宅式”墓地等突出问题摸排及专项整治行动，整治违规建墓、私埋乱葬等问题，约谈相关责任人 278 人次，实施私坟还林 14 个，动员墓主自愿迁墓 9 个，取缔殡葬“黑中介”11 个。涂山镇整治“一条龙”违规治丧试点取得成效，群众投诉下降 70%；落实殡葬惠民政策，免除困难群众 228 人基本丧葬服务费 32.6 万余元，减免群众遗体接运费 2034 人 46.8 万余元，殡葬服务单位直接减免困难群众殡葬服务收费 500 万余元；春节及清明节，各公墓集中接待祭扫群众 40 万余人次、车辆 6 万余台次。区殡葬发展促进会于 1 月正式成立，制作了大型 LED 电子屏，24 小时宣传殡葬改革和文明殡葬，促进了殡葬事业健康发展。

2019 年南岸区殡葬管理及服务机构

序号	单位	通信地址	邮政编码	业务电话	联系人	联系电话
1	南岸区殡葬管理所	南岸区茶园行政中心 B 区	401336	62836894	石　凌	62836894
2	重庆市江南殡仪馆	南岸区四公里广黔路 80 号	400067	62751275	吴　梅	62760506
3	重庆市江南殡仪馆公墓	南岸区四公里广黔路 80 号	400067	62752927	赵　志	62752927
4	南岸区南山福座	南岸区四公里广黔路 80 号	400067	62752338	张　路	62752338
5	南岸区莲花公墓	南岸区涂山镇莲花村	400064	62872832	肖　非	62884574
6	南岸区观音山陵园	南岸区鸡冠石镇和平村	400063	62512315	李　虹	62512315
7	南岸区涂山公墓	南岸区涂山镇黄荆坡村	400063	62512315	杨　军	62512165
8	南岸区灵安陵园	南岸区峡口镇西流村	400072	62391200	罗祥兰	62390435
9	重庆市南山龙园	南岸区长生桥镇凉风村	401336	62467777	刘新宇	62463866
10	南岸区洪家坡公墓	南岸区长生桥镇凉风村	401336	62465134	赵文波	62465134
11	南岸区明月陵园	南岸区广阳镇	401337	62988605	汪小刚	62988605
12	南岸区莲花堂殡仪服务站	南岸区涂山镇莲花村	400063	62828444	伍永波	62800444

【社会行政事务管理】 全年核准成立登记社会团体 10 个，其中：联合性社会团体 9 个，行业性社会团体 1 个；新成立民办非企业单位 16 个。截至年底，南岸区有社会团体 118 个，民办非企业单位 492 个。

2019 年，审批命名了柏蔚庄 1 个住宅小区；命名了天荣路、新盛路、创禧路、南凤路、南隆路 5 条道路。

【慈善事业】 接收捐赠情况。区慈善会接收各类捐赠695.44万元，其中：现金捐赠549.63万元，稻草援助中心62.51万元。

慈善会实施慈善救助情况。区慈善会在开展各类救助活动中划拨救助资金54万元。拨付百联助学5万元。2019年各街镇稻草援助中心接受现金捐赠62.51万元，助医254人，55.21万元，助困233人， 12.69万元。

【福彩工作】 全区有福彩投注站220个，其中自助店13个，快开店76个，便利店125个，中福在线厅6个。 全区福利彩票总销量32559.173539万元，其中电脑彩票17218.5248万元、刮刮乐1365.173万元，中福在线13975.475739万元，公益金2252万元。支出福彩公益金2167.3余万元，支持扶老、救孤、助残、济困、社工服务及社区建设等。

【区民政局负责人】

局　　长：钱宇航（党组书记）

副 局 长：樊　元　肖　辉

纪检组长：黄　燕

（区民政局）

医疗保障

【概况】 重庆市南岸区医疗保障局（以下简称“区医保局”）于2019年机构改革后成立，职能由区人力社保局、区民政局、区发改委等多部门部分职能划转而成，局机关核定行政编制9名，设立办公室、医疗保障科、招标采购科3个内设科室。有在编职工25人。

【经办服务】不断优化经办工作流程，推行业务“区内通办”模式，个人参保业务在全区各街镇实现“就近办”，不受户籍限制。压缩审批流程、简化审批资料，加强业务培训和窗口作风整顿，打造“绿色窗口”“文明窗口”，提升政务窗口服务质量和效率。

全年办理职工医保关系跨省转移3606人次，联网异地就医备案1750人次，职工医疗保险视同缴费年限认定5293人，参保人员费用补缴及趸缴2614人，个体参保人员退费1983人，个人账户清算617人。设立退役军人特办窗口，为退役军人提供方便快捷的绿色通道，全年接待参保群众咨询和办事约10.7万人次。

【待遇保障】 2019年，全区医疗保险参保79.85万人（其中参加职工医保43.10万人，参加居民医保36.74万人），参保率保持在95%以上。医疗保险基金收入195266万元，财政补助收入18415万元。全区参保人享受医保待遇989万人次，医疗总费用为257240万元，医保基金支出186847万元。生育保险报销17338人次，支出生育基金9557万元。职工医保住院政策范围内的报销比例为83%，居民医保在二级及以下医疗机构住院政策范围内的报销比例为75%。区级公务员补助74086人次，补助金额1057万元。

离休干部、伤残军人等特殊人员补助2134人次，补助金额1299万元。12月22日零时起全面取消公立医疗机构医用耗材加成、同步调整医疗服务价格改革工作。继续推进跨省异地就医住院医疗费用直接结算，启动西南片区5省市区跨省门诊费用直接结算试点。全年新增54家医保协议医药机构、19家异地住院就医联网即时结算医疗机构。受理特殊疾病申报14460人次，符合准入的9738人次，准入率为67%，完善居民医保高血压、糖尿病“两病”门诊用药保障机制，开展国家谈判药品工作。

【基金监管】 起草《重庆市南岸区医疗保险协议机构和医保医师违规违约记分管理暂行办法》等4个管理办法，广泛征求意见并报送相关部门审查。成立了多个工作组开展了100%全覆盖现场检查，开展打击欺诈骗保专项治理行动、药房集中整治行动、主城六区联组交叉检查行动、打击欺诈骗保“百日攻坚”行动、“回头看”专项检查、“以案四改”打击欺诈骗保联合专项治理行动。累计处理违法违规案件300件，涉及违法违规金额2077万元，处以违约金1926万元，行政罚款7146万元（其中重庆学府医院涉及违法违规本金1491万元，处以违约金293万元，行政罚款7146万元）。解除医保协议8家，暂停网络结算10家，暂停基金支付33家，行政处罚1家，兑现举报奖励1人。

【医疗扶贫】 落实医疗扶贫政策，实现困难群众基本医保、大病保险、医疗救助全覆盖，建立完善医疗救助体系。实行医疗救助和医保系统“一站式”结算，全区医疗救助定点医疗机构共31家。2019年全区医疗救助72381人次，支出1752.97万元。资助困难群众参保37983人，资助金额746.80万元。

【城乡居民医疗保险征缴职责划转】 根据国务院社保费征管职责划转统一部署，从2019年7月1日起，居民医保征缴职能由医保部门划转至税务部门。

【医保支付方式改革】 以2019年度总额指标作为

科学确定总额控制指标的基准年，重新比选确定最优方案，将医保基金总额指标分配作为重大决策事项，按程序报区委区政府研究审定。同时，引入第三方审计机构对医保基金总额预算执行效果进行评估。南岸区82家医疗机构纳入医保总额控制范围，总额预算分配101124万元。在市医保局统一部署下，开展按疾病诊断相关分组（DRG）付费试点工作，推进点数法等支付方式改革，拟定了南岸区DRGS点数法试点方案报市医保局。

【一般医用耗材带量采购】 在调研南京、三明等地先进做法经验的基础上，统计南岸区各医院耗材需求数量及种类，起草《南岸区一般医用耗材带量采购实施方案》，经区委区政府审议通过后，率先探索开展一般医用耗材集中采购试点工作。

【药品“4+7”带量采购】 落实国家组织“4+7”药品集中带量采购和使用试点工作，南岸区9家医院涉及采购其中的23类药品，超额完成600余万片/支/袋任务采购量。

【党的建设】 坚持以党的政治建设为统领，严肃党内政治生活，执行新形势下党内政治生活若干准则、民主集中制、“三会一课”、党员领导干部双重组织生活等各项制度，全面落实管党治党、全面从严治党责任，党组当好管党治党的主体，履行好从严治党的主责，抓实抓牢“不忘初心、牢记使命”主题教育、支部主题党日活动、支部书记述职评议和民主评议党员工作，高质量高标准开展民主生活会，督促支部扎实开展组织生活会。班子成员落实“一岗双责”，党建工作和业务工作两手抓。深化拓展“以案四说”警示教育，持续深入肃清孙政才恶劣影响和薄熙来、王立军流毒，在民主生活会中结合工作实际进行自查，营造风清气正的政治生态。

丰富学习教育形式，通过中心组学习、讲党课、读书班、主题党日活动等形式，深入学习十九大，十九届三中、四中全会精神和习近平新时代中国特色社会主义思想，引导全局党员干部紧跟时代步伐，以习近平新时代中国特色社会主义思想为根本遵循和行动指南。持续推进“两学一做”学习教育，集中组织中心组专题学习21次，各班子成员、党员干部讲党课7人次。按要求完成联系服务群众工作，班子成员到基层调研9次。

开展“以案说纪、以案说法、以案说德、以案说责”警示教育3次。践行“四种形态”，及时掌握干部职工廉政动态，全年开展廉政约谈、任职廉政谈话、廉政提醒谈话18余人次，通报违纪违法典型案例22起。落实好党组抓基层统战工作主体责任，做好民主党派和无党派人士的政治引领、教育宣传工作。

【以案四改】 牵头开展南岸区医疗卫生领域“以案改治理、以案改监管、以案改制度、以案改作风”（简称“以案四改”）试点工作。南岸区“以案四改”深刻剖析辖区某医院骗取医保基金案件，从专项集中整治、优化监管措施、完善体制机制、推动作风整治四个层面开展深度治理。

以案改治理，针对该医院骗取医保基金案暴露的问题，结合纪检监察建议、案件剖析报告，在全区范围内开展打击欺诈骗保联合专项治理，集中整治突出问题。

以案改监管，针对监管不严、处罚不力的问题，分别从加强医保基金综合指标分配、药品耗材价格管理等方面，优化监管措施。

以案改制度，针对案件暴露的制度缺失和监管漏洞，立足长效，建立完善协议机构准入、红黑名单、举报奖励、医保结算重点项目数据比对等体制机制。

以案改作风，针对案件暴露出部分党员干部、公职人员纪律和法规意识淡薄的问题，通过加强警示教育、深化专项整治及严格责任追究等措施，惩防并举，促进作风转变。

国家医疗保障局基金监管司副司长段政明，重庆市医疗保障局副局长吴良和、副局长石存玉曾先后调研南岸区“以案四改”工作，南岸区区委书记颜伟对“以案四改”批示“钉钉子，强监管，重服务，引导行业有序健康发展”“成效显著，继续深化”，南岸区区长陈一清对“以案四改”批示“再接再厉，改进完善，务求实效，创出经验”，南岸区委常委、南岸区纪委书记、南岸区监委主任胡显键、南岸区政府副区长陈炯实地调研指导开展试点。

【区医保局负责人】

局　　长：杜春丽

副 局 长：何　倩

纪检组长：黄　燕

（区医保局）

街道　镇

铜元局街道

【概况】铜元局街道位于重庆市南岸区西南部，毗邻长江，有三座大桥与渝中、九龙坡区相连，是南岸区重要的门户和桥头堡。辖区东南分别与花园路街道、南坪镇、南坪街道接壤。街道成立于1954年，面积3.72平方千米，辖10个社区居委会。有户籍人口近6万人，常住人口近13万人。有党组织49个、1400余名党员。

【民生保障】举办现场招聘会，组织50余家小微企业和个体工商户进场招聘，为求职人员提供就业岗位300余个，提供就业再就业优惠政策、小额贷款等13项社保服务。网络发布招聘岗位任务数400个，实际提供岗位1450个，全年城镇新就业2540人，帮助就业困难人员就业177人，完成小额贷款150万，公益性岗位安置16人。举办重庆小面制作和母婴护理特色职业技能培训班，共培训学员60余人，失业率有效控制在2.5%以内。开展临时救助135人次，发放临时救助金17万余元，发放各类民政资金190余万元，新办理低保人员33人，全年发放低保金342.2万元。家庭医生服务覆盖率106.2%。

【城市管理】拆除长江村、南滨路等存量违法建筑1140平方米，顺利完成全年目标任务，拆除沿江违法建筑4506平方米。铜元局轻轨站道路扩宽改造整治工程正在施工阶段。打造揽湖路示范路。开展“治乱”专项整治行动，取缔占道经营、骑门摊、游摊等，整治人行道停车，取缔违章户外广告条幅、大型户外广告、广告座牌等，打造良好市容环境。成立“门前五包”工作领导小组，召开管理协调工作会，建立健全“门前五包”管理及教育处罚台账，“门前五包”责任书签订率100%，设置“门前五包”责任牌800余块，以“队员管理到点、中队管理到线、大队管理到面”模式落实长效管理制度，通过12319数字化城市管理平台对市容环境进行实时监管。

【社区建设】芭蕉湾社区办公用房装修完成，双峰山社区办公用房和养老服务站装修装饰工程有序推进，梨支园社区已获得批复，并面向社会公开招聘了社区专职工作人员6人。完成铜元局街道养老服务中心建设，面积1550平方米，有床位30张，与既有的5个社区养老服务站一起开展养老敬老活动。强化社区队伍建设，制订工作方案，规范社区“两委”成员和居务监督委员会成员人选资格审查程序，确保社区干部队伍稳定以及社区工作正常开展。做好社工项目，培育社会服务组织，打造上海城社区青少年儿童社会工作服务项目和芭蕉湾社区困难人员社会工作服务项目，全年开展各类服务活动15场，惠及群众1000余人。辖区社区社会组织备案80余家，取得社工证的社区干部总占比约75%。拓展群众参与领域，对涉及社区公共利益的重大决策事项、关乎居民群众切身利益的实际困难问题和矛盾纠纷，由社区党组织、基层群众性自治组织牵头，组织居民群众协商解决。全年运用“三事分流”方法解决大事38件、小事254件、私事407件，完善“三级议事”“社区组织议事”“一事一议”等民主议事制度。

【法治建设】街道“三调合一”中心和综治中心建成并投入使用，确保矛盾纠纷就地就近化解和一站式化解。建立街道、社区两级普法宣传志愿者队伍，有队员200余人，分解落实“谁执法谁普法”“谁管理谁普法”工作责任制，每季度至少举办一期社区普法专栏宣传，提高普法宣传针对性，组织法律宣传活动20余次，宣讲普及群众2万余人，发放宣传资料4万余份。开展辖区邪教人员专项排查，对在册邪教58个待转化和31个需巩固人员，进行分级管控，落实帮教小组，开展反邪教“六进”活动，通过组织学习反邪教相关法律法规、发放宣传资料等形式，筑牢群众基础；突出重点时期辖区防邪工作，通过集中排查、重点稳控、人员集中场所重点盯防等形式，防止邪教人员破坏活动，维护辖区政治稳定。

【社会治理】 风临洲社区以基层党建为引领，探索建立预防和化解物业矛盾的长效机制，取得良好效果。长江新村社区推进以大数据智能化管理与社会治理深度融合项目，取得进展。双峰山社区深化“三事分流”，推进江景新村居民自治项目逐步落实。广东山社区以“共建、共治、共享”为目标，做好铜元局变电站信访稳定“后半篇文章”。

【服务经济】 完成全国经济普查工作和国家统计局事后质量监测工作，登记企业3430户，个体2928户。完成全国人口普查变动情况抽样调查工作。做好辖区社会经济统计，确保辖区内49家直报企业按时如实完成网上直报，按时收取并严格审核劳资、规下工业、建筑业等14类、143户企业各类报表。严厉打击非法集资，广泛宣传非法集资知识，全年举办各类宣传活动10余次，悬挂宣传横幅、发布LED宣传50余条，张贴宣传海报120余幅，发放宣传品7000余份，参与群众近万人。

【安全稳定】 完成中华人民共和国成立70周年大庆维稳任务，实现“零非访”目标。坚持每月定期排查、特殊敏感时期每日集中排查矛盾纠纷，排查矛盾纠纷400余件，定期分析研判辖区稳定工作形势，确保多数矛盾解决在萌芽状态。妥善处置了金辉地产集团春上南滨车位矛盾等重大群体性矛盾10余件，涉及人数5000余人。推行信访代理工作，提高信访事项办理群众满意度评价，全年完成网上信访及时受理率100%，按期办结率100%，满意度96%。做好流动人口服务管理工作，成立由社区民警、社区干部、网格管理员和协管员组成的流动人口服务管理站，全面摸清辖区内出租房屋底数。截至年底，有出租房屋8613间，流动人口39670人。

针对上海城侵财、盗窃案件严重及长江新村片区因交通秩序混乱、“羊儿客”揽客问题突出，多次组织铜元局派出所、区交通局、长江新村社区、上海城社区召开专题会议，分析查找防控薄弱环节、制订巡逻防控措施，开展重点巡逻防控，在重点整治地区开展集中宣传活动4次。组织街道综治巡防队、社区义务巡逻队、小区保安巡逻队、派出所专职巡逻队等4支巡逻防控队伍，配备治安巡逻车9辆开展全天候、全时空巡逻，确保公众安全感在90%以上。

【安全生产】 与街道班子成员签订《安全生产“党政同责、一岗双责目标责任书”》，与辖区19家防汛责任单位签订《铜元局街道2019年防汛抗旱目标责任书》，与110家消防责任单位签订《铜元局街道2019年消防安全工作目标责任书》。深化重点行业专项整治活动，检查企业113家，督促整改安全隐患120起，整改率100%。深入社区、楼栋开展“七进”宣传活动，发放各类宣传资料8000余份，全年组织应急演练2次。

【环境保护】 配合完成第二轮中央生态环保督察工作。蓝天保卫战常抓不懈，制订街道生态环境保护工作方案，明确工作职责。集中整治露天烧烤、焚烧行为，发放城区严禁露天焚烧告知书900余份，全面推广环保清洁炉具，取缔露天烧烤摊40余处、露天焚烧10余起，教育相关人员130余人次。巩固扬尘示范道路，开展扬尘控制百日攻坚行动，加大对冒装撒漏、带泥上路、无证运输建筑渣土等行为查处力度，实施严管重罚。全年受理回复各类环境卫生投诉3100余件。风临洲社区作为垃圾分类试点社区，制订实施方案，组建志愿者队伍，设立生活垃圾集中投放点，发放宣传资料3000余份、分类垃圾袋1000余个，开展垃圾分类志愿活动20余次。

【基层党建】 结合“两学一做”学习教育常态化制度化，深入开展“不忘初心、牢记使命”主题教育，深学笃用习近平新时代中国特色社会主义思想和党的十九大、十九届四中全会精神。班子成员集中学习19次，讲党课11次，基层党组织交流讨论103次，讲党课37次。

规范党组织设置，开展基层党组织分类定级，整顿软弱涣散党组织2个，新增社区下辖党群活动点2个。制定党费、基层党建经费使用管理办法。深化“两解一帮”联系服务群众工作，加强党员队伍建设，设置党员先锋岗、党员责任区；组织各级党支部书记参加“不忘初心、牢记使命”主题教育轮训以及集中轮训。规范党员发展，严肃开展基层党组织组织生活会和民主评议党员。

全面落实机构改革，按照区编办下发三定方案，街道党政内设机构9个，核定行政编制22人。事业单位6个，核定编制20人。坚持党管干部原则，确保选拔任用干部工作程序规范并严格落实，确保程序透明公开，严格执行干部选拔任用全程纪实。建立完善“传帮带”工作机制，对选调生实行导师制培养。组织基层干部到深圳培训学习创新社会治理等先进工作经验。铜元局街道与致公党重庆市委、致公党南岸区委和南岸区侨联携手，依托基层多党合作实践基地，开展庆祝新中国成立70周年主题活动。

【党风廉政】 落实党风廉政建设“两个责任”，将党风廉政建设纳入社区年终考核，建立健全内控制度。严格落实中央八项规定精神，严明纪律，强化监督，确保干部队伍风清气正。持续开展“1+3+N”专项整治，清查整改“四风”问题，深化拓展“以案四说”“以案四改”警示教育，开展党组织革命传统教育，参观《挺进报》、党风廉政教育基地等。

【铜元局街道负责人】

党工委书记：黄海靓
办事处主任：向　华（党工委副书记）
人 大 主 任：王文斌
副　书　记：黄全富
纪工委书记：陈联奎
副　主　任：陈　龙
林　勇（武装部部长）
张绍春（政法委书记）
隆　艳
组 织 委 员：龙　林
宣 统 委 员：周先鹤

（铜元局街道）

花园路街道

【概况】 花园路街道成立于1994年5月，辖区面积7.07平方千米，户籍人口约8.4万人，常住人口15万余人。

【民生保障】 抓实“两解一帮”联系群众服务工作。结合“不忘初心、牢记使命”主题教育调研，通过接访走访、集中座谈、现场办公等形式收集梳理问题56个。深化结对共建，争取部门经费支持53.5万元，解决老旧小区绿化修枝、屋顶漏水整治、规范停车等居民急难愁盼的实事25件。依托新时代文明实践阵地，结合书记讲党课、专家讲理论、干部讲政策等主要内容，深入各社区宣讲党的创新理论20余次，解释民政、救助、养老等各类政策30余次。

持续开展老旧散小区综合整治。按期与25家国有企业签订“三供一业”移交协议，接管物业区域77.4万平方米，有序推进物业管理分离移交整治工作。投入3000余万元，对花园1、3、4村，古楼1～5村等16个老旧散小区开展整治工作，修缮了下水管网、车行道、人行道等基础设施，整治了违法建筑、环境卫生顽疾等城市管理乱象，完善了小区交通、安防、休闲等功能，整治面积50余万平方米，惠及居民1万余户。

实施老旧小区亮化美化工程。协调区级相关部门进行现场勘查、评估，在居民同意率87.63%的基础上，通过“五个一点”原则筹资90余万元，实施古楼湾、花园路、金堰等社区绿化修枝“亮化”“美化”工程，淘汰修剪树枝948棵，补栽桂花树40棵，提升绿化景观效果，保障居民出行安全。

完善公共服务设施建设。投入50余万元，建成花园路、古楼湾社区养老服务中心，推进老有所依、老有所养；投入275万余元，扩建街道小角马中心幼儿园，缓解适龄儿童“入园难、入园贵”问题。积极争取上级政策，在丹龙路新建体育休闲公园一个，约3600平方米，满足周边居民体育健身、休闲娱乐需求。

【城市建设】 开展“脏乱差丑”专项整治。集中清理整治康师傅对面边护坡3388平方米，铺种麦冬3340平方米，补种绿植花卉520株。在主次干道安装阻车球、阻车桩590余个，安装人行护栏4200余米，取缔乱摆摊设点110余处，清除乱张贴6500余张，呼停违规张贴号码347个，清除户外广告、横幅300余平方米，整治、拆除店招牌150块，清理、取缔背街小巷乱堆放物品230余处。成立海峡路“二手车牌”专项整治小组，全天巡查值守，暂扣“二手车牌”160余个，文明劝离收车商贩650余人次。

打好污染防治攻坚战。开展哑巴洞码头违法建筑专项整治，清除沿江消落带菜地7.5万余平方米，清理乱石、底泥、垃圾10余吨，督促6家企业自拆违法建筑3731平方米，联合区级部门强拆违法建筑3000余平方米。配合中央环保督察相关工作，办理中央环保督察交办案件7件，整治效果无一反弹。开展污水乱排偷排整治，对哑巴洞沿线6个排污口进行日常巡查检查，追根溯源，排查排水单位255户。对辖区9个工地进行严格检查并制作扬尘控制工作专项台账，严格落实8项强制性控尘措施。对夜间露天烧烤开展集中整治，取缔露天烧烤摊20余件，制止露天焚烧23起，处罚3起。切实履行“河长制”工作职责，坚持每日巡查责任河道沿线，组织志愿者清理消落带暴露垃圾30余吨。

推进“五长制”落细落实。制订五长全域化管理一览表，划分83个责任区域，推行五长、社区、城管、环卫扁平化履职管理，实现“五长+X”有机联动，按照现场处理、协调处理、分流处理方式，快速处置城市管理问题1600余次，督促2000余家社会事业单位、临街经营商铺落实“门前五包”责任。

探索开展垃圾分类工作。以“资源化、减量化、无害化”为目标，全面推广垃圾分类新时尚。加强垃圾分类全链条管理，规范配置好“四分类”垃圾桶、垃圾袋、运输车辆等硬件设施设备，聘请专业分类指导员，协同环卫作业公司指导居民正确分类。全面建立垃圾分类收运机制，集中设置有害垃圾投放点，建成投用南湖社区餐厨垃圾集中收运站。南湖社区花园七村被国家住建部列为“美好环境与幸福生活共同缔造”垃圾分类示范点。

文明实践及志愿服务。开展“六讲六做”，举办文明实践活动300余场，推选“身边好人”“最美志愿者”等群众榜样35名，用身边事教育身边人，引导社区居民崇德向善。常态化开展“大城众管•共同家园”全民动手活动528场次，组织五长、志愿者6000余人次，对辖区环境卫生进行整治，开展文明劝导、保护母亲河等活动，改善辖区环境卫生。

【社会治理】 深化“微益坊”示范带动作用。发挥南湖“微益坊”示范带动作用，支持社会组织参与社区治理，助推资源整合，带动社会力量参与社区建设。发展“互联网＋社会组织”，打造社区“微益＋”生活文创平台和南湖社区24小时自助图书馆，推动“微益坊”产品和服务市场化，增强社区造血功能，促进社会组织发展、公共文化服务与社区建设相融合。

深化“三事分流”，坚持居民自治。持续深化“三事分流”工作机制，调动公益基金活力，通过民泰基金支持，引导居民、驻社区单位出资，整合社区公共收入，多方筹集资金144余万元，实施公益项目74个，实现民泰基金“四两拨千斤”。以综合整治区域为重点，民主推选成立由小区党员、楼栋长及经营户代表组成的36个居民自治队伍，以解决脏乱差、乱停车、安全隐患等身边事为切入口，常态化推行居民自治，形成并巩固“小区事、大家议、协商办”的治理格局。

推广“三益社区”建设。坚持“益己益人益家园”建设理念，加强和创新社区治理。上半年，在古楼四村、五村打造美环境、美秩序、美行为、美生活的“四美”社区，陆续解决企业社会化移交家属区基础设施老旧、环境脏乱、停车难等问题，推动该小区长效自治，老旧小区焕发新颜值。下半年，在花园一村打造党群之家、儿童之家、科普之家、文化之家、邻里之家、创客之家和一米花园“6家1”公共活动空间，两个项目均获评创新社会治理优秀示范项目。

【安全稳定】 落实安全稳定“一岗双责”，做好中华人民共和国成立70周年、市区“两会”等重要节点安全稳定工作，班子成员亲自带队，坚守一线，全力以赴保平安促稳定。开展各领域安全风险隐患排查，督促整改落实，全年整改安全隐患177个，针对重点区域、重点领域开展各类安全宣传活动13次，开展消防安全应急演练24场次。运用法治思维和法治方式化解社会矛盾，坚持矛盾纠纷联排联调，主动回应群众诉求，提供法律咨询113余次，调解各类矛盾纠纷368件，调解成功率100%。

【基层党建】 抓好基层党组织建设。创新探索“小区党建”模式，以华城国际小区为示范积极推广“把支部建在家门口”。整合辖区公共资源，在骑龙山庄、花园一村等打造24个开放式共享党群活动点。开展“互学互鉴”“寻找身边榜样”“700名党员品初心味道”主题党日活动，选树党员榜样58人，新建党建示范点3个。优化设置非公党支部34个，选派12名优秀居民支部书记担任非公党建指导员，开展结对共建试点，引导支部共建、活动共联、资源共享。

加强党风廉政建设。压实“两个责任”，梳理完善街道领导班子党风廉政建设正面清单24项、负面清单16项。持续贯彻落实中央八项规定精神及其实施细则，开展“1+3+N”“四风”问题、领导干部利用名贵特产类特殊资源牟取私利问题等专项整治，确保风清气正；常态化开展“以案四说”“以案四改”警示教育，通过党工委会、微信工作群等方式学习40余起。抓好巡察整改，明确整改任务16个、细化具体整改措施47项，修订完善《中共南岸区花园路街道工作委员会工作规则》等6项制度，堵塞制度漏洞，确保常态长效。

加强思想舆论工作。党工委理论学习中心组开展学习19次，交流发言41人次，举办宣讲培训78场次。开展“不忘初心、牢记使命”主题教育，通过“读书班”“书记讲党课”、革命传统教育、先进典型教育等形式开展理论学习335次，组织实践研讨173次，引导党员把牢理想信念“总开关”；全年排查意识形态阵地83个，确保意识形态领域“零失误”“零事故”。

【花园路街道负责人】

党工委书记：杨天渝
办事处主任：胡　静（党工委副书记）
人 大 主 任：胡　宣
副　书　记：王开林
副　主　任：周智坚（武装部长）
　　　　　　黄鸿森　李杰锋
纪工委书记：高　涛
政法委书记：马　彦
组 织 委 员：万丽娜
宣 传 委 员：爨新建
统 战 委 员：陈　东

（花园路街道）

南坪街道

【概况】 南坪街道位于南岸区西北部，辖重庆市五大核心商圈之一的南坪地区，是南岸区经济、商贸、文化中心，辖区面积4.25平方千米，户籍人口8万余人，常住人口12万余人，有经济基本单位6852户、经济个体8281户。

【经济发展】 全年经济指标平稳增长，固定资产投资完成5.2亿元，同比增长6.5%；城镇居民人均可支配收入完成30780元，同比增长7%；社会消费品零售总额完成110亿元，同比增长10%；商贸销售总额全年计划完成218亿元，同比增长3%；规模以上企业新增3家。城镇住户调查20户，回访240次，劳动力入户调查240户，调查720人。N18 LOFT小苑有企业41家，1—9月实现产值7000万元，实现税收350万元，实现就业人数950人。

【民生实事】 完成东路一巷老旧居住区综合整治项目和正街后堡两处地质灾害监测工作，推进正街老旧居住区综合整治项目和玛瑙花园挡墙安全性治理任务。执法队员、社区“五长”等多方联动推进正扬市场环境整治工程，根治正扬市场及周边“脏乱差堵”顽疾。依托“香山酒店”改扩建，引进专业养老服务机构，启动新建智慧养老、医养结合养老服务站计划。对辖区14所幼儿园、80个安全隐患进行整改，完善视频监控及一键报警系统。做好帮扶救助民生保障，发放民政优抚经费约838万元，义务兵优待金约30万元；惠老补贴登记发放2890人，金额199.6万余元，帮助辖区217户困难家庭申请、发放临时生活救助金7828万元；新办残疾证93个，发放3550人次重残护理补贴26万余元、发放低保贫困残疾人困难生活补贴24万余元。

【社会事业】 开展各项文化工作，全年建设特色队伍45支，完成政府购买演出活动26场，完成物联网培训课程24节，讲座2次。落实免费开放文化惠民工作，全年免费接待2.6万人次，培养1000余文艺骨干和积极分子，开展文艺演出一场、大型主题活动3场，参加赛事5项。完善两级公共服务中心功能，深化“一门式”服务，落实“全渝通办”，提升街道公共服务水平。城镇新增就业人数3501人，登记失业人员就业563人；就业困难人员已就业393人；结存失业人员754人，未就业援助对象274人（低保、“4050”人员等）；城镇登记失业率2.49%。创业担保贷款放贷255万，公益性岗位目前在岗11人（其中大学生1人，“4050”人员10人）。

【社会治理】 以南岸区社区治理创新中心为阵地，引领各入驻组织共承接市区级政府购买服务项目35个，其中26个项目落户南岸区，争取政府、基金会等资金支持340余万元，惠及服务对象3万余人次。社区治理创新中心先后接待国家民政部等参访近100次，举办交流、公益论坛等主题活动50余次，被重庆市民政局授予“重庆市社会组织创新创业基地”。

组织益友公益联合南坪街道、珊瑚村社区、哈尔滨银行共同打造南岸区首个政、社、企合作的新时代文明实践站。从社区治理创新中心聚集的13家专业社会组织中，益友公益获得“全国优秀青年社会组织”“重庆十大影响力公益机构”等。春语社工荣获重庆青年社会组织公信力评估优秀社会组织。巴渝公益荣获中国文物保护基金会（国家文物局）第九届“薪火相传——讲好中国文物故事杰出团队”。

【城市管理】 以“三生三宜”品质城市建设为契机，融入“城市提升行动计划”，坚持“全街一盘棋”理念，全面提升城市管理水平。创新推出“芝麻开门”，解决辖区垃圾堆放问题。加强水源保护区巡查工作，落实河长制度。开展大气污染专项整治工作，打好污染防治攻坚战。严格按照“控新增，减存量”要求，拆除存量违法和新增违法建构筑物5096平方米；拆除大型高空户外广告及违章广告500平方米。全面实施环卫作业精细化管理，全年清理暴露垃圾9470吨，整治卫生死角9136处，清洗人行护栏86669平方米。常态化开展机动车乱停放、占道经营专项治理工作。借助城管网格巡查信息系统数字化平台结案13421件，处理率99.61%；办理市、区12319、数字化城市管理服务热线，网络舆情反馈等各类城市环境管理卫生问题110余件。

【安全稳定】 深化安全生产责任体系建设，全面开展安全稳定“百日攻坚”行动和安全生产专项检查，着力防范化解重点领域风险。做好信访稳定工作，确保在各种重大活动、敏感节点期间无一人失控、无进京到市的非访滋事情况发生。坚持扫黑除恶专项斗争工作，将盗窃案件和诈骗案件高发的正街社区定为市级A类挂牌整治地区，治安形势明显好转，发案率同比下降31.09%；将涉黄涉赌治安问题突出的老药品市场定为动态挂牌整治地区，整治以来警情同比下降22.05%。持续加强社会治安巡防防控，形成全天24小时全方位全覆盖的巡逻防控，建立“24小时四见”制度，探索创新服务管理机制。完善物业纠纷调解机制，建立社区物业管理联席会议制度，加大物业纠纷化解力度。创新“三调合一”机制践行“枫桥经验”，入选创新社会治理全国十佳案例，“三调合一”中心调解基层矛盾共1344件，调解成功1304件，调解成功率97.02%。

【基层党建】 实时监管辖区50个意识形态场所，

开展学习贯彻习近平总书记重要讲话精神宣讲活动300余次。签订《落实意识形态工作责任制度责任书》。推广利用“学习强国”App等应用，做到意识形态工作责任制全面落实。完善党工委理论学习中心组，领导干部讲党课等制度，结合打造新时代文明实践所（站）。

培育“有物业管理、综合整治后自治管理、自治管理”三种类型小区党组织发挥作用的平台，试行基层党组织分类定级制度，牵头探索推进城市社区“小区党建”工作，党建阵地共建共享等，全面推行城市社区党员分类管理，成功整顿转化正街社区软弱涣散党组织。

以“社区大党委＋党支部＋党小组＋党员志愿”为四梁八柱，对应融合“社区＋网格＋楼栋＋志愿服务”，发动辖区广大群众积极参与。听取辖区企业、群众和干部职工的意见建议，征集各类意见建议共223条，结合专题民主生活会，抓好8个方面突出问题专项整治。落实开展“1+3+N”专项整治工作，驰而不息纠正“四风”问题，开展党组织全覆盖排查工作，形成社区调研工作台账和社区基层党组织突出问题台账。常态化开展党员教育，党员轮训、培训等工作，落实“三会一课”，做好失联党员、民主评议不合格党员的组织处置，全年发展党员共14人，撤销支部1个、新建支部4个。

【南坪街道负责人】

党工委书记：王　勇
办事处主任：庄宁豫（党工委副书记）
人 大 主 任：肖文昕
副　书　记：朱志刚
纪工委书记：汪更新
副　主　任：程显平
　　　　　　马晋哲（武装部长）
　　　　　　魏茂波
政法委书记：刘　平
宣 传 委 员：彭志春（工会主席）
统 战 委 员：白　玉
组 织 委 员：王智勇

（南坪街道）

海棠溪街道

【概况】 海棠溪街道地处南岸区中部，地理优势明显，承东启西，融南贯北，东依南山，西面南坪，北抵长江，南通巴南，在南岸区经济社会发展中占有重要地位，属咽喉要塞之地。常住人口14万余人，有海新街、敦厚街、南山道、海棠晓月、烟雨堡、罗家坝、四海、四公里、学府路、学苑和御泰11个社区。地域资源丰富、物华天宝、人杰地灵，有“一山、一江、一温泉”（即南山、长江、海棠晓月温泉）等自然资源；有重庆工商大学、重庆交通大学和重庆第二师范学院等高校资源；有轻轨海棠溪站、海正街筒子楼八角天井等网红景点。

【民生保障】 解决群众最急最忧最盼问题。街道、社区两级服务平台办理群众事项2.9万件，受理群工系统反映问题545件，办理网络和96016热线反映问题504件。协调解决欠薪事件8起，劳务纠纷15起，成功追讨拖欠的劳动者工资74.95万元。

搭建就业服务平台。新增就业4782人，解决就业困难人员170人，安置公益性岗位30人；申报创业担保贷款7人，涉及资金210万元；开设了母婴护理、小面制作和网络创业3个就业培训班；办理灵活就业社保补贴69人，低保就业补贴46人。

民生资金真正用之于民。累计发放低保金550万元、优抚补助金401万元、80周岁以上惠老补贴177万元、残疾人生活补贴33.3万元、临时救助金27万元等各类民生资金。搭建退役军人服务平台，采集退役军人信息2300余人，悬挂光荣之家1300余户，推送最美退役军人1人、老兵故事2人、红色故事1人。

【城市建管】 整治散居楼栋和日常设施。海新街48号，敦厚下段132、138、139、140号散居楼栋综合整治工程通过竣工验收，海正街30号棚户区修缮加固类改造工程顺利交房。全年投入50余万元对辖区各种受损市政、绿化设施进行修缮。

改善生态环境。办结毋米粥、江南枫庭等9件中央环保督察案件，督促辖区餐饮企业加装106台油烟净化器，完成3处市政箱涵和码头污水渗漏整治，督促35个物业小区开展雨污混排自查整改。出动喷雾降尘车100余次，全年实现优良天气224天，比上年增加4天，各污染物浓度比上年降低9%。

整治市容环境。重点加大对医院、学校和菜市场周边的占道经营、乱堆放和乱张贴等行为的整治力度，全年教育违章当事人1000余人次，取缔占道经营摊点2200余处，清除“三乱”450余起，暂扣物品90余件。实施全域城市管理“街长制”“路长制”工作，全年巡查发现问题3.07万件，自行处置2.98万件，自行处置率97%。

普及垃圾分类。在主次干道沿线设置大型宣传广告5块、人行护栏宣传广告100余块。打造海棠晓月B区为街道垃圾分类示范小区，并在10月底代表南岸区参加重庆市垃圾分类时尚小区竞赛，和泓南山道和学府大道69号初步建立了生活垃圾分类收集体系。

整治“两违”。拆除违章建筑27处、1.8万平方米，其中，劝拆新增违建13处、807平方米；拆除计划内存量违建8处、1.6万平方米，完成全年存量拆违计划。拆除计划外存量3处、70平方米；整改辖区内“蓝屋顶”3处、约590平方米。

【社会治理】 开展安全隐患大排查大整治大执法行动，对危化企业、工贸行业和建筑工地进行专项检查57次，排查隐患50处，整改50处。加强节日期间大型群众性活动的消防安全检查，督促各单位配齐配强消防设施器材，对居民小区开展“三清三查”活动，排查商住楼140幢，建筑面积3.28万平方米。开展了渔业船舶、防汛抗旱、粉尘防爆和危险化学品等专项整治。

全面深入排查辖区重大风险点，对政治安全、经济金融、公共安全、社会稳定等10个重点领域、8个重点问题、10个重点群体、18名重点个人建立专案专班。调解辖区内大学生在校猝死、大学生校外溺亡、亡人事故善后处置等重大矛盾10余件，调解一般纠纷200余件，化解结案信访老户4人。

【社区建设】 加强阵地建设。四海社区养老服务站进入室内装修阶段，御泰社区装修装饰和组织机构工作基本完成，罗家坝社区“乐伴成长”青少年之家建设初见规模，学苑社区养老服务站竣工完成。

注重品牌打造。因地制宜地打造11个社区“一社一品”项目，学苑社区“智慧养老”、敦厚街社区“茶水婆婆爱心亭”“古道义站”、南山道社区“幸福南麓、共同家园”、学府路社区“巴渝特色展”等成效明显。举办了海棠心愿第二季“时光荏苒，初心不改”。

彰显榜样力量。在人文海棠的精耕细耘下，涌现出一批先进模范人物，敦厚街社区黎宗先荣获“中国好人”称号，南山道社区李长容提名“全国道德模范”，学府路社区李管彦平被评为“重庆身边好人”，管萍被评为“当代中国十大母亲”称号。

【文化卫生】 开展第三十一个爱国卫生月和世界无烟日等主题宣传活动，发放扶助金15万元、一次性养老保险补贴10万元、生育关怀资金11万元。落地社会心理服务站1个，社会心理服务咨询室3个。开展重精患者风险集中排查治理，对两库人员累计评级236人。做好登革热防控、海棠晓月社区卫生服务站建设等应急处置工作。

开展科普讲座40堂、文艺展演20场、文体活动36场和培训讲座26次。社区教育、青少年暑期活动等特色项目被《中国火炬》报道14次、《南岸报》报道2次。推进新增公办中心园建设，协助区教委开展年审，加强4所无证幼儿园和18所有证幼儿园的安全监管。

【基层党建】 扎实开展巡察整改。区委第四巡察组于3月4日—4月15日对街道党工委开展了巡察。在保障好场地、资料和服务的基础上，街道制订整改方案、细化分解责任、加强督促指导和形成整改报告，逐项整改、逐个攻坚。区委第四巡察组反馈的5大类27项具体问题，已经全部整改到位并长期坚持。

推进“不忘初心、牢记使命”主题教育。集中学习到位。开展中心组学习研讨会17次，各科室和社区负责人列席观摩学习20人次；丰富形式到位。用好“红岩联线”、重庆抗博等红色资源，组织557名党员参观学习；学习典型到位。组织550名党员集中收看《榜样4》等教育宣传片，用榜样力量洗涤党性坚定初心；讲好党课到位。班子成员带头到联系社区讲党课，基层党支部书记也围绕主题教育讲党课或谈心得体会，共开展32场、1100余名党员参与听讲；开展活动到位。成功举办海棠心愿第二季“时光荏苒，初心不改”活动，通过征集、认领、实现心愿45个，社会反响强烈。

抓牢组织建设。落实基本制度，督促各基层党组织落实落细“三会一课”“支部主题党日”、组织生活会和民主评议党员等制度，开展专项检查20次；优化组织结构。对18个超过50人的党支部，新增设15个支部并合理调配党员，同时撤销了11个不能正常开展工作的非公党组织，确保组织结构合理；强化党建力量。设置6名社区党委专职副书记，选出55名支部书记，新一届支部书记平均年龄同比下降3岁，支部书记年龄结构更趋合理。

【海棠溪街道负责人】

党工委书记：龙晓梅
办事处主任：夏江林（党工委副书记）
人 大 主 任：许　毅
副　主　任：杨全红（武装部长）
　　　　　　谢红霞（总工会主席）
　　　　　　张仕远
纪工委书记：秦大华
政法委书记：张　雄
统 战 委 员：欧阳光
宣 传 委 员：李永发
组 织 委 员：宫小又

（海棠溪街道）

龙门浩街道

【概况】 龙门浩街道位于南弹公路中段，东靠南山，西滨长江，南临海棠溪，北接涂山镇，和渝中半岛隔江相望，辖区面积1.5平方千米，辖5个社区居委会（上新街、下新街、上浩、下浩、一天门），户籍人口2.65万人，常住人口近4万人。

2019年，龙门浩街道内设综合办事机构党政办公室、党建办公室、经济发展办、民政和社会事务办公室、平安建设办公室、规划建设管理环保办公室、财政办公室、应急管理办公室、综合行政执法办公室，挂牌科室有人大工委办公室、卫生健康办公室、物业管理办公室；下属事业单位有社区事务服务中心、社区文化服务中心、劳动就业和社会保障服务所、退役军人服务站、综合行政执法大队、物业管理服务中心；区级派驻机构司法所、区城市管理综合行政执法支队龙门浩街道执法大队。

【经济建设】 2019年，完成第四次全国经济普查工作任务，促进文旅、商旅融合发展，挖掘经济增长点，基本完成各项控制性指标。

【民生工作】 及时向弱势群体发放低保等各类补助金600万元，辖区城镇失业率控制在3%以内。完成32户散居楼栋“一户一表”水表改造、8个散居楼栋院坝和6个公厕提档升级改造。完成皓月广场提档升级、一天门社区养老服务站、马鞍山散居楼栋整治等一批民生项目，群众满意度测评结果一直位列街道系统前茅。

【社会建设】 推动社会治理改革创新，以党建为引领，动员引导社会单位和辖区居民共建共治美丽阳台、屋顶、楼栋、庭院、家庭、门店等“六美”活动，会同社区干部、志愿者、店员、城管员、环卫工人开展“六长”集中劝导，在全区创新社会治理现场会上作交流发言，被人民网、中央党校评为2019年度全国社会治理创新最佳案例。坚持深化枫桥经验，构建完善警调对接、访调对接、诉调对接等三调合一机制，建成了龙门浩街道矛盾纠纷调解中心，矛盾纠纷做到应调尽调，成功化解市区级挂牌信访积案4起，辖区警情下降20%，2019年无进京到市非访，街道矛盾纠纷调解中心被评为2019年下半年全区创新社会治理示范项目。

【城市管理】 建立健全“六长制”，落实“门前五包”责任，每月表彰优秀“五长”、环卫工作和“门前五包”示范户。全年“三生三宜”考核名列前3位，第三季度荣获区流动红旗。规范整治南山一棵树及沿江景观带蓝色彩钢棚，率先完成整治任务，拆除、规范违法建筑3.7万平方米。

【综治治理】 推进扫黑除恶专项斗争，实施24小时社会治安群防群控、联合巡查防控机制，全面开展安全大检查、大执法，督促整改各类安全隐患141处，辖区安全稳定和谐。班子及班子成员带头尊法学法守法用法，制定普法工作要点和意见，依法履行自身职责，推进“七五”普法各项工作，利用普法阵地开展法律咨询、集中宣传活动17次。

【文化活动】 坚持激发和传递社会正能量，发动党员用好用实学习强国，紧扣“六讲六做”经常性组织学习十九大、十九届四中全会精神主题宣讲，建好新时代文明实践所站，组织庆祝中华人民共和国成立70周年主题系列活动。宣讲党的十九届四中全会精神事例被中央电视台《新闻联播》、重庆卫视《重庆新闻联播》录播。

【龙门浩街道负责人】

党工委书记：李富春
办事处主任：马　铮（党工委副书记）
副　书　记：霍祥浪
副　主　任：王　强　吴永学　向　东　徐丹丹
人 大 主 任：丁长福
纪工委书记：尤成志
总工会主席：丁长福

（龙门浩街道）

弹子石街道

【概况】 弹子石街道辖区面积4.4平方千米，常住人口约7万人，户籍人口3.96万人。街道党工委下辖9个社区党委（支部），社区党委下设支部38个，共有党员2141人，有裕华街、石桥、东山坪、弹新街、王家沱、惠工村、大佛寺、富力、群慧村9个社区，其中6个市级文明社区、3个区级文明社区。辖区有重庆市商务委、重庆出版集团、重庆能投集团、重庆十一中学校、武警重庆总队医院等上规模的社会单位30余个，有长嘉汇弹子石老街4A景区，有大佛寺摩崖造像、法国水师兵营等重点文物。

近年来，弹子石街道先后被授予“重庆市文明单位”“重庆市文明街道”“双拥模范街道”等称号，街道社保所荣获“全国优质服务窗口”称号，树立了全国优秀志愿者——“周幺婶”服务品牌。街道2019年中华人民共和国成立70周年安保维稳工作成绩突出，被重庆市政法委授予集体二等功、重庆市平安建设暨社会治安综合治理先进集体。

【经济发展】 2019年，各项经济统计指标完成情况名列全区前列，新增限上个体户2户，新增规模以上商贸企业1户，1—10月完成限额以上社会消费品零售总额33685万元，同比增长8.9%，完成限额以上商品销售总额395799万元，同比增长11.9%，完成限额以上住宿餐饮营业额807万元。

服务辖区企业。开展弹子石辖区优化经济发展、服务为民恳谈会，收集整理意见8条；对辖区商会企业和个私协代表80户民营企业进行了问卷调查，收集整理有关辖区企业发展的问题14条；牵头组织弹子石税务所、市场管理所、工商银行、商会和个私协，召开了地区经济发展协调会，为辖区企业服务，协调落实解决相关问题促进辖区经济快速高效向前发展。

开展各项统计工作。完成城乡一体化调查120余次，规下服务业抽样调查40余次，数字经济调查80余户次，三类经济报表488余份，按时完成了规上企业网上报表的工作，全面完成了全国人口变动情况抽样调查工作，调查摸底252户、721人，正式调查252户、729人。

协助推进房屋征收拆迁工作。协调解决原大佛段83号、84号3户无证房的问题，推动弹子石CBD8号地块棚户区改造工作，协调市城投公司征收原大佛段街道办事处下属精细化工厂的土地工作。

完成经济普查工作。79位普查指导员和普查员经过普查准备、清查摸底、普查登记、数据审校四个阶段对辖区的984家企业、112家个体经营户进行了普查，保质保量地完成了任务，为国家制定宏观政策提供了可靠的依据。

【民生保障】 社会救助帮扶。截至11月，低保发放6894户次、8696人次、566.54万余元。实施建档贫困户"一户一策"帮扶，社会救助62户、20.63万元，特困人员13人、19.4万元，城市孤儿1人、1.5万元，城镇贫困对象2人、0.8万元，精简人员2人、1.6万元，老居干3人、2.9万元。

特殊对象关怀。加强残疾人维权、惠残政策的服务管理，逐步更换第三代残疾证1000余人。截至11月，发放重度残疾人补贴2142人次、147900元，贫困残疾人、1652人次、13240元。

退役军人服务。街道有重点优抚对象92人，全年发放烈士遗属、伤残军人、在乡老复员军人等各类优抚慰问金170万元。发放重点优抚对象一次性医疗救助27人次、2.68万元。元旦春节、五一、端午等节日重点走访慰问重点优抚对象108人，走访慰问辖区部队，促进军民良好互动。助推南岸区创建双拥模范城建设，完成东山坪社区退役军人服务点的迎检任务。

就业创业指导。开展就业援助月活动，举办"春风行动""金秋招聘月"现场招聘会2场，招聘会上提供就业岗位2600余个，现场达成初步就业意向520余人，城镇新增就业2454人，登记失业人员就业477人，就业困难人员就业64人，通过重庆就业网，发布企业招工信息112户，发布招聘信息324条，发布招聘岗位3165个，其中招聘高校毕业生岗位220个，公共就业服务机构介绍成功702人次。为6名创业者申请创业担保贷款180万元。

社会保障提升。为53人符合条件的人员申请办理灵活就业社保补贴，新增公益性岗位2个，2名就业困难人员再就业。发放低保就业补贴6户，累计发放金额2万余元，为140人办理失业保险金。

【城市管理】 常态化落实"马路办公"，以"一图一案五机制"持续推进落实"五长制"，建立落实"三级"巡查、督导机制，设立"五长"85名。抓好五长制各项工作落实，抓点示范、以点带面，推动品质城市建设向小区庭院阳台延伸。开展"三生三宜公益助力"志愿服务周活动，举办活动30余场，9个服务群众工作组下基层300余人次，召开协调会议10余次，开展群众讲座17次。组织社区参加"全民动手活动"，参与志愿者5500余人，清理垃圾约70吨，清洗垃圾桶约1000余次，清理乱张贴、乱涂画900余处，清洗人行护栏约3000米，清理公路边沟约1900米，清除绿化带杂草将近1000平方米，处理危树约20处。出动执法车辆3440余台次，执法人员14200余人次，发现僵尸车150余辆。加强巡查人行道违章停车行动，整治违规停车现象，发现违章停车车辆1800余辆，乱停乱放现象减少。常态化开展城市"三边"、主次干道沿线市容及秩序集中整治，规范游摊约4200处，取缔占道经营约3600处。

【社会治理】 开展联系服务群众工作。街道加强与对口联系部门的沟通衔接，发挥"两解一帮"作用，区侨联为应往届贫困大学毕业生联系勤工俭学、助学帮扶及资金帮扶。迎龙商务区管理委员会协调社会单位对存在安全隐患房屋进行整改。区教委给予社区4万元结队共建活动经费支持，用于开展社区活动，丰富居民精神娱乐生活。9个服务群众工作组下基层400余人次，召开协调会议18余次，组织开展群众讲座7次，解决居民问题400余个，解决率100%。

提升创新社会治理能力。依托弹子石老街王家大院宣传阵地优势，推进“弹子石老街新时代文明实践站”建设，打造“老街故事荟”等系列文化活动，举办“我们的节日”等文明实践活动10余场。组建“1+6+N”宣讲队伍，有宣讲志愿者60余人，以王家大院为阵地，深入小区院坝、居民聚集点，开展宣讲120余次。坚持“社工+志愿者”服务模式，依托重庆即善社工服务中心、周幺婶志愿者服务中心、周幺妹青年志愿者队等社会组织，围绕安全保障、助残帮扶、邻里守望、文明劝导等服务内容向辖区居民提供近20个服务“菜单”，受众近万余人。联合辖区企事业单位、社工组织等24家单位组建弹子石爱心公益联盟，举行“爱汇聚、善同行”公益主题活动，实现公益服务规范化、常态化、可持续。以党建为引领，构建共建共治共享治理格局。建设“星空间”品牌，包括“弹子石党群活动空间、弹子石公益共享空间、弹子石社区治理创新空间”等项目。巩固“三事分流”“三社联动”工作成果，推进“自治、共治、法治、德治”有机融合，深化“三事分流”，引导居民解决“私事”1373件、“小事”770件，协调解决“大事”14件，完成率99%。

【文化活动】 结合创建国家公共文化服务示范区工作，综合文化服务中心坚持免费对外开放，借阅图书789人次，电子阅览547人次。通过物联网完成文化培训24次、文化讲座2次、展览展示2次，完成政府购买演出18场，惠及辖区群众8000余名。街道综合文化服务中心下社区辅导公共文化工作，组织文艺团队和文化骨干培训各5次。

组织辖区文艺团队、居民参加文化下乡、民俗民风展演、中国舞协下基层演出、坝坝舞培训、文化旅游品质生活节开幕式、广场舞展演、农民工歌手赛等活动。联合“周幺妹”志愿者团队开展了暑期留守儿童文化培训工作。

参加区第七届民俗民风展演，获得一等奖。与区文化馆联合打造兼具本土特色与艺术性的舞蹈“火辣火辣火辣辣”参加南岸区广场舞展演获得特等奖，代表南岸区参加重庆市广场舞展演获得第二名。参加区第七届农民工歌手赛获得二等奖。

开展不可移动文物普查，与4家文物保护单位签订文物安全责任书。对活动中心、辖区内网吧、卡厅等文化娱乐场所以及辖区文物进行安全检查30余次。为2019年重庆国际马拉松赛及11月女子马拉松赛的召开助力。惠工村社区健身点及大健康社区建设通过验收，对居民实行免费开放。

组织各社区专干和文体骨干参加社会体育指导员培训2次，参加培训的专干和骨干均拿到各级社会体育指导员证书。参加区老体协举办的“庆祝中华人民共和国成立70周年”广场舞大赛，获得优胜奖。辖区太极拳队参加区老年人太极拳比赛，获得优胜奖。

配合做好科技工作民调事宜。做好在十一中举办的市科技大赛筹备工作。开展科普画廊、科普LED电子显示屏和科普网络书屋宣传工作，推广使用科普网络书屋，保证登录、检索、浏览、下载次数稳步提升。弹新街社区科普画廊新建建设通过验收，并投入使用。开展春节送科技活动，联合中西医结合医院做好2019年科技活动周暨全国科技工作者日宣传活动并发动各社区做好系列活动，开展防灾减灾宣传、防邪教宣传、知识产权周宣传、科技活动周等活动，惠及辖区群众近万人。

联合相关部门开展校园安全检查及校园周边环境整治工作。开展无学籍学生情况调查，多次上门入户调查15户无学籍学生情况，同时向家长作耐心的政策宣传工作。推进街道第二中心幼儿园的各项工作，3月如期开学。开展社区教育活动，推送社区教育活动简报45篇，教委采用9篇。做好高（中）考保考工作。东山坪社区被评为“南岸区2019年社区教育示范社区”和“南岸区2019年终身学习活动品牌”，辖区1名群众评为“百姓学习之星”，1户家庭评为“书香家庭”。

【综合治理】 开展扫黑除恶专项斗争。街道召开党工委专题会议8次和扫黑除恶专项斗争专题会议12次。制订《弹子石街道扫黑除恶专项斗争工作方案》，成立扫黑除恶专项斗争领导小组，层层压实责任，并与社区签订了责任书和排查工作承诺书，广泛宣传，营造“扫黑除恶”专项斗争舆论氛围，加强线索摸排，畅通渠道，设置举报箱10个，在辖区公开扫黑除恶举报邮箱和电话，广泛收集线索，全年辖区派出所收到移交线索2条，辖区未发现一起黑恶势力。

特殊人群管理。落实精神障碍患者、涉毒人员、社区矫正人员、安置帮教人员、邪教人员等重点人员的管理，对重点人员建立档案台账。 在两所小学开展“远离邪教，健康生活”宣传活动，落实肇事肇祸等严重精神障碍患者服务管理，与实际居住在辖区的重精患者39人（失踪1人）家属签订重精患者监管以奖代补协议35份。

整治社会治安环境。开展社会治安重点地区排查整治，在东山坪社区社会治安重点整治区域进行挂牌，召开社会治安重点整治工作会议6次，集中宣传活动3次，悬挂宣传横幅6幅，与派出所联合走访群众家庭300余户次，发放各类宣传资料5000余份。截至年底，B类挂牌整治地区开展整治以来，刑事案件发案率下降23%。

信访维稳。完成自录件16件，信访代理14件，意见建议5件。受理网上信访12件。其中书面答复意见建议3件，出具不予受理告知书7件，出具信访处理意见书2件。全年见面约谈网上信访人12人、19次。全年网上信访群众无进京或到市上访行为，无过激行为。全年完成领导接访录入230件，及时与上级部门沟通，上报化解信访人资金函，完结信访人化解后续相关工作。

防范和化解重大风险。抓好“四项攻坚”，坚持开展一月一研判，开展专项安全整治行动，组织安全检查67次，发现隐患119处，整改119处，每季度组织辖区单位召开安全生产会议，部署当季安全生产工作。推进扫黑除恶专项斗争工作，摸排扫黑除恶相关线索12条，已立案查实1条。对重点整治区域东山坪社区进行B级挂牌整治。化解重点个体信访积案3件，稳妥处置了奥源晶典安置房问题、长嘉汇施工与丽景江山小区矛盾问题、泽科消防管网改造和天桥修建矛盾纠纷、运输队人员上访问题、东山坪蔬菜副食品商店拆迁补偿款纠纷、天誉智慧城工程款纠纷问题等群体性问题，确保了重要时段“零进京”。

【基层党建】 街道多形式、多举措开展“不忘初心、牢记使命”主题教育系列活动12次，开展党工委理论学习中心组专题讲座2场，中心组成员撰写心得体会和调研文章10多篇，参与率100%。使用“三会一课”“学习强国”等学习平台载体，推进学习教育常态化制度化。全面落实三级联席会议制度，严格执行“三会一课”制度，定期召开党员大会、支部委员会、党小组会，针对党员的思想实际，开展党性、党风、党纪教育，按期召开民主生活会、基层支部组织生活会、社区书记全面从严治党述责述廉评议会、民主评议党员会议等。

强化支部建设。健全城市基层党建体系，建立街道党工委、社区党委、小区（企业）党支部、楼栋（院落）党小组“四级联动”体系，设置“党员服务站、党员服务点、党员服务岗”，深入学习《中国共产党支部工作条例（试行）》，探索“党员结对帮扶”“双送两帮”等党建工作新方法，坚持党员“三个到位”理念，切实加强基层党支部建设。完成1638个非公经济组织和20个社会组织的党建指导员选派工作，党组织组建率100%，覆盖率分别达到91.5%、94.4%。

【弹子石街道负责人】

党工委书记：钟世伟
办事处主任：黄良谋
人大工委主任：鲜　明
副　书　记：张述华
副　主　任：冯　杰　吴　颖
　　　　　　王　武（政法委书记）
　　　　　　郑　全（武装部长）
纪工委书记：朱尚书
组织委员：罗文勤
宣统委员：胡红心

（弹子石街道）

南山街道

【概况】 南山街道位于重庆南山风景区，东与峡口镇、长生桥镇接壤，南邻巴南区南泉镇，西与南坪镇、涂山镇、鸡冠石镇相连，北滨长江，面积35.8平方千米。街道办事处驻黄桷垭崇文路28号，设党政办公室（加挂人大办公室牌子）、党建办公室、经济发展办公室（加挂统计办公室牌子）、民政和社会事务办公室（加挂卫生健康办公室牌子）、平安建设办公室、规划建设管理环保办公室（加挂物业管理办公室牌子）、财政办公室、应急管理办公室、综合行政执法办公室。下属事业单位有农业服务中心、社区文化服务中心、劳动就业和社会保障服务所、退役军人服务站、综合行政执法大队、物业管理服务中心。办事处辖黄桷垭、南山路、真武山、文峰新街4个城镇社区和联合、新力、龙井、泉山、金竹、双龙、石牛、大坪、放牛9个行政村。辖区内有科研机构2个、大学2所、中学2所（均为市级重点中学）、小学4所、重庆市特殊教育中心1所。

南山街道位于重庆主城南山风景区的核心区，素有“山城花冠”“重庆肺叶”“绿色屏障”的美誉。境内旅游资源丰富，有闻名海内外的黄山抗战遗址博物馆、宋代瓷窑等市级文物保护单位11处；有“一棵树”观景台、黄桷古道、南山植物园、黄桷垭老街、壹华里、加勒比海主题公园、抗战空军纪念园、涂山湖公园等景区景点。有老君洞、涂山寺等宗教圣地。著名的“泉水鸡”发源于此，被中国烹饪协会命名“泉水鸡之乡”和“中华美食街”。拥有各具特色的泉水鸡、石牛农家乐、陆派火锅、养生及江湖菜、黄桷古道豆花五大美食街。

近年来，南山街道重视生态保护，建设和谐家园，打造了奇花异草集聚的南山双龙盆景花木展示交易一条街、放牛桃花园、蜡梅园、石牛农家乐休闲街等景区。南山街道是重庆主城的旅游名镇。被命名为重庆“最具活力小城镇”，曾获“中国人居环境范例奖”“全国基层先进党组织”等14项国家级荣誉。南山盆景于2011年入选重庆市第三批非物质文化遗产。2014年南山街道因民间油画入选重庆市民间文化艺术之乡。2015年，南山街道石牛村被重庆市商业委员会办公室命名为重庆市农家乐示范村。2017年，南山街道双龙村在住房和城乡建设部办公厅组织的绿色村庄创建工作中被认定为第一批绿色村庄，放牛村成功入选重庆市2017年“绿色村庄”。2018年，南山街道双龙村被中国生态文化协会授予“全国生态文化村”称号。2019年，南山街道放牛村被评为“全国乡村治理示范村”。

【经济发展】 2019年，街道地区生产总值完成34.1034亿元、同比增长9.1%；固定资产投资4.0956亿元。农村居民收入预计完成2.3148万元、同比增长10.5%。社会消费品零售总额完成31.7948亿元、同比增长8.3%。商品销售总额完成11.6948亿元、同比增长11%。税收收入完成3300万元。

发展“产业生态化”和“生态产业化”为主体的生态经济体系，培育壮大花卉、盆景等特色生态产业，提高农村人均收入水平。市级示范点双龙村“三变”改革，发展壮大薄弱村空壳村集体经济。5月12—19日，在南山郡湿地公园举办重庆千盆杜鹃盆景展，销售盆景1000万元以上，带动旅游收入300万元。

【社会民生】 通过“南山街道公共服务”微信群，提供政策咨询、预约服务等便民服务。全面启用评价器、查询机等信息化设备，新增自助查询一体机1台。推进全科窗口“一门式”服务，办理23000余件。规范档案管理及退休人员社会化管理工作，对失业人员和退休人员档案建立基本情况数据库，开展查阅、保管、提取等服务工作。截至年底，保管失业人员档案533份，退休人员档案1033份，全年为失业人员和退休人员提供查阅档案、提取档案、接收档案等服务170余次。

13个村（社区）公益站开展活动64次，申报资金56万余元。关心慰问辖区计划生育特别扶助人员83人次、慰问意外生病住院的“失独”人员6人，办理商业保险39起。发放各类民政对象抚恤金、救助金343万元。为辖区13名困难群众申请丧葬补助。对辖区内因病致贫的困难群众、低保户、建档困难户实行了临时救助107人次、60余万元。

举办“春风行动”招聘会和秋季现场招聘会，初步达成就业意向120余人。城镇新增就业3472人，城镇登记失业率控制在2%以内。严格执行低保听证评议，加强对城乡低保动态化管理，针对重点人群开展深化农村低保专项治理，全年低保累计发放6325户次。城乡居民合作医疗保险参保率98%以上。推进健康教育工作，开展健康教育讲座5次、宣传活动8次。

街道及13个村（社区）均成立了退役军人服务站，已采集本辖区退役人员信息1422人，悬挂光荣牌1037户。组织走访慰问重点优抚对象56人次，发放优待抚恤补助经费256余万元。推进“双拥”工作，增强军政军民团结。

【社会治理】 充分发挥“131”自治模式作用，通过建立楼栋党小组，开展党员“亮身份、履承诺、进楼栋”系列活动，推动民主议事协商长效机制在村居有效实施。深化“三事分流”，办结群众反映事项58件，办结群工系统反映事项138件。加快建设新时代文明实践中心，搭建街道—村居两级文明实践阵地，组建各类文明实践队伍近50个，开展各类文明实践活动近80场。完善“公共法律服务站室”和“矛盾纠纷调解中心”普法阵地建设。落实“枫桥经验”，完善“三调合一”机制，打造“南山街道矛盾纠纷调解中心”，调解中心已正式面向群众提供服务。接待群众来访咨询1600余人次，排查矛盾纠纷25件，调解案件70件，调解成功率100%。

【城市建设管理】 全面推行城市综合管理“五长制”，制定《南山街道“五长制”考核办法》，并纳入2019年南山街道村、社区考核中，落实定区域、定责任、定人员、定目标、定考核的“五定”运行责任机制，提升城市文明形象和市民文明素质。推进“马路办公”，实施小问题立刻处置、大问题追踪整改、重点问题挂牌督办的工作机制，提升工作效能。常态开展综合整治，辖区13个村社区，坚持每周四“全民动手日”活动，保障生活环境整洁。落实农村生活垃圾“户集、村收”长效管理机制，每日清运生活垃圾60余吨。开展“百日会战”行动，规范市容秩序。公开“门前五包”服务承诺，签订“门前五包”责任书1032份，安装责任牌753块，评选出“星级商户”41户。2019年，街道建成区所在地全面推行生活垃圾分类，打造建成区生活垃圾分类示范点1个（真武山社区彩瑞苑小区）、农村生活垃圾分类示范点2个（双龙村、放牛村）。

【生态文明建设】 开展蓝天保卫战，加强大气、扬尘污染防控，空气质量优良天数稳定在300天以上。深入贯彻落实习近平生态文明思想，坚决执行“三个一律”和“六个坚决”，开展南山生态保护综合治理专项工作。严守生态红线，推进2019年国土卫片执法违法用地图斑整改工作，辖区涉及3宗违法用地3.3亩，全部消除违建，复绿复耕。街道对放牛村大竹林组杨云勇“大棚房”项目实施整改并通过验收。在南山乡村振兴示范点新建污水管网1500米，改建雨水沟渠60米，新建小型污水处理厂450立方米和生态湿地200平方米。完成国土绿化1200亩，农村“四旁”植树200亩，农田林网及特色经济林改造1000亩，配合区生态环境局、南山生态带管委会完成南山闭矿区域255亩土地生态修复。

打好水环境保卫战，落实重庆市总河长第1号令，深化落实河长制，加大巡查力度，根据“一河一策”方案组织落实推动污水偷排、直排、乱排专项整治行动工作，全年巡河300余次。开展整治污水偷排漏排放行为专项行动，巡查检查15次（其中实施暗查7次），排查点位25个，发现并处置偷排偷放行为3起，做好生态环境水环境领域问题整改，坚决打赢碧水保卫战。

打好打赢污染防治攻坚战。检查建筑工地等扬尘场所12次，查处道路冒装渣车9车次，制止露天焚烧行为18起，对辖区内的118家餐饮单位进行逐一排查，整治餐饮油烟污染。

【社会治理】 定期召开扫黑除恶专项斗争工作会，全年召开相关会议10余次，提高政治站位，及时传达、研究和部署上级重要指示和相关工作。严格落实各村（社区）、各相关科室涉黑涉恶违法犯罪线索的排查工作责任，加强线索摸排，建立线索排查方案、台账以及群众举报线索台账。结合联系服务群众、党建等街道日常工作，采取海报、标语、院坝会、入户走访、LED显示屏等形式，在街道、13个村居和社会单位开展集中宣传5次，张贴扫黑除恶宣传海报3000余份，发放宣传资料7000余份。

推进矛盾纠纷大排查、大调解工作，排查出矛盾纠纷65件，矛盾纠纷调解率100%，调解成功率95%以上，做到“小事不出组、一般事不出村（居）、大事不出街道”。实行领导干部接待下访制度常态化，全年接待192件次。

做好防邪帮教工作，建立健全由街道、派出所及村、居工作人员组成的“多帮一”帮教队伍，定期开展帮教活动，全年未发生一起邪教非法聚集、发放反宣品、公开活动等事件。

落实安全生产责任制，严格执行“党政同责、一岗双责”责任制，深化安全生产大排查大整治大执法，开展消防安全检查126人次、危险化学品安全专项检查7次。开展防风险保安全护稳定迎大庆安全生产与自然灾害防治集中攻坚行动，对辖区、分管行业领域、单位的重大风险，逐一落实管控措施、管控责任，严密防控，确保大庆期间辖区内的安全稳定。

继续深化南山三级巡防体系，形成全天候全覆盖社区巡逻防控体系，提升辖区群众安全感。完善防汛抗旱片区巡查制度，明确辖区重点水库、排洪沟技术、管护责任人。

【基层党建】 深入学习贯彻习近平新时代中国特色社会主义思想，推动学习贯彻习近平新时代中国特色社会主义思想往深里走、往心里走、往实里走，教育引导广大党员干部增强“四个意识”、坚定“四个自信”，做到“两个维护”。班子成员集中学习研讨15次，开展警示教育1次，对标对表紧跟中央、市委、区委部署，按照市委“十破十立”要求及区委部署，坚决肃清孙政才恶劣影响和薄熙来、王立军流毒，营造风清气正的良好政治生态。

街道党工委领导班子严格履行全面从严治党主体责任，把管党治党责任压紧压实。开展形式主义、官僚主义集中整治工作，向各有关科室、各村（社区）就五个方面情况进行调研，收集整理意见建议28条。开展“1+3+N”“四风”专项整治，深入落实中央八项规定精神工作。紧盯重点领域和关键环节，针对具体工作梳理廉政风险点90个，建立廉政风险库。强化抓早抓小，组织重要时间节点监督检查50次。推进“两学一做”学习教育常态化制度化，自觉把学习党章党规和系列讲话作为理论武装的重中之重，开展中心组学习和党支部、党小组活动，重点学习习近平总书记系列重要讲话，习近平新时代中国特色社会主义思想，党的十九大及十九届二中、三中、四中全会精神，累计班子成员到村、社区讲授党课22次，辖区基层党组织全覆盖完成“不忘初心、牢记使命”专题组织生活会，辖区非公经济组织和社会组织党组织覆盖率分别达到99.78%和100%。

严格落实支部主题党日、“三会一课”、党员领导干部双重组织生活等制度，机关、村（社区）党员干部全覆盖佩戴党员徽章，坚持将组织形象树起来、党员身份亮出来，确保了党支部工作既严肃又规范。对辖区重要意识形态阵地进行摸底排查，在12大阵地60处重点场所明确了具体负责人，通过落实“责任田”、分片包干的方式，指导各科室、村居制订了意识形态应急工作预案，全方位对重点人群、重点场所、重要时间节点进行管控。

【精神文明建设】 围绕传统节日组织开展“欢欢喜喜闹元宵”“文明祭英烈”“粽情粽意”等主题活动50余场，覆盖5000余人。结合南山地方特色，整合辖区人才资源以科普大学、市民学校为平台开展乡村旅游技能培训5场，盆景蟠扎技艺10场，健康知识讲座25场以及声乐培训24场等。在黄桷垭油画展厅成功举办了首届乡村书画摄影展、南山街道庆祝中华人民共和国成立70周年暨“自在南山”黄桷垭油画村作品展。黄桷垭油画村组织“自在南山”写生活动5次近300人次参加，今日头条及其他网媒多次报道。

【南山街道负责人】

党工委书记：冉启贻

办事处主任：程　涛
人 大 主 任：金　炬
副　书　记：肖　萍
副　主　任：彭春燕
周仁强（武装部长）
王立明
政法委书记：蒋晓峰
宣 传 委 员：廖地奎（2019 年 3 月任职）
组 织 委 员：何　勤
统 战 委 员：杨永红

（南山街道）

天文街道

【概况】 天文街道成立于 2013 年 8 月 15 日，位于江南新城核心区，东以通江大道为界，南以玉马路为界，西靠铜锣山脉并与南山街道接壤，北以茶园路为界，辖区面积 7 平方千米，是南岸区行政中心驻地，也是全市最大的公租房小区城南家园的所在地。现有水云路社区（公租房）、中一路社区（公租房）、玉马路社区、兴塘路社区、梨花路社区 5 个社区，居住人口约 12 万人，户籍人口约 2.06 万人。

2019 年，天文街道以党建引领为抓手，助推城市基层党建。以“睦邻互助”“就业动车”等项目为依托，探索公租房小区治理模式。以民生保障为重点，促进公租房小区和谐稳定。近年来，天文街道先后成功创建市级无邪教示范街道、区无暴露垃圾示范街道、区充分就业街道、区科普示范街道。荣获区逐级走访示范单位、区关心下一代工作先进集体、庆祝中国共产党成立九十五周年先进基层党组织、消防工作先进单位、创建文明城区集体三等功、区“三生三宜”品质城市建设暨深化全国文明城区建设优秀单位、镇街年度考核优秀单位等多项荣誉。

【经济发展】 2019 年，完成固定资产投资近 9.3 亿元；限额以上社会消费品零售总额 2081 万元，同比增长 22%，限额以上商品销售总额 106 亿，同比下降 8.4%。辖区建成商业配套设施用房约 86.8 万平方米，各楼盘商业配套已初步建成。

【民生保障】 优化社会保障服务。坚持“三民理念”，强化“六字真经”，打造“全科窗口”。2019 年以来共计办理社会事务 14865 件，群众满意率 100%。

线上线下双轨驱动“就业动车”服务项目。线上，建立人力资源和企业岗位台账等大数据，目前访问量达 19.5 万，服务量达 3.81 万人次，帮助 2345 名群众足不出户实现“码”上就业。线下推行“1+2+N”模式，打造出多个“就业超市”，帮助上千名就业困难人员实现就近就业。该项目作为重庆市就业服务项目参加第二届全国创业就业服务展示交流活动，荣获“优秀项目奖”。

【安全稳定】 落实安全生产“一岗双责”，实现安全生产零事故。排查矛盾纠纷 322 件，化解重大群体事件 10 件，完成中华人民共和国成立 70 周年、“两会”等重要节点期间的安全维稳工作，未发生一起重点人员到市进京滋事等情况。推进巡逻防控常态化，刑事案件立案同比下降 38% 以上。争取市级资金 340 余万元用于城南家园公租房视频监控建设。

【城市管理】 组建城市综合管理“五长制”工作组，推行班子“马路办公”。实行街道—社区—楼栋长三级管理，落实定区域、定责任、定人员、定目标、定考核的“五定”运行机制。同步同标准打造“示范路段”3 千米，治理商铺 367 家。开展“天天见五长”“全民动手”等志愿服务活动 300 余次。落实“河长制”，建立健全以党政领导负责的责任体系，明确各级河长职责，完善部门联动机制，强化工作措施，协调各方力量，形成一级抓一级、层层抓落实的工作格局。各级河长巡河 336 余次，巡河里程 410 千米，街道总河长接听群众投诉、建议 8 次，组织筹措 70 余万元，对梨子园河道污染进行清理，联动江南新城管委会，督促开发建设单位对河道岸线排污管道进行疏浚，效果良好。

【基层党建】 扩大组织覆盖。升格两个社区党支部，成立水云路、玉马路党委，新发展党员 10 人。

加强非公领域党建。新成立红星美凯龙国际家居生活广场有限责任公司党支部，对辖区非公企业和社会组织全覆盖选派兼职党建工作指导员，提升“两个覆盖”质量。

深化联系服务群众工作。积极争取有关部门支持、强化统筹统揽、牵头协调推动，为辖区群众着力解决了公租房小区路灯破损、学校周边道路车辆乱停放等反映强烈的问题十余项。群工系统受理群众反映问题 913 件，办结率、满意率均达 100%。通过党建引领，持续深化“就业动车”项目，创新推动“睦邻传承堂、筑梦公租房”、“睦邻互助、家有好邻”等项目实施，着力解决公租房居民就业难、融入感不强等问题。

【天文街道负责人】

党工委书记：周海军
副　书　记：陈　英　卿雪曦
办事处主任：陈　英
副　主　任：雷　红
　　　　　　陈　凌（武装部长）
　　　　　　申立国（政法委书记）
　　　　　　赵应桥
人大工委主任：彭　刚
组 织 委 员：王　硕
宣传统战委员：杨云龙

（天文街道）

南坪镇

【概况】 南坪镇位于重庆市南岸区西部老城区，1953年设置南坪乡，1992年撤乡建镇，镇域面积16.7平方千米（其中，森林面积2.7平方千米，长江岸线2.2千米），东与南山街道、海棠溪街道相连，北与涂山镇、龙门浩街道相邻，西与南坪街道、花园路街道接壤，南与巴南区交界。下辖兴隆、白鹤苑、回龙湾、南塘苑、渝能、金阳、辅仁、康德、汇雅、二塘10个社区。全镇常住人口13.65万人（户籍人口11.16万人）。辖区有中学3所、小学8所、幼儿园32所。有规上工业企业14家、限上商贸企业36家。

2019年，完成镇级机构改革，镇政府下设科室9个，下属事业单位6个。

【经济建设】 优化发展环境，引进金菱金鑫等7家汽车4S店入驻；新增规模以上工业企业4户、限上商贸企业2户。鼓励企业技改扩能，总投资1.17亿元的莱特威汽车扩建项目进行试生产。

全年完成商贸销售总额80.68亿元，同比增长19.96%；社会消费品零售总额41.2亿元；完成规上工业总产值55.67亿元；完成全社会固定资产投资18.52亿元。

加强镇级资产和南坪实业总公司经营管理，探索推进中介评估确定资产租赁价格，经营效益整体提升30%以上。强化协税护税工作，镇属税收应收尽收。镇财政一般预算收入完成1.074亿元，较上年减少29.02%（主要原因是非税收入同比减少），财政一般公共预算支出7960万元，较上年减少5%（主要是压缩三公经费支出）。圆满完成第四次经济普查任务，登记法人单位2768个，产业活动单位376个，个体经营户4870户。

【社会保障】 城乡居民合作医疗保险参合金975.68万元，其中政府资助2.8%；发放城乡低保金、民政优抚金、救助金、慰问金及慰问品1327.214万元。组织举办招聘会2场，城镇新增就业4522人，城镇人员登记失业率2.1%。完成残疾人家庭无障碍改造年度任务，发放残疾人补贴41.22万元。放映惠民电影70场，完成政府购买演出19场；物联网培训展览39场；健康讲座16次、宣传活动3场；荣获市区各类体育文化赛事奖项10个；孵化培育社区社会组织117个，申报并实施社工项目12个，开展公益项目122个。充实11支125人普法志愿者队伍，接待群众211人次，律师定点服务182次。挂牌成立镇退役军人服务站和10个社区服务点。发放退役军人补贴139.3万元，入户悬挂光荣牌1777块。

【社区治理】 开展“四项攻坚”，无到市进京非访；妥善处置化解26件矛盾纠纷、5起信访积案和14起快速爆发风险点；建设调解中心，调解案件112起，成功率100%；取缔绿光非法幼儿园；稳妥处置非法宗教塑像和非法传教场所2处；处置化解绿洲龙城、溯源居等小区积存物业矛盾；“三事分流”解决大、小、私事452件。打造青龙苑和美堤雅城小区居民自治示范点，扎实指导镇域小区到期业委会换届选举。以11个新时代文明实践所（站）为辐射源，持续深化“星蓝莓”“社区书院”“微型少年宫”“群团之家”“智慧社区”党群活动空间。

【城镇管理】 新建4个社区游（公）园，面积约29700平方米；修补人行道3000余平方米，完善人行护栏1000余米。清除绿化带及边护坡杂草、菜地约13.3万平方米，栽（播）各类花草（籽）约12.4万平方米、各类树木430余棵。清理各类垃圾2721余吨，创建全镇首个垃圾分类示范小区（美堤雅城）。实施今宏家园小区和绿岸今朝小区环境综合整治；依法立案查处各类城市管理违规行为98起，拆除大型违规户外招牌31处和违法建筑20处约2.7万平方米。

【党建工作】 镇党委下属党组织85个，有中共党员3145人。将班子成员首抓必抓对口联系社区和分管领域基层党建工作情况纳入季度考核，形成“一级抓一级、层层抓落实、责任全覆盖”责任体系。结合“不忘初心、牢记使命”主题教育，组织领导班子学习研讨读书班集中学习、班子成员带头讲专题党课、党支部集中学习，带领全体党员干部守初心、担使命、找差距、抓落实，在理想信念、担当作为等方面得到了全面的洗礼和提升。推进“小区党建”，建成小区支部37个。运用“互联网+党建”，同步开展网上组织生活。制度化开展“月指导季培训量考核”，5次社区现场督察、发现并整改工作问题29个。“全程纪实”，开展网上党员学习429余场次、夜间支部学习36余场次。梳理软弱涣散党组织3大问题点，采取11项整改措施，健全逗硬各项规章制度，全面完成整顿工作任务。

【污染防治】 打好蓝天保卫战，成立大气污染防治专项巡查小组。城市建成区道路机扫率超过90%。加强对辖内施工工地扬尘和噪声的夜间巡查执法。对15家餐饮企业进行油烟综合整治。水污染防治取得实效，妥善完成千斤岩码头和餐饮渔船综合整治。立案查处违规排水排污行为9起。定期检测长江入河排污口水质，强化对白洋滩水厂饮用水源地巡查监管。配合完成第二轮生态环境保护督察。妥善办结或配合协助办结环保督察交办案件66件。

【安全稳定】 推进扫黑除恶专项斗争工作。完成街镇级C类重点地区整治摘牌，“雪亮工程”一期视频系统已投入使用，全镇治安案件、刑事案件同比分别下降6.4%、19.1%。定期召开安委会。完成兴隆苑小区私拉乱接水电气、金港湾和园丁大厦老旧电梯、南湖路花市违建窝棚等重点隐患整治。组织安全生产检查579家（次），整改率98%，尝试邀请第三方机构专家检查重点领域安全。市轻轨项目（兰花湖处）发生生产安全事故1起、死亡1人，全年未发生等级以上火灾和森林火灾。

【文体教卫】 依托群众文艺表演队伍，开展群众性文艺演出，组织各社区在所辖小区举办文化演出，开展趣味运动会、乒乓球比赛、羽毛球比赛等，参加群众3.6万人次。政府购买放映惠民电影70场，完成政府购买演出19场，物联网培训展览39场，健康讲座16次、宣传活动3场。建成9个文化室，有文化指导员14人，文艺骨干3000余人。组织马拉松、太极拳比赛等文体活动11场次，参加市区各类文体赛事，荣获各类奖项10个。推进城镇人口签约家庭医生服务工作，签约19740人。完成孕优检查284人。开展卫生和计生宣传活动7场次。开展了8类重点群众常规体检工作。

【南坪镇负责人】

党委书记：徐华维
镇　　长：蒋　梁（党委副书记）
人大主席：彭　莉
副 书 记：何昌梅（人大副主席）
政法委书记：黄鸿星
纪委书记：郭　飞
副 镇 长：梁长江（武装部长）
　　　　　徐晓东　徐　洁

（南坪镇）

涂山镇

【概况】 涂山镇位于南岸区西北部，东部与鸡冠石镇、南山街道接壤，南部与龙门浩街道相连，西部与弹子石街道相邻，北临长江。地形南高北低，东西宽约1.5千米，南北长约6千米，辖区面积8.9平方千米。其中，农村耕地74公顷，森林面积251.9公顷。截至2019年底，镇机关设有党政、党建工作、财政、经济发展、规划建设管理环保、平安建设、应急管理、民政和社会事务等综合办事机构，另设社区事务服务中心、文化服务中心、综合行政执法大队、城管执法大队、劳动就业和社会保障事务所、退役军人服务站、物业管理服务中心等事业单位。镇政府办公地位于涂山路563号，下辖石溪路、友于里、仁济路、兴隆湾、骡子堡、红星、腾龙、福民、黄荆坡9个社区和莲花1个村，辖区总人口约20万人，其中户籍人口7.1万余人。

涂山镇是南岸区三个特大镇之一，地处“一区二带”范围内（弹子石中央商务区、南滨经济带和南山生态带），具有独特的区位优势。境内水陆交通网络四通八达，其中公路13条，总长度约15千米，南弹路、南滨路、弹广路、腾龙大道、龙黄公路、渝黔高速等主干线贯穿其中，初步形成以四横四纵三桥为骨架的便的交通体系。

【经济建设】 主要经济指标在合理区间运行。规模以上工业企业总产值87113万元，同比增长27.2%；限额以上商品销售总额88015万元，同比增长46.1%；限额以上社会零售总额8177万元，同比下降62.6%；限额以上住宿餐饮业总额725万元，同比下降36.7%。

财税收入稳中有降。贯彻减税降费政策，深化供给侧结构性改革，增值税税收大幅下降，降低实体经济成本；实施小微企业普惠性税收减免，不断增强小微企业发展动力。全年镇级财政收入5018万元，同比下降16.53%。其中税收收入2420万元，同比下降58.65%；非税收入2598万元。

营商环境持续优化。与企业加强沟通，强化服务意识，切实为企业排忧解难，全年新增企业463户。推进分散企业进入工业园区，优化产业结构布局，推动工业绿色发展。

财政管理不断规范。推进国库集中支付改革，加强财政预算和执行情况动态监控，严控一般性支出，镇级“三公经费”同比下降57.37%；抓好民生支出管理，用好用活专项资金；持续做好“1+3+N”财务专项检查，规范报销程序；加强社区财务管理，盘活财政存量资金392.81万元；规范镇级国有房屋租赁资产管理，收缴租金178.3万元，实现资产保值增效。

【社会民生】 就业再就业。全年新增就业、新增社会公益性岗位就业3042人；城镇登记失业人员再就业、就业困难人员就业再就业720人。职介成功724人。享受4050社保补贴111人次，补贴98万余元。完成“五类人员”网络创业培训、特色工种培训64人。完成小额贷款申报6户，涉及金额240万元。发放低保就业补贴13.5万元，惠及101人次。

文教体卫事业。放映惠民公益电影100场，开展文艺演出、文体活动等107场次。辖区群众获得南岸区第八届农民工歌手大赛一等奖、南岸区第七届非遗民俗民风暨乡村文艺展演活动三等奖等奖项。2019年基层综合文化服务中心免费开放绩效评价排名全区第四。开展爱国卫生运动，入户宣传登革热防控17349户，发放资料2万份，防止疫情扩散。走访摸排严重精神障碍患者20439户，评估诊断重症精神病患者57人，免费用药帮扶经济困难的重症精神病患者。

民生保障。全年发放临时生活困难救助金24.79万元，惠及71人次。发放优抚对象定期定量补助金11.13万元，惠及19人次。发放城乡低保金515.57万元，惠及7000余人次。办理城镇职工养老保险、城乡居民医疗保险及城镇职工医疗保险22821件。对精准扶困对象落实扶困资金2.91万元。发放经济困难高龄老人、失能老人补贴3.2万元。为重度、贫困残疾人发放补贴约40万元，惠及近2000人次。

计生服务。规范计生证件办理，全年办理生育证、再生育证、独子证等925个。走访慰问计生困难家庭20户，发放慰问金1万元。严格执行“3+X”联系人制度，做好失独人员服务管理。节假日慰问失独人员458人次，发放慰问金10.68万元。

退役军人服务。全面完成退役军人及其他优抚对象信息采集，采集信息2209条，审核通过2198条，通过率99.5%。发放各类抚恤补助金88.6万元，涉及168人。开展“双拥”活动，悬挂光荣牌1358块。为退伍军人提供政策咨询、思想疏导等100余次。

【城乡发展】 “三生三宜”品质城市建设。推行“五长制”，督促落实“门前五包”责任，开展“垃圾不落地”活动，处理各类城市管理问题1100余件次。每周四常态化开展“大城众管、共同家园”全民动手日活动。全面开展“脏、乱、差、丑”治理，规范乱摆摊点4423件次，清理“十乱”4080件次，劝离违规占道停车2264台次，清理边沟5800米、边坡580处，清除暴露垃圾、农村生活垃圾、长江消落带垃圾等1940余吨。完成工贸园区支路提档升级改造、东海长洲铁塔支路升级改造、文德支路占道经营综合整治、国际社区观园占道经营综合整治、全国文明城区复检等工作。推进垃圾分类试点，设置宣传标语300余处、垃圾投放点65处、垃圾分类桶800个。办理数字化城管交办案件8353件，处置7832件，结案率达94%。走访摸排农家乐、企业、农房106家，未发现“大棚房”问题。

生态环境保护。推进废水、土壤、扬尘、大气、噪声等五大环保行动，常态化巡查排水口、取水点及提排站13个，定期整治长江消落区。排查污水偷排偷放点位227个、企业327家。整治市政管网违法违规接入、雨污混排、污水直排，立案查处4起。为莲花村畜牧、上江片区修建三格化粪池，集中处理农村生活污水。整顿再生资源行业25家、汽修行业29家，转办“三合一”违规经营废品回收站7家。整治“散乱污”企业53家。开展蓝天攻坚整治行动，狠抓道路扬尘控制，约谈施工工地66家次，处罚14起、罚款3.15万元。开展餐饮行业油烟专项整治，检查86家、整改23家。劝导制止露天焚烧行为165起。配合完成第二轮中央生态环保督察，办理群众投诉案件10件，办结率90%。

重点项目推进。协调保障报恩路建设用地，确保轨道环线仁济站顺利开通；协调保障轨道环线涂山车辆段、慈云路、东原等重点项目施工用地；协调保障九曲花海台地公园、呼归石花阶公园用地清表交地，全力保障融创集团、金地地产、铂悦澜庭等施工用地。

“两违”整治。严控渝航大道、内环沿线违法建筑和“蓝屋顶”新增，全年完成拆违任务68266平方米，实现“零增长、减存量”目标；清查建档农村别墅、民宿图斑40处。

河长制、林长制推进。与莲花村、莲花公墓签订《森林防火工作目标责任书》，严格执行护林员24小时管控制度，投入近5万元充实森林火灾扑救物资储备库5个、防火物资13种1000余件，巩固防火隔离带7000余米，实现森林火灾零目标；与村（社区）签订《防汛抗旱工作目标责任书》，落实防汛责任。镇、村（社区）河长全部安装“重庆河长制App”，实现移动办公。镇、村（社区）级河长巡河（库）440次，处理问题112件（次）。投入2.83万元摸排除治疫情树木157棵。开展剧毒、高毒、高残留农药违规使用以及农村饮水源安全排查，落实畜禽养殖污染治理。完成春、秋季疫情防治。

物业管理。按照“一登记二核实三处理”流程，处理群众物业纠纷投诉48件，满意率100%。指导11个小区启动物业专项维修资金紧急程序，及时排查整治安全隐患。指导盘龙花园业委会完成换届选举。完成重庆茶厂、重庆市自来水有限公司物业移交工作。完成仁济路社区、兴隆湾社区2020年老旧小区改造实地勘查。

【社会治理】 项目打造。引导成立文明养犬自管会、文明殡葬自管会，激活社会组织活力，实现社会组织自治自律，辖区主干道、十一中校园周边全面禁止私搭灵堂行为，不文明养犬和殡葬扰民的投诉率分别下降50%和72%。同时，推动成立各类自管会10个，涉及行业10个，参与企业、物业、个体经营户等109家。黄荆坡社区以“共享＋服务”为主题，探索建设“空间共享、服务共享、多元共治”的“邻里共享服务中心”，初步形成共建共治共享的社会治理格局。年初，福民社区“四公”治理模式获评2018年全国创新社会治理“十佳案例”。福民社区论语公园被评为全市最美社区游园，并在群众投票推荐环节中排名第一。

安全管控。严格落实安全生产“党政同责、一岗双责”，开展“安全宣传月”活动，强化职业危害安全培训，增强辖区企事业单位、商户、群众安全防范意识和能力。全年检查企业370家次，排查整改安全隐患165条，办结率100%。强化金融风险管控，开展防范非法集资宣传活动，提高群众防范意识。开展涉嫌非法集资风险专项排查、虚拟货币交易场所摸排整治等，消除金融风险隐患。围绕创建国家食品安全示范城市，开展食品药品安全专项整治，全年受理投诉举报248件，按时办结率和回复率100%。

平安建设。开展“法治宣传月”“12•4”宪法宣传周等活动40余次，发放宣传资料6000余份，提供法律咨询1100余人次。推进扫黑除恶专项斗争，落实“人防、物防、技防”措施；开展涉黑涉恶线索摸排，共计摸排线索216条；严厉打击“两抢一盗”、电信诈骗、传销等多发性侵财犯罪，发放宣传资料38000余份，全年发案450件，同比下降14.1%，破案182件，同比提高67%。加强社区戒毒康复人员、涉邪人员、重度精神病人等特殊人员134人的管理；落实59名社区矫正人员、322名安置帮教人员的服务管理，未出现脱管失控及重新犯罪情况。调处信访矛盾和纠纷701件，调处成功673件，调节成功率96%；镇领导干部走访下访、公开接访472余人次，化解纠纷150件；运用网上信访信息系统处理群众反映问题76件，有力推动信访积案的化解。切实抓好全国“两会”、重庆国际智博会、中华人民共和国成立70周年大庆期间等重要时段维稳工作。镇平安办在中华人民共和国成立70周年安保维稳工作中成绩突出，获得中华人民共和国成立70周年安保维稳工作中集体二等功。

【政府建设】 贯彻落实党的十九届四中全会精神，扎实开展“不忘初心、牢记使命”主题教育。始终将政治建设摆在首位，不断增强“四个意识”、坚定“四个自信”、做到“两个维护”，以实际行动落实区委决策部署。严格落实全面从严治党政治责任，持续加强党风廉政建设，驰而不息整治“四风”。

自觉接受镇人大的法律和工作监督，办理建议提案60件，满意率100%。运用群工系统、阳光重庆114热线、“96016”服务热线等处理群众问题110余件，处理率96%，满意率90%。规范运行两级服务中心，运用“一门式”系统受理办件40022件，满意率100%。

加强“三重一大”事项决策与监管，强化财政预算执行监管和项目跟踪审计，全程监督重大事项150项。完成镇政府搬迁工作，改善服务群众硬件环境。

坚持村（社区）党务、政务、财务及服务按月公开制度，自觉接受群众监督；推进社区基础设施建设，完成黄荆坡社区办公用房外墙整治工程、兴隆湾社区办公用房装修及搬迁工作；完成8个社区居委会补选工作，选出居委会主任4名、副主任3名、委员11名；完善村（社区）自治组织，指导成立议事会、红白理事会、道德评议会；培养社工人才，全镇有社工师、助理社工师、社工员等39人。

【涂山镇负责人】

党委书记：李　健（2019年11月离任）
镇　　长：唐宏基
人大主席：程　伟
人大副主席：舒榆淦
党委副书记：张　斌
副 镇 长：曾德强
　　　　　吴明伟（2019年7月离任）
　　　　　游相银（政法委书记）
　　　　　谭远东（武装部长）
　　　　　范庆凤（纪委书记）
　　　　　刘东平（2019年8月任职）
组织委员：游　佳
宣传统战委员：唐坤华

（涂山镇）

鸡冠石镇

【概况】 鸡冠石镇位于重庆市南岸区西北部，处南山北麓，临长江之滨，面积8.9平方千米，辖1个行政村、4个城市社区，户籍人口10973人。鸡冠石镇山水相宜，风景秀丽，交通便捷，距重庆北站13千米、江北机场21千米，辖区有弹广公路、内环快速路、黄桷湾立交、慈母山隧道、机场快速路、寸滩长江大桥，将南岸茶园、江北区两地南北贯通，是重庆主城区重要交通枢纽，纳溪沟码头是重庆市重要的货运码头，区位优势明显。

【经济建设】不断优化营商环境，立足实际，深化“放管服”改革，优化窗口服务，推进政务服务标准化。强化公共服务和市场监管，畅通投资者维权渠道，及时反馈并协调处理辖区企业面临的各种困难和诉求，联系帮助辖区工业企业进入规范性工业园区，为投资者提供公平、公正的投资环境。规范财经管理，严格执行《预算法》，提高资金使用效率，取得石门社区公园建设项目绩效价值优、城市低保绩效评价良的成绩。居民生活日趋变好，农村居民人均可支配收入17751元，增长9.1%。

【民生保障】全年发放低保金181万元，实施各类救助889人，开展贫困残疾家庭住宅无障碍设施改造15户，发放残疾人各类补贴10.28万元。落实帮扶慰问，开展五保孤老、困境儿童、重点优抚对象等节日慰问1574人次，走访慰问特扶人员114人，发放慰问金5万余元。为4户家庭申报创业担保贷款120万元，发放就业困难人员灵活就业社保补贴23人、15万余元。线上线下提供“网络创业”、小儿推拿等创业就业培训，举办招聘会活动2场，组织庆隆集团、陪都药业股份有限公司等64家企业提供招聘岗位2600多个，开发公益性岗位23个。全年城镇新增就业人员2811人，高校毕业生实名制登记定制服务办结率100%。

【城乡建设】 推动廖家山片区、CBD南区F片区后期征地及污水处理厂扩建工程涉及的小产权房征收工作，完成廖家山片区2700亩土地移交。做好“522工程”协调配合工作，协助南滨路管委会完成洋人街原址旁两宗土地挂牌出让，为鸡冠石镇的长远发展奠定基础。配合区交委投入1200万元对石龙村6千米的乡村道路进行提档升级改造，完成四好农村公路建设，于11月完成验收并投入使用。协调资金200万元修建3个提排站，将和平小区、新湾片区和石龙村片区生活污水收集至鸡冠石污水处理厂集中处理，解决辖区生活污水直排长江的问题。推进石龙村建筑风貌整治，对渝航大道、慈母山隧道沿线45户农房进行屋顶和外立面改造，提升城市风貌。

【城市管理】 投入40余万元，对“五包五长”示范道路沿线破损行道砖进行全面修补，维修石门社区公园路灯23处，新建盘龙立交排水管网100余米，修复高堰沟至石门社区公园人行步道，维修高白公路破损路面等。强化城乡日常管理，发挥“五长”协调作用，全面落实“门前五包”“垃圾分类”等工作，织密城市管理网格体系，加快构建“大城众管”新模式。开展城镇排水与污水处理领域突出违法行为整治专项行动，推进F片区弹广路以北地块的清表工作，全年整治违建17件约12万平方米。按照南山生态保护综合治理专项工作要求，拆除南山区域违法建筑91055平方米。

【生态建设】 投入20万元植树增绿、边角补绿，在沙龙路、慈母山隧道新增绿色植物160棵、播撒花籽约2500平方米。实施“三清一改”、村庄整治专项行动，清理农居环境房前屋后垃圾，在石龙村新增40个生活垃圾分类垃圾桶。持续推进“小散乱污”企业整治，全年检查企业269次，督促整改问题17个，搬迁关闭企业19家。按照第一时间受理、第一时间督办的原则，办理中央环保督察组交办投诉问题16件，重点处理慧江搅拌站、朱家冲家具厂石材厂噪声扬尘污染问题和盘龙花园垃圾堆放点臭气扰民问题。按照一库一策、一河一策的原则推进河长制工作，清理长江消落带沿线暴露垃圾约90吨，完成辖区3艘有证渔船和4艘无证渔船的退捕转产。

【社会事业】 开展文艺演出、播放惠民电影、举办专题讲座等文化活动150余次，新建石门社区、岩口社区2个有声图书馆，丰富群众文化生活。参加“幸福南岸”第十三届广场舞大赛、区美术书法摄影展、区民俗民风文艺展演、南岸区群众合唱音乐会等活动并取得较好成绩。举办健康知识、控烟知识讲座等17次，开展家庭医生推广活动6次。开展农村“厕所革命”，全年完成农村三格式无害化卫生厕所建设92户。开展爱国卫生运动，组织辖区群众冬季应急献血。整合社会、社区、社工队伍力量，推进“三社联动”，开展社工项目1个，社区公益站项目1个。加强村（居）便民服务中心建设，两级便民服务平台全部达到“一站式”办事大厅标准。新增设金港湾幼儿园为民办普惠性幼儿园。

【社会治理】 按照党建引领、需求导向、居民参与、社会协同思路，整合辖区各种资源和力量，完成石门社区“群团之家”和石龙村高观路综合整治2个区级社会治理创新示范项目。以村（居）党组织为主导，村（居）委会为主体，深化“三事分流”工作机制，引导辖区居民群众分类处理“大事”“小事”“私事”，推进“三事分流”落地生根，建立健全村（居）民议事会、红白理事会、道德评议会，实现群众共同参与社会治理新局面。

【安全稳定】加强常态巡查和监督。对人员密集、出租屋等11类重点场所开展夏、秋季消防专项整治和“三合一”场所专项治理，对辖区企业生产安全措施、隐患排查落实情况开展执法检查，全年检查企业165家，排查一般安全隐患357处并全部整改到位。加强辖区市场监管力度，全年处理投诉15件，办理立案案件2件，现场处罚5件。重视森林防火安全，组织民兵、村（居）群众和相关企业开展森林防火暨消防综合演练，提升实战技能。对严重影响群众安全感的传销、入室盗窃、电信诈骗等犯罪行为不断加大打击力度，全年立案61件，破案28件，破案率45.9%。持续开展“扫黑除恶”，将交通运输、砂石码头等作为重点目标研判，强化打击力度，严肃执纪问责。落实领导干部接访群众工作，实行定时、定点、定人接访，做到随时接访、对口帮扶、及时解决矛盾纠纷，将大量不稳定因素解决在基层一线，全年接收转办和交办信访事项39件次，办结率100%。

【基层党建】 以开展“不忘初心、牢记使命”主题教育为契机，“支部主题党日”为抓手，推进基层党建。邀请专家学者、党校教授进机关、进社区，集中宣讲习近平新时代中国特色社会主义思想和党的十九大、十九届二中、三中、四中全会精神。通过镇新时代文明实践所、5个村（社区）新时代文明实践站开展活动24次，传递文明正能量。

落实“三会一课”制度，按时开展支部主题党日活动，组织各级党组织书记为党员上专题党课100余次，开展党员轮训1次，冬训1次。深入基层开展调研，收集问题16个，解决本级问题11个。严格规范党费和党建工作经费的管理使用，撤销非公党支部5个，发展党员3人。

落实中央八项规定精神，持之以恒正风肃纪，驰而不息纠正“四风”，强化日常监督教育，筑牢党员干部拒腐防变的思想防线；杜绝“微腐败”，全年开展廉政谈话60人次，开展廉政警示教育20余次。

【鸡冠石镇负责人】

党委书记：伍　强

镇　　长：李骏方（党委副书记）

人大主席：崔太群

副 书 记：向全明

纪委书记：陈德华

宣传委员：何长春（统战委员）

副 镇 长：周朝芳

金　烨（工会主席）

曾　洪（政法委书记）

张绍春（武装部长）

（鸡冠石镇）

峡 口 镇

【概况】 峡口镇位于南岸区东南面的南山下部，距茶园区区政府行政中心8千米。辖区依山傍水、坐南朝北；兼具低山、浅丘、河谷等地形地貌特征；东部与广阳、迎龙两镇隔水相望；南部与长生桥镇毗邻；西倚南山旅游公路，北临长江，奔流不息的江水从铜锣峡中穿出，沿场镇经广阳岛出境，滚滚向东而去。因镇地处铜锣峡外，故于1984年改“大兴”为“峡口”乃铜锣峡口之谓也，历史上曾有重庆山城门户之称。

镇域面积23平方千米，由于地处三峡库区尾端，实物淹没均在库尾尖点以上，三峡水库蓄水后、沿江336.6公顷河漫滩地被淹没；具有汛后移民安置的特点，是全区移民安置任务最大的乡镇。全镇辖大兴场社区居委会和西流、大石、大田、柏林、大兴、五星6个行政村，现有户籍6854户、15285人，常住人口2万余人。

全镇经济发展保持稳定增长，商贸服务业发展迅速、农业逐步萎缩，有耕地1326亩，以种植苗木花卉为主。

镇域交通、邮政、金融、通信等机构完善；农贸市场繁荣，商业网点门类齐全；场镇管理规范，社会保障体系健全，群众性文化娱乐、体育健身活动蓬勃开展；温家溪社区公园和大黄健身步道绿树成荫、鸟语花香，为辖区居民提供了休闲、健身场所。

【经济建设】2019年，全镇经济持续稳定增长。全镇全年完成财政税收226万元、非税收入770万元。一般公共预算收入4527万元，增长21.3%。地区生产总值3.84亿元，增长2.9%。规上工业总产值1.53亿元，增长3.2%。农村常住居民人均可支配收入21039元，增长8.3%，城镇常住居民人均可支配收入38703元，增长8.4%。

【民生保障】 持续深化“三事分流”，打造共建共治共享的社会治理体系，学习运用“四公”“四邻联动”等基层治理创新经验，依法开展群众自治，2019年大事18件，完成18件，完成率100%，小事90件，完成87件，完成率96%，私事10件，完成10件，完成率100%。

强化社区组织建设，推动社区公益站发展，通过更多的途径关注收集居民意见和建议，做好为民服务工作。推动社区公益站的发展，落实社区居民决策项目或活动，指导各公益站向重庆市民泰社区公益事业发展基金会申报项目。鼓励村（社区）干部考取专业社工资格证书，指导社区发挥社工室和镇社工站开展工作，积极开展购买政府服务项目1个，争取项目资金5万，用于开展严重精神障碍患者服务、社会救助、公益站能力提升等项目，解决实际问题。

推动残疾人事业发展，改善残疾人基本生活。落实村（居）残疾人工作者专项经费，入户开展残疾人基本服务状况和需求信息数据动态更新工作，登记完成472人。开展残疾人实用技术培训、精准康养及托养服务活动。

统筹做好安全生产、灾害防治、应急救援等工作。坚持安全生产例会制度和重点行业安全生产联系会议制度。坚持每月安全隐患排查，对排查出的安全隐患在各自职责范围内按照“一岗双责”及时交办各科（所、队）进行整治。强化应急管理体系建设，健全防灾、减灾、救灾联动机制，全面提升综合应急能力和水平。

【社会保障】 全年发放农村低保1494户、1761人次、899946元，城市低保645户、748人次、468477元，并做好新增、停发、调增、调减工作。发放低保廉租房租金补贴30户、30人、13944元，低收入廉租房租金补贴4户、4人、1440元。审批临时困难救助58人、419940元，稻草援助21人、8900元。发放孤儿、老干部、百岁老人、困难高龄失能老人养老服务补贴等社会福利3.6万余元，发放重度残疾人护理补贴和困难残疾人生活补贴126人、10.3万余元。发放特困人员生活补贴13.7万余元。发放80岁以上老年人、60岁以上享受低保且子女无赡养能力的老年人、五保供养对象458人惠老补贴33.4万余元。享受南岸区民政医疗救助36人，民政特殊建档困难家庭85户144人。民政资助参保人员451人，惠民济困保198余人，办理申请困难群众伤葬补助费10人。

新增城乡就业人员2547人，城镇就业困难人员就业85人，失业人员再就业205人。完成就业适应性及技能培训92人。全年城镇登记失业率实际控制在1%以下。完成2019年“4050”灵活就业补贴21人，举办实体招聘会3场，推荐成功人数585人。

【城乡建设】 加强基础设施建设，完成峡口镇场镇污水管网改造工程（一期）。完成峡口镇兰草溪沿线污水管网及提排工程。完成峡口农贸市场拆改工程，完成峡口农贸市场雨污混流整治，完成大南山片区蓝色彩钢棚风貌改造15户。完成美丽庭院改造10户，完成农村危房改造5户，完成大石村李家院子公路堡坎应急抢险工程。完成广阳岛内河环境综合整治项目之场镇棚改区域环境整治及覆绿。协调开工建设大石村唐家湾至长春沟公路。启动西流村兰草社滑坡治理工程。配合完成大石小学环线公路前期工作。

【城镇管理】 抓牢细节提升城乡管理水平，推进“五长制”和“门前五包”工作。发现、整改城市管理综合问题560余个。开展市容环境专项整治，拆除私搭烧烤摊13处，清理户外广告5处共计40平方米，纠正违法停车280件，纠正货车360件。优化场镇硬件设施，修补破损人行道260平方米，更换破损水篦子12个，清掏淤泥堵塞下水道5处。改造农贸市场，新建门面16个，全面整治乱搭乱建、乱堆放，清理垃圾1.2吨。控制道路扬尘，洒水车保持每日对场镇道路冲洗2次，每日冲洗用水18吨。

持续深化违法建设整治工作。开展整治“两违”宣传活动增强群众守法懂法意识，遏制抢搭抢建，组织对五星村2户、1200平方米的违法建设进行拆除。依法依规对违法建筑开展强制拆除，完成5户、800平方米的违法建设拆除。

【综合治理】 全年接待群众130余人次，排查矛盾纠纷100余件，化解市级信访积案1件、长期上访近10年信访件2件。持续推进阳光信访，处理上级转交及本级信访件20件，信访代理32件，网上建议2件，领导下接访96件，按时受理及办结率100%。强化社会治安防控体系建设，大力开展“智能化+网格化”，做到空中有视频技防、主路有警察巡逻、背街有义务巡防、社会单位有门卫保安、网格有线上线下、组织有群众基础，确保辖区稳定。

【人口计生】 2019年峡口镇充分利用宣传栏、知识讲座、标语等多种形式，广泛宣传基本公共卫生服务政策，不断提高群众知晓率和参与度。全年办理生育服务证120人次，再生育服务证9人次。完成38名农村奖扶对象、6名特扶对象审核认定申报、信息录入工作。为辖区育龄妇女免费发放避孕药具采取绝育措施30人次，其他避孕方法580人次，长期使用药具人数为295人次，群众知晓率达95%。完善计生特殊困难家庭“3+X”

帮扶机制，春节、端午、中秋三节，组织镇和村（居）计生干部主动走访慰问计生特殊困难家庭37人次，每个节日送去价值200元的慰问金，共计2.22万元，做好抚慰工作。广泛宣传并落实计划生育独生子女伤残死亡家庭父母住院护理保险制度，补充解决意外伤害和亡故补助、住院期间护理补贴、医保报销后补助报销等，办理13人；为14岁以下户籍在峡口镇的独生子女父母发放独生子女费377户556人28840元，部分计划生育家庭居民参合补贴208人金额44050元。联合镇卫生院积极开展65岁以上老年人健康检查、家庭医生签约及建档、慢病的管理及服务等活动。建立精神障碍患者联合管理部门联席会议制度，指导村居服务小组开展服务工作，加强对辖区内在册精神病患者联合服务管理，摸清患者基本情况，分级鉴定，对公安库3级以上重精人员实行一人一档管理。

【森林管护】 全力保护森林资源，巩固良好生态环境。完成唐家湾至长春沟新建公路的占林审批手续，完成全镇13个森林督察图斑的现场核实，完成全镇2018—2019年松材线虫病的除治工作，并取得市森防站、区农业农村委等相关部门验收合格。加强森林防火管理工作，建立健全森林防火长效机制，制订森林防火预案、与各责任单位和护林人员签订安全目标责任书。落实村领导责任包干片区，在重点区域设立3个森林防火检查站，聘请17名护林防火人员，利用安全宣传车在全镇范围内不定期来回开展防火防灾宣传，镇政府按规定配齐森林防火灭火物资，应急队伍定期进行消防演练。全镇全年无森林火灾发生。

【文化体育】 3月21日，参加区第五届民俗民风展演活动，获得二等奖和组织奖。7月25日，参加区“歌唱祖国”——南岸区庆祝中华人民共和国成立70周年群众合唱音乐会活动，获得街镇组第四名。8月8日，参加“幸福南岸”——南岸区第十三届广场舞大赛，获得二等奖和组织奖。9～10月。参加南岸区第八届街镇美术书法摄影联展，多名选手获奖，同时镇获得组织奖。11月1日，参加南岸区第八届农民（工）歌手赛，获得组织奖。

组织公共文化演出进村居活动。1月22～26日，在各村（社区）开展迎春文艺演出。9月23日～27日，在各村（社区）开展国庆文艺演出14场。放映惠民电影82场，镇综合文化服务中心试点室内放映活动6场。

持续免费开放镇综合文化服务中心图书室、共享工程和文化场所，全年到站活动2350余人次，借阅图书300余册次。电子阅览室有12台电脑，共享工程网站使用200余人次。先后开展舞蹈、非遗传承讲座、文艺节目表演等培训24次。全镇6个村综合文化服务中心、1个社区综合文化服务中心全部免费开放，各农家书屋、社区书屋各种制度健全，管理有序，实现了书屋规范化管理，各村（社区）综合文化服务中心开展读书月培训活动，全年培训300余人次。开展扫黄打非工作，坚持净化文化环境。

【征地工作】 2019年峡口镇配合区征地办、经开区征地服务中心、江南新城管委会推进各项目的征地拆迁工作。开展广阳湾产城融合示范区项目（峡口片区）征地工作，完成兑付246户、兑付率68%，安置597人、交旧房205户、选房181套，完成该项目第一批征地人员安置对象的申报工作，并为其办理了养老保险。启动地产C分区项目征地工作，已实测房屋170余户，已兑付106户，兑付率51%，安置324人、交旧房102户、选房104套。完成六纵线项目兑付35户，兑付率94.5%，剩2户未兑付。开展柏林村梭草社排危项目扫尾工作，完成兑付61户，兑付率81%，剩14户未兑付。完成地产二期项目（第二批次）兑付246户，兑付率87.5%，剩35户未兑付。完成B72项目兑付62户，兑付率100%，已移交土地给区征地办。开展郭家沱长江大桥补征地工作，完成兑付42户，兑付率87.5%，剩6户未兑付。协调通江立交项目征地工作，并完成交地。完成中部地块项目扫尾工作。

【峡口镇负责人】

党委书记：石蟠精
镇　　长：赵家伟
人大主席：陈茂江
副 镇 长：张玉林
　　　　　刘　成（武装部长）
　　　　　周晓辉（政法委书记）
纪委书记：褚红琴
宣统委员：周　华
组织委员：刘　林

（峡口镇）

长生桥镇

【概况】 长生桥镇位于南岸区境中南部，东与迎龙镇相连，南与巴南区南泉街道接壤，西接南山街道，北邻峡口镇，距重庆市解放碑商圈10千米、全镇面积58.57平方千米。长生桥镇机关设党政办公室、党建工作办公室、财政办公室、经济发展办公室、民政和社会事务办公室、平安建设办公室、规划建设管理环保办公室、应急管理办公室、综合行政执法办公室9个综合办事机构，单列司法所。镇属事业单位6个，分别是农业服务中心、文化服务中心、劳动就业和社会保障服务所、退役军人服务站、综合行政执法大队、物业管理服务中心。

2019年，长生桥镇有职工186人，其中机关36人，参公人员15人，事业编制人员21人，聘用人员114人。辖有共和、广福、南山、桃花店、乐天、新塘、腰子岗、花红、白沙、凉风、天文、茶园12个行政村和百乐园、桃花桥、同景、茶花、乐陶、创智路6个城镇社区。户籍人口80494人，常住人口142596人。镇内有中学5所、小学7所、幼儿园共26所。

【经济建设】 全面完成第四次全国经济普查，地区生产总值完成166亿元，工商税收收入完成3611万元，辖区规上工业总产值完成5亿元。

【民生保障】 全年发放城乡低保9200余人次、458万余元，慰问农村五保、优抚对象等4000余人次、46万余元，临时救助120余人次、100万余元，加强重症精神病患者管理服务，做好退役军人服务保障，帮扶精准贫困户实现脱贫销号。搭建用工招聘平台，提供就业岗位150类、2000余个，新增就业2800余人，帮助申请创业担保贷款380万余元。建成全国劳动争议调解示范点，妥善防范和处置劳企纠纷，构建和谐劳动关系。

【乡村振兴】 基础设施。全面启动建设第一批四好农村路13条、16千米，惠及广福、凉风、南山等6个村、3100余户村民，打通广福山环山“断头路”，实现农村公路“组组通”。建成广福降坡改道景观路，建设南山村17千米人行便道，确保春节前完工。改造茶园天文供水站转供水设施，保障周边800余名村民安全用水需求。规范农房建设管理，审批农房42户，改造危旧房4户，整治庭院50户。

人居环境。加强农村生活污水和生活垃圾治理，建成广福水库、茶园村祥和渝园农村污水集中处理点2个，修建排污管网3千米，改建无害化卫生厕所20户，全年清运生活垃圾1500余吨，实现村域生活垃圾清运全覆盖、常态化。建设凉风绿苑农村人居环境示范片，建成樱花步道700余米，安装太阳能路灯100盏，探索“党小组＋村民小组＋自管组”协商共管农民新村，以点带面促进整体提升。持续推进移风易俗，开展“家风润万家”“孝善立德”、清洁户评选等活动，培育文明乡风、良好家风、淳朴民风。

农村改革。编制完成茶园、共和、广福3个村乡村规划，完成农村土地承包经营权确权登记和12个村集体、68个社集体清产核资，推进4个村集体产权制度改革，成立凉风村股份经济合作联合社，实施“三变”改革。主动对接社会资源，引导金融机构延伸服务至农村，拓宽涉农企业融资渠道，共同助力乡村振兴。

【城建管理】 城市建设。借势借力抢抓机遇，完成重庆东站项目一期核心区域征地，保障铁路东环线及渝湘高铁项目用地，完成地产二期、智谷公园、观景口水厂等重点项目征地1340余亩。盘活存量土地资源，完成F06-1/03（部分）地块挂牌出让。完成旧城改造一、二期房屋征收990户，签约率92.6%，逐步完善城市功能，改善人居环境。

城市管理。推进“三生三宜”品质城市建设，聚焦“治脏”抓好综合治理，紧盯背街小巷、城乡接合部等区域，整治“三乱”1600余处，清除暴露垃圾260余吨，建成小区生活垃圾分类处理示范点。聚焦“治乱”抓好精准治理，专项整治占道经营、冒装撒漏、非法倒渣等，拆除城乡违法建筑4.7万余平方米，整治违法用地45余亩，规范城市管理秩序。聚焦“治差”抓好源头治理，加大主次干道管养力度，整修桃花大道、河街大道破损路面4500余平方米，协调修复黄明路沿线6.5千米，巩固扬尘控制示范道路建设成果，改善居民出行条件。

生态环境。落实“河长制”“林长制”，完成白沙河长制及综合整治，实施苦竹溪干支流“一河一策”，清理河面、河岸垃圾50余吨，完成国土绿化植树造林950余亩，推进南山生态环境综合治理。深化环保“五大行动”，取缔“低小散”“脏乱差”企业3家，整治汽修、餐饮企业70余家，完成“大棚房”整治和3个砖瓦窑企业土地复垦，推进自然保护地大检查大整治，抓好农村面源污染和非洲猪瘟防控，专项整治工地扬尘、露天焚烧等，严防大气污染。以第二轮中央环保督察为契机，大力整治餐饮油烟、噪声扰民等问题，推进滨河美食街商户烟道上顶，积极回应群众环保诉求。

【社会治理】 以自治“激发活力”。发挥自治基础作用，推动群众参与民主决策。强化问题导向，针对长河湾、汇景苑等小区物管公司撤场、环境脏乱问题，多方协调搭建沟通平台，引导居民主动参与、共商共解，平稳完成长河湾、汇景苑物业企业选聘，逐步实现环境变美、管理变顺、小区变和。注重巩固提升，深化茶花小镇“家门口的党支部”建设，通过共建联席会议明方向、党支部定期接访解难题、党员志愿活动美家园，持续巩固小区治理成果。深化示范带动，完成上锦星城小区环境整治，探索党建带动、社区发动、居民主动、德法互动、各界联动“五动”工作法，激发居民责任意识和参与意识；深化同景大健康社区建设，以健康“五大行动”为引领，建成同景社区心理服务示范点，让居民在“家门口”乐享健康服务。

靠法治“定分止争”。发挥法治保障作用，将群众工作、现场普法、有效维稳紧密结合，逐步提升居民信法守法用法意识。营造浓厚普法氛围，设置普法宣传牌20余处，开展普法宣传70余次，接待法律咨询400余人次。坚持滚动排查、定期研判、清单销号，建成“三调合一”驻所调解室2个，调处渝能长悦府接房、奥园越时代阻工等群体矛盾9件。加强物业法规宣传，协调化解大修基金使用、小区停车管理等物业矛盾集中问题，推动13个小区依规成立业委会，金科中央华府等9个小区获评五星级物业小区，中铁•山水天下等21个小区获评四星级物业小区。

用德治“厚植民风”。发挥德治教化作用，通过以文养德、以评立德，增强基层社会治理的道德底蕴。开展“六讲六做”文明实践活动，建设18个新时代文明实践所（站）。提档升级镇、村（社区）综合文化服务中心，培育壮大“同心艺术团”“环保卫士队”等文体和志愿者队伍，广泛开展“全民动手日”“垃圾不落地”、文明家庭评选等活动，营造健康、文明、和谐、舒心生活环境。

【公共服务】 加强两级服务中心建设，推行“一站式”“全科”服务，全年办结事项9000余件，让群众少跑腿、好办事、不烦心。优化调整社区规模，新建创智路社区，延伸服务至奥园越时代、江南医院等新兴片区，缩短服务半径，方便群众办事。改善桃花桥社区便民服务中心环境，丰富服务功能。定期走访服务民营企业，落实减税降费政策，帮助解决企业开办、用工、项目推进中的问题，引导分散企业向工业园区集聚发展。

【安全稳定】 坚持底线思维，落细落小落实安全生产与自然灾害防治责任，紧盯道路交通、消防安全、危化品企业等重点领域，整改安全隐患800余起，完成长盛花园危岩治理和广福路塌陷路面修复，推进广福村大岩洞危岩带排危，保障居民生命财产安全，全年安全生产事故“零发生”“零死亡”。推进扫黑除恶治乱，排查处置涉乱线索6条，综合整治社会治安重点地区2个、乱点1个，不断净化辖区治安环境。发挥“一群二网”联勤联防作用，加强镇、社区、小区“三级”联动共治、群防群治，实现治安信息互通、警保联勤联防互通、应急处置联动，查处治安案件110余起，刑案立案率下降15.8%，破案率上升27.9%。

【基层党建】 强化意识，压实责任。开展“不忘初心、牢记使命”主题教育，深入学习习近平总书记视察重庆重要讲话精神、十九届四中全会精神等，带领基层党员认真开展学习研讨，通过人人领学人人发言、教育基地沉浸体验、“以案四说”警示教育等，强化党员初心意识、身份意识。班子成员凡是下村（社区），必须做到党建、安全、稳定、环保“四必问、四必查”，巩固主题教育成果。

夯实基础，规范提升。针对基层党组织不同对象、类型、特点，着眼补齐短板、解决问题、发挥作用，着力提升基层党组织组织力。优化调整支部设置，拆分党员50人以上的“大支部”3个，整合打造小区党群活动点17个。发挥城市基层党组织领导社会治理作用，建强“家门口”的党支部，47个党支部全部“扎根”小区，10个散居小区党支部、业委会、自管站“三合一”。发挥农村党组织攻坚克难作用，推进重庆东站核心区域征地、四好农村路建设、农村改革等各项工作。发挥机关党组织战斗堡垒作用，严肃党内政治生活，落实双重组织生活制度，探索年轻干部培养“导师制”，提升机关党员工作能力及担当。发挥非公经济组织党组织的引领发展作用，新建非公企业团组织11个，让党组织作用发挥在生产经营、应急处突一线。

统筹融合，整体推进。严格落实意识形态工作责任制，做好舆情管控、阵地管理、志愿活动常态化等工作，主动扬正转化为群众的情感认同和行为自觉。认真落实“全党做统战工作”，常态联络服务长生商会，同景社区多党合作实践基地有新成效。

【长生桥镇负责人】

党委书记：曹　仁
镇　　长：张勇军
人大主席：邓　维
副 书 记：彭　洲
纪委书记：夏　兵
宣统委员：陈　斌
副 镇 长：李　敏
　　　　　陈　英（人大副主席）
　　　　　刘　韬
　　　　　石丛波（政法委书记）
　　　　　文　静（组织委员）

（长生桥镇）

迎龙镇

【概况】 迎龙镇位于南岸区东部，辖11个村、1个社区，人口2.1万，面积45.7平方千米。其中，绕城高速公路以内16.56平方千米区域为重庆经济技术开发区范围，8.87平方千米为重庆经济技术开发区拓展区，绕城高速公路以外区域20.27平方千米为市级现代农业示范园区。镇域自然生态资源丰富、交通区位优势明显，有港口大道、南涪路、黄明路、开迎路和在建的开成路（北段）、横九路等。

【经济建设】 全年地区生产总值62722万元，同比增长6.5%。固定资产投资完成98184万元，同比增长8%。地方预算内财政税收收入974万元，同比下降2.5%。社会消费品零售总额25382万元，同比增长8%。规模以上工业产值完成44583万元，同比增长17%。农民人均纯收入19755元，同比增长6.5%。全面完成第四次全国经济普查。

【民生事业】 完善基础设施。新建和改建场镇公厕4座，农村改厕208户，提前完成“厕所革命”三年计划。申请一事一议财政奖补资金286万元，完成227盏太阳能路灯安装，建成中大路0.9千米，修建道路0.7千米。完成镇公共服务中心科普电子显示屏及龙顶村30米科普画廊建设。新建公交站台11个。推进四好农村公路建设，涉及7个村，共10条、总里程20千米。

优化服务体系。指导村（社区）承诺办理民生实事14件，办结率100%。落实联系服务群众工作要求，接访群众40次、收集意见46件，办结40件，办结率87%。“一窗式受理、一站式办结”提升“全科窗口”便民服务水平，办理群众各类事项611件，满意度100%。推广“群工系统”，受理群众反映事项28件，办结率、满意度均100%。

丰富群众精神文化生活。开展形式多样的群众体育活动10余项，举办文化进村演出40余场，北斗村农民管乐队荣获“感动重庆”特别奖。

强化保障能力。加强劳动力就业培训，新增城镇就业人员2204人，城镇登记失业率1.02%，担保个人创业贷款450万元。城乡居民养老保险累计参保3277人，合作医疗保险累计参保18127人，参保率95%以上。精准落实民政政策，发放社会救助扶助资金、补贴389万元，救助慰问低保、特困、失独等困难弱势群众2019人。关心退役军人，完成退役军人和其他优抚对象信息采集526人，悬挂光荣牌526块，清理退役军人档案17例，发放抚恤金及一次性困难补助205人、142万元。

推动卫生计生事业健康发展。出色完成孕优、药具、家庭人口信息核查、健康教育和控烟等工作。居家养老服务设施建设实现全覆盖，推进南华养老服务中心建设，顺利通过验收。持续加强幼教、敬老院、五保家园等日常监管。

【生态建设】 巩固大气、饮用水源、噪声等三大污染治理成果。现场监察157次、471人次，解决环保问题及纠纷9起。全面落实“河长制”，投入河道管护资金5万元，完成渔溪河河道浮萍清理，完成3艘渔船退捕转产并发放渔民补助60万元。推进长江经济带污水偷排偷放整治，督促8家企业完成生活污水接入市政管网排放，对镇域33个入河口开展水质快速检测175次。加强迎龙湖饮用水源地保护，完成武堂村沿湖散居24户1.3千米污水主管网铺设及“万人千吨”迎龙湖饮用水水源地环境保护专项整治。

保护森林绿地资源。森林防火常抓不懈，全面完成2018、2019年3900亩国土绿化提升行动任务和2019年国家森林督察33个小班调查、公益林公示确认、征占地林业现场调查、2018年度林相改造等工作。投入33.56万元，伐除松材线虫疫木3016株。复垦鸿昌顺、天伦等5家砖瓦窑矿区，其中复绿3家、191.5亩。

整治散乱污企业，开展攻坚行动集中排查清理镇域企业29家，下达生态环境保护责令整改告知书23份。督促完成巴涂士、轩念建材等4家企业停产搬迁。完成市蓝天办移交的5个问题线索整治。

加强畜禽养殖管理。强制取缔禁养区内超标养殖1户，劝导放弃畜禽养殖8户，完成养殖废弃物综合治理33户，实施家禽规范养殖500余户。

保持“两违”整治高压态势。查处、拆除新增违法建筑1宗、25平方米，拆除计划外违法建筑3宗、1520平方米，整治存量违法建筑13宗、5479平方米，完成年度存量整治任务100%，是南岸区违章建筑最少、生态环境最优的区域。配合第二轮中央生态环境保护督察，迎龙镇主责办理事项投诉为零。

【乡村振兴】 建设特色小镇，争取并投入2900余万元，竣工银河路街区环境综合整治项目一期外墙改造、店招改造、绿化及环境改造工程。协调建设用地，完成北星小区人行步道景观工程建设。投资200余万元，完成场镇人行道砖改造项目建设。落实“五长制”，不断优化市政管理服务水平，场镇环境更加靓丽。建设美丽乡村，推进庭院整治美化工程50户、6500余平方米建设。清理整治“大棚房”并通过检查验收。

实施农村人居环境整治，持续开展“大城众管、共同家园”及村庄清洁行动，清运农村生活垃圾2900余吨；全面开展城市综合管理“七大工程”、城市管理“百日会战”“市容环境百日清扫大行动”活动及“垃圾不落地”专项行动，持续优化城市市容市貌。推进农业农村改革，完成马颈村、石梯子村“三变”改革试点登记赋码及各村资源性耕地资产清产核资。推进蹇家边、清油洞、龙顶、武堂、苟家嘴农村产权制度改革工作。配合迎龙商务区做好“迎龙谷”等乡村振兴示范项目建设。

【服务发展】 完成长江防洪护岸综合整治工程（二期）项目征地80.5亩，拆迁安置10户、31人，即将启动土地分配。交付铁路枢纽东环线迎龙境内段临时用地和正线用地2283亩，配合经开区征地办完成房屋拆迁206户。实施迎龙小学项目征地75.4亩，第三方评估单位已介入核实“迎龙生态园”园区资产并启动征地红线内司法拆迁程序。实施广阳湾生态智慧城建设项目征地2411亩，拆迁安置294户、1045人，并同步启动企业补偿及司法拆迁程序。推进迎龙老街、横九路项目，完成实测75户，兑付29户。基本完成城投储备地、长江防洪护岸综合整治工程（一期）、茶园—东港二级污水管网调配工程、茶园污水处理厂卫生防护距离线外项目调查、场镇二期、消防特勤站、朝天门公交站、长途站、朝天门安置房、南涪路二期等项目的征地拆迁工作，相关项目人员安置对象的报批工作正有序推进。

【社会治理】 提升平安建设水平。开展“扫黑除恶”专项斗争，建立组织体系、完善工作机制，群众知晓率100%，摸底排查重点人员223人次，排查并上报涉黑涉恶问题线索1条，乱点整治2处。三级联动常态化开展重大风险排查，排查征地拆迁、土地流转等矛盾突出问题37件、化解33件，化解率90%以上。加大人民调解工作力度，调处各类矛盾纠纷161起，成功143起，受理率100%、成功率89%。

加快“雪亮工程”建设，新增公共区域视频监控137个并交付使用。完善“警务巡逻＋综治巡防＋义务巡逻”相结合的巡逻防控机制，强化社会治安重点区域排查整治，开展义务巡逻4000余次，重点地区发案同比下降55.6%，群众安全感指数达92%以上。

巩固安全生产基础，落实“党政同责、一岗双责”，坚持安全工作定期例会研判，召开安全工作专题会议25次。加强辖区内建筑工地、地质灾害、道路交通、火灾防范、有限空间作业等各项安全监管，安全检查95次，排查一般隐患83个，整治83个，整改率100%，下发责令限期整改指令书6份，下发行政处罚决定书3份。

加强食品安全示范城市创建宣传，推进国家食品安全示范城市建设，开展食用农产品、“地沟油”、非洲猪瘟联防联控等专项检查，确保辖区群众吃得放心。深化创新社会治理，结合联系服务群众工作“两解一帮”，各村（社区）因地制宜生动开展“四邻联动”，打造特色院坝12个，其中“龙庭雅苑”“新龙小院”多次接受市区检查，涌现出王大明等20名优秀院坝长，“三事分流”办理“大事”25件、“小事”75件、“私事”23件，办结率91%，群众参与率、满意度、获得感明显提升，形成了迎龙镇创新社会治理特色品牌，受法治报等多家社会主流媒体宣传报道，党委书记谭昊代表迎龙镇在全市城乡社区治理现场示范培训班中作交流发言。

【迎龙镇负责人】

党委书记：谭　昊
镇　　长：张庆荣
人大主席：王　波
副 镇 长：蒋明华（政法委书记）
　　　　　余汝江（武装部长）
　　　　　杨志强
纪委书记：李　宁
组织委员：周　艳
宣统委员：王　旭

（迎龙镇）

广 阳 镇

【概况】 广阳镇位于渝中区正东方向、南岸区东北方向，东连巴南区木洞镇，南邻南岸区迎龙镇，西毗南岸区峡口镇，北滨邻长江与江北区鱼嘴镇隔江相望。辖区地处长江河谷，地势东高西低，以低丘宽谷地貌为主，海拔高度为165.2～624米。气候湿润，年平均气温18℃，四季气温变化分明，常年降雨量1100～1250毫米，常年日照1240小时，无霜期年均值320天。土壤为水稻土、泥黄土、页岩红黏土，矿藏资源有石灰岩、砂岩、页岩等。

广阳镇原隶属巴县，1995年2月划归南岸区管辖。辖区面积37.12平方千米，距市区水路28千米，陆路31千米。镇辖8个行政村和2个社区居委会：明月村、沿江村、垭口村、塘坎村、回龙桥村、大佛村、银湖村、新六村和明月沱社区、东港社区。辖区有人口2.2万人。辖区内有南岸区东港学校、广阳小学、广阳卫生院、电管站、派出所、农村商业银行等多家行政事业单位，有重庆砼磊混凝土有限公司、圣同混凝土有限公司、东港船舶产业园、广阳建筑公司、广阳加油站等工农业企业40余家。

近年来，广阳镇先后荣获“全国体育先进乡镇”“全国体育旅游项目先进乡镇”“全国乡镇体育健身示范工程”“中国优质枇杷基地”“2009中国（重庆）最具活力小城镇十大创新小城镇”“重庆市文明镇标兵”“重庆市卫生镇”“重庆市民间文化艺术之乡”“市级文明单位”等。

【经济建设】 2019年，全镇实现地区生产总值9.062亿元，同比增长6.5%；财政税收收入1462万元，完成年计划的123%；社会消费品零售总额5.54亿元，同比增长8%；固定资产投资24.54亿元，同比增长8%；规模以上工业总产值15.5亿元，同比增长103.9%；农民人均纯收入19693元，同比增长6.5%。经济社会主要预期目标全部达成。

【社会民生】 加快推进教育、卫生、养老、文化、就业、社会保障等社会事业。推进卫生教育事业均等化、优质化，在全区率先实行第二课堂普惠，实现第二课堂公益开放。促进家庭医生签约3200户（7159人），开展各类健康教育宣传活动、健康教育讲座，受益群众10000余人次。

加大救助力度，向五保、低保、优抚等各类困难群众发放补贴275.02万元，向计生困难群体发送奖扶、特扶金119.7万元。建成塘坎村养老服务站并交付使用。同时筹措、争取资金用于助学、助医、助残，受益1000余人次。推进广阳民间故事会馆修建工程，完成镇文化站改造升级，新增图书1629本。通过物联网购买文艺节目36场，完成物联网培训24次，讲座4次，展览2次，文艺演出15场，提高群众精神文明生活水平。

全年新增就业2678人，城镇登记失业人员再就业225人，城镇就业困难人员就业92人。“乡村旅游”特色工种培训33人、技能培训42人。办理职工医疗保险98人，城乡居民合作医疗参保13436人。提高公共服务水平，社保所荣获2019年“三八红旗集体”称号。服务群众工作系统全年收到群众反映事项57件，办结57件，满意率100%。

【城市管理】 继续巩固“三生三宜”品质城市建设工作成果，持续优化城乡面貌，整治乱摆摊设点180余处、规范骑门摊130余处，依法取缔非法占道经营摊点80余个，清除乱搭乱建6处，修复破损道路2处，规范门店门柱广告100余块。清除卫生死角270余处、清理暴露垃圾300余吨、建筑垃圾80余吨。建设易腐垃圾降解沤肥池2座，新装排污管道300余米、下水管道120余米，清掏公共区域化粪池22座。拆除违法用地建筑14925平方米，开展回龙桥片区“蓝屋顶”专项整治工作，拆除蓝彩钢棚16700平方米。常态化开展“全民动手日”活动500余次，参与群众8000余人次，形成“大城众管、共同家园”共治共建共享局面。

【社会治理】 在大佛村探索“党委领导、政府主导、部门协同、社会共建”共建模式，为解决基层治理难题提供新方法；缩短治理距离，制定实施广阳镇“马路办公”制度，现场解决群众反映问题61个、处理紧急事件5起；拓展治理宽度，落实“五长制”，成立88人“五长”队伍，对全镇所有街、路、院、楼和小区实现全覆盖管理；提高治理精度，推行“2+3”网格共治模式，各科室与党员服务小组、各村（居）志愿服务分队紧密联合，引导群众发挥主体作用，加强群众自治；提升治理维度，落实“三事分流”工作机制，推动多层级共同治理，做到“大事”快办、“小事”共办、“私事”自办，做到“诉求有门、协商有道、解难有方”。

【乡村振兴】 坚持生态优先。打好污染防治攻坚战，开展降尘控尘行动700余次。推进银湖村污水治理，出动600余人次对全镇15个排污口、1个饮水口进行巡查快检，保障水体质量。推动厕所革命，完成农村三格化粪池改造1683户。严格落实“河长制、林长制”，镇村两级巡河1000余次、森林防火巡查200余次，清理沿岸垃圾30余吨，拆除砂石加工厂5个。对建筑工地开展环保巡查400余次，严格监管空气污染源头。实施国土绿化提升行动，完成农村“四旁”植树项目100亩、农田林网和特色经济林改造项目1600亩、宜林荒山及无立木林地造林项目500亩，栽种树木46200余株，除治枯死松木1100余株。

推动绿色发展。发挥银湖村美丽宜居村庄项目一期辐射带动效应，吸引参观游客1万余人次，辐射周边第三产业。举办首届“广阳枇杷采摘季”活动，实现经济收益6800余万元。基本完成农村集体土地承包经营权确权颁证，释放产业振兴潜能。完成广回枇杷、潘青桃、广阳滴烧等特色农业产业品牌商标注册，驱动高附加值特色农业发展。

完善基础设施。完成银湖村、大佛村、塘坎村乡村四好公路7.2千米，硬化银湖村、大佛村乡村道路1.7千米，回龙桥村24栋农房外立面改造全部完成，大佛寺2000平方米生态停车场交付使用，回龙桥村800平方米沿江观景平台完工，新增太阳能路灯226盏，回龙桥村、银湖村农村生活垃圾管理示范村创建工作稳步推动，银湖村美丽庭院建设、回龙桥村乡村振兴幸福社区提档升级有序实施。

抓好乡风文明建设。在全镇1个新时代文明实践所和10个新时代文明实践站开展宣讲活动185次，组织全国先进基层理论宣讲集体广阳故事大王宣讲团每月开展3次院坝故事会。利用“智慧广阳”TV端、电子显示屏、宣传文化墙、橱窗、广告牌和悬挂横幅等方式，全方位、多层次、多角度传播社会主义核心价值观。推动“九九家风”建设，推广市民公约和村规民约，开展敬老爱亲系列活动，加强对“文明家庭”的评选，做好道德模范推荐评选工作，抓好先进典型培育工作，开展先进个人事迹巡讲活动，传颂中华民族优秀传统美德。

【平安建设】 推进扫黑除恶专项斗争，开展普法宣传活动18次，发动群众收集涉黑涉恶线索，推动“涉油”违法犯罪综合整治工作。推进人民调解工作，调解民事纠纷184件，成功率92%。推动信访稳定工作，信访态势总体较为平稳，实现全年信访稳定“五个零”目标。推进社区矫正和刑释安置工作，实现社区矫正人员无脱管、漏管。坚守意识形态阵地，落实宗教工作三级网络两级责任制，健全规范镇、村（居）宗教工作网络，加强金紫山大佛寺等宗教文化场所的管理，发挥好宗教对现实世界的服务功能；加强邪教人员管控，全面掌握邪教人员现实状况和基本动向，集中开展反邪教警示教育宣传活动8场次，辖区受益群众6000余人次。提升舆情把控能力，通过购买服务在线上进行实时监控，做到及时应对。完成中华人民共和国成立70周年大庆维稳工作，统筹做好森林防火、灾害防治、应急救援、食品（药品）监督等工作，压紧压实安全生产“两个责任”，强化安全风险管控，实现全年安全生产“零事故”。

【广阳镇负责人】

党委书记：徐赵云
镇　　长：张　鲲
人大主席：胡　丹
副 书 记：李　静
副 镇 长：李念文（政法委书记）
　　　　　李　娜
纪委书记：陈彦忠
组织委员：凌廷润
宣传统战委员：周晓俊（2019年7月任职）

（广阳镇）

统计资料

2019年重庆市南岸区国民经济和社会发展统计公报

2019年，全区坚持以习近平新时代中国特色社会主义思想为指导，深入贯彻习近平总书记对重庆提出的“两点”定位、“两地”“两高”目标、发挥“三个作用”和营造良好政治生态的重要指示要求。紧紧依靠全区人民，迎难而上，砥砺前行，坚持稳中求进的工作总基调，坚持新发展理念，着力推动高质量发展，统筹推进稳增长、促改革、调结构、惠民生、防风险、保稳定工作，全区经济运行保持在合理区间，延续了平稳增长的发展态势。

一、综合

2019年全区地区生产总值（GDP）达到770.58亿元，同比增长6.1%，速度在主城九区排名第3，主城区都市圈排名第15。其中第一产业实现增加值3.86亿元，同比下降1.9%；第二产业实现增加值294.5亿元，同比增长9.4%；第三产业实现增加值472.22亿元，同比增长4.1%。

按常住人口计算，全区人均GDP达到83850元。

三次产业经济结构从2018年的0.5 ∶ 38.4 ∶ 61.1调整为0.5 ∶ 38.2 ∶ 61.3（见图1）。分产业看，第一产业没有拉动GDP增长，对GDP增长的贡献率为-0.2%；第二产业拉动GDP增长3.6个百分点，对GDP增长的贡献率突破新高，达到59.3%，其中建筑业对GDP增长的贡献率为30.4%，工业对GDP增长的贡献率为28.9%；第三产业拉动GDP增长2.5个百分点，对GDP增长的贡献率为40.9%。

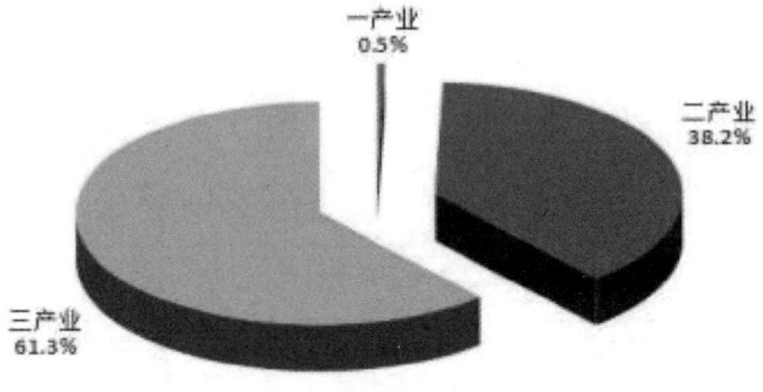

图1 2019年南岸区生产总值三次产业构成

二、农业

2019年，全区实现农林牧渔业总产值5.13亿元，同比增长1.7%。其中：农业产值4.43亿元，同比增长1.9%；林业产值0.13亿元，同比增长2.8%；牧业产值0.12亿元，同比下降3.1%；渔业产值0.31亿元，同比下降2.9%；农林牧渔服务业产值0.14亿元，同比增长7.1%（见表1）。

表1 2019年全区主要农产品产量

产品名称	单位	2019年	同比（%）
粮食作物	吨	2063.55	-0.6
蔬菜产量	吨	8083.00	5.8
生猪出栏头数	头	1593.00	-38.0
鲜奶产量	吨	74.00	-57.2
鲜鱼产量	吨	2197.00	-3.0
水果	吨	3924.00	-5.2

三、工业和建筑业

2019年，全区实现工业增加值207.7亿元，同比增长6.0%，占全区GDP比重为27.0%。全区完成工业投资29.72亿元，同比下降2.3%，占全社会固定资产投资的7.9%。

全区176户规模以上工业企业实现总产值792.79亿元，同比增长3.7%。全区七大支柱产业中有六个实现正增长，分别为：电子制造行业实现总产值392.75亿元，同比增长1.7%，占比49.5%；装备制造行业实现总产值126.07亿元，同比增长8.5%，占比15.9%；消费品行业实现总产值111.74亿元，同比增长0.5%，占比14.1%；化工医药行业实现总产值51.88亿元，同比增长1.1%，占比6.5%；材料行业实现总产值43.61亿元，同比增长30.1%，占比5.5%；能源工业实现总产值33.90亿元，同比增长5.4%，占比4.3%；有一个呈负增长，为汽车制造行业，实现总产值32.84亿元，同比下降2.4%，占比4.1%（见图2）。

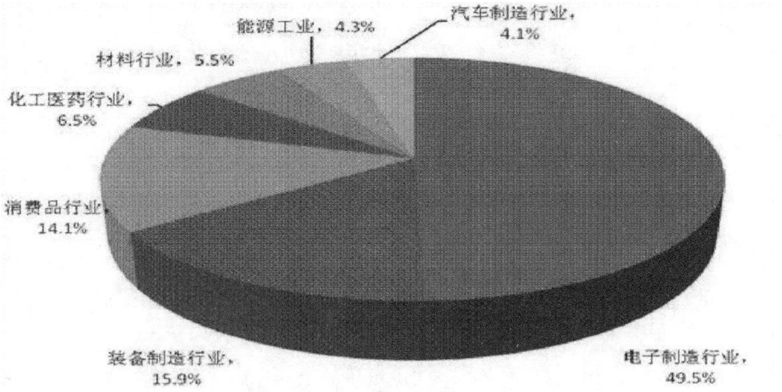

图2　七大支柱产业占比情况

全区规模以上工业企业销售产值765.69亿元，同比增长2.3%，其中出口交货值28.38亿元，同比下降10.3%；主营业务收入776.79亿元，同比增长2.2%，其中大型企业实现主营业务收入497.07亿元，同比增长3.0%；利润总额34.48亿元，同比下降4.8%。

全区规模以上工业增加值增速为6.3%（见图3）。

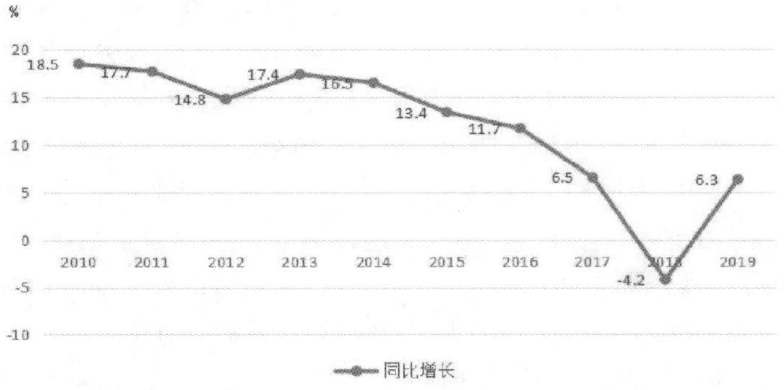

图3　2010—2019年南岸区规模以上工业增加值增速

2019年，14户大型企业实现总产值499.67亿元，同比增长6.4%，高于全区总产值增速2.7个百分点，强力拉动全区工业经济增长3.9个百分点，实现工业总产值占全区的比重为63.0%。31户中型企业实现工业总产值162.09亿元，同比增长1.5%，低于全区总产值增速2.2个百分点，拉动全区工业经济增长0.3个百分点，实现工业总产值占全区的比重为20.5%。131户小型企业实现工业总产值131.03亿元，同比下降3.1%，低于全区总产值增速9.5个百分点，负拉动全区工业经济0.5个百分点，实现工业总产值占全区的比重为16.5%。

2019年，全区在产的68种工业产品中，有46种减产，减产面高达67.6%。14种重点工业产品中，有8种产品减产（见表2），分别为：移动通信手持机（手机）3066.9万台，同比下降36.5%；光电子器件5328.5万只，同比下降26.9%；摩托车64.2万辆，同比下降17.6%；饮料46.8万吨，同比下降18.1%；服装171.0万件，同比下降61.2%；纸制品33379.0吨，同比下降0.9%；金属切削机床1034台，同比下降24.0%；改装汽车3434辆，同比下降4.7%。

表 2 2019 年全区工业重点产品产量表

产品名称及计量单位	2019 年产量	同比（%）
移动通信手持机（万台）	3066.9	-36.5
光电子器件（万只）	5328.5	-26.9
卷烟（亿支）	184.0	3.8
摩托车（万辆）	64.2	-17.6
工商用制冷、空调设备（台）	15493	22.9
房间空气调节器（万台）	563.5	46.3
饮料（万吨）	46.8	-18.1
服装（万件）	171.0	-61.2
纸制品（吨）	33379.0	-0.9
塑料制品（吨）	39735.1	18.2
商品混凝土（万立方米）	785.1	18.8
金属门窗及类似制品（吨）	454	4.1
金属切削机床（台）	1034	-24.0
改装汽车（辆）	3434	-4.7

企业节能降耗成效显著。规模以上工业企业（不含水、电、气、烟草南岸分公司）万元产值能耗 0.0218 吨标准煤，比上年下降了 2.1%。

建筑业发展加快。2019 年建筑业增加值为 86.8 亿元，同比增长 19.9%，占全区 GDP 比重为 11.2%。注册地建筑业实现总产值 265.03 亿元，同比增长 16.9%，其中建筑工程产值 212.37 亿元，同比增长 16.4%。房屋建筑施工面积 1731.32 万平方米，同比增长 20.5%；房屋建筑竣工面积 449.34 万平方米，同比增长 53.3%；竣工房屋价值 80.39 亿元，同比增长 83.8%。

四、固定资产投资和房地产市场

2019 年，全区固定资产投资 375.97 亿元，同比增长 6.4%（见图 4）。其中：工业投资 29.72 亿元，同比下降 2.3%；基础设施建设投资 49.42 亿元，同比增长 91.7%；房地产开发投资 286.35 亿元，同比下降 3.0%。

从固定资产投资的构成看，建筑安装工程投资 221.55 亿元，同比增长 21.9%，占全社会固定资产投资的 58.9%；设备工器具购置 17.57 亿元，同比增长 48.3%，占全社会固定资产投资的 4.7%；其他费用 136.84 亿元，同比下降 14.4%，占全社会固定资产投资的 36.4%。

按三次产业来看，二产业完成投资 29.72 亿元，同比下降 2.3%，占全社会固定资产投资的 7.9%；三产业完成投资 346.25 亿元，同比增长 7.2%，占全社会固定资产投资的 92.1%。

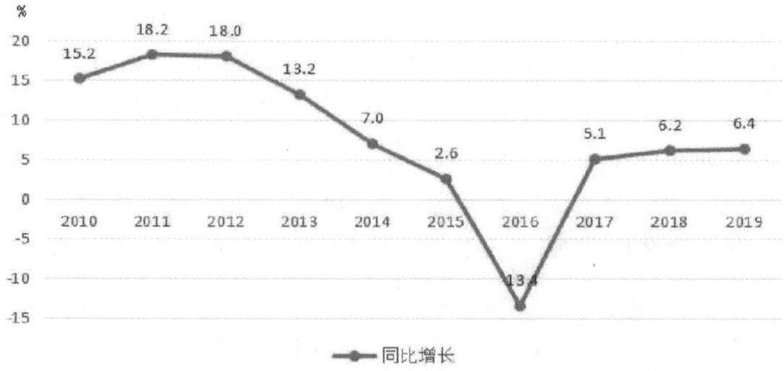

图 4 2010—2019 年南岸区固定资产投资增速

商品房销售持续下降。2019 年，全区商品房销售面积达到 274.3 万平方米，同比下降 25.1%，其中住宅达到 214.9 万平方米，同比下降 31.2%，办公楼达到 12.5 万平方米，同比增长 171.2%，商业营业用房 15.8

万平方米，同比下降29.1%；施工面积1348.7万平方米，同比下降13.5%，其中住宅达到850.5万平方米，同比下降19.2%，办公楼达到32.7万平方米，同比下降9.4%，商业营业用房178.2万平方米，同比增长0.9%；竣工面积278.4万平方米，同比下降35.3%其中住宅达到194.2万平方米，同比下降37.7%，办公楼达到4.6万平方米，同比下降51.6%，商业营业用房18.0万平方米，同比下降39.1%；商品房销售额331.01亿元，同比下降16.9%，其中住宅达到288.25亿元，同比下降18.5%，办公楼达到14.75亿元，同比增长213.3%，商业营业用房19.73亿元，同比下降33.6%。

五、国内贸易

2019年，全区实现社会消费品零售总额472.11亿元，同比增长6.6%（见图5）。从社会消费品零售构成行业来看，批发业完成70.78亿元，同比增长9.1%；零售业完成330.51亿元，同比增长6.5%；住宿业完成14.16亿元，同比增长5.1%，餐饮业完成56.66亿元，同比增长4.4%。

全区批发零售业额1858.45亿元，同比增长10.0%，其中限额以上法人批发零售业额911.64亿元，同比增长4.2%；住宿餐饮营业额129.55亿元，同比增长10.9%，其中限额以上法人住宿餐饮业额8.42亿元，同比下降12.8%。

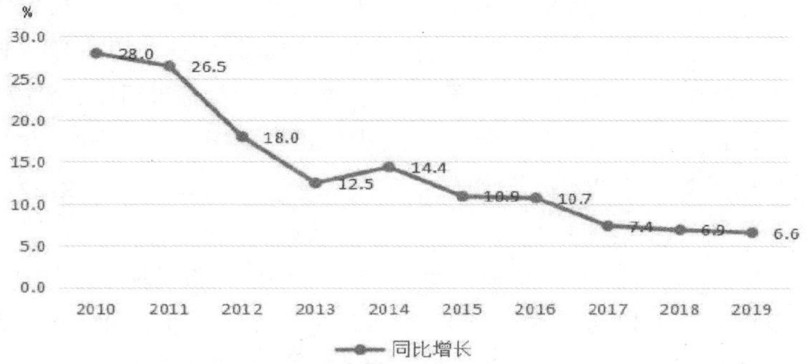

图5 2010—2019年南岸区社会消费品零售总额增速

六、对外经济

2019年，全区外贸进出口16.33亿美元，同比增长5.4%。其中出口4.3亿美元，同比下降32.08%，进口12.03亿美元，同比增长31.28%。

2019年，全区实际利用外资8.88亿美元，同比增长0.23%。

七、交通、邮电和旅游

2019年全区公路总里程达到545千米，其中国道20千米，省道41千米，县道89千米，乡道51千米，村道344千米。

据抽样调查资料显示：2019年南岸区城镇居民平均每百户拥有固定电话21部，移动电话258部。

2019年，全区共有旅行社45家，其中国际旅行社4家、国内旅行社41家、门市部280家。星级酒店6家，其中：五星级酒店2家，四星级酒店2家，三星级酒店2家。对外开放的国家等级景区9家。2019全年接待游客5386.97万人次，同比增长10.17%，实现旅游收入224.57亿元，同比增长33.55%。其中接待海外游客32.76万人，同比增长2.22%。

八、财政和金融

2019年，全区实现地方财政收入62.93亿元，同比下降12.1%，其中：一般公共财政收入达到57.38亿元，同比下降9.7%；税收收入达到47.82亿元，同比下降13.8%。一般公共财政支出98.26亿元，同比增长2.2%。

2019年，全区金融业增加值69.64亿元，同比增长16.6%，占全区GDP比重为9.0%。金融机构人民币存贷款余额为2965亿元，同比增长20.5%；金融机构人民币存款余额为1480亿元，同比增长13.5%；金融机构人民币贷款余额为1485亿元，同比增长28.5%。

九、教育和科学技术

教育事业加快发展。全区现有中小学校（幼儿园）234所，其中：公办中小学校（幼儿园）77所，包括幼儿园12所、小学41所、九年一贯制学校5所、初级中学11所、高完中5所、中职学校1所、特殊教育学校1所、教师进修学院1所。全区中小学（幼儿园）共有学生144180人（其中：公办学校学生97590人），教职工11171人（其中：公办学校教职工5835人）。科技事业成效显著。全社会研发经费支出达到21.45亿元，占GDP比重达3.0%；科技创新水平指数88.2%，位列全市第二；科技促进经济发展指数达99.4%，位列全市第四。全年入库科技型企业153户、同比增长22.6%，达到734户，位列全市第五；新认定高新技术企业44户、同比增长22.8%，达到178户，位列全市第四；新增市级及以上重点实验室、工程技术（研究）中心、企业技术中心等科技研发平台12个、达到184个（国家级17个）。全年支持57家企业获得区级知识价值信用贷款

9037万元、4家企业获得区级创业种子投资基金免息贷款18万元。完成第三、四批产业协同创新项目结题，实现产值2.9亿元，申报专利30件、软件著作权31件。组织和举办全国科技活动周、全国双创活动周、科科技下乡服务等活动，参与人数超1000人次。大力组织区内企业参加西洽会、智博会等，实现技术合同交易2.62亿元。

十、文化、卫生和体育

文化事业全面繁荣。一是公共文化设施效能发挥充分。区图书馆、区文化馆年接待群众突破50万人次。建成100个社区图书馆，实现社区图书馆和区图书馆图书借还“一卡通”。二是文化惠民落到实处。举办了“南岸起风景、建设共同家园”文艺展演、“重庆市广场舞南岸区展演暨‘幸福南岸’第十三届广场舞大赛”等大型文化活动70余场；通过政府购买公共文化服务等方式，完成各类惠民展演455场次；完成了“文化迎春、艺术为民”服务基层中国交响乐团文化志愿者服务团队走进南岸主题实践活动3场。区图书馆组织联合社区分馆、农家书屋开展各类讲座、展览、培训、“梦想沙龙”系列活动、街镇读书演讲比赛等阅读推广活动共计109场次，受众人数达10万人次。三是创新工作取得成效。公共文化物联网进行481次配送。区图书馆依托国家公共文化服务体系示范项目——“南岸区社区图书馆标准化服务”建设，采取总分馆制模式，积极引入社会力量参与公共文化服务，成功创建了少数花园、小馆等社会分馆。

卫生事业稳步发展。积极推进家庭医生签约服务，2019年，全区城乡居民家庭医生签约服务覆盖15.83万户，28.04万人，签约率达到31.5%。投入专项资金实施基本公共卫生项目服务经费补助，2019年我区按照人均55元的筹资标准，给予人均5元的区级配套补助；推进公立医院改革，先后将区人民医院、区中医院、市五院纳入改革范围，实现辖区内二级以上公立医院改革全覆盖；新批准设置医疗机构84家，其中全部为门诊部及诊所；积极稳妥实施全面两孩政策，向群众发放宣传资料3.5万份，宣传品6000多份，接受群众咨询5000多次，全年全区共办理生育服务证登记7413件，其中办理二孩登记3112件，办理再生育审批217例。

体育事业顺利推进。全区人均体育占地面积2.24平方米，所有社区、行政村建立了体育组织，体育队伍600余支，体育单项协会26个，全区体育锻炼人口55.0%。江南体育中心“八场”（篮球场、足球场、排球场、网球场、羽毛球场、门球场、田径场、高尔夫练习场）已全面完工投入使用，青少年活动中心已建成投入使用。成功举办2019年长安汽车重庆国际马拉松赛、2019重庆女子国际半程马拉松赛、2019中国男子职业高尔夫球巡回赛、2019年“体彩杯”南岸区机关职工运动会等体育赛事活动。2019年体育彩票销量2.5亿元，销量约占重庆体彩市场的份额约为5.0%。

十一、人口、人民生活和社会保障

根据户籍资料，2019年末全区总户数30.76万户，人口76.03万人，比上年增加2.35万人。总人口中，城镇人口70.89万人，比上年末增加2.35万人；农村人口5.14万人，与上年基本保持一致。

年末全区常住总人口92.8万人，比上年末增加1.8万人，其中城镇常住人口89.12万人，占总人口比重（常住人口城镇化率）为96.03%，比上年末提高0.3个百分点。2019年新出生人口11253人，出生率为12.03‰；死亡人口4640人，死亡率为4.96‰，人口自然增长率为7.07‰。

城乡居民收入继续增加。2019年全区全体居民人均可支配收入41105元，同比增长8.5%，其中城镇常住居民人均可支配收入41915元，同比增长8.3%，农村常住居民人均可支配收入23059元，同比增长9.6%。城乡居民收入比为1.82 ∶ 1（见图6）。

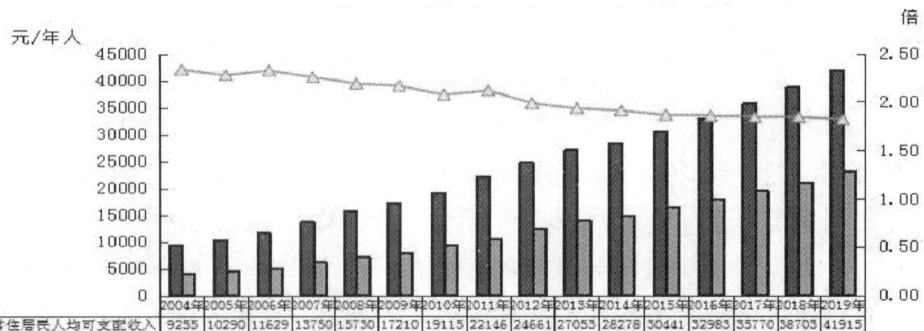

	2004年	2005年	2006年	2007年	2008年	2009年	2010年	2011年	2012年	2013年	2014年	2015年	2016年	2017年	2018年	2019年
城镇常住居民人均可支配收入	9255	10290	11629	13750	15730	17210	19115	22146	24661	27053	28278	30441	32983	35770	38703	41915
农村常住居民人均可支配收入	3965	4523	5004	6103	7196	7955	9236	10473	12437	14016	14831	16366	17839	19427	21039	23059
城乡居民收入比	2.33	2.28	2.32	2.25	2.19	2.16	2.07	2.11	1.98	1.93	1.91	1.86	1.85	1.84	1.84	1.82

图6 2004—2019年南岸区城乡居民可支配收入

社会保障进一步加强。2019年全区城镇新增就业39840人，完成率128.5%；城镇登记失业人员就业8201人，完成率132.3%；就业困难人员就业3117人，完成率141.7%。辖区应届高校毕业生就业率达92.0%。发放创业担保贷款4218万元。开展职业培训15900人次。保障市区重点产业企业用工10441人。城镇职工养老保险、城乡居民养老保险、失业保险、工伤保险参保人数分别为48.94万人、2.8万人、31.96万人、33.69万人，征收社会保险费31.71亿元，统筹城乡养老保险参保率保持在95%以上。落实社会保险领域减负政策，为辖区企业减负11.9亿元。和谐劳动关系综合试验区创建持续深入推进。

十二、城市建设和环境保护

宜居南岸建设有力推进。2019年完成照明暗盲区路灯安装509盏。新建公厕5座，改造公厕2座。完成车行道沥青路面大修近2.7万平方米，完成丹龙路、明佳路、二塘路、弹新街、涂山镇烟厂支路人行道整治约1.1万平方米。新增配建室内外停车位20000个，建成智能停车位286个。累计整治卫生死角72957余处，清除暴露垃圾41393.94余吨。累计完成车行道维修整治1.7万余平方米、人行道维修整治8000余平方米。累计消除新增违法建筑0.42万平方米，整治存量623件，面积45.89万平方米。共栽植地被12万平方米，灌木151.4万株。完成乔木修剪6700余株，绿地栏杆修补4500余米。修补市街花台147处，修补树圈538余个。

环境质量持续改善。继续深入“蓝天、碧水、宁静、绿地、田园”环保五大行动，全区环境保护力度进一步加强。全区空气质量优良天数为310天，占总天数的84.9%，同比持平。二氧化硫（SO_2）年平均浓度为8微克/立方米；二氧化氮（NO_2）年平均浓度为37微克/立方米；可吸入颗粒物（PM_{10}）年平均浓度为59微克/立方米；细颗粒物（$PM_{2.5}$）年平均浓度为37微克/立方米。与去年相比，二氧化硫（SO_2）浓度下降11.1%，二氧化氮（NO_2）持平，可吸入颗粒物浓度（PM_{10}）下降3.3%，细颗粒物浓度（$PM_{2.5}$）下降2.6%。城市集中式饮用水源地水质达标率为100%，区域环境噪声年均值为52.8分贝，交通噪声年均值为66.0分贝。

注：

本公报为初步统计数据，正式数据以《南岸区统计年鉴2020》为准。

地区生产总值及各行业增加值绝对数按现价计算，增长速度按可比价格计算。

规模以上工业企业：年主营业务收入2000万元以上工业企业。

限额以上批发零售贸易企业：批发企业年主营业务收入2000万以上，零售企业年主营业务收入500万元以上。

限额以上住宿餐饮企业：年主营业务收入200万元以上的住宿企业和餐饮企业。

行业数据由各主管部门提供。

南岸区人民检察院

驻最高检纪检监察组组长、最高检党组成员苏德良到院调研指导工作

区检察院与区工商联举行未成年人观护帮教基地揭牌仪式

区检察院开展“检察护航民企发展”检察开放日活动

区检察院在重庆东南医院启动一站式救助点

南岸区人民检察院坚持以政治建设为统领，打造革命化、正规化、专业化、职业化检察队伍。坚持党对检察工作的绝对领导，抓好党组自身建设，大力推进专业化建设，坚定不移从严治检。

围绕区委中心工作履职尽责，服务保障高质量发展、高品质生活。深入推进平安建设，营造法治化营商环境，保护国家利益和社会公共利益。

加强法律监督工作，促进严格执法、公正司法。加强刑事诉讼监督，加强民事行政诉讼监督，加强公益诉讼检察工作。

深化司法体制综合配套改革，提高司法公信力。大力推进扫黑除恶工作，深化司法责任制改革，深入推进认罪认罚从宽制度工作。

检察六部莎姐检察官于姗姗走进珊瑚小学给孩子们上普法课

区检察院党组书记、检察长李大槐受聘担任重庆市龙门浩职业中学校法治副校长

重庆市南岸区

司令员韩志凯检查调研民兵调整改革工作

政委刘伟参观重庆第二师范学院高校武装部规范化建设

副司令员南小冈指导调研南岸区军民融合工作

召开2019年人民武装暨国防动员会议

组织清明节祭扫活动

2019年，南岸区人武部在警备区党委和区委、区政府正确领导下，在区级各部门和镇街关心支持下，按照“突出政治引领、聚力应急应战、强化主责主业、打牢基层基础”的思路，突出“凝思想、强编建、实练兵、广动员、夯基础、立制度”，武装工作层次提升，成效显著。组织区民兵应急连实兵拉动演练并接受中央军委国防动员部考核取得优异成绩，指导重庆第二师范学院“三室一库一馆”建设成果在全市推广，承办重庆市2019年征兵宣传进高校活动启动仪式，战备工作、训练工作、征兵工作等位列全市前列，人武部被警备区表彰为安全管理工作先进单位。

人民武装部

组织学习十九届四中全会精神

部领导赴彭水县走访对口帮扶的建档立卡贫困户

慰问南岸区生活困难党员

组织民兵拉动点验

军地部门联合上门送喜报

召开南岸区立功军人表彰大会

组织民兵拉动点验

承办重庆市征兵宣传进高校启动仪式

南岸区文化和旅游发展委员会

2019年，南岸区文化和旅游发展委员会在区委、区政府的正确领导下，在市文化旅游委的关心支持下，扎实开展机构改革，坚持守正创新、开拓奋进，在国家公共文化服务体系示范区创建、南滨路国家公共文化服务体系示范区创建、三生三宜品质城市建设等领域多点发力，深入推进我区文旅体产业融合发展。创建工作稳步推进。积极以文旅体活动带动了区域经济发展，文化旅游体育品牌活动精彩纷呈，大型品牌赛事影响力日益彰显，有效提升产业品质，聚集参与人气，拉动行业消费。先后打造了重庆国际马拉松（国际国内双金标中国四大大满贯马拉松赛）、国际女子半程马拉松赛、高尔夫中国巡回赛等赛事，举办了全球旅行商大会、先锋艺术电影展、重庆广场舞展演、重庆国际时装周、南滨路国际戏剧节、全国健身行业投资人论坛等品牌活动。引进重庆美电先锋电影制片厂、国家文保基地、三峡文物科研中心、故宫文物南迁纪念馆、重庆开埠遗址公园等一批国家级、市级重点文化旅游企业和文旅项目，并与国内电视剧龙头企业浙江华策影视、国内文博龙头企业保利文化集团、国内最大的文化产业投资公司华人文化集团、重庆旅投达成合作协议150余亿元，正在积极推动项目落地。

2019全球旅行商大会

2019中国交响乐团走进南岸

2019年先锋艺术电影展

2019年第四届重庆文旅惠民消费季（春季）

南岸区征地办公室

铁路枢纽东环线项目政策宣传会现场

2019年，区征地办实施征地拆迁项目共28个（含2个委托项目），涉及征地总面积共1437.4万平方米，累计完成征地面积200.1万平方米，累计交地333.5万平方米。全年共拆迁农户600余户、企业100余家，补偿安置2000余人，拆迁房屋面积20余万平方米。

2019年市、区重点项目共5个，分别为重庆东站、六纵线南段、铁路枢纽东环线、廖家山、向黄路延伸段项目。

重庆东站项目，本次枢纽及站房用地征地拆迁121.9万平方米，仅用一个月时间就拆迁农户169户，完成率59%。

六纵线南段项目，征地面积75.4万平方米，拆迁农户206户，交出土地约14.7万平方米，保障了项目的用地需求。

铁路枢纽东环线项目，完成征地121.9万平方米，拆迁农户247户、企业16家，交出土地约121.9万平方米，及时保障了项目施工需求。

廖家山项目，征地面积178.6万平方米，需拆迁农户1400户，已拆迁农户1399户，剩余1户，完成率99.9%；需拆迁企业145家，已全部拆迁。该项目基本完成并交出土地。

向黄路延伸段项目，征地面积6.9万平方米，需拆迁农户53户，已拆迁农户52户，剩余1户，完成率98%；拆迁企业10家，已全部办理完毕。该项目已交出土地约4.9万平方米。

铁路枢纽东环线项目拆迁现场

六纵线南段项目听证会现场

六纵线南段项目拆迁现场

花园路街道

新时代文明实践

南湖社区垃圾分类试点

花园路街道坚持以习近平新时代中国特色社会主义思想为指导，全面贯彻党的十九大、十九届二中三中四中全会精神，认真落实区委区政府决策部署，在疫情防控常态化前提下，持续深化品质城市建设、扎实做好“六稳”“六保”工作，加强和创新社会治理、全力维护辖区安全稳定，各项工作全面稳步推进。

疫情防控

老旧小区改造

龙门浩街道

区级部门上下联动、社会单位左右互动共推"六美"建设

居民踊跃参与社区公益活动

奋发有为，积极进取，较好地完成了全年工作目标任务。

突出核心强化基层党建。将5名党工委委员派驻到社区党委任第一书记，落实社区办公、马路办公、走访群众、协调联动4项制度，压实抓党建、促发展的责任。顺利完成上浩社区软弱涣散党组织整顿工作，整顿工作党员满意率98%。成立党建联盟，社区每季度召集社会单位党组织召开党建联席会，完善资源、需求、项目"三张清单"，共建共享美丽社区，上浩幼儿园、龙门浩隆平小学建成美丽庭院，电信上新街支局等13家社会单位带头建成美丽门店。2019年全区第一季度党建工作现场会在街道召开，现场交流了党建联盟经验。

服务大局助推重点项目。积极配合推动龙门浩老街、轨道环线、东水门大桥南立交、半山路、国瑞广场等市区重点项目建设，及时化解因项目施工引发的矛盾纠纷27起。积极争取、配合推进棚户区改造，2019年征收房屋161户、8698平方米。

马鞍山景苑美丽庭院

稳中求进推动经济转型。完成第四次全国经济普查工作任务，努力促进文旅、商旅融合发展，挖掘经济增长点，基本完成各项控制性指标。

用心用力办好民生实事。及时向弱势群体发放低保等各类补助金600万元，街道城镇失业率控制在3%以内。完成32户散居楼栋"一户一表"水表改造、8个散居楼栋院坝和6个公厕提档升级改造。完成皓月广场提档升级、一天门社区养老服务站、马鞍山散居楼栋整治等一批民生项目，群众满意度测评结果一直位列街道系统前茅。

精益求精加强城市管理。认真落实"六长制"，认真落实"门前五包"责任，每月表彰优秀"五长"、环卫工作和"门前五包"示范户。全年"三生三宜"考核名列前3，第三季度荣获区流动红旗。规范整治南山一棵树及沿江景观带蓝色彩钢棚，率先完成整治任务，累计拆除、规范违法建筑3.7万平方米。街道建设"六个美丽"，共享"幸福街道"被人民网、中央党校评为2020年度全国创新社会治理最佳案例。

守土尽责狠抓平安建设。扎实推进扫黑除恶专项斗争，实施24小时社会治安群防群控、联合巡查防控机制，全面开展安全大检查、大执法，督促整改各类安全隐患141处，辖区安全稳定和谐。

龙门路美丽街巷

弹子石街道

市委宣传部副部长、市文明办主任马岱良调研弹子石老街

党工委书记钟世伟（右二）调研民生实事

街道办事处主任黄良谋开展马路办公

弹子石街道举行“爱汇聚、善同行”公益主题活动

弹子石街道开展“公益圾分 环保先行”主题活动

铜元局街道

街道党工委书记黄海靓实地查看疫情防控工作

办事处主任向华实地查看部署疫情防控工作

铜元局街道位于重庆市南岸区西南部，毗邻长江，有三座大桥与渝中九龙坡相连，是南岸区重要的门户和桥头堡。辖区东南分别与花园路街道、南坪镇、南坪街道接壤。街道成立于1954年，面积3.72平方千米，现辖10个社区居委会，49个党组织，1400余名党员，辖区户籍人口近6万人，常驻人口近13万人。

疫情防控严抓不懈。在落实疫情防控和推动复工达产工作中，交出合格答卷。一方面，严格落实各项防控工作要求，认真开展滚动式社区排查、居家隔离服务、小区封闭式管理、入境人员服务管理、复工复市复学复课等。另一方面，推动企业复工达产。指导辖区1608户企业、2925户个体工商户有序复工复产，协调解决小微企业困难问题。截至目前，辖区“零确诊、零疑似”。

党的建设夯实基础。全面落实区委巡察反馈整改工作，持续巩固“不忘初心、牢记使命”主题教育成果；推进党建带群建建立对口联系社区基层党建工作机制，落实社区党建工作包片联系责任制，细化党建带群建工作方案；推进芭蕉湾社区新时代文明实践站建设和上海城社区小区党建工作。

社会治理探索创新。积极探索司法行政“枫桥经验”铜元实践，探索“1+3+N”工作模式，创新“四同”工作法；有效化解矛盾纠纷398件，全国两会等重大敏感时期实现“零非访”；推进梨支园社区居委会组建工作；加快推进双峰山社区、梨支园社区、桐梓坪社区办公场所及养老服务站阵地建设。

推进城市管理“攻坚提升”。有序推进重点项目重庆长江电工工业集团有限公司职工住房环境综合整治项目工程和铜元局轻轨站道路扩宽工程；提升城管执法水平，完成800余户商家“门前五包”责任制签订；成立15人应急综合救援队，2019年实现“无安全生产事故，无火灾事故”两个零目标。

南山街道

街道党工委委员王立明带队检查南山郡工地

田一卫到双龙村讲授盆景技艺

南山街道开展第四次全国经济普查

新时代文明实践站开展“垃圾不落地 南岸更美丽”活动

区委办领导到放牛村调研指导工作

区环保局领导到双龙村
盆景园调研指导乡村振兴

快乐暑假行文峰新街——“4点半课堂”

“童梦芳华 唱响祖国
70华诞新乐章”文艺演出

真武山社区新时代文明
实践站“学雷锋 庆三八”活动

南坪街道

南坪街道"光辉映功臣"社会工作服务项目

街道关于"解决形式主义突出问题为基层减负"调研座谈会

街道"垃圾不落地，南坪更美丽"志愿服务示范活动

南城社区参观重庆红岩魂陈列馆

南坪街道在区委、区政府的正确领导下，统筹推进各项事业发展，取得明显成效，全年完成固定资产投资5.2亿元，同比增长6.5%，城镇居民可支配收入完成30780元，同比增长7%，街道社区治理创新中心被重庆市民政局授予"重庆市社会组织创新创业基地"。

街道全面推行基层党组织分类定级制度，探索实施城市社区党员分类管理机制，不断提升基层党组织战斗力。完成东路一巷老旧居住区综合整治项目，创新"芝麻开门"解决辖区垃圾堆放"毒瘤"，助推"三生四宜"品质城市建设；落地创新文化精品项目"城乡公共文化公益实践中心"，推动社会治理创新工作取得新成效。以平安建设为重点，坚持扫黑除恶专项斗争工作，保障辖区安全稳定。不断深化"三事分流""三社联动"，激发群众参与自治的热情，提升社区治理和服务水平。

后堡社区"情暖冬至·爱满后堡"包饺子活动

东兴路社区庆祝新中国成立70周年文艺演出

南坪街道"弘扬中华优秀传统文化，传承巴渝十大民间艺术"教学手工活动

涂山镇

文明办罗先锋调研蓝光农贸市场

镇长唐宏基陪同纪委常委洪书科监督检查中央环保督察问题整改工作

涂山镇在区委、区政府的坚强领导下，在镇人大的监督支持下，按照镇“1243”工作思路，坚持稳中求进工作总基调，全力做好稳增长、惠民生、保稳定、防风险等各项工作，保持了经济发展持续健康和社会大局和谐稳定。

2019年规模以上工业企业总产值达87113万元，同比增长27.2%；限额以上商品销售总额88015万元，同比增长46.1%；限额以上社会零售总额8177万元，同比下降62.6%；限额以上住宿餐饮业总额725万元，同比下降36.7%。全年镇级财政收入5018万元，同比下降16.53%，其中税收收入2420万元，同比下降58.65%；非税收入2598万元，同比增加2438万元。

涂山镇大力推行“五长制”，督促落实“门前五包”责任，积极开展“垃圾不落地”活动，处理各类城市管理问题1100余件次；每周四常态化开展“大城众管、共同家园”全民动手日活动；全面开展“脏、乱、差、丑”治理，规范乱摆摊点4423件次，清理“十乱”4080件次，劝离违规占道停车2264台次，清理边沟

腾滨路现场办公

涂山镇迎春文艺会演暨社区邻里生活节文艺会演

涂山镇第五届人民代表大会第五次会议

涂山镇疫情防控工作推进会

5800米、边坡580处，清除暴露垃圾、农村生活垃圾、长江消落带垃圾等1940余吨；完成工贸园区支路和东海长洲铁塔支路升级改造、文德支路的国际社区观园占道经营综合整治、论语公园创建全市最美社区游园、全国文明城区复检等工作；深入推进垃圾分类试点，设置宣传标语300余处、垃圾投放点65处、垃圾分类桶800个；办理数字化城管交办案件8353件，处置7832件，结案率达94%；走访摸排农家乐、企业、农房106家，未发现“大棚房”问题。

涂山镇防范电信网络诈骗活动

召开中央环保督察反馈问题整改问题工作推进会

百日攻坚会议

监督检查工作专题会议

长生桥镇

镇领导带头深入企业了解情况、倾听意见

2019年，长生桥镇坚定发展信心，保持发展定力，推动经济发展稳中有进。全面完成第四次全国经济普查，地区生产总值完成166亿元，工商税收收入完成3611万元，规上工业总产值完成5亿元。

2019年，长生桥镇坚持以习近平新时代中国特色社会主义思想为指导，全面贯彻党的十九届三中四中全会精神和习近平总书记视察重庆重要讲话精神，在区委、区政府及镇党委的坚强领导下，在镇人大的监督支持下，团结依靠广大干部群众，较好地完成了镇第十九届人民代表大会第五次会议确定的各项目标任务，经济社会平稳健康发展。

2019年，长生桥镇坚持统筹并进，突出融合发展，主动对接江南新城建设标准，紧紧围绕“三生三宜”品质城市建设、乡村振兴、社会治理等重点工作，勤于服务、勇于创新，各项任务圆满完成，社会均衡发展、人民安居乐业。

慰问困难群众

召开2019年度党建暨创新社会治理工作会

廉政基地警示教育

城管队员日常训练

2019年现场招聘会帮助群众就业创业

用心细心上心为群众服好务

健康身体走出来，居民
踊跃参与“健走达人秀”活动

积极开展志愿服务活动

文化活动进乡村

同景公园

迎龙镇

迎龙湖畔

公共服务中心

龙岚新居

迎龙镇位于南岸区东部，辖11个村、1个社区，2.1万人，面积45.7平方千米。其中，绕城高速内16.56平方千米为经开区范围，8.87平方千米为经开区拓展区；绕城高速外20.27平方千米为市级现代农业园区。镇域自然资源保护较好、交通区位优势明显，布局规划有铁路东环线、东港站、轻轨6号线延伸段等重要交通枢纽。美的西部家电生产基地、渝惠迎龙医药城等市、区重点项目相继落户。是全国重点镇、市级中心镇及特色小镇，先后被评为“全国文明镇”、市级“卫生镇”、市级“生态镇”。

近年来，迎龙镇以习近平新时代中国特色社会主义思想为指导，深入学习贯彻党的十九大精神，按照市委陈敏尔书记宣讲调研指示要求，认真落实区委、区政府工作部署，全面启动乡村振兴行动计划，加快建设“三生四宜”品质城市，探索实践“四邻联动”农村党建新模式并引领社会治理，辖区居民安居乐业，群众满意率、参与度、获得感显著提升。

鸡冠石镇

鸡冠石镇党委、政府坚持以习近平新时代中国特色社会主义思想为指导，深入贯彻落实党的十九大、十九届二中三中四中全会及习近平总书记视察重庆重要讲话精神，紧紧依靠全镇人民，坚持稳中求进总基调，践行新发展理念，统筹做好促改革、调结构、治污染、惠民生、防风险、保稳定各项工作，为建设“幸福鸡冠石”打下牢固基础。

区领导到鸡冠石镇调研

鸡冠石镇第十九届人民代表大会第七次会议召开

鸡冠石镇新时代文明实践所举办
“珠联接龙”彩色志愿服务系列活动

“不忘初心 牢记使命”主题教育宣讲活动

举办“浓浓粽‘乡’
情邻里一家亲”主题活动

开展“春风行动”招聘会

广阳镇

“四好”公路建设航拍图

区领导调研银湖村乡村振兴项目

镇领导查看四好公路建设情况

2019年，广阳镇党委、政府、镇人大班子成员坚持以习近平新时代中国特色社会主义思想为指导，认真贯彻落实习近平总书记视察重庆重要讲话精神，在区委、区政府坚强领导下，坚持稳中求进工作总基调，扎实抓好“三大攻坚战”“十项重点工作”，全力推动“三生三宜”品质城市建设，高效落实乡村振兴战略，保持了经济持续健康发展和社会大局稳定。

镇领导现场查看安全隐患点

整治环境全面动手活动

民间故事会巡回演出

领导班子“不忘初心、牢记使命”主题教育集中学习

峡口镇

区长陈一清到峡口镇兰草溪召开院坝会

峡口镇主要领导检查大兴场码头

南岸区峡口镇位于茶园新城区长江之滨，背靠风景秀丽的南山，东邻迎龙、长生两镇，西接南山街道，面积23平方千米，辖6村1居，全镇常住人口2万余人。

2019年，持续推进乡村振兴发展，着力深化农旅融合，农村基础设施建设提档升级。有效发挥“互助会、联席会”助推作用，发展壮大集体经济。持续推动“三生三宜”品质城市建设，生态环境管理水平全区提升，兰草溪流域“河域五包”作为试点纳入全区推广。完善共建共治共享的社会治理体系，依法开展群众自治，积极推进“三事分流”工作法。抓好民生建设，增进民生福祉，推动社会事业繁荣发展。

全镇全年完成财政税收226万元、非税收入770万元；一般公共预算收入增长21.3%（完成4527万元）；地区生产总值增长2.9%（达到3.84亿元）；规上工业总产值增长3.2%（达到1.53亿元）；农村常住居民人均可支配收入增长8.3%（达到21039元），城镇常住居民人均可支配收入增长8.4%（达到38703元）。

峡口镇第十九届人民代表大会第六次会议胜利召开

峡口镇大兴村
迎春文艺联欢会

峡口镇大兴场社区
群众欢欢喜喜迎国庆

峡口镇召开生态环境形式分析会

重庆市第五人民医院

（中国科学院大学重庆仁济医院）

区委书记颜伟率四大班子
及经开区领导为援鄂队员送行

院长冯虎翼（左一）与英国剑桥大学医学院UKeMED
项目CEO塔基斯先生（右一）签订合作协议

中国科学院大学副校长徐涛院士
莅临医院调研指导工作

重庆市第五人民医院（中国科学院大学重庆仁济医院）始建于1896年，是集医、教、研、预防保健为一体的国家三级甲等综合性医院，是中国科学院大学直属附属医院、英国剑桥医学院成员单位、重庆医科大学教学医院、重庆市住院医师和护士规范化培训基地。

医院编制床位800张，设有31个临床科室，13个医技科室，19个行政管理科室。现有区域性重点学科3个、市级临床重点专科7个、市级特色专科4个、区级临床重点专科7个，区级诊疗中心9个，国家级胸痛中心。国务院政府特殊津贴专家1人，硕士生导师2人，博士22人，硕士177人，高级职称178人，中级职称217人。

医院医疗设备先进、齐全，拥有64排128层螺旋CT、1.5TGE核磁共振、FD20数字减影血管造影系统、神内三维血管诊断仪、数字化双能X线全身骨密度测定仪、立体定向治疗系统、超声支气管镜、准分子激光治疗系统、椎间孔镜等先进设施设备共计800余台。总投资7000余万元的世界先进放疗设备——两台医科达Synergy直线加速器正式投入临床应用。

医院始终把学科建设作为提高医疗业务水平的主要手段，肿瘤科放射治疗中心投入使用，成立甲状腺乳腺外科。2019年儿科、心内科、病理科、神经内科通过市级医疗质量控制中心对市级临床重点专科的现场督查。首次完成三维标测系统指导下的室性早搏射频消融术、先天性耳廓畸形耳膜矫正技术。2019年申请适宜技术推广项目8项。

医院认真学习贯彻落实党的十九大精神及习近平新时代中国特色社会主义思想，不断增强“四个意识”，坚定“四个自信”，做到“两个维护”。在新冠肺炎疫情爆发以来，重庆市第五人民医院作为南岸区新冠肺炎区县定点收治医疗单位，在区委、区政府及南岸区卫生健康委坚强领导下，坚持把人民群众身体健康放在首位，积极应对新冠肺炎疫情，全力以赴做好防控工作，实现了“守住南岸不出意外，尽力支援湖北和市里其他医院，职工零感染，不漏掉一个新冠肺炎患者”的阶段性工作目标。医院先后分5批次共派44名医护人员驰援湖北，队员们带着“病人救治打胜仗、医疗队员零感染”凯旋，用自己的实际行动谱写了一曲救死扶伤担使命，赴汤蹈火战“疫”情的逆行者之歌。

医院坚持“立足高起点，坚持提质量，夯基础，强管理”总体要求，紧紧围绕大健康、深化医药卫生体制改革、提高群众获得感。全力推进南岸区医联体理事会及南岸区医联体工作小组日常工作，已与辖区内13家医疗机构签订了联合体协议开通医疗绿色通道。

2019年门急诊59万余人次，住院2.75万人次，手术2.01万台次。积极完成指令性任务，从质量管理、核心制度、临床路径、医疗安全等方面完善医疗质量管理体系，加大科研课题申报力度，本年度有14项科研课题，其中4项省部级科研课题，发表各类科研论文共计48篇（SCI 3篇，CSCD(C) 2篇，CSCD(E) 2篇），成功牵头举办第二届重庆医学大讲堂暨第三届重庆仁济医院学术大会。

2019年医院荣获重庆市医院协会授予医院管理先进会员单位称号、重庆医疗服务高质量发展贡献力单位三甲医疗机构/公卫机构10强、重庆市“群众身边的美丽医院”（人文类）、重庆市卒中学会首届品管圈大赛二等奖、重庆市规培医师技能比赛三等奖、重庆医科大学附二院教学评比第一名、南岸区卫生健康系统2019年护理知识竞赛一等奖等集体荣誉13项；荣获重庆市卫生健康系统先进个人、优秀援藏干部、十佳医生等荣誉16人次。

重庆援鄂医疗队

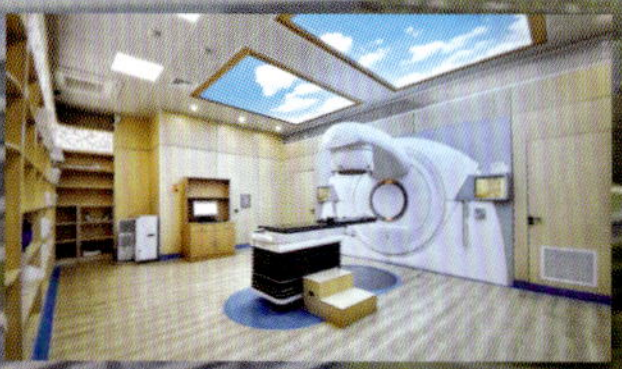
医科达Synergy直线加速器

南岸区妇幼保健计划生育服务中心

南岸区妇幼保健院院内防护物资管理情况督导

市级儿科专家陈静主任获得服务群众的认可

与合川区妇幼保健院、酉阳妇幼保健院
进行交流学习，加强兄弟单位之间的交流合作

妇幼工作人员支援参与确诊或疑似病例病原检测工作

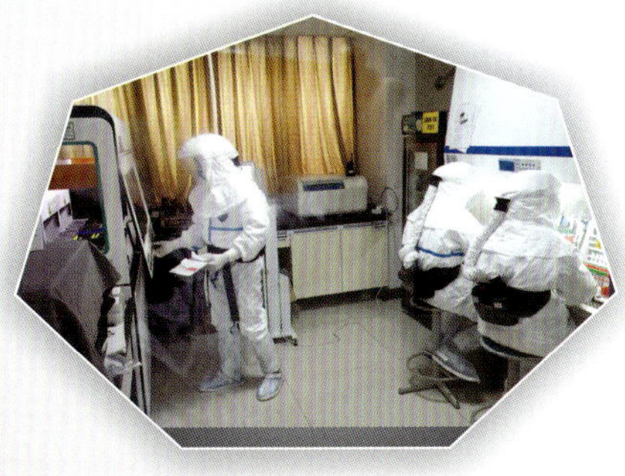

南岸区疾控中心妇幼工作
人员协助开展新冠病毒检测工作

妇幼工作人员协助
开展新冠病毒采样工作

中心护士在疫情防控工作中
表现突出，获得区级优秀护士称号

重庆药品交易所

重庆药品交易所成立于2010年3月，是重庆市政府同意并报经国务院部际联席会议核准的全国首家药品交易所，主要从事药品、医疗器械及其它相关医用产品电子交易的要素平台。

重庆药品交易所成立以来，坚持“以人为本、服务民生”的宗旨，以建成西部药品耗材交易中心为目标，在全国首创医药电子交易方式，建成了集医药电子交易、招标采购、药品智能追溯、电子监测监管、电子支付结算、医药大数据集成应用等功能为一体的智能医药交易综合运营平台——药交网。除大型医用设备外，已实现药品耗材全品类上线交易，挂牌交易品规超过15万个，平台交易主体1.5万家，现年交易量近300亿元，累计交易量超过2000亿元。

重庆药品交易所通过改革创新，先后被国家发改委批准为全国医药流通电子商务试点、获国家科技部十二五科技支撑计划、国家级企业管理现代化创新成果二等奖、重庆市企业管理现代化创新成果一等奖，被评为中国十大最具影响力医改新举措之一。2017年运营平台被纳入全市大数据创新应用试点项目。2018年，被国家商务部等8部委批准为“全国供应链创新与应用试点企业”，被表彰为“重庆市优秀创新型企业”，被授牌为重庆市药品电子商务工程技术研究中心、重庆市医药智能物流工程技术研究中心、重庆市医药综合交易大数据智能化服务工程研究中心。2018年、2019年连续获评重庆市人工智能与实体经济深度融合十大成果，2019年被评为中国价值医疗十佳优秀案例。2019年智能药交网成功上线并参展智博会。

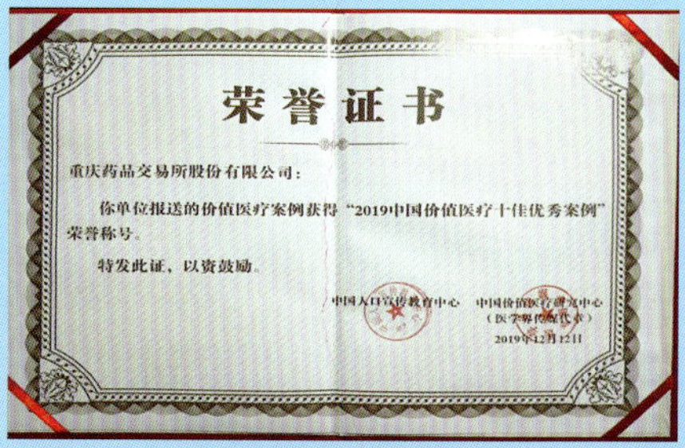

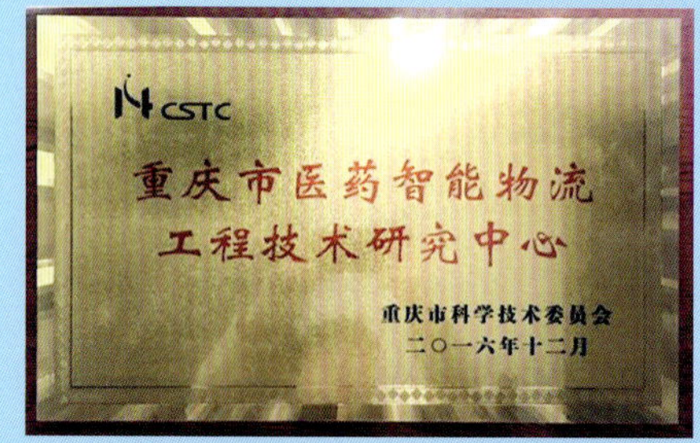

重庆科瑞制药（集团）有限公司

国企品质 百年品牌

奠基仪式

1914年，协华药品股份有限公司在香港创立，1941年，抗日战争全面爆发，协华药品迁至重庆，历经新中国成立、公私合营、改革开放、国企改制，先后更名为协和药品股份有限公司、重庆制药厂、重庆制药七厂，2011年注册成立重庆科瑞制药（集团）有限公司（简称“重药科瑞”）发展至今。

重药科瑞隶属于重庆医药健康产业有限公司，集产品研发、生产、销售为一体，旗下有重药科瑞西南二厂、重药科瑞英斯凯、重药科瑞东和、重药科瑞南海及参天科瑞等多家工业子公司，连续多年跻身中国医药工业百强。研发实力雄厚，是“口服缓控释制剂国家地方联合工程研究中心”，重庆市认定的企业技术中心，国家知识产权优势企业，重庆市技术创新示范企业。集团业务涵盖医药中间体、原料药、化学药、中药、医药研发五大板块，拥有CFDA批准文号514个，口服固体制剂、中药颗粒剂、气雾剂、滴眼剂、无菌粉针剂等40多条生产线，均通过2010版GMP认证，并多次通过FDA认证及国际客户审计。重药科瑞引进国际优秀企业质量管理理念，基于风险管理构建了覆盖产品全生命周期的质量管理体系，确保药品安全、有效、可控。

重药科瑞拥有消眩止晕片、胆维丁、复方熊胆通鼻喷雾剂、归芎花粉口服液、甲丙氨酯等多个全国独家品种。营销网络辐射全国，远销印度、德国、意大利、美国等国家和地区，其中金钱草颗粒、沙丁胺醇气雾剂、消眩止晕片为公司规划三年内分别过两亿元的拳头产品，以优良的品质、独特的疗效赢得市场的广泛认可。

重药科瑞以“国际化、智能化、特色化”为发展目标，持续打造产业链协同、价值链共享的国际化医药制造平台。与日本第一三共株式会社合作建设的口服固体制剂生产线，按照日本原研工艺要求和欧盟cGMP标准建成，自动化、智能化程度均达到国际领先水平。与日本参天制药株式会社合作建设的参天科瑞眼用制剂项目，未来将打造成中国最大最先进的眼科药品专业生产基地。符合FDA/cGMP标准的高端医药制造基地——重药科瑞新工厂已正式落户重庆巴南区国际生物城，主要生产口服固体制剂、气雾剂、膏剂等特色剂型。

国企品质，百年品牌！重药科瑞将树立全员营销理念，促进企业快速发展，确保集团公司5年时间靠内生加外延发展达到60亿销售规模，不忘初心，砥砺前行，齐心协力共同开创重药科瑞美好的明天！

重庆市南岸区

天台岗小学南湖校区

天台岗小学校南湖校区作为天台岗小学教育集团的发源地，传承与创新在这里得到了很好的体现：每一个生命都被尊重，每一次机会都被公开，每一项评价都显公平，每一种潜能都被发现。南湖校区以“在发现中成长”的路径积极践行天台岗小学教育集团“每天都上一个新台阶”校训，为培育具有感知、获得、创造幸福能力的孩子而不懈努力。南湖校区先后获得“重庆市科普教育基地校”“重庆市科技教育示范学校”“中国少年科学院科普教育示范基地”“重庆市创新型学校”“全国青少年计算机科技创新实践教育示范基地”“全国青少年集邮示范基地”等荣誉称号。

天台岗小学花园校区

天台岗小学校花园校区是“全国中小学美术教学改革实验学校”“重庆市彩墨画特色学校”“重庆市少儿美术特色示范学校”“重庆市书法教育特色学校”“重庆市美育改革实验学校”“南岸区戏曲特色基地校”“中德校园足球联盟示范基地学校”，以美育为突破口，依托彩墨画、书法、京剧、阅读等优势项目开展美育校本课程，以美启真、怡情增智，为孩子们多彩、幸福的人生铺就底色！

学校通过打造墨香、书香、花香的校园环境，实现文化育人；秉承“师生各尽其美”的课程理念，尊重孩子的个性差异，提供可选择的适合的课程“营养”，实现课程育人；帮助孩子们主动发展，在自主、合作、探究性学习的课堂中个性生长。

天台岗小学上海城校区

天台岗小学上海城校区建校于2007年9月，校区秉承 “为孩子的幸福人生奠基”的办学理念和“每天都上一个新台阶”的校训，提出“带着孩子健康出发”的办学思路，培育尚礼、好学、阳光的天台宝贝。

校区以篮球和管乐特色为抓手，通过学科课程、活动课程以及生活课程的实施，完善“幸福教育健康课程”体系，形成“爱岗敬业、身正学高、追求卓越”的教师文化；“言行儒雅、睿智灵动、健康阳光”的学生文化以及“尊师重教、家校合作、携手共进”的家长文化，提升幸福教育的办学品质。

校区先后获得“重庆市体育特色学校”“重庆市红领巾示范学校”“重庆市管乐协会青少年培训基地”“全国‘苗苗杯’小篮球理事学校”“全国青少年校园篮球特色学校”等荣誉称号。

天台岗小学

天台岗融创小学

天台岗融创小学创建于2012年，位于南岸区亚太路1号，毗邻重庆国际会展中心，占地面积12148平方米，建筑面积7573平方米，有18个教学班，是一所依托天台岗小学集团化办学，具有独立法人资格的全日制公办小学。

学校秉承“为孩子的幸福人生奠基”的办学理念和“每天都上一个新台阶”的校训，以“融汇传统，创新未来”为办学思路，培养“具有中国灵魂世界眼光”的未来人。优雅的校园环境，现代化的教学设施，优秀的师资队伍，让孩子们充分享受有品质的校园生活，赢得了家长们的信赖，得到了社会的认可。

我校以“国学”“国术”“国艺”为载体彰显中国传统文化办学特色。“国学”与阅读课整合，让孩子们知礼仪、长智慧；“国术”与体育课整合，引导孩子们习武德、强体魄；“国艺”与艺术课整合，让孩子们修才艺、养性情，形成了独具特色的“三国课程”。学校不断挖掘契合学生年龄特点的课程生长点，不断优化幸福教育融创课程体系，满足孩子们的个性化需求，提高了课程的品质。

学校已成为“全国传统文化教育示范校”“重庆市葫芦丝巴乌协会副会长单位”“南岸区归侨侨眷联合会华侨历史文化交流基地”“重庆市射击射箭青少年后备人才储备基地”“南岸区语言文字达标学校”“南岸区班级文化示范校”。

传承与创新，做有根的幸福教育，我们将不断努力，让天台岗融创小学真正成为了师生们快乐向上、主动发展、体验成长的幸福乐园！

天台岗雅居乐小学

天台岗雅居乐小学成立于2013年9月，以天台岗小学“为孩子的幸福人生奠基”的办学理念为引领，践行“每天都上一个新台阶”的校训，用激情和专业诠释着“用心成就未来”的校区发展理念。学校设立了集教育、培训、休闲、咨询、教研等功能于一体的积极心理健康教育中心，开发实施了以培养积极心理品质为目标的校本特色活动课程——幸福课，并从校园环境、班级文化、学科课程、常规活动中全面渗透积极心理健康教育，将积极心理健康教育的阳光洒满每一个孩子的心房。目前，天台岗雅居乐小学已成为教育部首批中小学心理健康教育特色学校、南岸区未成年人心理健康辅导中心、中国教育学会全国重点科研规划课题示范校、北京师范大学边玉芳团队名师工作室“南岸心理健康教育”课题实验校。学校也积极发展体育艺术，2015年，学校成为重庆市首批足球特色学校。2018年，学校成为南岸区首个全国青少年校园网球特色学校。2018年，学校成为重庆市美术教育特色区特色学校。2019年，学校成为重庆市青少年射击人才储备基地。

天台岗万国城小学

天台岗万国城小学自2016年9月开办以来，以“智慧校园”为办学特色，从智慧环境、智慧教学、智慧管理三方面着手，积极响应、参与南岸区“智慧教育”的发展和重庆市“智慧城市”的建设。学校被南岸区教委评为“南岸区智慧校园试点单位”，被重庆市教委评为“重庆市首批智慧校园示范学校”。

办学意向：即使相距万国之遥，也因互联网而变得“鸡犬之声相闻”。天台岗万国城小学遵循学生身心发展规律、教育教学规律、人才成长规律和科技发展规律，用教育大数据研判学生发展、辅助教师教学、优化学校管理，促进科学发展。

办学主题：天台岗万国城小学秉承“为孩子的幸福人生奠基”的办学理念，遵循“每天都上一个新台阶”校训，以“一日一知，慧联万物”为办学路径，采用先进教育理念与教学手段，致力于培养“言行儒雅、好学善思、健康阳光”的天台宝贝。

办学行动：学校通过建设智慧的校园文化、建构满足学生需要的智慧课程、营造民主和谐的课堂氛围、制定促进学生全面发展的教学评价体系，为学生提供跨学科学习、个性化发展的机会，让师生成为最好的自己。

重庆农村商业银行南岸支行

举办“不忘初心、牢记使命”主题警示教育活动

重庆农村商业银行南岸支行（以下简称“重庆农商行南岸支行”）位于南岸区江南大道24号，始终秉承“客户至上”的服务理念，坚持立足南岸区、服务南岸区，为南岸区经济社会发展提供了强有力的金融支撑。

截至2019年末，重庆农商行南岸支行内设零售金融部、公司金融部、风险管理部、会计结算部、人力资源部、计划财务部、保卫监察部、审计稽核部、综合部、财富管理中心、集中作业中心、业务营销一部、业务营销二部、业务营销三部；从业人员370人，其中正式员工365人、派遣工5人。本科学历264人（全日制本科学历179人），研究生学历27人（全日制研究生学历25人），党员136人；设有30个营业网点，主要分布在南坪商圈、南滨路沿线、天文大道沿线、南山街道、长生桥镇、涂山镇等地；共计投放142台ATM机、30台超级智能柜台，有力提升了金融服务便捷度；各项存款余额202亿元，各项贷款余额98亿元，均居辖内同业前列。

积极发挥地方金融主力军作用，大力支持区内重点项目、小微及民营企业发展。2019年共投放贷款49亿元，其中，公司类贷款投放20亿元，小微类贷款投放20亿元，个人类贷款投放9亿元。2019年，获评重庆市和谐劳动关系AA级、重庆市银行业安全管理先进单位、南岸区2019年度治安保卫重点单位先进集体。

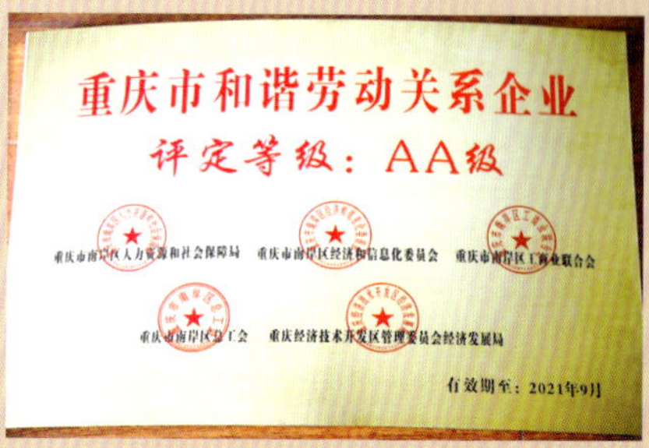

下一步，重庆农商行南岸支行将加大对“一带一路”、长江经济带、内陆开放高地、中新（重庆）战略性互联互通示范项目等国家及地方重大发展战略的支持力度，始终坚持“服务‘三农’、服务中小企业、服务县域经济”的市场定位，积极实施普惠金融工程，深耕本源服务实体经济。同时，积极运用“创业担保贷”“个人经营贷”“税易贷”“渝快贷”“科技型企业知识价值信用贷”等产品，助推乡村振兴战略落地，切实发挥支农支小主力军作用，推动地方经济发展。

国家网络安全宣传周活动

打击非法集资宣传

金融知识普及月宣传

“寻找最美家书”读书活动暨金融知识普及月活动

招商蛇口重庆公司南坪招商云邸项目

CHONGQING CMSK

效果图

长嘉汇

嘉景湾

招商蛇口始于1979年，作为招商局集团旗下城市综合开发旗舰企业，中国房地产上市企业TOP10之一，已成功布局65城，开发精品项目超450个，涉及别墅、高端住宅、大型社区等各类产品，服务百万客户。

入渝16载，深耕重庆城，招商蛇口重庆始终以前瞻性眼光择址城市发展高地，以江湾城、长嘉汇等17个作品，引领北滨路、南滨路等热土崛起。

从最初的招商江湾城，到长嘉汇、公园大道、万科招商理想城，包括重庆网红打卡热点金山意库，招商蛇口看中的地、参与的盘，都见证参与着重庆城市的蓬勃发展。作为美好生活承载者，招商蛇口重庆，不仅在好的时间、好的地点，拿出好的产品，更和城市购房者们分享发展红利。

招商·云邸——央企招商蛇口2020全新力作，十年南坪地标再造。于南坪商圈正心，匠心巨擘双栋190米超高层，建面129~173平方米观江现房大平层产品。掌一城繁华，瞰江揽山对望渝中，四重景观天际奢藏；城市核心醇熟配套，全维度即享；实景现房，所见即所得；近轻轨，帷幄效率枢纽。又一人居力作，让老牌商圈焕新居住价值；跻身世界居住品质风尚版图。

效果图

效果图

效果图

国网重庆市电力公司南岸供电分公司

2019年，在区委、区政府的坚强领导和大力支持下，供电公司认真履行“人民电业为人民”的企业宗旨，主动融入全区工作大局，建设坚强电网，优化营商环境，加强民生服务，助力经济社会发展。

全力服务广阳岛片区示范建设。国网智慧城市建设专家参与智慧城市“头脑风暴会”，开展片区168平方千米电网整体规划编制，支持岛内风貌修复，排查拆除无用户10千伏电力线路1.5千米、低压线路3.3千米。

全力服务绿色智慧城市建设。融入“大数据”战略，在中国智谷（重庆）科技园建成国内首个功能最全的110千伏莲池“六站融合”变电站，作为智博会场外参观点，受到领导嘉宾的一致好评。助推“大生态”战略，完成长江餐饮渔船停电51次、南山停电拆违400余户，与枇杷园、大队长等3家大型火锅连锁企业签订战略合作协议，建设南山电火锅示范区，着力减少碳排放。

全力服务经济发展。分两批降低一般工商业电价5.54分/千瓦时，促成114家企业参与直接交易，累计交易电量5.84亿千瓦时，全年累计减少企业用电成本超过7300万元。完成220千伏巴书东西线、35千伏桥界、迎五等11条线路迁改工作，扎实推进重庆东220千伏牵引站“书房—重庆东外部供电”工程。

2019年人民日报头版、新华网、重庆日报报道了供电公司助力脱贫攻坚、保障可靠供电的典型事迹，安全教育典型做法被国家应急部推广，多名员工获评中央企业百名杰出工匠、全国五一劳动奖章、国网公司劳动模范等荣誉称号。

国家电网公司总信息师孙正运，南岸区区委副书记、区长陈一清，国网重庆电力总经理、党委副书记周雄参观110千伏莲池“六站融合”

重庆市能源局副局长吴红艳到公司调研高层楼房供电安全

国网重庆电力董事长、党委书记陈连凯到公司检查指导

国庆保电

重庆市东部水务技术开发有限公司

重庆市东部水务技术开发有限公司成立于2004年1月16日，是市水投集团的全资子公司，承担着江南新城自来水的生产供应与管网建设、供水安装、污水处理厂运营、水库运行管理等工作。公司现有朱家岩水厂、茶园加压泵站、鹿角加压泵站等10个厂（站、库）。现供水区域为江南新城，DN80以上供水管网长度428千米，供水服务面积约为120平方千米，立表用户近20余万户。2020年峰值供水量已达到18.1万立方米 /日。

副市长李明清调研迎龙湖水库

公司牢记职责和使命，把区域内民生供排水保障作为公司工作第一要务，以高峰供水保障和污水达标达产作为工作主线，积极拓展供水区域，夯实供排水基础，较好地完成了年度目标和各项工作任务，特别是在2020年疫情期间为保障供水安全，公司全体员工坚守岗位，恪尽职守，切实履行国有企业的责任担当，突出抓好“疫情防控与供水保障”两大任务，及时高效、科学有序地落实相关保障措施，确保了疫情期间供水安全，树立起良好的国企形象。一是加强监控检测，确保制水安全。盯牢生产运行各环节，确保出厂水质合格；增加水质检测和巡检频次，依据实际情况随时调整制水工艺设备，科学合理投加药剂，密切监控末梢水余氯含量，确保水体内病毒的有效杀灭；坚持做好水厂工艺的混凝搅拌和需氯量实验，确保出厂水质各项指标达到国家标准。200万方自来水流入千家万户，水质合格率100%。二是细化措施，确保供水安全。加强抢维修保障，做到“即报即修”，加强抢维修材料等物资准备，优化配备抢修设备和车辆，人车物24小时待命。排查供排水管网274千米，消火栓800个，二供设备128套，管网抢维修8次、用户供水故障处理63次，接受用户咨询1000余次。确保用水畅通。

参加市水投集团职工运动会荣获五人制足球冠军

公司将继续秉承砥砺前行的精神，以民生水务、优质服务为宗旨，努力践行水惠民生的责任，在南岸区委区政府及各部门的关心支持下，在市水投集团的坚强领导下，继续发扬东部水务人敢打硬战、能打硬战的优良作风。一如既往做好江南新城供水保障工作，提供优质供用水服务，为南岸区，为江南新城的经济社会发展做出新的贡献。

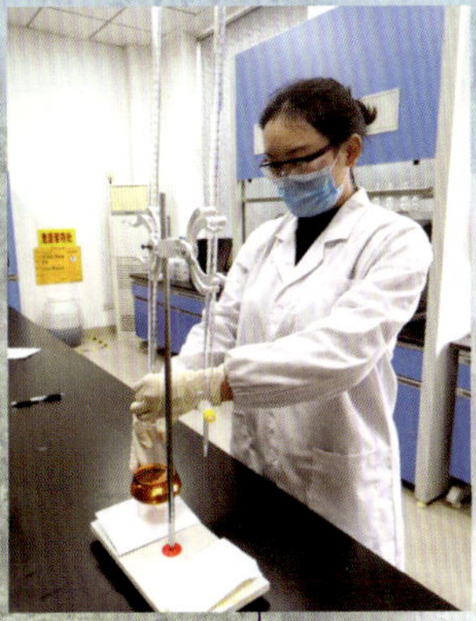

疫情期间保供水

BINNAN

滨南城市环境服务集团有限公司

BINNAN URBAN ENVIRONMENTAL SERVICE GROUP CO., LTD

滨南城市环境服务集团（以下简称“公司”）是滨南生态环境集团旗下以集环境产业、智慧城市建设运营等为一体的综合性企业，经营规模与品牌影响力位居行业前列。

公司成立于2012年，前身为康健环境集团，定位于国内“领先的全产业链城市综合服务商”，致力于提供城市服务领域咨询、设计、投资、研发、建设、运营等“一站式”服务，业务范围涵盖环境产业、园林绿化、公共设施一体化服务、水环境综合治理、垃圾分类及智慧城市建设运营等综合业务。

公司充分发挥品牌、资金、技术和运营管理优势，以高度的社会责任感和使命感，贯彻“一体化、智慧化、全业态”的战略方针，把“城市让生活更美好，滨南让城市更美丽”作为发展目标，坚持“政府放心、市民满意”的承诺，塑造“守护生命之源，创造绿色环境”的品牌形象，恪守“有担当、有价值、有分享”的核心价值观，最终实现“领先的全产业链城市综合服务商”的愿景。

公司各类专业装备齐全，步入“智慧城市”建设与运营时代，启用“智慧环卫”云平台服务系统，倾力打造互联网智慧生态企业。同时，公司与多所高校合作，在定制化培养人才的同时持续加大技术创新协作和研发，已拥有数十项国家专利，并申报有多项创新型行业专利，为“守护青山绿水，筑梦美丽中国”而不懈努力！

集团总部

重庆·双福项目

云南·普洱项目

重庆·江北项目

云南·景洪项目

河北·石家庄垃圾分类项目

重庆国瑞控股集团

CHONGQING GUORUI HOLDINGS GROUP

重庆国瑞控股集团有限公司，集团总部位于重庆市南岸区。集团以“同心致远、实干兴业”为核心价值观，秉承“守法经营、开拓创新”的企业经营理念，经过近三十年的发展，已经发展成为集地产开发、工程建设、商旅管理、物业管理为一体的企业集团。

累计捐款捐物400余万元，用于支持渝鄂疫情防控，其中捐赠150万元的防护物资和250万元现金

房地产开发系集团核心产业之一，自1999开发第一个房地产项目以来，累计开发面积已超过1000万平方米，多次获得国家、省、市各级奖项，其中我司开发的“阳光·蓝山郡”荣获中国房地产行业协会、住房和城乡建设部联合颁发的“2011-2012年度广厦奖”。

工程建设系集团又一核心产业，集团旗下重庆渝建实业集团股份有限公司是重庆直辖后首家自然人发起的股份制企业，也是重庆市首家民营工程总承包特级企业，具有建筑工程施工总承包特级、建筑行业（建筑工程、人防工程）甲级设计、市政公用工程施工总承包壹级，建筑装饰装修壹级、机电设备安装壹级、建筑幕墙施工壹级、建筑消防壹级等多项专业承包资质。公司承建的“十堰市邮电通信大楼”“重庆世纪阳光住宅小区”分别于2000年、2004年荣获国家建设部颁发的“中国建设工程鲁班奖（国家优质工程）”；“十堰市邮件处理中心综合楼”1999年荣获国家建设部颁发的首届“建筑安全奖”；此外，还荣获省级优质工程八十余项，市级优质工程一百余项。装配式建筑是渝建实业集团的重点发展领域，依托渝建科技的技术研发能力，大力发展装配式建筑产业园，形成技术研发、产品开发、标准化设计、信息化管理、智能制造、智能建造一体化的全产业链发展模式。

商旅管理是集团未来新兴发展产业，主要分为商业管理、文化旅游管理、酒店管理三大业务板块。

商业管理方面，已经形成的商业品牌有壹街、天街、购物公园、国瑞广场四个系列产品，已经投资开业的商业项目包括重庆国瑞中心、国瑞壹街、国瑞尚都生活广场、国瑞天街、国瑞栖谷天街、国瑞西城天街和十堰大都会广场等项目，累计面积达60万平方米。正在开发建设项目有国瑞两江购物公园和重庆龙门里项目，其中国瑞两江购物公园将打造成为重庆两江新区龙兴片区的商业中心项目；重庆龙门里项目，位于南滨路中段，是连接渝中、南滨路、南山的重要节点，地理位置优越，文化旅游资源丰富，是建设重庆城市客厅、打造重庆城市新地标的理想之地。

文化旅游方面，已投资建设了施光南大剧院。正在开发建设的文旅项目，一是十堰欢乐世界项目，占地4500亩，将打造集旅游集散中心、特色水镇、文化剧场、主题乐园、度假酒店、海洋乐园、森林坡地公园为一体的大型文化旅游综合体；二是重庆市南岸区迎龙镇的迎龙谷项目，以重庆市乡村振兴、农商旅文示范工程为目标，项目融合农业体验、农业观光、民俗文化、研学基地、休闲度假等元素，将打造为重庆市的乡村振兴示范项目；三是集团将出资1亿元设立“国瑞乡村振兴产业扶持基金”，推动垫江乡村振兴发展，计划参考浙江、台湾等地在乡村振兴方面的经验，研究垫江乡村振兴的产业规划布局，引导农民构建乡村产业体系，推动一二三产业融合发展。

酒店管理方面，已投资建成开业的酒店有重庆万豪酒店、十堰希尔顿逸林酒店、十堰希尔顿花园酒店、重庆瑞森酒店和万州瑞森酒店，其中重庆万豪酒店是亚太区首家万豪品牌新标准酒店，十堰希尔顿逸林酒店是十堰市首家国际品牌酒店，瑞森酒店是集团自主品牌酒店。同时，新签约了万豪集团旗下的最高酒店品牌——重庆丽思卡尔顿酒店和重庆两江希尔顿花园酒店。

物业管理是集团开发项目服务好业主的重要保证。集团旗下的物业管理公司托管的项目多次荣获省、市各级文明示范小区称号。

企业在发展的同时不忘社会责任，积极参与各项社会公益事业，在捐资助学、精准扶贫、抢险救灾、疫情防控、爱心帮扶工作方面，累计向社会捐款捐物2亿多元。

巩诚电装（重

公司产品及主要客户

公司成立于1996年3月，位于重庆市南岸区白鹤路55号，注册资本2.3亿元。是由世界500强企业“日本电装”在中国设立的“电装（中国）投资有限公司”，以及其在日本设立的子公司“电装多利牡株式会社”与国内民营企业“重庆巩诚投资有限公司”共同投资成立的一家中外合资企业。主要生产摩托车用核心零部件，产品不仅销往国内各大摩托车生产企业，还远销日本、印度、巴基斯坦、印尼、泰国、美国、巴西、德国等国家，为国内外众多知名的摩托车生产企业提供优质产品和服务。公司在重庆有工厂20640平方米，有员工731人。

公司利用日本投资方在研发方面的技术实力，以及在品质方面的优秀管理理

庆）有限公司

念，结合中方的成本控制优势，致力于打造高品质、低成本、环保、安全、可靠的产品，不仅能快速对应客户的各种需求，同时满足更加严格的国内外环保规制（国四、欧四排放标准）。

公司的目标是：力争成为中国摩托车零部件生产供应基地，为更多客户提供服务，为地方的经济发展做出最大的努力。

公司的使命是：通过创造全新价值，在为世界摩托车零部件工业发展及环境保护做贡献时，实现共赢。

“与时俱进•共铸梦想”拓展训练营

员工活动